司馬溫公
資治通鑑

柏杨 著

人民东方出版传媒
東方出版社

第一部

战国时代
吞并六国
楚汉相争
匈奴崛起

推荐序

现代韵味的大众历史读本

刘文瑞

《资治通鉴》是古代的史学名作，却不是为大众写的。尤其是它的编年体例，特别不适合普通读者。所以，对非研究人员而言，一般不作为首选读本。但是，柏杨的白话版《资治通鉴》，却为民间读史提供了相当出色的范例。它不仅仅是把古文翻译为现代白话，而是在忠于原作的基础上进行再创造，从而为中国的大众历史读本开创了一种新范式，走出了一条新路子，开辟出一片新天地，带来了一种新理念。尽管这套书多年前就出版过，但今天依然值得再版，更值得人们去阅读，去体味。

● 与众不同的白话

当今国人读史，文言文就是阅读的拦路虎。大众多认为，白话文是近现代才兴起的，尤其是新文化运动以后才有的。这实际是一种误解。具备古代文献常识就不难看出，白话和文言的语文双轨制，自古就有。明清的白话小说，元朝的散曲，宋朝的话本，唐朝的俗讲，都是货真价实的白话文。古人在文言与白话之间，并不存在今人想象中那种难以逾越的鸿沟。近代以守旧闻名的章太炎，就曾写过老少咸宜的白话文；而以新潮领军的鲁迅，写起古文也毫不逊色。人们不大清楚的是，古代的白话与文言实际上是相通的，不存在语法障碍。而近代新文化运动的白话文是西化的白话文，由此形成了一套欧化的语法格式，改变了汉语的表达习惯，致使白话与文言之间渐行渐远。新式语法的白话造成人们不懂文言，再加上汉字简化又造成人们不识繁体，日久天长，在古文言和今白话之间出现天堑。今人读古籍，不仅需要由简化字回归繁体字，而且需要由西化表达方式回归传统表达方式。在这一方面，柏杨对《通鉴》的翻译和点评，提供了跨越古文言和今白话的通途，值得称道。

读一读柏杨的译本就能感受到，柏杨十分注意汉语的自身特色。他很少使用西化的体现逻辑结构的“因为……所以……”句式，而是尽量遵循汉语表达的本来面目，能用短句绝不用长句，能用单句绝不用复句，尽可能采用汉语的对仗、排比、直白、精干方式，读起来琅琅上口，毫不繁冗。现在有很多古文今译，往往只注意字面意思的对应，而忽略表达方式的本土，柏杨则十分注意回归汉语白话的本色，尽力排除欧化语法的干扰。读柏杨的译文，尤其是读他有感而发的“柏杨曰”，一种正宗汉语的气息扑面而来。

柏杨的口语化，继承了传统白话的优点。仅就汉代部分而言，说惠帝刘盈的父母刘邦和吕雉，是“凶狠老爹，母老虎娘亲”；说曹参骂儿子，是“快进宫当差，天下事你不应该乱开腔”；说吕后的侄子吕禄吕产虽然封王却没有政治头脑，是“一对荷花大少”；文帝时将周勃下狱，说周勃拥立之功，“没有他的拥护，刘恒仍在他的代国喝米汤”，而文帝逮捕周勃“目的不在杀他，而只在灭一下他这个‘忠厚长者’的威风，教人瞧瞧谁是老大。”诸如此类，清楚明白，语浅意深，可同散曲中的“铜豌豆”、话本中的“三拳打死镇关西”相媲美。先不论内容如何，仅仅是文字，就足以唤醒读者对汉语美感的领悟，在无意识中得到汉语表达传统的浸润。所以，单纯就提升汉语修养而言，柏杨版《通鉴》的表述，远比那些欧化冗长句子要高明得多，能使读者在无形中增进母语的运用能力。

● 立足民间的史观

历史写作，史观决定着认知历史的方向。柏杨的史观与书斋学者不同，他鲜明地展示出自己的草根立场。在柏杨眼里，以往的史著，都是站在统治者的角度写出来的，基本上是帝王将相史，司马光的《通鉴》更是如此。书名中的“资治”，毫不讳言是统治者读本。我们不能苛求古人，但在今天如何从帝王角度转变到民众角度，则考验写史者的价值取向。在这一方面，柏杨确实费了一番心血。例如，他把所有的带有帝王色彩的名称术语，都尽可能采用今天的大众化表达。所有纪年，放弃帝王专用的年号，一律用公元年份；所有皇帝，放弃其庙号谥号称谓，一律直呼其名；所有官职，基本都用民间熟知的现代称呼比照。这些细节，在常人看来遵从惯例也无伤大局，而柏杨的坚持甚至会带来新的不便（例如，叫秦昭襄王，就比直接叫嬴稷更为人们熟悉；说汉文帝，可能根本不读史书的人也知道是谁，而直接叫刘恒，读者有可能一脸茫然；至于伊祁放勋、姚重华、姒文命、子天乙、姬昌、姬发，远远不如尧舜禹汤、周文周武更为大众知晓）。但是，柏杨却把这种称呼作为显示立场的大事毫不让步，宁愿多费点笔墨而不愿迁就传统。而且他还不无调侃地把谥号庙号称为绰号外号，把“河间献王”与“黑旋风”并列比较，揶揄文景武康和太宗高祖，发誓要“把帝王们放到清水里泡而洗之，洗净这些附着到他们身上的污垢，摘掉挂在他们脖子上的招牌铃铛，使他们恢复本来面目”。这种决绝态度，无非是要表明自己“不为君王唱赞歌，只为苍生说人话”的立场。正是这种坚定的立场，使柏杨形成了独特的风格。概括起来，他的风格就是为传统史学打破旧套路，为大众阅读开出新天地。

大众立场与白话写作有关联，却不能划等号。《明朝那些事儿》是大众读史的另一种类型，白话和口语做到了十足，却不是为大众立言。如果看看其中关于东林与阉党之争的描写，不难发现，作者完全站在从万历到崇祯的帝王立场说话，对文官集团尚且责备不休，遑论为底层民众代言；其中关心民间疾苦的论述，要表现的是圣恩浩荡，并非民间自语。至于二月河的历史小说，更是巴不得理想中的帝王“再活五百年”，而不是彰扬民众自立自主。当今普及性的历史读物，多持类似立场。差别仅仅在于是理性多一点还是感情多一点，是站队帮腔还是略显公允。而柏杨的白话《通鉴》，其大众立场足够坚定执着，这是难能可贵的。须知传统文本从正史野史到笔记小说，从启蒙读本到戏剧故事，没有脱离统治立场的；即便是抨击暴政，也意在补天；甚至民间传说和下层言论，也充满了帝王心态。这种格局，已经形成了中国史籍中牢不可破的旧套路。只有柏杨，以毫不妥协的决绝姿态，表达了自己的民间立场，试图以一己之力，在历史写作上开出新天地。这种立场并非小事，它在一定意义上决定着人们读史是为了重现汉唐辉煌还是为了革故鼎新走向未来。

柏杨的这种立场，同他的个人经历密不可分。他年轻时一腔热血献身国家，追随领袖救亡图存，后来却因杂文“侮辱元首”而锒铛入狱，在囹圄中他继续发愤写作，以《中国人史纲》而自成一体。尽管他也曾在大学任教，却一直以“野生知识分子”自况。所以，他不是高高在上去教训大众，而是以身作则去重建大众的自我主体。狱中生活打下了他以白话重构《通鉴》的底色，出狱后坚持多年完成了他的白话《通鉴》系列。正是这种常人所没有的人生经历，养育出常人所没有的胆略见识。草民为本而非帝王为本，使他的白话叙述同文言原文相比，实现了历史的再创造。柏杨自己有一段话，可以为此作证："我自己最基本的史观，就是我为小民写史，而不是为帝王将相写家谱，写嘉言懿行；我想突破两千年以来被视为正统的、以朝代为单元的体裁。"正是出于为小民写史之目的，使他敢于同钱穆叫板，认定文化积淀深厚的钱穆所持为"既得利益阶级"立场，《国史大纲》的内容仍然为传统的史实考据，虽有利于知古而无助于履新。柏杨这种大众立场的写作，不追求学理上的深邃，也不究察考证上的精到，而是注重史实与民众的密切程度。由此而使他的著述内容丰富且立足民间，文字清醒且富有启发，处处贴近芸芸众生，而不是贴近宫廷高层。

需要注意的是，柏杨的作品，并非以一己之见而否定他人，恰恰相反，他以自己的独特立场给读者营造出一个有关中国古代的论争场域和氛围。尤其是那些批判性的著述杂文（如《丑陋的中国人》）更是如此。从历史著述看，他不是简单否认钱穆等人的贡献，而是建造出新的文字擂台。读柏杨，可以使读者看到钱穆的固守并感受到柏杨的突破；读钱穆，则可以使读者看到柏杨的激昂并感受到钱穆的温润。在历史著述中，正是这种方向不同的张力，可收到相反相成之效，叩其两端而扼其要害，使读者对中国传统文化的把握更深刻，更准确。我们推荐柏杨，也绝不是以柏杨的观点为圭臬，而是倡导文化表述的多元化，从柏杨与众不同的说法中品尝历史的多种味道。五味调和，方有美食。

●志在现实的洞见

正是承接传统的白话表述和大众本位的草根立场，使柏杨的白话《通鉴》成为现代营养丰富的通俗读物，读者从中可以时不时地看到扣人心弦、振聋发聩的洞见。这种洞见，不是严密的学术推理，也不是死板的史料考证，而是穿透古今的慧眼聚焦。尤其是他演绎“臣光曰”的方式，以“柏杨曰”走上史学的散打擂台，还拿来影响颇大的《读通鉴论》以及其他史书名家的评论加以比照，使自己的观点和思想更为鲜明。正宗学术文献中很少能够像柏杨如此表述。这种三言两语的思想火花，不管不顾的直抒胸臆，更显其言辞的珍贵，也更能给大众以启迪，学界亦可从中得到学术之余的警示。

例如，当今有不少人致力于儒学复兴，尤其以新儒家为代表。但是，社会上的某些做法，如提倡汉服、恢复叩拜仪式等，是否为复兴儒学的正道就大有可疑。柏杨以葬礼为例，一句话就点明了儒家礼仪的问题所在：“葬礼，是儒家学派最重要的一项仪式，它的繁杂跟精密，可跟最新的太空科技相比。仅丧服一项，就花样百出，专家学者研究三年也未必弄清楚。”关于历史上的儒法关系和外儒内法的统治策略，学界论争极为繁复。柏杨则把外儒内法比喻为“鸟必须有两个翅膀”，直陈这是“不应引起争论的事，而竟引起争论，真是最大的一种荒唐公案”；其因在于“每一个翅膀都自命不凡的认为另一个翅膀是邪恶的，有了它不但不能飞，反而会活活跌死。没有它不但能飞，而且飞得更高更漂亮”。对于汉代高官下狱后自杀的“将相不侮”策略，柏杨跳出保持人格尊严的传统解释窠臼，直指其“目的不在保持人格的尊严，而在保护皇帝的安全”。即便是史家津津乐道的文景之治，柏杨也毫不客气地说道：“中国人即令生在被歌颂的‘文景之治’的盛世，侯爵的娘、侯爵的妻、亲王的儿子，以及政府高官，一高兴或一不高兴，都可以随意逮捕平民，玩玩猫捉耗子游戏。”关于五德始终，柏杨跳出哲理论证和繁复考辨，直言不讳：“水德土德，五行运转，本是连篇鬼话。问题是，鬼话只要有人相信，就是人话，相信的人如果手中掌握权柄，鬼话就更升了一级，成了真理，势不可当。”关于龙的传人这种图腾式表述，他也一语道破：“‘龙’这玩意，跟‘外太空人’一样，都是想象出来的，谁都没有见过。”归根到底，柏杨通过历史解读彰显民权：“专制制度日趋精密，限制更严。”“积成中国传统政治中最阴暗的一面。这阴暗面一直未被发掘，以致近代知识分子相信古人过着伊甸园生活，好不自由自在，甚至有人声称中国人自由太多！”种种洞见，启发颇多。

白话《通鉴》的人物评价，尤其出彩。例如，柏杨以民间常识认定晁错不是一个政治家的材料。他说：晁错尽管被人称为智囊，却“胸襟太窄，器宇太小，指尖刚触到权力，便急吼吼公报私仇，要把对方满门抄斩”。他的根据不是理论分析，而是生存经验。“政治家必须有三分浑沌，才能把反对力量稀释到最低限度”。以民间话语把这种观点进一步展开，就是他对晁错与袁盎冲突的解释：“去年张三瞪了我一眼，前年李四踢了我一脚，对方为了自保，自不得不奋起反击。反击失败，不会有再大的损失；反击成功，晁错便是一个榜样。他如果不先向袁盎下手，袁盎何至狗急跳墙。政治家固然不能没有敌人，但绝不努力制造敌人。”这种评论，不但超越了学术争辩，而且完全跳出古代思维局限，以明白如话的常识讲述现实政治的真谛。

由此进一步，柏杨对传统的认知，处处表现出对专制体制的批判。一有机会就抨击传统君主和当权人物“化友为敌、化忠为叛”。他以范雎为例说明魏国对人才的扼杀：“魏王国政府中每个人都能言善道，要计划有计划，要方案有方案，要忠贞之士，如魏齐、须贾之辈，更比驴毛都多，哪个不是人才？至于公孙鞅不过一个想升官想疯了的小职员，张仪不过一个不切实际的贫寒书生，范雎不过一个油腔滑舌、大言不惭、里通外国的卖国贼。他们既没有参加某一派，又没有被接纳为某一帮，能逃一死，已是皇恩浩荡。在鲨鱼的血口之下，人才不是被吞噬，便是变成敌人，强烈反弹。政权盛衰和国家兴亡，轨迹十分明显。”在论述汉武帝“罢黜百家，独尊儒术”时，柏杨直言：“世界上最可怕的事莫过于思想统一，因为思想统一会使智商衰退，思考能力消失。我们不能想象，如果不发生这项浩劫，中国会发展成什么模样。一想起春秋、战国那个百花齐放、百家争鸣的时代，不禁怦然心动，充满向往。”柏杨用这种表述，揭示传统制度的根本缺陷，暴露高压政治的种种罪恶，在大众层面普及现代政治的基本常识，从而使读史变成对现实的思考，把古籍阅读引入现实生活。

● 老少咸宜的快餐

面对大众的读物，最受欢迎的，不是学理上的深邃，也不是考证上的精到，而是与民众的密切程度。这就要求内容丰富且叙述有趣，文字清醒且富有启发。尤其是随着高等教育的普及，大众读者要走出《故事会》形态。犹如饮料，民众需要的是好喝、解渴、有益、无害，而不需要对营养成分进行生物化学的分析研究。柏杨的白话《通鉴》，在这一方面下了功夫。他所提供的是即食即用的文化快餐，而不是山珍海味的高端消费。快餐不一定就没有营养，料足质好、加工精当的大众菜肴，有可能比名不副实的燕窝鱼翅更养人。

读传统史书有三个难点：官制、地理、年号。年号与官制问题，柏杨在翻译过程中已经解决了，剩下的就是地理。为此，柏杨在书中绘制了大量地图，读者一眼就可看出当时的大局趋势。这虽然是小事一件，但可看出柏杨为小民写作的苦心。

作为文化快餐，柏杨的文字通俗易懂。许多人在无意识中往往把雅与俗对立起来，实际上，雅与俗本是文化的一物两面，互为补充。《诗经》如果没有国风，何来大雅？还雅入俗，本来就是大众读物的使命。另外，高雅不等于高质量，低俗不等于低水平。当下的出版物中，有不少貌似高雅的书籍，在华丽的学术外衣下掩饰内容的贫乏，甚至名为高雅实为酸腐，这就需要读者明鉴。反过来，草根的俗语村言，却往往有鞭辟入里的真知灼见。这一方面，白话《通鉴》是十分出色的。更重要的是，柏杨在俗言口语中，保存了雅文的气质，提炼出史料的内在营养，使其更富有教益。他的文字，既具有民间话本的外观，又具有看穿古今的深度。或寥寥数语，或滔滔不绝，思想火花散布于行文之中。试举数例：

在儒家的评价上，尽管柏杨嘲讽儒家，但他并不贬低孔子，而是抨击那些与权势合流的儒生。在某些方面，他表现出对儒家思想的下意识肯定。例如，在汉武帝时酷吏张汤和大儒汲黯的争论中，柏杨就站在汲黯一边，并得出结论："司法独立当然重要，但法官的素质同样重要，司法审判固然要独立于政治干预之外，而法官的严正和操守，更必须保持高度水准。否则，即令司法独立，势将继续黑暗。"

对于儒道释三种文化的负面作用，柏杨说："中国文化中的缺点部分，就在三种教派影响下，逐渐的一点一滴铸成：儒家培养出中国人的封建和崇古意识，道家培养出中国人的消极无为，佛家培养出中国人的逆来顺受。"剑走偏锋而一针见血。

说到东汉刘秀，柏杨大加赞扬。“刘秀是历史上少数不诛杀他亲密战友的元首之一。并不是他阁下，跟他阁下亲密的战友，道德学问都达顶峰，而是刘秀先生处理得当：他不赋予他们实质权力，无论是军权或政权。”进而发挥道：“政治是一种艺术，政治行为是一种艺术创作，刘秀在这方面有很高的造诣——唯一和他媲美的只有宋王朝一任帝赵匡胤。”

谈到两汉之际人户急剧减少，他画龙点睛说出一句话：“哀哀冤魂，只制造出一群内战英雄。”

在说到“强项令”董宣时，柏杨感叹道：“如果不是董宣的道德勇气，那个被豪门家奴白昼杀死的冤魂，还不是白白丧生？如果不是刘秀最后醒悟，顶天立地的法官董宣，岂不白白死于乱棍之下？在这个流传千年的“强项令”佳话之中，步步埋伏杀机。一个环节瓦解，便成悲剧。”“‘人治’之必然失败的原因在此，董宣之流的官员，不可多见，刘秀之流的首领，更不可多见。而刘黄这种不识大体的泼妇，以及狗仗人势的家奴，却比驴毛都多。‘法治’，正是治国良法。”

谈到吴汉杀降，柏杨将吴汉说成“站对了边”的土匪头目，称:“歌颂不应该歌颂的人，将败坏一个民族的品质。”

评论马援被诬陷而死，引用了范晔、王夫之、王先谦诸人观点，浓墨重笔，写得更为精彩。由于文字过长，这里不再引用，读者自可读出其中的亮点。

总体来看，柏杨的白话《通鉴》，来自其野生而非豢养的自我觉醒，是茂盛生长的野草，而非园丁修剪的园林；是能解民众饥渴的路边摊点，而非皇家酒店的预订包间；是由雅入俗的大众歌谣，而非由俗入雅的美声唱法；是把古籍引入现实生活的文化参照，而非把今人导向古代的帝王梦想。是否如此，一读便知。

2022年7月

序

柏杨

我一直抱着把《资治通鉴》译成现代语文的心愿，而今得以实现，非常兴奋。因为，在中国浩如烟海的史籍中，事实上只有两部史籍，才是最有价值的著作，一是司马迁先生的《史记》，另一就是司马光先生的这部《资治通鉴》。

司马光先生在十一世纪宋王朝时，领导保守党（旧党），跟以王安石为首的革新党（新党）对抗，双方都曾一度失势。就在保守党一度失势期间，司马光先生完成这部巨著。

《资治通鉴》本是一部长达一千三百六十二年之久的中国中古时代编年史，包括中国历史上最混乱和最苦难的四个时代：

战国时代	前四〇三——前二二一年
三国时代	二二〇——二八〇年
大分裂时代	三〇四——五八九年
小分裂时代	九〇七——九五九年

司马光先生以无比的魄力和高瞻远瞩，而他的编辑群更都是知识渊博的史学专家，所以能使一千三百六十二年紊乱如麻的史迹，得以条理分明的呈现于世。连

同编年史的始祖《春秋》在内，中国还没有出现比它更明晰更精确的史籍。

因为作者的保守立场，有人曾怀疑《资治通鉴》是不是值得尊敬，更有人把《资治通鉴》比作为“驯服术”，指控它专供统治阶层之用。然而伟大的文化产品，功能是多方面的，史观可能无法使每一个人同意，但史料却是严肃的，司马光先生已为我们留下宝藏。何况，司马光先生处理史料时，只把他的主观见解表现在“司马光曰”篇幅中。假使没有司马光先生，史料失散，即令今天的专业历史学者，具备司马光先生当时所具备的条件，也无能为力。

宋王朝六任帝赵顼先生把它命名为《资治通鉴》，实是佛头着粪之举，使一部史书，变成一部政治学问——帝王的镜子。但我们却感谢他的命名和他所写的那篇序文，那是中国文化史上最重要和最传奇的一篇序文。当革新党当权，下令查禁《资治通鉴》时，有人警告说，那将是向皇帝挑战，才惶然而止。不过，虽然它自认为和被认为是帝王的镜子，事实上，却很少帝王从这面镜子中获益。明王朝皇帝每天清晨，都要研读它，但明王朝的皇帝群，却一蟹不如一蟹。盖权力固可使人发疯，权力同时也可使人愚不可及，以致看不见镜子，或虽看见镜子，却觉得镜子里的丑陋映像，原来美如天仙。所以，《资治通鉴》与其说是帝王的镜子，毋宁说是人民的镜子。通过《资治通鉴》，可看出我们所处的历史位置，和面对的祸福命运，也可看出统治阶层的心态和行事轨迹，用来作为对他们的评鉴标准。好比说，从王朝的嬗递、革命的频起，我们至少了解，中国古代政治思想中，没有民主思想。人民最奢侈的盼望，不过出现圣君贤相。而如何出现圣君贤相，传统的方法，是依靠他们的自我克制——品德。这就遇到困难，盖只有另一个权力制衡，才能使人循规蹈矩。品德绝不可恃，因为，权力可以败坏品德。可恃的只有民主制度，偏偏中国古代的所有的改朝换代，都缺少这种思想作为最高指导原则，以致一直在循环砍杀，不能遏止。

我们并不认为民主是万能灵丹，文化和传统不是一棵大树，而是一条大河，政治的和军事的力量，都无法把它拦腰斩断，《资治通鉴》上各式各样行为模子，迄今仍然不断的浇出同类的产品，不细读《资治通鉴》，要想了解中国，了解中国人，了解中国政治，以及展望中国前途，根本不可能。

《资治通鉴》原本用的是十一世纪知识分子使用的文言文，对二十世纪以降的现代人讲起来，已显得过度生涩艰深。从前，人们生活内容单纯，知识分子可以把全部生命，投入经史。而今社会节奏快得像一列狂奔的火车，人们连翻查工具的时间，都付阙如。假使再没有现代语文本问世，价值连城的《资治通鉴》，将有尘封的厄运。

翻译上最大的困难约有三点：一是地名，中国人是世界上最勇于更改地名的民族，古地何在？好像都在云端。二是官名，历代官职名称，奇异怪诞，往往匪夷所思。三是时间，“年”不写“年”，而写“著雍摄提格”，“日”不写“日”，而写“甲子乙丑”。我们的方案是：地名仍用古地名，夹注今地名，而另行绘制地图，越详细越好，使历史人物，生活在实际舞台之上。官名则全用现代人所了解的称谓，夹注原称，盖必须如此，才能确知它的权力关系。至于“年”，我们使用纪元。只有纪元才可显现时间距离，不但不再沾惹“著雍摄提格”，连年号也作为配件，摆脱争执最烈的“正朔”困扰。至于“日”，我们使用数字，摆脱“甲子乙丑”。我们自誓是，不但忠于原文，要译出一部可以代替古文的《资治通鉴》，还要发挥神韵，使它简单清楚，不依靠任何工具书，都可畅读。

翻译工作直到今年（一九八三），才获实现。因为远流出版公司在《牛津大字典》的澳洲版上，得到启示。澳洲购买了该字典的文字版权后，因为分量太多，成本太昂，就分期发行，每月出版一册——即一个字母，以两年余的时间，全部出齐。这是一项大胆的尝试，并幸运的获得空前成功。虽然有人担心中文读者会不会有英文读者的企图心，但我们具有信心。决定也每月出版一册，以三年为暂定时限，全部完成。我不敢保证译文没有差错，但我敢保证，决不是把“曰”译成“说”的白话文。

这篇序文写于第一册完稿之后，在翻译过程中，发现把死文字变成活文字，而又要保存死文字的原意，有时比新的创作，还要困难。而文言文最大的特征是，没有主词，往往前言不照后语，前言在东，后语忽然在西，难以连贯。典故堆砌，意义更容易混淆。以及地名今注，官名今译，全都费尽思考。几乎每一行都有一个地雷，不清除便不能前进一步。而彻底解决，时间又不允许——有些问题可能要聚讼累年。但我仍继续下去，孜孜不息，竭尽全力。

是为序。

一九八三·七·一五于台北

柏杨

再序

一九八三年七月，《柏杨版资治通鉴》第一册开始问世时，曾经写一篇“序”。而今，一九九三年三月，当七十二册平装本，改成三十六册精装本发行时，再提笔写这篇“再序”。二“序”之间的距离，在书本上不过只差一页，但在时间上差十年。

这十年对全世界而言，是一场巨变。巨变影响面之大，和影响程度之深，过去从没有过。在发生之前，也从没有人认为它会发生。

直接影响翻译工作的是：执笔之初台湾海峡还不能逾越，于写到尾声时，两岸已交流频繁。执笔之初我们所用的还是四十年前的老地图，于写到尾声时，已可公开使用大陆地名。以致，我们的后续工作，比其他巨著的后续工作，加倍复杂。

翻译是一种细胞复活工程，假如一个字就是一个细胞的话，我们终于看到《资治通鉴》所有细胞都已再生，再生的时间，恰恰十年，现在，我们终于完成，诚惶诚恐，呈献在爱护和信赖我们的读者先生之前。

一九九三·三·七于台北

赵 项

序

我知道，高级知识分子差不多都熟悉前代所发生的事情，用以砥砺品德。所以他们才心理健康，神采四射，每天向前进步。《书经》说："君王应该不断学习，时刻不停的全神贯注。"《诗经》《书经》《春秋》，每部书都在说明得失的轨迹，保护无偏无私的正规法则，使后世从记载中得到教训和警惕。西汉王朝司马迁，整理皇家祖庙石室里的书籍，和皇家库房金柜里的文件，再根据《左氏国语》《世本》《战国策》《楚汉春秋》，广为收集，精密选择，网罗历史上的故事佚闻，再加以考正，笔触奔腾于上下数千年之间。最早起于黄帝王朝第一任君王姬轩辕（前二六九八年），最晚至于刘彻（西汉王朝七任帝）发现麒麟（前一二二年。共二千五百七十六年）。内容分成"纪""表""世家""书""传"五个单元，遂成为定型，后世史学家跳不出他所创立的模式。司马迁主要的优点，在于是非判断，都不违背圣人的标准，赞扬和谴责，也都十分中肯。毫无疑义的，他是一位优良的史学家。

我父亲（宋王朝五任帝赵宗实）一向重视古籍，留意图册，虽然每天处理千万国家事务，但一有空暇，仍沉湎阅读。曾经委托龙图阁常设皇家文学侍从官（龙图阁直学士）司马光，研究历代君王和官员们的事迹，就近向秘阁御用图书馆，搜集资料，由政府供应全部经费。起自纪元前四〇三年，讫于纪元后九五九年。司马光的意思是，周王朝日益凌替，皇族衰弱，法令规章和军事行动，都操在封国国君之手。十三任王（平王）姬宜臼把首都自镐京（陕西省西安市西）东迁到洛阳，齐、楚、秦、晋，诸封国才开始强大。姜小白、姬重耳，先后成为霸主，但仍尊重周王朝的国王，用以号令天下。可是，到了三十八任国王（威烈王）姬午，下令擢升封国的高级官员（陪臣）韩、赵、魏三家，当封国国君（诸侯），周王朝虽未灭亡，纲纪却已全毁。

司马光决定从发生这一件事的那一年开始，也正是古人著书立说，从某一事件起笔的原意。至于书中引用圣君贤相们讨论国家大事，和治理之道的精辟言论，道德的或刑罚的善恶制度，神明的和人世的之间的关系，吉祥的和灾难的根源，威信盛衰的基础，行政措施利与害的影响，将领们的战略，官吏们的施政方案；严格的分析它们是邪恶，还是公正；是长久之计，还是只顾眼前。不仅于此而已，连词藻美丽的文章，含理至深的议论，也都一一收集。历经十六个王朝，凡二百九十四卷。把它展开在明窗净几之上，立刻可以了然古今的演变历程。广博而扼要，简洁而不遗漏。更是一种典章制度的总汇、文章词藻的选辑。荀况曾说过："你如果想看圣人的做人行事，应该在后代的英明君王身上寻找。"像西汉王朝的刘恒（五任帝）、刘询（十任帝），唐王朝的李世民（二任帝），都是孔丘所说的，无可挑剔的人物。其他的英明君王，或有诚挚的爱心，或有忠孝的感召，或者知人善任，或者勤俭谨慎，也都得到圣贤们的部分优点。孟轲说：“我对于姬发（周王朝一任王）、姬诵（周王朝二任王），只赞扬他们两三件事而已。”至于有的荒谬狂悖，我们可从他看到前车之鉴。有的恶毒奸诈，可从其中得到反省和启示。《诗经》说：“商王朝子孙，应以夏王朝的覆亡，作为借镜，不必远求。”所以，我特地为这部书取名《资治通鉴》，显示我的盼望。

一〇六七年十月初，皇上召大臣讲课，我奉到圣旨，宣读《资治通鉴》。该月九日，(臣)司马光第一次进读，皇上把御制的序文，当面赐下，吩咐“等全书完成时加进去”。

柏杨注：后一段是司马光先生注。

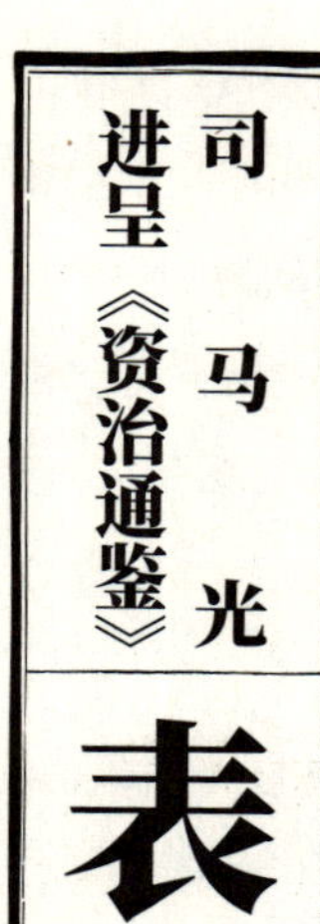
司马光
进呈《资治通鉴》表

(臣)司马光言：

先前，接奉圣旨，要我编纂历代君臣事迹。不久，再接奉圣旨，赐名《资治通鉴》。现在，全书已完全定稿。我性情愚昧而且鲁莽，学术更是荒疏，所做的事，都在别人之下。唯独对于历史，心有所爱，从幼到老，嗜好不倦。深深的感觉到，自从司马迁、班固以来，史籍越来越多，普通人有的是时间，还读不完，更何况高高在上的君王，日理万机，哪有闲暇？我常怀一种抱负，打算加以整理，删除多余的废话，摘取其中的精华，专门收集有关国家兴衰，人民悲欢，善可以为法，恶可以为戒的政治行为，编著一部编年史。使先后顺序，明确呈现，内容篇幅，繁简适当。只因为私人力量单薄，无法着手。幸而遇到英宗皇帝（宋王朝五任帝赵宗实），聪明睿智，关心文化推展，想了解古时政事，藉此作为制定国家大计方针的根据。特地下令，教我着手编纂。往日的愿望，忽然可以发挥，欢欣鼓舞，不能自已。唯一恐惧的是，才疏学浅，难以胜任。先帝（五任帝赵宗实）又命我自己物色任用助手，在崇文院内，设立编辑局，准许向龙图阁、天章阁、“三馆”（昭文馆、集贤馆、国史馆），以及秘阁等图书馆，借用图书。并发给御用的笔墨纸砚，更特别犒赏，购买水果点心。并指定宦官充当联络官，直接可以奏报先帝（五任帝赵宗实）。受恩之深，受宠之隆，近代从来没有。不幸书还没有进呈，先帝（五任帝赵宗实）竟行去世。陛下（六任帝赵顼）继位大统，也继承遗志，颁赐序文，亲为本书命名。御前讲座时，也常命我宣读。我虽然愚昧，但受到两任皇上如此厚待，即令杀身枭首，也不能报答万一。只要能力够用，岂敢有丝毫惰怠？那时，政府派我代理永兴（陕西省西安市）战区司令官（知永兴军），因身体衰弱，又患病未痊，不能从事繁重工作，请求改调其他官职。陛下（六任帝赵顼）顾念下情，答应我的请求，命我担任西京（河南省洛阳市）留守政府监察总监（判西京留司御史台），兼任西京嵩山崇福宫管理官（提举西京嵩山崇福宫）。前后六次调动职务，都准允编辑局跟我一同迁移。并且只发经费，从不规定按时缴出成绩。我既没有其他重大事务，就投入全部精力，精细研究，竭尽心力。白天不够使用，继之以黑夜。不但选录正史，还从旁采及野史（小说）、书信和文件，堆积得好像大海。我们在最隐密处发掘历史真相，对每一个字都校正它是否错误。上起战国，下至五代，凡一千三百六十二年，共二百九十四卷。另外，再编索引，以年月为纵的轨迹，以事件为横的叙述，便于读者查考，命名《目录》，凡三十卷。再另外，参考各种图书，考证它们的异同，说明真伪，再成《考异》三十卷。——总共三百五十四卷。回溯过去，自本世纪（十一）六〇年代开始着手，到今天才算完成，悠悠岁月，中间受到政局影响，我自己都不敢相信能够平安，负罪至重，不容逃避。

（臣）司马光，诚惶诚恐，顿首顿首。敬请陛下（六任帝赵顼）垂念我远离中央，已十有五年，虽然身在外地，但区区之心，无论早上或黄昏，无论清醒或睡梦，何尝不在陛下左右。只以天性拙笨，无从效力，是以专门从事文字工作，报答皇恩，只求点滴之水和微粒之尘，以增加大海之深和大山之高。我现在骨骸憔悴，双目近视，牙齿几乎全部脱落，精神耗损枯竭。眼前办的事，一转身就都忘掉，残余精力，在此书上全部耗尽。敬请陛下（六任帝赵顼）宽恕我因妄自著作而应诛杀的重罪，俯察我一念之忠，在清闲休息的时候，顺手翻阅。参考前代王朝的兴衰，考查当今政治措施的得失，嘉奖善良，排除罪恶，坚持正义，改正错误，就足可以追踪古代的盛世，使国家迈入以前从没有过的太平境界。四海之内的苍生，都蒙受到福祉。那么，我虽葬身黄泉之下，平生志愿也已得到回报。

谨上奏章，请鉴。(臣) 司马光诚惶诚恐，顿首顿首，谨言。

端明殿学士兼翰林侍读学士、太中大夫、提举西京嵩山崇福宫、上柱国、河内郡开国公、食邑二千六百户、实封一千户。(臣)司马光上表。

一〇八四年十一月进呈

检阅文字承事郎　臣　司马康
同修奉议郎　臣　范祖禹
同修秘书丞　臣　刘　恕
同修尚书屯田员外郎充集贤校理　臣　刘　攽
编集端明殿学士兼翰林侍读学士太中大夫　臣　司马光

宋王朝皇帝（六任帝神宗赵顼）奖谕诏书

圣旨：司马光编纂《资治通鉴》完成。史学荒废的时间太久，记载没有法则，议论不能明白，怎么能发挥惩恶劝善的长久功效？你博学多闻，贯穿古今，上自周王朝末期，下到五代时代，整理收集，成为独创一格的巨著，无论赞扬或谴责，都有正确的根据。我阅读之后，深为感叹。现在，赏赐你银两、绸缎、衣裳、玉带、鞍辔齐全的骏马，名单写在另一张纸上，你可前往领取。用以奖励，应当知悉。冬天寒冷，你要保重。体会我意，很多事未能一一道及。十五日。

一〇八五年九月十七日，准国务院（尚书省）便函。奉圣旨，重行校定。

一〇八六年十月十四日，奉圣旨：发交杭州刻版。

战国时代

导读

战国时代始于纪元前五世纪二〇年代的前四八〇年，终于纪元前三世纪七〇年代的前二二一年，凡两个半世纪。各强大的封国国君，先后升级，改称国王。西方边陲落后的秦国，因公孙鞅变法，革新内政，迅速成为强国。国际上第一流的外交家苏秦倡议南北合纵，联合抗秦，张仪则倡议东西连横，分别跟秦和解。国际关系翻云覆雨，纵横捭阖，诡异莫测，是一个斑斓缤纷的时代。

一九八三·八·一五

目录

纪元前四世纪

五〇年代

前三五〇—前三四一年

战国时代

●秦迁都咸阳●卫国自贬称“侯”
●马陵战役庞涓丧命

纪元前四世纪

六〇年代

前三四〇年—前三三一年

战国时代

●魏迁都大梁●公孙鞅被车裂，灭族
●孟轲见魏国国君魏罃●齐、魏两国
国君称王●越王国亡●苏秦、张仪分
别提出“合纵”“连横”大战略

纪元前四世纪

七〇年代

前三三〇—前三二一年

战国时代

●秦、韩、燕三国国君称王●卫国追
捕逃犯●苏秦奔齐●孟尝君访楚

纪元前四世纪

八〇年代

前三二〇—前三一一年

战国时代

纪元前四世纪

九〇年代

前三一〇—前三〇一年

战国时代

纪元前三世纪

〇〇年代

前三〇〇—前二九一年

战国时代

《资治通鉴》起于纪元前五世纪九〇年代的前四〇三年，止于纪元后十世纪五〇年代的九五九年，共记载一千三百六十二年史迹。在本(前五)世纪中，只有三年篇幅，但却发生晋国被赵、魏、韩三大家族瓜分的大事。司马光先生认为那是一个巨变，《资治通鉴》即从该年开始。

纪元前五世纪

纪元前五世纪

九〇年代

前四〇三—前四〇一年

战国时代

- 晋阳之围。
- 智姓家族覆亡。
- 三家分晋。
- 盗杀楚十六任王（声王）芈当。

- 雅典三十人独裁政治结束，恢复民主。
- 波斯皇帝阿塔瑟克西斯二世，击败叛弟赛拉斯，造成“万人大退却”。

纪元前四〇三年——戊寅

周威烈王	二十三年
鲁穆公	七年
秦简公	十二年
郑缧公	二十年
宋悼公	元年
楚声王	五年
齐康公	二年
晋烈公	十九年
魏文侯	四十四年
韩景侯	六年
赵烈侯	六年
燕湣公	三十一年
卫慎公	十二年

1 晋国（首府新田〔山西省侯马市〕）长期以来，在魏、赵、韩三大家族控制之下，国君不过空拥虚名，只在形式上，看起来晋国仍是一个完整的独立封国。本年（前四〇三），周王国（首都洛阳〔河南省洛阳市白马寺东〕）国王（三十八任威烈王）姬午，下令擢升三大家族族长，亦即晋国三位国务官（大夫）：魏斯当魏国（首府安邑〔山西省夏县〕）国君、赵籍当赵国（首府晋阳〔山西省太原市〕）国君、韩虔当韩国（首府平阳〔山西省临汾市〕）国君。晋国被三国瓜分后，只剩下一小片国土。

纪元前五世纪·前四〇三年

春秋末期·三家分晋之前国际形势

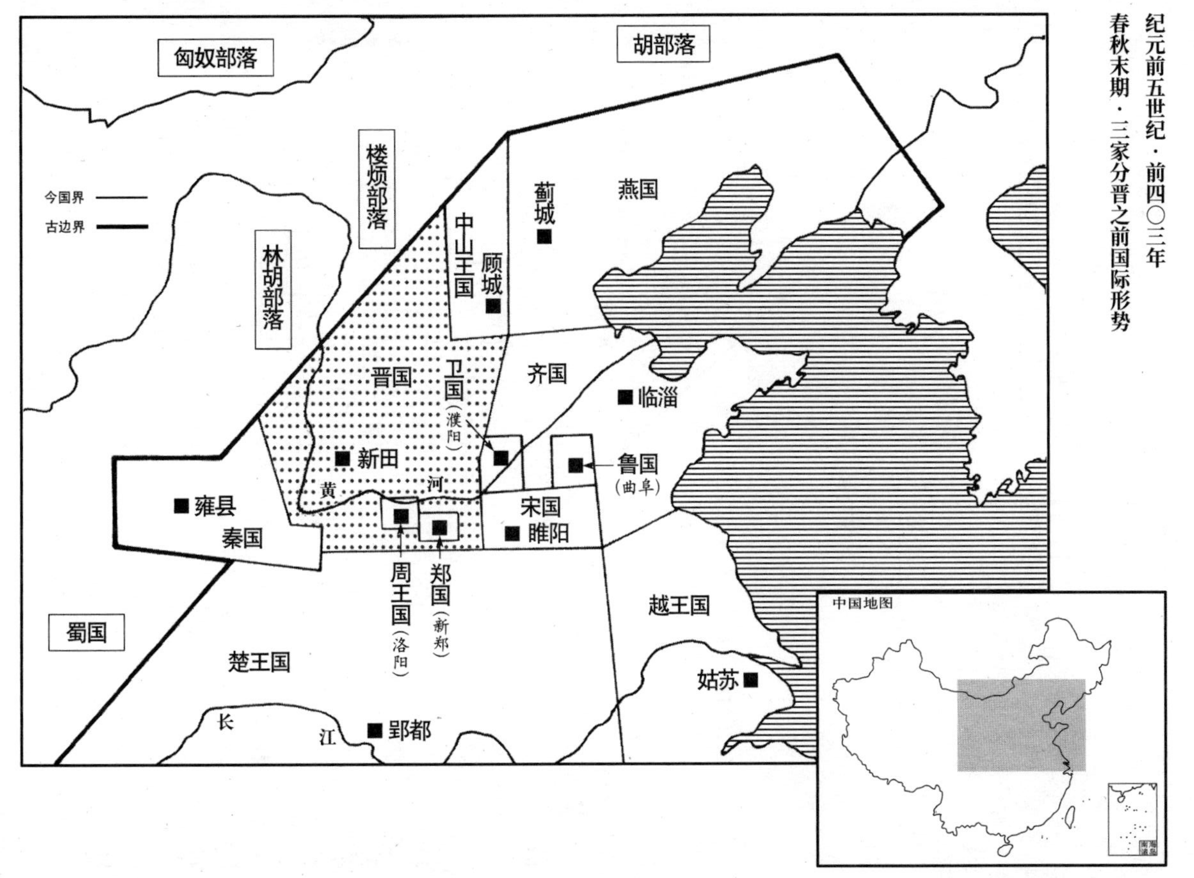

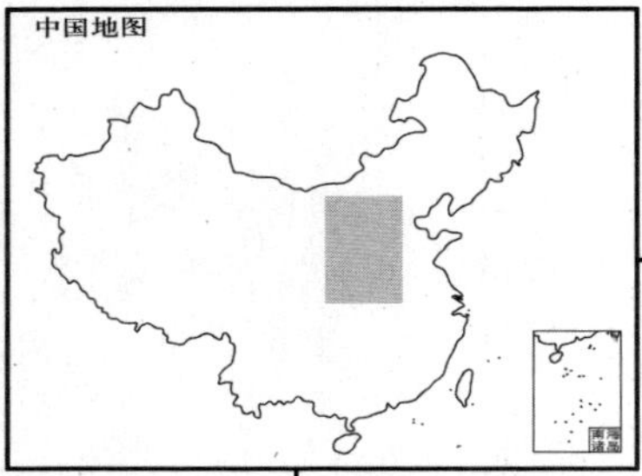

中国地图

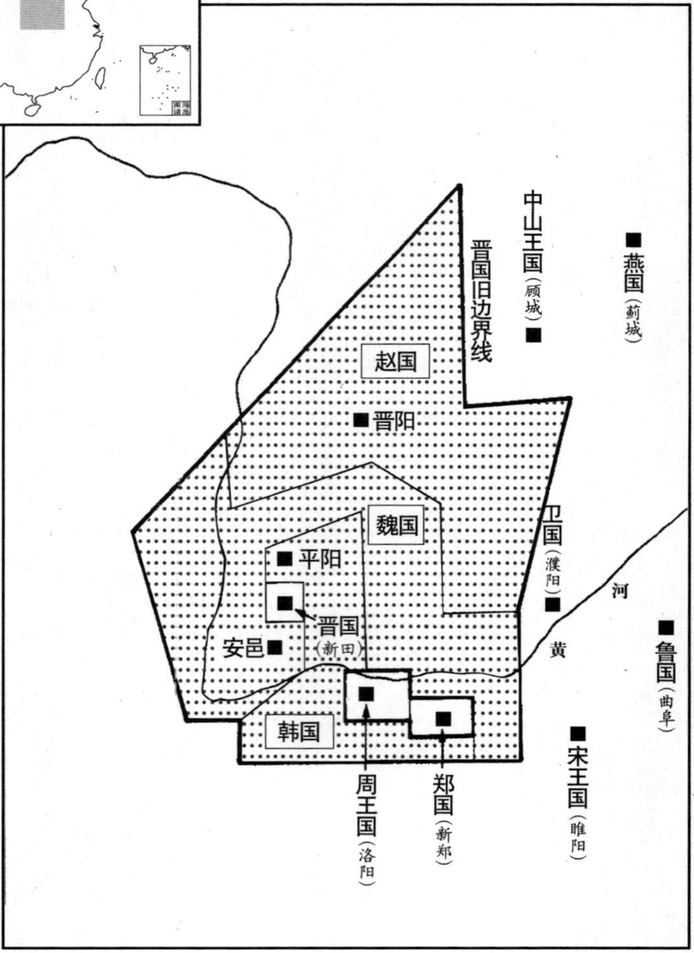

晋国旧边界线

中山王国（顾城）

燕国（蓟城）

赵国

晋阳

魏国

平阳

晋国（新田）

安邑

卫国（濮阳）

河

黄

鲁国（曲阜）

韩国

周王国（洛阳）

郑国（新郑）

宋王国（睢阳）

纪元前五世纪·前四〇三年　三家分晋

天子最重要的责任，莫过于维护礼教，礼教中最重要的关键，就是严守等级（分）；等级中最重要的关键，就是匡正名分（名）。什么是“礼教”？礼教就是纲纪。什么是“等级”？等级就是君臣官民，上下有别。什么是“名分”？名分就是官阶大小，身价高低。四海之广，亿万之众，被高高在上的某一个人管辖，人民纵然有盖世武功和高度智慧，都心甘情愿的听从他的指挥，为他奔走服役，原因何在？在于有严格的“礼教”作为“纲纪”。所以天子统御三公，三公统御封国国君（诸侯），封国国君统御国务官（大夫），国务官统御人民。节节相扣，层层控制，权贵支配贫贱，贫贱接受权贵的支配。高官贵爵之驱使小官小民，犹如身体之驱使四肢，树根之支配枝叶。小官小民之侍奉高官贵爵，犹如四肢之保卫身体，枝叶之保护树根。这样，互相配合，国家才能长治久安。所以我特别指出：天子的重要责任，莫过于维护礼教。

从前，姬昌研究排列《易经》，认为乾（阳）坤（阴）属于第一顺序。孔丘解释说：“天至高至尊，地至低至贱，阴阳定位。高者自高，低者自低，贵贱定位。”是在强调：君王和人民，他们之间的关系位置，跟天和地之间的关系位置一样，绝不可改变。所以，《春秋》在记载史实时，故意贬抑封国国君，尊敬天子。凡是皇亲国戚，即令再不成才，也要把他摆在封国国君上面，足以说明圣人（孔丘）对于君王和臣民之间的分际，一直寄予特别的关切。除非是遇到姒履癸（夏桀）、子受辛（商纣）之类的暴君；或除非是遇到子天乙（汤）、姬发（武）之类的仁君，人民归心，上天保佑，才可以改变。否则，君王和人民之间的名分，当永远保持，并且不惜为保持这种名分，牺牲自己的生命。想当初，假如子启（子受辛的哥哥）代替子受辛（纣）当君王，商王朝不会灭亡，祖先子天乙（成汤）的荣耀，可永配皇天。假如吴季札当吴王国的君王，祖先吴太伯的祭祀，也不会中断。然而子启、吴季札二位先生，却宁愿国家灭亡，也不愿当君王，原因是，他们认为不可破坏礼教大节。所以，礼教中最重要的是等级永远不变。

礼教的精义，在于分辨贵贱，分别亲疏，和用以判断是非，处理事物。没有官位（名），就不能发挥，没有权力（器），就不能成功。官位不雷同，权力有大小，上下分明，秩序自然建立，这正是礼教的主要内涵。如果丧失官位（名）和权力（器），礼教怎能单独存在？从前，卫国仲叔于奚，对国家建立大功（齐国攻击卫国，在新筑〔河北省大名县南〕会战，卫军大败，新筑平民仲叔于奚聚集兵民，击退齐军，救出卫国当权国务官孙良夫），卫国赏赐给他一个村落（邑），仲叔于奚不愿接受采邑，却愿国君准许他使用只有贵族才可以使用的一种佩戴在马脖上的红缨。孔丘认为，宁可加封他更多的村落，也不可准许他使用红缨。无他，只有官位（名）和权力（器），不可以随便给人。这是君王的责任，如果不坚持原则，国家就会跟着灭亡。那时候，卫国国君正盼望孔丘出任政府官职，孔丘提出“正名主义”，认为名分不正，人民就有一种不安的情绪，不知道做什么好，和做什么不好。马脖子上的一朵红缨，不过是一个装饰品、小玩意而已，孔丘却珍惜它。确定名分，看起来不过是一件细微的小事，孔丘却置于优先顺序。只因为名分、等级，如果混乱，上下关系便无法维持。任何事物，从没有不从小地方做起，而能建立伟大勋业的，圣人（孔丘）有长远考虑，所以，在小的节目上着手治理。普通人眼光短小，必须等到发生弊端，才图补救。矫正小的节目，用力小而收效大。补救已造成灾害的弊端，则使出全身力量，却不见得可以成功。《易经》说“履霜坚冰至”，《书经》说“一日二日万几”，就是指这类事件而言。所以我特别指出：稳定等级最好的方法是正名。

自从周王朝国王姬胡（十任厉王）、姬宫涅（十二任幽王），政治腐败，周王朝急剧的走向下坡，法律纪律全被破坏，下位的翻过来欺凌上位，上位的权势尊严，日益衰退。各个封国，几乎全成了独立王国，互相攻杀。十分礼教，已丧失了七八分。然而姬昌（文）、姬发（武）留下来的政权，却仍能够绵延不断，只因为姬姓子孙，还能够保持“周天子”的名分。这需要举一个例证：从前，晋国国君（二十四任文公）姬重耳，对周王国建立了大功，当周王（二十任襄王）姬郑要酬劳他时，姬重耳请求准许他死后用只有天子才可用的“隧葬”仪式。姬郑拒绝，说：“这是周朝传统制度，从来没有不是天子而用天子礼仪的。假如有这种现象，连叔父大人（姬重耳）恐怕都会反对。不然的话，你有的是土地，想怎么葬就怎么葬，还请求天子批准干什么？”姬重耳畏惧礼教，不敢坚持。（前六三六年，姬郑的弟弟姬带，跟姬郑的王后翟叔隗通奸，姬郑流亡氾邑〔河南省襄城县〕，晋国国君〔二十四任〕姬重耳起兵勤王，诛杀姬带，迎接姬郑还都。周王朝和势衰后的周王国，君王们对封国国君，总是称叔父或伯父，大概是一种政治艺术。封国国君下葬，棺材从地面用绳缒下，直抵墓穴。国王下葬，却要先凿一个隧道，把棺材从隧道中抬进去。）所以周王的领土，并不大于曹国（山东省菏泽市定陶区）、滕国（山东省滕州市）；周王的人民，也不多于邾国（山东省邹城市）、莒国（山东省莒县）。可是，数百年下来，仍隐然是天下共主，虽以晋国、楚王国、齐国、秦国的强大，都不敢侵犯它，原因何在？不过是名分尚存的缘故。至于鲁国的季姓家族、齐国的田恒家族、楚王国的芈胜家族、晋国的智姓家族，他们的力量或声势足可以罢黜国君而自立，然而，他们不敢。难道他们力量不够，心里不忍？当然不是，只是恐惧干犯名分，招来杀身之祸。而今晋国国务官（大夫），视国君如无物，三分晋国。周王，不但不能兴兵讨伐，反而公开加封他们官爵，擢升他们当封国国君，使他们成为国际上一个成员。对残留的一点名分，不但不能维护，反而去糟蹋它。祖先（先王）传下来的礼教，到此荡然无存。或者有人以为，在那个时候，周王国衰弱，赵、魏、韩三家强盛，纵想不加分封，也办不到。是又大大的不然，即令赵、魏、韩更强更大，假令不怕天下的诛杀，而蛮干到底，他满可不必请求天子加封，自己干上就行了。问题在于：不请求天子加封而自己坐上国君的位置，就成了叛逆，天下如果有姜小白（桓）、姬重耳（文）之类国君，必然用礼义作号召，发动大军攻打。而今却是天子批准的，是奉天子的命令当封国国君的，谁能说他不对？谁能讨伐他？所以赵、魏、韩三大家族之被封为封国国君，并不是赵、魏、韩三大家族破坏礼教，而是周天子本人破坏礼教。君王和人民间的官阶身价，既不能保持不变，当然是诉诸力量，看谁的智谋最高，和谁的拳头最大。结果，圣贤后裔当封国国君的，终于全部消灭。人民受到涂炭，几乎死绝，岂不哀痛。

司马光从没有一本专书或一篇专文，完整的表达他的政治思想和政治立场，却在《资治通鉴》“臣（司马）光曰”按语里，陆陆续续、零零星星的，透露无遗（这是写给皇帝看的，所以称“臣光”）。当十一世纪宋王朝宰相王安石先生推行政治改革，以图拯救正奔向死亡之谷的帝国之时，司马光率领传统保守的知识分子群，坚决抵制。结果改革失败，腐烂加速，半个中国，丧失在北方新崛起的金帝国之手。

在“司马光曰”中，可以充分看出司马光的意识形态，他有一种崇古的狂热，和一种维持现状的固执。他关心官僚群和大地主的利益，远超过关心人民的利益。我们了解他的基本立场后，才能了解他苦口婆心以赴的目的何在。

司马光最服膺的是孔丘的正名主义，现代对正名的认知是："是什么就是什么。"当选总统还没有就职，是"总统当选人"；就职之后，则是"总统"；下台摆地摊，则是"小贩"。而孔丘的正名认知，却恰恰相反："是什么偏不是什么。"具体的说："曾经是什么，就永远是什么。"楚王国早就是一个王国，身为首领的酋长早就是自称和被称国王，可是《春秋》却咬定牙关，硬称楚国王是"楚子"，你不是说你是国王么，我偏偏称你五百年前周国王初封你时的那个名分——"子爵"，因为你本来就是"子爵"！这种胶柱鼓瑟式讲礼教、定名分的正名主义，在当时不过是为了对抗动乱的一种手段，然而，发展下来却成为一种政治意淫，不切实际，而且把自己陷入一个被嘲笑的困局。

纪元前四七八年，齐国国君（三十任平公）姜骜先生，跟鲁国国君（二十八任哀公）姬蒋先生，在蒙邑（山东省蒙阴县）举行高阶层会议，二人见面时，姜骜向姬蒋叩头（八世纪之前，中国人席地而坐——正确的说，是跪着坐在自己的小腿上。所谓叩头，只是深深的把头俯下。跟八世纪后必须屈辱的先行双膝跪地的叩头不同），这是所有礼节中最尊敬的一种。可是，鲁国国君姬蒋，却双手一拱，只作了一个揖。这情形跟现代社会交际场合，你先伸手，对方却不伸手，只微微的点一下头一样。姜骜跟他的随从大臣，都怒不可遏。鲁国宾相引经据典的说："依照礼教的规定，国君见国君，不过作揖，国君只有见天子时才叩头，你们怎么连这都不懂？"齐国确实不懂，不过不久就懂了。四年后的纪元前四七四年，两国国君在顾邑（山东省鄄城县）再度会盟，齐国早就准备妥当，届时一声令下，跳出几个壮士，抓住姬蒋，强迫他向姜骜叩头。这时礼教派不上用场，姬蒋只好叩头。齐国为这件事，还编了一首诗歌："鲁国人冥顽不灵 / 多少年都不清醒 / 使我们难以为情 / 他们死守着儒

书 / 引起无谓的纷争。”

纪元前五世纪二〇年代就成为笑柄的那种礼教，司马光先生不但用来评论同为纪元前五世纪九〇年代的三家分晋，还在该笑柄发生后一千五百年的十一世纪，拿到桌面上膜拜。

司马光是一位正统的儒家学派学者，竭力反对古代所没有的任何东西和任何改革现状的措施。他跟宋王朝六任帝（神宗）赵顼先生之间，有一段生动的对话，充分表露出这种思想。赵顼曾经问他："纪元前二世纪的西汉王朝，如果一直守着它第一任宰相萧何制定的法律规章，不加改变，你以为可以吗？"司马光回答说："当然可以，岂止守着西汉王朝可以，即令纪元前二十四世纪的那些君王，和夏、商、周王朝所制定的法律规章，一直用到今天（十一世纪）的话，也都十分恰当。刘彻（七任武帝）改变祖宗的法，盗匪遂遍中国。刘奭（十一任元帝）改变父亲的法，西汉王朝因之衰弱。所以，祖宗所制定的法律规章，绝对不可有任何改变。"

司马光的政治思想是一项狂热偏执的时代反动，跟鲁国国君（二十八任哀公）姬蒋先生一样，只能把事情搞得更糟。赵、魏、韩三大家族，瓜分晋国，司马光断定，如果周国王不加封爵，他们如果自称为封国国君，那就是叛逆，遇到像姜小白（齐国十六任国君桓公）或姬重耳（晋国二十四任国君文公）这样的人，就会兴兵讨伐。然而事实俱在，楚王国首领早就自称和被称国王，并没有人封他，那可是最早的和最典型的叛逆，而且跟姜小白、姬重耳同一个时代，撞个正着，姜、姬二人岂敢给楚王一记耳光？对称"国王"的叛逆，都干瞪眼，怎么能预卜对不过称"国君"的叛逆，就动手把他干掉？封国林立下的国君们，他们自己互相攻杀，大吃小、强吃弱，从没有人因为谁是国王加封过的"圣贤的后裔"而饶了对方的。怎么偏偏赵、魏、韩曾由于是天子加封的而没人敢碰？而且恰恰相反，碰他们的人可多的是，就在加封后的第三年（前四〇一），秦国就攻击魏国。

司马光还犯了举证的错误。周王国所以残存，不是因为他们天子遵守名分——仅只遵守名分，便可保持政权不坠，天下没有这回事。而是它太弱太小，不构成力量，而又有残余的利用价值。卫国比周王国生存更久，难道卫国比周王国更为美妙？至于子启先生之宁愿国亡也不愿当君王，不知道是听谁说的。史实是：子受辛先生以嫡子身份继承帝位时，根本没有人拥护庶子子启夺权，不是他不敢，而是他不能。犹如柏杨先生，不是我不敢当美国总统，而是我不能当美国总统。吴季札是另一种情势，他如果当了国王，才是遵守礼教；拒绝当国王，反而破坏礼教，因为老爹下令兄终弟及，哥哥们都严格遵守，只有吴季札公然背叛“君”“父”，以致引起流血政变。

司马光这位儒家学派大师，所代表的儒家思想中，没有民主观念，更没有人权观念，只有强烈的维护既得利益阶层的奴性。他要求的是，平民必须安于被统治的现状。等级不可改变，名分不可改变；君王永远是君王，平民永远是平民，夹在当中的司马光所属的以做官为唯一职业的知识分子——士大夫阶层，永远是士大夫。赵、魏、韩三大家族瓜分晋国，是一项可能促使平民惊醒的巨响，拆穿了礼教和等级、名分不可改变的神话。因为礼教、等级、名分，全部来自官位和权力。姬发先生如果不使朝歌（河南省淇县）“血流漂杵”，他和他爹姬昌先生，哪里来的礼教？哪里来的尊严等级？哪里来的高贵名分？当平民觉醒，了解礼教只是保护既得利益阶层的铁丝网，尊严的等级、高贵的名分，自己同样可以争取到手时，士大夫才发生真正的恐慌。司马光看出平民借着三家分晋这件事的启示，可能培养出独立思考能力，不禁又气又惧，遂在“司马光曰”

中，要求皇帝重建统治者和既得利益者永恒的权威。不过，连司马光自己，也不能坚守他的立场，《资治通鉴》中，对叛逆的楚王国头目，只好仍称“楚王”，不称“楚子”。

2 最初，控制晋国（首府新田）政府的，不仅是赵、魏、韩三大家族，而是四大家族——另一是智姓家族。开始的时候，智姓家族族长（宣子）智申，指定儿子智瑶当他的继承人。族人智果表示异议，说：“智瑶不如你另外一位庶子智宵。智瑶有五项超人的优点，只有一项缺点。五项优点是：一表人才，精于骑射，通晓各项技能，文章流利，坚决果断。一项缺点是：胸襟狭窄，刻薄寡恩。五种才干加上毫无容人之量，谁能跟他和平相处？如果要智瑶做你继承人的话，智姓家族一定覆灭。”智申不理会这项建议，智果遂向政府登记，另立族谱，改姓“辅”。

赵姓家族族长（简子）赵鞅有两个儿子，长子赵伯鲁，幼子赵无恤。赵鞅要决定继承人时，不知道哪个儿子较好，于是在两块竹简上刻下一段普通训诫的话，交给他们研读收藏，吩咐说：“要切记在心。”三年之后，再问他们，赵伯鲁张口结舌，忘了个净光，而且连竹简也弄掉了。赵无恤却背诵如流，问他要竹简，立刻从袖子里掏出来（古人宽衣大袖）。于是，老爹赵鞅对赵无恤留下深刻印象，指定他当继承人。

赵无恤的才干，毋庸置疑。但立刻从袖子里掏出竹简，却有点蹊跷。竹简是笨重之物，放在袖子里长达三年之久，天下岂有这种怪事。似乎只有一种可能，赵无恤在老爹身旁埋有暗探，早就得到消息。只能证明他的狡猾，不能证明所预期的他一定能忍辱负重。

赵鞅任命尹铎镇守赵姓家族的根据地晋阳（山西省太原市），尹铎问说："你是教我去搜刮财富？还是教我使晋阳成为你可靠的退路？"赵鞅说："当然要使晋阳成为我可靠的退路。"尹铎到职之后，立刻减轻赋税，整修战备。赵鞅对赵无恤说："晋国（首府新田）一旦发生灾变，记住，不要认为尹铎年轻，不要认为晋阳距首府太远（新田跟晋阳间航空距离三百公里），一定前往投奔。"

赵鞅逝世后，智瑶（襄子）掌握晋国政府大权，一天，跟韩姓家族族长（康子）韩虎、魏姓家族族长（桓子）魏驹，在蓝台设宴饮酒欢聚。智瑶戏弄韩虎，又侮辱韩家的总管（相）段规。智国听到之后，警告说："激怒对方而不防备报复，灾难必然临头。"智瑶说："我就是灾难，我不给别人灾难，已算运气了，谁敢给我灾难？"智国说："恐怕不是这样，《夏书》有句话：'一个人屡犯过失，结下的怨毒不在明处，不能因为看不见就粗心大意。'大人物能在小事情上谨慎，才能避免大的忧患。而今，公开宴会上，一下子就使韩家的族长和韩家的重臣，蒙受耻辱，而又不戒备他们的反弹，只一味安慰自己：'他们不敢！'结局一定要糟。连黄蜂、蚂蚁，都能害人，何况一个庞大的武装兵团的首领和他的助手？"智瑶听不进去。

不久，智瑶向韩虎要求割让领土，韩虎气得发抖。段规说："智瑶喜欢占小便宜，性情又十分刚愎，如果拒绝，一定对我们发动攻击。不如给他，他尝了这种甜头后，必然对别人如法炮制，别人不给，一定发生战争。我们既可以逃过一劫，又可以坐以待变。"韩虎就把一个拥有一万户人家的城市，送给智瑶，智瑶大为高兴。接着向魏姓家族族长（桓子）魏驹，也要求割让领土，魏驹打算拒绝，他的总管（相）任章问道："为什么不给他？"魏驹说："没有理由而强迫割地，欺人太甚，当然不给他。"任章说："正因为他没有理由强迫割地，我们才应该给他。给他之后，智瑶必然认为自己聪明不可一世。一旦不可一世，必然轻敌。而我们被迫害的几家，才有可能精诚团结。以精诚团结对待轻敌，智瑶的性命，不会长久。《书经》说：'将击败他时，先使他恶贯满盈。将吞食他时，先喂他一点东西。'不如答应他的要求，使智瑶被胜利冲昏了头。然后，我们再暗中动手，魏家为什么最先挨智家的当头一棒？"魏驹同意他的看法，也把一个拥有一万户人家的城市，送给智瑶。

智瑶对自己谋略的高明和判断的正确，十分满意。于是变本加厉的向赵家新任族长（襄子）赵无恤，指名要蔺邑（山西省吕梁市离石区西）、皋狼（山西省吕梁市离石区西北）。这一次，他碰了钉子，赵无恤拒绝，这对习惯于胜利的智瑶，是一个难以忍受的打击。他取得魏、韩两家帮助，攻击赵无恤的住宅。赵无恤准备逃离晋国首府新田（山西省侯马市）时，考虑投奔何方，侍从们建议说："长子（山西省长子县）最近（距侯马市航空距离一七〇公里），而城堡刚刚修竣。"赵无恤说："人民刚完成巨工，已经筋疲力竭，再要他们卖命守城，谁会这么傻？"侍从们又建议："邯郸（河北省邯郸市）仓库充实，也是好地方。"赵无恤说："地方官已剥夺了人民的财富，如今我们再去剥夺人民的性命，谁肯帮我？只有投奔晋阳（山西省太原市），晋阳是我们赵家的老根据地，尹铎又待人民宽厚，人心必然跟我们认同。"于是，投奔晋阳。

智瑶亲率三家联合兵团攻击晋阳，四面包围，密不通风。然后决开汾水，波浪滔天，跟城头仅有三块筑墙木板的惊险差距，没有灌过去。城内艰苦支持，浸过来的河水逐渐增多，民家的炉灶都告崩塌，遍地鱼蛙。然而，民心坚决，没有人想到投降。智瑶在城外高冈上巡视，魏驹、韩虎在一旁陪伴，看到洪水滚滚，波浪滔天，晋阳城像一叶孤舟，眼看就要沉没，喜不自胜说："到今天我才知道，水可以亡人之国。"听了这话，魏驹用手肘轻轻碰了一下韩虎，韩虎用脚也轻轻碰了一下魏驹，他们惊惧的是，汾水也可以灌安邑（山西省夏县，魏姓家族根据地），绛水也可以灌平阳（山西省临汾市，韩姓家族根据地）。

智家的谋臣絺疵（絺，音chī〔吃〕）警告智瑶说："韩、魏两家，可能叛变。"智瑶说："你怎么知道？"絺疵说："我只是靠常情判断。很显然的，他们一定会想到，一旦赵家灭亡，下次的对象定是韩、魏。我们跟二家约定，消灭赵家之后，三家共同瓜分赵家领土。城不被淹没，只差三块木板，人民饥饿，互相格杀吞食，晋阳陷落，就在旦夕，他们应该高兴才是，可是二人却忧形于色，如果没有阴谋，那才奇怪。"智瑶不相信。第二天，智瑶把絺疵的话告诉韩虎、魏驹。两人委屈万状，指天发誓说："这一定是赵家的反间之计，挑拨盟友间的感情，使你因怀疑并防备我们二家，而松懈了攻击晋阳的军事行动。试想一想，我们再傻，也不至傻到舍弃已经到口的赵家领土，而去干危险万状必不可成的荒唐勾当。"等到二人告辞，絺疵进来，质问智瑶说："怎么回事，你把我昨天说的话告诉了他们？"智瑶吃惊说："咦，你怎么晓得？"絺疵说："我发现他们抬头向我凝视了一下，脚下踉跄，加速脚步，低头走掉。很显然的，他们已知道我看穿了他们的肺腑。"智瑶不肯承认自己观察错误。絺疵眼看大难就要发生，要求出使齐国，脱离险地。

困守危城的赵无恤，派出秘密使节张孟谈，乘着黑夜，悄悄出城，晋见魏驹、韩虎，提醒二人说："古人云，唇亡则齿寒，赵家覆灭之后，接着就是你们。"魏驹、韩虎说："我们何尝不了解，怕的是，事情还没有发动，却走漏消息，大祸会立刻降临。”张孟谈说：“谋略出于二位主上之口，入于我张孟谈一人之耳，又有何伤害？”魏驹、韩虎就跟张孟谈结盟，约定发动日期，然后送他回城。到了约定日期，赵无恤派出精锐部队，突击智家守军，反决堤防，大水汹涌，倒灌智家军阵地，智家军仓猝救水，军营大乱，韩、魏两家部队，乘势从两翼夹攻，赵无恤亲率劲旅，奋勇直前，生擒智瑶，立即斩首。接着把智姓家族全部屠灭。只留下智果不死，他料到在智瑶领导下智家会有这种下场，早已改姓为辅，得以逃此浩劫。

智瑶之所以覆亡，在于他的才能胜过他的品德。才能和品德是两码子事，普通人很难辨识。看见一个人能干，就称赞他贤明，于是，常常看错了人。才能的意义是“聪察强毅”（聪慧、明察、有魄力、坚毅不拔），品德的意义是“正直中和”（公正、公平、不偏不倚、和平温柔），才能是品德的基础，品德是才能的主宰。像云梦（湖北省安陆市南）的竹子，最为坚韧，然而，如果不矫正它的弯曲，不刮平它的竹节，用来做箭，就射不穿坚硬的盔甲。棠谿（河南省西平县西北）的黄金（铜），最为贵重，然而，如果不熔化、不锤炼，就不能产生强大的打击力量。才能和品德兼备，就是“圣人”，才能和品德全都没有，就是“愚人”；品德胜过才能，就是“君子”，才能胜过品德，就是“小人”。任用一个人担当大事，假如物色不到“圣人”“君子”，那么，与其用“小人”，还不如用“愚人”。原因何在？盖“君子”把他的才能用到善行上，“小人”却把才能去干邪恶勾当。把才能用到有益于社会的工作，犹如锦上添花。把才能去从事邪恶勾当，可是一种灾难。“愚人”虽然想干坏事，智慧既不够，力量也不足，好像初生的小狗，想要咬人，人只要一举手，就可把它制伏。

而“小人”不然，智慧足可以发挥他的邪恶，能力足可以完成他的暴虐，简直是老虎生了翅膀，带给人们的祸患，更为严重。“品德”使人尊敬，“才能”使人喜爱。尊敬的容易疏远，喜爱的却容易成为亲信心腹，所以很多掌握权柄的人，被有才能的人蒙蔽，而忘掉了有品德的人。自古以来，国家的乱臣奸佞，家族的败子浪子，因才能有余而品德不足，促成覆亡的例证，多得不胜枚举，岂止智瑶一人而已。在此，我特别指出，国家领导人假如能真正了解才能和品德的分别，知道选择的先后，便不致重蹈覆辙。

司马光把人性当成一个无机体，所以对才能和品德所作的界说，似是而非。“强毅”固是才能，也是品德；“公正”固是品德，也是才能。尤其在实际的政治操作中，判断一个人到底是“才能”胜过“品德”，或是“品德”胜过“才能”，根本无法办到。哪一个君王领袖，不是肯定他的亲信部属，都是天下第一贤明兼天下第一忠心？如果早就知道他是一个邪恶小人，岂会赋予重任？中国传统上的用人行政，一直绕着这种“才能”“品德”“君子”“小人”的圈圈打转，连诸葛亮都强调要“亲君子”“远小人”。咦，芸芸众生，济济群官，模样都差不多，谁是“君子”？谁是“小人”？结果形成一项“我是君子，你是小人”定律，互相指控。几个著名的王朝，如宋王朝和明王朝，就是在这种互相指控中，使中央政府陷于瘫痪，终于灭亡。而且，纯理论上，“愚人”比“小人”更糟，俗话说：“昏官之害，胜于贪官。”贪官在无赃可贪，或刀架到脖子上不敢贪的时候，他的才能还足以做出有利于人民的事。而昏官，无论什么时候，他都不能运转。司马光这种论调，使历届王朝政府，都拼命强调“品德”，结果大多数都毁于庸才之手。因为人心复杂，二分法既天真而又简单，一个人身上的邪恶与高贵，固同时并存，在盖棺之前，无法化验，也无法提出分析报告。只有一个方法可以防止邪恶，那就是民主制度和法治精神，用选举和法律来控制他的邪恶程度，同时也用选举和法律激发他高贵的品德。然而司马光那个时代，却没有民主，法律更没有力量，使司马光只好诉诸抽象原则。于是，我们困惑（不是责备）：以司马光学问的渊博，为什么没有冒出一点民主法治的构思？

3 赵、魏、韩三大家族，瓜分智姓家族领土。赵无恤恨智瑶入骨，把他的头骨漆了之后，当作酒壶。智瑶的家臣豫让，为故主报仇，伪装成一个差役，怀着利刃，混到赵无恤住宅，躲在厕所里。赵无恤想去厕所，忽然怦然心动，教人搜索，把豫让搜索出来，侍卫们要求立即处决。赵无恤说："智瑶全族被屠，没有后代，这个人为故主报仇，是一位忠臣义士，我愿意躲避他。"下令释放。豫让回去后，用漆涂抹全身，皮肤敏感反应，发成癞疮，还恐怕人们从声音上分辨出他是谁，又吞下木炭，使声音嘶哑，在街头乞讨，连他的妻子都不认识他。可是遇到一位老友，老友却看出他的面目，不禁泪下，说："以你的才干，如果投效赵家，定可以跟赵无恤亲近，再乘机下手，岂不容易？何必把自己苦成这个样子，要知道，你根本没有成功的希望。"豫让说："我如果投靠赵家，便成为赵家的家臣，既当了家臣，而谋杀主人，就是不忠，我不做不忠的事。我要做的，当然很难，所以如此，只是要使那些不忠的人惭愧。"赵无恤出门，豫让埋伏在他必经的桥底下。赵无恤将到桥头，坐骑忽然惊嘶，侍卫们搜索后，再度抓到豫让。赵无恤这次不再饶他，把他斩首。

赵无恤怀念他老哥赵伯鲁，所以，虽然自己有五个儿子，一直不肯指定继承人。而把赵伯鲁的儿子封到代城（河北省蔚县），尊称代成君，代成君很早逝世，于是指定代成君的儿子赵浣，做自己的继承人。等到赵无恤逝世（前四二五年），赵浣（献子）继位，只几个月，赵无恤的老弟赵嘉（桓子），就把赵浣逐走，自己继位。一年后逝世（前四二四年），赵姓家族长老们决定："赵嘉当主人，不是赵无恤的意思。"为了避免争位，于是把赵嘉的儿子诛杀，重新迎接赵浣（献子）复位。赵浣生赵籍，赵籍就是本年（前四〇三）封国建立时的赵国第一任国君（烈侯）。

4 魏斯，是魏驹（桓子）的孙儿，魏国（首府安邑）第一任国君，称文侯。韩虎（康子）生韩启章（武子），韩启章生韩虔。韩虔，是韩国（首府平阴）第一任国君，称景侯。

5 魏国（首府安邑）国君（一任文侯）魏斯，敦请卜子夏、田子方，做他的教师。每次经过段干木的住所，一定低头致敬（段干木是当时道德之士）。四方英雄豪杰，听到魏斯如此的尊重贤能，纷纷投奔魏国。

魏斯跟政府高级官员举行盛宴，心情十分愉快，而天忽然降雨。魏斯教备马出发，前往近郊，左右官员劝阻说："今天大家喝酒，正在快乐，而天又降雨，主上却要去什么地方？"魏斯说："我跟农林部长（虞人）约定今天打猎，虽然余兴未尽，怎么可以不见一面？"于是，亲自前往，面告农林部长改期。

韩国（首府平阳）邀请魏国帮助，进攻赵国（首府晋阳）。魏斯拒绝说："魏国跟赵国是兄弟之邦，不敢从命。"赵国得到韩国方面准备进攻的消息，也要求魏国帮助，攻击韩国。魏斯用同样的话回答，两国都愤怒异常。到了后来，当他们知道魏斯对他们的感情时，十分感动，都向魏国朝觐。从此，魏国成为一个强大的国家，其他诸侯不能跟它争锋。

魏斯任命乐羊当武装部队统帅，攻陷中山王国（首都顾城〔河北省定州市〕），并入魏国版图，作为儿子魏击的封邑。有一次，魏斯问他的臣僚说："我是什么样的君主？"大家一致回答说："仁慈的君主。"只有一位名叫任座的，独持异议，插嘴说："你得到土地，不封你弟弟，而封你儿子，怎么能称仁慈？"魏斯勃然大怒，任座一看苗头不对，立即告辞退出。魏斯再问另一位臣僚翟璜，翟璜说："你当然是仁慈的君主。"魏斯没好气说："你怎么知道？"翟璜说："我知道的是，君主仁慈，臣僚才能正直。所以任座那么毫无忌惮，那么直爽坦率，我就由此推断。"魏斯大为舒服，派翟璜去请任座回来。魏斯亲自下台阶迎接，待作上宾。

魏斯跟田子方一块喝酒，宫廷音乐在旁伴奏。魏斯忽然说："声音有点不调和，似乎'钟声'偏高。"田子方微笑不语，魏斯说："你为什么笑？"田子方说："做一个君主，只要了解管理音乐的官员（乐官）就够了，不必了解音乐。而今你了解音乐，恐怕会忽略去了解管理音乐的官员。"魏斯恍然大悟。

魏斯的儿子魏击，在路上遇到田子方，急忙下车，在道旁下拜。田子方却不还礼，扬长而去。魏击火冒三丈，抓住田子方，质问说："普天之下，是富贵值得骄傲，还是贫贱值得骄傲？"田子方说："这还用问，当然贫贱的人可以骄傲，富贵的人怎敢如此？国君骄傲则失去他的封国，国务官（大夫）骄傲则失去他的家族。失国的人，再没有国。失家的人，再没有家。像我们这些贫贱之辈，建言不被采纳，行为不合主人的要求，那可简单明了，穿上鞋子就走，反正走到哪里都是一样贫贱。”魏击为自己的孟浪道歉。

魏斯问他的大臣中山（河北省定州市）守将李克说：“你曾经说过：‘家贫思良妻，国乱思良相（宰相）。’我现在想从两个人中，选择一位当宰相，不是魏成，就是翟璜，你以为哪一位比较合适？”李克说：“地位低微的人不参与决定尊贵的事，关系疏远的人不参与讨论关系亲密的人。我远在宫门之外，不敢向你提出意见。”魏斯说：“不要滑头，一定要你说出来。”李克说：“哪一位当宰相合适，条件至为明显，主上一时没有注意到罢了。平常日子，观察他亲近些什么人。有钱之后，观察他把钱用到哪里去。做了高官，观察他推荐些什么贤能。贫贱的时候，观察他是不是有所不为。穷困的时候，观察他接受不接受不义之财。从这五点，可以得到结论，还用我多说话？”魏斯欣然说：“好了，请你回府休息吧，我已决定任命谁当宰相了。”李克出宫，遇到翟璜，翟璜问：“听说主上召你进宫，向你征求宰相人选的意见，你推荐了谁？”李克说：“魏成。”翟璜脸色大变说：“主上担心西河（黄河西岸，陕西省东部），是我推荐吴起。主上忧虑邺城（河北省临漳县西南邺城镇），是我推荐西门豹。主上要攻击中山王国（首都顾城〔河北省定州市〕），是我推荐乐羊。占领中山后，物色不到守将，是我推荐你。主上的儿子没有教师，是我推荐屈侯鲋。仅这几点，我有什么地方不如魏成？”李克说：“你当初推荐我镇守中山，难道是把我当作党羽，纳入组织，用来培植帮派，以求更大的官？我想当然不是。主上问我谁适宜当宰相，我就依照实际情况回答。所以推测主上一定任用魏成，因为魏成千钟俸禄（一钟，六斛四斗），却用九百钟广交圣贤豪杰，只留一百钟给家人，所以才发掘出卜子夏、田子方、段干木，介绍给主上，主上尊为师傅。而你所推荐的五位，主上都用作部属，你怎么能跟魏成相比？”翟璜大为惭愧，赧然说：“我真是一个粗线条，不该这么问你，愿追随你学习，做你的弟子。”

吴起，卫国（首府濮阳〔河南省濮阳市〕）人，在鲁国（首府曲阜〔山东省曲阜市〕）担任官职。鲁国物色大将，而吴起的妻子却是齐国（首府临淄〔山东省淄博市东临淄区〕）人，鲁国政府怀疑一旦跟齐国发生战争时，他能不能忠心不贰。吴起就把妻子杀掉，结果把齐国的军队击败。于是有人向鲁国国君挑拨说：“吴起从前跟曾参上学，娘亲逝世，他不奔丧，曾参认为他不孝，跟他断绝关系。现今又把妻子害死，只为了当主上的大将，这种人残忍无耻。而且，我们鲁国是一个小国，一旦传开来说我们有力量大破强敌，恐怕各封国会联合抵制，打我们的主意，鲁国就吃不了兜着走。”吴起得到消息，恐怕被杀，听说魏斯贤明，就投奔魏国。魏斯征询李克的意见，李克说：“吴起既贪财又好色，可是，如果率军作战，虽田穰苴也不如他。”（田穰苴，齐国名将。）魏斯遂任命吴起担任大将，攻击秦国，占领五个城邑。

吴起虽身为大将，可是却跟最卑微的士兵同甘共苦，穿一样的衣服、吃一样的食物，睡觉时睡在地上，不另外设床；行军时徒步，绝不骑马；亲自背负干粮，分担士兵辛劳。士兵中有害疽疮的，吴起亲自用口为他吸脓。士兵的娘亲听到这件事，痛哭失声。人们说：“你儿子不过一个无名小卒，而大将军给你儿子吸脓，你还有什么可哭的？”娘亲说：“当年，吴起曾为孩子的爹吸过疮脓，孩子的爹奋力杀敌，战死沙场。而今吴起又吸孩子的疮脓，不知道孩子将死在何所，怎不哀伤？”

6 燕国（首府蓟城〔北京市〕）国君（三十四任）湣公（名不详）逝世，子僖公（名不详）继位（三十五任）。

纪元前四〇二年 己卯

周威烈王	二十四年
鲁穆公	八年
秦简公	十三年
郑繻公	二十一年
宋悼公	二年
楚声王	六年
齐康公	三年
晋烈公	二十年
魏文侯	四十五年
韩景侯	七年
赵烈侯	七年
燕僖公	元年
卫慎公	十三年

1 周王国（首都洛阳〔河南省洛阳市白马寺东〕）国王（三十八任威烈王）姬午逝世，子姬骄继位（三十九任），是为安王。

2 楚王国（首都郢都〔湖北省江陵县〕）发生大变故，强盗击杀国王（十六任声王）芈（音mǐ〔米〕）当。贵族们共拥芈当的儿子芈疑，继承王位（十七任），是为悼王。

纪元前四〇一年 庚辰

周安王	元年
鲁穆公	九年
秦简公	十四年
郑繻公	二十二年
宋悼公	三年
楚悼王	元年
齐康公	四年
晋烈公	二十一年
魏文侯	四十六年
韩景侯	八年
赵烈侯	八年
燕僖公	二年
卫慎公	十四年

1 秦国（首府雍县〔陕西省宝鸡市凤翔区〕）进攻魏国（首府安邑〔山西省夏县〕），大军进抵阳孤（山西省垣曲县东南）。

纪元前四世纪

战国时代始于纪元前五世纪二〇年代的前四八〇年，终于纪元前三世纪七〇年代的前二二一年，凡两个半世纪。本世纪正是战国时代中期，各国陷于混战。各强大的封国国君，先后升级，改称国王。西方边陲落后的秦国，因公孙鞅变法，革新内政，迅速成为强国。国际上第一流的外交家苏秦倡议南北合纵，联合抗秦，张仪则倡议东西连横，分别跟秦和解。国际关系翻云覆雨，纵横捭阖，诡异莫测，是一个斑斓缤纷的世纪。

战国时代

◎ 郑国宰相驷子阳被杀，其党再杀国君。

◎ 聂政刺死侠累。

◎ 姜姓齐国国君被逐出首府临淄。

◎ 苏格拉底被陷入狱，服毒自杀。

◎ 罗马攻陷维阿爱（包围九年）。

纪元前四〇〇年　辛巳

周安王	二年
鲁穆公	十年
秦简公	十五年
郑缧公	二十三年
宋悼公	四年
楚悼王	二年
齐康公	五年
晋烈公	二十二年
魏文侯	四十七年
韩景侯	九年
赵烈侯	九年
燕僖公	三年
卫慎公	十五年

1 魏国（首府安邑〔山西省夏县〕）、韩国（首府平阳〔山西省临汾市〕）、赵国（首府晋阳〔山西省太原市〕），联合攻击楚王国（首都郢都〔湖北省江陵县〕），大军进抵桑丘（《史记》作乘丘，山东省济宁市兖州区西北）。

2 郑国（首府新郑〔河南省新郑市〕）围攻韩国所属的阳翟（河南省禹州市）。

3 韩国（首府平阳）国君（一任景侯）韩虔逝世，子韩取继位（二任），是为烈侯。

4 赵国（首府晋阳〔山西省太原市〕）国君（一任烈侯）赵籍逝世，贵族拥立他的老弟（名不详）继位（二任），是为武侯。

5 秦国（首府雍县〔陕西省宝鸡市凤翔区〕）国君（二十一任简公）嬴悼子逝世，子惠公（名不详）继位（二十二任）。

纪元前三九九年

壬午

周安王	三年
鲁穆公	十一年
秦惠公	元年
郑缛公	二十四年
宋悼公	五年
楚悼王	三年
齐康公	六年
晋烈公	二十三年
魏文侯	四十八年
韩烈侯	元年
赵武侯	元年
燕僖公	四年
卫慎公	十六年

1 周王国（首都洛阳〔河南省洛阳市白马寺东〕）王子姬定，逃奔晋国（首府新田〔山西省侯马市〕）。

2 虢山（河南省三门峡市西）发生崩塌，土石坠入黄河，河水壅塞。

纪元前三九八年 癸未

周安王	四年
鲁穆公	十二年
秦惠公	二年
郑缙公	二十五年
宋悼公	六年
楚悼王	四年
齐康公	七年
晋烈公	二十四年
魏文侯	四十九年
韩烈侯	二年
赵武侯	二年
燕僖公	五年
卫慎公	十七年

1 楚王国（首都郢都〔湖北省江陵县〕）大军围攻郑国首府新郑（河南省新郑市）。郑国贵族刺杀宰相驷子阳。（郑国十一任国君穆公姬兰的儿子姬骈，别名子驷。古人往往用祖父的名字最后一个字做自己这一支派的姓。这位驷子阳，姓驷，名子阳，也是郑国贵族。）

纪元前三九七年 甲申

周安王	五年
鲁穆公	十三年
秦惠公	三年
郑缥公	二十六年
宋悼公	七年
楚悼王	五年
齐康公	八年
晋烈公	二十五年
魏文侯	五十年
韩烈侯	三年
赵武侯	三年
燕僖公	六年
卫慎公	十八年

1 日蚀。

2 三月，韩国（首府平阳〔山西省临汾市〕）宰相（相）侠累，被刺客格杀。侠累跟濮阳（河南省濮阳市）人严仲子之间，有难解的怨毒，严仲子听说轵邑（河南省济源市东南）人聂政，勇猛过人，备了黄金二千四百两（百镒），送给聂政的母亲，作为祝寿礼物，请聂政代他报仇。聂政拒绝，说："娘亲在堂，要我奉养，我不能轻言牺牲。"稍后，娘亲逝世，聂政才接受这项委托。当暗杀行动开始时，侠累正在宰相府主持会报，警卫森严。聂政像闪电一样，突击而入，在众人惊愕中，举刀直刺侠累的咽喉，侠累立即死亡。聂政自知难以逃生，咬紧牙关，用利刃自行毁容，脸皮全被割破，又自挖双眼，再自刺腹部自杀，肠出满地。韩国政府把尸首拖到市场，公开示众，要求市人辨识刺客身份。聂政的姐姐聂嫈听到消息，赶到首府平阳（山西省临汾市），抚尸哀哭说："他就是轵邑（河南省济源市东南）深井里（济源市东南十五公里）的聂政，只因为我这个姐姐尚在人间，恐怕连累我，才忍心重重的自我毁灭。弟弟啊，我怎么会贪生怕死，使你埋没英名？"就在尸旁，自杀殉难。

3 魏国（首府安邑〔山西省夏县〕）国君（一任文侯）魏斯逝世，子魏击嗣位（二任），是为武侯（原记载误为前三八七年）。

纪元前三九六年 乙酉

周安王	六年
鲁穆公	十四年
秦惠公	四年
郑繻公	二十七年
宋悼公	八年
楚悼王	六年
齐康公	九年
晋烈公	二十六年
魏武侯	元年
韩烈侯	四年
赵武侯	四年
燕僖公	七年
卫慎公	十九年

1 郑国（首府新郑〔河南省新郑市〕）故宰相（相）驷子阳的残余党羽，击杀国君（二十七任繻公）姬骀，拥立他的弟弟姬乙继位（二十八任），是为康公。

2 宋国（首府睢阳〔河南省商丘市〕）国君（三十一任悼公）宋购由逝世，子宋田继位（三十二任），是为休公。

纪元前三九五年 丙戌

周安王	七年
鲁穆公	十五年
秦惠公	五年
郑康公	元年
宋休公	元年
楚悼王	七年
齐康公	十年
晋烈公	二十七年
魏武侯	二年
韩烈侯	五年
赵武侯	五年
燕僖公	八年
卫慎公	二十年

纪元前三九四年 丁亥

周安王	八年
鲁穆公	十六年
秦惠公	六年
郑康公	二年
宋休公	二年
楚悼王	八年
齐康公	十一年
晋烈公	二十八年
魏武侯	三年
韩烈侯	六年
赵武侯	六年
燕僖公	九年
卫慎公	二十一年

1 齐国（首府临淄〔山东省淄博市东临淄区〕）攻击鲁国（首府曲阜〔山东省曲阜市〕），占领最邑（山东省曲阜市东南）。

2 郑国（首府新郑〔河南省新郑市〕）负黍城（河南省登封市西南）叛变，复归还韩国（首府平阳〔山西省临汾市〕。前四〇七年，郑国攻击韩国，占领负黍城）。

纪元前三九三年 戊子

周安王	九年
鲁穆公	十七年
秦惠公	七年
郑康公	三年
宋休公	三年
楚悼王	九年
齐康公	十二年
晋烈公	二十九年
魏武侯	四年
韩烈侯	七年
赵武侯	七年
燕僖公	十年
卫慎公	二十二年

1 魏国（首府安邑〔山西省夏县〕）攻击郑国（首府新郑〔河南省新郑市〕）。

2 晋国（首府新田〔山西省侯马市〕）国君（三十八任烈公）姬止逝世，子姬倾继位（三十九任），是为孝公。

纪元前三九二年 己丑

周安王	十年
鲁穆公	十八年
秦惠公	八年
郑康公	四年
宋休公	四年
楚悼王	十年
齐康公	十三年
晋孝公	元年
魏武侯	五年
韩烈侯	八年
赵武侯	八年
燕僖公	十一年
卫慎公	二十三年

纪元前三九一年 庚寅

周安王	十一年
鲁穆公	十九年
秦惠公	九年
郑康公	五年
宋休公	五年
楚悼王	十一年
齐康公	十四年
晋孝公	二年
魏武侯	六年
韩烈侯	九年
赵武侯	九年
燕僖公	十二年
卫慎公	二十四年

1 秦国（首府雍县〔陕西省宝鸡市凤翔区〕）攻击韩国（首府平阳〔山西省临汾市〕）所属的宜阳（河南省宜阳县），占领六个村庄。

2 齐国（首府临淄〔山东省淄博市东临淄区〕）中央政府一向被担任国务官（大夫）的田姓家族，严密控制。最初，田恒（成子）生田盘（襄子），田盘生田白（庄子），田白生田和（太公）。本年（前三九一），田和把国君（三十二任康公）姜贷，驱逐出首府临淄（山东省淄博市东临淄区），放逐到东方海边的一个不知名的小城，使他收取该城的赋税，维持对他祖先的祭祀。

战国时代

◎ 田姓家族正式篡夺齐国政权。

◎ 吴起被诬陷，畏罪，奔楚。

◎ 秦国政变，杀出公。

◎ 吴起死。

◎ 高卢王布雷那斯，率七万大军进攻罗马共和国，纵火焚罗马城，罗马赔偿黄金一千磅赎城。

◎ 罗马大将卡密鲁斯反攻，大败高卢军，斩布雷那斯。

纪元前三九〇年 辛卯

周安王　十二年
鲁穆公　二十年
秦惠公　十年
郑康公　六年
宋休公　六年
楚悼王　十二年
齐康公　十五年
晋孝公　三年
魏武侯　七年
韩烈侯　十年
赵武侯　十年
燕僖公　十三年
卫慎公　二十五年

1 秦国（首府雍县〔陕西省宝鸡市凤翔区〕）和晋国（首府新田〔山西省侯马市〕）在武城（陕西省渭南市华州区东）会战（晋国〔首府新田〕自被瓜分后，连本身生存都有问题，已无力作任何战争。可能是和魏国〔首府安邑，山西省夏县〕，或韩国〔首府平阳，山西省临汾市〕会战）。

2 齐国（首府临淄〔山东省淄博市东临淄区〕）攻击魏国（首府安邑），陷襄陵（河南省睢县）。

3 鲁国（首府曲阜〔山东省曲阜市〕）在平陆（山东省汶上县西北）击败齐国（首府临淄）军队（平陆在鲁国首府曲阜西北航空距离五十公里，齐国军队竟在那里吃败仗，说明那是一支侵略部队）。

纪元前三八九年 壬辰

周安王	十三年
鲁穆公	二十一年
秦惠公	十一年
郑康公	七年
宋休公	七年
楚悼王	十三年
齐康公	十六年
齐太公	二十四年
晋孝公	四年
魏武侯	八年
韩烈侯	十一年
赵武侯	十一年
燕僖公	十四年
卫慎公	二十六年

1 秦国（首府雍县〔陕西省宝鸡市凤翔区〕）攻击晋国（首府新田〔山西省侯马市〕。晋国此时已无地可供攻击，可能仍是魏国〔首府安邑，山西省夏县〕或韩国〔首府平阳，山西省临汾市〕之误）。

2 齐国（首府临淄〔山东省淄博市东临淄区〕）国务官（大夫）田和，跟魏国（首府安邑）国君（一任）魏斯，楚王国（首都郢都〔湖北省江陵县〕）及卫国（首府濮阳〔河南省濮阳市〕）的特别使节，在浊泽（河南省新郑市西南），举行高阶层会议，田和请他们帮助，使他在名义上取得国君的头衔。魏国国君（一任）魏斯，即向周王国国王（三十九任安王）姬骄，代田和请求封爵，姬骄欣然同意。史称田和为田姓齐国的太公。

纪元前三八八年 癸巳

周安王	十四年
鲁穆公	二十二年
秦惠公	十二年
郑康公	八年
宋休公	八年
楚悼王	十四年
齐康公	十七年
齐太公	二十五年
晋孝公	五年
魏武侯	九年
韩烈侯	十二年
赵武侯	十二年
燕僖公	十五年
卫慎公	二十七年

1 田姓齐国（首府临淄〔山东省淄博市东临淄区〕）太公田和，本年（前三八八）逝世，子田剡（第二任）继位（原记载只因遗漏田剡一代，遂发生一连串错误）。

纪元前三八七年　甲午

周安王	十五年
鲁穆公	二十三年
秦惠公	十三年
郑康公	九年
宋休公	九年
楚悼王	十五年
齐康公	十八年
齐田剡	元年
晋孝公	六年
魏武侯	十年
韩烈侯	十三年
赵武侯	十三年
燕僖公	十六年
卫慎公	二十八年

1 秦国（首府雍县〔陕西省宝鸡市凤翔区〕）大军南下，侵入蜀国（首府成都〔四川省成都市〕）领土，占领北部重镇南郑（陕西省汉中市）。

2 魏国（首府安邑〔山西省夏县〕）国君（一任文侯）魏斯逝世，子魏击嗣位（二任），是为武侯（此项记载有误。参考前三九七年）。

魏击在西河（潼关以北的黄河）乘坐御舟，顺流而下，水势奔腾，峭壁夹岸，行到中游，神采焕发，对大将吴起说："多么美丽的锦绣江山啊，固若金汤，这是我们魏国的至宝！”吴起说：“我不认为地理形势有什么重要，国家的安危，在领导人的品德，不在山川的险阻。从前三苗部落，左面有洞庭湖，右面有鄱阳湖，可以说万无一失，但因为领导人堕落不振，夏王朝开国君王（一任帝）姒文命，把他们消灭。夏王朝末代君王（十九任）姒履癸（桀），首都也在安邑（山西省夏县），东有黄河、济水（古黄河支流，流经河南、山东两省，大部分河道今已湮没），西有华山（陕西省华阴市南），南有伊阙（河南省洛阳市南），北有羊肠阪（山西省平顺县东南太行山中，顾名思义，道路好像羊肠，易守难攻）。可是政治腐败，商王朝开国君王（一任）子天乙，把他赶下宝座，放逐远方。等到商王朝末代君王（三十一任）子受辛（纣），西边是孟门（山西省吉县西），东边是太行山，北方有恒山（河北省曲阳县北），南方有黄河，可是他暴虐无道，周王朝开国君王（一任）姬发，把他诛杀。由此看来，国家的安危，在领导人的品德，不在山川的险阻。如果主上不为国家尽责，恐怕现在跟主上同船的亲信，到时候一个个都成了敌国。”魏击懔然说：“我谨记你的话。”

魏击任命田文担任宰相。吴起不高兴，对田文说：“我想跟你讨论一下你我对于国家的贡献，你以为如何？”田文说：“当然可以。”吴起说：“指挥武装部队，官兵们愿意牺牲性命，使敌国惊惧，不敢打我们的主意，你比我怎么样？”田文说：“我不如你。”吴起说：“使政府的功能充分发挥，使全国人民安居乐业、国库充实、社会富庶，你比我怎么样？”田文说：“我不如你。”吴起说：“防卫西河（潼关以北的黄河），秦国（首府雍县）不敢向东侵略。而韩国（首府平阳〔山西省临汾市〕）与赵国（首府晋阳〔山西省太原市〕），不敢不对我们唯命是听，你比我怎么样？”田文说：“我不如你。”吴起说：“这三项重要大事，你都不如我，可是官位却比我高，那为什么？”田文说："当君王年纪还小，有权势的重要官员互相猜忌，随时可能发动政变，民心恐慌。这个时候，宰相位置，应该属于你，还是属于我？"吴起沉默很久，抱歉说："我承认，应该属于你。"

当政治的运转有一定的秩序，人们也习惯并接受这种秩序时，压根不会产生"主少国疑，大臣未附，百姓不信"的危机。只有腐烂的政权，在权力交接时才有这种特殊现象。

若干时日后，魏国宰相公叔（魏国可能设立一个以上的宰相，也可能此时田文已去位或逝世），妻子是魏国公主，公叔权倾中外，忌妒吴起的超凡才能，认为终有一天，吴起会威胁到他的职位，因而想把吴起排除，可是一时想不出妥善方法。他的一个绝顶聪明的仆人建议说："排除吴起，易如反掌。他这个人最大的缺点是过度刚强，而且对自己的心直口快，颇为满意。所以，只要设计一个圈套，就不怕他不跳进去。你先报告国君说：'吴起是一位了不起的英雄。可是，我们魏国是个小国，恐怕留不住他。留住他的唯一方法，只有许配给他一位公主，使他成为魏国的女婿。如果他志不在魏国，非投奔其他大国不可，必定拒绝这项婚姻。'然后，你在家里设宴，邀请吴起跟你同时回府，而跟公主先行商议妥当，使公主做出对你百般侮辱的动作，你也做出对这种侮辱的百般忍受的动作。吴起发现公主那么凶悍，不把平民出身的丈夫当成人，一定不敢娶她的妹妹，好了，这就跳进陷阱了。"公叔大喜过望，按照计划进行。

吴起果然心惊胆战，向魏击表示无福消受金枝玉叶，魏击霎时间简直不敢相信自己的耳朵。吴起这才发觉他中了暗箭，然而为时已迟，无法挽救，恐怕魏击翻脸无情，把他杀掉，于是逃亡，投奔楚王国（首都郢都〔湖北省江陵县〕）。

楚王（十七任悼王）芈疑，早就敬慕吴起的贤能，遂即任命他当宰相。吴起就职后，雷厉风行，推动一项广泛的改革运动，制定合乎时代的法律，并建立法律的尊严，罢黜所有只领薪水却不工作的闲散官员，撤销血统疏远的一些皇族们的爵位俸禄，加强训练军队，提高军队的战斗力，坚持独立的外交政策，反对跟秦国（首府雍县）和解。在吴起强烈的革新运动下，楚王国陡地强大。数年之间，疆土扩张到百越（东南沿海的浙江省、福建省及广东省），北方阻止三晋——赵国（首府晋阳）、韩国（首府平阳）、魏国（首府安邑）的南侵，西方数度攻击秦国。各国对楚王国的迅速复兴，大为忧虑。可是，在楚王国内部，那些因改革而失势的贵族和既得利益阶层，对吴起却十分仇视。

3 秦国（首府雍县）国君（二十二任）惠公（名不详）逝世，子出公（名不详）继位（二十三任）。

4 赵国（首府邯郸）国君（二任）武侯（名不详）逝世，贵族再拥护赵籍（烈侯）的儿子赵章继位（三任），是为敬侯。

5 韩国（首府平阳）国君（二任烈侯）韩取逝世，子文侯（名不详）继位（三任）。

纪元前三八六年 乙未

周安王	十六年
鲁穆公	二十四年
秦出公	元年
郑康公	十年
宋休公	十年
楚悼王	十六年
齐康公	十九年
齐田剡	二年
晋孝公	七年
魏武侯	十一年
韩文侯	元年
赵敬侯	元年
燕僖公	十七年
卫慎公	二十九年

1 周（首都洛阳〔河南省洛阳市白马寺东〕）天子（三十九任安王）姬骄，下令擢升齐国（首府临淄〔山东省淄博市东临淄区〕）国务官（大夫）田和，当齐国国君（早在前三八九年，已经下令擢升，且本年田和已死，此项记载有误）。

2 赵国（首府晋阳〔山西省太原市〕）贵族（公子）赵朝作乱，投奔魏国（首府安邑〔山西省夏县〕），在魏国协助下，攻击赵国新迁入的首府邯郸（河北省邯郸市），失败（本年〔前三八六〕，赵国首府自晋阳迁邯郸，赵朝当是利用迁府之际，发动政变）。

纪元前三八五年 丙申

周安王	十七年
鲁穆公	二十五年
秦出公	二年
郑康公	十一年
宋休公	十一年
楚悼王	十七年
齐康公	二十年
齐田剡	三年
晋孝公	八年
魏武侯	十二年
韩文侯	二年
赵敬侯	二年
燕僖公	十八年
卫慎公	三十年

1 秦国（首府雍县〔陕西省宝鸡市凤翔区〕）庶长（秦爵第十级为左庶长、第十一级为右庶长）改（姓不详），发动政变，逮捕国君（二十三任）出公（名不详）跟他的娘亲，沉到河里淹死。迎接流亡河西（甘肃省中部）的贵族嬴师隰回国继位（二十四任），是为献公（这是一件复仇公案。二十九年前的前四一五年，二十任国君灵公嬴肃逝世，嬴肃的叔父嬴悼子夺得政权，继位二十一任国君，是为简公。嬴肃的儿子嬴师隰受到生命威胁，逃亡到河西。前四〇〇年，嬴悼子逝世，子惠公〔名不详〕继位〔二十二任〕。前三八七年，惠公逝世，子出公〔名不详〕继位，

直到本年）。

2 田姓齐国（首府临淄〔山东省淄博市东临淄区〕）攻击鲁国（首府曲阜〔山东省曲阜市〕）。

3 韩国（首府平阳〔山西省临汾市〕）攻击郑国（首府新郑〔河南省新郑市〕），占领阳城（河南省登封市告成镇），又进攻宋国（首府睢阳〔河南省商丘市〕），俘虏宋国国君（三十二任休公）宋田。

田姓齐国（首府临淄）国君（一任太公）田和逝世，子田午继位（三任），是为桓公（田午非田和子，而是田和孙。田和生田剡〔二任〕，田剡于前三八八年继位，前三七八年逝世，子田午才继位，此项记载有误）。

纪元前三八四年 丁酉

周安王	十八年
鲁穆公	二十六年
秦献公	元年
郑康公	十二年
宋休公	十二年
楚悼王	十八年
齐康公	二十一年
齐田剡	四年
晋孝公	九年
魏武侯	十三年
韩文侯	三年
赵敬侯	三年
燕僖公	十九年
卫慎公	三十一年

纪元前三八三年 戊戌

周安王	十九年
鲁穆公	二十七年
秦献公	二年
郑康公	十三年
宋休公	十三年
楚悼王	十九年
齐康公	二十二年
齐田剡	五年
晋孝公	十年
魏武侯	十四年
韩文侯	四年
赵敬侯	四年
燕僖公	二十年
卫慎公	三十二年

1 魏国（首府安邑〔山西省夏县〕）攻击赵国（首府邯郸〔河北省邯郸市〕），在兔台（今地不详）大败赵军。

纪元前三八二年 己亥

周安王	二十年
鲁穆公	二十八年
秦献公	三年
郑康公	十四年
宋休公	十四年
楚悼王	二十年
齐康公	二十三年
齐田剡	六年
晋孝公	十一年
魏武侯	十五年
韩文侯	五年
赵敬侯	五年
燕僖公	二十一年
卫慎公	三十三年

1 日全蚀。

纪元前三八一年 庚子

周安王	二十一年
鲁穆公	二十九年
秦献公	四年
郑康公	十五年
宋休公	十五年
楚悼王	二十一年
齐康公	二十四年
齐田剡	七年
晋孝公	十二年
魏武侯	十六年
韩文侯	六年
赵敬侯	六年
燕僖公	二十二年
卫慎公	三十四年

1 楚王国（首都郢都〔湖北省江陵县〕）国王（十七任悼王）芈疑逝世，因吴起厉行政治革新，而丧失既得利益的楚国贵族，乘丧暴动，追杀吴起。吴起逃到灵堂，趴在芈疑尸体的旁边。暴徒们乱箭齐发，射死吴起，但同时也射中芈疑的尸体。下葬既毕，子芈臧即位（十八任），是为肃王，下令宰相（令尹）逮捕作乱的暴徒，屠杀七十余家。

吴起何负于鲁国（首府曲阜〔山东省曲阜市〕）？被疑逃亡。何负于魏国（首府安邑〔山西省夏县〕）？又被疑逃亡。何负于楚王国（首都郢都）？更遭杀身之祸。吴起的遭遇，正是一个封建社会中，心直口快，胸无城府，却既有能力，而又正直的知识分子的悲剧。杀妻求将，从稍后再没有人抓这个小辫子，可证明只不过是政客们所使用的一种斗臭手段。鲁国在他手中不再受侵略，魏国在他手中强大，衰老的楚王国在他手中得到重生。忠心耿耿，才干之高，历史上很难找到匹敌，竟不容于当世，不禁为吴起悲，也为那些国家悲。伏到国王尸体之旁，能在死后复仇，这种智谋，也无人可及。如果有一个国家能对他始终重用，历史可能重写。

战国时代

- 姜姓齐国灭亡。
- 田姓齐国建立。
- 孔伋与卫国国君对话。
- 晋亡。
- 郑亡。
- 严遂刺杀韩哀侯。

- 埃及第三十王朝（埃及最后王朝）建立，击败波斯人。
- 底比斯人击败斯巴达人，遂侵入希腊半岛。

纪元前三八〇年 辛丑

周安王	二十二年
鲁穆公	三十年
秦献公	五年
郑康公	十六年
宋休公	十六年
楚肃王	元年
齐康公	二十五年
齐田剡	八年
晋孝公	十三年
魏武侯	十七年
韩文侯	七年
赵敬侯	七年
燕僖公	二十三年
卫慎公	三十五年

1 齐国（首府临淄〔山东省淄博市东临淄区〕）攻击燕国（首府蓟城〔北京市〕），占领桑丘（河北省保定市徐水区）。

2 魏国（首府安邑〔山西省夏县〕）、韩国（首府平阳〔山西省临汾市〕）、赵国（首府邯郸〔河北省邯郸市〕），联合攻击齐国，大军抵达桑丘（河北省保定市徐水区）。

纪元前三七九年 壬寅

周安王	二十三年
鲁穆公	三十一年
秦献公	六年
郑康公	十七年
宋休公	十七年
楚肃王	二年
齐康公	二十六年
齐田剡	九年
晋孝公	十四年
魏武侯	十八年
韩文侯	八年
赵敬侯	八年
燕僖公	二十四年
卫慎公	三十六年

1 赵国（首府邯郸〔河北省邯郸市〕）突袭卫国（首府濮阳〔河南省濮阳市〕），失败。

2 姜姓齐国（首府临淄〔山东省淄博市东临淄区〕）国君（三十二任康公）姜贷逝世，没有儿子。由田姓齐国政府，把两个海滨小城，并入版图。姜姓齐国就此灭亡（前一一二二年至前三七九年，立国七四四年）。

3 田姓齐国（首府临淄）国君（三任桓公）田午逝世，子田因齐继位，是为后来建立的齐王国第一任王（威王。此项记载有误，田因齐明年〔前三七八〕才继承国君之位）。

纪元前三七八年 癸卯

周安王	二十四年
鲁穆公	三十二年
秦献公	七年
郑康公	十八年
宋休公	十八年
楚肃王	三年
齐田剡	十年
晋孝公	十五年
魏武侯	十九年
韩文侯	九年
赵敬侯	九年
燕僖公	二十五年
卫慎公	三十七年

1 狄部落（山西省北部）在浍水（山西省翼城县南浍河。浍，音kuài〔块〕）大败魏国（首府安邑〔山西省夏县〕）边防军。

2 魏国（首府安邑）、韩国（首府平阳〔山西省临汾市〕）、赵国（首府邯郸〔河北省邯郸市〕），联合攻击齐国（首府临淄〔山东省淄博市东临淄区〕），大军抵达灵丘（山东省聊城市茌平区）。

3 晋国（首府新田〔山西省侯马市〕）国君（三十九任孝公）姬倾逝世，子姬俱酒继位（四十任），是为靖公。

4 齐国（首府临淄）国君（二任）田剡逝世，子田午继位（三任），是为桓公。

纪元前三七七年 甲辰

周安王	二十五年
鲁穆公	三十三年
秦献公	八年
郑康公	十九年
宋休公	十九年
楚肃王	四年
齐桓公	元年
晋靖公	元年
魏武侯	二十年
韩文侯	十年
赵敬侯	十年
燕僖公	二十六年
卫慎公	三十八年

1 蜀国（首府成都〔四川省成都市〕）攻击楚王国（首都郢都〔湖北省江陵县〕），占领兹方（重庆市奉节县）。

2 卫国（首府濮阳〔河南省濮阳市〕），孔伋（子思）向卫国国君（四十一任慎公）卫颓，推荐苟变，说："他的才干可以指挥五百辆战车作战。"卫颓说："我知道他的军事才能，但苟变曾经当过税务员，有次平白吃了民家两个鸡蛋，品德上有瑕疵。"孔伋说："政府任用官吏，跟建筑师选择木材一样，取其所长，弃其所短。巨木高耸云际，几个人都合抱不住，却有几尺朽烂，优秀的建筑师不会不用它。现在，我们正处在大混战时代，应该积极物色英雄豪杰，却为了两个鸡蛋，丧失一员大将，这话可别让别国听见才好。"卫颓再三致谢说："我接受你的指教。"

卫颓做了一项错误的决定，全体官员却一致赞扬那决定非常正确。孔伋对公丘懿子说："我看你们卫国，真是君不像君，臣不像臣。"（"君不君，臣不臣"，《论语》引齐国〔首府临淄，山东省淄博市东临淄区〕国君〔二十六任景公〕姜杵臼的话。）公丘懿子说："怎么会糟到这种程度？"孔伋说："领袖人物经常自以为是，大家就不敢贡献自己的意见。做对了而自以为是，还会排斥众人的智慧。何况做错了而仍自以为是，硬教大家赞扬，那简直是鼓励邪恶。不问事情的是非，而只一味喜欢听悦耳的声音，可以说绝顶糊涂。不管那是不是合理，而只努力露出忠贞嘴脸，满口顺调，那就是马屁精。君主昏庸、官员谄媚，而高高坐在人民头上，人民绝对不会认同。如果一直这样下去，国家必亡。"

孔伋告诉卫颓说："你的国家，恐怕将要没落了。"卫颓说："什么原因？"孔伋说："当然有原因，领袖说一句话，自以为是，官员们没有一个人敢指出他的错误；官员们说一句话，自以为是，民间没有一个人敢指出他的错误。领袖和官员，都自以为英明盖世，属下的小官小民也同声赞扬他们果然是真的英明盖世。马屁精就有福了，指出君王错误的人一定大祸临头。如此这般，有益于国家的善政，怎能产生？《诗经》说：'都说自己是圣贤，谁分辨乌鸦的雌雄？'听起来好像就是指的你们。"

3 鲁国（首府曲阜〔山东省曲阜市〕）国君（三十一任穆公）姬显逝世，子姬奋继位（三十二任），是为共公。

4 韩国（首府平阳〔山西省临汾市〕）国君（三任）文侯（名不详）逝世，子哀侯（名不详）继位（四任）。

纪元前三七六年 乙巳

周安王	二十六年
鲁共公	元年
秦献公	九年
郑康公	二十年
宋休公	二十年
楚肃王	五年
齐桓公	二年
晋靖公	二年
魏武侯	二十一年
韩哀侯	元年
赵敬侯	十一年
燕僖公	二十七年
卫慎公	三十九年

1 周王国（首都洛阳〔河南省洛阳市白马寺东〕）国王（三十九任安王）姬骄逝世，子姬喜继位（四十任），是为烈王。

2 魏国（首府安邑〔山西省夏县〕）、韩国（首府平阳〔山西省临汾市〕）、赵国（首府邯郸〔河北省邯郸市〕），联合行动，罢黜晋国（首府新田〔山西省侯马市〕）国君（四十任靖公）姬俱酒，贬作平民，瓜分残留下来的一小块国土（新田〔山西省侯马市〕），晋国从此覆亡（前一一一二年至前三七六年，立国七三七年）。

纪元前四世纪·前三七六年 晋亡·十四国并立

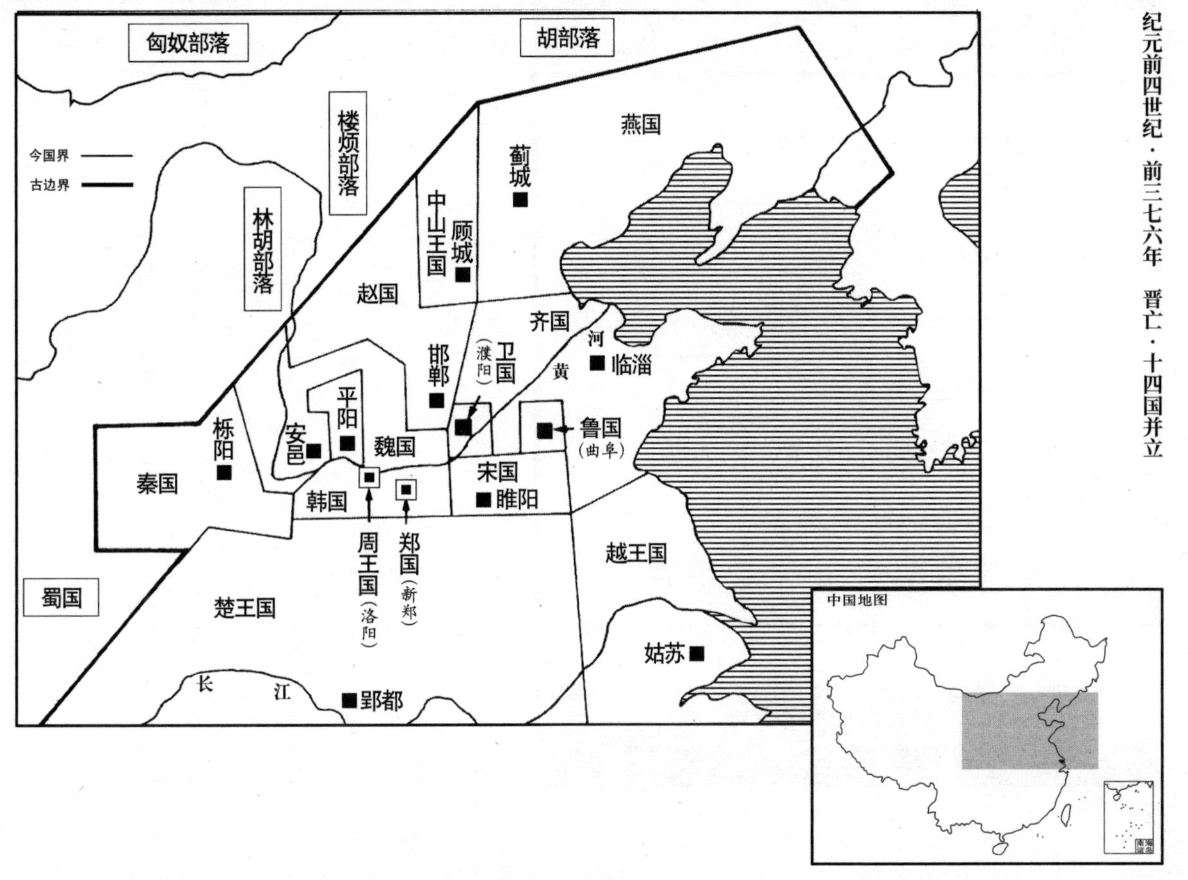

纪元前三七五年 丙午

周烈王	元年
鲁共公	二年
秦献公	十年
郑康公	二十一年
宋休公	二十一年
楚肃王	六年
齐桓公	三年
魏武侯	二十二年
韩哀侯	二年
赵敬侯	十二年
燕僖公	二十八年
卫慎公	四十年

1 日蚀。

2 韩国（首府平阳〔山西省临汾市〕）攻陷郑国首府新郑（河南省新郑市），郑国亡（前八〇六年至前三七五年，立国四三二年）。韩国遂把首府迁到新郑。（韩国首府不知什么时候曾移阳翟〔河南省禹州市〕，只知道本年〔前三七五〕首府由阳翟迁往新郑。）

3 赵国（首府邯郸〔河北省邯郸市〕）国君（三任敬侯）赵章逝世，子赵种继位（四任），是为成侯。

纪元前四世纪·前三七五年

韩灭郑，迁都新郑·十三国并立

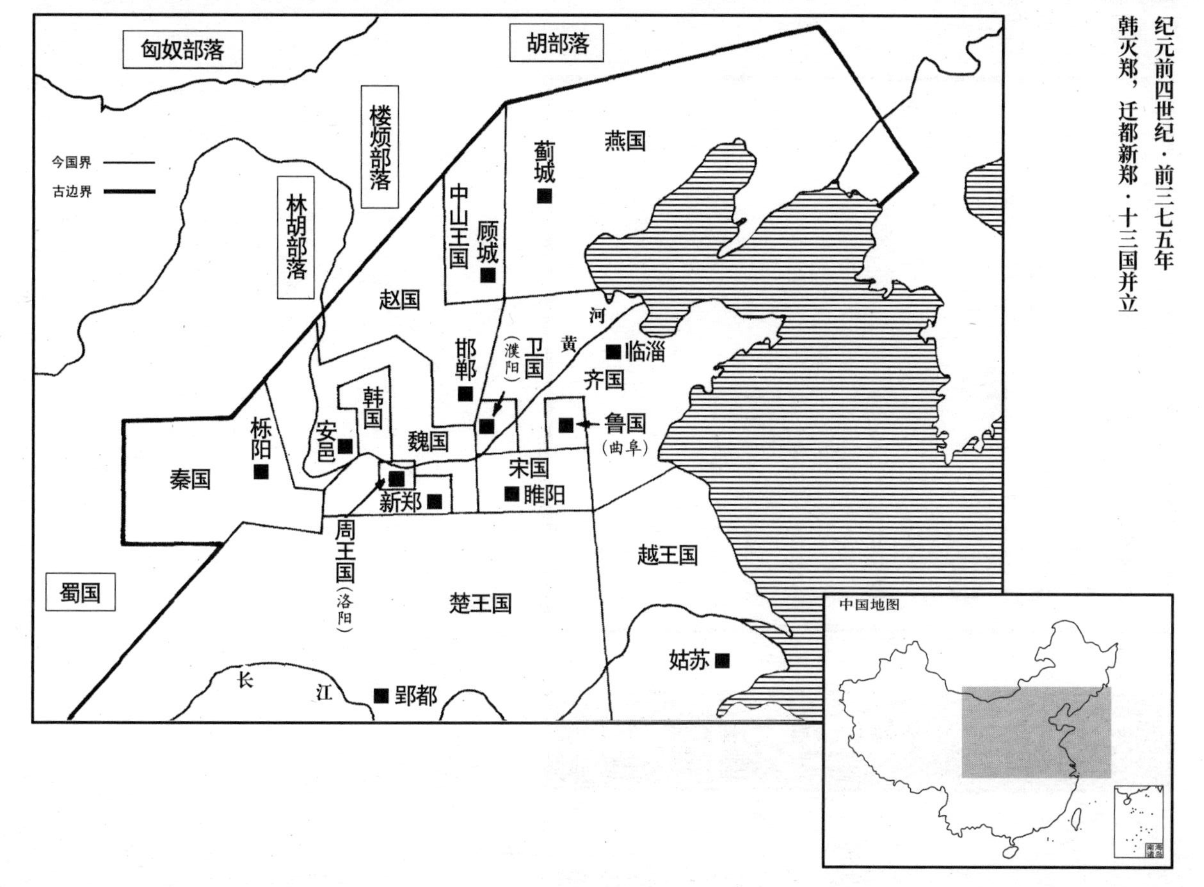

纪元前三七四年

丁未

周烈王	二年
鲁共公	三年
秦献公	十一年
宋休公	二十二年
楚肃王	七年
齐桓公	四年
魏武侯	二十三年
韩哀侯	三年
赵成侯	元年
燕僖公	二十九年
卫慎公	四十一年

纪元前三七三年 戊申

周烈王	三年
鲁共公	四年
秦献公	十二年
宋休公	二十三年
楚肃王	八年
齐桓公	五年
魏武侯	二十四年
韩哀侯	四年
赵成侯	元年
燕僖公	三十年
卫慎公	四十二年

1 燕国（首府蓟城〔北京市〕）在林狐（今地不详）击败齐国（首府临淄〔山东省淄博市东临淄区〕）军队。

2 鲁国（首府曲阜〔山东省曲阜市〕）攻击齐国（首府临淄），陷阳关（山东省泰安市东南）。

3 魏国（首府安邑〔山西省夏县〕）攻击齐国（首府临淄），大军抵达博陵（山东省聊城市茌平区西北）。

4 燕国（首府蓟城）国君（三十五任）僖公（名不详）逝世，子桓公（名不详）继位（三十六任）。

5 宋国（首府睢阳〔河南省商丘市〕）国君（三十二任休公）宋田逝世，子宋辟兵继位（三十三任），是为辟公。

6 卫国（首府濮阳〔河南省濮阳市〕）国君（四十一任慎公）卫颓逝世，子卫训继位（四十二任），是为声公。

纪元前三七二年 己酉

周烈王 四年
鲁共公 五年
秦献公 十三年
宋辟公 元年
楚肃王 九年
齐桓公 六年
魏武侯 二十五年
韩哀侯 五年
赵成侯 三年
燕桓公 元年
卫声公 元年

1 赵国（首府邯郸〔河北省邯郸市〕）攻击卫国（首府濮阳〔河南省濮阳市〕），占领首府濮阳（河南省濮阳市）附近七十三个村落。

2 魏国（首府安邑〔山西省夏县〕）在北蔺（山西省吕梁市离石区西）击败赵国（首府邯郸）军队。

纪元前三七一年 庚戌

周烈王	五年
鲁共公	六年
秦献公	十四年
宋辟公	二年
楚肃王	十年
齐桓公	七年
魏武侯	二十六年
韩哀侯	六年
赵成侯	四年
燕桓公	二年
卫声公	二年

1 魏国（首府安邑〔山西省夏县〕）攻击楚王国（首都郢都〔湖北省江陵县〕），占领鲁阳（河南省鲁山县）。

2 韩国（首府新郑〔河南省新郑市〕）国务官（大夫）严遂，刺杀国君（四任）哀侯（名不详），贵族们拥立哀侯的儿子韩若山继位（五任），是为懿侯。最初，哀侯任命韩廆当宰相，但对严遂却更亲信。韩廆跟严遂之间，结仇至深，已不可解，互相想置对方于死地。严遂雇请杀手行刺韩廆。韩廆急奔哀侯身旁，哀侯为了保护他，把他抱住。

然而杀手并不停止，仍刺杀韩廆；刀锋所及，哀侯也中刃而亡（《战国策》认为聂政杀侠累，和严遂杀哀侯是一件事。《史记》认为是两件事，《资治通鉴》根据《史记》。然而，二十六年间，韩国政府发生两次重大凶案，一次杀宰相，一次除了杀宰相外，还顺手杀了国君，太过突出。所以司马光对此并不敢十分肯定，在给刘道原信中，也曾表示他的怀疑）。

3 魏国（首府安邑）国君（二任武侯）魏击逝世，生前没有指定继承人，他的儿子魏䓨，跟公中缓为夺取宝座，斗争激烈，国家陷于混乱。

战国时代

- ◎ 齐国赏即墨城主，烹阿邑城主。
- ◎ 公叔痤临终推荐公孙鞅。
- ◎ 秦国颁布招贤令。
- ◎ 公孙鞅奔秦。

- ◎ 迦太基人进攻叙拉古。
- ◎ 罗马共和国元老院通过“李锡尼法案”（《罗马宪法》）。

纪元前三七〇年 辛亥

周烈王	六年
鲁共公	七年
秦献公	十五年
宋辟公	三年
楚肃王	十一年
齐桓公	八年
魏惠王	元年
韩懿侯	元年
赵成侯	五年
燕桓公	三年
卫声公	三年

1 齐国（首府临淄〔山东省淄博市东临淄区〕）国君（四任）田因齐，前往洛阳（河南省洛阳市白马寺东），晋见周王国（首都洛阳）国王（四十任烈王）姬喜。此时，周王国衰弱不堪，封国国君们早把它忘到脑后，田因齐突然有此举动，各封国大感惊讶，认为是他贤明之处（齐国本年仍是三任国君桓公田午在位，原记载有误）。

齐国（首府临淄）国君田因齐先生突然晋谒那个长久以来都没有人把他放在眼里的周王国（首都洛阳）国王，是一种政治手段，用以发人思古的幽情，提高自己的形象。各封国赞扬他高明，在意料之中。但赞扬他贤明，便太离谱。

司马光原文是："齐威王来朝……天下以此益贤威王。"事实上，田因齐要到三十六年后的前三三四年，才宣布称王。本年（前三七〇）的身份，仍不过一个封国国君而已。根据我们的正名主义："是什么就是什么。"此时压根不能说他就是国王。提前称呼官衔，是中国传统史书最使人困扰的特点之一，读起来好像掉到云雾之中。仅以这项记事而论，封国国君跟王国的国王，距离相差十万里。既不知道"威王"在哪里，更不知道"威王"在何方，世界上还没有这种东西时，传统史学家却硬说有这种东西。

司马光曾严厉谴责三大家族瓜分晋国（首府新田〔山西省侯马市〕）是破坏礼教。孔丘的《春秋》，还固执的把"楚王"称为"楚子"，而司马光连这点固执都没有。对"叛逆"田因齐的头衔，不但倍加尊重，反而提前使用，把他最重视的"等级""名分"，先自己砸个稀烂。

这至少证明传统的史笔史观，已无法立足，孔丘如果现在写《春秋》，他也不能坚持"楚子"。形势比人强，一个只站在少数统治立场的主观盼望，绝不可能动摇事实。司马光已尽了全力，但仍不得不屈服。

2 赵国（首府邯郸〔河北省邯郸市〕）攻击齐国（首府临淄），大军抵达鄄城（山东省鄄城县）。

3 魏国（首府安邑〔山西省夏县〕）在怀县（河南省武陟县西南）击败赵国（首府晋阳）军队。

4 齐国（首府临淄）国君（四任）田因齐把即墨（山东省平度市）城主（大夫）召到首府临淄（山东省淄博市东临淄区），对他说："自从命你前去即墨，我每天都接到控告你的报告。然而我派人去即墨秘密调查，发现你开荒辟田，农作物遍野，人民生活富庶，官员清廉，齐国东部，得到平安。你之所以口碑不好，我了解，是你没有巴结我左右那些当权派而已。"于是，增加他一万户人家的封邑，作为奖励。又把阿邑（山东省东阿县）城主（大夫）召到首府临淄，对他说："自从命你前去阿邑，我几乎每天都听到对你的赞扬。可是，我派人去阿邑秘密调查，发现完全不是那么回事，那里田野荒芜，农民贫困。前些时，赵国攻击鄄城（山东省鄄城县），你不率军救援。卫国占领薛陵（山东省阳谷县东北，薛陵跟阿邑之间航空距离不到十公里），你却假装不知道。我了解，我所听到的那些捧你场的话，都是你拿钱买来的。"于是下令把阿邑城主，以及平常赞扬阿邑城主的一批鲨鱼群，全都用大锅烹杀。全国大为震动，官员悚然戒惧，不敢再弄玄虚，大家改变态度，认真做事。齐国大治，成为强国。

5 楚王国（首都郢都〔湖北省江陵县〕）国王（十八任肃王）芈臧逝世，没有儿子，老弟芈良夫继位（十九任），是为宣王。

6 宋国（首府睢阳〔河南省商丘市〕）国君（三十三任辟公）宋辟兵逝世，子宋剔成继位（三十四任）。

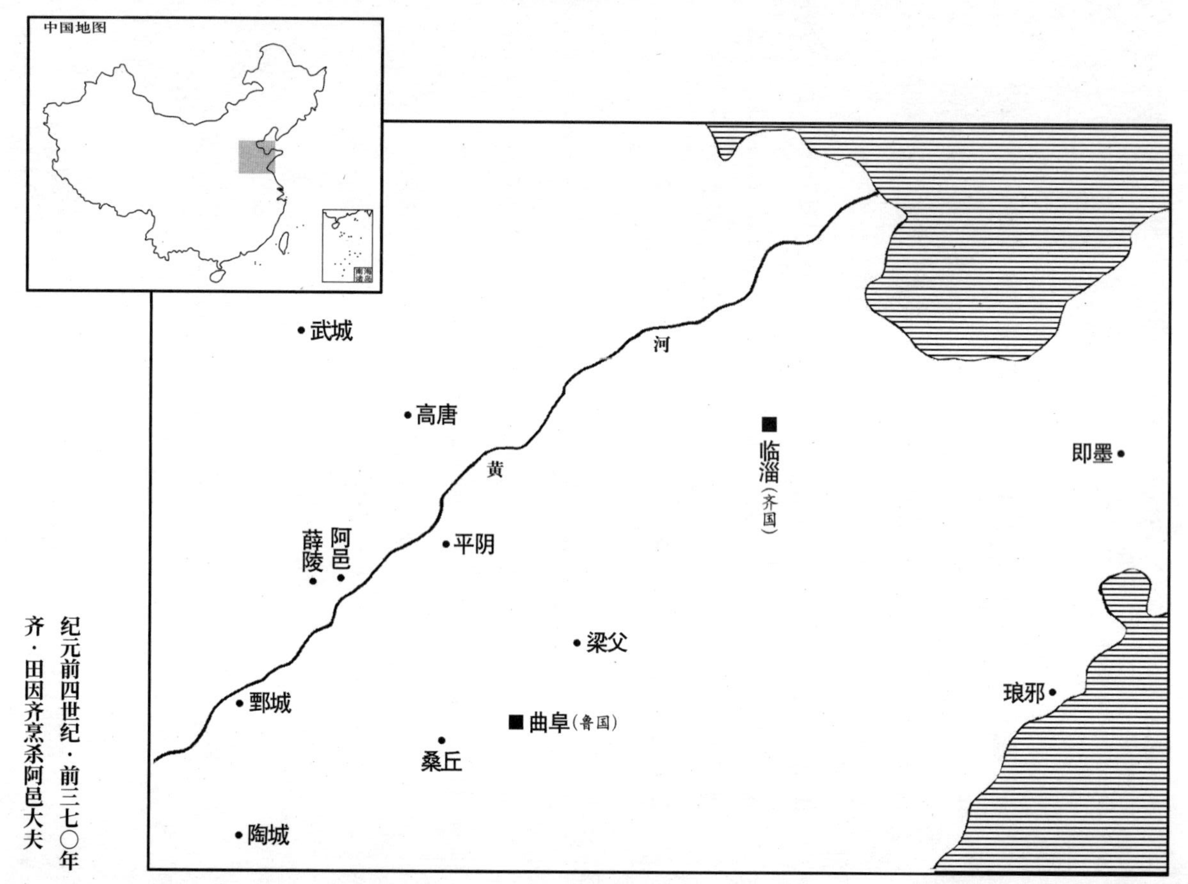

纪元前四世纪·前三七〇年

齐·田因齐烹杀阿邑大夫

纪元前三六九年—壬子

周烈王	七年
鲁共公	八年
秦献公	十六年
宋剔成	元年
楚宣王	元年
齐桓公	九年
魏惠王	二年
韩懿侯	二年
赵成侯	六年
燕桓公	四年
卫声公	四年

1 日蚀。

2 周王国（首都洛阳〔河南省洛阳市白马寺东〕）国王（四十任烈王）姬喜逝世，老弟姬扁继位（四十一任），是为显王。

3 魏国（首府安邑〔山西省夏县〕）内乱（参考前三七一年），已历时三年，国务官（大夫）王错，投奔韩国（首府新郑〔河南省新郑市〕）。韩国国务官（大夫）公孙颀，向国君（五任懿侯）韩若山建议说："魏国已经腐烂，亡在眉睫，我们应该把它吞并。"韩若山遂跟赵国（首府邯郸〔河北省邯郸市〕）国君（四任成侯）赵种结盟，联合攻击魏国，在浊泽（山西省永济市西，与安邑航空距离五十公里）会战，魏军大败，韩、赵联军遂包围魏国首府安邑（山西省夏县）。赵种主张："杀掉魏䓨，立公中缓当魏国国君，割一部分土地给我们，我们就退兵。"韩若山说："杀掉魏䓨，我们落得一个残暴的名声。割让土地，又落得一个贪心的名声。不如把魏国一分为二，分成两个国家，使他们二人都当国君。魏国一分为二之后，就跟宋国、卫国一样，成了一个小国，我们就可永远摆脱魏国的压力。"赵种不同意，韩若山大不高兴，在夜晚撤军而去。赵种人单势孤，也只好撤军而去。魏䓨遂乘机袭杀他的对头公中缓，继任国君（三任）。

司马迁曰

魏䓨之所以能够身不死、国不分者，因为韩、赵二国的阴谋不同。如果一家同意另一家的主张，魏国必被瓜分，所以说："君主死亡时，没有合法的继承人，他的国家可以击破。"

柏杨曰

魏国（首府安邑）在大军溃败之后，只有静等敌人宰割的份，那是一个连神仙都救不了的危局。可是，敌人却于霎那间拔营班师，意外得不可思议。课题就在这里，世界上偏偏多的是这种不可思议，脱险脱得不可思议，受害也受得不可思议。韩若山、赵种，都是当时的大人物，不要以为大人物每一项决定都是有道理的，遇到庸碌之辈或凶暴之徒，就有可能发生不可思议的变局。

纪元前三六八年 癸丑

周显王	元年
鲁共公	九年
秦献公	十七年
宋剔成	二年
楚宣王	二年
齐桓公	十年
魏惠王	三年
韩懿侯	三年
赵成侯	七年
燕桓公	五年
卫声公	五年

1 齐国（首府临淄〔山东省淄博市东临淄区〕）攻击魏国（首府安邑〔山西省夏县〕），占领观津（河北省武邑县）。

2 赵国（首府邯郸〔河北省邯郸市〕）攻击齐国（首府临淄），占领齐国修建的长城（齐长城，山东省中部泰山北麓，西自山东省平阴县，东至山东省青岛市）。

纪元前三六七年 甲寅

周显王　二年
鲁共公　十年
秦献公　十八年
宋剔成　三年
楚宣王　三年
齐桓公　十一年
魏惠王　四年
韩懿侯　四年
赵成侯　八年
燕桓公　六年
卫声公　六年

纪元前三六六年 乙卯

周显王	三年
鲁共公	十一年
秦献公	十九年
宋剔成	四年
楚宣王	四年
齐桓公	十二年
魏惠王	五年
韩懿侯	五年
赵成侯	九年
燕桓公	七年
卫声公	七年

1 魏国（首府安邑〔山西省夏县〕）跟韩国（首府新郑〔河南省新郑市〕）在宅阳（河南省郑州市北），举行高阶层会议。

2 秦国（首府栎阳〔陕西省西安市临潼区〕）在周王国首都洛阳（河南省洛阳市白马寺东）近郊，击败魏（首府安邑〔山西省夏县〕）、韩（首府新郑）联军。

纪元前三六五年 丙辰

周显王	四年
鲁共公	十二年
秦献公	二十年
宋剔成	五年
楚宣王	五年
齐桓公	十三年
魏惠王	六年
韩懿侯	六年
赵成侯	十年
燕桓公	八年
卫声公	八年

1 魏国（首府安邑〔山西省夏县〕）攻击宋国（首府睢阳〔河南省商丘市〕）。

纪元前三六四年 丁巳

周显王	五年
鲁共公	十三年
秦献公	二十一年
宋剔成	六年
楚宣王	六年
齐桓公	十四年
魏惠王	七年
韩懿侯	七年
赵成侯	十一年
燕桓公	九年
卫声公	九年

1 秦国（首府栎阳〔陕西省西安市临潼区〕）国君（二十四任献公）嬴师隰，在石门（陕西省旬邑县东）击败韩（首府新郑〔河南省新郑市〕）、魏（首府安邑〔山西省夏县〕）、赵（首府邯郸〔河北省邯郸市〕）三国联军，杀六万人。周王国（首都洛阳〔河南省洛阳市白马寺东〕）国王（四十一任显王）姬扁，颁发一种绣着黑白和黑青花纹、斧形和两个“己”形图案的衣服（黼黻）给嬴师隰。

纪元前三六三年 戊午

周显王	六年
鲁共公	十四年
秦献公	二十二年
宋剔成	七年
楚宣王	七年
齐桓公	十五年
魏惠王	八年
韩懿侯	八年
赵成侯	十二年
燕桓公	十年
卫声公	十年

纪元前三六二年 己未

周显王	七年
鲁共公	十五年
秦献公	二十三年
宋剔成	八年
楚宣王	八年
齐桓公	十六年
魏惠王	九年
韩懿侯	九年
赵成侯	十三年
燕桓公	十一年
卫声公	十一年

1 魏国（首府安邑〔山西省夏县〕）在浍水（山西省翼城县南浍河）击败韩国（首府新郑〔河南省新郑市〕）及赵国（首府邯郸〔河北省邯郸市〕）两国军队。

2 秦国（首府栎阳〔陕西省西安市临潼区〕）与魏国（首府安邑），在少梁（陕西省韩城市西南）会战，魏国大败，宰相公叔痤被俘（痤，音cuó〔嵯〕）。

3 卫国（首府濮阳〔河南省濮阳市〕）国君（四十二任声公）卫训逝世，子卫遬（音sù〔诉〕）继位（四十三任），是为成侯。

4 燕国（首府蓟城〔北京市〕）国君（三十六任）桓公（名不详）逝世，子文公（名不详）继位（三十七任）。

5 秦国（首府栎阳）国君（二十四任献公）嬴师隰逝世，子嬴渠梁（二十五任）继位，是为孝公。嬴渠梁本年二十一岁。这个时候，黄河和华山（陕西省华阴市南）以东，有六个强国（齐国〔首府临淄，山东省淄博市东临淄区〕、韩国〔首府新郑〕、赵国〔首府邯郸〕、魏国〔首府安邑〕、燕国〔首府蓟城〕、楚王国〔首都郢都，湖北省江陵县〕）。淮河、泗水之间的小封国还有十余国。楚王国、魏国，都跟秦国接壤。魏国为了防御秦国，从郑县（陕西省渭南市华州区）沿着洛河（纵贯陕西省中部，在陕西省大荔县东南注入渭河），直到上郡（陕西省延安市），修筑长城。楚王国自汉中（陕西省汉中市），经巴城（重庆市），南到黔中（湖南省沅陵县），分别拥有广大领土，都把秦国看作落后地区的蛮族部落，中原地区各种国际会议，一向拒绝秦国参加。这种歧视使嬴渠梁深感羞辱，决心整顿内政，提高文化水准，追求强大。

纪元前四世纪·前三六二年　秦国与各邻国形势

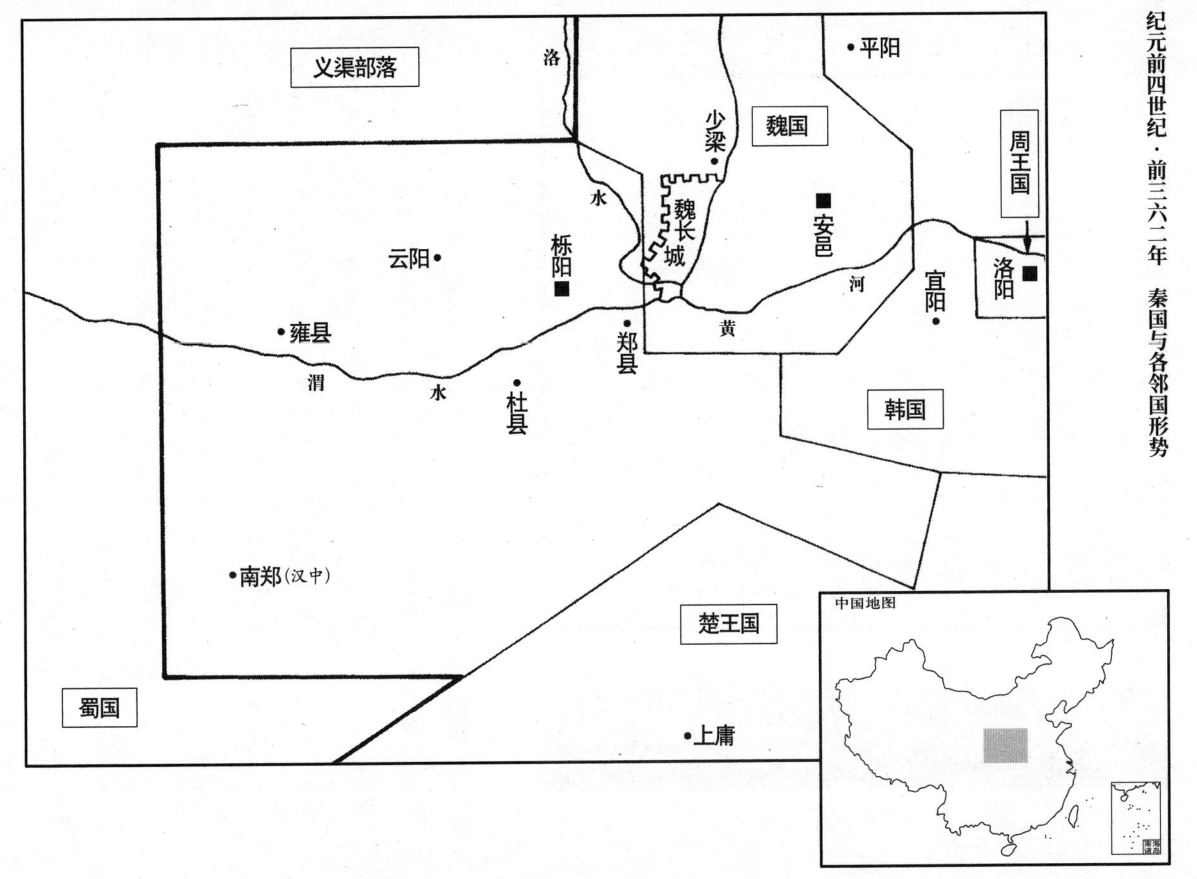

纪元前三六一年 庚申

周显王	八年
鲁共公	十六年
秦孝公	元年
宋剔成	九年
楚宣王	九年
齐桓公	十七年
魏惠王	十年
韩懿侯	十年
赵成侯	十四年
燕文公	元年
卫成侯	元年

1 秦国（首府栎阳〔陕西省西安市临潼区〕）国君（二十五任孝公）嬴渠梁公布招贤令："从前我们的国君穆公（九任嬴任好），在岐山（陕西省岐山县东北）、雍县（陕西省宝鸡市凤翔区），励精图治。东方与晋国以黄河为界，协助他们，削平内乱。西方称霸夷狄，地广千里，天子封为盟主，封国国君们都来祝贺，开辟后世万年基业。不幸出现一连串不肖的国君，如厉公（十七任嬴剌）、躁公（十八任名不详）、简公（二十一任嬴悼子）、出公（二十三任名不详），国家动乱，无力顾及外事。于是，晋国占领我祖先的河西领土（陕西省合阳县、大荔县一带，魏长城至黄河之间），使我们丢丑。我父亲献公（二十四任嬴师隰）即位，把首府迁到栎阳（陕西省西安市临潼区），准备东征，收复失地，复兴当年声势。可惜壮志未遂，即与世长辞，每一思及，万分痛心。现在我们公开征聘贤才，无论

是本国人民，或外国宾客，只要有谋略可以使秦国强大，我愿任命他当高官，分封采邑。”卫国（首府濮阳〔河南省濮阳市〕）贵族公孙鞅，听到消息，西行投奔。

公孙鞅，是卫国国君庶子的后裔（刘原父说：“父为国君称公子，祖为国君称公孙。”此时的卫国国君是卫遬，共在位三十年，而本年才继位二年，常情推断，不应有这么大的孙儿），研究法律，爱好秩序，笃信法家学派学说，遂成为法家学派巨子。在魏国（首府安邑〔山西省夏县〕）宰相府充当一名职员，宰相公叔痤知道他有才干，正准备推荐，却害病卧床，魏国国君（三任）魏䓨（原文称魏䓨为“惠王”，事实上，此时他仍是国君），前往探病，见公叔痤奄奄一息，十分悲痛，说：“人夭寿有命，谁能不死？然而你大去之后，国家大事，我跟谁磋商？”公叔痤说：“我的随从官（中庶子）公孙鞅，年纪虽轻，却胸有奇才，盼望你能信任他，把国家交给他治理。”魏䓨大吃一惊，把国家交给一个从不认识，而又地位卑微的年轻人，对这突然而来的建议，他无法消化。公叔痤接着说：“如果你不能用他，那么，请马上把他杀掉，别教他离境，否则投奔别的国家，魏国必有后患。”听到公叔痤又要他杀人的话，魏䓨又是一呆，只好支吾几句，起身告辞。公叔痤把公孙鞅找来，道歉说：“对不起，我是国家宰相，必须以国家的利益为前提，所以先劝领袖或用你，或杀你。然后再告诉你，请你快点逃走！”公孙鞅说：“领袖既不能听你的话用我，又怎么能听你的话杀我？”魏䓨出了宰相府之后，对左右说：“宰相病势沉重，已语无伦次，一会教我用公孙鞅当宰相，一会又教我把公孙鞅杀掉，他自己都不知道他在说什么。”

公孙鞅既到秦国，通过宠臣景监的推荐，晋见嬴渠梁，提出富国强兵的具体方案，嬴渠梁喜出望外，要求公孙鞅负责执行。

战国时代

- 秦国变法。
- 迁木立信。
- 齐国四宝。
- 庞涓陷害孙膑。
- 桂陵战役。
- 江乙之言。

- 罗马共和国开始由平民选出执政官及调查官。
- 波斯王阿塔瑟克西斯三世，跟雅典谋和。
- 马其顿王腓立即位。
- 哲学家柏拉图闻名于世。

纪元前三六〇年 辛酉

周显王	九年
鲁共公	十七年
秦孝公	二年
宋剔成	十年
楚宣王	十年
齐桓公	十八年
魏惠王	十一年
韩懿侯	十一年
赵成侯	十五年
燕文公	二年
卫成侯	二年

纪元前三五九年 壬戌

周显王	十年
鲁共公	十八年
秦孝公	三年
宋剔成	十一年
楚宣王	十一年
齐桓公	十九年
魏惠王	十二年
韩懿侯	十二年
赵成侯	十六年
燕文公	三年
卫成侯	三年

1 秦国（首府栎阳〔陕西省西安市临潼区〕）公孙鞅既获得国君（二十五任孝公）嬴渠梁的绝对信任，准备大刀阔斧变法革新，在意料中的，立即受到既得利益的贵族们的反对。公孙鞅对嬴渠梁说："就普通人而言，面对一项重要突破，开始时他不可能会热心投入。可是等到丰富的成果呈现出来，他一定欢天喜地。真正有高贵

品格的人，绝不随波逐流，建立不世功业的人，也绝不去征求每一个人的意见。所以，圣人们认为，只要可以使国家获益，不一定要遵守传统。”高级官员甘龙表示异议说：“恐怕不见得，遵循传统的风俗习惯，依照传统的法令规章，处理国事，官员们可以胜任愉快，人民也不致骚动。”公孙鞅说：“普通人习惯于他们所习惯的那种生活方式，而专家学者们的见解，又往往局限于他自己专业的那个狭小的知识领域。这两种人，教他们在他们的位置上，遵照规定，处理刻板事务，是上等人选。但不能跟他们讨论大计方针、政纲政策。智慧的人指出方向，平凡的人实践执行。贤明的人变法改革，庸碌的人牢牢抱住现状，死也不放。”嬴渠梁毅然说：“我听你的。”授给公孙鞅第十一级官左庶长（秦国封爵共二十级：最高一级“彻侯”、二级“关内侯”、三级“大庶长”、四级“驷车庶长”、五级“大上造〔大良造〕”、六级“少上造”、七级“右更”、八级“中更”、九级“左更”、十级“左庶长”、十一级“右庶长”、十二级“五大夫”、十三级“公乘”、十四级“公大夫”、十五级“官大夫”、十六级“大夫”、十七级“不更”、十八级“簪袅〔音niǎo，鸟〕”、十九级“上造”、最低二十级“公士”。自三级“大庶长”到十一级“右庶长”比九部部长。十二级“五大夫”到十六级“大夫”，都是军中文职人员。十七级“不更”到最低二十级“公士”，都是士卒）。

公孙鞅变法内容是：组织民众，十家编成一组，互相监督，一家有罪，九家连坐。鼓励告密，检举犯罪的告密者，跟疆场上杀敌，同一功勋。知情不报或掩护犯罪的，跟阵前降敌者同一处罚。建立军功的，依照等级，接受上赏。不诉诸政府而自相斗殴的，按情节轻重处分。在自己专业的岗位上，努力工作，农夫农妇，从事耕种纺织，而有超额生产的，免除他们的赋税。从事蝇头小利的商人工匠，因懒惰而陷于贫穷的，全家没收，男当奴隶、女当婢仆。皇亲国戚，如果不在战场上献身，一律排除于皇亲国戚之外。爵位官级，有一定的高下尊卑，和一定的升迁顺序，分配给跟身份相当的田庄、奴仆婢女，和衣服器物。对国家有功勋的，赐给他荣耀。没有功勋的富有人家，即令钱再多，也没有光采。

公孙鞅考虑到变法命令颁布之后，人民不相信它是真的，可能无法推行。于是，在首府栎阳（陕西省西安市临潼区）南门，竖立一根三丈长的木杆，宣称：谁要把它移置到北门，就给他二百四十两黄金（十金）的报酬。对这项告示，大家感觉到荒唐得离谱，所以没有人去碰它。公孙鞅接着增加赏额："给他一千二百两。"有个家伙想，反正没有什么损失，就把它从南门拿到北门。公孙鞅真的立刻付给他一千二百两。于是，下令变法。

变法开始后一年有余，秦国各地人民纷纷前往首府栎阳（陕西省西安市临潼区），向政府控诉新法弊端，以千为计算单位。正在民怨沸腾、舆论哗然时，太子嬴驷触犯新法，这是变法成败的关键，也是秦国兴衰的关键，全国人都屏声静息，严密注视公孙鞅的反应。公孙鞅态度坚决，说："法令所以丧失尊严，主要的是高阶层权势人物破坏它。太子是王储，也是国君的合法继承人，不能使他接受刑罚，但那些有责任教导太子应当守法的人，必须承担责任。"于是逮捕太子的师傅嬴虔，割去鼻子（劓刑）；又逮捕皇家教师公孙贾，在脸上刺字（黥刑）。雷霆般的措施，使全国震慑。第二天开始，秦国人立刻守法唯谨，再没有人敢凭借财富或权势，行险侥幸。十年之间，秦国一跃而成为现代化的国家，路上没有小偷，山上没有强盗，不小心遗失了东西，也没有人去捡。人民勇于从军作战，不再自相械斗。村落城镇，一派清平。当初攻击变法的一些人，转过来赞扬变法。公孙鞅说："他们正是乱法小民。"全都放逐到荒远边陲。从此，秦国人民没有人敢再议论法令的是非。

威信，是君王最大的法宝。对国家而言，不能丧失人民，而对人民，不能丧失威信。没有威信，就不能驱使人民，没有人民，就不能保卫国家。从前，君王不欺骗世界，霸主不欺骗邻国。高贵的当权人物，不欺骗人民。优秀的子弟，不欺骗亲属。而蠢才的作为，却恰恰相反。欺骗邻国、欺骗人民，甚至欺骗他的兄弟、欺骗他的爹娘。在上位的不信任他的部下，做部下的不信任他的长官，上下疑惧，终于一败涂地。所得的一点小利，不能医疗创伤；所获的一点好处，不能弥补损失，使人痛心。历史上，齐国国君（十六任桓公）姜小白，不反悔跟曹沫的盟约（齐国攻击鲁国〔首府曲阜，山东省曲阜市〕，鲁国求和，两国国君在柯邑〔山东省阳谷县东〕举行高阶层会议，鲁国大将曹沫，向姜小白突袭，用匕首强迫姜小白退还齐国侵略鲁国的土地，在威胁之下，姜小白许诺）。晋国国君（二十四任文公）姬重耳，不贪图原城（河南省济源市西北）的土地（姬重耳围攻原城，下令说："三天攻不下，即行撤退。"三天不能攻破，姬重耳班师，情报说："原城人就要投降了。"参谋人员建议："我们应驻军待变。"姬重耳说："虽得到原城，却失去信誉，对我们的伤害更大。"等大军撤退十五公里时，原城宣布投降）。魏国国君（一任文侯）魏斯，不改变跟农林部长（虞人）的约会（魏斯事，参考前四〇三年），嬴渠梁不吝啬移动一根木棍的奖赏。这四位君主，他们做事的方法，虽不像儒家学派政治家那么纯洁，而公孙鞅尤其刻薄。然而，那是一个大混乱时代，为了目的，不得不选择诈术，但仍要建立威信，才能团结人心，何况治理一派升平、大一统的中国？

2 韩国（首府新郑〔河南省新郑市〕）国君（五任懿侯）韩若山逝世，子昭侯（名不详）继位（六任）。

3 齐国（首府临淄）国君（三任）桓公田午逝世，子田因齐继位（四任）。

纪元前三五八年——癸亥

周显王 十一年
鲁共公 十九年
秦孝公 四年
宋剔成 十二年
楚宣王 十二年
齐威王 元年
魏惠王 十三年
韩昭侯 元年
赵成侯 十七年
燕文公 四年
卫成侯 四年

1 秦国（首府栎阳〔陕西省西安市临潼区〕）在西山（熊耳山以西）地区，击败韩国军队（黄河以西，陕西省东部，称“河西”。河南省宜阳县境有熊耳山，熊耳山以西，称“西山”，正是韩国领土）。

纪元前三五七年 甲子

周显王	十二年
鲁共公	二十年
秦孝公	五年
宋剔成	十三年
楚宣王	十三年
齐威王	二年
魏惠王	十四年
韩昭侯	二年
赵成侯	十八年
燕文公	五年
卫成侯	五年

1 魏国（首府安邑〔山西省夏县〕）跟韩国（首府新郑〔河南省新郑市〕），在鄗城（河北省柏乡县北）举行高阶层会议。

纪元前三五六年 乙丑

周显王	十三年
鲁共公	二十一年
秦孝公	六年
宋剔成	十四年
楚宣王	十四年
齐威王	三年
魏惠王	十五年
韩昭侯	三年
赵成侯	十九年
燕文公	六年
卫成侯	六年

1 赵国（首府邯郸〔河北省邯郸市〕）、燕国（首府蓟城〔北京市〕），在阿邑（山东省东阿县）举行高阶层会议。

2 赵国（首府邯郸）、齐国（首府临淄〔山东省淄博市东临淄区〕）、宋国（首府睢阳〔河南省商丘市〕），在平陆（山东省汶上县西北）举行高阶层会议。

纪元前三五五年 丙寅

周显王	十四年
鲁共公	二十二年
秦孝公	七年
宋剔成	十五年
楚宣王	十五年
齐威王	四年
魏惠王	十六年
韩昭侯	四年
赵成侯	二十年
燕文公	七年
卫成侯	七年

1 齐国（首府临淄〔山东省淄博市东临淄区〕）国君（四任）田因齐、魏国（首府安邑〔山西省夏县〕）国君（三任）魏䓨，在边界打猎。魏䓨问说："你们齐国有些什么国宝？"田因齐故意说："没有。"魏䓨说："那太糟了，我的国家虽然很小，可是，还有十颗直径一寸以上、光泽夺目、可以照亮十二辆车子的珍珠。齐国是一个大国，难道真

的没有一样？”田因齐说：“我对‘国宝’的定义，跟你对‘国宝’的定义，有一点不同。在齐国政府高级官员中，有位檀子先生，镇守南部边城，楚王国不敢进犯，泗水流域十二个较小的封国国君，都来齐国朝见。又有一位田盼先生，镇守高唐（山东省禹城市西南），赵国人不敢到黄河捕鱼。又有一位黔夫先生，镇守徐州（河北省大城县），燕国人在北门焚香祈祷，赵国人在西门焚香祈祷，祈祷准许他们移民到齐国的快乐国土，最后收容了七千余家。又有一位种首先生，任职警察总监，负责维持社会秩序，是盗贼的克星，使齐国人民安居乐业，道不拾遗。这四位先生，光芒照亮千里，岂止照亮十二辆车子而已。”魏罃嗒然若失。

2 秦国（首府栎阳〔陕西省西安市临潼区〕）国君（二十五任孝公）嬴渠梁、魏国（首府安邑）国君（三任）魏罃，在杜平（陕西省澄城县）举行高阶层会议。

3 鲁国（首府曲阜〔山东省曲阜市〕）国君（三十二任共公）姬奋逝世，子姬毛继任（三十三任），是为康公。

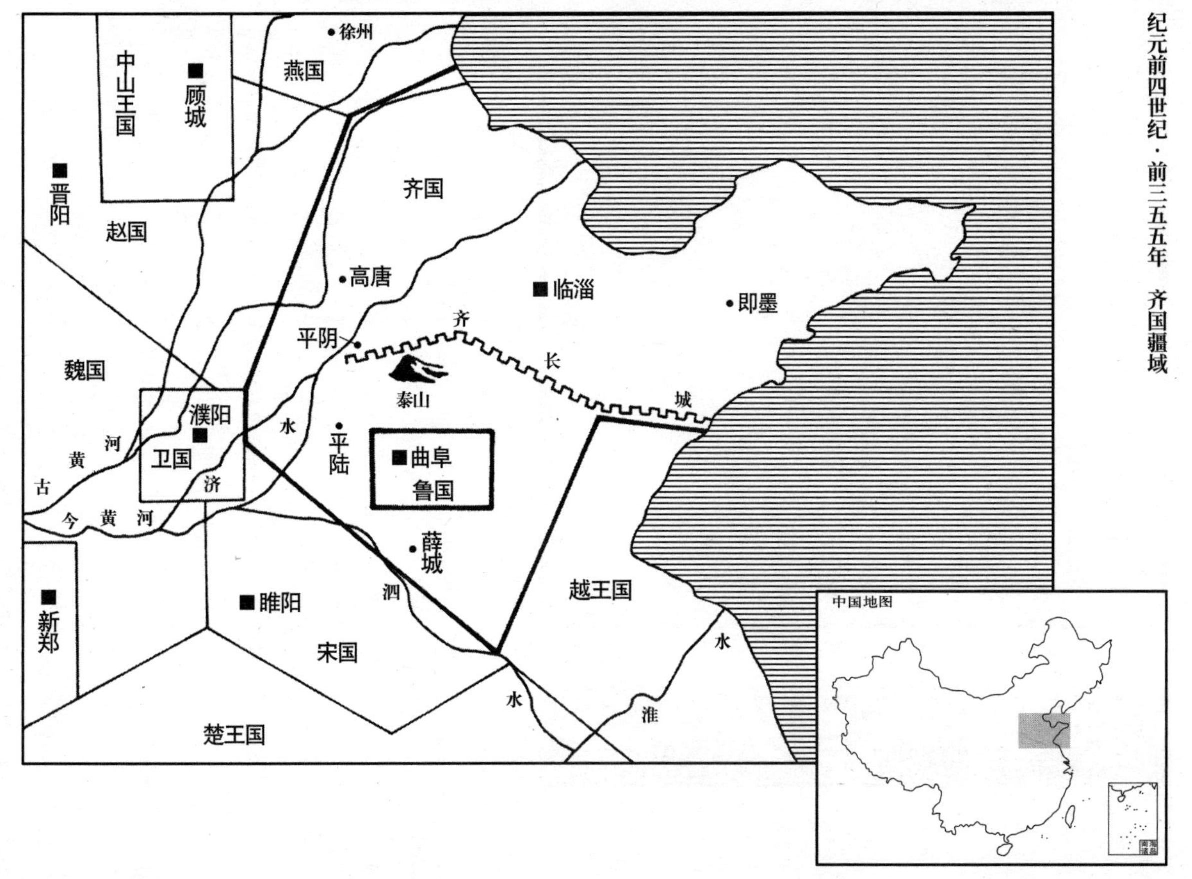

纪元前四世纪·前三五五年　齐国疆域

纪元前三五四年　丁卯

周显王	十五年
鲁康公	元年
秦孝公	八年
宋剔成	十六年
楚宣王	十六年
齐威王	五年
魏惠王	十七年
韩昭侯	五年
赵成侯	二十一年
燕文公	八年
卫成侯	八年

1 秦国（首府栎阳〔陕西省西安市临潼区〕）在元里（陕西省澄城县南）击败魏国（首府安邑〔山西省夏县〕）军队，杀七千余人，占领少梁（陕西省韩城市西南）。

2 魏国（首府安邑）国君（三任）魏䓨大举攻击赵国（首府邯郸〔河北省邯郸市〕），包围邯郸（河北省邯郸市），楚王国（首都郢都〔湖北省江陵县〕）国王（十九任宣王）芈良夫，任命景舍当统帅，率军援救赵国。

纪元前三五三年 戊辰

周显王	十六年
鲁康公	二年
秦孝公	九年
宋剔成	十七年
楚宣王	十七年
齐威王	六年
魏惠王	十八年
韩昭侯	六年
赵成侯	二十二年
燕文公	九年
卫成侯	九年

1 齐国（首府临淄〔山东省淄博市东临淄区〕）国君（四任）田因齐，任命田忌担任远征军统帅，率大军增援赵国（首府邯郸〔河北省邯郸市〕）。

在此之前，历史上两位著名人物：齐国（首府临淄）人孙膑，和魏国（首府安邑〔山西省夏县〕）人庞涓，同时学习兵法。稍后，庞涓到魏国谋职，担任三军统帅，自以为才能不如孙膑（能自知不如人，这一点已高人一等，可惜他没有善用他的聪明），把孙膑邀到魏国（首府安邑）。然后，诬陷他一个罪状，摘掉孙膑的膝盖骨，又在孙膑脸部刺上花纹（黥刑），目的是使孙膑终身废弃。恰巧齐国（首府临淄）使节出使魏国，孙膑暗中求见，齐国使节把他藏在外交专车里，悄悄载回。齐国国务官（大夫）田忌，隆重接待他，尊为上宾，并且推荐给国君田因齐。在数次谈话请教之后，田因齐也十分尊敬，聘他当皇家教师。

现在，齐国（首府临淄）决定增援赵国（首府邯郸），田因齐任命孙膑担任远征军统帅，孙膑认为一个受过重刑、身体已成残废的人，可能不容易迅速建立威望。于是，田因齐改派田忌担任统帅，而命孙膑担任参谋长（军师），坐在篷车里（双腿残废，不能骑马），运筹帷幄。

田忌准备率大军直向赵国（首府邯郸），孙膑说："要劝开别人斗殴，不能直接去夺他们的武器。两个人打得生死难分时，更不能用枪用刀乱刺乱砍。避开热战场，而直捣强梁一方必救的痛处，造成一种再打不下去的形势，则他们自然停止。而今魏国（首府安邑）和赵国，正在对决，他们的精锐兵团，都投到战场之上，留在国内的都是老弱残兵。我建议大军直指魏国的陪都大梁（河南省开封市），破坏所有的道路桥梁，魏军必然回军自救。我们就可以同时达到两项目的，既救了赵国，又使魏国受到创伤。"田忌采纳，大军遂深入魏国国境。

十月，邯郸（河北省邯郸市）城向魏国（首府安邑）投降。

庞涓得到后方告急警报，急行撤退堵截，行军到桂陵（河南省长垣市西北），跟齐军发生遭遇战，魏军大败。

纪元前四世纪·前三五三年十月 桂陵之役

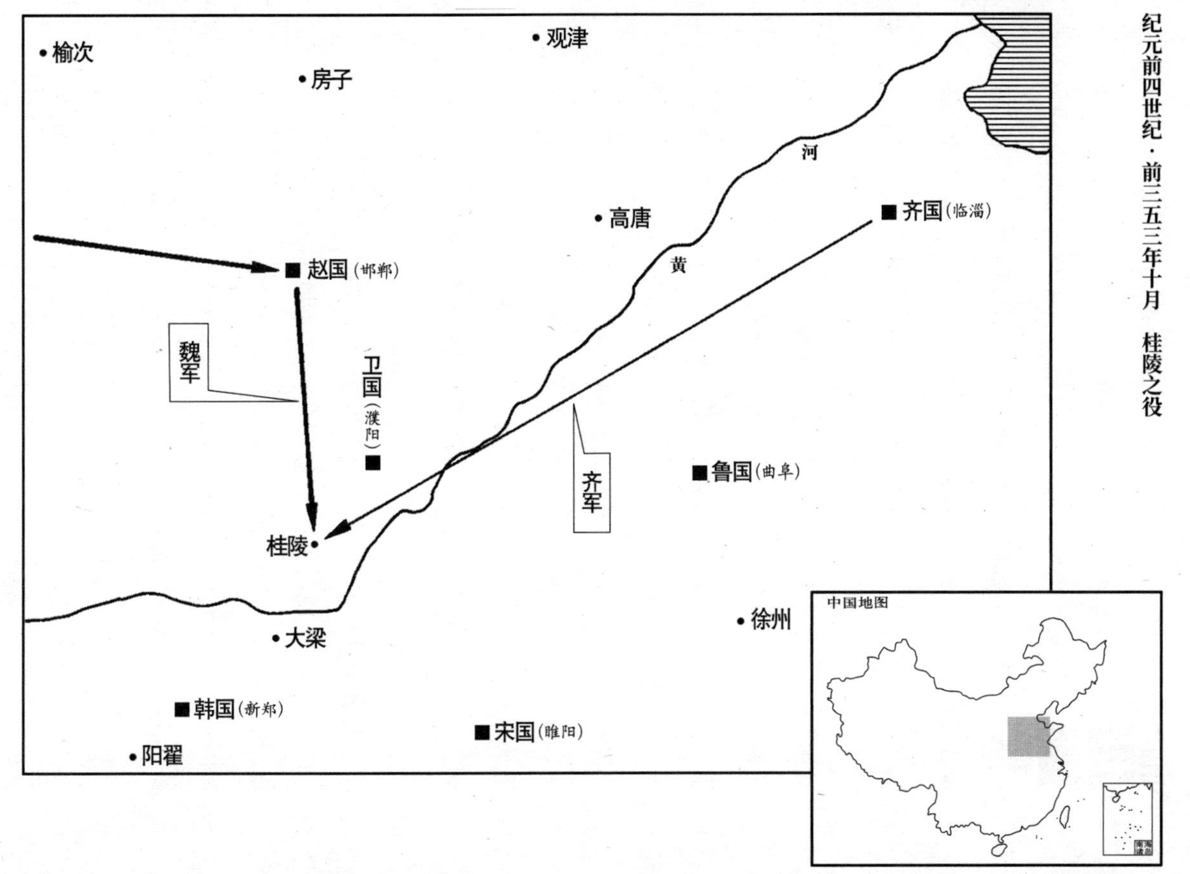

原文叙述简略，事实上历程复杂，里面还包括一桩著名的卖友求荣的故事。庞涓和孙膑同是鬼谷子的门徒，也是感情最亲密的朋友。庞涓先离开老师，当上魏国（首府安邑）大将，最初还怀着纯洁的友情，向魏国国君魏罃，推荐孙膑。可是庞涓不久就发现孙膑的才干远超过自己，可能受到国君的赏识，而夺走自己的位置。他没有鲍叔牙对国家和对管仲那种高贵的情操，最后决心采用冤狱手段，排除孙膑。于是，他命人告发孙膑谋反，当然是证据确凿，然后庞涓再虚情假意的一再哀求，国君魏罃才勉强赦免孙膑一死，但仍摘掉他的膝盖骨，以防逃亡。从此孙膑不能走路，只能在地上爬。庞涓所以没有杀他，是为了要他写出记忆中鬼谷子所传授的一部兵法。孙膑感谢老友救命之恩，当然愿意写出。但写了一半，发现被陷害的真相，就伪装疯狂，啼笑无常，有时连屎尿都吃下去。等到庞涓的防范稍微松懈，孙膑就逃回他的祖国——齐国（首府临淄），被齐国最高军事首长田忌，任命为参谋长（军师），作战时不能骑马，就坐在特制的车子上指挥。

2 韩国（首府新郑〔河南省新郑市〕）攻击东周政府（首府巩县〔河南省巩义市〕），占领陵观（今地不详）、廪丘（今地不详）两个村落（周王朝降格成为周王国后，疆土日小，到了战国时代，仅剩七个城镇：王城〔河南省洛阳市西金谷园〕、洛阳〔洛阳市白马寺东〕、穀城〔河南省洛阳市西北〕、平阴〔河南省洛阳市孟津区〕、偃师〔河南省洛阳市偃师区〕、巩县〔河南省巩义市〕、缑氏〔河南省洛阳市偃师区东南。缑，音gōu·勾〕。前四三九年，周国王〔三十七任考王〕姬嵬，把他的老弟姬揭封到王城〔洛阳市西金谷园〕，这个小小的只拥有七个小城镇的王国之内，又出现了一个独立政府。周王国遂分裂为二：姬揭的政府在西 称“西周”，不过首领不称“王”，最初称“君”，之后称“公”。三任西周公惠公〔名不详〕时，把他的儿子姬班，又封到巩县，称为“东周”，最初称

纪元前四世纪·前三五三年　韩攻东周

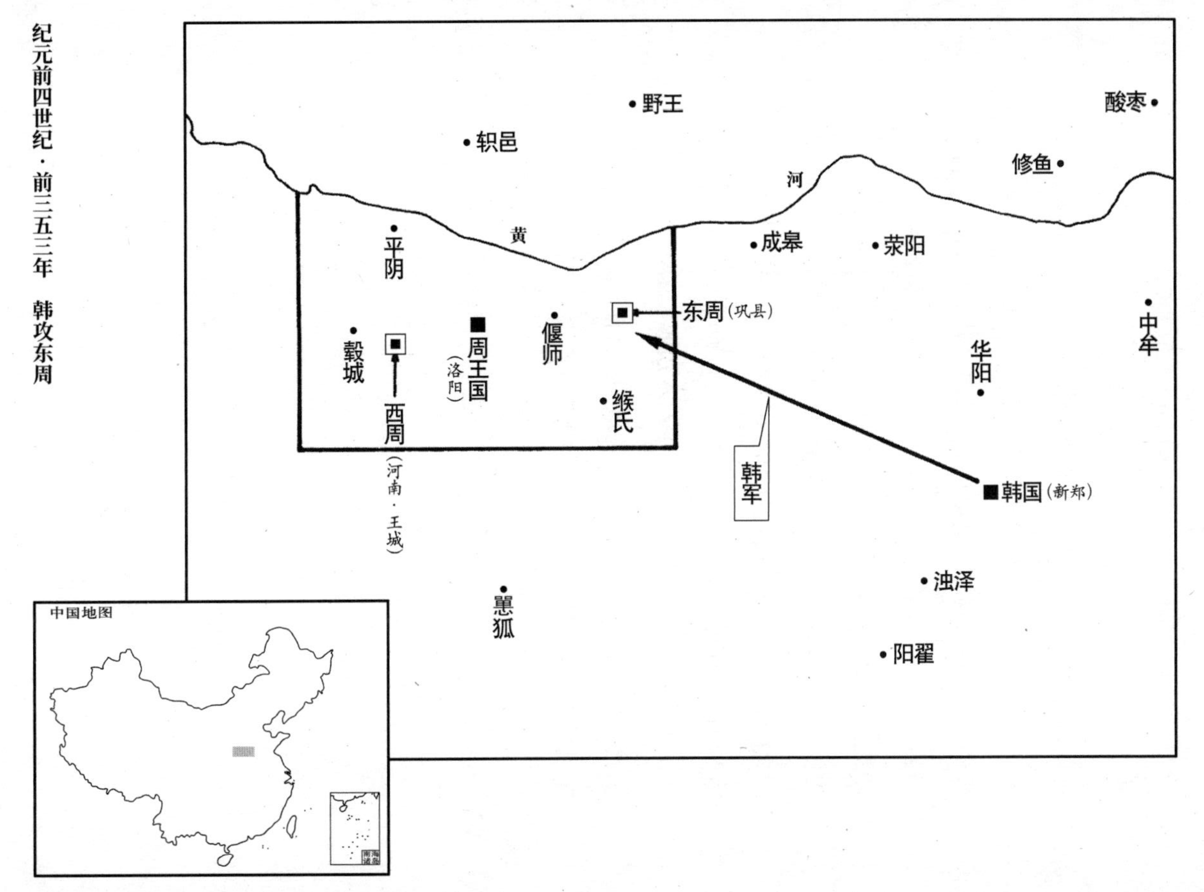

“君”，之后也称“公”。本年〔前三五三〕韩国攻击的，正是巩县）。

3 楚王国（首都郢都〔湖北省江陵县〕）任命昭奚恤当宰相，江乙向楚国王（十九任宣王）芈良夫警告说：“有一个人，非常爱他的狗，那条狗却不老实，把尿撒到井里。邻居看见，打算告诉主人，可是，那条狗却在门口蹲着，见他来就咬。昭奚恤总是阻挠我晋见你，原因在此。而且你对人的观察方法，似乎矫枉过正、走火入魔。有人称赞别人时，你说：‘他是君子！’跟他接近。有人抨击别人时，你说：‘他是小人！’跟他疏远。于是，问题就出来了，一旦儿子杀了老爹，部下杀了长官，你恐怕一辈子都不知道。为什么？只为你喜欢听对别人赞美的话，而讨厌听揭发别人恶行的话。”芈良夫醒悟说：“你说得对，两种话我以后都不拒绝。”

纪元前三五二年 己巳

周显王	十七年
鲁康公	三年
秦孝公	十年
宋剔成	十八年
楚宣王	十八年
齐威王	七年
魏惠王	十九年
韩昭侯	七年
赵成侯	二十三年
燕文公	十年
卫成侯	十年

1 秦国（首府栎阳〔陕西省西安市临潼区〕）大良造（秦官第五级）公孙鞅，率军攻击魏国（首府安邑〔山西省夏县〕）。

2 各封国联军包围魏国（首府安邑）所属襄陵（河南省睢县）。

纪元前三五一年 庚午

周显王	十八年
鲁康公	四年
秦孝公	十一年
宋剔成	十九年
楚宣王	十九年
齐威王	八年
魏惠王	二十年
韩昭侯	八年
赵成侯	二十四年
燕文公	十一年
卫成侯	十一年

1 秦国（首府栎阳〔陕西省西安市临潼区〕）公孙鞅攻击魏国，包围固阳（今地不详），固阳投降。

2 魏国把前年（前三五三）占领赵国（首府邯郸〔河北省邯郸市〕）的首府邯郸（河北省邯郸市），归还赵国，两国在漳水（源出山西省长子县，流经河北省邯郸市东），缔结和平盟约。

3 韩国（首府新郑〔河南省新郑市〕）政府任命申不害当宰相。

申不害，是郑国（首府新郑，亡于韩国，参考前三七五年）平民出身的低级官员，研究黄老的学问和法律司法（黄：黄帝姬轩辕。老：李耳，别名老子，著有《道德经》），自行向韩国国君（六任）昭侯（名不详）推荐。韩昭侯任命他当宰相。内政上进行改革，外交上觅取和平，十五年间，终申不害在世，韩国跃升为一等强国。

有一次，申不害推荐他的堂兄当官，韩昭侯拒绝，申不害大不高兴。韩昭侯说：“我在你这里学到了治理国家的法则，现在，我是接受你的请托而破坏你所定的法则，还是遵守你所定的法则而拒绝你的请托？你曾经教我，严格的执行赏罚，用人一定要依照顺序。而你却私相授受。你说，你要我听你哪一种话？”申不害汗流浃背，请罪说：“你才是我所盼望的真正君主。”

韩昭侯有条破裤子，他吩咐收藏保管。侍从人员说：“领袖可是吝啬得很，不把它赏给服侍左右的人，却把它收藏起来。”韩昭侯说：“英明的君主珍惜他的皱眉和欢笑。皱眉时必定是不满意某人而皱眉，欢笑时必定是为了嘉许别人而欢笑。一条破裤子跟皱眉和欢笑一样，我要等赏赐给对国家有功的人。”

战国时代

- 秦迁都咸阳。
- 卫国自贬称“侯”。
- 马陵战役庞涓丧命。

- 第一次萨姆战争爆发及结束（前三四三—前三四一年）。
- 罗马与迦太基缔结商约。
- 波斯再征埃及，埃及沦为波斯帝国的一省。

纪元前三五〇年 辛未

周显王	十九年
鲁康公	五年
秦孝公	十二年
宋剔成	二十年
楚宣王	二十年
齐威王	九年
魏惠王	二十一年
韩昭侯	九年
赵成侯	二十五年
燕文公	十二年
卫成侯	十二年

1 秦国（首府栎阳〔陕西省西安市临潼区〕）公孙鞅在咸阳（陕西省咸阳市）筑城，并兴建宫殿。秦政府遂自栎阳（陕西省西安市临潼区）迁都到此。

公孙鞅下令：严禁人民父母兄弟姐妹儿媳同住一室（中国北方天寒，冬天赖火炕取暖，一家男女老幼，挤在一个大炕上睡觉），把若干村落集结成为一县，县设县长（令）、主任秘书（丞），经组合后，秦国共有三十一县。废除井田制度，铲除阡陌。制定新的度量衡，统一全国斗、斛、丈、尺。

2 秦国（首府咸阳）跟魏国（首府安邑〔山西省夏县〕）军队，在彤邑（陕西省渭南市华州区西南）遭遇。

3 赵国（首府邯郸〔河北省邯郸市〕）国君赵种（四任成侯）逝世，儿子之一的赵緤跟太子赵语，争夺宝座。赵緤失败，投奔韩国（首府新郑〔河南省新郑市〕）。

纪元前三四九年 壬申

周显王	二十年
鲁康公	六年
秦孝公	十三年
宋剔成	二十一年
楚宣王	二十一年
齐威王	十年
魏惠王	二十二年
韩昭侯	十年
赵肃侯	元年
燕文公	十三年
卫成侯	十三年

纪元前三四八年 癸酉

周显王	二十一年
鲁康公	七年
秦孝公	十四年
宋剔成	二十二年
楚宣王	二十二年
齐威王	十一年
魏惠王	二十三年
韩昭侯	十一年
赵肃侯	二年
燕文公	十四年
卫成侯	十四年

1 秦国（首府咸阳〔陕西省咸阳市〕）公孙鞅颁布新赋税法，即日实行。

纪元前三四七年 甲戌

周显王	二十二年
鲁康公	八年
秦孝公	十五年
宋剔成	二十三年
楚宣王	二十三年
齐威王	十二年
魏惠王	二十四年
韩昭侯	十二年
赵肃侯	三年
燕文公	十五年
卫成侯	十五年

1 赵国（首府邯郸〔河北省邯郸市〕）贵族赵范，袭击邯郸（河北省邯郸市），不能取胜，被杀。

纪元前三四六年 乙亥

周显王	二十三年
鲁康公	九年
秦孝公	十六年
宋剔成	二十四年
楚宣王	二十四年
齐威王	十三年
魏惠王	二十五年
韩昭侯	十三年
赵肃侯	四年
燕文公	十六年
卫成侯	十六年

1 齐国（首府临淄〔山东省淄博市东临淄区〕）诛杀国务官（大夫）田牟。

2 鲁国（首府曲阜〔山东省曲阜市〕）国君（三十三任康公）姬毛逝世，子姬偃继位（三十四任），是为景公。

3 卫国（首府濮阳〔河南省濮阳市〕）国君（四十三任成公）卫遬（音sù〔诉〕）自行贬称侯爵，作为赵国（首府邯郸〔河北省邯郸市〕）、魏国（首府安邑〔山西省夏县〕）、韩国（首府新郑〔河南省新郑市〕）的尾巴国（卫国本来就是侯爵封国，后进位公爵，现因国小势弱，自行贬降）。

纪元前三四五年 丙子

周显王	二十四年
鲁景公	元年
秦孝公	十七年
宋剔成	二十五年
楚宣王	二十五年
齐威王	十四年
魏惠王	二十六年
韩昭侯	十四年
赵肃侯	五年
燕文公	十七年
卫成侯	十七年

纪元前三四四年 丁丑

周显王	二十五年
鲁景公	二年
秦孝公	十八年
宋剔成	二十六年
楚宣王	二十六年
齐威王	十五年
魏惠王	二十七年
韩昭侯	十五年
赵肃侯	六年
燕文公	十八年
卫成侯	十八年

1 若干封国国君，在周王国首都洛阳（河南省洛阳市白马寺东），举行高阶层会议。

纪元前三四三年 戊寅

周显王	二十六年
鲁景公	三年
秦孝公	十九年
宋剔成	二十七年
楚宣王	二十七年
齐威王	十六年
魏惠王	二十八年
韩昭侯	十六年
赵肃侯	七年
燕文公	十九年
卫成侯	十九年

1 周王国（首都洛阳〔河南省洛阳市白马寺东〕）国王（四十一任显王）姬扁，封秦国（首府咸阳〔陕西省咸阳市〕）国君（二十五任孝公）嬴渠梁，当周王国西部封国盟约长，各封国国君纷纷祝贺。嬴渠梁命他的儿子嬴少官，率领军队，会同各封国国君，前往逢泽（《地理志》说，逢泽在现在河南省荥阳市稍北。《中国历史地图集》绘于河南省开封市南。无论何处，秦军都势必穿过周王国首都洛阳才行，推测地望，应在洛阳西境才合理），朝觐姬扁。

纪元前三四二年 己卯

周显王	二十七年
鲁景公	四年
秦孝公	二十年
宋剔成	二十八年
楚宣王	二十八年
齐威王	十七年
魏惠王	二十九年
韩昭侯	十七年
赵肃侯	八年
燕文公	二十年
卫成侯	二十年

纪元前三四一年 庚辰

周显王	二十八年
鲁景公	五年
秦孝公	二十一年
宋剔成	二十九年
楚宣王	二十九年
齐威王	十八年
魏惠王	三十年
韩昭侯	十八年
赵肃侯	九年
燕文公	二十一年
卫成侯	二十一年

1 魏国（首府安邑〔山西省夏县〕）大将庞涓，率军攻击韩国（首府新郑〔河南省新郑市〕），韩国请齐国（首府临淄〔山东省淄博市东临淄区〕）救援。齐国国君（四任）田因齐举行御前会议，征求意见说："早些时发兵好，晚些时发兵好？"宰相邹忌反对发兵，说："不如根本不发兵。"大将田忌说："如果我们拒绝，韩国必然被魏国并吞。而如果伸出援手，就要早伸出来。"孙膑说："韩国（首府新郑）已在跟魏国（首府安邑）血战，并没有疲惫，此时救它，是我们代替它挨打。而且魏国攻

势猛烈，要决心消灭韩国，韩国也了解面对的危险，非依靠我们不可。最好的方法是告诉韩国我们一定发兵，用以坚定他们抵抗的决心，等到把魏国军队战力消耗得差不多时，我们再插手，所受到压力一定减少。那时，不但可得到重利，还可以得到重名。”田因齐嘉许说：“就是这么办。”秘密向韩国使节保证，一定发兵，使他回报。韩国仗恃齐国的承诺，认为援军早晚就到，奋力抵抗，却五战五败。只好再派使节，向齐国表示，愿降格当齐国（首府临淄）的尾巴国。

于是，齐国（首府临淄）任命田忌、田婴、田盼，分别担任统帅和副统帅。孙膑则担任参谋长，率领大军出动，仍用老战略，直袭魏国（首府安邑）陪都大梁（河南省开封市）。庞涓急撤军回堵，魏国动员全国所有的武装部队，任命太子魏申担任统帅，准备跟齐国决战。孙膑告诉田忌说：“赵（首府邯郸〔河北省邯郸市〕）、魏、韩（首府新郑）三国战士，素来剽悍，常看不起齐国，认为齐国人胆小如鼠。优秀的指挥官就是要顺着敌人的心意，引导他走向错误。《孙子兵法》说：‘以一百里的速度急行军，会跌倒他的上将，以五十里的速度急行军，士兵死亡逃散，到达目的地，最多保持一半。’我们就要庞涓跳进这个圈套。”于是下令，大军进入魏国领土之后，最初建十万个炉灶。明天，建五万个炉灶。后天，建二万个炉灶。庞涓得到情报，高兴得跳起来，大叫说：“我早就知道齐国人懦怯，却不知道懦怯到这种程度，进入魏国三天，齐军已溃散过半。此时不穷追猛打，就捕捉不住他们野战军的主力，如果让他们逃掉，下次可能再没有机会。”下令步兵照常前进，而他亲自率领精锐骑兵部队，只带少数粮秣，加倍速度迎击。孙膑计算庞涓行程，某一天黄昏，当到马陵（河北省大名县），马陵是一个险道，路面狭窄，下有深谷，上有绝壁，最容易隐藏。孙膑命削下一棵大树上的树皮，上写：“庞涓死此树下。”派一万余名弓箭手，夹道埋伏。下令说：“见有火光，集中射击。”

时候终于来到，天已入夜，庞涓驰经树下，见树干一片雪白，上面有字，命举火观看，还没有看完，伏兵四起，万箭俱发，魏国（首府安邑）骑兵惊恐四散。庞涓自知难逃罗网，拔刀自杀，临死时说：“竟然让白痴成名！”齐军乘胜攻击，生擒太子兼统帅魏申，魏军全部崩溃。

庞涓真是一个典型的卑鄙无耻的小人，直到临死，都没有对自己的负义行为，感到丝毫内疚，反而诟骂孙膑侥幸成名。

2 齐国（首府临淄）宰相邹忌，忌妒田忌威震国际，企图栽赃陷害，派人手拿二百四十两黄金，到街上请人算卦，问卜卦先生说：“我是田忌的随从，我家将军率军作战，三战三胜，他打算进行大事，请你看一下吉凶？”等卜卦先生出门，邹忌教人把他逮捕。眼看就要掀起大狱，田忌无法澄清，又气又急，遂率领他的卫队突袭临淄（山东省淄博市东临淄区），打算逮捕邹忌，可是邹忌早有准备，田忌无法取胜，只好出奔楚王国（首都郢都〔湖北省江陵县〕）。

“诬以谋反”是中国传统政治中一件其效如神的法宝，强悍的头目要排除他亲密的战友或有实力的政敌时，习惯使用，当之者无不粉碎。因为它是政治和法律的结合物，政治是内容，法律不过形式，所以无罪不能无刑，至为狠毒，无人能解。田忌身为民族英雄、三军统帅，对国家有盖世功勋，跟国王的关系也十分密切，可是，一旦陷入“诬以谋反”诛杀大阵，立刻束手无策。

纪元前四世纪·前三四一年　马陵之役

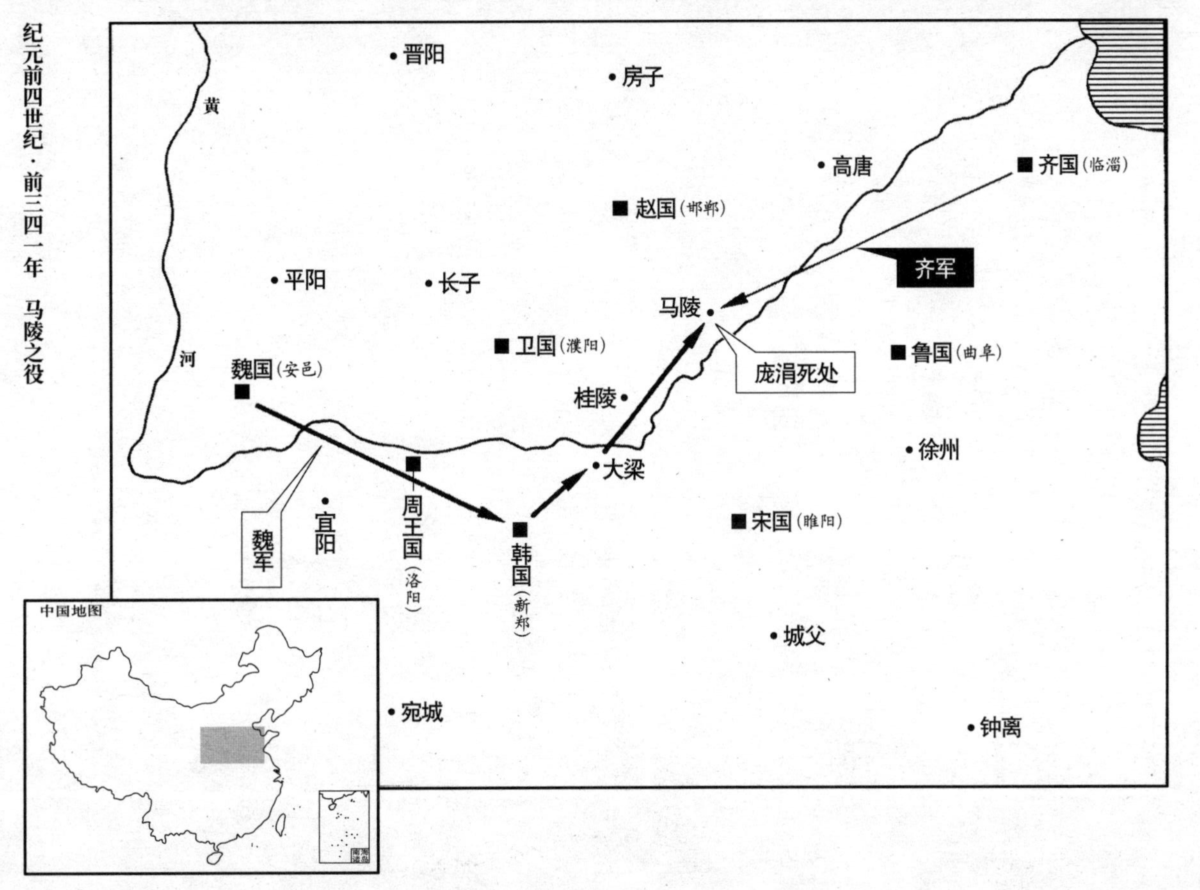

纪元前四世纪六〇年代

前三四〇—前三三一年

战国时代

- ◎ 魏迁都大梁。
- ◎ 公孙鞅被车裂，灭族。
- ◎ 孟轲见魏国国君魏䓨。
- ◎ 齐、魏两国国君称王。
- ◎ 越王国亡。
- ◎ 苏秦、张仪分别提出“合纵”“连横”大战略。

- ◎ 马其顿王腓立，击败希腊联军，控制希腊半岛，与各小国结盟，对抗波斯。
- ◎ 波斯王阿塔克西斯三世被刺死，其子阿西斯立继位，不久也被刺死。
- ◎ 马其顿王腓立被部下所杀，其子亚历山大继位，征服埃及。

纪元前三四〇年 辛巳

周显王	二十九年
鲁景公	六年
秦孝公	二十二年
宋剔成	三十年
楚宣王	三十年
齐威王	十九年
魏惠王	三十一年
韩昭侯	十九年
赵肃侯	十年
燕文公	二十二年
卫成侯	二十二年

1 秦国（首府咸阳〔陕西省咸阳市〕）公孙鞅告诉国君（二十五任孝公）嬴渠梁说："秦国跟魏国（首府安邑〔山西省夏县〕），互相是对方的心腹之患，如果魏国不能并吞秦国，那么，秦国就会并吞魏国，原因何在？在于魏国过于强大，它位于万山（指山西省南部诸山）之西，首府建于安邑（山西省夏县），西面跟秦国以黄河为界，东面独占山东（崤山以东）的利益。强盛的时候，向西侵略秦国，衰弱的时候，东方广漠平原，由它享受。幸而秦国（首府咸阳）托天之福，由你主持国政，国势蒸蒸日上。魏国（首府安邑）却连年被齐国（首府临淄〔山东省淄博市东临淄区〕）击败，尾巴国们纷纷脱离。我们最好利用这个时机，向它进攻。魏国新败之余，必然不能支持，它唯一的一条路只有把首府向东迁移，那么秦国横跨黄河，凭借山川形势，可以控制东方的广大

封国群，这是天子大业。”嬴渠梁怦然心动，下令公孙鞅向魏国发动攻击。

魏国（首府安邑）任命贵族魏卬率领大军抵御。

两国兵团分别进入战场，各就战斗位置。公孙鞅派人送一封信给魏卬，信上说：“从前，我在魏国（首府安邑）的时候，我们是好朋友，而今我们却成了敌对的两军统帅，虽然是秦国君的严令，但我内心并不愿掀起这场战争。我盼望跟你见面谈谈，用和平的手段，来解决两国之间的纠纷，然后举杯痛饮，各自班师，使两国人民，都得平安。”魏卬认为合情合理，亲自出席会议。二人相见，把臂言欢，指天盟誓：两国永为兄弟之国。可是等盟誓既毕，共同参加酒会时，就在盛大的筵席上，公孙鞅发动伏兵，生擒魏卬，秦军（首府咸阳）乘势向魏军攻击，魏军崩溃。

魏国（首府安邑）国君（三任）魏䓨得到报告，心胆俱裂，派使节到秦国（首府咸阳）表示愿献出河西地区（黄河西岸，陕西省东部），请求和解。魏国的河西既失，黄河险要，为两国共有，首府安邑（山西省夏县）完全暴露，只好迁都大梁（河南省开封市）。魏䓨叹息说：“我恨我不听公叔痤的话。”

人在大失败之后，关键性的往事，常会在脑海升起。魏䓨先生的叹息，内容不明，可能后悔没有听公叔痤的话重用公孙鞅，但也更可能后悔没有听公叔痤的话杀了公孙鞅。历史上这种叹息，不绝如缕，显示错误的决策，必然付出错误决策的代价。问题只在于反省的内涵，智慧型的，检讨错误后承认自己不够智慧："我该重用他。"顽劣型的，检讨错误后显示自己更为顽劣："我该杀了他。"庞涓就是顽劣之尤，临死时对孙膑仍咬牙切齿，他没有后悔不该那样对待老友。

魏国（首府安邑）在战国时代初期，是唯一的超级强国，位置恰恰坐落在物产富饶的中原地带，文化水准极高。可惜，国家领导人不断伤害自己的国家，逼走吴起，逼反孙膑，最后又轻易丧失可以旋乾转坤的公孙鞅。到了下世纪（前三），更变本加厉，用冤狱和酷刑，把另两位可以旋乾转坤的人物范雎、张仪，驱逐到敌人阵营，于是，魏国就成了烈日下的冰块。人才决定国家的命运，而政府领导人又决定人才的命运。政治虽不属自然科学，小环节也不能丝丝入扣，但大的发展，却是因果不爽。

2 秦国（首府咸阳）赏赐公孙鞅，把商於地区（西起商邑〔陕西省丹凤县〕，东至於邑〔河南省西峡县〕，东西航空距离一百一十公里）十五个城市，封给公孙鞅，号商君。

3 齐国（首府临淄）、赵国（首府邯郸〔河北省邯郸市〕），攻击魏国（趁魏国新败，落井下石）。

4 楚王国（首都郢都〔湖北省江陵县〕）国王（十九任宣王）芈良夫逝世，子芈商继位（二十任），是为威王。

纪元前三三九年 壬午

周显王	三十年
鲁景公	七年
秦孝公	二十三年
宋剔成	三十一年
楚威王	元年
齐威王	二十年
魏惠王	三十二年
韩昭侯	二十年
赵肃侯	十一年
燕文公	二十三年
卫成侯	二十三年

纪元前三三八年——癸未

周显王	三十一年
鲁景公	八年
秦孝公	二十四年
宋剔成	三十二年
楚威王	二年
齐威王	二十一年
魏惠王	三十三年
韩昭侯	二十一年
赵肃侯	十二年
燕文公	二十四年
卫成侯	二十四年

1 秦国（首府咸阳〔陕西省咸阳市〕）国君（二十五任孝公）嬴渠梁逝世，子嬴驷继位（二十六任）。公孙鞅的后台既倒，立刻就被厄运抓住。被公孙鞅割掉鼻子的太子师傅嬴虔的党徒，检举公孙鞅阴谋叛变（“诬以谋反”模式），嬴驷下令逮捕。公孙鞅仓猝逃亡，投奔魏国（首府大梁〔河南省开封市〕），魏国拒绝入境，把他遣返秦国。公孙鞅回到商（陕西省丹凤县）於（河南省西峡县），集结他的党徒和民兵，北上攻击

郑县（陕西省渭南市华州区）。秦国政府派大军迎战，把公孙鞅生擒，用五马分尸（车裂）的酷刑，把他处死，公孙鞅的家属，无论男女老幼，全部诛杀。

最初，公孙鞅担任宰相，刻薄残忍，曾经在渭水岸上审理诉讼，立判立决，杀人无数，渭水都成了一条血河。十年宰相，怨恨他的人日益增多。他的好友赵良前来求见，公孙鞅问他说："你看我治理秦国，比百里奚如何？"赵良说："一千人俯首听命，不如一个人敢于表示异议，如果你承诺不杀我，我可以直言无隐。"公孙鞅承诺，赵良说："百里奚，不过楚王国（首都郢都〔湖北省江陵县〕）一个微贱的奴仆逃犯（纪元前七世纪虞国〔山西省平陆县〕人，晋国〔首府翼城，山西省翼城县〕灭虞国后，俘虏百里奚。当晋国国君〔十九任献公〕姬诡诸，把女儿伯姬嫁给秦国〔首府雍县，陕西省宝鸡市凤翔区〕国君〔九任穆公〕嬴任好时，把百里奚当作陪嫁侍从。百里奚不甘屈辱，伺机逃亡，逃到楚王国的宛城〔河南省南阳市〕，被以打猎为生的山地人捉住，命他养牛。嬴任好早就仰慕百里奚的才能，得到消息，打算重价把他赎回，恐楚王国留下自用，就以索取"逃媵"〔媵，陪嫁〕名义，用五张黑羊皮交换。然后任命他担任高级国务官〔上大夫〕，世称"五羖大夫"），嬴任好把他从牧牛的卑贱地位，擢升到万人之上，秦国国境之内，除了国君，没有人比他更有权势。当宰相仅六七年，却向东攻击郑国（首府新郑〔河南省新郑市〕），取得胜利。晋国一连三任的国君，都由他选任（二十二任惠公姬夷吾、二十三任怀公姬圉、二十四任文公姬重耳），并至少有一次使楚王国免于灾难（史迹不详。《左传》前六三二年，晋军在城濮〔山东省鄄城县西南〕大败楚军，嬴任好教斗克回楚王国，谋求和解。或许指此）。百里奚当宰相，虽疲倦也不坐车（古时乘车，是站在车上。只有一种特制的"安车"，才可以坐。"安车"专供老弱妇女病人和贵族之用），虽炎夏盛暑，在车上也没有遮盖。到各处视察，从来不带一大群侍从前呼后拥，戒备森严。百里奚去世，秦国男女失声痛哭，孩子停止歌唱，农妇停止捣米。而你，却恰恰相反，开始的时候，由于国君宠信景监的介绍，这种进身的办法，已不受人尊重。掌握权柄之后，欺凌贵族，残害人民。嬴虔闭门不出，已八年之久。而你又杀祝懽（史迹不详），又用黥刑对付公孙贾。《诗经》上说：'得人者兴，失人者崩。'你干的这些事，可不能算是得人。而且，你每次出门，一大串警车在后押阵，雄壮武士在左右保护。侍卫人员，全副武装，箭上弦，刀出鞘，夹道奔驰。这些派头排场，没有准备好，你就宁可待在家里。《书经》说：'恃德者昌，恃力者亡。'你干的这些事，可不能算是恃德。你的富贵跟早上的露珠一样，霎时间就会化为乌有。可是，你不但不醒悟，反而贪图商（陕西省丹凤县）於（河南省西峡县）的富庶，独霸秦国政府，培养人民的愤怒。一旦国君嬴渠梁死掉，秦国用什么方法对付你，恐怕不能想象。"公孙鞅不认为如此，五个月后，巨变发生。

纪元前三三七年 甲申

周显王	三十二年
鲁景公	九年
秦惠王	元年
宋剔成	三十三年
楚威王	三年
齐威王	二十二年
魏惠王	三十四年
韩昭侯	二十二年
赵肃侯	十三年
燕文公	二十五年
卫成侯	二十五年

1 韩国（首府新郑〔河南省新郑市〕）宰相申不害逝世。

纪元前三三六年 乙酉

周显王	三十三年
鲁景公	十年
秦惠王	二年
宋剔成	三十四年
楚威王	四年
齐威王	二十三年
魏惠王	三十五年
韩昭侯	二十三年
赵肃侯	十四年
燕文公	二十六年
卫成侯	二十六年

1 宋国（首府睢阳〔河南省商丘市〕）设立在太丘（河南省永城市西北）的宋国地神祭坛崩塌。

2 邹国（首府邹邑〔山东省邹城市东南〕）人孟轲，晋见魏国（首府大梁〔河南省开封市〕）国君（三任）魏罃。魏罃问说："老先生，你不嫌遥远，跋涉千里而来，有什么有利于我们国家的建议？"孟轲说："你为什么总是把利挂在嘴上？我所追求的，只有仁义。你说：有什么利于我们国家？官员们说：有什么利于我们家族？平民们说：有什么利于我个人？为了追求自己的利益，上下互相斗争，国家就发生危险。而追求仁义则不然，从来没有充满爱心的人会忘掉他的亲人，也从来没有充满道义精神的人会把他的君主放到脑后。”魏罃回答：“你说得对。”

当初，孟轲是孔伋的学生，曾经提出问题说：教育民众，第一件要先做的事是什么？孔伋说：“先训练民众追求利益。”孟轲说：“高贵人士教育民众，应教育民众仁义，你为什么会有这种主张？”孔伋说：“仁义是最高最大的利益。官员没有爱心，人民便无法过平安日子，人民没有道义，则大家崇尚诈骗，就成了最大的‘不利’。《易经》说：‘利益，是仁义的最后目标。’（利者，义之和也。）又说：‘追求利益，才可以使生活安定，培养更高的品德。’（利用安身，以崇德也。）这正是最大的利益。”

司马光曰

孔伋、孟轲的话，看似相反，其实相成。只有仁义的人知道仁义是最高利益，不仁不义的人却不知道。孟轲对魏罃率直的褒扬仁义，而贬谪利益，对象不同而已。

司马光认为孔伋的说法跟孟轲的说法，是一样的，我们不以为然。孔伋认为最高的利益，就是最高的仁义，二者浑然一体。元首追求国家的利益，他就是一个仁义的君王，追求国家利益如果不是仁义的君王，难道是残暴的君王？孟轲大刀一挥，劈成两半，一半是“利益”，一半是“仁义”，使二者互相排斥、尖锐对立。什么叫“仁义”？又什么叫“利益”？修桥筑路是仁义还是利益？发展商业是仁义还是利益？从孟轲跟孔伋的对话上，可看出孟轲并没有被说服，反而一直坚持。孔伋虽然是老师，却没有学生吃香，孟轲的思想——强调“义利”之辨，以及简单粗糙的二分法思考模式，影响中国知识分子至巨。

纪元前三三五年 丙戌

周显王	三十四年
鲁景公	十一年
秦惠王	三年
宋剔成	三十五年
楚威王	五年
齐威王	二十四年
魏惠王	三十六年
韩昭侯	二十四年
赵肃侯	十五年
燕文公	二十七年
卫成侯	二十七年

1 秦国（首府咸阳〔陕西省咸阳市〕）攻击韩国（首府新郑〔河南省新郑市〕），占领宜阳（河南省宜阳县）。

纪元前三三四年 丁亥

周显王	三十五年
鲁景公	十二年
秦惠王	四年
宋剔成	三十六年
楚威王	六年
齐威王	二十五年
魏惠王	后元元年
韩昭侯	二十五年
赵肃侯	十六年
燕文公	二十八年
卫成侯	二十八年

1 齐国（首府临淄〔山东省淄博市东临淄区〕）国君（四任）田因齐、魏国（首府大梁〔河南省开封市〕）国君（三任）魏䓨，在徐州（山东省滕州市南）会晤，互相承认对方是国王（自此，齐、魏分别建立王国。田因齐即一任威王，魏䓨即一任惠王）。

柏杨曰

司马光认为三家瓜分晋国（首府新田〔山西省侯马市〕）是一大巨变，礼教、等级、名分，全部崩毁。事实上当然不是那回事，因为他们仍然都在周国王统御之下，而周国王本来就有权擢升任何一个人当国君。依司马光的标准来评论，

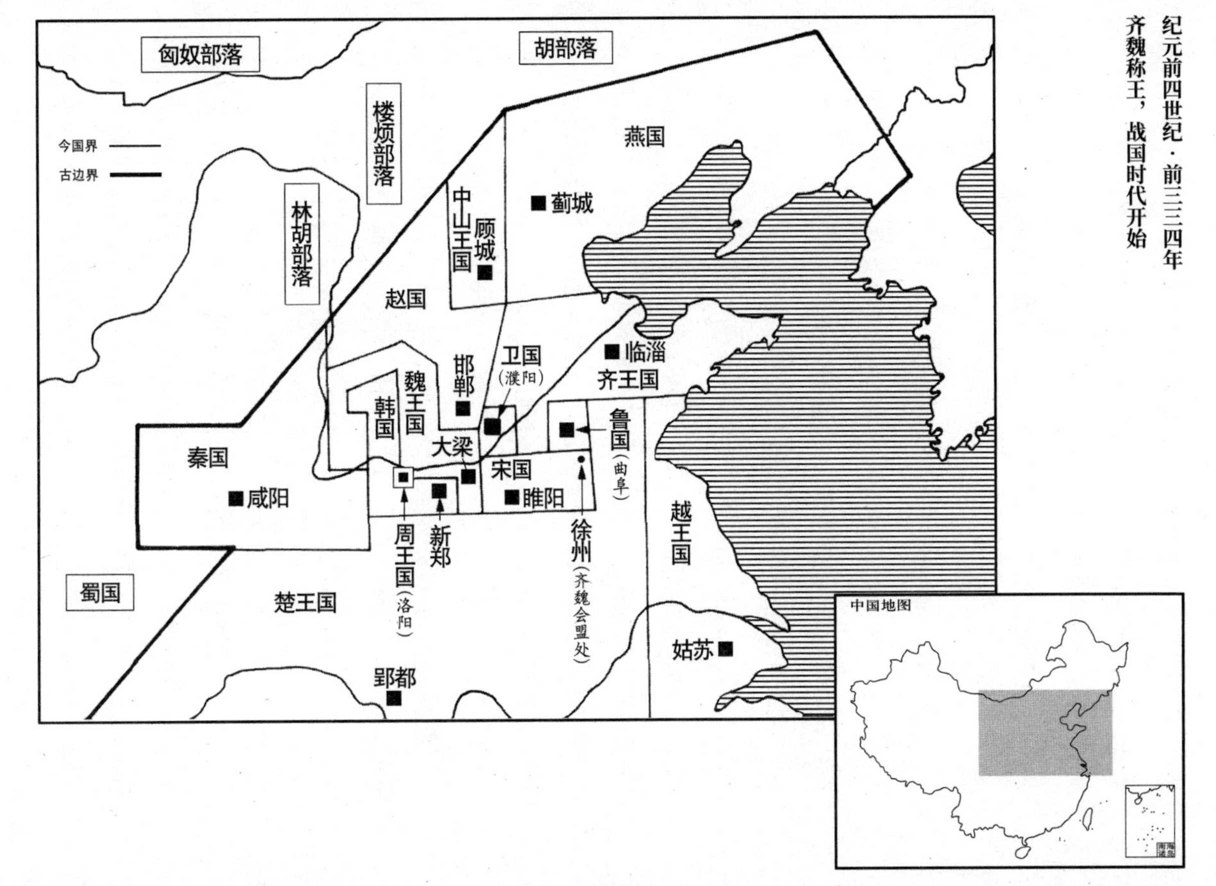

纪元前四世纪·前三三四年
齐魏称王，战国时代开始

本年（前三三四），齐国和魏国国君忽然宣称自己成了国王，才是真正的巨变。从此以后，两国国君跟周王一般高，平起平坐，公然成为可怕的叛逆，却并没有产生司马光所预料的效应，反而这种当国王的风气，使其他封国纷纷跟进。战国时代，遂进入跑道。

2 韩国（首府新郑〔河南省新郑市〕）国君（六任）昭侯（名不详）兴建一座高门（可能是兴建一个宫殿的高门，也可能像巴黎凯旋门一样，兴建一个纪念性建筑），屈宜臼（楚王国〔首都郢都，湖北省江陵县〕国务官，时正在韩国）对昭侯说："我认为你绝不可能走出这个门，为什么？因为不是时候。不是时候的意义，不是指日子时辰不对。人生在世，有时顺利、有时倒霉。从前，你曾经顺利过，却没有兴建高门。去年（前三三五），秦国（首府咸阳〔陕西省咸阳市〕）占领宜阳（河南省宜阳县）。今年（前三三四），韩国大旱，你不厉行节约，体恤民困，反而豪华奢侈，好像国强民富一样，这是亡国的措施。所以，不是时候。"

3 越王国（首都姑苏〔江苏省苏州市〕）国王（六任）姒无彊，攻击齐王国（首都临淄）。齐王（一任威王）田因齐派人游说姒无彊，告诉他攻击楚王国（首都郢都）的利益更大。姒无彊遂倾全国兵力，向楚王国进攻。楚王国猛烈还击，越军大败，王国瓦解，楚王国乘胜并吞故吴王国（江苏省、安徽省）全部领土，东方疆域，遂直到浙江（钱塘江）。越王国从此在历史上消失，残留的贵族，内斗不息，有的自称国王，有的自称国君，各率自己的部落，流散在海滨一带，分别向楚王国臣服（越王国自姒勾践称王建国，共一百六十四年而亡。从此，楚王国领土大增，直抵东海及台湾海峡）。

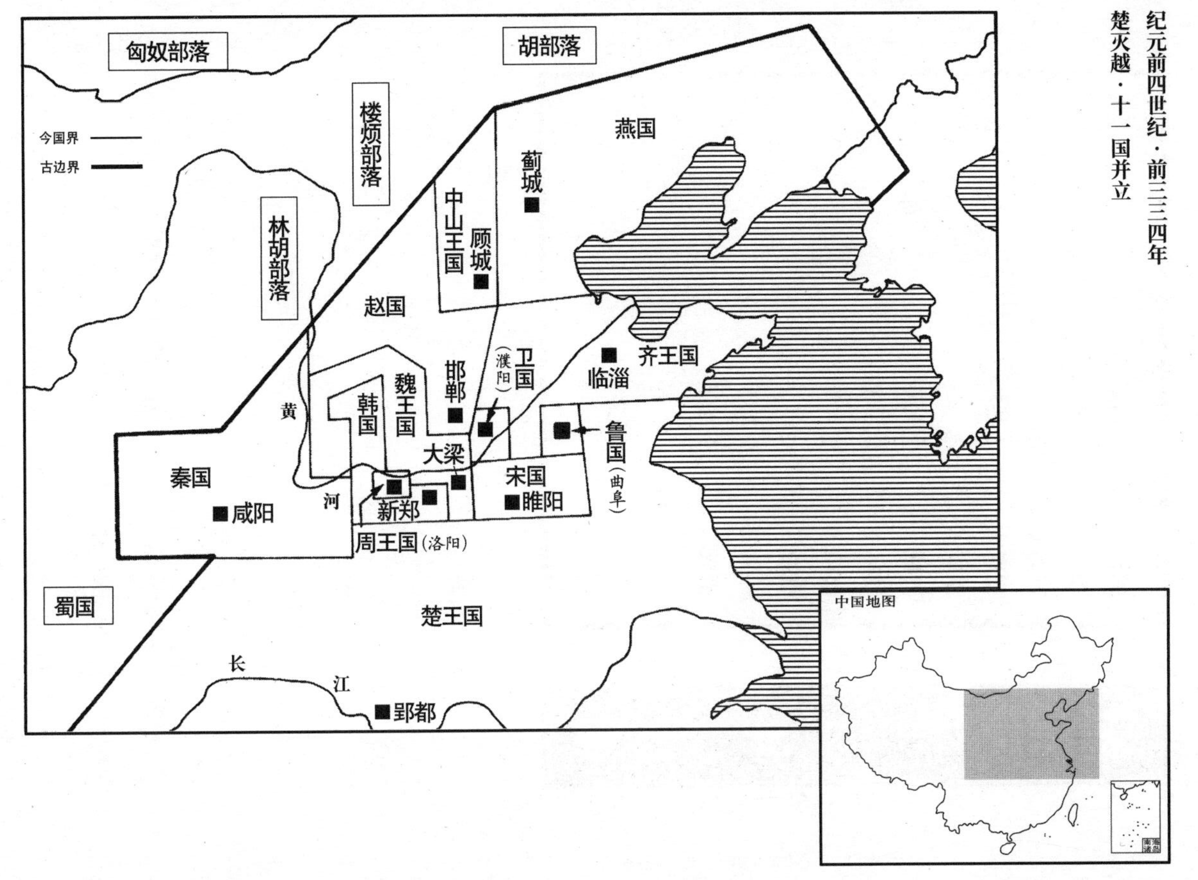

纪元前四世纪·前三三四年

楚灭越·十一国并立

纪元前三三三年——戊子

周显王	三十六年
鲁景公	十三年
秦惠王	五年
宋剔成	三十七年
楚威王	七年
齐威王	二十六年
魏惠王	后元二年
韩昭侯	二十六年
赵肃侯	十七年
燕文公	二十九年
卫成侯	二十九年

1 楚王国（首都郢都〔湖北省江陵县〕）攻击齐王国（首都临淄〔山东省淄博市东临淄区〕），包围徐州（山东省滕州市南）。

2 韩国（首府新郑〔河南省新郑市〕）高门完工，国君（六任）昭侯（名不详）逝世，于威侯（名不详）继位（七任）。

3 最初，周王国首都洛阳（河南省洛阳市白马寺东）人苏秦，晋见秦国（首府咸阳〔陕西省咸阳市〕）国君（二十六任）嬴驷，提出兼并天下，统一中国的大战略，嬴驷拒绝采纳（嬴驷刚杀了公孙鞅，正厌恶外国政客）。苏秦遂去燕国（首府蓟城〔北京市〕），向国君（三十七任）文公（名不详）提出跟前一个大战略恰恰相反的另一个大战略，他说："燕国所以一直没有卷入战火，是赵国（首府邯郸〔河北省邯郸市〕）在你们南方作为屏障的缘故。秦国如果攻击燕国，战场在秦国的千里之外。而赵国如果攻击燕国，战场却在赵国的百里之内。不担心百里之内的祸患，却担心千里之外的祸患，这是错误的想法。我愿主上跟赵国结盟，和平共存，燕国就永远没有灾难。"燕文公大喜，资助苏秦车马行装，请他帮忙。（《战国策》：燕文公说："我的国家太小，西面是强大的秦国，南接齐〔首都临淄〕赵，齐赵也是强国，今天先生一席话，使我茅塞顿开，既然缔结南北合纵同盟，可以使燕国得以获得安全保障，我愿举国相随。"）

苏秦到了赵国（首府邯郸），向国君（五任肃侯）赵语说："世界上，山东地区（崤山以东）没有一个国家比赵国更强，秦国（首府咸阳）看作眼中钉的，也只有赵国。然而，它却不敢大举进攻赵国，怕的是韩国和魏王国在它背后下手。秦国如果大举进攻韩国和魏王国，一望平原，没有巨山大河阻挠，逐渐蚕食，大军可以直抵两国首都（韩国首府新郑〔河南省新郑市〕，魏王国首都大梁〔河南省开封市〕），两国不能支持时，必然被秦国并吞。一旦没有韩、魏，秦国下一步的暴行，将加到赵国头上。我们可以查看地图，山东（崤山以东）各国的疆土，比秦国大五倍，估计各国武装部队，比秦国多十倍。六个大国如果集中力量，向西攻击秦国（首府咸阳），秦国一定破碎。现在有些人，打着追求和平的招牌，拼命说服各国割让土地给秦国。达到目的后，他身享荣华富贵，而国家所受的伤害，他却一点也不分担。那些政客乐意于夸大秦国军事力量的毁灭性，建议割让土地。这件事，主上应认真检讨。站在你的立场，我以为最高的谋略，莫过于韩国（首府新郑）、魏王国（首都大梁）、齐王国（首都临淄）、楚王国（首都郢都）、燕国（首府蓟城）、赵国（首府邯郸），共同缔结联盟，抵制秦国。安排各国统帅（将）和宰相（相），在洹水（河南省安阳市北安阳河）附近城市，举行部长级会议，互相交换人质，签订盟约。盟约规定：'秦国攻击任何一国，其他五国同时派出援军，或骚扰它的后路，或增援被攻的城镇。如果有一国不履行这项盟约，五国联合，共同对付它。'各国组成这项南北合纵同盟和抗秦阵线，秦国军队势必不敢再出函谷关（河南省灵宝市东北）一步，为害山东。"赵语大喜，把苏秦待作上宾，厚加赏赐，派他前往各国。（《战国策》：赵语说："我年纪还小，而即位的时间又短，还没有人指教过我安邦定国的大计。先生有意于世界和平，使各国免于侵略，我愿意听从。"于是封苏秦当武安君，拨给他安车〔可以在车上睡觉〕一百辆、黄金二万四千两、白玉一百双、绸缎三千六百公尺，去说服其他各国。）

而就在这时候，秦国（首府咸阳）派大将侍卫官（犀首）公孙衍，攻击魏王国（首都大梁），魏王国四万人的生力军溃败，大将龙贾被俘，雕阴（陕西省富县）陷落。秦国大胜后，扬言东进。苏秦恐怕秦军攻入赵国（首府邯郸），破坏南北合纵同盟。为了阻止秦军，于是激怒他的好友张仪，使他担当这项任务。

张仪，是魏王国（首都大梁）人，跟苏秦同时是鬼谷子先生的学生，学习纵横捭阖的政治谋略，苏秦自知不如张仪。然而张仪周游各国，不但受不到欣赏，在楚王国（首都郢都）反而受到困顿。苏秦于是请他到赵国（首府邯郸），而又故意侮辱他。张仪羞愤交集，认为列国中只有秦国（首府咸阳）才有力量打击赵国，就投奔秦国。苏秦秘密派他的随从（舍人）用大量金钱帮助他。张仪遂得以晋见秦国国君（二十六任）嬴驷，嬴驷大为高兴，任命他担任外籍顾问官（客卿）。这时，随从（舍人）告辞说："苏秦对秦国将攻击赵国这件事，十分忧虑，因为它可能破坏苏秦提倡的南北合纵同盟。认为只有你才可以攫取秦国的权柄，所以把你激怒。教我帮助你，一切出于他的一番苦心。"张仪恍然大悟说："原来如此，我掉到苏秦的谋略中却不知道，我比他相差太远，代我向苏秦叩谢，只要苏秦在世一天，张仪定尽全力。"（庞涓跟孙膑，苏秦跟张仪，以及管仲跟鲍叔牙，是古代三对传奇性的友谊，值得深思。）

在稳定了秦国以后，苏秦前往韩国（首府新郑），向韩国国君（七任）威侯（名不详）说："韩国土地九百余里，武装部队数十万，世界上最精良的弓箭刀枪，都是韩国出品，已成为国际上最大的兵工厂。韩国战士拉满了弓之后，百发百中。以韩国部队的勇敢，身披坚甲，携带强弩，手执利剑，可以一人面对一百人。而今，你们对秦国却一直委曲求全。很显然的，秦国必然要求割让宜阳（河南省宜阳县）、成皋（河南省荥阳市西北），今年割让给它，它明年又有新的要求。再给它吧，没有土地可给，不再给它吧，从前给它的情谊，一笔勾销，还是免不了灾难。而且，韩国的土地有限，秦国的要求无穷，以有限的土地，面对无穷的要求，这正是一种购买怨恨灾祸的行为，不必打仗，你的土地就会割让精光。俗话说：'宁为鸡口，不为牛后。'以你的贤明，手里又掌握举世闻名的强兵，而竟然当牛的屁股，实在使人羞愧难当。"韩威侯（名不详）接受。（《战国策》：韩威侯脸色大变，手按剑柄，仰天叹息说："我宁可以死，也不向秦国屈膝，你告诉我这些赵国国君的话，我愿率领全国，参加盟约。"）

苏秦再到魏王国（首都大梁），向国王（一任惠王）魏䓨说："魏王国土地一千华里，表面上看起来很小，可是田间布满大小村庄，农业密集，连放牧的空间都没有。人口稠密，车马成群，日夜来往，好像部队行军。我客观评估，魏王国的强大，不下于楚王国（首都郢都）。据说，贵国武装部队中，有野战军二十万人、奴隶军二十万人、突击队二十万人、后勤部队十万人、战车六百辆、战马五千匹，而竟然有政客劝你去当秦国的尾巴，使人震惊。赵国（首府邯郸）国君（五任肃侯赵语）特派我来向大王就国际形势，作一分析，建议参加这项盟约，请大王考虑。”魏䓨同意。（《战国策》：魏䓨说：“我真差劲，从来没有听见过这种大道理。现在你既把贵国君主〔五任肃侯赵语〕的话告诉我，我们魏王国绝对听从。”）

苏秦前往齐王国（首都临淄），对国王（一任威王）田因齐说：“齐王国四面都是要塞，固若金城汤池，土地二千余华里，武装部队数十万，食粮储备，堆积如山。三军精良（三军不是陆海空三军，而是上军、中军、下军），以‘五家’为基础的兵力（管仲创立军制：五家〔五人〕为一轨〔一班〕，十轨〔五十人〕为一里〔一排〕，十里〔五百人〕为一连，十连〔五千人〕为一乡〔一团〕，三乡〔一万五千人〕为一师），攻击时像飞箭一样的快，作战时像雷霆一样的凶猛，撤退时像风雨消失一样的无影无踪。对外战争，敌人从来没有越过泰山、渡过清河、跨过渤海的。首都临淄（山东省淄博市东临淄区）人民有七万户，我私自推测，以最小的户计算，每户至少有三个年轻男子，不必征调其他地方的军队，仅临淄一城，就可集结精兵二十一万。可是临淄人民太过于富庶殷实，大家都沉湎于斗鸡、赛狗、赌博、踢球。临淄街道上，车轴互相碰撞，人肩互相摩擦，把衣襟连起来可以做成帷帐，人们挥下脸上汗珠时，好像降雨。韩国（首府新郑）和魏王国（首都大梁）所以害怕秦国，为的是跟秦国（首府咸阳）领土相接。两方冲突，动员出击，不到十天，便可会战，胜负存亡，立可分晓，韩、魏战胜，部队已损失一半，连保卫自己的边境都有困难。韩、魏战败，接下来便是灭亡。所以韩、魏特别慎重，不敢轻易得罪秦国，总是盼望和平，即令是屈辱的和平。秦国要想进攻齐王国（首都临淄），可不简单，它必须考虑到韩、魏抄它的后路，而且秦军还要通过卫国境内的关卡'阳晋隘道'（山东省郓城县东）和亢父（山东省济宁市南）的险要，车不能并行，马不能并驰，用一百人把守，虽一千人都不能通过。秦国即令冒险深入，必须顾虑到它漫长的补给线，会被韩、魏切断。所以，它对贵国，只能虚张声势，大声恐吓，却不敢采取实际行动。这明显的指出，秦国对齐王国束手无策。这种对齐王国束手无策的国家，你们反而去巴结它，当它的尾巴，是政客们的错误。齐王国既然不是尾巴国，而是一个强大的独立国家，大王，请你考虑。"田因齐一口承诺。（《战国策》：田因齐说："我真是一个糊涂虫，你把贵国国君〔五任肃侯赵语〕的话开导我，我愿率全国人民，追随赵国之后。"）

最后，苏秦抵达楚王国（首都郢都），对国王（二十任威王）芈商说："楚王国是世界上超级强国，土地六千里，武装部队一百余万、战车千辆、战马万匹，粮食储藏，足够十年之用，这是称霸天下的资本。所以秦国最害怕的，莫过于楚王国。楚强则秦弱，秦强则楚弱，死生对头，势不能和平共存。为大王着想，应该参加南北合纵同盟，使秦国陷于孤立。我可以让山东（崤山以东）各国，四季进贡，接受你的领导，把他们国家和祖先的祭坛，交到你的手里，把他们国家所训练的精兵，都由你使用。参加合纵同盟，跟秦国对抗，各国都会做你的臣属。如果赞成连横阵线，跟秦国和解，则除了割让土地给它外，再没有别的收获了。这是两种恰恰相反的战略，大王，你选择哪一种？"芈商应允。（《战国策》：芈商说："我的国家，西境跟秦国接壤，而秦国有夺取巴蜀〔四川省〕、兼并汉中〔陕西省南部〕的野心。它是一个虎狼般残暴的国家，绝对不可以亲近。而韩国〔首府新郑〕和魏王国〔首都大梁〕，受到秦国强大兵力震慑，神魂不定，也不可以太信任他们，怕他们忽然向秦国靠拢，泄漏机密，我们反而处于危险之境。我自己思量，以楚王国一国跟秦国热战，不见得获胜。跟政府高级官员策划，他们的意见又不完美。使我夜不能安枕，食不能知味，心乱如麻，好像大风中飘摇的旗帜。而今先生想团结天下，保护诸侯完整，拯救危难，我楚王国愿参加行列。”）

于是，六国共推苏秦担任合纵同盟的盟约长，同时兼任六国的宰相。苏秦由楚王国（首都郢都）北返赵国（首府邯郸），向赵国国君（五任肃侯）赵语报命。随行的行李辎重，堆积如山，卫队前呼后拥，威风凛凛，好像国王出巡。

4 齐王（一任威王）田因齐逝世，子田辟彊继位（二任），是为宣王。知道邹忌陷害田忌（参考前三四一年），召请田忌回国（田因齐本年未死，十三年后的纪元前三二〇年才死，原记载有误）。

5 燕国（首府蓟城）国君（三十七任）文公（名不详）逝世，子易王（名不详）继位（三十八任）。

6 卫国（首府濮阳〔河南省濮阳市〕）国君（四十三任成侯）卫遬（音sù〔诉〕）逝世，子平侯（名不详）继位（四十四任）。

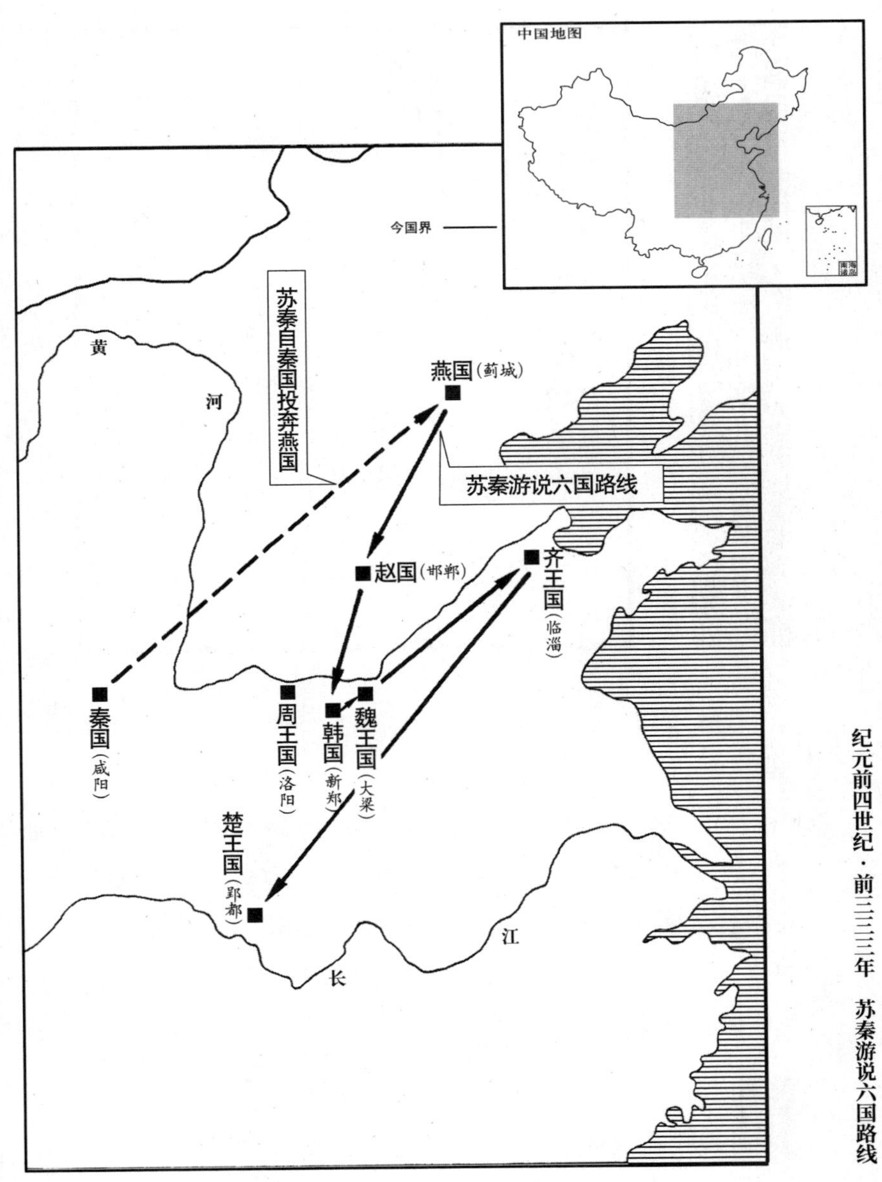

纪元前四世纪·前三三三年　苏秦游说六国路线

纪元前三三二年 己丑

周显王	三十七年
鲁景公	十四年
秦惠王	六年
宋剔成	三十八年
楚威王	八年
齐威王	二十七年
魏惠王	后元三年
韩威侯	元年
赵肃侯	十八年
燕易王	元年
卫平侯	元年

1 秦国（首府咸阳〔陕西省咸阳市〕）国君（二十六任）嬴驷，命客卿（魏王国人）公孙衍用诈术驱使齐王国（首都临淄〔山东省淄博市东临淄区〕）和魏王国（首都大梁〔河南省开封市〕），向赵国（首府邯郸〔河北省邯郸市〕）攻击，希望破坏合纵同盟。赵国国君（五任肃侯）赵语，责备苏秦，苏秦惊恐，请出使燕国（首府蓟城〔北京市〕），以便对齐王国报复。苏秦既离开赵国，合纵同盟遂告瓦解。赵国决河水灌入齐、魏联军阵地，齐、魏联军才行撤退。

柏杨曰

依当时情势，苏秦的合纵同盟阵线，是拯救各国的唯一法宝。可是秦国（首府咸阳）稍用诈术，向魏王国（首都大梁）表示愿归还前所占领的襄陵（参考前三五二年）等七个城市，魏王国那个蠢材君王，和那些蠢材官员，竟然兴高采烈的吞下钓饵。短视、贪婪，只看见眼前三寸利益，是造成悲剧的一大动力。杜牧说："灭六国者，六国也，非秦也。"事实上绝大多数国家的覆亡，都覆亡在自己手上，岂止六国而已。

2 魏王国（首都大梁）把阴晋（陕西省华阴市西）割让给秦国（首府咸阳），要求和解，而把居民迁到华阴（陕西省华阴市东）。

3 齐王国（首都临淄）攻击燕国（首府蓟城），占领边境十个城市，又归还燕国。

纪元前三三一年 庚寅

周显王	三十八年
鲁景公	十五年
秦惠王	七年
宋剔成	三十九年
楚威王	九年
齐威王	二十八年
魏惠王	后元四年
韩威侯	二年
赵肃侯	十九年
燕易王	二年
卫平侯	二年

- 秦、韩、燕三国国君称王。
- 卫国追捕逃犯。
- 苏秦奔齐。
- 孟尝君访楚。

- 波斯王大流士三世被部下诛杀，马其顿王亚历山大灭波斯，东征印度，抵达印度河，班师。
- 第二次萨姆战争爆发（前三二七年）。
- 亚历山大在巴比伦逝世，帝国分裂为三。
- 印度建孔雀王朝（摩揭陀帝国）。

纪元前三三〇年 辛卯

周显王	三十九年
鲁景公	十六年
秦惠王	八年
宋剔成	四十年
楚威王	十年
齐威王	二十九年
魏惠王	后元五年
韩威侯	三年
赵肃侯	二十年
燕易王	三年
卫平侯	三年

1 秦国（首府咸阳〔陕西省咸阳市〕）攻击魏王国（首都大梁〔河南省开封市〕），包围焦城（河南省三门峡市）、曲沃（河南省三门峡市西南）。魏王国把少梁（陕西省韩城市西南）、河西（陕西省黄河以西地区）割让给秦国（十年前的前三四〇年，魏王国已献出河西，可能只献出地图。拖至本年，一败再败，才作实质割让）。

纪元前三二九年 壬辰

周显王	四十年
鲁景公	十七年
秦惠王	九年
宋剔成	四十一年
楚威王	十一年
齐威王	三十年
魏惠王	后元六年
韩威侯	四年
赵肃侯	二十一年
燕易王	四年
卫平侯	四年

1 秦国（首府咸阳〔陕西省咸阳市〕）攻击魏王国（首都大梁〔河南省开封市〕），渡过黄河，占领汾阴（山西省万荣县西南荣河镇）、皮氏（山西省河津市），攻陷焦城（河南省三门峡市）。

2 楚王（二十任威王）芈商逝世，子芈槐继位（二十一任），是为怀王。

3 宋国（首府睢阳〔河南省商丘市〕）国君（三十四任）宋剔成的老弟宋偃，发动政变，宋剔成逃往齐王国（首都临淄〔山东省淄博市东临淄区〕）。宋偃继位（三十五任）。

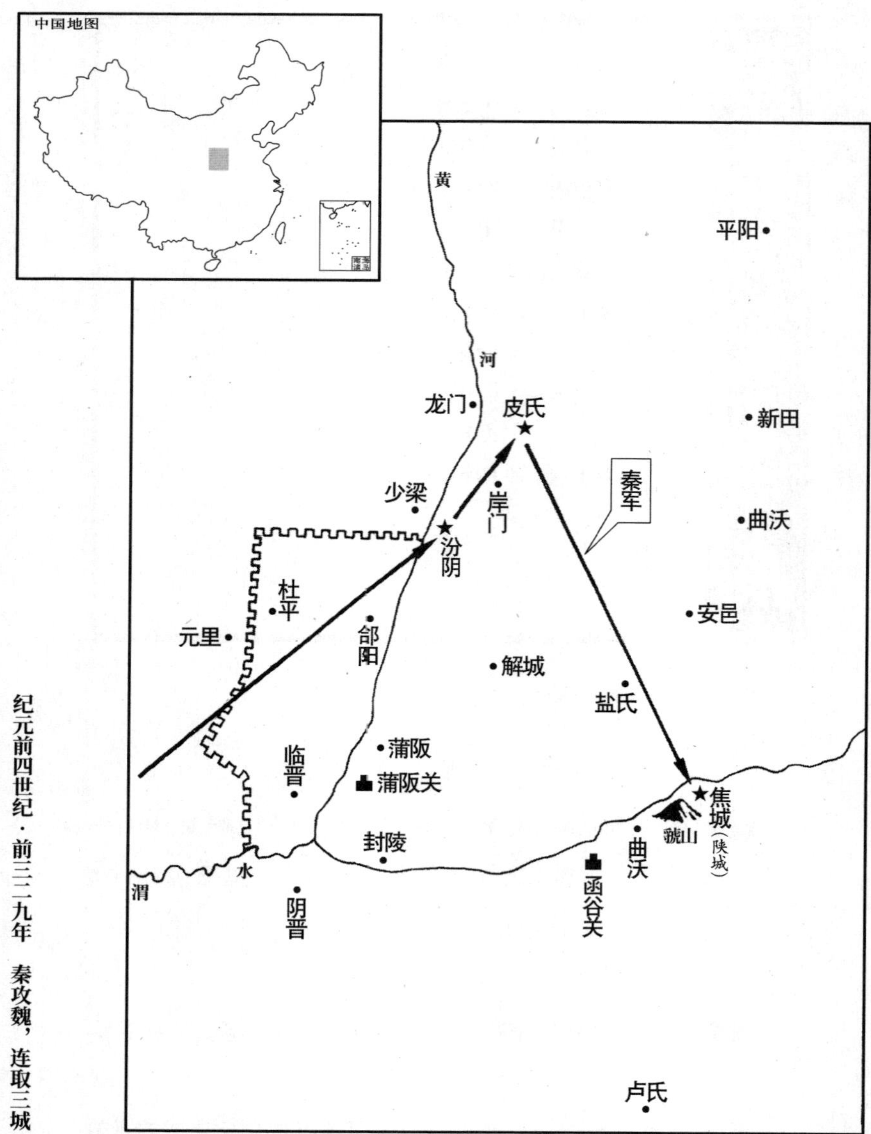

纪元前四世纪·前三二九年 秦攻魏，连取三城

纪元前三二八年　癸巳

周显王	四十一年
鲁景公	十八年
秦惠王	十年
宋康王	元年
楚怀王	元年
齐威王	三十一年
魏惠王	后元七年
韩威侯	五年
赵肃侯	二十二年
燕易王	五年
卫平侯	五年

1 秦国（首府咸阳〔陕西省咸阳市〕）将领嬴华、张仪，率军攻陷魏王国（首都大梁〔河南省开封市〕）的边城蒲阳（山西省隰县）。张仪说服国君（二十六任）嬴驷，把蒲阳归还魏王国，并派贵族嬴繇到魏王国充当人质，然后对魏王国国王（一任惠王）魏䓨说："秦国对贵国可是恩重如山，贵国不应该打马虎眼，不给回报。"魏王国遂把上郡（陕西省延安市）十五个县，全部割让给秦国。张仪回去后，秦国任命他当宰相（魏王国自建立王国以来，便受不完秦国的攻击，挨打、受气、拼命割地，再继续拼命受骗，被玩弄于股掌之上。可看出魏王国上自元首，下到文武官员，不过一堆窝囊货色）。

纪元前三一七年 甲午

周显王	四十二年
鲁景公	十九年
秦惠王	十一年
宋康王	二年
楚怀王	二年
齐威王	三十二年
魏惠王	后元八年
韩威侯	六年
赵肃侯	二十三年
燕易王	六年
卫平侯	六年

1 秦国（首府咸阳〔陕西省咸阳市〕）征服西境蛮夷（戎）义渠部落，设立义渠县（甘肃省庆阳市西峰区），任命原酋长担任秦国政府官职。

2 秦国（首府咸阳）把焦城（河南省三门峡市）、曲沃（河南省三门峡市西南），归还魏王国（参考前三三〇年）。

纪元前三二六年 乙未

周显王	四十三年
鲁景公	二十年
秦惠王	十二年
宋康王	三年
楚怀王	三年
齐威王	三十三年
魏惠王	后元九年
韩威侯	七年
赵肃侯	二十四年
燕易王	七年
卫平侯	七年

1 赵国（首府邯郸〔河北省邯郸市〕）国君（五任肃侯）赵语逝世，子赵雍继位（六任）。设立高级顾问（博闻师）三人、左监察官（左司过）三人、右监察官（右司过）三人。第一件事就是致送重礼给老爹（赵语）的重要助手肥义，增加他的俸禄。

纪元前三二五年 丙申

周显王	四十四年
鲁景公	二十一年
秦惠王	十三年
宋康王	四年
楚怀王	四年
齐威王	三十四年
魏惠王	后元十年
韩威侯	八年
赵武灵王	元年
燕易王	八年
卫平侯	八年

1 夏季，四月四日，秦国（首府咸阳〔陕西省咸阳市〕）国君（二十六任）嬴驷自称国王（一任），是为惠王。

2 卫国（首府濮阳〔河南省濮阳市〕）国君（四十四任）平侯（名不详）逝世，子嗣君（名不详）继位（四十五任）。卫国有一个逃犯，逃到魏王国（首都大梁〔河南省开封市〕），因精通医术，给魏国王（一任惠王）魏䓨的王后妻子治病。卫嗣君要求用一千二百两黄金交换逃犯，经过五次交涉，魏王国五次拒绝。最后，卫嗣君不提赎金，而愿以左氏城（山东省菏泽市定陶区东）交换，官员们阻止说：“用一个城买一个逃犯，实在不值。”卫嗣君说：“这你就不知道了。治理国家，不能因小事就疏忽它，不能因扰乱不大就轻视它。法律的尊严如果不建立，刑罚如果不能执行，虽有十个左氏城有什么用？法律尊严得以确保，刑罚得以贯彻，就是失去十个左氏城，又有什么关系？”魏莹说：“人主的欲望，不满足他，必有灾殃。”下令把逃犯交还卫国。

柏杨曰

卫嗣君这一番话，掷地有金石声，必须有此观念，法治才能建立。然而，我怀疑发生过这种怪事。卫国当时已衰弱到连侯爵都不敢亮相，而自贬为“君”，“君”跟魏王国的“王”，相差十万八千里。真有逃犯，而且该逃犯又给王后治病，卫嗣君就不可能提出这个要求。只因卫国不过一粒绿豆，此时只剩下首府所在地的濮阳（河南省濮阳市）一个大城，左氏（山东省菏泽市定陶区东）不过城外一个小镇，用来换一个逃犯，并不符合国家利益，只符合卫嗣君一个人的利益。他跟逃犯之间，恐怕有什么不可告人的私仇，必欲得之而后快。没有抓回逃犯，卫国还是卫国。卫国不过几个左氏城大小，恐怕不断泄愤之后，世界上便没有卫国了。这是小流氓的斗气态度，不应是掌握国家命运人物的斗志态度。即令卫嗣君发了疯，非要得到逃犯不可，魏莹也不会在乎他这个小头目，竟认为拒绝了他，他会带给魏王国什么灾难，卫国泥菩萨过河，自身难保，魏王国不带给他灾难，已是上帝保佑。

然而，魏莹先生的话，却是一种暗示。暗示中国人如果不能满足“人主”的欲望，无论该“人主”是什么东西，都铁定不祥。有此一念，“人主”就福如东海，人民就只好为了满足“人主”的欲望而活，代代当奴。

纪元前三二四年 丁酉

周显王	四十五年
鲁景公	二十二年
秦惠王	元年
宋康王	五年
楚怀王	五年
齐威王	三十五年
魏惠王	后元十一年
韩威侯	九年
赵武灵王	二年
燕易王	九年
卫嗣君	元年

1 秦王国（首都咸阳〔陕西省咸阳市〕）宰相张仪率军攻击魏王国（首都大梁〔河南省开封市〕），占领陕城（河南省三门峡市。焦城即陕城，前三二七年已归还魏王国，本年再度占领）。

2 燕国（首府蓟城〔北京市〕）宰相苏秦，跟前任国君（三十七任）文公（名不详，前三三三年逝世）的妻子通奸，被现任国君（三十八任）易王（名不详）发现（原文只说这位夫人是文公妻子，则可能只是易王的庶母，不是亲娘），苏秦大为恐慌，于是向易王献计说：“我留在燕国，不能使燕国增加分量，如果前去齐王国，却可以提高燕国的国际地位。”易王答应他的要求，苏秦遂假装得罪了易王，在燕国不能立足，投奔齐王国（首都临淄〔山东省淄博市东临淄区〕）。齐王国国王（一任威王）田因齐，任命他当外籍顾问官（客卿）。苏秦遂引导田因齐兴建高宫巨殿，开辟皇家花园及打猎围场，使齐王国民疲财尽，怨声载道，以保护燕国不再受到侵略。

纪元前三二三年 戊戌

周显王	四十六年
鲁景公	二十三年
秦惠王	二年
宋康王	六年
楚怀王	六年
齐威王	三十六年
魏惠王	后元十二年
韩宣惠王	十年
赵武灵王	三年
燕易王	十年
卫嗣君	二年

1 秦王国（首都咸阳〔陕西省咸阳市〕）宰相张仪，和齐王国（首都临淄〔山东省淄博市东临淄区〕）、楚王国（首都郢都〔湖北省江陵县〕）的宰相，在齧桑（江苏省沛县西南。齧，音niè〔孽〕），举行宰相级会议。

2 韩国（首府新郑〔河南省新郑市〕）、燕国（首府蓟城〔北京市〕），分别宣布建立王国。赵国（首府邯郸〔河北省邯郸市〕）国君（六任）赵雍拒绝跟进，说："没有王国的实力，怎么敢称国王的名号？"下令全国仍称自己为国君。

纪元前三二二年 己亥

周显王	四十七年
鲁景公	二十四年
秦惠王	三年
宋康王	七年
楚怀王	七年
齐威王	三十七年
魏惠王	后元十三年
韩宣惠王	十一年
赵武灵王	四年
燕易王	十一年
卫嗣君	三年

1 秦王国（首都咸阳〔陕西省咸阳市〕）宰相张仪，自齧桑（江苏省沛县西南）回国，即被免职，派往大梁（河南省开封市）担任魏王国（首都大梁）宰相，企图使魏王国臣服秦王国，以便其他国家效法。魏王国拒绝，秦王国立即发动攻击，占领曲沃（山西省闻喜县）、平周（山西省介休市西），并对张仪秘密厚赠（西河地区既割让给秦王国，现在秦军越黄河而东，深入魏王国故都安邑〔山西省夏县〕附近，寸寸蚕食）。

纪元前三二一年 庚子

周显王	四十八年
鲁景公	二十五年
秦惠王	四年
宋康王	八年
楚怀王	八年
齐威王	三十八年
魏惠王	后元十四年
韩宣惠王	十二年
赵武灵王	五年
燕易王	十二年
卫嗣君	四年

1 周王国（首都洛阳〔河南省洛阳市白马寺东〕）国王（四十一任显王）姬扁逝世，子姬定继位（四十二任），是为慎靓王。

2 燕王国（首都蓟城〔北京市〕）国王（一任）易王（名不详）逝世，子姬哙继位（二任）。

3 齐王国（首都临淄〔山东省淄博市东临淄区〕）把薛邑（山东省滕州市

南）封给贵族田婴当采邑，号称靖郭君（君，比侯低一级的爵位）。田婴向齐王（一任威王）田因齐建议说："各部会的表章报告，做君王的人，必须每天审查、反复考核，国家才能治理。"田因齐接受他的建议，可是日子一久，实在厌烦那些琐碎的例行工作，就委托田婴处理，田婴借着这个机会，逐渐控制政府。

田婴打算在薛邑兴建城堡，一位朋友告诉他："你听说过大海里的大鱼故事没有？鱼网捉不住它，钓钩拉不动它。可是，一旦游荡到海滩上，失去了海水，蚂蚁都能制它于死命。齐王国（首都临淄）是你的海水。你掌握齐王国政府的政权，要薛邑干什么？假使你没有了齐王国的支持，即令薛邑的城墙再高再坚，又有什么用？"田婴立即停止筑城。

田婴有四十个儿子，出身最微贱的是一位小老婆生的儿子，名叫田文。田文聪明智慧，又有谋略，说服老爹田婴广施财宝，结交天下英雄豪杰。田婴教田文主持接待宾客的工作，宾客无不对他赞誉，要求田婴把爵位传给田文。田婴死后，田文继承，号称孟尝君。结交来自各方的知识分子和流亡客，以及有罪的逃犯，为他们兴筑房舍，安置定居，招待优厚，连同他们的亲戚，也一起救助；家中供应饮食的宾客（食客），经常有好几千人，都认为田文对自己特别爱护亲近。于是"孟尝君"的名声，远播世界各个角落。

正人君子结交英雄豪杰和知识分子，目的应该是为国家效力。《易经》说："圣人养贤，以及万民。"贤才的意义是：品德足可以端正风俗，才能足可以建立秩序，聪明足可以深谋远虑，坚强足可以促成团结。扩张则对全世界有贡献，缩小则对国家有利益。这些贤才，应该提高俸禄使他富裕，封赏爵位使他尊贵，养一个人，却影响到一万人，这才是养贤之道。现在，田文的结交方法，不管他是聪明或是愚蠢，不管他是好人或是坏胚，一股脑接收。这可是偷盗国家的财富，来建立私人势力和博取一己虚荣。上对君王是一种侮辱，下对人民是一种剥削。一个奸雄而已，不值得赞扬。《书经》说："子受辛（商王朝三十一任帝纣帝）是天下逃犯的窝主，乱草的泥塘。"正是田文的写照。

4 田文曾经代表齐王国（首都临淄），前往楚王国（首都郢都）访问，楚王（二十一任怀王芈槐）送给他一张象牙雕刻的床。田文命登徒直送回齐王国。这是一件辛苦而艰难的任务，登徒直虽不敢拒绝命令，却实在不想去，于是跟田文的随从公孙戌商量说："象牙床价值两万四千两黄金，万一有毫发损坏，就是把老婆孩子卖掉，都赔不起。你如果能想办法使我不致成行，我有祖先留下的宝剑，送你作为纪念。"公孙戌一口答应，晋见田文说："很多小国所以愿意送相印给你，请你兼任他们宰相的原因，认为你能体恤贫穷，存亡绝续。大家敬佩的，是你的仁义；倾慕的，是你的清廉。现在第一次到楚王国，便接受象牙床这么贵重礼物的馈赠，将来你再去别的国家，教别的国家送你些什么？"田文醒悟说："你说得对。"决定婉转辞谢。公孙戌离开时，还没有走到内院小门，田文教他回来，问说："你走路跟平常不一样，大步前进，神采昂扬，什么事使你这么兴奋？"公孙戌把他可以得到宝剑的内情告诉他，于是田文在公告栏中贴出他的声明："凡能够促使我田文得到美好的名誉，或能够制止我田文犯错，即令他的建议是接受外人的贿赂，或被别人利用，也没有关系，请马上向我提出规劝。”

田文是一位真正能采纳别人意见，使自己茁壮的人，假定对方说的话是对的，即令他心怀奸诈，我还是要听从。何况对方一片忠心？《诗经》说：“只管摘芜菁的叶子，只管摘土瓜的叶子，不要管它们的根是什么样子。”（这两种菜，根叶都可以吃，可是根部有时难以下咽，采摘的人，不能因它根有时是坏的，连叶子都不要。）田文就有这种风范。

5 韩王国（首都新郑〔河南省新郑市〕）国王（一任）宣惠王（名不详），打算把国家大权，分授给公仲、公叔，征询缪留的意见。缪留说：“皇天在上，千万可别这么做。晋国（首府新田〔山西省侯马市〕）专用六位国务官，而国家终于被瓜分（晋国原来被六大家族控制，后来，范姓家族、中行姓家族、智姓家族，先后在内斗中覆亡，只剩下赵姓、魏姓、韩姓，三家最后把晋国消灭。参考前四〇三年）；齐国（首府临淄）国君（二十九任简公）姜壬，用田恒、阚止，而终于被杀（田恒杀了阚止之后，连姜壬一并干掉，遂完全控制政府）；魏王国（首都大梁〔河南省开封市〕）用公孙衍（犀首）、张仪，而西河（黄河西岸，陕西省东部）丧失（公孙衍、张仪，先后担任过魏国宰相，但都吃里扒外，私通外国，专做伤害魏国的事）；而今大王对二人同时并用，形势很明显，力量强大的一方，一定广树党羽。力量弱小的一方，一定结交外国。高级官员中有的结成死党，不买君王的账，有的外找支援，主张割让土地，你的国家恐怕危在旦夕。”

战国时代

- 卫国国君再自贬称君。
- 宋国国君称王。
- 五国联军兵败函谷关。
- 秦征服蜀国。
- 燕王禅让。
- 张仪用商於地欺骗楚王芈槐。
- 张仪大破南北合纵同盟。

- 亚历山大部将尼卡多，建塞琉西帝国。
- 亚历山大的妻子及儿子，齐被杀害。
- 迦太基人侵入西西里岛。

纪元前三二〇年 辛丑

周慎靓王	元年
鲁景公	二十六年
秦惠王	五年
宋康王	九年
楚怀王	九年
齐威王	三十九年
魏惠王	后元十五年
韩宣惠王	十三年
赵武灵王	六年
燕姬哙	元年
卫嗣君	五年

1 卫国（首府濮阳〔河南省濮阳市〕）国君不敢称侯爵，再自贬称“君”（前三四六年，自贬称“侯”，此是再度自贬）。

2 齐王国（首都临淄〔山东省淄博市东临淄区〕）国王（一任威王）田因齐逝世，子田辟彊继位（二任），是为宣王。

纪元前三一九年 壬寅

周慎靓王	二年
鲁景公	二十七年
秦惠王	六年
宋康王	十年
楚怀王	十年
齐宣王	元年
魏惠王	后元十六年
韩宣惠王	十四年
赵武灵王	七年
燕姬哙	二年
卫嗣君	六年

1 秦王国（首都咸阳〔陕西省咸阳市〕）攻击韩王国（首都新郑〔河南省新郑市〕），占领鄢陵（河南省鄢陵县北）。

2 魏王国（首都大梁〔河南省开封市〕）国王（一任惠王）魏䓨逝世，子魏嗣继位（二任），是为襄王。

孟轲晋见魏嗣，出来后告诉人说："看他的模样，简直不像是一个君王，对他无法产生敬意。他一直在那里发呆，却忽然间发问：'怎么才能获得和平？'我说：'等到天下统一。'他又问：'谁能统一？'我说：'不喜欢杀人的人能。'他又问：'谁愿意让他统一？'我说：'天下所有的人都愿意。你可知道田里的秧苗？七八月间如果大旱，秧苗一定枯槁。可是天际渐布乌云，降下充足大雨，秧苗就青绿一片，生机再起。在这种情况下，谁能阻止？'"

纪元前三一八年 癸卯

周慎靓王	三年
鲁景公	二十八年
秦惠王	七年
宋康王	十一年
楚怀王	十一年
齐宣王	二年
魏襄王	元年
韩宣惠王	十五年
赵武灵王	八年
燕姬哙	三年
卫嗣君	七年

1 楚王国（首都郢都〔湖北省江陵县〕）、赵国（首府邯郸〔河北省邯郸市〕）、魏王国（首都大梁〔河南省开封市〕）、韩王国（首都新郑〔河南省新郑市〕）、燕王国（首都蓟城〔北京市〕），联合攻击秦王国，大军抵达函谷关（河南省灵宝市东北）。秦军开关迎战，五国联军败退（各国在不断受挫之后醒悟，重提苏秦倡议，但早已瓦解了的南北合纵同盟，由楚王〔二十一任怀王〕芈槐担任盟约长，集结赵〔首府邯郸〕、魏〔首都大梁〕、韩〔首都新郑〕、燕〔首都蓟城〕、齐〔首都临淄，山东省淄博市东临淄区〕，共同攻击秦王国。齐王国用田文的谋略，答应出兵，却命远征军走得越慢越好。五国联军抵达函谷关，并不能同心，各国都要保存实力，谁都不敢、也不愿先行攻击。几天之后，秦王国守将嬴疾出奇兵切断楚王国粮道，楚军陷于饥饿，先行撤退，其他四国也只好跟着撤退）。

2 宋国（首府睢阳〔河南省商丘市〕）国君（三十五任）宋偃，自称国王，是为康王。

纪元前三一七年

甲辰

周慎靓王	四年
鲁景公	二十九年
秦惠王	八年
宋康王	十二年
楚怀王	十二年
齐宣王	三年
魏襄王	二年
韩宣惠王	十六年
赵武灵王	九年
燕姬哙	四年
卫嗣君	八年

1 秦王国（首都咸阳〔河南省咸阳市〕）跟韩王国（首都新郑〔河南省新郑市〕），在修鱼（河南省原阳县西南）会战，韩军大败，死八万人。秦军追至浊泽（河南省新郑市西南），生擒韩军大将魏鲰、申差，各封国震恐。

2 齐王国（首都临淄〔山东省淄博市东临淄区〕）国务官（大夫）跟苏秦争宠夺权，派刺客刺死苏秦。

3 魏王国（首都大梁〔河南省开封市〕）宰相张仪，向魏王（二任襄王）魏嗣建议说："魏王国土地还不到一千华里，武装部队不过三十万，地势平坦，没有高山大河的险隘，到处都要防备，力量自然分散，边防军分别驻扎楚（首都郢都〔湖北省江陵县〕）、韩（首都新郑）、齐（首都临淄）、赵（首府邯郸〔河北省邯郸市〕）四国边界，真正固守防地的，不过十万人而已，不可讳言，魏王国已成为一个战场。各国曾经缔结合纵同盟，组织抗秦阵线，在洹水（河南省安阳市北安阳河）发誓结为兄弟之邦，看起来隆重盛大，好像真的一样，其实不然，同一父母生的亲兄亲弟，为了争夺财产，还互相砍杀。国际之间，再重弹苏秦当年的老调，结局失败，至为明显。你如果拒绝臣服秦王国，秦王国必有反应，一旦大军发动攻击，在南方进攻河外（黄河以南地区），在北部占领卷城（河南省原阳县西）、衍城（河南省郑州市北）、酸枣（河南省延津县），再袭击卫国（首府濮阳〔河南省濮阳市〕），控制阳晋（山东省郓城县东）。于是赵国不能南下，魏王国不能北上，世界被拦腰斩断，一分为二。'纵'（南北）既不存，你们从哪里'合'呢！你的国家想不陷入困境都不可能，请大王三思。我这样建议，不是为我个人的利益，所以请你准许我的辞职。"魏嗣被他说服，宣布退出南北合纵同盟抗秦阵线，请张仪担任中间人，跟秦王国和解。

张仪辞去魏王国（首都大梁）宰相，回到秦王国，再担任秦王国（首都咸阳）宰相（一个人可以在两个敌对的国家，担任掌握国家命运的宰相，是战国时代特有的政治市场。不过，类似苏秦、张仪这种纵横国际、智慧型的宰相，可能只有尊贵的名义，处理若干特定的外交事务、国防军事及内政上重大决策，恐怕不能参与）。

4 鲁国（首府曲阜〔山东省曲阜市〕）国君（三十四任景公）姬偃逝世，子姬旅继位（三十五任），是为平公。

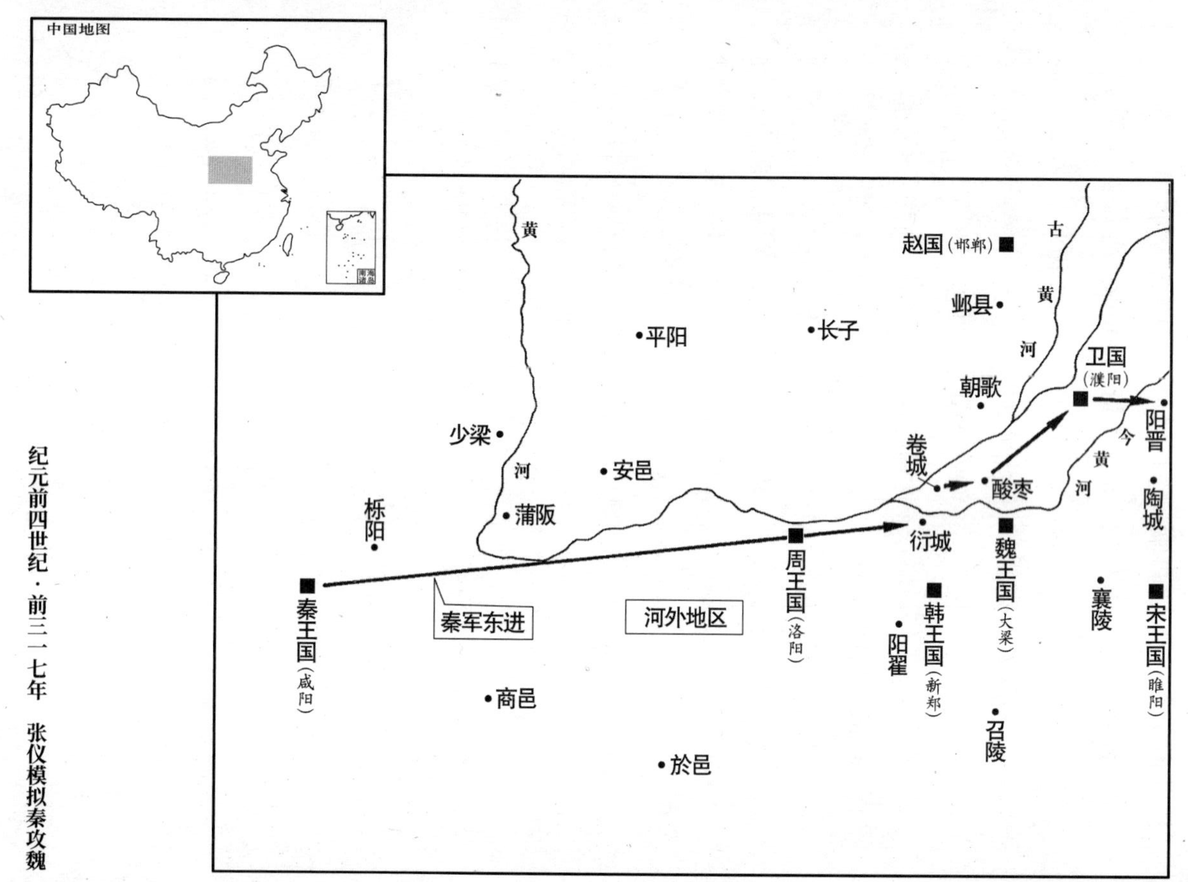

纪元前四世纪·前三一七年 张仪模拟秦攻魏

纪元前三一六年 乙巳

周慎靓王	五年
鲁平公	元年
秦惠王	九年
宋康王	十三年
楚怀王	十三年
齐宣王	四年
魏襄王	三年
韩宣惠王	十七年
赵武灵王	十年
燕姬哙	五年
卫嗣君	九年

1 巴国（首府巴城〔重庆市〕）与蜀国（首府成都〔四川省成都市〕。两国所辖地区辽阔，巴国治重庆市和四川省东南部，蜀国治四川省北部直到陕西省秦岭），发生战争，同时向秦王国（首都咸阳〔陕西省咸阳市〕）请求援助。秦王（一任惠王）嬴驷打算乘机南下，征服蜀国（首府成都）。一则因道路险

恶，恐怕难以行军。二则又怕韩王国（首都新郑〔河南省新郑市〕）得到消息后，乘虚攻击。犹豫不决，难以确定。司马错支持嬴驷的主张，但张仪说：“我认为不如攻击韩王国（首都新郑）。”嬴驷问他的理由，张仪说：“我们的大战略是：跟魏王国（首都大梁〔河南省开封市〕）和楚王国（首都郢都〔湖北省江陵县〕）保持亲善，而专门对付韩王国。大军如果深入三川（伊水、洛水、黄河交汇处，即大洛阳地区），攻击新城（河南省伊川县）、宜阳（河南省宜阳县西），推进到分裂的周王国边境，抢到九鼎（夏、商、周三个王朝用以表示统治权威的一种宝物，鼎不过是古代用来煮饭的巨锅），取得地图和户籍，然后把周王（四十二任慎靓王姬定）高高架空，号令天下，天下各国谁敢反抗？这是统一中国最伟大的事业。俗话说：‘争名者于朝，争利者于市。’而今，三川（大洛阳地区）和周王国，就是天下的‘朝’‘市’，大王不去夺取，却涉足巴蜀部落间的内斗，距离统一全国的伟大事业，可是遥远得很。”司马错说：“不然，想要国家富有，必须先使领土广阔。想要军队精良，必须先使人民生活水准提高。想要统一世界，必须继续不断为国家和人民谋取福利。这三项如果做到，伟大的功业，不召自来。现在，秦王国土地既小，人民又穷，我的意思是，先从容易的地方开始。像蜀国（首府成都），不过西南地区一个部落，恰恰出现姒履癸（桀）、子受辛（纣）之流的混蛋酋长。我们攻击它，好像是豺狼攻击一群绵羊。占领他们的土地，正好开拓我们的领土。夺取他们的财产，正好富足我们的人民。不必经过大的杀伤，他们就会屈服。消灭一个国家，全世界不认为那是残暴侵略。取得四海之内最大的利益，全世界不认为我们贪心无厌。这次军事行动，无论名义和实质，都是堂堂的仁义之师，显示我们除暴安良的美德。如果进攻韩王国（首都新郑），挟持仍拥有‘天子’名义的周王（四十二任慎靓王姬定），那将是被人诟病的罪行，而未必有实质上的利益。冒‘不义’的恶名，而攻击天下都不愿别人攻击的小国，我们将面对不能控制的危机。原因很简单，周王国的国王，几乎跟各国皇家都有姻亲关系，跟齐王国（首都临淄）、韩王国（首都新郑）之间，更是亲密。周王国自知将失去传国之宝的九鼎，韩王国自知要丧失三川（大洛阳地区），两国势将动员全部力量，联合抵抗。还会向齐王国和赵国（首府邯郸）求援，向楚王国（首都郢都）和魏王国（首都大梁）求和。弄得急啦，周王国把九鼎送给楚王国，韩王国把三川割给魏王国。大王啊，你用什么方法阻止？这正是我所说的不能控制的危机。所以说，攻击韩王国，不如攻击蜀国（首府成都）。”嬴驷采纳司马错的意见，出兵南下。历时十月，完全征服，把被称为“蜀王”的酋长，改封侯爵，派陈庄担任他的宰相。蜀国既归属于秦王国，秦王国更为强盛，财富凌驾各国，也更轻视各国。

2 苏秦既死，苏秦的老弟苏代、苏厉，也以推销谋略，受到各国的尊敬。燕王国（首都蓟城〔北京市〕）宰相子之，跟苏代结成姻亲（不知谁家儿子娶了谁家的女儿，或谁家女儿嫁给谁家儿子），企图夺取政权。正好，苏代出使齐王国（首都临淄）回来，燕王（二任）姬哙问他：“依你的观察，田辟彊有没有成为霸主的可能？”苏代说：“当然没有。”姬哙说：“为什么？”苏代说：“他不信任他的助手。”姬哙恍然大悟，遂一味信任子之。高级官员鹿毛寿，又向姬哙进言说：“人们所以称赞伊祁放勋（尧）贤明，因为他能够把政权乐意的转让给别人。假如你也能把燕王国政权乐意的转让给子之，就可以跟伊祁放勋一样，名满天下。”姬哙更加心动，遂把中央政府交给子之，子之的权威陡然上升。但子之的摇尾系统认为仍然不够，又向姬哙报告说：“从前，夏王朝一任帝姒文命（禹），他属意一个叫‘益’的人，可是他却用他儿子姒启的干部担任官吏。后来，他认为姒启没有能力管理国家，要把政权转让给‘益’时，姒启的党羽遂武装夺取政权。天下人纷纷评论说，是姒文命故意那么安排，一面假装禅让，一面又教儿子姒启自己出面夺取。现在，你表面上说要把国事交给子之全权处理。可是，所有官吏，仍是太子姬平的党羽，是名义上交给子之，心窝里仍偏向儿子，保护姬平掌权。”姬哙此时已经入迷，于是下令中级以上所有官吏，全部免职，把所有印信，缴呈子之，由子之任命效忠于他的人选。子之遂坐上金銮宝殿，当起国王（三任）。姬哙此时年纪已老，不能再问国事，反而变成臣僚，国事无论大小，都由子之决定。

纪元前三一五年 丙午

周慎靓王	六年
鲁平公	二年
秦惠王	十年
宋康王	十四年
楚怀王	十四年
齐宣王	五年
魏襄王	四年
韩宣惠王	十八年
赵武灵王	十一年
燕子之	元年
卫嗣君	十年

1 周王国（首都洛阳〔河南省洛阳市白马寺东〕）国王（四十二任慎靓王）姬定逝世，子姬延继位（四十三任），是为赧王。

纪元前三二四年 丁未

周赧王	元年
鲁平公	三年
秦惠王	十一年
宋康王	十五年
楚怀王	十五年
齐宣王	六年
魏襄王	五年
韩宣惠王	十九年
赵武灵王	十二年
燕子之	二年
卫嗣君	十一年

1 秦王国（首都咸阳〔陕西省咸阳市〕）攻击义渠（甘肃省庆阳市西峰区），占领二十五个城市（义渠部落已灭，且成为秦王国一县，参考前三二七年。此时攻击，想是义渠部落叛变，引来大军）。

2 在秦王国（首都咸阳）境内的魏王国（首都大梁〔河南省开封市〕）人民，发动叛变。秦王国遂攻击魏王国，占领曲沃（河南省三门峡市西南），而把住户全部驱逐回魏王国。

3 秦王国（首都咸阳）在岸门（山西省河津市南）大败韩王国（首都新郑〔河南省新郑市〕）军队，韩王国无力反击，把王位合法继承人太子韩仓，送到秦王国当人质，要求和解。

4 燕王（三任）子之当权三年，全国大乱。高级将领（将军）市被，跟太子姬平，密谋攻击子之。齐王（二任宣王）田辟彊派人告诉姬平说：“我听说你要整顿纲纪，使君臣父子名分，恢复正常。我佩服你的勇气作为。现在，齐王国就是你的，你教我做什么，我就做什么。”（这是一项典型的外交辞令，听起来真是悦耳。）姬平受到鼓励，集结英雄豪杰，由市被率领，进攻皇宫，子之党羽在皇宫奋力抵抗，不能攻陷。不知道什么缘故，忽然间，市被改变主意，反过来攻击他的统帅姬平，混战几个月，死难军民好几万人，人民恐慌（市被态度作一百八十度转变，原因何在，没有记载。在毫无资料支持下推测，只有一种解释是合理的，那就是被子之收买）。

齐王国（首都临淄〔山东省淄博市东临淄区〕）乘机而入，田辟彊任命章子当统帅，集结五个大城市的民兵，和北部边防军，组成远征兵团，大举进攻燕王国（首都蓟城）。燕王国军队毫不抵抗，也不关闭城门。齐军遂长驱直入燕王国首都蓟城（北京市），生擒子之，剁成肉酱，并顺便杀掉姬哙。

田辟彊向孟轲征求意见说：“有人劝我不要吞并燕王国（首都蓟城），有人劝我吞并。不过我告诉你，以一个拥有一万辆战车的国家，攻击另一个也拥有一万辆战车的国家，只五十天工夫，就完全征服，纯靠人力是不可能的，一定出于上帝的旨意。违背上帝的旨意，就会受到惩罚，你以为如何？”孟轲回答说：“吞并它而燕王国人民快乐，就吞并它。古人有这样做的，像周王朝（首都洛阳）第一任国王（武王）姬发是一个例证。吞并它而燕王国人民不快乐，就不吞并它。古人也有这样做的，姬发的老爹姬昌（文王）也是一个例证。

以一个一万辆战车的国家，征服另一个一万辆战车的国家，人民夹道欢迎，并不是为了别的，只是为了拯救他们跳出水深火热。假定水更深而火更热，情形就会倒转过来，人民会向别人夹道欢呼。”此时，各国正在加速会商如何支援燕王国对抗侵略，田辟彊再征询孟轲的意见说：“国际情势紧张，有些国家可能向我发动攻击，我应该如何反应？”孟轲说：“我听说过仅有七十里土地，却统一了中国的故事，商王朝一任帝（汤）子天乙，就是如此。还没有听说过一个拥有一千华里的国家，却怕别人怕得要命。《书经》上有句话：‘盼望君王，君王来后，我们平民就可以复苏。’现在燕王国君王虐待他们的人民，你发兵前往，人民认为你是拯救他们于水深火热之中，所以夹道欢呼，迎接仁义的军队。到了后来，仁义的军队忽然变了模样，屠杀他们的父兄、囚禁他们的子弟、破坏他们的祭坛、抢夺他们的财宝，那怎么可以？全世界本来已很畏惧齐王国强大，如今领土又扩张了两倍，而又不行仁政，你可就成了吸铁石，吸引天下所有的武器，向你集中攻击。不过，现在还来得及补救，立刻下令释放被捕的老人和儿童，停止掠夺，跟燕王国有影响力的人士接触，恢复他们的独立，为他们设立新的君王，然后光荣撤退。这样，仍有希望维持齐王国的威信。”田辟彊拒绝接受这项建议。不久，燕王国到处发生抗暴战争。田辟彊后悔说：“我真没脸再见孟轲。”陈贾说：“大王不必如此，谁能一生永远不犯错误？”于是前往拜访孟轲，问说：“姬旦（周公）是什么人？”孟轲说：“古代圣人。”陈贾说：“姬旦曾经命令他老哥姬鲜（管叔），监视商王朝遗民首领子武庚，结果姬鲜却跟子武庚联合起来叛变，反抗中央政府（参考前一一一五年），请问，是不是姬旦知道姬鲜将来会叛变而仍任用他？”孟轲说：“当然不知道。”陈贾说：“好啦，圣人也有犯错误的时候。”

孟轲说："姬旦是老弟，姬鲜是老哥。老哥有过失，老弟的责任并不严重。但主要的还是古代的人，有过失的时候就改正过失。现代的人，有过失的时候反而错误到底。古代的人不隐瞒过失，好像日蚀，人人都看得见。当他改过以后，人民莫不钦敬。现代的人岂止继续错误而已，反而捏造出许多理由，把错误说成美德。"

柏杨曰

原文对燕王国(首都蓟城)这项大灾难的记载，含糊不清。尤其看不出孟轲发表了这段言论之后，田辟疆有什么反应。司马光主要的目的不在于报道史实，只在于介绍孟轲的言论。史实是，田辟疆终于放弃吞并燕王国的雄心壮志，在遍地抗暴的战火中，仓猝撤退，带走了燕王国的金银财宝，并种下了两国之间的深仇大恨。

孟轲的言论，说明儒家学派所以在战国时代，始终被排斥的原因。苏秦、张仪的身价，比孟轲低得多，苏秦和张仪不过一介贫苦知识分子，孟轲却是大富之辈。但苏秦和张仪提出的是一项可以执行的方案，而孟轲只能诉诸原则。燕王国人民高兴不高兴，如何分辨？人民虽然高兴，手握杀人大权的统治集团却不高兴，又该怎么处理？所举的两个例子，更混淆视听，姬发之取代子受辛，全靠一番苦战。姬昌之没有取代子受辛，只因他那时还没有力量。教条派的学者，往往把复杂的社会现象，强塞进一个预定的模式之中。

然而孟轲对于死不认错的痛心指责，两千年后的今天，读起来仍不陌生。

5 齐王国(首都临淄)国王(二任宣王)田辟疆逝世，子田地继位(三任)，是为湣王(按：原记载错误，田辟疆要到十二年后才死)。

纪元前三一三年 戊申

周赧王	二年
鲁平公	四年
秦惠王	十二年
宋康王	十六年
楚怀王	十六年
齐宣王	七年
魏襄王	六年
韩宣惠王	二十年
赵武灵王	十三年
卫嗣君	十二年

1 秦王国（首都咸阳〔陕西省咸阳市〕）右更（秦官第七级）嬴疾，攻击赵国（首府邯郸〔河北省邯郸市〕），陷蔺城（山西省吕梁市离石区西），俘虏守将庄豹。

2 秦王国（首都咸阳）准备攻击齐王国（首都临淄〔山东省淄博市东临淄区〕），考虑到楚王国跟齐王国邦交敦睦，订有共同抵抗外患的盟约。于是派宰相张仪到楚王国（首都郢都），向楚王（二十一任怀王）芈槐进言说："假如你采纳我的意见，跟齐王国（首都临淄）断绝邦交，敝国愿把商（陕西省丹凤县）於（河南省西峡县）地区六百华里的土地，割让给贵国，而且挑选秦王国（首都咸阳）最漂亮的美女，当你的小老婆和婢女。两国皇家世世结亲，永远成为兄弟之邦。”芈槐大喜过望，立刻承诺，政府所有官员都为这场丰收的外交谈判祝贺，只有陈轸面色沉重，芈槐生气说：“我不用兴师动众，平白的就得到六百华里的广大土地，大家都高兴，只你一个人不高兴，是何居心？”陈轸说：“我忧虑的是：商於地区不可能纳入我们的版图，而齐王国在平白受辱之余，将跟秦王国结盟。齐、秦结盟之日，也就是我们楚王国开始受难之时。”芈槐说：“告诉我你的理由？”陈轸说：“秦王国所以这么看重我们，是因为我们有齐王国这么一个强大的盟邦。一旦跟齐王国断绝邦交，我们就孤立在这个世界之上。秦王国对我们还有何惧？怎会牺牲商於地区六百华里？张仪回国之后，必定食言，使我们在北边丧失了盟邦，在西边又制造出来敌人，结果是，齐、秦两国必然对我们夹攻。为国家打算，最好是只虚张声势，假装要跟齐王国闹翻，然后派人随着张仪去秦王国接收土地，等他们真的把商於割给我们，再跟齐王国绝裂不迟。”芈槐咆哮说：“闭上你的臭嘴，我要教你亲眼看见这场谈判所得到的果实。”于是，请张仪兼任楚王国宰相，致送最贵重的礼物，宣布跟齐王国绝交，下令关闭边界关卡，派一位将领，随张仪到秦王国办理手续。

到了秦王国，张仪忽然从车上摔下来，闭门养伤，三月之久，不肯露面，也不朝见国王。芈槐思量说：“张仪莫非认为我们跟齐王国绝交绝得不够彻底？”于是派勇士宋遗，拿宋王国的护照到齐王国，辱骂齐王（二任宣王）田辟彊。（这段话语焉不详，派遣的既是“勇士”，又拿宋王国的护照，则辱骂齐王的事，恐怕不发生在边界，而发生在齐王国的王宫之上，当面出口，宋遗不可能生还。）田辟彊气得眼冒火星，立即改变一向跟秦王国（首都咸阳）敌对的立场，转过来跟秦王国结盟。

等这件事发生之后，张仪才召见楚王国（首都郢都）使节，一脸惊讶，说："你待在这里干什么？还不去接收我承诺的土地，从某处到某处，六华里。"楚王国使节好不容易才弄清楚自己的耳朵没有听错，急急回报芈槐，芈槐这时跟田辟彊的反应一样，立刻眼冒火星。下令全国动员，向秦王国（首都咸阳）攻击。陈轸说："大王，我现在可以开口了吧。攻击秦王国不如割让一个重要城市给秦王国，破坏它跟齐王国（首都临淄）的盟约，要求跟我们合力攻击齐王国。那么，我们虽在西方丧失领土，却可在东方得到弥补。如今，我们既跟齐王国把关系切断，而又指控秦王国欺骗我们，是我们既努力促使他们二国结盟，又努力招徕各国攻击，势将受到可怕的伤害。"芈槐正气得发昏，哪里听得进去，任命大将屈匄当统帅，向秦王国推进。

秦王国（首都咸阳）立即反应，任命庶长（秦官第十、十一级）魏章当统帅，起兵迎战。

芈槐的反应在常情之中，一个壮汉受到刺激，提刀就上，是武氓；一个知识分子受到刺激，提笔就写，是文痞。成功不过出了口气，失败顶多赔上性命或尊严，血流三尺，影响还小。国家领导人如果不能自我克制，怒火不但可能焚身，也可能焚国。

国际之间，充满诡诈，只有利害，没有道义。英国人自己就说："英国没有永远的朋友，也没有永远的敌人。"岂止英国如此，任何一个国家，只要它是一个国家，而不是街头小贩摆的地摊，它就受这项定律支配。楚王国没有实力翻云覆雨，却硬去翻云覆雨，灾难一定兜回来砸到自己头上。国与国之间，弱者总是倒霉。

纪元前三一二年 己酉

周赧王	三年
鲁平公	五年
秦惠王	十三年
宋康王	十七年
楚怀王	十七年
齐宣王	八年
魏襄王	七年
韩宣惠王	二十一年
赵武灵王	十四年
燕昭王	元年
卫嗣君	十三年

1 春季，秦王国（首都咸阳〔陕西省咸阳市〕）大军跟楚王国（首都郢都〔湖北省江陵县〕）大军，在丹阳（河南省淅川县西，丹水北岸）决战。楚兵团大败，官兵阵亡八万人，统帅屈匄，以及高级官员和皇家贵族，被俘七十余人。秦兵团遂深入汉中郡（汉水中上游）。芈槐得到消息，浑身发抖，挫折更使他丧失理智，下令征召所可能征召的部队，复跟秦兵团在蓝田（湖北省钟祥市）决战，楚兵团再度大败。韩王国、魏王国（首都大梁〔河南省开封市〕）听到消息，趁虚向楚王国攻击，抵达邓城

纪元前四世纪·前三一二年 秦楚两次会战，楚军大败

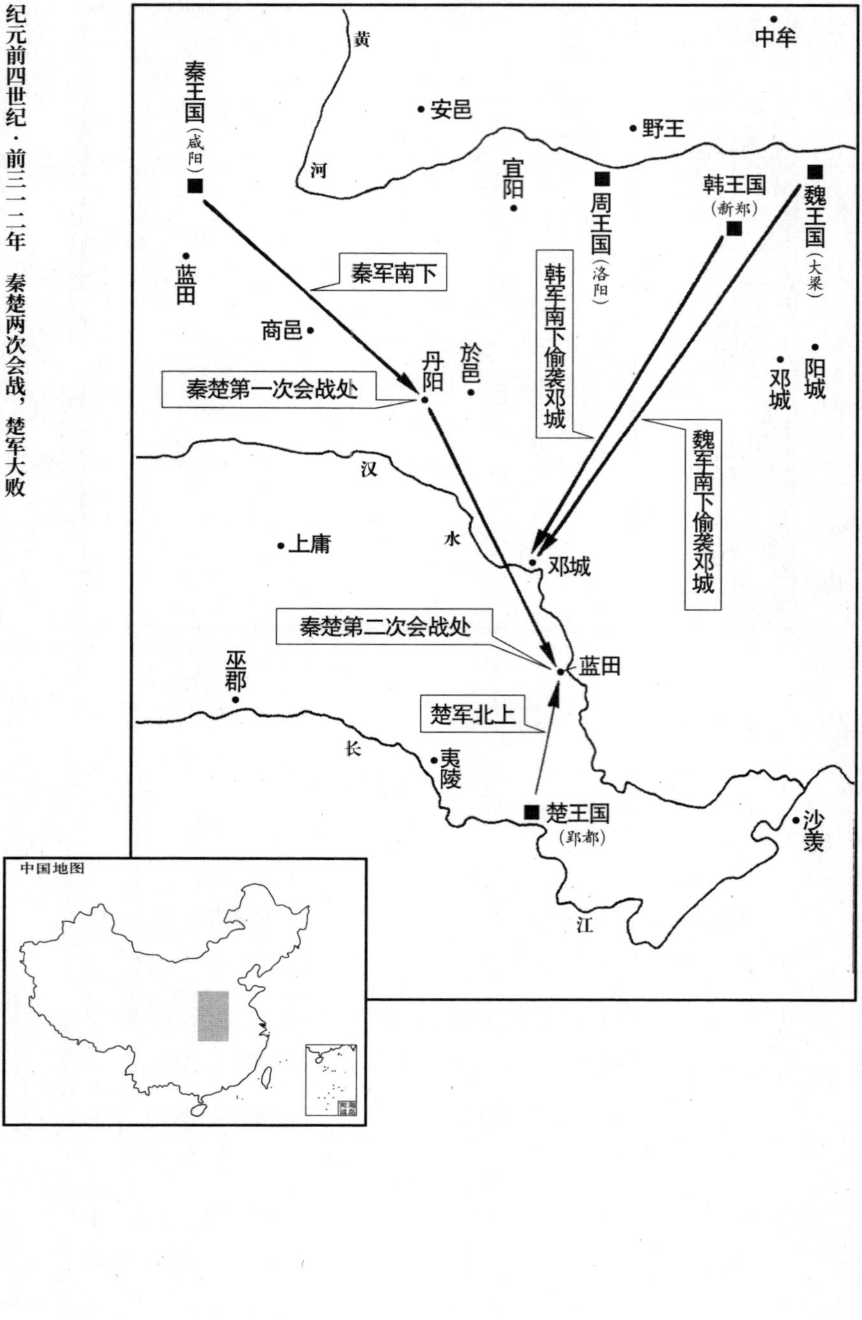

黄河
中牟
秦王国（咸阳）
安邑
野王
宜阳
周王国（洛阳）
韩王国（新郑）
魏王国（大梁）
蓝田
秦军南下
商邑
丹阳
於邑
秦楚第一次会战处
韩军南下偷袭邓城
魏军南下偷袭邓城
阳城
邓城
汉水
上庸
邓城
秦楚第二次会战处
蓝田
巫郡
楚军北上
长江
夷陵
楚王国（郢都）
沙羡

中国地图

（湖北省襄阳市）。芈槐这才恐慌，只好向秦王国屈膝，召回残余部队，割让两个城市给秦王国，缔结和约（楚王国政治腐烂，已到不可挽救的地步。政治腐烂一定引发军事腐烂，军事腐烂一定引起战场失败。楚王国自此一蹶不振，庞然大物，无力自救）。

2 燕王国（首都蓟城〔北京市〕）贵族共同拥戴太子姬平继承王位（四任），是为昭王。姬平在国破家亡之后，发愤图强，慰问死者家属，安抚残存的孤儿寡妇，诚心诚意，跟人民同甘共苦，用高报酬招请贤能。对宰相郭隗说："齐王国（首都临淄〔山东省淄博市东临淄区〕）趁我们内乱，强下毒手，此仇不共戴天。我知道燕王国是个小国，力量有限，无法报复。然而，我仍希望能得到天下奇才，跟他共同治理国家，以求洗去我们所受的羞辱，你如果发现这样奇才，我心甘情愿侍奉他。"郭隗说："我听说一个故事，从前，有一位君王，派他的贴身随从（涓人）带着千两黄金，去买千里马。千里马早已死掉，贴身随从就用五百两黄金把死马买回来。君王大发雷霆，贴身随从说：'死的还出高价，何况活的？千里马不久就会送上大门。'不过一年，就买到三匹。大王如果决心招请贤能之士，请把我当作死马。比我贤能的人，都会为你效力。"于是，姬平特地给郭隗兴建宫殿，把他当作师傅，毕恭毕敬侍奉。消息传出，各国人才纷纷投奔燕王国，包括魏王国（首都大梁〔河南省开封市〕）的乐毅、赵国（首府邯郸〔河北省邯郸市〕）的剧辛。姬平任命乐毅担任副宰相（亚卿），主持政府。

3 韩王国（首都新郑）国王（一任）宣惠王（名不详）逝世，子韩仓继位（二任），是为襄王。

纪元前三一一年 庚戌

周赧王	四年
鲁平公	六年
秦惠王	十四年
宋康王	十八年
楚怀王	十八年
齐宣王	九年
魏襄王	八年
韩襄王	元年
赵武灵王	十五年
燕昭王	二年
卫嗣君	十四年

1 秦王国（首都咸阳〔陕西省咸阳市〕）所属蜀国（首府成都〔四川省成都市〕）宰相陈庄叛变，杀蜀国国君嬴通。

2 秦王国（首都咸阳）国王（一任惠王）嬴驷，派使节晋见楚王（二十一任怀王）芈槐，愿把秦王国（首都咸阳）武关（陕西省商南县东南）以东的土地（包括原来的商於地区）割让给楚王国（首都郢都），而交换楚王国的黔中地（黔中郡，郡政府在湖南省沅陵县，辖区包括湖南省西部及贵州省北部），芈槐把张仪恨入骨髓，回答说："我不要武关，也不要交换，我只要张仪，只要把张仪交给我，黔中地双手奉上。"张仪听到，愿意前往，嬴驷说："楚王国会杀了你，你去岂不是自投罗网？"张仪说："秦王国强大而楚王国衰弱，有大王在，他们不敢对我怎样。而且我早在他们心脏地带，埋伏法宝，那就是芈槐最宠爱的官员靳尚，早被我收买，他同时也得到芈槐最宠爱的小老婆郑袖的信任，郑袖说的话，芈槐全听。"

张仪到了楚王国（首都郢都），仇人相见，分外眼红，芈槐把他囚入天牢，就要处斩。靳尚对郑袖说（这不是靳尚说，而是金银财宝说）："秦王国（首都咸阳）对张仪至为倚重，听说已经提出请求，愿用上庸（湖北省竹溪县）地区六个城市和一批秦王国的美女来赎张仪。到那时候，咱家大王，一方面看土地的分，一方面又对秦王国心怀敬畏，秦女既然美艳绝伦，又有声势烜赫的娘家，必然把大王掌握在手心，你可是要坐冷板凳了。"郑袖大吃一惊，不分昼夜向芈槐哭诉说："人臣做事，即令有过分之处，不过尽忠他的主人。今天杀掉张仪，秦王国自不允许他们的宰相白白牺牲，为了国家的尊严，必然兴派大军，再开战端。请你准许我带着孩子，先行逃到南方，免得将来走避不及，受秦军的凌辱。"芈槐一想，这话也有道理，就把张仪释放，重新尊为上宾。张仪抓住千载难逢的良机，向芈槐建议说："实实在在告诉你，南北合纵同盟所构成的反秦阵线，等于赶一群绵羊去斗猛虎，当然斗不过。你不肯跟秦王国（首都咸阳）和解，一旦秦王国联合韩王国（首都新郑〔河南省新郑市〕）和魏王国（首都大梁〔河南省开封市〕），向你进攻，贵国可是危险万状。秦王国所属的巴国（首府巴城〔重庆市〕）、蜀国（首府成都〔四川省成都市〕），在你的西方，如

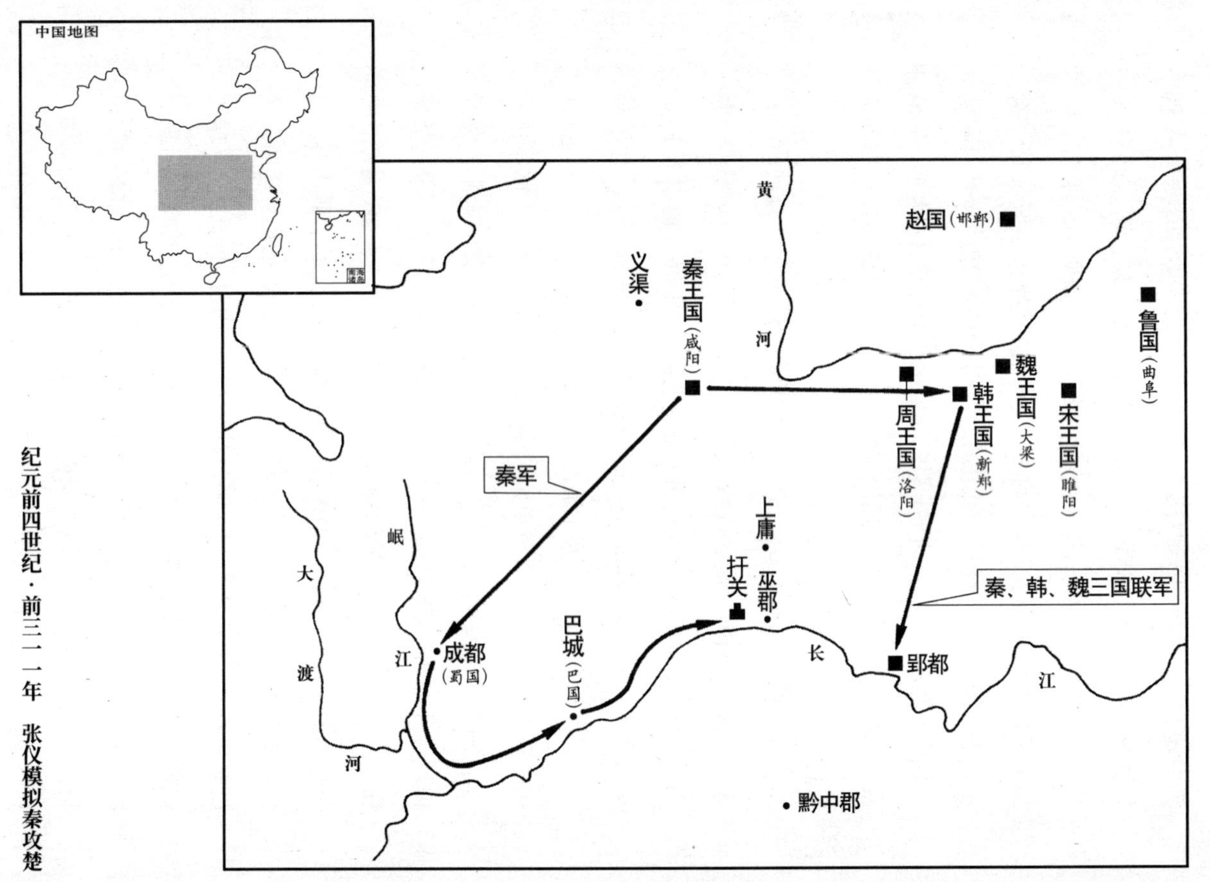

纪元前四世纪·前三一一年　张仪模拟秦攻楚

果大军东征，顺岷江（长江支流岷江，于四川省宜宾市注入长江）而下，一日行五百华里，不出十天，抵达扞关（重庆市奉节县东）。扞关告紧，贵国西方边境一带，都成了死城。黔中郡（湖南省沅陵县）、巫郡（重庆市巫山县），恐怕要脱离贵国版图。秦军如果再出武关（陕西省商南县东南），北方也将断送。很显然的，攻击楚王国，三个月内就可以决定存亡，而合纵盟国援军到达，需时六个月以上。痴痴的指望弱国的救援，却忘了强敌的雷霆灾祸，我为此替你忧虑。假如你能接受我的意见，我愿促使秦、楚两国，永结手足之情，世世代代，不以兵戎相见。”芈槐既已释放张仪，又不愿平白真的献出黔中，于是表示同意。

张仪接着前往访问韩王国（首都新郑），晋见韩王（二任襄王）韩仓，进言说：“韩王国土地贫瘠，一半是山，粮食生产，不是麦子而是杂粮。仓库所存，只能供应一年。现役军人，不过二十万。秦王国（首都咸阳）武装部队，有一百万之众。东方各国军队，作战时，身披重甲，头戴铁盔，笨重不堪。而秦军进入战场，却扔掉盔甲，赤膊露胸，左手提人头，右臂挟俘虏。战将孟贲、乌获之辈，勇不可当，用以攻击不服气的弱小国家，好像三万斤的钢铁，压到鸟蛋之上，鸟蛋没有幸免之理。你如果一定坚持抗秦的话，秦王国大军一旦占领宜阳（河南省宜阳县），向东攻陷成皋（河南省荥阳市西北），则贵国便被拦腰切断，南北分隔。豪华的鸿台宫殿和御用的桑林花园，便不是你的了。为你自己打算，不如跟秦王国（首都咸阳）和平共存，南下攻击楚王国（首都郢都），转祸为福，在一念之间。”韩仓允许。（《战国策》：韩仓说：“感激你的指教，敝国从此愿做秦王国的一个郡县，为秦王修建行宫，按期进贡，作为屏藩，并把宜阳〔河南省宜阳县〕送上，作为礼物。”）

张仪回报嬴驷，嬴驷对张仪破坏南北合纵同盟的成果，至为欣赏，封他六个城市，号武信君（春秋战国时代，封国国君的爵位，分“公”“侯”“伯”“子”“男”。国君以下，只好封“君”。封国跃升为王国后，本可以对部下照封“公”“侯”“伯”“子”“男”的，但是仍保持原来习惯封“君”，稍后才偶有封“侯”，直到西汉王朝建立〔纪元前二〇六年〕，男性爵位才恢复封“公”“侯”“伯”“子”“男”，只女性爵位仍然封“君”）。

张仪再出使齐王国（首都临淄），晋谒齐王（二任宣王）田辟彊，提出东西连横和解建议，说：“主张南北合纵同盟的人，必定对大王说：‘齐王国有三晋（赵、魏、韩）作为缓冲地带，地广人多，兵强将勇，虽有一百个秦王国，岂能拔我们齐王国一根汗毛？’你听了之后，认为确实如此，却忘了考察它的实际。现在楚王国（首都临淄）跟秦王国和解，两国皇家，互相结亲，誓为兄弟之邦。接着是韩王国割让宜阳（河南省宜阳县西），魏王国割让河外（黄河以南），赵国国君（六任赵雍）前往咸阳（秦王国首都，陕西省咸阳市）朝觐，而且割让河间（河北省献县）。大王如果一直坚持抵制秦王国，秦王国可能采取下列反应：驱使韩王国和魏王国攻击贵国的南部，驱使赵国大军东渡清河（今地不详，地望应在山东省西北部），直扑博关（山东省聊城市茌平区西北）。到那时候，临淄（齐首都，山东省淄博市东临淄区）、即墨（山东省平度市），就不是你的了。而且，战争一旦爆发，再想侍奉秦王国（首都咸阳），已来不及。”田辟彊表示参加东西连横和解阵线。（《战国策》：田辟彊说：“敝国地方偏僻，又东临大海，没有听到过长程的方略，幸蒙你的开导，我们愿侍奉秦王国。”于是献出盛产鱼盐的地方三百华里。）

张仪西行，前往赵国（首府邯郸），拜见赵国国君（六任）赵雍，推销和解政策，说：“大王领导全世界抵制秦王国，对秦王国是一项严重的打击，以致秦军十五年间，不敢逾越函谷关（河南省灵宝市东北）一步。你的威望，震慑山东（崤山以东）广大世界。秦王国受到强大压

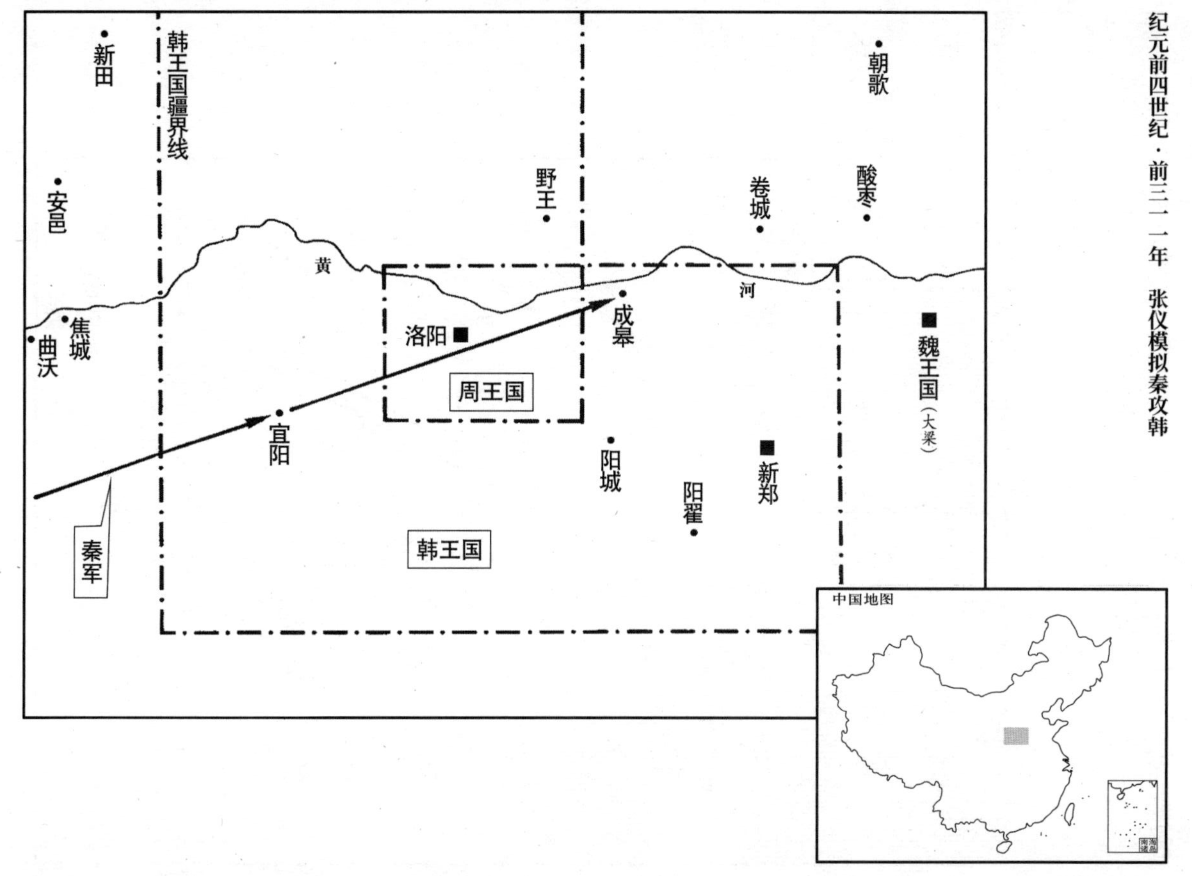

新田
安邑
焦城
曲沃
韩王国疆界线
秦军
宜阳
黄
河
洛阳
周王国
韩王国
野王
成皋
阳城
阳翟
卷城
新郑
酸枣
朝歌
魏王国（大梁）
中国地图
南海诸岛

纪元前四世纪·前三一一年　张仪模拟秦攻齐

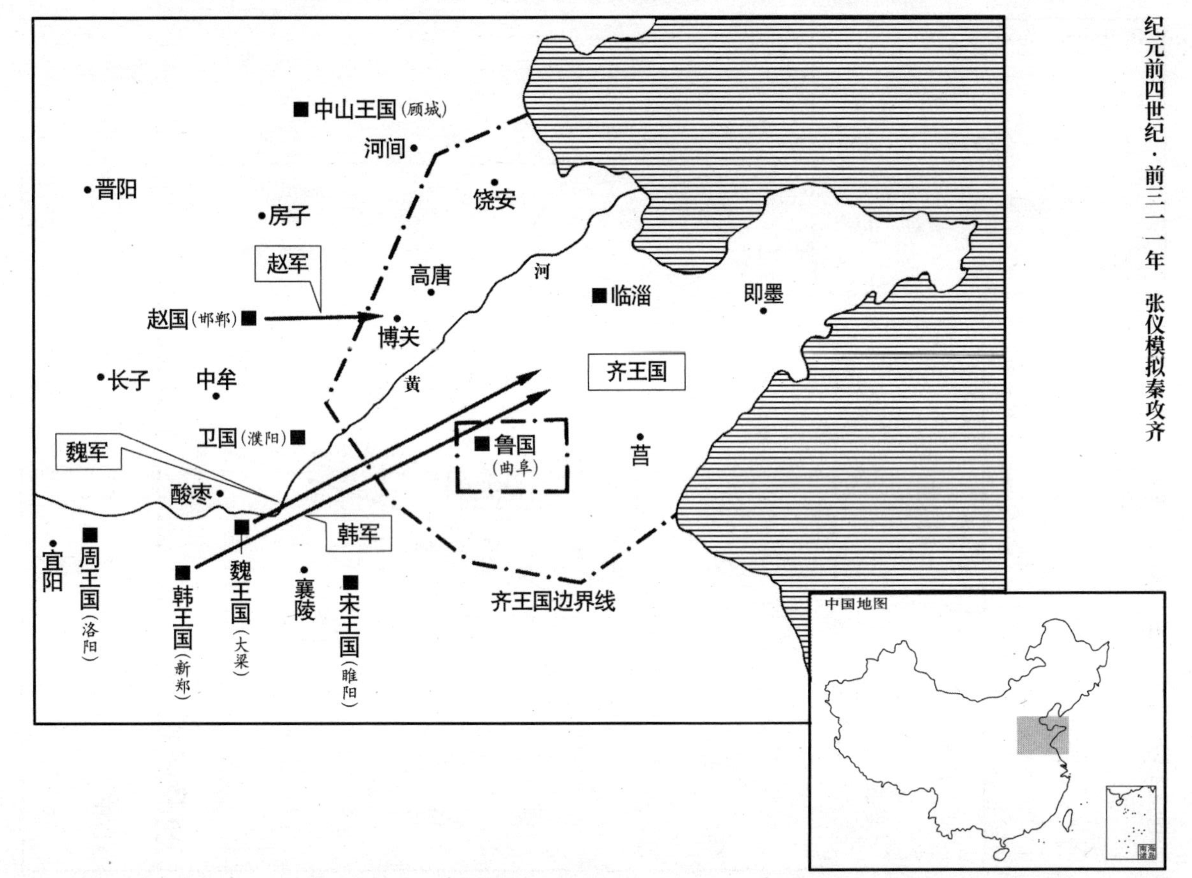

力，只好不断更新装备，发展农业，储蓄粮草，提心吊胆，不敢一点放松。唯恐有一天，你们发动大军，惩罚我们的过失。而今，秦王国仰仗大王的威力，征服巴蜀（四川省。参考前三一六年），兼并汉中（汉水中上游。参考前三一二年），包围分裂为二的周王国（首都洛阳〔河南省洛阳市白马寺东〕），前锋直抵白马津（河南省浚县）。秦王国虽然在西方边陲，可是，愤怒之情，已压制得太久。我们那些并不厉害的破落部队，正在渑池（河南省渑池县）集结，盼望北渡黄河，跨过漳水，进据番吾（河北省平山县）。在贵国首府邯郸（河北省邯郸市）城下筑营，使当年周王朝讨伐子受辛（纣）的历史重演。因此先派我来，通知大王的左右。请注意的是，秦王国目前正跟楚王国（首都郢都）亲如兄弟，而韩王国（首都新郑）、魏王国（首都大梁）已经屈服，齐王国（首都临淄）更献出他们产盐产鱼最富饶的土地。这一切，等于砍断你们赵国的右臂。形势至为明显，一个断了右臂的家伙而跟人决斗，又没有人帮助，孤单单面对强敌，想不被打倒，绝不可能。好吧，即令贵国仍要奋战，那么，秦军分三路进攻，一路进据午道（今地不详，当在赵、齐边境），齐王国（首都临淄）大军渡清河（今地不详）向邯郸（河北省邯郸市）挺进。一路进据成皋（河南省荥阳市西北），韩王国（首都新郑）、魏王国（首都大梁）两国军队在河外（黄河以南）行动。一路屯兵渑池（河南省渑池县）。四国同心合力，克期发动攻击，赵国（首府邯郸）必然灭亡，遭四国瓜分。请问，你如何阻挡？为大王着想，与其冒这么大的危险，招惹这么多麻烦，为什么不放弃对抗，而跟秦王国和解，永享太平？世世成为兄弟之邦？”赵雍应允。（《战国策》：赵雍说：“我父亲〔五任国君肃侯赵语〕在位时，李兑当宰相，掌握大权，蒙蔽老爹，独断独行，我那时正在深宫读书，不能参与决策。等到老爹去世，我年纪还小，执政的日子太短，但心里已很疑惑，觉得南北合纵同盟跟秦王国对抗，不符合国家长远利益，正要改变立场，准备行装，要到秦王国道

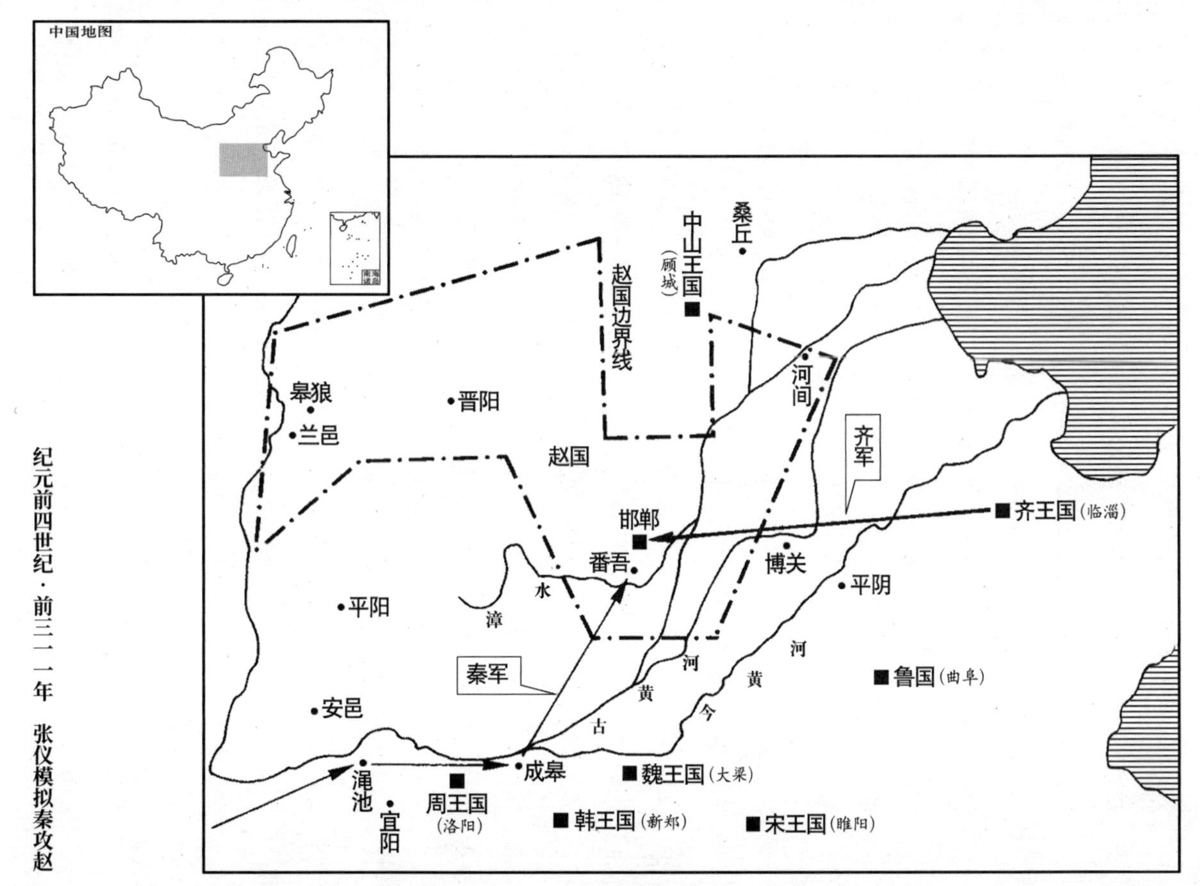

纪元前四世纪·前三一一年　张仪模拟秦攻赵

歉，恰好你大驾光临，给我们恳切指示。”赵雍遂率领战车三百辆，到渑池〔河南省渑池县〕跟秦王〔一任惠王嬴驷〕见面，割让河间〔河北省献县〕。）

张仪继续访问，北上到燕王国（首都蓟城〔北京市〕），向燕王（四任昭王）姬平说：“赵国国君（六任赵雍）已到秦王国朝觐，而且割让河间（河北省献县），表示诚意，全世界只剩下贵国不肯改变。好吧，秦王国大军一旦进驻云中（内蒙古托克托县）、九原（内蒙古包头市），然后促使赵国对贵国攻击，则易水（流经河北省易县南，是燕王国西南边界河）、长城（指燕王国长城，起自河北省尚义县，经内蒙古赤峰市，向东延伸到朝鲜半岛北部），都不会再是大王的土地。情势很明显，齐王国（首都临淄）也好、赵国（首府邯郸）也好，不过秦王国（首都咸阳）的郡县，不得秦王国允许，他们不敢随便动武。贵国如果向秦王国靠拢，就永远消除齐、赵的威胁。”姬平认为合理，割让恒山（山西省灵丘县南）北部五个城市求和。（《战国策》：姬平说：“燕王国远在蛮荒，看起来庞然大物，实际上好像一个婴儿，舆论都不正确，谋略也不能解决问题。幸而贵宾指教，我愿和全国国民，一同接受秦王英明的领导，先奉上恒山的五城，作为敬礼。”）

张仪兴高采烈的返回秦王国报功，然而事情发生变化。还没有走到咸阳（陕西省咸阳市），嬴驷一病而死，子嬴荡继位（二任），是为武王。嬴荡当太子的时候，就不喜欢张仪。等坐上宝座，臣僚们趁机而起，纷纷打张仪的小报告。各国听到消息，先后放弃和解，东西连横阵线消失，南北合纵同盟再建。

纪元前四世纪·前三一一年 张仪模拟秦攻燕

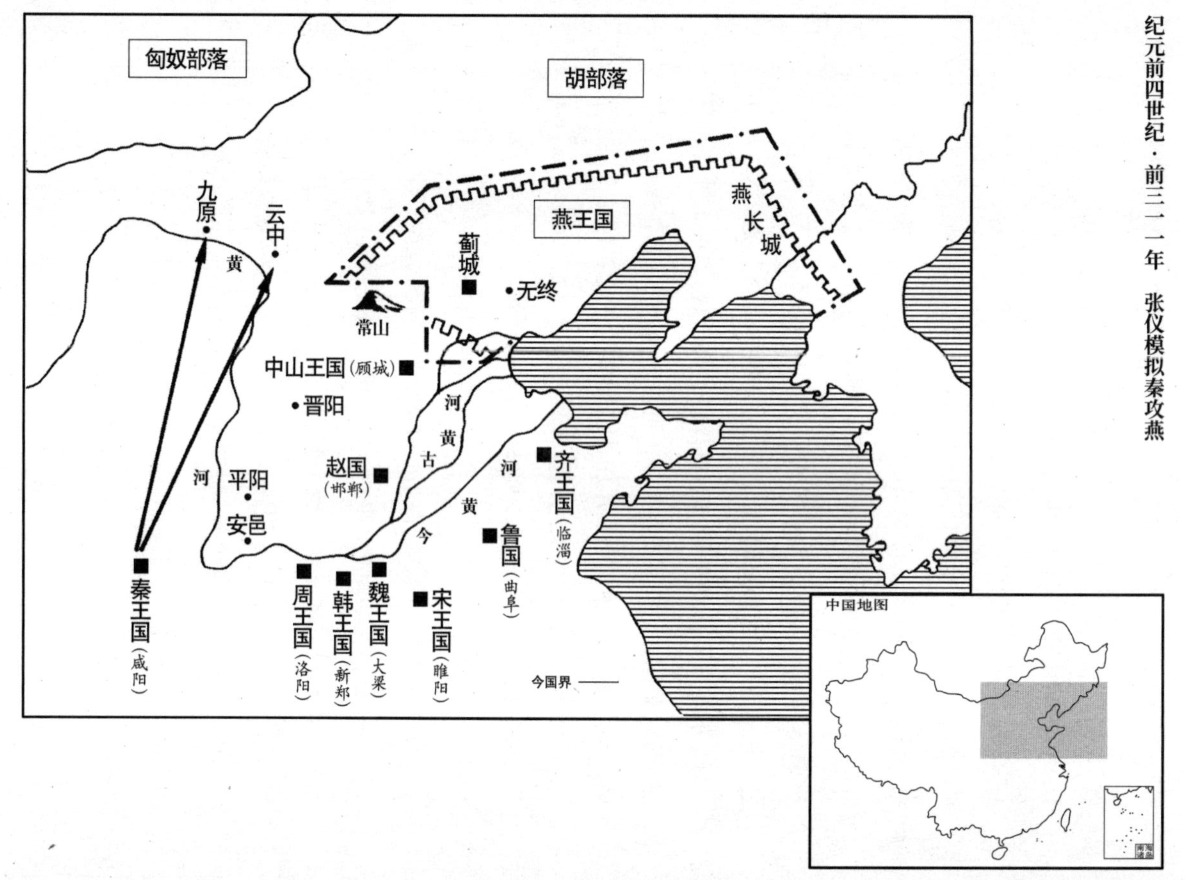

战国时代

- 息壤誓言。
- 秦王嬴荡举鼎，力竭死亡。
- 赵国厉行改革，胡服骑射。

- 第二次萨姆奈战争结束（一前三〇四年）。
- 罗马共和国，把居留在意大利半岛南部的斯巴达人，逐回本土。
- 迦太基人征服西西里岛。

纪元前三一〇年 辛亥

周赧王	五年
鲁平公	七年
秦武王	元年
宋康王	十九年
楚怀王	十九年
齐宣王	十年
魏襄王	九年
韩襄王	二年
赵武灵王	十六年
燕昭王	三年
卫嗣君	十五年

1 秦王国（首都咸阳〔陕西省咸阳市〕）宰相张仪，了解自己的处境，不愿重蹈公孙鞅的覆辙，急谋脱身，于是向秦王（二任武王）嬴荡进言说："为了秦王国的利益，必须东方国际上发生变化，大王才可以得到更多土地。人人皆知，齐王国（首都临淄〔山东省淄博市东临淄区〕）恨透了我，我在哪一个国家，它就会攻击哪一个国家。请大王准许我前往魏王国（首都大梁〔河南省开封市〕），则齐王国必然向魏王国进攻。齐、魏交兵，陷于缠斗，一时难解难分，大王就可以乘虚而上，攻击韩王国（首都新郑〔河南省新郑市〕），占领三川（伊水、洛水、黄河交汇地带，即大洛阳地区），挟持周王国（首都洛阳〔河南省洛阳市白马寺东〕）国王（四十三任赧王姬延），搜集天下地图户籍图册，这是统一天下的大业。"嬴荡同意。

果然，齐王国（首都临淄）攻击魏王国（首都大梁），魏王（二任襄王）

魏嗣，大起恐慌。张仪说："大王不必担心，我会教齐军自己撤退。"于是派他的随从（舍人）前往楚王国（首都郢都〔湖北省江陵县〕），聘请楚王国的人充当使节，晋见齐王（二任宣王）田辟彊，假装惊讶说："大王，真是糟透了，你竟用这种手段加强秦王国对张仪的信任？"田辟彊说："你怎么会有这种想法？"使节说："这是很明显的事，张仪跟秦王国是何等深厚的关系？怎会那么洒脱的说走就走？一定有什么阴谋，正要齐、魏爆发战争，而使秦军袭取三川（大洛阳地区）。而今你果然挑起大战，使自己的国力疲惫，又背上攻击盟友的恶名，反而更加强秦王国对张仪的信任。"田辟彊即下令班师。

张仪担任魏王国的宰相一年，病逝。

张仪跟苏秦，以纵横奇才，为各国设计谋略，夺得高位和财富，天下知识分子纷纷效法，其中有魏王国人公孙衍，号犀首，也以谋略名满国际。还有苏代、苏厉、周最、楼缓之辈，足迹遍天下，以辩才和诈术说动君王。为数太多，记不胜记。而以张仪、苏秦、公孙衍，最为高竿。

有人说："公孙衍、张仪，岂不是大丈夫，一怒而各国恐惧，不怒则天下战火全熄？"孟轲说："那算什么大丈夫？一个人坐的是正当的位置，做的是正当的事情。当权时跟人民同甘苦，无权时自己修身：富贵不能淫，贫贱不能移，威武不能屈，这才是大丈夫。"

有人问："张仪、苏秦，在鬼谷子那里学习纵横之术，各使中国维持十余年的和平，是不是有这回事？"扬雄说："一群骗徒而已，圣人对他们深恶痛绝。"那人说："表面上信仰孔丘的学说，实际上却做张仪、苏秦所做的事，怎么样？”扬雄说：“这就好像听起来是凤凰美丽的鸣声，却长着一身凶禽的羽毛。”那人说：“可是，端木赐（子贡）也干过这种勾当呀。”（前四八四年，齐国〔首府临淄〕攻击鲁国〔首府曲阜〕，孔丘派他的学生端木赐，到吴王国〔首都姑苏，江苏省苏州市〕请求救助，吴、鲁联军大败齐军。《史记》赞扬说：“端木赐一出，使鲁国生存，齐国败乱，吴王国力竭残破，晋国坐以强大，越王国〔首都会稽，浙江省绍兴市〕奠立霸权基础。”）扬雄说：“端木赐的动机是追求和平，张仪、苏秦的动机是追求富贵，两者并不一样。”那人说：“张仪、苏秦，真是难得的奇才，抛弃传统的管道，用他独立的奋斗方式。”扬雄说：“对于巧言令色的佞幸之辈，有见识的人才能辨别。并不是不看重他的才能，而是那种所谓的才能，不为我们所认同。”

柏杨曰

孟轲跟张仪、苏秦一样，也是周游列国，推销政治理想的高级知识分子之一。可是，司马光和扬雄，对此却只字不提。战国时代，各国危急，犹如一家正在大火熊熊，张仪、苏秦教他们如何汲取山涧里的水扑救。而孟轲却教他们事先防火，跟平时挖井；而又没有指出如何防火，和如何挖井。对于运转庞大的专制政治，儒家学派唯一的法宝是“圣君贤相”，一旦君不圣、相不贤，可就只好干瞪眼。在这种情形下，只有傻子才相信儒家那一套——偏偏就出了一个傻子：燕王国（首都蓟城〔北京市〕）二任王姬哙，他照葫芦画瓢，效法禅让童话，把王位禅让给子之，结果带来千万人死亡。大家不但不同情他、不支持他，反而因为他搞砸了锅，破坏了“禅让”美好的形象，纷纷大骂。

孟轲惨败在实务性的高级知识分子之手，一肚子气。所以当人们一致公认张仪、苏秦是大丈夫的时候，他坚决反对。什么叫“正位”？国王任命的宰相，是不是正位？什么是“正道”？有计划的追求和平，是不是正道？如果那还不是“正位”“正道”？那么，孟轲仆仆风尘，东奔西跑，难道想当天子或想当国王？难道想要屠杀人民？至于“富贵不能淫，贫贱不能移，威武不能屈”，确实是人生最高的品质，也确实是大丈夫，但那仅是个人的修养，只可以作为最高的道德指标，不能用来衡量对国家社会的贡献。孟轲幸亏已不在人世，否则，我们就要求他开一个“大丈夫”名单，看看哪些人可以上榜？

扬雄是动机论者，指出端木赐追求的是和平，张仪、苏秦求的是富贵。他有什么积极证据，证明端木赐不追求富贵？又有什么积极证据，证明苏秦、张仪并不追求和平？如果我们认定苏秦、张仪是追求和平，端木赐是追求富贵，扬雄又如何反驳？孔丘和孟轲，就曾仆仆风尘，东奔西走，说破唇舌，希望二者全都到手。问题只看你追求时用的方法，和追求到手后做些什么。能够“安中国者，各十余年”，已经够人民顶礼。

我们并不歌颂张仪、苏秦，理由跟儒家系统不同。他们主要的缺点是他们根本没有立场，也没有理想，不过在官场上，靠条陈过日子的两大政客。但他们毫无凭借，唯一的凭借是自己的能力。笼罩中国数千年之久的封建社会，司马光所赞誉的礼教——贵者恒贵，贱者恒贱，到此被这一群不安于礼教的小人物突破，而且还发生实质上的影响。

2 秦王国（首都咸阳）国王（二任武王）嬴荡，派大将甘茂南伐，斩蜀国（首府成都〔四川省成都市〕）宰相陈庄（陈庄叛，参考去年〔前三一一〕）。

3 秦王国（首都咸阳）国王（二任武王）嬴荡、魏王国（首都大梁）国王（二任襄王）魏嗣，在临晋（陕西省大荔县东）举行高阶层会议。

4 赵国（首府邯郸〔河北省邯郸市〕）国君（六任）赵雍，娶吴广的女儿吴孟姚，称吴娃，宠爱倍加，就是稍后的惠后，生子赵何。

纪元前三〇九年 壬子

周赧王	六年
鲁平公	八年
秦武王	二年
宋康王	二十年
楚怀王	二十年
齐宣王	十一年
魏襄王	十年
韩襄王	三年
赵武灵王	十七年
燕昭王	四年
卫嗣君	十六年

1 秦王国（首都咸阳〔陕西省咸阳市〕）设立丞相（宰相），任命嬴疾当右丞相。

纪元前三〇八年 癸丑

周赧王	七年
鲁平公	九年
秦武王	三年
宋康王	二十一年
楚怀王	二十一年
齐宣王	十二年
魏襄王	十一年
韩襄王	四年
赵武灵王	十八年
燕昭王	五年
卫嗣君	十七年

1 秦王国（首都咸阳〔陕西省咸阳市〕）、魏王国（首都大梁〔河南省开封市〕）在应城（河南省鲁山县东）举行高阶层会议。

2 秦王（二任武王）嬴荡派甘茂当统帅，跟魏王国联合攻击韩王国（首都新郑〔河南省新郑市〕），而令向寿做副统帅。甘茂征得魏王国

（首都大梁）同意后，派向寿回去，向嬴荡报告说：“魏王国已经同意出兵，但我认为无法发动攻击。”嬴荡纳闷，把甘茂召回。等不及他到咸阳，自己先到息壤（今地不详）等候，问他什么缘故。甘茂说：“韩王国的宜阳（河南省宜阳县西），虽然只是一个县城，实际却是一个郡（春秋时代，县大郡小；战国时代，郡大县小），而今大王出动大军攻击，面对险恶防御，而又是千里行军，困难可想而知。从前，鲁国（首府曲阜〔山东省曲阜市〕）有一位跟曾参同姓同名的人杀了人，别人告诉他的娘亲，他的娘亲不相信，安心织布。可是，等到第三个人告诉他的娘亲时，他的娘亲不得不开始相信，扔掉织布梭，翻墙逃走。我的贤能，比不上曾参，大王对我的信任，比不上曾参的娘亲。而打小报告的，又不仅三个人，我恐怕大王最后会扔掉织布梭。又从前，魏国国君（一任）魏斯，指派乐羊攻击中山王国（首都顾城〔河北省定州市〕），围攻了三年才攻破。回去后炫耀自己的功劳，魏斯把一个小箱子交给他，箱子里全是诬陷他和诽谤他的小报告。乐羊感激说：‘这不是我的功劳，而是君王的功劳。’我原来是楚王国（首都郢都〔湖北省江陵县〕）人，流落秦王国，作为外籍顾问，嬴疾（右丞相）、公孙奭（左丞相）拿韩王国（首都新郑）的事打击我，大王一定听信他们，命我撤退。那对魏王国是一种欺骗，我也因公仲侈的缘故，受到恶名。”（公仲侈是韩王国宰相，跟甘茂是老友，意谓将受到“私通外国”陷害。）嬴荡说：“我向你发誓，不听任何人的闲话，支持你到底，我们指天立誓。”于是，就在息壤祭告天地。

秋季，甘茂、庶长（秦官第十、十一级）嬴封，分别担任统帅、副统帅，率大军进攻宜阳（河南省宜阳县）。

纪元前三〇七年 甲寅

周赧王	八年
鲁平公	十年
秦武王	四年
宋康王	二十二年
楚怀王	二十二年
齐宣王	十三年
魏襄王	十二年
韩襄王	五年
赵武灵王	十九年
燕昭王	六年
卫嗣君	十八年

1 秦王国（首都咸阳〔陕西省咸阳市〕）远征军统帅甘茂，包围韩王国（首都新郑〔河南省新郑市〕）宜阳（河南省宜阳县），猛攻五个月，不能攻破。果然，宰相嬴疾、公孙奭，说出种种理由，认为宜阳是一个陷阱，会给秦王国带来灾难。秦王（二任武王）嬴荡心情不安，下令召回甘茂，打算撤军。甘茂不作任何辩解，只回报一句："息壤（今地不详）在那里。"嬴荡大悟说："我当然记得息壤的誓言。"遂即大量增派援军，甘茂得到生力军后，再发动猛攻，杀六万人，占领宜阳（河南省宜阳县）。韩王国（首都新郑）派宰相公仲侈前往秦王国（首都咸阳），请求缔结和约。

2 秦王（二任武王）嬴荡喜欢跟人角力，厚爱勇士。任鄙、乌获、孟说，都以力大无穷，位至高官。

八月，嬴荡与孟说做举鼎游戏，鼎十分沉重，嬴荡勉强举起，力竭精尽，血管爆裂，当场倒毙。秦王国政府立即屠杀孟说家族。嬴荡没有儿子，异母老弟嬴稷，当时正在燕王国（首都蓟城〔北京市〕）当人质，秦政府派人迎接他回国继位（三任），是为昭襄王（关于嬴荡之死，原文叙述不详。秦王国政府无鼎，是以举鼎不在秦王国，而在洛阳。《史记》：甘茂占领宜阳〔河南省宜阳县〕后，“三川”〔大洛阳地区〕已通，嬴荡遂到洛阳〔河南省洛阳市白马寺东〕，拜会周王〔四十三任赧王〕姬延，参观传国之宝的“九鼎”，年少气盛，酿成惨剧）。嬴稷的母亲芈八子，是楚王国（首都郢都〔湖北省江陵县〕）的女儿，即所谓宣太后。

3 赵国（首府邯郸〔河北省邯郸市〕）国君（六任）赵雍，计划征服中山王国（首都顾城〔河北省定州市〕），经过房子（河北省高邑县），直抵代邑（河北省蔚县），再北到无穷（今地不详），西到黄河，攀登黄华山顶（今地不详），跟肥义讨论“胡服骑射”方案（战国时代，华人宽袍大袖，不但浪费资源，行动也不方便，在战场上拖泥带水，等于自杀。当时作战，仍以战车为主，车用马牵引，车上载战士，运转迟钝，无论追击或逃跑，都不灵活。赵雍主张改穿北胡部落战士们穿的短衣窄袖，抛弃战车，改乘战马，近则用刀枪，远则用弓箭，这是战术上一项空前突破。但基于社会的惰性，赵雍不得不谨慎从事），赵雍说：“顽劣之辈会嘲笑，贤明的人会明白。即令全世界都反对，北方胡部落（内蒙古西辽河上游）的土地，和中山王国（首都顾城），我一定夺取到手。”于是积极准备。

贵族们果然反对，赵雍的叔父赵成，更宣称病情沉重，在家躺床，拒绝参加中央政府会议。赵雍派人向他解释说：“在家当然听命尊长，可是在国则必须听命领袖。现在，我已经改穿胡服，只叔父大人不肯更换，恐怕天下人对你提出指责。治国有常法，总以人民福利为第一优先。政治有常规，总以贯彻命令为成功要件。明显的善政，连最卑贱的人士都会了解，但要想彻底执行，必须居高位的人先行遵守。我想仰仗叔父大人的领导，来完成胡服骑射的划时代的改革。”赵成说：“我听说过：中国是聪明才智人士最喜爱的地方、诗书礼乐最讲究的地方、远方外国最向往的地方、胡人部落最羡慕的地方。而今大王突然抛弃一切，去效法蛮夷，穿他们的衣服，违背古代的风俗习惯，已激起广大人民的反感，愿大王三思。”使节回报，赵雍亲自去赵成家拜访，说：“我们赵国（首府邯郸），东有齐王国（首都临淄〔山东省淄博市东临淄区〕）和中山王国，北有燕王国（首都蓟城）和东胡部落（内蒙古西辽河上游），西有楼烦部落（山西省北部管涔山），和秦王国（首都咸阳）及韩王国（首都新郑）的边界。我们的边防部队，仍使用传统武器，缺乏现代化装备，一旦敌人发动攻击，如何防御得住？从前，中山王国仗恃后台老板齐王国撑腰，侵略我们土地，捕捉我们人民，决河水灌鄗城（河北省柏乡县北），如果没有上帝保佑，鄗城可能失守，先祖们认为是最大的羞辱。我之所以改变服装，更新战备，只不过为了准备四境应变，报中山王国之仇。叔父大人却坚决维持固有传统，忘了鄗城丢丑，大出我的意料。”赵成悚然接受。第二天，赵成穿胡服上朝。于是，赵雍下令全国人民抛弃长袍宽袖，改穿胡服；淘汰战车，改习骑马射箭。

赵国（首府邯郸）自胡服骑射后，国力陡增，成为战国时代后期唯一可以跟秦王国（首都咸阳）对抗的强权，如果不是错用了赵括（参考前二六〇年），秦王国不可能东进。然而，利益这么明显的一件改革，而又不伤害任何人的既得利益，都这么困难。停滞的力量，似乎永远超过进步的力量，正是中国人苦难的源头。

纪元前三〇六年 乙卯

周赧王	九年
鲁平公	十一年
秦昭襄王	元年
宋康王	二十三年
楚怀王	二十三年
齐宣王	十四年
魏襄王	十三年
韩襄王	六年
赵武灵王	二十年
燕昭王	七年
卫嗣君	十九年

1 秦王（三任昭襄王）嬴稷，派向寿慰问宜阳（河南省宜阳县）居民，规划疆界，整理赋税户籍。另派嬴疾、甘茂，率军攻击魏王国（首都大梁〔河南省开封市〕）。甘茂主张把武遂（山西省垣曲县东南）归还韩王国（首都新郑〔河南省新郑市〕），用以安抚。向寿、公孙奭反对，但嬴稷仍采纳甘茂建议，二人遂深恨甘茂。甘茂恐惧，大军抵达蒲阪（山西省永济市），他就逃亡。嬴疾不能独进，跟魏王国（首都大梁）讲和撤退。甘茂遂投奔齐王国（以甘茂的功勋和对国家的贡献，都承担不住谗言）。

2 赵国（首府邯郸〔河北省邯郸市〕）国君（六任）赵雍向北进军，开疆拓土，到达宁葭（河北省石家庄市鹿泉区北），再向西推进，深入蛮夷部落，到达榆中（内蒙古毛乌素沙漠东北），林胡部落（内蒙古毛乌素沙漠东）酋长献马致敬。赵雍回邯郸后，展开外交攻势，派楼缓出使秦王国（首都咸阳〔陕西省咸阳市〕），派仇液出使韩王国（首都新郑），派王贲出使楚王国（首都郢都〔湖北省江陵县〕），派富丁出使魏王国（首都大梁），派赵爵出使齐王国（首都临淄）。命代郡（河北省蔚县）郡政府秘书长（相）赵固主持蛮族事务，招募胡人充当战士。

3 楚王国（首都郢都）与齐王国（首都临淄）、韩王国（首都新郑），再结南北合纵同盟，组抗秦（首都咸阳）阵线。

纪元前三〇五年 丙辰

周赧王 十年
鲁平公 十二年
秦昭襄王 二年
宋康王 二十四年
楚怀王 二十四年
齐宣王 十五年
魏襄王 十四年
韩襄王 七年
赵武灵王 二十一年
燕昭王 八年
卫嗣君 二十年

1 彗星出现天际。

2 赵国（首府邯郸〔河北省邯郸市〕）进攻中山王国（首都顾城〔河北省定州市〕），陷丹丘（河北省曲阳县西北）、华阳（河北省涞源县南航空距离四十公里）、鸿之塞（河北省涞源县南航空距离三十公里）。占领鄗城（河北省柏乡县北）、石邑（河北省石家庄市）、封龙（石家庄市西南〔石邑南〕）、东垣（河北省石家庄市东北）。中山王国（首都顾城）恐慌，割让四个城市给赵国，求和。

3 秦王国（首都咸阳〔陕西省咸阳市〕）太后芈八子（宣太后）异父同母老弟魏冉，封穰侯；同父异母老弟芈戎，封华阳君。秦王（三任昭襄王）嬴稷的胞弟嬴悝，封高陵君，另一胞弟嬴芾，封泾阳君；其

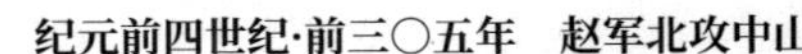

纪元前四世纪·前三〇五年　赵军北攻中山

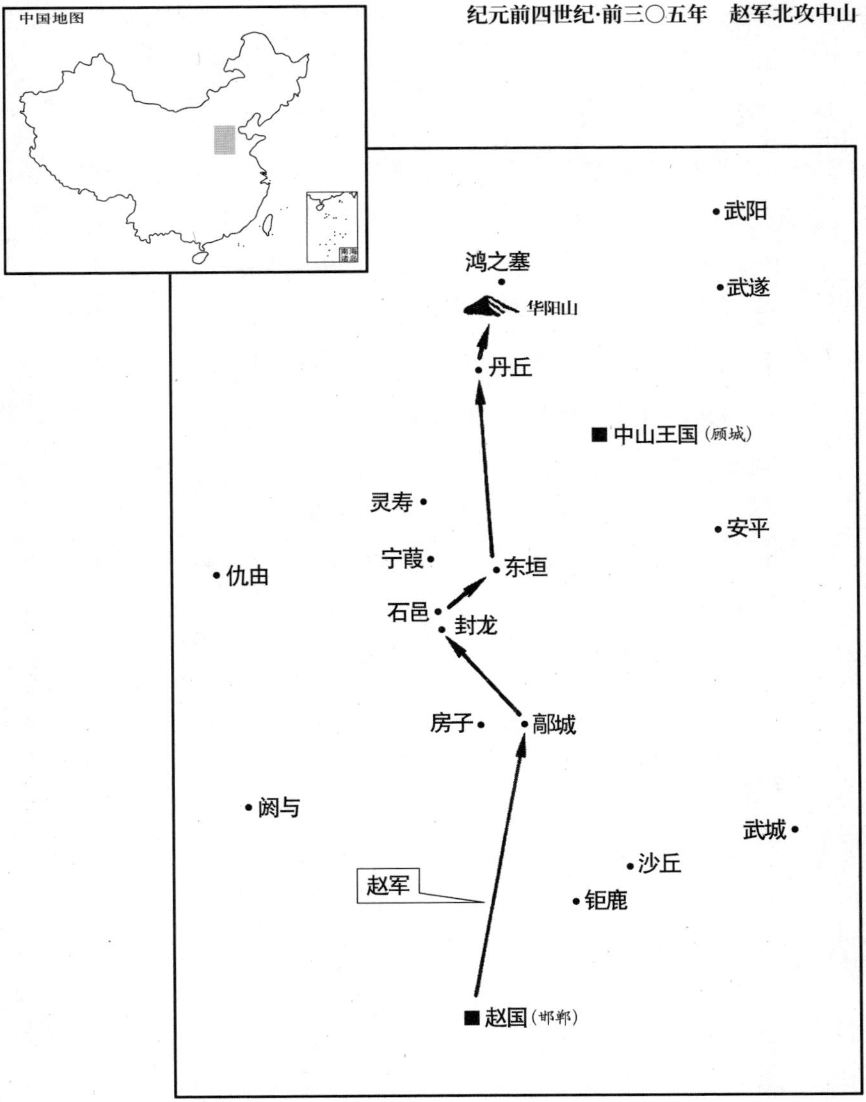
中国地图
南海诸岛
武阳
鸿之塞
武遂
华阳山
丹丘
中山王国（顾城）
灵寿
安平
宁葭
仇由
东垣
石邑
封龙
房子
鄗城
阏与
武城
沙丘
赵军
钜鹿
赵国（邯郸）

中，以魏冉最贤明干练。自秦改建王国以来，四人都担任重要官职，并掌握大权。前任秦王（二任武王）嬴荡暴死，群弟们争夺王位，情势紧张，魏冉施用铁腕，才使他的外甥嬴稷得以继承。嬴稷坐上宝座后，任命魏冉当将军，守卫首都咸阳。本年（前三〇五），庶长（秦官第十、十一级）嬴壮，和一些王子、高官，以及他们的党羽，发动政变。魏冉流血镇压，全部屠戮。嬴稷的嫡母惠文后，也被秘密处决。前任国王（二任武王）嬴荡的妻子悼武王后，则被遣送回她的娘家魏王国。嬴稷的哥哥弟弟们，有品行不够善良，或有政治潜力的，魏冉把他们一律斩首。嬴稷年纪还小，生母芈八子（宣太后）主持政府，把大权交给老弟魏冉，魏冉威震全国（这是一场无情屠杀，连前任王的妻子，现任王的嫡母，都牵涉在内，可看出政变阴谋的规模。假使政变规模很小，魏冉不过扩大报复，也使人发抖。政治斗争是无情的，而专制封建下的政治，斗争不但无情，而且血腥）。

纪元前三〇四年 丁巳

周赧王	十一年
鲁平公	十三年
秦昭襄王	三年
宋康王	二十五年
楚怀王	二十五年
齐宣王	十六年
魏襄王	十五年
韩襄王	八年
赵武灵王	二十二年
燕昭王	九年
卫嗣君	二十一年

1 秦王（三任昭襄王）嬴稷、楚王（二十一任怀王）芈槐，在黄棘（河南省南阳市南）举行高阶层会议，重申盟约永固。秦王国（首都咸阳〔陕西省咸阳市〕）把上庸（湖北省竹溪县）归还给楚王国。

纪元前三〇三年 戊午

周赧王	十二年
鲁平公	十四年
秦昭襄王	四年
宋康王	二十六年
楚怀王	二十六年
齐宣王	十七年
魏襄王	十六年
韩襄王	九年
赵武灵王	二十三年
燕昭王	十年
卫嗣君	二十二年

1 彗星出现天际。

2 秦王国（首都咸阳〔陕西省咸阳市〕）攻击魏王国（首都大梁〔河南省开封市〕），占领蒲阪（山西省永济市）、阳晋（山西省芮城县西）、封陵（山西省芮城县西南风陵渡），再攻击韩王国（首都新郑〔河南省新郑市〕），占领武遂（山西省垣曲县东南。前三〇六年，才把武遂还给韩王国。参考前三〇六年，本年再行夺去）。

3 楚王国（首都郢都〔湖北省江陵县〕）背叛南北合纵同盟，向秦王国（首都咸阳）靠拢。本年（前三〇三），齐王国（首都临淄〔山东省淄博市东临淄区〕）、韩王国（首都新郑）、魏王国（首都大梁），联合出兵，对楚王国作惩罚性的攻击。楚王（二十一任怀王）芈槐，送太子芈横到秦王国充当人质，请求救助。秦王国派外籍顾问官（客卿）通（姓不详），率军赴援，三国联军撤退。

纪元前三〇二年 己未

周赧王	十三年
鲁平公	十五年
秦昭襄王	五年
宋康王	二十七年
楚怀王	二十七年
齐宣王	十八年
魏襄王	十七年
韩襄王	十年
赵武灵王	二十四年
燕昭王	十一年
卫嗣君	二十三年

1 秦王（三任昭襄王）嬴稷、魏王（二任襄王）魏嗣、韩王国（首都新郑〔河南省新郑市〕）太子韩婴，在临晋（陕西省大荔县东）举行高阶层会议。会后，韩婴再到秦王国首都咸阳（陕西省咸阳市）访问之后回国。秦王国把蒲阪（山西省永济市）归还魏王国。

2 秦王国（首都咸阳〔陕西省咸阳市〕）一位国务官（大夫）因为私事，跟身为国家人质的楚王国（首都郢都）太子芈横斗殴。芈横杀掉他，逃回本国。

纪元前三〇一年——庚申

周赧王	十四年
鲁平公	十六年
秦昭襄王	六年
宋康王	二十八年
楚怀王	二十八年
齐宣王	十九年
魏襄王	十八年
韩襄王	十一年
赵武灵王	二十五年
燕昭王	十二年
卫嗣君	二十四年

1 日全蚀。

2 秦王国（首都咸阳〔陕西省咸阳市〕）攻击韩王国（首都新郑〔河南省新郑市〕），占领穰城（河南省邓州市。穰，音rǎng〔壤〕）。

3 秦王国（首都咸阳）所属蜀国（首府成都〔四川省成都市〕）国君嬴辉叛变，秦政府派大将司马错，前往处决嬴辉（仅根据《资治通鉴》，好像嬴辉真的叛变，事实上不过一场宫廷斗争下的冤狱。《华阳国志》：秦王〔三任昭襄王〕嬴稷封他的儿子嬴辉当蜀国国君，适逢祭祀大典，嬴辉一番孝心，依当时最尊贵的献礼规矩，把祭肉献给老爹，可是他的继母却在暗中做了手脚，把毒药放到祭肉里）。

4 秦王国（首都咸阳）报复芈横杀人逃亡，命庶长（秦官第十、十一级）嬴奂，会合韩王国（首都新郑）、魏王国（首都大梁〔河南省开封市〕）、齐王国（首都临淄〔山东省淄博市东临淄区〕），攻击楚王国（首都郢都〔湖北省江陵县〕）。在重丘（当时河南省泌阳县有两个重丘，但都不在楚王国境内）会战，楚王国大败，统帅唐昧阵亡，重丘失守。

5 赵国（首府邯郸〔河北省邯郸市〕）攻击中山王国（首都顾城〔河北省定州市〕），中山王投奔齐王国（首都临淄）。

6 齐王国（首都临淄）国王（二任宣王）田辟彊逝世，子田地继位（三任），是为湣王（按：原记载的错误，至此始行归入正常）。

纪元前三世纪

本世纪是一个惨烈的混战世纪，各王国吞并的结果，只剩下七国——齐、楚、燕、赵、韩、魏、秦。不久，被秦王国全部消灭。战国时代终了。秦成为中国历史上第一个最强大的王朝。但内战又起，项羽、刘邦两位草莽英雄火拼。本世纪末，刘邦的西汉王朝统一中国。

- 楚怀王芈槐被骗入武关，囚死秦王国。
- 奴隶有三个耳朵论争。
- 沙丘宫变。
- 赵武灵王赵雍饿死沙丘行宫。

- 第三次萨姆奈战争爆发（前二九八年—）。
- 马其顿帝国瓦解，内战不止；伊派拉斯王入侵。

纪元前三〇〇年 辛酉

周赧王	十五年
鲁平公	十七年
秦昭襄王	七年
宋康王	二十九年
楚怀王	二十九年
齐湣王	元年
魏襄王	十九年
韩襄王	十二年
赵武灵王	二十六年
燕昭王	十三年
卫嗣君	二十五年

1 秦王（三任昭襄三）嬴稷，送王弟泾阳君嬴芾到齐王国（首都临淄〔山东省淄博市东临淄区〕）充当人质。

2 秦王国（首都咸阳〔陕西省咸阳市〕）王舅芈戎，大举进攻楚王国（首都郢都〔湖北省江陵县〕），击败楚军，杀三万人，斩楚军统帅景缺，占领襄城（河南省襄城县）。楚王（二十一任怀王）芈槐惊恐交加，急送太子芈横到齐王国（首都临淄）充当人质，请求和解（楚、齐交恶，参考前三一三年）。

3 秦王国（首都咸阳）宰相嬴疾（樗里子）逝世，任命赵国（首府邯郸〔河北省邯郸市〕）人楼缓接任宰相。

4 赵国（首府邯郸）国君（六任）赵雍，深爱他的幼子赵何，打算在自己仍在位时，立他当国君。

纪元前二九九年 壬戌

周赧王	十六年
鲁平公	十八年
秦昭襄王	八年
宋康王	三十年
楚怀王	三十年
齐湣王	二年
魏襄王	二十年
韩襄王	十三年
赵武灵王	二十七年
燕昭王	十四年
卫嗣君	二十六年

1 五月戊申日（五月甲寅朔，没有戊申），赵国（首府邯郸〔河北省邯郸市〕）国君（六任）赵雍，举行盛大典礼，把国君宝座，传给幼子赵何。祭祀过祖庙之后，由赵何亲自主持政府第一次会议，任命肥义当宰相（相国），并兼国王师傅。赵雍自称“主父”（即后世的太上皇。赵国国君何日称王，记载不详。我们姑且认定在赵雍传位之后不久开始），赵雍的意思是，使儿子主持政府，坐镇后方，而由自己率军向西北驱逐蛮夷（胡人），开拓疆土，计划从云中（内蒙古托克托县）、九原（内蒙古包头市），向南奇袭秦王国的首都咸阳（陕西省咸阳市）。于是假扮赵王国（首都邯郸）使节，出使秦王国，实地勘察山川形势，并亲自观察秦王（三任昭襄王）嬴稷的为人。嬴稷不知道面前的赵王国使节，就是赵雍，而只惊奇这位使节的气宇轩昂，不像是一个居于人下的普通臣僚，急派人

逮捕，赵雍已逃出边境。追究调查的结果，发现真相，大为震惊。

2 齐王（三任湣王）田地、魏王（二任襄王）魏嗣，在韩王国首都新郑（河南省新郑市），举行高阶层会议。

3 秦王国（首都咸阳）攻击楚王国（首都郢都），占领八个城市。秦王（三任昭襄王）嬴稷，写信给楚王（二十一任怀王）芈槐致意，说："开始的时候，我跟你誓言结为异姓兄弟，曾在黄棘（河南省南阳市南）结盟（参考前三〇四年），你的太子芈横来秦王国充当人质，两国一致欢欣鼓舞。而芈横却击杀我国重要的高级官员，毫无歉意，私自溜掉，我无法不感到愤怒，因而派军骚扰你们的边境。想不到你竟把芈横送到齐王国（首都临淄）充当人质，跟齐王国和解。你我两国，国土互相接壤，皇家互相嫁娶，再没有比我们更亲近的了，假如我们两国不能亲善相处，就不可能号令其他国家。我建议我们二人在武关（陕西省商南县东南）相会，面对面讨论问题，再缔结盟约，你以为如何？"芈槐很愿意赴会，以求化解两国之间的热战，但又怕去了之后，吃亏上当。如果拒绝这种友谊之手，又怕刺激秦王国（首都咸阳）老羞成怒。宰相昭睢反对赴约，说："没有会面的必要，我们只要加强边界防守就够了。秦王国是有名的虎狼之国，野心勃勃，要吞并天下所有国家，他们的话，不可相信。"芈槐的儿子芈兰，则坚决赞成（芈兰娶的是秦王家女儿，他认为婚姻可以仗恃），芈槐最后决定，还是赴会。嬴稷早已安排好陷阱，命一位将领冒充嬴稷，在武关（陕西省商南县东南）埋伏重兵。芈槐刚进武关，城门立即关闭，伏兵尽起，把芈槐当作俘虏一样捉住，押解到咸阳（陕西省咸阳市）。嬴稷在皇宫的章台殿上，独坐高位，摆下国宴，把芈槐当作前来朝贡的封国国君，教他跟官员们杂坐在台阶之下，要他割让巫郡（重庆市巫山县）、黔中郡（湖南省沅陵县）。芈槐气得几乎昏倒，他知道秦王国是个无信无耻的国家，但不知道秦王国会无信无耻到这种程度，竟公然破坏国际信守原则，囚禁另一个强大王国的国王。但他仍然忍耐，要求先签订盟约，容他回国后再割让土地。嬴稷却坚持割让土地之后，再签订盟约放他回国。芈槐这个昏庸的老汉，这时发了牛脾气，不肯屈服，号叫说："嬴稷，你竟然使用这种下流诈术，骗我到此，而又耍蛮！"于是秦王国把他软禁在咸阳。

楚王国（首都郢都）大为震动，高级官员和贵族们举行紧急会议，共谋对策，一致认为："大王被扣留在秦王国（首都咸阳），太子（芈横）又远在齐王国（首都临淄）充当人质。如果他们两国联合起来，我们可能不再是一个国家。"有人主张遴选一位王子继承王位，宰相昭睢说："大王跟太子（芈横）现在都陷在困境，如今再违背大王的旨意，拥立他的庶子，恐怕并不恰当。"就派遣使节到齐王国（首都临淄），声称老王芈槐已经死亡，要求送芈横回国继承王位。齐王（三任湣王）田地召集御前会议，商讨因应方略，有人主张扣留芈横，用他来交换楚王国（首都郢都）淮河以北土地。宰相（名不详）说："这个办法行不得，一旦郢都（楚首都，湖北省江陵县）另外立一个新的国王，我们不过只得到一个光杆人质，反而披上乘人之危，不仁不义的恶名。"那人说："不见得，郢都如果另立新王，我们就可以跟新王做买卖：给我们下东国（淮河以北地区），我们就把芈横杀掉，免得他将来争夺王位。如果不给，我们就跟秦王国、韩王国（首都新郑〔河南省新郑市〕），共同拥戴芈横继位。"田地觉得扣留人质的利益不可靠，乃采用宰相的建议，送芈横回国。芈横即位（二十二任），是为顷襄王。

4 秦王（三任昭襄王）嬴稷，敬慕齐王国（首都临淄）王子田文（孟尝君）的贤能，派王弟嬴芾到齐王国充当人质，交换田文。田文到咸阳（陕西省咸阳市）后，立刻被任命担任丞相（宰相）。

纪元前二九八年 癸亥

周赧王	十七年
鲁平公	十九年
秦昭襄王	九年
宋康王	三十一年
楚顷襄王	元年
齐湣王	三年
魏襄王	二十一年
韩襄王	十四年
赵惠文王	元年
燕昭王	十五年
卫嗣君	二十七年

1 有人告诉秦王（三任昭襄王）嬴稷说："田文虽然当我们的宰相，可是他毕竟是齐王国（首都临淄〔山东省淄博市东临淄区〕）的贵族，当然把齐王国的利益摆在第一位，而把秦王国的利益放到次要，秦王国不久就会陷入险境。"嬴稷认为有理，于是立刻翻脸，改命楼缓当宰相，逮捕田文，囚禁监牢，准备处决。田文派人向嬴稷最心爱的小老婆求救，那位宠姬说："我很愿帮忙，但我盼望得到田文先生的白毛狐狸皮袍。"田文只有一件白毛狐狸皮袍，早已呈献

给嬴稷了，无法应命。宾客中有位著名的神偷，就潜入王宫储藏室，把它盗出来送给那位宠姬。宠姬向嬴稷下了一套工夫，嬴稷就下令把田文释放。可是，过了一会工夫，嬴稷越想越不对劲，又派人紧急追捕，田文已逃到边境关卡。依关卡规定，鸡鸣开关。当时正逢夜半，而追兵节节接近，大家慌成一团，宾客中有位口技专家，会学鸡叫，高声一啼，城内群鸡响应，田文终于脱险（政治险恶，生死贵贱，有时间不容发）。

人们都认为田文能够集结贤士，贤士因之归附于他，而且，田文毕竟靠他们帮助，逃出虎狼之国的强秦（首都咸阳）。不过，依我看来，田文不过鸡鸣狗盗的头头罢了，怎么有资格集结贤士？否则，以齐王国（首都临淄）的强大，只要得到一位贤士，就可用万钧之力，制伏秦王国，何至于堕落到靠鸡鸣狗盗的力量？正因为鸡鸣狗盗“挤挤”一堂，真正的贤士，才不登门。

2 楚王国（首都郢都〔湖北省江陵县〕）派使节通知秦王国（首都咸阳）说：“感谢上帝，我们已有了新王。”嬴稷最卑劣的劫持阴谋落空，老羞成怒，下令大军开出武关（陕西省商南县东南），对楚王国攻击，杀五万人，占领十六个城市。

3 赵王（二任惠文王）赵何，封他的老弟赵胜当平原君。赵胜好结交贤士，食客常有数千人。有一位公孙龙，在逻辑上的造诣，至为精湛，以《坚白论》《白马论》《异同论》受到尊重，也当赵胜的宾客（公孙龙属于名家学派，名学，就是逻辑学。西洋逻辑学，分原理论及方法论。

中国名学，始终陷于原理论的诡辩漩涡，一直建立不起来一项理则方法，所以不能帮助哲学的发展和促进科学的进步。公孙龙的大著《公孙龙子》十四篇，而以“白马非马”，留给后世深刻的印象）。恰巧孔穿（孔丘后裔）从鲁国（首府曲阜〔山东省曲阜市〕）到赵王国，跟公孙龙辩论“奴隶有三个耳朵”（《庄子》有“鸡三脚”之说，内涵相同）。公孙龙反复探讨，分析精微。孔穿张口结舌，说不出话，只好告辞。第二天，再见赵胜，赵胜说：“昨天公孙先生的一番话，真了不起，你以为如何？”孔穿说：“我也佩服他，他几乎能使奴隶生出三只耳朵来。问题是，事实上却不可能。所以我特地来问你：要经过艰难的辩论，才能肯定奴隶有三只耳朵，可是事实上它却是假的。肯定奴隶有两只耳朵，可容易的很，而它却是真的。你选择哪一项？选择困难的假的，还是选择容易的真的？”赵胜无法回答。第三天，赵胜对公孙龙说：“你最好不要跟孔穿辩论，孔穿道理胜于言词，而你言词胜于道理，恐怕你终必屈服。”

邹衍经过赵王国（首都邯郸），赵胜请他跟公孙龙辩论“白马非马”。邹衍婉拒，说：“不行，盖辩论的意义，在于使类别分明，不相侵害，使道理清楚，不相紊乱。提出原则，显示它的目的何在，要大家一目了然，免得迷失。胜利的一方，不失去他的主见。失败的一方，能得到他所追求的真理。在这种情形下，才可以辩论。假如只靠名词定义之类字汇的堆积，和美丽抽象的理论，来咄咄逼人，引用灵巧的譬喻转移方向，引导人们堕入他所预设的五花阵里，最后简直忘了主题。这对正规的思考力的训练，有严重伤害。有些人一旦发言，言词锋利，纠缠一团，一直纠缠到大家都不说话了，他才最后闭上嘴巴。这种争论，对君子而言，已造成困扰，我不愿参加。”在座的人都同意邹衍的意见，公孙龙从此受到疏远。

纪元前二九七年 甲子

周赧王	十八年
鲁平公	二十年
秦昭襄王	十年
宋康王	三十二年
楚顷襄王	二年
齐湣王	四年
魏襄王	二十二年
韩襄王	十五年
赵惠文王	二年
燕昭王	十六年
卫嗣君	二十八年

1 楚王国（首都郢都〔湖北省江陵县〕）前任国王（二十一任怀王）芈槐，逃出咸阳（秦首都，陕西省咸阳市），秦政府发觉，下令封锁往楚王国的道路。芈槐无奈，抄小道投奔赵王国（首都邯郸〔河北省邯郸市〕）。恰好赵王国太上皇（主父）赵雍逗留北方边界代郡（河北省蔚县）一带，赵王（二任惠文王）赵何年幼，赵王国政府对这项可能触怒秦王国（首都咸阳）的事件，不敢骤下决定。芈槐既不能前进，准备逃往魏王国（首都大梁〔河南省开封市〕），而时间已来不及，追兵赶到，被押解重回咸阳（陕西省咸阳市）。

2 鲁国（首府曲阜〔山东省曲阜市〕）国君（三十五任平公）姬旅逝世，子姬贾继位（三十六任），是为湣公。

纪元前二九六年 乙丑

周赧王	十九年
鲁湣公	元年
秦昭襄王	十一年
宋康王	三十三年
楚顷襄王	三年
齐湣王	五年
魏襄王	二十三年
韩襄王	十六年
赵惠文王	三年
燕昭王	十七年
卫嗣君	二十九年

1 芈槐生病，不久病重，死在咸阳（陕西省咸阳市）。秦王国（首都咸阳）送回他的灵柩，楚王国（首都郢都〔湖北省江陵县〕）人民夹道祭奠，不胜悲痛，各国对秦王国这种恶霸行径，印象强烈。

柏杨曰

西洋有句谚语："第一次被骗，错在对方，第二次再被骗，错在自己。"芈槐先生真是天下第一脓包，脑袋像一个糨糊罐，被张仪、嬴稷之辈，玩得团团而转。教他爬，他就爬；教他跳，他就跳。这种糨糊罐政治领袖，历史上车载斗量，十个巴掌都数不完。他所有的遭遇，都咎由自取。可是，死伤的那些军民，却又何辜？他们唯一的罪状只是因为有一个昏庸的糨糊领袖。芈槐的灵柩回国，人民悲不自胜，这是人民的厚道，忘了所有苦难，都来自他一人。芈槐事实上被他所宠爱的郑袖、靳尚所控制，以郑袖、靳尚为首的鲨鱼群，日夜猛噬。芈槐要想不死都不可能这只是一个信号，警告楚王国（首都郢都）：再不补救，船即下沉。可惜，芈槐之死毫无意义，并不能唤醒国人，也不能消除鲨鱼，因为楚王国已腐朽到完全丧失改革的能力。

2 各国再起反应，重组南北合纵同盟。本年（前二九六），齐王国（首都临淄〔山东省淄博市东临淄区〕）、韩王国（首都新郑〔河南省新郑市〕）、魏王国（首都大梁〔河南省开封市〕）、赵王国（首都邯郸〔河北省邯郸市〕）、宋国（首府睢阳〔河南省商丘市〕），五国联军攻击秦王国（首都咸阳），军抵盐氏（山西省运城市），即行撤退。秦王国把武遂（山西省垣曲县东南）归还韩王国，把封陵（山西省芮城县西南风陵渡）归还魏王国，谋求和解。

人人都知道团结好，然而，只要有一个人是近视眼，就可以破坏团结。战国时代的合纵抗秦同盟，是各国唯一的救命仙丹，功效立竿见影。不过，只要秦王国抛出一块骨头，团结即行粉碎。这是人类最可悲的一面，也是野心家最兴奋的一面。

3 赵王国（首都邯郸）太上皇（主父）赵雍，巡狩新获得的北方国土，顺道视察代郡（河北省蔚县）西境，在西河（潼关以北的黄河）跟楼烦部落（山西省北部管涔山）酋长（王）会见，招募战士。

4 魏王（二任襄王）魏嗣逝世，子魏遬（音sù〔诉〕）继位（三任），是为昭王。

5 韩王（二任襄王）韩仓逝世，子韩咎继位（三任），是为釐王。

纪元前二九五年 丙寅

周赧王　二十年
鲁湣公　二年
秦昭襄王　十二年
宋康王　三十四年
楚顷襄王　四年
齐湣王　六年
魏昭王　元年
韩釐王　元年
赵惠文王　四年
燕昭王　十八年
卫嗣君　三十年

1 秦王国（首都咸阳〔陕西省咸阳市〕）保安官（国尉）司马错，攻击魏王国（首都大梁〔河南省开封市〕）所属的襄城（河南省襄城县）。

2 赵王国（首都邯郸〔河北省邯郸市〕）太上皇（主父）赵雍，与齐王国（首都临淄〔山东省淄博市东临淄区〕）、燕王国（首都蓟城〔北京市〕）联合，共灭中山王国（首都顾城〔河北省定州市〕），把它的国王放逐到肤施（陕西省榆林市东南鱼河镇）。赵雍回到首都邯郸（河北省邯郸市），犒赏全国军民，大赦天下，人民聚会饮宴五天。

3 赵王国（首都邯郸）太上皇（主父）赵雍，把他的长子赵章，封到代郡（河北省蔚县），号安阳君。赵章本来应继承王位的，现在只封一个“君”，自然耿耿于怀。赵章一向挥霍奢侈，赵雍任命田不礼当他的秘书长（相）。李兑告诉宰相肥义说：“赵章年轻力壮，态度傲慢，党羽多而欲望大。田不礼生性好斗，而且骄傲不可一世，喜爱杀戮。两个人聚在一起，必然产生阴谋。小人物一旦有了大欲望，就不可能深思远虑，看到的全是利益，却看不到灾难，巨变将要爆发。你是国王的师傅，责任重大，大事一旦爆发，首当其冲，会第一个受害。你为什么不假装生病，申请退休，把政权转移给王叔赵成？不招揽祸患，岂不很好！”肥义说：“当初，太上皇（赵雍）把国王（赵何）托付给我，说：‘请你不要改变心意，不要改变方针，永远忠心，直到老死。’我恭敬的接受这项命令，并记载在竹简上，誓死遵守。现在不能为了逃避田不礼的捣乱，就忘了我的誓言。这是一件大事，俗语说：‘托付我的人即令复活，面对他我也毫无愧色。’（《春秋》前六五〇年，晋国〔首府新田，山西省侯马市〕国务官荀息的话，受人托付，忠心不移。）我只要求实践我的承诺，并不要求保全我的性命。你对我的关心，非常感谢。但我有言在先，绝不食言。”李兑说：“好吧，请你保重，我看你难以熬过今年。”流泪告辞。李兑不断拜会赵成，要他对田不礼戒备。

肥义对赵王（二任惠文王）赵何的侍从信期说：“赵章跟田不礼，声誉很美，实际上却一直为非作歹，靠着老爹太上皇（赵雍）的宠爱，在外面横肆暴虐。可能有一天，他会宣称奉太上皇之命，发动政变，我对此十分忧虑，晚上难以入睡，白天忘记进食。对于暴烈行动，不可疏忽。从今天开始，记住我的命令，如果有人声言太上皇（赵雍）召见大王时，必须先行跟我磋商，不可以贸然就去。我要先走一步，试探真假，证实没有变化，然后大王再去。”信期承诺。

当赵王（二任惠文王）赵何，举行御前会议时，赵雍在旁观看，发现长子赵章态度懒散，向上面高坐的老弟朝拜。一缕怜悯之情，油然而生。计划将赵王国一分为二，把赵章封到代郡（河北省蔚县），建立代王国。但仅只计划，还没有决定。

赵雍携同赵何，出游沙丘（河北省平乡县，首都邯郸东北航空距离八十公里），分别住在两座行宫。赵章跟田不礼认为机会成熟，采取行动。假传太上皇（赵雍）命令，召唤赵何进宫。信期通知肥义，肥义先行，中伏被杀。信期立刻动员戒备，双方血战。恰巧赵成、李兑，从首都邯郸率军赶到，再火急征调附近驻军参战，斩赵章跟田不礼，屠灭他们的党羽。

赵成出任宰相，号安平君。李兑出任国家安全部部长（司寇）。这时候，赵何年纪还小，赵成、李兑完全控制政府。

当赵章战败时，投奔老爹赵雍，赵雍把他藏在行宫之内。大军进入行宫，搜出赵章处决。赵成、李兑警觉到自己的危险，商量说：“我们为了逮捕赵章，竟然包围太上皇（赵雍）的行宫。事情过后，太上皇（赵雍）追究围宫杀子的罪状，我们全家恐怕就要死光。”索性一不做、二不休，下令行宫人员：“先出来的有赏，后出来的格杀。”宫人们霎时间一哄而散。赵雍也想出宫，却被阻在宫门之内。广大的行宫之中，只剩下他一个人，没有伴侣，没

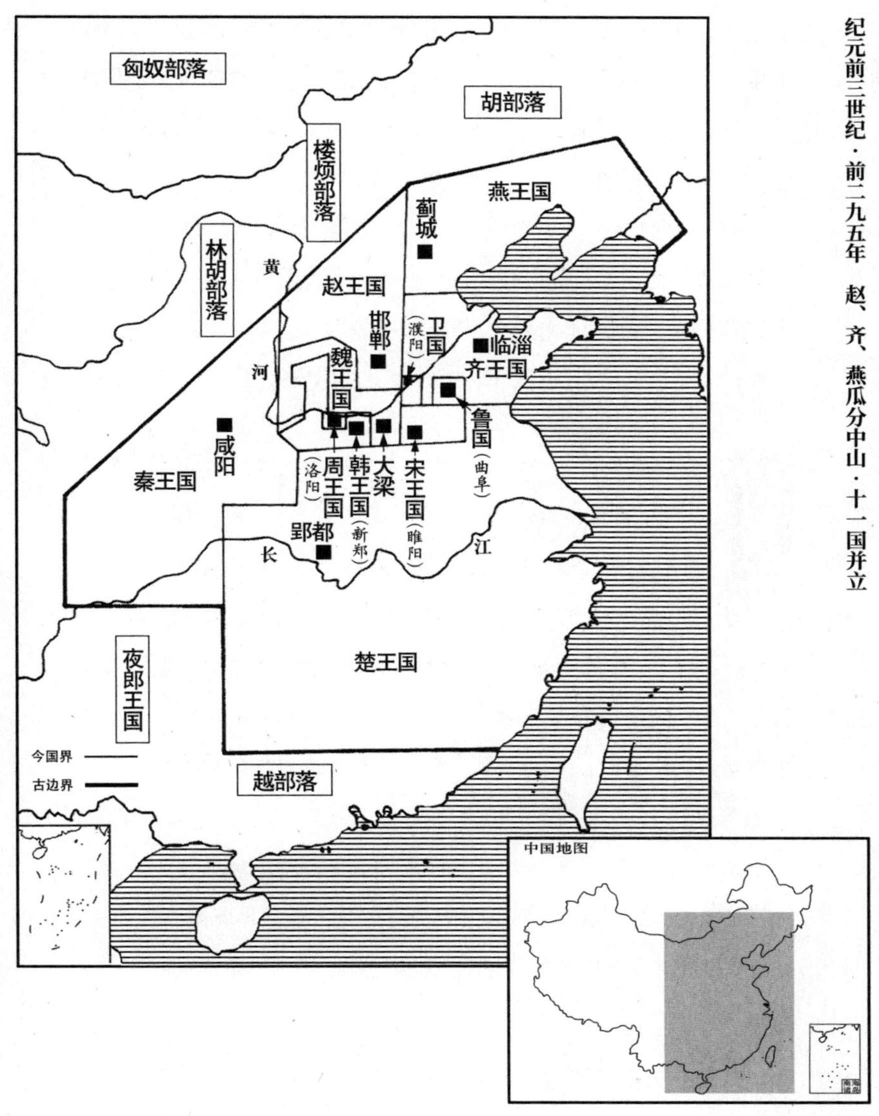

纪元前三世纪·前二九五年　赵、齐、燕瓜分中山·十二国并立

有饮食，饥饿难忍之际，只好爬到屋檐树上，搜索鸟蛋或刚孵出的雏鸟下肚。这样支持了三个多月，凡是可以吃的东西，全都吃光，最后竟活活饿死。赵王国政府（首都邯郸）一直等到确定赵雍死亡，才向各国报丧。

赵雍最初立长子赵章当太子，后来得到吴娃（参考前三一〇年），爱她入骨，为了她，他自我关闭，几年不出宫门，生幼子赵何，才把赵章罢黜，立赵何当太子。等到吴娃逝世，爱心递减，心疼长子无辜，计划也封他当国王，正犹豫间，动乱发生。

柏杨曰

赵雍是一个传奇人物，从他坚持变更服装、更新装备一事，可看出他观察力之强和意志力之坚。赵王国（首都邯郸）疆土，在他手中倍增，战斗力也倍增。如果他能再活二十年，秦王国（首都咸阳）可能受到严重威胁，历史如何发展，难以预料。然而，凡是英雄，都儿女情长，一个美丽的吴娃，就把他搞得神魂颠倒，一误再误。李兑和赵成，平常受赵雍的尊敬，而他们也对赵雍忠心耿耿，可是一旦事变，涉及切身利害，却不惜把君王置之死地。一些领导人物似乎都在斤斤计较对方的忠心，而忘了忠心不能孤立，它含有太多的变数。形势逼面，猪忠难以持久，刹那之间，猪化为狼。赵雍如果不自乱章法，赵章如果再有耐心，李兑、赵成之辈，何致竟成弑君凶手？

4 秦王国（首都咸阳）免除楼缓宰相的职务，任命王舅魏冉再当宰相。

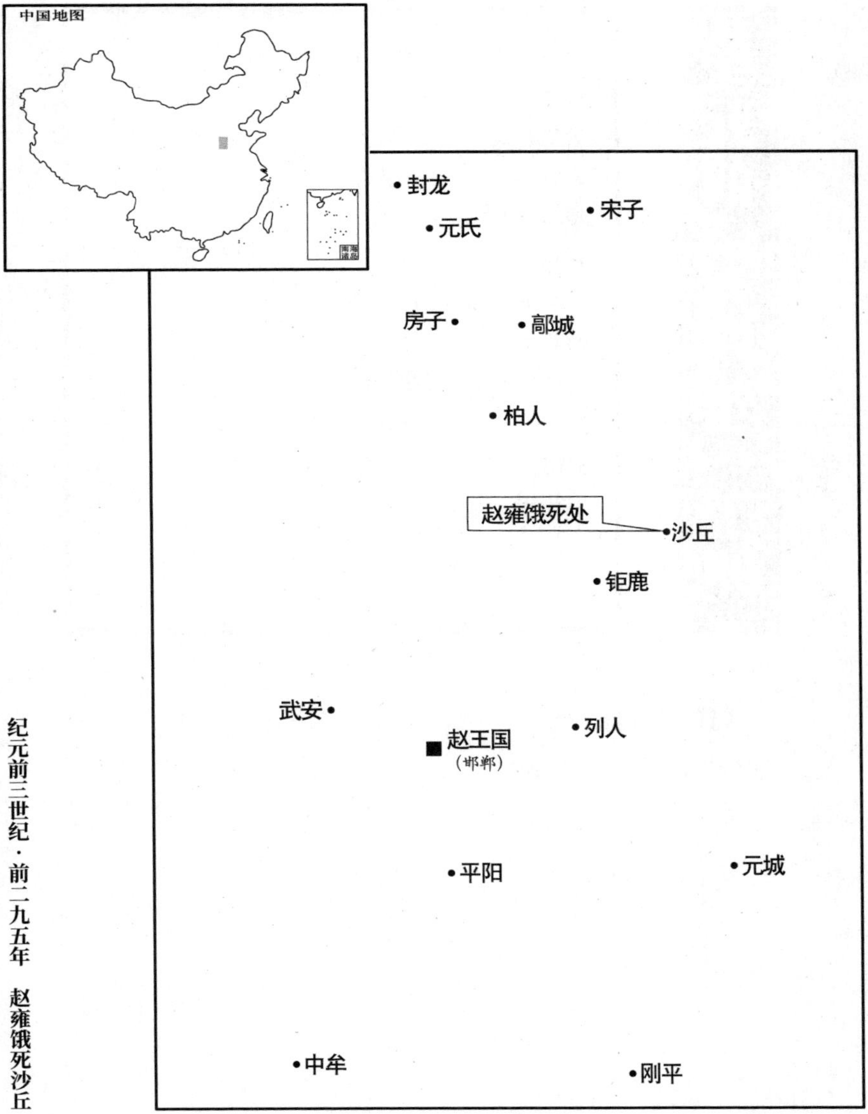

中国地图

南海诸岛

封龙

宋子

元氏

房子

鄗城

柏人

赵雍饿死处

沙丘

钜鹿

武安

列人

赵王国

（邯郸）

平阳

元城

中牟

刚平

纪元前三世纪·前二九五年　赵雍饿死沙丘

纪元前二九四年 丁卯

周赧王	二十一年
鲁湣公	三年
秦昭襄王	十三年
宋康王	三十五年
楚顷襄王	五年
齐湣王	七年
魏昭王	二年
韩釐王	二年
赵惠文王	五年
燕昭王	十九年
卫嗣君	三十一年

1 秦王国（首都咸阳〔陕西省咸阳市〕）在解城（山西省临猗县东南），大败魏王国（首都大梁〔河南省开封市〕）边防军。

纪元前二九三年 戊辰

周赧王	二十二年
鲁湣公	四年
秦昭襄王	十四年
宋康王	三十六年
楚顷襄王	六年
齐湣王	八年
魏昭王	三年
韩釐王	三年
赵惠文王	六年
燕昭王	二十年
卫嗣君	三十二年

1 韩王国（首都新郑〔河南省新郑市〕）将领公孙喜，会合魏王国（首都大梁〔河南省开封市〕）军队，攻击秦王国（首都咸阳），秦王国穰侯魏冉，向秦王（三任昭襄王）嬴稷，推荐左更（秦官第九级）白起，代替向寿，担任统帅，在伊阙（河南省洛阳市南五公里龙门）大破韩、魏联军，杀二十四万人，生擒公孙喜，攻陷五个城市。嬴稷对白起第一仗便建立奇功，至为激赏，擢升他当保安官（国尉）。

2 秦王（三任昭襄王）嬴稷写信给楚王（二十二任顷襄王）芈横，威胁说：“楚王国背叛秦王国，秦王国势将联合各国，发动攻击。所以，请你迅速集结大军，让我们高高兴兴的决一雌雄。”芈横又怕又愁，只好屈服，跟秦王国和解，王族恢复通婚。

纪元前二九二年　己巳

周赧王	二十三年
鲁湣公	五年
秦昭襄王	十五年
宋康王	三十七年
楚顷襄王	七年
齐湣王	九年
魏昭王	四年
韩釐王	四年
赵惠文王	七年
燕昭王	二十一年
卫嗣君	三十三年

1 楚王（二十二任顷襄王）芈横，迎接秦王国（首都咸阳〔陕西省咸阳市〕）王女，作为妻子。

司马光曰

秦王国（首都咸阳）的蛮横，无以复加，杀人的父亲而又劫持人的儿子。楚王国（首都郢都）也太不争气，忍心老爹被谋害，而跟仇人结亲。楚王国君王如果是恰当的人选，臣僚如果也是恰当人选，秦王国虽然强大，怎敢这么欺人太甚。

荀况有言："权力，如果妥善运用，虽只一百华里小地区，也可以巍然独立，没有人胆敢侵犯。不能妥善运用，像楚王国这种六千华里的庞然大物，照样给仇人当奴隶。"君王们不去妥善运用他的权力，只一味追求表面热闹，正是危险所在。

2 秦王国（首都咸阳）丞相魏冉因病辞职，外籍顾问官（客卿）烛寿，继任丞相（宰相）。

纪元前二九一年——庚午

周赧王	二十四年
鲁湣公	六年
秦昭襄王	十六年
宋康王	三十八年
楚顷襄王	八年
齐湣王	十年
魏昭王	五年
韩釐王	五年
赵惠文王	八年
燕昭王	二十二年
卫嗣君	三十四年

1 秦王国（首都咸阳〔陕西省咸阳市〕）攻击韩王国（首都新郑〔河南省新郑市〕），陷宛城（河南省南阳市）。

2 秦王国（首都咸阳）丞相烛寿免职，魏冉再任丞相（宰相），封侯爵，把穰城（河南省邓州市）和陶城（山西省永济市北十五公里）作为采邑，称穰侯。又把王子嬴芾封到宛城（刚刚占领），把王弟嬴悝封到邓邑（河南省孟州市）。

吞并六国

导读

《吞并六国》共包括八十年（前二九〇一前二一一年），战国时代在《吞并六国》中结束，秦王朝也在《吞并六国》结尾时统一了各国。二十世纪的今天，以及即将来临的二十一世纪初叶，面对着六国自相残杀，宁死也不团结的史迹，使人震动。

一九八三·九·一五

目录

纪元前三世纪

七〇年代

前二三〇—前二二一年

战国时代

●荆轲刺秦王嬴政●六国相继灭亡●秦王朝统一中国

纪元前三世纪

八〇年代

前二二〇—前二一一年

秦王朝

●嬴政不断出游●蒙恬击匈奴●筑长城

- 秦王嬴稷称西帝。
- 宋王国被瓜分。
- 燕王国复仇。
- 齐王田地惨死。
- 蔺相如完璧归赵。

- 第三次萨姆奈战争结束（—前二九〇年）。罗马共和国统一意大利半岛中部。
- 意大利半岛南部，希腊人所建城邦林立，总称“大希腊”，互相攻伐。条立爱城约罗马攻击他林敦城，他林敦向本土伊庇鲁斯王国求救，伊王皮洛士渡海入援，战争持续七年（—前二七五年）。

纪元前二九〇年 辛未

周赧王	二十五年
鲁湣公	七年
秦昭襄王	十七年
宋康王	三十九年
楚顷襄王	九年
齐湣王	十一年
魏昭王	六年
韩釐王	六年
赵惠文王	九年
燕昭王	二十三年
卫嗣君	三十五年

1 魏王国（首都大梁〔河南省开封市〕）把河东（山西省西南部）四百华里领土，割让给秦王国（首都咸阳〔陕西省咸阳市〕）。

2 韩王国（首都新郑〔河南省新郑市〕）把武遂（山西省垣曲县东南）二百华里领土，割让给秦王国（首都咸阳）。

3 魏王国（首都大梁）将领芒卯（芒，姓），以诈术闻名于世，开始受到各国重视。

纪元前二八九年 壬申

周赧王	二十六年
鲁湣公	八年
秦昭襄王	十八年
宋康王	四十年
楚顷襄王	十年
齐湣王	十二年
魏昭王	七年
韩釐王	七年
赵惠文王	十年
燕昭王	二十四年
卫嗣君	三十六年

1 秦王国（首都咸阳〔陕西省咸阳市〕）大良造（秦爵第五级）白起、外籍顾问官（客卿）司马错，攻击魏王国，军抵轵邑（河南省济源市东南），夺取大小六十一个城市（去年魏王国才割让四百华里领土，只取得一年和平。秦王国对新领土还没有完全消化，就又开始另一项新的侵略。战国时代的血战，已白热化）。

纪元前二八八年 癸酉

周赧王	二十七年
鲁湣公	九年
秦昭襄王	十九年
宋康王	四十一年
楚顷襄王	十一年
齐湣王	十三年
魏昭王	八年
韩釐王	八年
赵惠文王	十一年
燕昭王	二十五年
卫嗣君	三十七年

1 冬季，十月，秦王国（首都咸阳〔陕西省咸阳市〕）国王（三任昭襄王）嬴稷，自称“西帝”，为求平衡国际均势，派遣高级使节团前往临淄（山东省淄博市东临淄区），建议齐王国（首都临淄）国王（三任湣王）田地称“东帝”，并建议东、西二帝，缔结盟约，夹击赵王国（首都邯郸〔河北省邯郸市〕）。恰巧苏代从燕王国（首都蓟城〔北京市〕）前来齐王国（首都临淄）访问，田地问他说：“秦王国（首都咸阳）派它的宰相魏冉，来劝我称东帝，你认为如何？”苏代说：“我认为，你可以接受他的建议，但不对外宣布。嬴稷称西帝，如果没有人反对，你再宣布称东帝不迟。嬴稷称西帝，大家群起声讨，你就不提这回事，各国依然对你尊敬，也是一项政治资本。至于打仗，攻击赵王国（首都邯郸），比起攻击宋王国（首都睢阳〔河南省商丘市〕），哪一种有利？也应考虑。我的

意思是，你最好不称东帝，用以争取国际支持，然后讨伐恶贯满盈的宋王国。征服宋王国之后，楚王国（首都郢都〔湖北省江陵县〕）、赵王国（首都邯郸）、魏王国（首都大梁〔河南省开封市〕）、卫国（首府濮阳〔河南省濮阳市〕），都会恐惧。我们把虚名套到嬴稷头上，使全世界都对他憎恨厌恶。这是用谦虚的手段，使自己获得尊荣的办法。”田地接受他的建议，称“东帝”只两天，就把尊号奉还给秦王国（首都咸阳）。

十二月，吕礼从齐王国（首都临淄）到秦王国（首都咸阳）。嬴稷不愿陷入圈套，也取消帝号，仍称国王。

2 秦王国（首都咸阳）攻击赵王国（首都邯郸），占领梗阳（山西省清徐县）。

纪元前二八七年　甲戌

周赧王	二十八年
鲁湣公	十年
秦昭襄王	二十年
宋康王	四十二年
楚顷襄王	十二年
齐湣王	十四年
魏昭王	九年
韩釐王	九年
赵惠文王	十二年
燕昭王	二十六年
卫嗣君	三十八年

1 秦王国（首都咸阳〔陕西省咸阳市〕）攻击魏王国（首都大梁〔河南省开封市〕），连陷新垣（山西省垣曲县）、曲阳（河南省济源市西）。

纪元前二八六年 乙亥

周赧王	二十九年
鲁湣公	十一年
秦昭襄王	二十一年
宋康王	四十三年
楚顷襄王	十三年
齐湣王	十五年
魏昭王	十年
韩釐王	十年
赵惠文王	十三年
燕昭王	二十七年
卫嗣君	三十九年

1 秦王国（首都咸阳〔陕西省咸阳市〕）外籍顾问官（客卿）司马错攻击魏王国（首都大梁〔河南省开封市〕）所属河内（河南省黄河以北），魏王国割让旧都安邑（山西省夏县），请求和解。秦军接收安邑城，但把城内魏国人民，全部驱逐。

2 秦军（首都咸阳）跟韩军（首都新郑）在夏山（今地不详）会战，大败韩军。

3 宋王国首都睢阳（河南省商丘市）城墙拐角处麻雀巢里，发现一只刚孵出来的雏鹰，对这个异乎寻常的现象，由巫法师卜卦推断吉凶，巫法师说："小生大，乃反弱为强，成为霸主的先兆。"

宋国王（一任康王）宋偃，大为兴奋，挥军出击，把滕国（山东省滕州市）灭掉，并顺道攻打薛国（山东省枣庄市南薛城区）。然后四面扬威：向东进攻齐王国（首都临淄〔山东省淄博市东临淄区〕），夺取五个城镇。向南进攻楚王国（首都郢都〔湖北省江陵县〕），夺取土地三百华里。向西击败魏王国（首都大梁），同时跟齐、魏对抗。一连串惊人的军事胜利，使他提高称霸世界的自信。为了加速建立霸权，他用弓箭射天、长鞭扑地，表示敢向神灵挑战。把祭祀天地祖先的祭坛（社稷）摧毁，表示他连鬼也不在乎。在皇宫中长夜饮酒，房子里侍从人员喊“万岁”，大厅中官员们随口响应，宫门外的人群，也同声高呼。于是，全城一片“万岁”之声。各国对这个没落的暴发户，惊愕之余，给他起了个“桀”的绰号，形容它已变成一个暴虐的国度（桀，夏王朝最末一任君王姒履癸的绰号，已是一个死亡了的字，想不到一千四百年后，又重现于世）。齐王国国王（三任湣王）田地首先发动攻击，宋王国军民溃散（猛喊万岁的摇尾系统早已跑光），首都陷落。宋偃逃奔魏王国，死在温城（河南省温县西。宋王国至此灭亡，立国四十四年。如果把封国历史也计算在内，前一一一二年至前二八六年，则立国八百二十七年）。

宋偃在首都睢阳(河南省商丘市)陷落前开溜，逃到温城(河南省温县西)，终于被齐王国(首都临淄)追兵捕获。这位年已八十岁的皓首匹夫，跳神农涧(河南省温县西)不死，被拉上来斩首。他似乎是二十世纪四大恶棍之一的希特勒的前身。二人相似之处，至少有下列数项：

——他们都是国家的领袖。

——他们的国家都有悠久而光荣的历史。

——他们的国家都被列强密密包围，动弹不得。

——他们都搞个人崇拜，迫害自己的国民。

——他们都灭掉一些较小的国家，使自己的声望，达到巅峰。

——他们都同样横挑强邻，并把强邻击败，领土大幅膨胀。

——他们都大言不惭，没有自我克制能力。

——他们发疯的时间都不太长。

——他们都把国家驱入灾难，受到大包围反击，千万人死亡。

——最后，他们都在敌前丧生。

——他们都留下万世恶名，为人不齿。

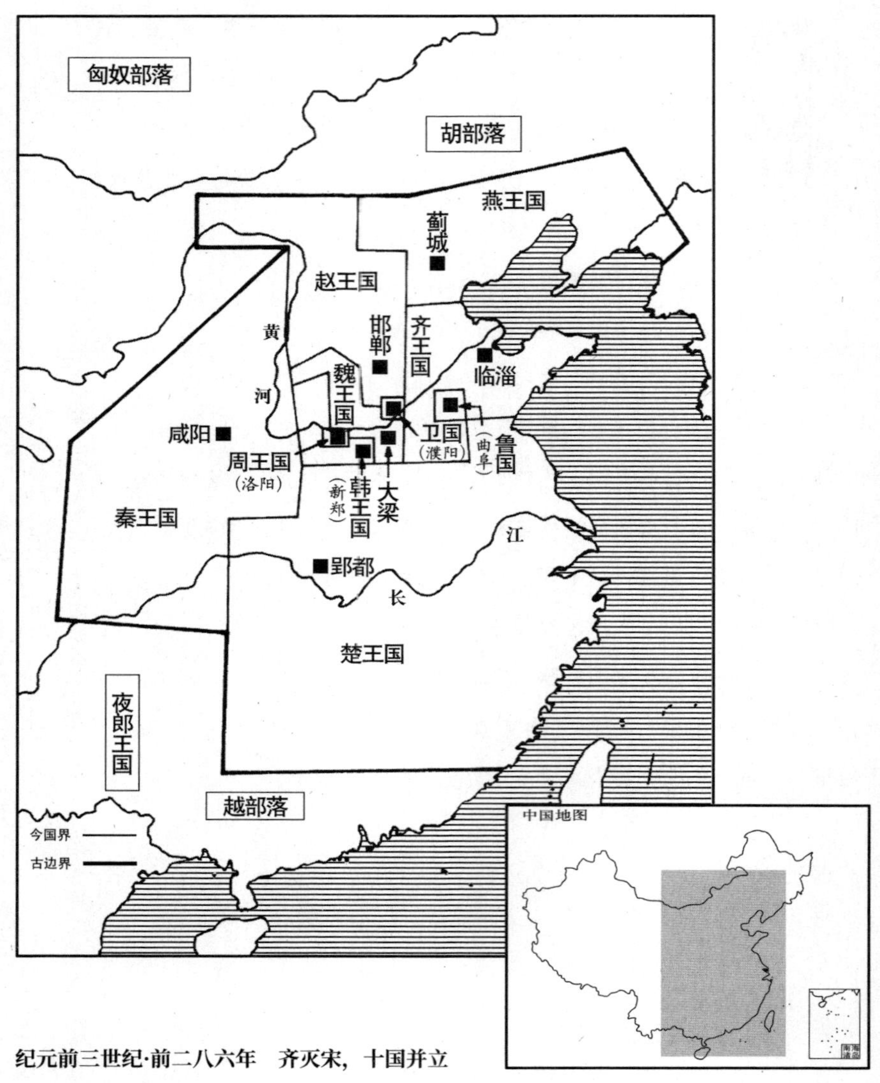

纪元前三世纪·前二八六年　齐灭宋，十国并立

纪元前二八五年 丙子

周赧王	三十年
鲁湣公	十二年
秦昭襄王	二十二年
楚顷襄王	十四年
齐湣王	十六年
魏昭王	十一年
韩釐王	十一年
赵惠文王	十四年
燕昭王	二十八年
卫嗣君	四十年

1 秦王国（首都咸阳〔陕西省咸阳市〕）国王（三任昭襄王）嬴稷，在宛城（河南省南阳市）跟楚王国（首都郢都〔湖北省江陵县〕）国王（二十二任顷襄王）芈横，举行高峰会议，接着在中阳（山西省中阳县）跟赵王国（首都邯郸〔河北省邯郸市〕）国王（二任惠文王）赵何，举行高峰会议。

2 秦王国（首都咸阳）大将蒙武，攻击齐王国（首都临淄〔山东省淄博市东临淄区〕），连破九个城市。

3 齐国王（三任湣王）田地，自从吞并宋王国（首都睢阳〔河南省商丘市〕）后，发现自己的智慧确实超人一等，遂骄傲不可一世。于是攻击楚王国（首都郢都），再攻击三晋（赵王国、魏王国、韩王国）。目标直指已分裂为二的周王国（首都洛阳〔河南省洛阳市白马寺东〕），扬言要把周天子赶下台，由他来做。大臣狐咺（音xuǎn〔选〕。《汉书》作狐爰）指责他荒唐，田地把狐咺押解到街市上斩首。陈举继续规劝，田地把陈举绑到首都临淄（山东省淄博市东临淄区）的东门处决。

4 燕王国（首都蓟城〔北京市〕）国王（四任昭王）姬平，日夜加强战斗训练，擢拔人才，不吝惜给他们官爵财富。得到齐王国（首都临淄）天怒人怨的情报，认为时候已到，遂跟乐毅密谋发动一次灭国性的大规模进攻。乐毅说："齐王国是霸权的后代，疆土广大，人民众多，以我们燕王国的兵力，单独攻击，不容易成功。一定要发动这场战争的话，最好跟赵王国（首都邯郸）、楚王国（首都郢都）、魏王国（首都大梁）结盟，共同出军。"姬平于是派乐毅前往赵王国，再派其他使节分别出使楚、魏，并通过赵王国向秦王国（首都咸阳）承诺分给它相当利益。各国君王对田地的蛮横，早已厌恶不耐，所以巴不得早日行动，阴谋一拍即合。

纪元前二八四年 丁丑

周赧王	三十一年
鲁湣公	十三年
秦昭襄王	二十三年
楚顷襄王	十五年
齐湣王	十七年
魏昭王	十二年
韩釐王	十二年
赵惠文王	十五年
燕昭王	二十九年
卫嗣君	四十一年

1 燕王国（首都蓟城〔北京市〕）集结倾国的兵力，任命乐毅当远征军最高统帅（上将军）。赵王国（首都邯郸〔河北省邯郸市〕）同时任命乐毅兼任赵王国宰相；秦王国（首都咸阳〔陕西省咸阳市〕）将领（尉）斯离，也率军抵达，跟赵、魏、韩军队会合。乐毅身兼五国联军总指挥官，以泰山压顶的威力，向齐王国（首都临淄〔山东省淄博市东临淄区〕）进攻。齐国王（三任湣王）田地，征召全国武装部队，在济西（济水以西，济水是古黄河支流之一，流经河南省及山东省北部，大部分河道今已湮没）会战，齐军大

败。乐毅请秦军、韩军先行班师（两国跟齐王国边界不接，不能贪图土地，只能劫掠金银财物）。请魏军前往占领故宋王国（首都睢阳〔河南省商丘市〕）的领土，请赵军前往夺取河间（河北省献县）。乐毅亲自率领燕王国（首都蓟城）远征军，深入齐王国（首都临淄）国土，击垮齐王国野战军主力。

燕军将领剧辛说："齐王国强大，燕王国弱小，幸而得到其他国家的协助，才把它击破，应该趁战胜余威，夺取边境的城镇关隘，扩张我们的疆土，这项利益是长久的。而今你使用跳蛙战术，把一些城镇关隘，抛开不管，只一味追击。这对齐王国并不能造成损失，而燕王国也不可能得到利益，反而结下世仇，将来一定后悔。"乐毅说："不然，田地是个昏庸之辈，自以为功勋盖世，才华出众，向来一意孤行，贤能的人都被罢黜，他只信任他的摇尾系统，行政法令，没有一项不横肆暴虐，人民对他的怨恨，已达沸点。现在大败之初，我们如果乘胜施加压力，他的部下和国民，必然叛变，内部一乱，齐王国并不是不可征服。如果不乘胜追击，等到有一天，他忽然觉悟从前的错误，改正过失，体恤关切他的部下和国民，我们就前功尽弃。"遂挥军深入。

燕军既穷追猛打，齐王国（首都临淄）人心果然崩溃。田地逃走，乐毅进入首都临淄（山东省淄博市东临淄区），把齐王国的金银财宝和贵重的祭祀用具（包括前三一四年从燕王国抢夺来的东西），运回燕王国。

得到捷报后大喜若狂的姬平，亲自到济上（济水以西）劳军，颁发犒赏，宴请战士。封乐毅昌国君，命他留在齐王国招降尚未夺取的城市。

2 田地投奔卫国（首府濮阳〔河南省濮阳市〕），卫国国君（四十五任）卫嗣君（名不详），让出皇宫给他下榻，自己称"臣"，供应他所有的用品。然而田地口出恶言，卫国官员立刻反唇相讥。田地住不下去，再投奔邹国（山东省邹城市）、鲁国（山东省曲阜市），态度仍然傲慢，两国拒绝入境。最后，田地逃到莒城（山东省莒县）。

楚王国（首都郢都〔湖北省江陵县〕）派大将淖齿，率军救援齐王国，田地任命淖齿当齐王国宰相。淖齿却跟燕王国（首都蓟城）秘密结盟，企图瓜分齐王国。于是，逮捕田地，斥责他说："千乘（山东省高青县）、博昌（山东省博兴县）之间，地方数百华里，天降血雨，衣服都被污染，你可知道？"田地说："知道。"淖齿说："嬴邑（山东省济南市莱芜区）、博邑（山东省泰安市）之间，土地崩裂下陷，看到泉水，你可知道？"田地说："知道。"淖齿说："有人趴在宫门外大哭，找人时见不到人，不找时又听到哭声，你可知道？"田地说："知道。"淖齿说："天降血雨，是天警告你。地崩下陷，是地警告你。有人在宫门大哭，是人警告你。天地人都警告你，而你却满不在乎，怎能不杀？"就在鼓里（山东省莒县南），把田地处死。

荀况曰

国家，是天下的一种形势。有治理的本领，则有大的安全、大的荣耀，成为幸福的泉源，享不完荣华富贵。没有治理的本领，则恰恰相反，有大的危险、大的麻烦，拥有政府，还不如根本没有。一旦身陷绝境，以君王之尊，想当一个街头的小市民都不可得，田地、宋偃，就是一个例证。

做一个国家领导人，能够建立礼义，就可以当圣王。能够建立信誉，就可以当霸主。如果只靠权术，那就非灭亡不可。率领全国人民追求礼义，对任何人都没有伤害。做一件犯罪的事，杀一个无辜的人，即令可以得到政权，有爱心的人也不肯去做。而只知道光明磊落的保护国家，心如坚石。对于政治的贡献，在于推荐正直人士。对于诉讼的贡献，在于制定良好的法律。对于君王的贡献，在于策划正确的大计方针。这种情形下，礼义才可以贯彻，成为基础。基础坚固，国家才能安定；国家安定，世界才能和平。用国家的力量推行礼义品质，一天工夫，就可以收到功效，子天乙（汤）、姬发（武）就是一个证明，证明礼义一旦建立，便可以成为圣王。

个人的品德虽然还没有达到高峰，礼义的行为虽然还没有十分完善，然而治理国家，已经得到要领。奖赏刑罚公正无私，已经昭信天下。法律的尊严，臣僚们已经了解。政府颁下的命令，即令有错误的地方，也必定公平执行，绝不欺骗人民。契约盟誓，即令发现对自己不利，也绝不反悔。在这种情形下，战力自会增强，国防自会无懈可击，敌人不可能不产生畏惧。政治一旦清明，盟国必然信赖，即令是偏僻的小国，同样可以得到国际尊重。五位霸主（齐十六任国君桓公姜小白、晋二十四任国君文公姬重耳、秦九任国君穆公嬴任好、楚六任国王庄王芈侣、吴六任国王吴光），就是一个证明。证明信誉一旦建立，就可以当霸主。

率领全国人民追求功利，不理会礼义，不讲究信誉，国内诈欺国民，谋取一点小利，国际诈欺盟友，谋取一点大利。对自己所有的不加珍惜，却向外夺取。于是，官员和国民，不得不怀着诡诈的心理，对付他的上级。于是，在上位的骗在下位的，在下位的骗在上位的，上下互相欺骗，当然离心离德。敌国轻视它，盟国怀疑它。生活中充满了权谋，国家难免危险削弱，终于灭亡。田地、田文（孟尝君，薛国〔山东省枣庄市南薛城区〕国君。田文死，诸子争夺继位，齐、魏两国把它瓜分，参考前二七九年），就是一个证明。

田地治理强大的齐王国（首都临淄），不去建立信义，不去革新政治，不去朝着统一天下的目标前进，却把精力浪费在结党营私，以及跟外国的斗争上。看起来强大无比，向南攻破楚王国（首都郢都），向西使秦王国（首都咸阳）屈服，向北击败燕王国（首都蓟城），中原方面，一举把宋王国（首都睢阳）消灭。可是，等到五国一旦反弹，好像大力士抖落枯树上的枯叶一样，身死国破，造成世界上最悲惨的一次诛杀，使后世谈到暴君时，总拿他作为榜样。不因为别的原因，只因为他治理国家，不用礼义，而用权术。

这三项——礼义、信誉、权术，英明的国家领导人，应该谨慎选择；有爱心的国家领导人，必须分辨清楚。有能力作正确选择的，控制别人，没有能力作正确选择的，被别人控制。

柏杨曰

田地之死，原文记载太过简略，冲淡了事情的严重性，也剥夺了读者获得真相的权利。田地之被淖齿处决，可不是大刀一砍，人头落地，而用的却是一种残忍的酷刑。淖齿把田地悬挂在屋梁之上，活生生的剥皮抽筋。这个颟顸傲慢的老汉，在酷刑之下，哀号两天两夜，才行气绝。我们不了解的是，淖齿跟他相处的时间很短，不可能有血海深仇。即令利害冲突，当场格毙，也就足够，何致下此毒手？不要说对付一个君主，即令对付一个盗匪，用此酷刑，也是一件骇人听闻的暴行。

只有一个解释是合理的，那就是田地的颟顸傲慢态度，超过淖齿所能忍受的上限，才引起残忍杀机——淖齿要看看田地被吊到梁上抽筋时，露出什么模样的面孔？原文记载淖齿数落田地："你可知道？"田地的回答，一律是："知道。"但在《战国策》上，田地的回答，却一律是："不知道。"司马光先生把"不知道"改作"知道"，原因不明，但却削弱了田地的暴戾气焰。当他回答"不知道"时，显然没有料到淖齿会那样对付他，所以一问三不知，看你又奈我何？

恶棍口吻，跃然纸上。

田地之所以被卫国（首府濮阳）驱逐，是他根本没有把卫国国君放到眼里，对卫国高级官员，更当作奴仆，迫使对方切断供应，他就不能不逃。然而他并没有接受教训，当他到达鲁国（首府曲阜）边境时，他要鲁国以天子的礼节侍奉他，鲁国国君必须早晚到厨房察看烹调，站在台阶下面侍候他阁下进餐，等田地吃罢，鲁国国君才能告退，办他自己的事，鲁国终于把他赶走。到邹国（山东省邹城市东南）时，恰恰邹国国君逝世，田地要以天子的身份吊丧，新任国君要背向棺木，站在西面台阶上，向北哀哭。田地却坐在北面祭坛那里，一面接受新任国君的哭，一面举手表示慰问。邹国也终于把他赶走。

身在逃亡途中，国家已破，吉凶未卜，还在端架子、耍派头。后来到了莒城（山东省莒县），莒城可是自己的领土，淖齿又是自己任命的宰相，他展示给淖齿，使淖齿留下强烈印象的嘴脸，一定可观，那正是残忍报复的能源。

3 燕军（首都蓟城）统帅乐毅十分敬重画邑（山东省淄博市东临淄区西）人王蠋的贤能名望，下令燕军不得进入画邑三十华里以内；派人敦请王蠋出任官职，王蠋推辞。燕军将领警告他：“你拒绝邀请，我们就对画邑屠杀。”王蠋说：“忠臣不事二君，烈女不嫁二夫。国破君亡，我不能使它生存。现在又用暴力劫持我，与其不义而生，不如求义而死。”于是，在树上自缢。

4 燕军长驱直入，齐王国（首都莒城）城市，闻风崩溃。乐毅整训部队，严厉禁止抢劫，访求齐王国在野的贤才，给他们官爵，敬以上宾之礼，宽减人民赋税，取消田地时代的暴政，务求宽厚，齐王国人民一片歌颂。乐毅分兵进击：左路军渡过胶水（山东半岛胶莱河），到达东莱（山东半岛东半部）。前路军直达海边（黄海），占领琅邪（山东省青岛市南）。右路军沿着济水（古黄河支流）、黄河，进驻阿邑（山东省东阿县）、鄄城（山东省鄄城县），跟魏王国（首都大梁）部队密切联系。后路军紧靠北海（渤海湾），防守千乘（山东省高青县）。远征军统帅部设临淄（齐首都，山东省淄博市东临淄区），祭祀五霸中首霸的姜小白（齐国〔首府临淄〕十六任国君），跟宰相管仲。街头巷里间的正人贤才，都受到表扬。隆重安葬王蠋。齐王国国民在燕王国得到采邑的有二十余人，被封爵的有一百余人。六个月的时间，占领七十余个城市，一律改为燕王国郡县。

5 秦国王（三任昭襄王）嬴稷、魏国王（三任昭王）魏遬（音sù〔诉〕）、韩国王（三任釐王）韩咎，在周王国首都洛阳（河南省洛阳市白马寺东），举行高阶层会议。

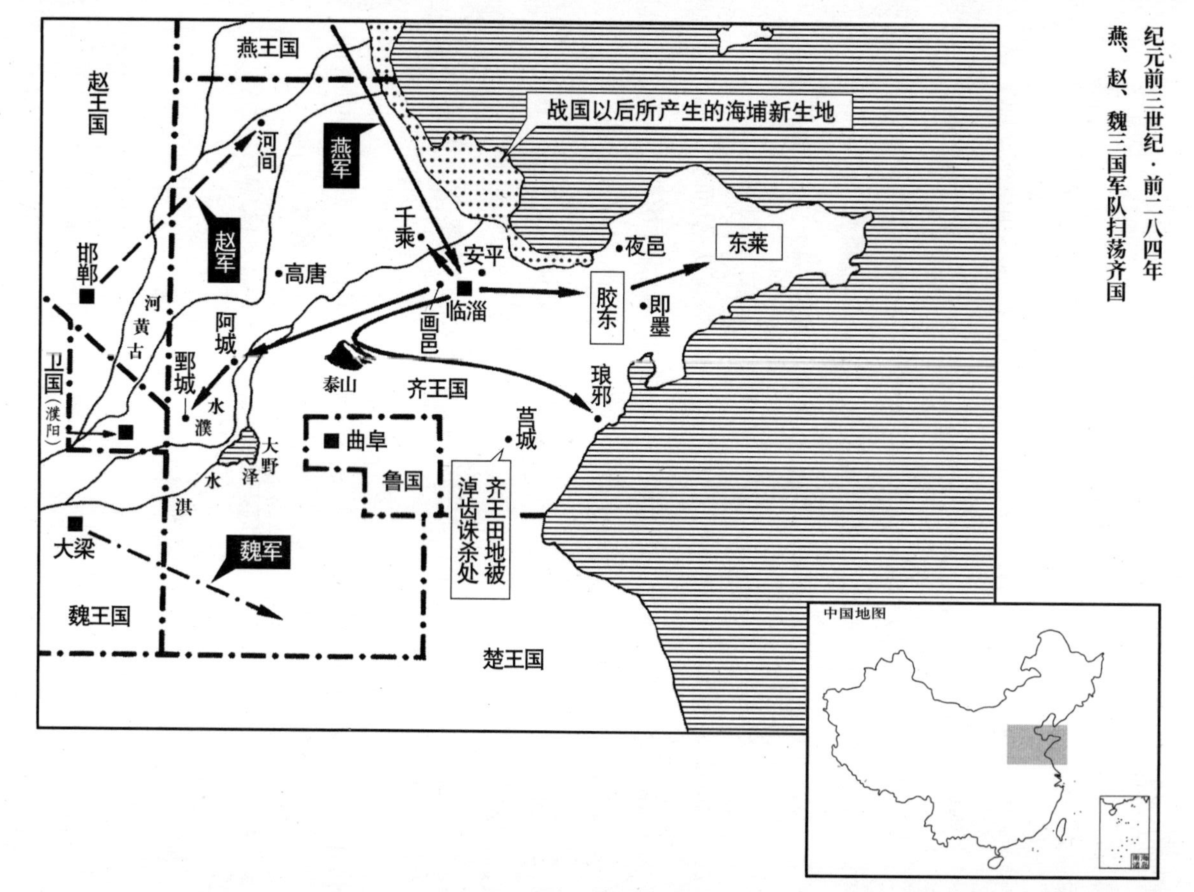

纪元前三世纪·前二八四年
燕、赵、魏三国军队扫荡齐国

纪元前二八三年 戊寅

周赧王	三十二年
鲁湣公	十四年
秦昭襄王	二十四年
楚顷襄王	十六年
齐襄王	元年
魏昭王	十三年
韩釐王	十三年
赵惠文王	十六年
燕昭王	三十年
卫嗣君	四十二年

1 秦王国（首都咸阳〔陕西省咸阳市〕）国王（三任昭襄王）嬴稷，跟赵王国（首都邯郸〔河北省邯郸市〕）国王（二任惠文王）赵何，在穰城（河南省邓州市）举行高阶层会议。

2 秦军（首都咸阳）攻击魏王国（首都大梁），陷安城（河南省原阳县西），直抵大梁（魏首都，河南省开封市），始行撤退（两国国王，去年还握手言欢，本年即行攻击，大军且抵达首都城下，秦军已横行无阻，各国尚在互斗）。

3 齐王国（首都莒城〔山东省莒县〕）国王（三任湣王）田地被杀时，太子田法章逃亡，改名换姓，投奔故莒国（山东省莒县）国史馆长（太史）名敫（音jiǎo〔皎〕）的家里当仆役。太史敫的女儿发现田法章容貌不凡，认为不是普通难民，因而怜悯他，常常私自送给他衣服饮食，久而久之，发生爱情。

王孙贾是田地的侍从之一，鼓里（山东省莒县南）惨剧（参考去年〔前二八四〕）发生后，潜逃回家，他娘亲说："你早上出去，晚上回来，我倚着大门盼望；你晚上出去，早上还不回来，我站在巷口盼望。你事奉国王，国王忽然不见，而又不知道他在哪里，你还回来干什么？"（王孙贾当然知道田地已死，而他娘却说失踪，可能王孙贾说了谎，免得母亲绝望。）于是，王孙贾到大街之上呼喊说："淖齿扰乱我们国家，杀了我们国王，凡愿意跟我一齐去除掉他的，请脱下衣袖，露出右臂。"立刻就有年轻力壮的青年四百余人集结。王孙贾遂发动突袭，杀死淖齿（此事又使人困惑，淖齿率楚军救齐，武装部队必定不少，王孙贾以四百人乌合之众，如何能直入统帅部？即令主帅被杀，正规军组织森严，还有副帅在，又如何不反击？从淖齿对田地之酷，可知他不过一介莽夫，可能疏于戒备。楚军驻扎城外，怵于民变，不能或不敢还手），到处寻找太子，田法章恐怕是一个圈套，不敢反应。久而久之，发现王孙贾真心真意，才敢表明身份。大家遂请他继承王位（四任），是为襄王。据守莒城（山东省莒县），跟燕王国远征军对抗，并宣告全国："新王已在莒城即位！"

4 赵王国（首都邯郸）国王（二任惠文王）赵何，得到无价之宝和氏璧（纪元前八世纪，楚王国〔首都郢都，湖北省江陵县〕珠宝专家卞和，在深山发现一块石头，确知其中蕴藏璧玉，呈献给酋长芈熊眴〔音shùn，舜〕，芈熊眴认为他诈欺，砍掉他的左脚。一任武王芈熊通即位，再往呈献，仍认为他诈欺，再砍掉他的右脚。等到二任文王芈熊赀〔音zī，资〕即位，卞和怀抱石头，在荆山〔湖北省南漳县西南〕下哭泣。芈熊赀派人问他，他说："我不是为我的双脚悲哀，而是，明明是璧玉，却把它当作石头。明明一片忠心，却硬被认为奸邪，我的悲哀在此。"芈熊赀教专家凿开，果然是块璧玉，因命名"和氏璧"）。秦国王（三任昭襄王）嬴稷企图占有，要求用十五个城市交换。赵何本要拒绝，可是惧怕秦王国强横；打算交换，又惧怕受到欺骗。征求蔺相如的意见，蔺相如说："秦王国用十五个城市交换，大王如果不允许，是我们理屈。我们送出和氏璧，秦王国不给我们十五个城市，是他们理屈。权衡轻重，我建议：我们应该答应，而使秦王国担负理屈的后果。我愿送它前往，假定秦王国不肯割让十五个城市，我保证完整带回。"赵何遂派蔺相如当护玉使节。蔺相如到了秦王国，发现嬴稷根本不打算作这项交易。蔺相如遂用诈术欺骗嬴稷，把和氏璧讨回，派随从秘密藏到身上，从偏僻小径潜回赵王国，却自己留下，听候处置。嬴稷认为他是一个奇才，不但没有杀他，反而礼遇他，让他回国。

赵何嘉勉蔺相如的贡献，任命他当高级国务官（上大夫）。

5 卫国（首府濮阳〔河南省濮阳市〕）国君（四十五任）卫嗣君（名不详）逝世，子卫怀君（名不详）继位（四十六任）。卫嗣君好刺探别人隐私，有位廉洁的县长，一次收拾褥子时，露出破席。第二天，卫嗣君就送给他一条新席，县长大吃一惊，认为他的国君真如神明。卫嗣君又派人在经过关卡时，故意向税务人员行贿，既而召见税务人员，教他把贿赂送还，税务人员吓得魂不附体。卫嗣君宠爱他的小老婆泄姬，信任他的大臣如耳。为了避免自己受蒙蔽，故意尊崇大老婆魏妃，使跟泄姬平衡；并擢升另一位大臣薄疑的官职，使与如耳对抗。卫嗣君解释说："我要他们之间，互相牵制监视。"

荀况曰

卫遬（卫国四十三任国君成侯）以及卫嗣君（四十五任国君），不过是小家子气、聚敛小财的人物，谈不到收揽民心。郑国（首府新郑〔河南省新郑市〕）大臣公孙侨（子产），虽然可以收揽民心，却谈不到治理国家。管仲虽然可以治理国家，却谈不到建立礼义。能够建立礼义的，才能够成为圣王。能够治理国家的，才能够成为霸主。能够收揽民心的，才能够获得安全保障。小家子气、聚敛小财的，只有灭亡一条路。

柏杨曰

卫嗣君不过小聪明多如牛毛，沾沾自喜于他的小动作，认为那一套就是治理国家的正规，三家村的地头蛇而已。但荀况的议论，却一连串抨击公孙侨、管仲，重提他的“圣王”。中国历史悠久，元首成群结队，够“圣王”的，能有几个？儒家学派眼眶里，只伊祁放勋、姚重华、姒文命、子天乙、姬昌、姬发，屈指可数，事实上不过是托古改制、造神运动下的产品。圣王跟耶和华先生一样，是一个根本不存在的形象。但基督教并没有教人去当耶和华，儒家学派却一味瞧不起一切被认为当不了“圣王”的人，拼命教人去当根本不存在的圣王。结果三千年以降，除了上述的六位先生外，再没有别的圣王，政治理念遂成为一堆空话。

纪元前二八二年　己卯

周赧王	三十三年
鲁湣公	十五年
秦昭襄王	二十五年
楚顷襄王	十七年
齐襄王	二年
魏昭王	十四年
韩釐王	十四年
赵惠文王	十七年
燕昭王	三十一年
卫怀君	元年

1 秦王国（首都咸阳〔陕西省咸阳市〕）攻击赵王国（首都邯郸〔河北省邯郸市〕），占领两个城市。

纪元前二八一年 庚辰

周赧王	三十四年
鲁湣公	十六年
秦昭襄王	二十六年
楚顷襄王	十八年
齐襄王	三年
魏昭王	十五年
韩釐王	十五年
赵惠文王	十八年
燕昭王	三十二年
卫怀君	二年

1 秦王国（首都咸阳〔陕西省咸阳市〕）攻击赵王国（首都邯郸〔河北省邯郸市〕），占领石城（河北省石家庄市西南）。

2 秦王国（首都咸阳）任命魏冉再当宰相（丞相）。

3 楚王国（首都郢都〔湖北省江陵县〕）跟齐王国（首都莒城〔山东省莒县〕）、韩王国（首都新郑〔河南省新郑市〕），准备联合攻击秦王国（首都咸阳），并顺道把古老的周王国（首都洛阳〔河南省洛阳市白马寺东〕）消灭。周国王（四十三任赧王）姬延，听到密谋，大起恐慌，特派东周（首府巩县〔河南省巩义市〕）武公（名不详）去晋见楚王国宰相（令尹）昭子，说："你们最好不要打周王国的主意，因为周王国不可征服。"昭子说："谁说我们打周王国的主意？绝对没这回事。可是，仍请你告诉我，周王国为什么不可征服？”东周武公说：“周王国现在只有一星点的地方，全部面积，不过一百华里，可是在名义上却是天子——天下的共主。吞并那一星点土地，国土并没有增加，得到那一星点土地上的人民，也不能增强你们的兵力，但听起来却是‘弑君’的勾当。既然如此，仍有人流口水的原因，目的只在想那里的传国之宝的九鼎而已。你可知道，虎肉腥臊，并不好吃，更有锋利的爪牙保护，人们还攻击它。假使草原上的梅花鹿，披上老虎皮，恐怕会有万倍的人，疯狂而上。道理很简单，割裂楚王国领土，可以增加版图。挫折楚王国的形象，可以表示尊敬天子。你们打算消灭天下的共主，独占三代（夏、商、周）留传下来的宝器，恐怕外国大军会跟在宝器之后，迅速南下。”楚王国遂中止行动。

纪元前三世纪

二〇年代

前二八〇—前二七一年

战国时代

- 赵秦渑池之会。
- 田单火牛阵破燕复国。
- 秦攻陷楚王国首都

- 罗马跟迦太基结盟，伊庇鲁士国王皮洛斯大败，逃回希腊。罗马把“大希腊”全部吞并，统一意大利半岛。迦太基取得西西里岛西半部。
- 印度孔雀王朝宾都沙亚王逝世，子阿输加嗣位，即闻名中国的阿育王。

纪元前二八〇年 辛巳

周赧王	三十五年
鲁湣公	十七年
秦昭襄王	二十七年
楚顷襄王	十九年
齐襄王	四年
魏昭王	十六年
韩釐王	十六年
赵惠文王	十九年
燕昭王	三十三年
卫怀君	三年

1 秦王国（首都咸阳〔陕西省咸阳市〕）大将白起，击败赵王国（首都邯郸〔河北省邯郸市〕）野战军，杀二万人，攻陷代邑（河北省蔚县）、光狼城（山西省高平市西）。又派大将司马错，征召陇西（陇山以西）地区民兵及驻军，在蜀国（首府成都〔四川省成都市〕）协助向导下，攻击楚王国黔中郡（湖南省沅陵县），完全占领（黔中郡约包括今湖南省西部及贵州省北部）。楚王国震动，献出汉水以北地区，及上庸（湖北省竹溪县）土地。

秦王国（首都咸阳）于纪元前二八〇年向楚王国（首都郢都）发动的迂回攻击，是空前冒险的军事行动。秦王国首都咸阳（陕西省咸阳市）到陇西（陇山以西），航空距离三百公里，从陇西到蜀国（首府四川省成都市）航空距离五百五十公里。自蜀国到黔中郡（湖南省沅陵县），航空距离六百五十公里。当中横亘着千万穷山恶水，包括岷山山脉、摩天岭山脉、长江，和“地无三里平”的云贵高原，以及像章鱼一样狰狞的武陵山脉。纪元前三世纪时，沿途还是一片蛮荒，烟瘴虫蛇，鸟道险苦。司马错的伟绩，跟汉尼拔进击罗马帝国，先后辉映，都是直捣敌国后门。

秦军此次出击，战争升高到另一种形态。使六国同时面对随时都会覆灭的厄运。然而，六国互斗不但不息，反而更烈。只不过为了贪图眼前的一点小便宜，使战斗力完全消耗。最后秦王国轻轻一击，大家一齐粉碎。

纪元前二七九年——壬午

周赧王	三十六年
鲁湣公	十八年
秦昭襄王	二十八年
楚顷襄王	二十年
齐襄王	五年
魏昭王	十七年
韩釐王	十七年
赵惠文王	二十年
燕昭王	三十四年
卫怀君	四年

1 秦王国（首都咸阳〔陕西省咸阳市〕）大将白起，攻击楚王国（首都郢都〔湖北省江陵县〕），占领鄢城（湖北省宜城市南）、邓城（湖北省襄阳市）、西陵（湖北省宜昌市北。楚王国无论如何委曲求全，割地复割地，仍不能避免军事攻击）。

2 秦国王（三任昭襄王）嬴稷派使节告诉赵国王（二任惠文王）赵何，愿结盟好，要求在河外（黄河以南——针对黄河以北“河内”而言）渑池

(河南省渑池县。渑，音miǎn〔免〕）会面。赵何打算拒绝，廉颇、蔺相如不赞成，说："大王不去，显示我们赵王国胆怯。"赵何只好前往，蔺相如随从。廉颇送到边境，跟赵何诀别说："大王前去，计算途中行程，跟高阶层会议时间，往返不会超过三十天。三十天还不回来，我们就拥护太子继位，以断绝秦王国的要挟。"赵何允许。

两国国王会谈后，嬴稷跟赵何对饮，将醉未醉，嬴稷请赵何弹瑟（乐器，有二十五弦），赵何不敢拒绝，只好弹瑟一曲。蔺相如迅速反应，立刻要求嬴稷敲缶（缶，音fǒu〔否〕，大肚子小口，状如花瓶的乐器），嬴稷拒绝，认为有损尊严，蔺相如严肃说："五步之内，我脖子的血可要溅到大王身上。"侍卫正要拔刀相救，蔺相如怒目大喝，侍卫唯恐伤及嬴稷，不敢再动。嬴稷一肚子不高兴，勉强敲了一下，不欢而散。嬴稷始终无法占得上风，赵王国（首都邯郸）方面也严密戒备，秦王国（首都咸阳）不敢再无理取闹。

赵何回国，擢升蔺相如当首席国务官（上卿），位在大将廉颇之上。廉颇妒火中烧，喊叫说："我是赵王国（首都邯郸）大将，攻城掠地，功在国家。蔺相如出身贫贱，只靠一片舌头，却坐在我前面，这算什么话，怎能甘心？"扬言说："等我们碰了头，一定要他好看。"蔺相如想尽办法不跟廉颇碰头，每逢朝见或御前会议，总是称病，避免跟廉颇发生上位下位的争执。路上偶尔相遇，远远望见，就早早绕道。随从们（舍人）深以为耻。蔺相如说："你们评估，廉将军比嬴稷如何？"随从们说："当然比不上嬴稷。"蔺相如说："以嬴稷的威风，我都敢当众吆喝他，羞辱他的部属。我虽然差劲，难道反而害怕廉将军？只是因为秦王国（首都咸阳）所以不敢大规模攻击赵王国（首都邯郸）的原因，不过为了有我跟廉将军二人在。两虎相斗，不能同时都还活着。我所以躲避，不过把国家大事放在第一位，把私人恩怨放在第二位。”廉颇听到这番话，顿然惊悟，脱下上衣，露出脊背，背着荆条（荆条，刑罚用的藤条），到蔺相如门前请求宽恕，二人遂成为刎颈之交（情谊深切，愿为对方断喉而死）。

蔺相如和廉颇，为世人留下英雄人物的行事典型。换一个瘪三角色，宁愿国家受到伤害，也要私斗到底。蔺相如的容忍能力可贵，廉颇的反省能力和弥补过失的能力，更为可贵。两千余年后的今天，人们的敬意，历久弥新。

3 当燕王国（首都蓟城〔北京市〕）远征军攻击安平（山东省淄博市东临淄区东北）时，临淄市场职员（市掾）田单，恰巧正在安平，得到燕军东进消息，指示他的家族用厚铁包裹车辆的轴端。等到安平陷落前夕，大家拼命逃走，车辆拥挤，轴端互相碰撞，都告断裂，车辆翻覆，大家都被燕军追兵俘虏。只有田单家族，因轴端有厚铁保护，终于逃出，逃到即墨（山东省平度市）。之后，全国都被燕军占领，只剩下即墨和莒城（山东省莒县），仍在固守。燕军统帅乐毅把他的军队重新编组，命右路军和前路军包围莒城、左路军和后路军包围即墨。即墨城主（大夫）出战阵亡。即墨住民说：“安平攻防战时，田单家族用厚铁罩住轴端，得以安全脱险，是一位智慧的军事家。”遂推举他继任城主，抵抗燕军。

乐毅包围两个城池，一年多不能攻破，于是下令解围，在距城九里地带筑营，下令说：“城里居民出城的，不准侵犯。生活困难的，一律赈济。使人们仍经营他们的旧业，并安抚逃亡来投的难民。”又是三年，仍不能攻破。于是燕王国（首都蓟城）国内，谗言渐起。一个鲨鱼分子向燕国王（四任昭王）姬平打小报告说：“乐毅智谋过人，攻击强大的齐王国（首都莒城），呼吸之间，连克七十余座城市。现在，只剩下两座孤城，却劳师动众，毫无办法。并不是他没有能力夺取，而是，他三年来根本没有进攻。只不过为了要靠着我们燕王国的军威，使齐王国国民心服口服，拥护他当国王罢啦。如今，齐王国国民已经从内心屈服，乐毅所以还没发动的缘故，不过顾虑他在燕王国的妻子儿女而已。可是，齐王国美女可多得很，不久他就会把在燕王国的妻子儿女忘光。大王，请你考虑因应之道。”

姬平于是举行盛大宴会，把打小报告的鲨鱼分子叫来，责备他说：“先王（姬哙）把国家推让给贤能，并不企图把土地留给子孙。不料他所让位的人（子之）品德不够，不能承受这项重托，贵族和国民也不接受这种安排。齐王国（首都临淄）横暴，遂趁我们的危机，谋害先王（姬哙）。我继位之后，痛恨齐王国入骨，在内礼遇各位大臣，对外邀请贤能，目的只在报仇雪恨。只要能够成功，我还打算跟他共同管理燕王国（首都蓟城）。而今乐先生亲自冒险犯难，为我们大破强大的齐王国（首都临淄），铲平他们祖先的庙宇，报复先王（姬哙）被杀的怨恨。齐王国原本就是乐先生的，并非燕王国的疆土。乐先生如果能主持齐王国，跟燕王国和平共存，永结友好，共同抵抗其他国家的侵略，应是燕王国的福分，也是我自己的愿望，你怎么敢在中间挑拨？”当场斩首。随即把王后的衣服送给乐毅的妻子，王子的衣服送给乐毅的儿子，用一百辆战车保护，派宰相亲自送母子们到齐王国，封乐毅当齐王国国王。乐毅恐惶与感激交集，上书姬平，誓死拒绝。从此，齐王国国民敬佩他的忠义，各国敬畏他的信誉，再没有人出言诽谤。

然而，不久之后，姬平逝世，儿子姬乐资继位（五任），是为惠王。姬乐资在当太子时，就对乐毅不满意。田单得到这项情报，遂用反间手段，在燕王国（首都蓟城）传播一项谣言："田地已经死掉，齐王国仅只剩下两座孤城。乐毅跟新王（姬乐资）早有嫌隙，恐惧受到处分，不敢回国，所以一直借口进攻两个孤城，实际上仍想当齐王国国王。只因齐王国人民还没有全部心服，不得不减缓对即墨（山东省平度市）的攻击。即墨最恐惧的是，如果一旦发动认真的攻击，一定陷落。"（这段反间的话，跟被姬平杀掉的那位鲨鱼分子所讲的一样，没有新奇之处，似乎不能发挥打击力量，但反间内容尚有："老王在，乐毅不忍心叛变。"这才击中要害。）姬乐资本来就不信任乐毅，听到这项敌人散布的消息，决定行动。派大将骑劫，前往接任远征军统帅，征召乐毅返国。乐毅知道姬乐资来意不善，不敢回燕（首都蓟城），径行投奔赵王国（首都邯郸）。燕军将士既痛恨领袖昏庸，又惋惜统帅狼狈离去，群情不平，军心激愤。

田单开始准备历史上最早、最重要的一次反攻，他教即墨（山东省平度市）居民每顿饭之前，都在庭院中祭祀祖先，残馐掉到地上，引来飞鸟啄食，燕军大为奇怪。田单宣称："神仙一定会派一个人来当我的师傅，指导我如何拯救这个孤城。"一个小兵冒失说："我能不能当神仙派来的那个师傅？"说罢，自己也吓了一跳，扭头就跑。田单站起来，亲自把他捉回，让他坐在面向东方的座位上（古时以右为尊，主人常面向南方而坐。小兵面向东方，正是主人的右侧），用尊敬师傅的礼节敬奉他。那小兵面无人色，求告说："请你原谅，我只是开一句玩笑。"田单说："不要多嘴。"竟真的把他当作师傅，任何决定，都宣称得自"神师"的指示。

于是，骑劫得到情报："即墨（山东省平度市）人最恐惧的，是燕军把投降过去或被俘虏过去的齐王国人，割掉鼻子，排列城下示众，那将使即墨人丧胆。”骑劫立即照办，即墨人看见投降或被俘虏的同胞受到这种酷刑，更决心守城，唯恐落到燕军之手。骑劫接着又得到情报：“即墨人日夜担心的，是他们城外祖先的坟墓，会被挖掘。如果那样，魂灵无依，做子孙的一定屈膝。”骑劫再立即照办，并焚烧尸体。即墨人在城上遥望，痛哭流涕，悲愤交集，战志激昂，要求出战。田单亲自挖土筑城，与士卒同甘共苦。妻子跟家里妇女，全都编列在民兵之内，拿出全部家产，犒赏战士。把精锐全部隐藏，而使老弱残兵和妇女据守城墙，表示力量已竭。

最后，田单派使节向燕王国（首都蓟城）远征军统帅骑劫，呈递降表。燕军大为兴奋，高呼万岁。田单搜刮民间黄金，共得二万四千两，教即墨（山东省平度市）一位富豪，秘密送给燕军将领，请托说：“我们投降在即，请求保护我家生命财产。”燕军将领大喜过望，满口答应。胜利既然在握，戒备也就松懈。田单收集城里所有的牛，有一千余头，披上土黄色绸缎，画上五彩花纹，牛角绑扎钢刀，牛尾绑扎苇草，苇草经过油浸，然后燃烧。事先早在城墙上秘密凿出数十个洞口，当攻击开始时，正逢夜半，纵牛出洞，战士五千人紧跟牛后（像步兵紧跟在坦克车之后一样）。牛尾燃烧，痛不可当，同时狂奔，一直冲向燕军营垒。燕军梦中惊醒，发现满身花纹的怪物成群结队，践踏触杀，势不可当。即墨城中老弱妇女，齐击铜器战鼓，声震天地。燕军心胆俱裂，霎时崩溃，四散逃命，大混战中，骑劫被杀。即墨军乘胜追击，所经过的城市，纷纷起义，驱逐燕王国占领军，复回祖国。田单部队像滚雪球一样，迅速膨胀，节节进击，燕军既无统帅，又无援兵，更身在异国，唯一的盼望是能够逃回本国。齐王国陷落六年之久的七十余座城市，全部收复。

田单大军迎接田法章还都临淄（山东省淄博市东临淄区）。田法章封田单当安平君。

田法章封太史敫（音jiǎo〔皎〕）的女儿当王后，生下儿子田建。太史敫气得发抖说："女孩子不经过媒人撮合，就自己做主嫁人，这不是我们家的种，污辱了家门。"终身不见女儿，但女儿并不因为老爹拒不见面而放弃女儿对老爹的礼敬。

柏杨曰

因为酱在个人崇拜的思想里，政治的操作，不靠对国家的尽责，而靠对个人的驯服。偏偏对个人的驯服，可靠度最低，所以每个君王都充满猜忌。姬平的胸襟和智慧，使人动容，可惜最多见的，却是姬乐资之辈。以乐毅之忠，都不能摆脱鲨鱼群的狂噬。普通人一旦陷入鲨鱼之口，只有被撕成碎片的份。于是，效忠和背叛往往相通，田忌起兵反击，乐毅"畏罪逃亡"，使国家的精英，尽丧于一味要求对个人效忠的政治头目之手。

乐毅是最幸运的，他没有死于刑场，而骑劫的溃败，证实乐毅三年不对即墨（山东省平度市）采取猛攻的策略正确。问题是，假如骑劫不是一头猪，而是一条龙，竟然夺取了即墨，甚至更进一步夺取了莒城（山东省莒县），乐毅恐怕无法为他的缓攻辩解。他之不敢回燕王国（首都蓟城），而径行逃往赵王国（首都邯郸），可能由于这个原因。骑劫惨败，使乐毅更增光彩。陷害他的人，反而成全他。人生命运，有时如此。

4 赵王国（首都邯郸）把乐毅封到观津（河北省武邑县），给他最高的尊敬和荣耀，使齐王国（首都临淄）和燕王国（首都蓟城）同时震惊。姬乐资大为恐慌（害怕齐、赵借重乐毅，对燕反击），派人晋见乐毅，一面表示歉意，一面也责备他：“将军误听了挑拨离间的话（世界上多的是这种倒打一耙），认为跟我意见不合，因而舍弃燕王国，前往赵王国。你为自己打算，当然已达到目的，但你怎么对得起先王（姬平）待你的原意？”乐毅回信说：“从前，吴光（吴王国六任王）信任伍子胥，吴王国势力抵达郢都（楚首都，湖北省江陵县）。继任的吴夫差（吴王国七任王）可不一样，把伍子胥装到麻袋（“麻袋”原文是“鸱夷”，有人译作“皮囊”。因近代的官式谋杀，都用麻袋，姑且用它）里，投入长江。吴夫差不能了解：事前的警告，就是耿耿忠心，所以下此毒手，一点也不后悔。伍子胥不能早日看出：不同的领袖有不同的器宇，以致身被投入长江，而冤魂不散。我以为：躲开死亡而仍能显示先王（姬平）的伟大勋业，是我第一盼望。身受侮辱诽谤，使先王（姬平）知人之明的英名破损，是我最恐惧的事。如果更进一步，甘冒不测的大罪，跟敌人勾结，道义上，我绝不会这样做。我听说过，古代君子，绝交不出恶声。忠臣义士，离开祖国，不为自己辩护而使祖国受到伤害。我虽然没有学识，但我常常向君子学习，敬请君王垂鉴。”姬乐资这才放心，封乐毅的儿子乐间继承昌国君爵位。乐毅也跟姬乐资重建友谊，常去燕王国拜访。最后，在赵王国逝世，号望诸君。

5 齐王国（首都临淄）宰相田单，经过淄水（小清河支流淄河，流经山东省淄博市东临淄区东），看见一位老汉涉水而过，天气正冷，上岸后几乎冻僵，不能行走，田单就把自己的皮袍解下来给他。齐国王（四任襄王）田法章听了，大为反感，自言自语说：“田单做这事的目的何在？明明收买人心嘛，目的岂不是夺取王座？不早下手，恐怕有变。”（这是一项传统模式，任何一个人，胆敢为人民做一点福利的事，或说一句公道的话，受人民的尊敬和爱戴，都会被一口咬定：“收买民心”“哗众取宠”“吃里扒外”，或者“二居心”：“是何居心？”“别有居心！”）这时宫廷中别无他人，想不到屋檐底下却有一位给珍珠穿线的工匠。田法章叫他过来，问说：“你听到我说的话没有？”工匠说：“听到了。”田法章说：“你的意见如何？”工匠说：“杀人不是办法，大王最好顺水推舟，把田单的善行，变成你的善行，下令对田单表示嘉许说：‘我担心人民饥饿，田单供给他们粮食。我担心人民寒冷，田单把皮袍都送给老汉。我不忘人民疾苦，田单也不忘人民疾苦，我高兴田单了解我的意思。’田单有善行而你褒奖他，就可以把田单的善行转化成你的善行。”田法章大喜，赏赐田单丰富酒筵。过了几天，工匠又向田法章建议：“等到朝会时，你最好把田单召到跟前，向他行礼致谢，书面慰劳，吩咐他深入民间，为人民解决疾苦。”这样照办之后，田法章派人到街头秘密调查，听到人们互相传话说：“田单对人民这么好，原来是大王（田法章）教他这么做的。”

6 田单推荐貂勃给田法章。田法章有九个宠臣，准备斗垮田单，向田法章说：“燕王国（首都蓟城）攻击我们的时候，楚王国（首都郢都）曾派大将率军一万余人前来支援（指淖齿），不管结果如何，这份情谊仍在。现在国家转危为安，为什么不派遣使节前去道谢？”田法章问“谁比较适合？”九人异口同声：“除了貂勃，不作第二人想。”貂勃到了楚王国，楚国王（二十二任顷襄王）芈横盛大款待，几个月不放他回来。九人鲨鱼群遂乘机警告田法章说：“单独一个人而能控制一万辆战车的国家，主要的是他居于有利的形势。田单跟你之间，关系至为亲密，君臣没有什么不同，上下也没有什么分别。但他却雄心勃勃，对内安抚国民，对外怀柔夷狄，礼聘天下贤能，一定有什么打算，请大王留意。”这话使田法章毛发悚然。第二天，田法章忽然端起国王架子，告诉侍从说：“把宰相田单给我叫来。”田单五雷轰顶，立刻换上罪人的装束：脱帽、赤脚、露背，匍匐而进。告退后，一连五天，向田法章自承犯了死罪。田法章大为满意，回答说：“你并没有罪，不过是你尽你做部属的礼，我摆我当领袖的谱而已。”

不久，貂勃从楚王国（首都郢都）回来，田法章设宴慰劳，酒过三巡，田法章对侍从说：“把宰相田单给我叫来。”貂勃慌忙离开座位，叩头说：“大王，你的贤明，可比得上姬昌（周一任王姬发的老爹文王）？”田法章说：“我不如他。”貂勃说：“我知道你不如他。那么，你的贤明，可比得上姜小白（齐十六任国君桓公）？”田法章说：“我不如他。”貂勃说：“我也知道你不如他。然而，姬昌得到姜子牙，尊称他为太公。姜小白得到管仲，尊称他为仲父。而今你得到田单，却直呼他的名字，从哪里学到这种亡国的小动作？自从开天辟地，有了人类，对国家的丰功伟绩，有谁超过田单的？当燕王国（首都蓟城）大举进攻时，你不能保护国家，逃到城阳山窝里（今山东省东南一带，当时称为城阳）。田单却坚守危如累卵、朝不保夕的即墨（山东省平度市），内城不过三里，外郭不过五里，老弱残兵，不过七千人。结果，斩杀燕军统帅，收复一千华里的齐王国故土，这都是田单的功劳。在那时候，他把你抛到脑后，自立为齐王国国王，天下没有一个人能够阻止。然而，站在国家立场，和个人的礼仪标准，他不肯这样做。反而修桥筑路，到山窝里迎接大王跟王后，你才能重返首都，高居人民之上。如今，国已平定，民已平安，你却直率的叫他的名字！就是小娃儿，也不会这么做。我建议你除掉这九个家伙，作为向田单的谢礼。不然，我们国家，将再度陷于危境。”田法章大悟，把九人鲨鱼群斩首，家族驱出齐王国，把夜邑（山东省莱州市）

万户人家封给田单，扩大他的采邑。

7 田单率军攻击齐王国（首都临淄）境内残存的狄部落（山东省高青县东南），出发时，拜访鲁仲连，鲁仲连说："依我看，你打不垮他们。"田单说："我用即墨的残兵败卒，还击败一万辆战车的燕王国（首都蓟城），收复齐王国国土。小小狄部落，怎抗得住我？"也不告辞，上车就走。想不到，攻打了三个月，毫无进展。齐王国顽童们在街头唱起儿歌——"大帽子像个簸箕／长宝剑支住脸面／狄国打不下／枯骨已堆积如山。"

田单恐惧，再拜访鲁仲连，问他："你说我打不垮狄部落，请告诉我理由。"鲁仲连说："你在即墨时，坐着的时候亲自编织草筐，站着的时候亲自拿着挖土的铁锹，跟士卒同唱军歌：'我们往哪里去？国家就要灭亡。只有拼命，再不能彷徨！'当此之时，你有必死之心，战士无偷活之志，听你的号召，大家流涕奋臂，要求速战，于是大破燕军。可是现在，你东有夜邑（山东省莱州市）的奉养，西有临淄（山东省淄博市东临淄区）宰相尊荣的欢乐，腰缠金带，身骑骏马，驰骋淄水（流经临淄区东）、渑水（发源于临淄区北，西北注入小清河）之上，有生的乐趣，没有死的决心，怎么能建立战功？"田单说："我是有必死决心的，你等着瞧好了。"第二天，振作勇气，绕城指挥攻击，在敌人射箭投石所及的地方，亲擂战鼓。狄部落瓦解。

8 最初，齐王国（首都临淄）国王（三任湣王）田地，在灭了宋王国（首都睢阳〔河南省商丘市〕，参考前二八六年）之后，打算驱逐孟尝君田文，田文看出情势不对，遂逃到魏王国（首都大梁〔河南省开封市〕）。魏国王（三任昭王）魏遬，请他当宰相，跟燕王国（首都蓟城）联盟，共同攻击齐王国。田地被杀后，子田法章继任。田文回到他的封地薛国（山东省枣庄市南薛城区），不隶属任何王国，独立于国际之间。田法章新立，恐惧田文的影响力，跟他和解。不久，田文逝世，儿子们内斗，互相争夺宝座。齐王国（首都临淄）与魏王国（首都大梁）出兵夹击，田文的子孙全部灭绝（恐怕是子孙被两国军队屠杀，未留一人）。

司马迁曰

我曾经去过薛县（山东省枣庄市南薛城区），风俗一如往昔，民间仍多的是桀骜不驯的青年，跟故邹国（山东省邹城市东南）、鲁国（山东省曲阜市）大不相同。追究原因，人们说：“田文曾招徕天下行侠仗义的豪杰。但奸猾之辈，也混杂其中。他们在薛县定居，多达六万余家。”世传田文喜爱宾客，名不虚传。

纪元前二七八年 癸未

周赧王	三十七年
鲁湣公	十九年
秦昭襄王	二十九年
楚顷襄王	二十一年
齐襄王	六年
魏昭王	十八年
韩釐王	十八年
赵惠文王	二十一年
燕惠王	元年
卫怀君	五年

1 秦王国（首都咸阳〔陕西省咸阳市〕）大良造（秦官第五级）白起，攻击楚王国，陷首都郢都（湖北省江陵县），焚烧夷陵（湖北省宜昌市）楚王国皇家坟墓。楚王国野战军主力被摧毁，不能再战，只好把中央政府迁往东北的陈丘（春秋时代的陈国〔河南省周口市淮阳区〕），秦王国在郢都设置南郡，封白起当武安君（楚王国自前二八〇年黔中郡失守，腹背受敌，而今连首都都不保，大势已去，以后不过苟延残喘，坐以待毙）。

纪元前三世纪·前二七八年

秦·白起攻陷郢都，楚王国被迫迁都陈丘

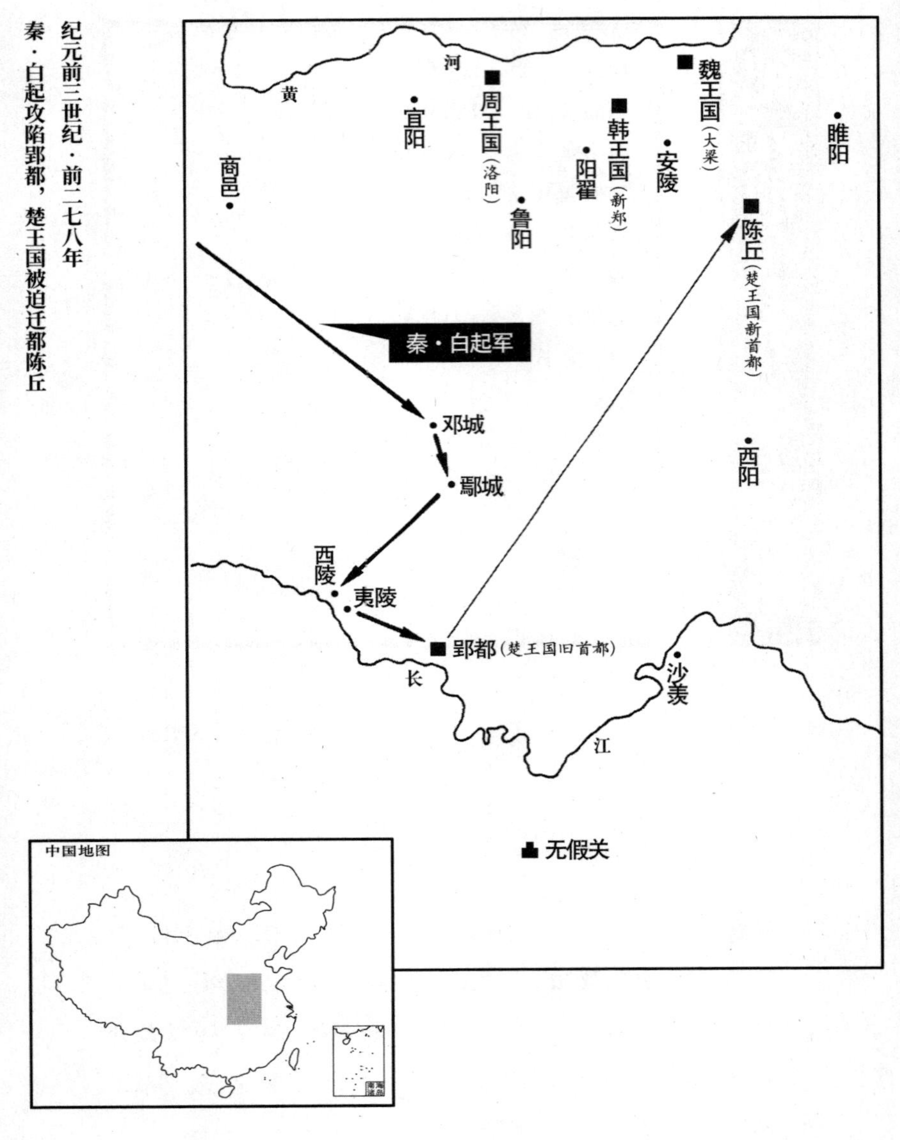

纪元前二七七年 甲申

周赧王	三十八年
鲁湣公	二十年
秦昭襄王	三十年
楚顷襄王	二十二年
齐襄王	七年
魏昭王	十九年
韩釐王	十九年
赵惠文王	二十二年
燕惠王	二年
卫怀君	六年

1 秦王国（首都咸阳〔陕西省咸阳市〕）武安君白起大军扫荡楚王国（首都陈丘〔河南省周口市淮阳区〕）残余力量，完全底定巫郡（重庆市巫山县），在黔中地（湖南省西部及贵州省东部）设置黔中郡（郡政府设湖南省沅陵县）。

2 魏王国（首都大梁〔河北省开封市〕）国王（三任昭王）魏遬逝世，子魏圉（音yǔ〔雨〕）继位（四任），是为安釐王。

纪元前二七六年

乙酉

周赧王	三十九年
鲁湣公	二十一年
秦昭襄王	三十一年
楚顷襄王	二十三年
齐襄王	八年
魏安釐王	元年
韩釐王	二十年
赵惠文王	二十三年
燕惠王	三年
卫怀君	七年

1 秦王国（首都咸阳〔陕西省咸阳市〕）武安君白起攻击魏王国（首都大梁〔河南省开封市〕），夺取两个城市。

2 楚王国（首都陈丘〔河南省周口市淮阳区〕）国王（二十二任顷襄王）芈横，集结东部军队，共十余万人，向西推进，收复长江以南十五座城市（楚王国强时，大军超过百万，现在只剩下十余万，不堪回首）。

3 魏王国（首都大梁）国王（四任安釐王）魏圉，封老弟魏无忌当信陵君。

纪元前二七五年 丙戌

周赧王	四十年
鲁湣公	二十二年
秦昭襄王	三十二年
楚顷襄王	二十四年
齐襄王	九年
魏安釐王	二年
韩釐王	二十一年
赵惠文王	二十四年
燕惠王	四年
卫怀君	八年

1 秦王国（首都咸阳〔陕西省咸阳市〕）宰相（相国）穰侯魏冉，攻击魏王国（首都大梁〔河南省开封市〕）。韩王国（首都新郑〔河南省新郑市〕）派大将暴鸢率军赴援，魏冉迎战，大破韩军，杀四万人，暴鸢逃奔大梁（魏首都，河南省开封市），魏王国割让八个城市求和。魏冉不理，再度攻击，击败魏王国大将芒卯，占领北宅（河南省郑州市北），包围魏王国首都大梁（河南省开封市）；魏王国割让温城（河南省温县西）求和。

纪元前二七四年 丁亥

周赧王	四十一年
鲁湣公	二十三年
秦昭襄王	三十三年
楚顷襄王	二十五年
齐襄王	十年
魏安釐王	三年
韩釐王	二十二年
赵惠文王	二十五年
燕惠王	五年
卫怀君	九年

1 魏王国（首都大梁〔河南省开封市〕）警觉到局势紧急，跟齐王国（首都临淄〔山东省淄博市东临淄区〕）再订南北合纵同盟，重组抗秦阵线。秦王国（首都咸阳〔陕西省咸阳市〕）的反应强烈，魏冉再攻击魏王国，夺取四个城市，杀四万人。

2 鲁国（首府曲阜〔山东省曲阜市〕）国君（三十六任湣公）姬贾逝世，子姬雠继位（三十七任），是为顷公。

纪元前二七三年 戊子

周赧王	四十二年
鲁顷公	元年
秦昭襄王	三十四年
楚顷襄王	二十六年
齐襄王	十一年
魏安釐王	四年
韩釐王	二十三年
赵惠文王	二十六年
燕惠王	六年
卫怀君	十年

1 赵王国（首都邯郸〔河北省邯郸市〕）、魏王国（首都大梁〔河南省开封市〕），联合攻击韩王国（首都新郑〔河南省新郑市〕），包围华阳（河南省新郑市北）。韩王国向秦王国（首都咸阳〔陕西省咸阳市〕）求救，秦王国拒绝。韩王国宰相（名不详）对陈筮说："事情紧急，你虽然有病，还是要勉强你亲自走一趟，好在路程极短，只一个晚上便到。"陈筮到秦王国后，晋见魏冉。魏冉说："局势一定火急，所以连你也亲自出马。"陈筮说："局势并不紧急。"魏冉怒火冲天，说："你们还不紧急？"

陈筮说:“如果真的紧急，韩王国(首都新郑)早就投降了。正因为还没有十分紧急，才再派我来。”魏冉跳起来说:“我们立即发兵。”会同武安君白起、外籍顾问官(客卿)胡阳，率大军赴援，急行军八天，即到战场。就在华阳(河南省新郑市北)大败魏军，击败芒卯，俘虏三员大将，杀十三万人。白起继续攻击赵军统帅贾偃所部，把赵军二万人驱入黄河。

魏王国(首都大梁)大臣段干子请割让南阳(指河南省修武县以西的黄河以北及太行山以南之间，非今河南省南阳市，今河南省南阳市，明年〔前二七二〕，秦王国才设郡)给秦王国(首都咸阳)求和。苏代反对，告诉魏国王(四任安釐王)魏圉说:“想得到官印的是段干子，想得到土地的是秦王国。如果使想得到土地的人控制想得到官印的人，想得到官印的人却控制土地，魏王国的土地就会割让净光。用割让土地的手段讨好秦王国，好像抱着木柴救火，木柴不烧光，火不熄灭！”魏圉说:“你说的对。然而，事已经决定，无法变更。”苏代叹息说:“这就好像玩扑克牌，大家所以都重视‘艾司’(A)，因为形势允许时，他是老大。形势不允许时，他是老幺。大王用头脑，还没有用‘艾司’(A)灵光。”魏圉仍不接受，终于割让南阳求和(原文:“夫博之所以贵枭者，便，则食；不便，则止。今何王之用智，不如用枭也。”赌博工具最具时间性，姑且用“艾司”代替“枭”，不尽相符，但可加强印象)，而集中力量保卫修武(河南省获嘉县)。

苏代的真知灼见，千古犹新，没有人可以反驳。然而，形势比人强，谁愿投降？绳子拴到脖子上，不得不降，谁愿割地？战火烧到首都，不得不割。魏王国(首都大梁)如果拒绝割让南阳(河南省修武县以西)，大梁(河南省开封市)可能会被连根拔除。当有实力做后盾时，苏代的意见是一种当头棒喝，当没有实力做后盾时，任何意气轩昂的陈词，都足以坏事。事到如今，拒绝割让比承诺割让的伤害更大。应该忍耐的时候，必须忍耐，才是负责态度。苏代才华如昔，只国际形势已不如昔。

然而，魏王国（首都大梁）国家领导人的愚蠢，使人捶胸，自己已不堪一击，还先出拳击人，横挑强邻，灾祸都是自找。一场侵略战争，落得灰头土脸，十三万人的生命，作为愚蠢的代价。魏王国能有多少十三万人，经得起如此消耗？

2 韩王国（首都新郑）国王（三任釐王）韩咎逝世，儿子（名不详）继位，是为桓惠王（四任）。

3 韩、魏既然屈服，成为秦王国（首都咸阳）的尾巴国，秦国王（三任昭襄王）嬴稷，准备派白起率韩魏两国军队，攻击楚王国（首都陈丘〔河南省周口市淮阳区〕），还没有出发，楚王国的使节黄歇，恰巧抵达咸阳（陕西省咸阳市），听到消息，了解楚王国新受巨创，如果再承担三国联军的压力，可能亡国。于是向嬴稷呈递一份报告，说："我们都知道，极端的行为，必引起另一个极端的反应。冬夏交替，就是如此。拼命把棋子垒高，一定倒塌。天下之大，从最西到最北，全是秦王国（首都咸阳）的土地。开天辟地以来，闻所未闻、见所未见。先王（楚国王）三世以来，一直利用跟齐王国（首都临淄〔山东省淄博市东临淄区〕）接壤的地理形势，威胁抗秦阵线的主要成员。大王派盛桥当韩王国（首都新郑）的宰相，盛桥促使韩王国割让土地给秦王国，是你不必打仗、不必发怒，就可轻松的得到土地百里，显示大王的卓越能力。后来，大王出动军队，向魏王国（首都大梁）进攻，封锁大梁（河南省开封市），占领河内（河南省黄河以北）、燕邑（河南省延津县东北）、酸枣（河南省延津县）、虚邑（延津县东）、桃邑（河南省长垣市西北）、邢邑（河南省温县东），魏军在附近急得团团转，却不敢救援，显示大王的烜赫武功。过了两年，大王再发动攻击，占领衍城（河南省郑州市北）、蒲邑（河南省长垣市）、首垣（长垣市东北），进逼平丘（河南省封丘县东）、仁邑（今地不详）、黄邑（河南省开封市东）、济阳（河南省兰考县东北），魏王国终于屈膝。大王接着占领濮水（古济水之分流，济水于河南省封丘县西分为南北二流，南流称济水或泲水，北流称濮水，濮水由封丘县流向东北，于山东省济南市长清区西再注入济水）、磨邑（今地不详）的北部，切断楚王国（首都陈丘）跟赵王国（首都邯郸）联络的脊椎，直指齐王国的腰部。国际间缔结过五次合纵同盟，举行过六次高阶层巨头会议，都无法挽救。证明大王的威力，举世无双。如果能持盈保泰，稍微克制，推行仁义，不但可以没有后患，而且，你可能使‘三王’凑成‘四王’，‘五霸’合成‘六霸’（三王：夏王朝一任帝姒文命、商王朝一任帝子天乙、周王朝一任王姬发，都是儒家系统肯定的最好君王，认为以后的君王，没有一个比得上他们。五霸：齐国姜小白、晋国姬重耳、秦国嬴任好、楚王国芈侣、吴王国吴光）。假如大王仗恃兵多将广、武器锋利，乘着摧毁魏王国（首都大梁）野战军的声威，打算武力统一世界，使各国国王都向你臣服，恐怕麻烦就大了。《诗经》说：‘任何事情没有好的开头，便很少有好的结果。’《易经》说：‘狐狸过河，越走河水越深，终于连尾巴都湿掉。’指出开始时很容易，收拾摊子却十分困难。从前，吴夫差信任越王国，才出兵攻击齐王国（首都临淄），而且在艾陵（山东省济南市莱芜区东北）战胜，等到班师，却被越国王姒勾践在三江边上击败（三江：松江、娄江、东江。都在江苏省苏州市西）。智瑶信任韩、魏家族，联合攻击赵姓家族，包围晋阳（山西省太原市），胜利在望之际，韩、魏两家忽然背叛，在凿台之下，把智瑶斩首（参考前四〇三年）。而今，大王气愤楚王国（首都陈丘）竟没有灭亡，而忘了楚王国如果灭亡，韩、魏会跟着强大，我不以为大王没有考虑到此。事实上，楚王国是你的朋友，韩、魏那些邻国，才是你的敌人。你现在相信韩、魏对你已诚心归附，这正是吴夫差相信越王国的模式。怕的是，韩、魏故意巴结你、奉承你，表面上不过为了免除眼前灾难，实际上却在进行他们的阴谋。原因至为明显，大王对于韩、魏，并没有累积的恩德，却有无限的怨恨。韩、魏国内，父子兄弟祖孙，死在秦军刀锋之下的，有十代之多。韩、魏不亡，永远是秦王国（首都咸阳）的定时灾难。大王却重新武装他们，教他们攻击楚王国，难道不是一项错误？而且，从哪条路进攻？是不是向仇敌韩、魏借路？恐怕自从大军出动那一天起，你就要担心他们一去不返。假如不肯向你的仇敌借路，秦军只好进攻随水（河南省邓州市西）西岸，那一带是不毛之地，悬崖绝壁，寸步难行。是大王空有侵略楚王国的恶名，却没有获取土地的实惠。而且，大王攻击行动一旦开始，四国（韩、魏、齐、楚）势将全国动员，秦楚两国缠斗不懈，魏王国势将动手夺取留城（江苏省沛县东南二十五公里）、方与（山东省鱼台县）、铚城（安徽省宿州市西南。铚，音zhì〔至〕）、湖陵（山东省鱼台县东南）、砀邑（河南省夏邑县。砀，音dàng〔荡〕）、萧邑（安徽省萧县）、相邑（安徽省淮北市），于是原属宋王国的版图，全部吞并。齐王国也会抓住机会，向楚王国奇袭，则泗水流域一定被吞。这些都是肥沃的平原，一旦归入魏齐，所有国家，都强不过他们了。站在大王的立场，我建议最好把楚王国当成朋友。秦王国如果跟楚王国结盟，共同面对韩王国，韩王国会屈服到底。我们再控制东山（崤山）的关卡，用黄河沿岸渔业的和农业的利益，作为诱饵，韩王国势必降格作为秦王国管辖下的一个藩属。假如大王派出十万精兵，进屯新郑（韩首都，河南省新郑市），魏王国心战胆寒，全国将陷于混乱，许邑（河南省许昌市东）、鄢陵（河南省鄢陵县），都要紧闭城门；上蔡（河南省上蔡县）和召陵（河南省漯河市郾城区东），都被隔断。此时，魏王国也将降格作为秦王国管辖下的一个藩属。大王一旦把楚王国当成朋友，就可以把两个拥有一万辆战车的王国，收作自己的藩属。然后把注意力投向齐王国，则齐王国西疆也可轻易到手。大王的国土，东从东海，西到西海（青海湖），号令天下，那时候，燕王国、赵王国得不到齐王国、楚王国的援助；齐王国、楚王国也得不到燕王国的援助。秦王国再对燕赵稍加威胁，对齐楚再施一点压力。这四个国家，不必流血，就可降伏。”

嬴稷马上命白起停止开拔，向韩王国和魏王国致谢。送黄歇回国，跟楚王国缔结盟约。

战国时代末期，各国成了一群羔羊，面对着巨狼秦王国张大的血口，每天颤抖，君王和官员们从没有人想到改革内政、培养战力。只想到能过一天舒服日子，就过一天舒服日子。他们借着互相出卖的卑鄙行为，利用国际关系的矛盾，尽量拖延自己被吞食的时间，典型的“等我死了再天塌地陷”世界末日思想，连上帝都无法拯救。

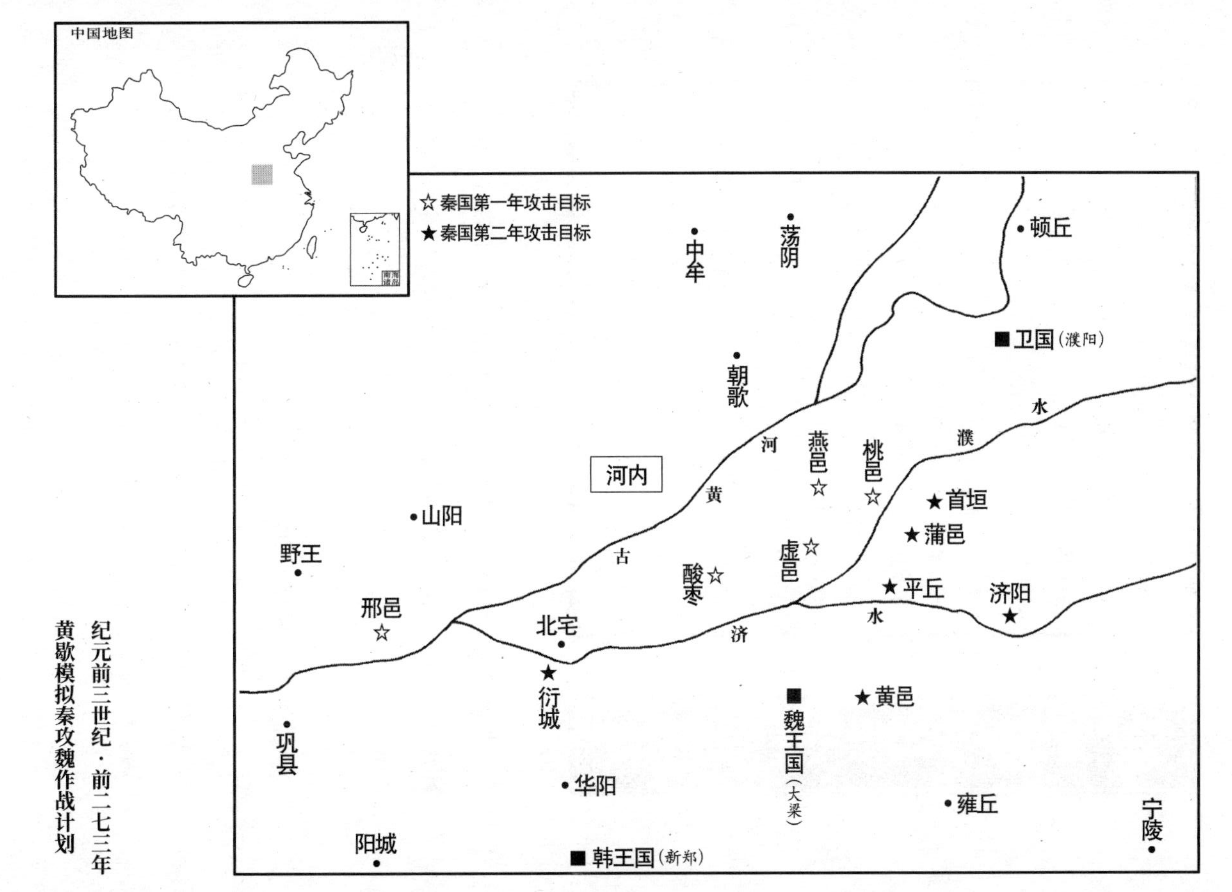

纪元前三世纪·前二七三年
黄歇模拟秦攻魏作战计划

纪元前二七二年 己丑

周赧王	四十三年
鲁顷公	二年
秦昭襄王	三十五年
楚顷襄王	二十七年
齐襄王	十二年
魏安釐王	五年
韩桓惠王	元年
赵惠文王	二十七年
燕惠王	七年
卫怀君	十一年

1 楚王国（首都陈丘〔河南省周口市淮阳区〕）任命国务咨议官（左徒）黄歇，当太子芈完的侍从，同到秦王国（首都咸阳〔陕西省咸阳市〕）充当人质。

2 秦王国（首都咸阳）在宛城（河南省南阳市）设置南阳郡。

3 秦王国（首都咸阳）、魏王国（首都大梁〔河南省开封市〕）、楚王国（首都陈丘），联合共同攻击燕王国（首都蓟城〔北京市〕）。

4 燕王国（首都蓟城）国王（五任惠王）姬乐资逝世，子武成王（名不详）继位（六任）。

纪元前二七一年 庚寅

周赧王	四十四年
鲁顷公	三年
秦昭襄王	三十六年
楚顷襄王	二十八年
齐襄王	十三年
魏安釐王	六年
韩桓惠王	二年
赵惠文王	二十八年
燕武成王	元年
卫怀君	十二年

1 赵王国（首都邯郸〔河北省邯郸市〕）首席国务官（上卿）蔺相如率军攻击齐王国（首都临淄〔山东省淄博市东临淄区〕），抵达平邑（河南省南乐县）。

2 赵王国（首都邯郸）农业部（田部）职员（吏）赵奢，征收租税，平原君赵胜家拒绝缴纳，赵奢依照法律规定，诛杀赵胜家管事的九人。赵胜怒不可遏，要反过来诛杀赵奢。赵奢说："你是赵王国尊贵的贵族，如果任凭你家逃税玩法，法律的力量必然削弱。法律的力量削弱，则国家的力量跟着削弱。国家的力量削弱，则各国大军压境，到那时候，赵王国就没有了，你有什么富贵？以你崇高的地位，如果奉公守法，上下才能一片祥和；上下一片祥和，国家才能强大；国家强大，政权才能稳固。你身为国王的弟弟，难道有人敢轻视你？”赵胜大为惭愧，认为赵奢是一位了不起的奇才，向国王（二任惠文王）赵何推荐，赵何任命赵奢负责管理全国赋税，建立公正常规。赵王国人民开始富足，国库也跟着充实。

赵奢指出：“法律力量削弱，国家力量也跟着削弱。”这话说于纪元前三世纪。想不到纪元后二十世纪，还有些当权人士，咬定法律并不重要，官僚和政府的面子才重要，不惜于破坏法律，去维护面子。

赵奢固是奇才，既有见识又有胆量。但赵胜的反应，更使人起敬，他不但没有暴怒不息，反而使冒犯他的人升迁。不要以为高位的人都头脑清晰，会向理性低头。事实上，高位的人往往昏庸得可观。换了另外一人，赵王国（首都邯郸）亡了没有关系，我的财富要紧；何况我不缴那几个钱，赵王国并亡不了！

战国时代

- 阏与之战。
- 范雎制定“远交近攻”政策。
- 赵长安君入齐当人质。
- 韩失上党郡。

- 西西里岛叙拉古王国发兵进击海盗，迦太基助叙拉古，罗马助海盗，与迦太基直接冲突，战争持续二十四年，是谓“第一次布匿战争”。
- 罗马共和国铸造银币，世界使用银币自此始。
- 印度孔雀王朝阿育王皈依佛教，颁布“岩石诏书”“柱竿诏书”。

纪元前二七〇年 辛卯

周赧王	四十五年
鲁顷公	四年
秦昭襄王	三十七年
楚顷襄王	二十九年
齐襄王	十四年
魏安釐王	七年
韩桓惠王	三年
赵惠文王	二十九年
燕武成王	二年
卫怀君	十二年

1 秦王国（首都咸阳〔陕西省咸阳市〕）进攻赵王国（首都邯郸〔河北省邯郸市〕），大军包围阏与（山西省和顺县。阏，音yù〔玉〕），赵国王（二任惠文王）赵何向廉颇、乐乘询问："我们派出援军的话，还有没有救？"二人回答："距离既遥远，道路又险恶，恐怕已来不及。"赵何再问赵奢，赵奢说："道既远而路又险，两军决战，好像两只在狭小的洞穴中碰了头的老鼠，勇敢的一方可获胜。"赵何命赵奢率军赴援。

赵奢领军出发，在距邯郸（赵首都，河北省邯郸市）三十华里的地方扎营，下令说："有敢向我谈及军事的，一律斩首。"此时，秦军前锋抵达武安（河北省武安市）城西，扎营列阵，战鼓如雷，武安城里屋瓦都被震动，人心恐惧。一位军官建议应先救武安，赵奢立即把他处决。坚守营垒二十八天之久，寸步不行，而且修筑永久性防御工事。秦军间谍悄悄进入赵军营地，赵奢假装不知道，反而亲切的款待他。间谍回报，秦军统帅庆祝说："离开首都三十华里就不再前进，反而拼命修筑防御工事，阏与不再是赵王国的了。"

赵奢放走秦军间谍后，下令强力行军，一日一夜抵达战场（邯郸、阏与〔山西省和顺县〕航空距离一百二十公里），距阏与五十华里（二十五公里）扎营，急筑堡垒，刚刚完成，秦军得到消息，倾全部兵力，直扑赵军阵地。赵军有位士官（军士）许历，请求准允他就军事行动，提出意见。赵奢同意，许历说："秦军万万想不到赵军会赶到阏与，既惊又愤，第一波必是中央突破，锐不可当。我们如果不能加强纵深配备，一定会被冲破一个缺口，就全军瓦解。"赵奢说："我接受你的指教。"许历说："依照军法，我应被处死。"赵奢说："那要等候邯郸的指令。"许历再提醒他的统帅："谁先控制北山，谁胜，谁控制不住北山，谁败。"赵奢立刻派出一万人精锐部队，占领北山要隘。秦军此时已经到达，先攻北山，无法前进一步，赵奢发动最猛烈的反攻，秦军大败，狼狈撤退，阏与解围。

赵何封赵奢当马服君，官位跟廉颇、蔺相如相等，任命许历当保安官（国尉）。

2 秦王国（首都咸阳）宰相魏冉，推荐外籍顾问官（客卿）灶（姓不详）给秦国王（三任昭襄王）嬴稷，命他率军攻击齐王国（首都临淄〔山东省淄博市东临淄区〕），占领刚邑（山东省宁阳县）、寿邑（山东省东平县），用来增加自己的封地陶邑（山西省永济市北。刚邑、寿邑和陶邑之间航空距离六百公里，占领刚邑、寿邑，不可能使封地扩张。有人认为陶邑指古代陶丘〔今山东省菏泽市定陶区〕，像度假的别墅。那么此别墅孤立在魏王国跟齐王国之间，不跟秦王国相邻，当初怎能得到？又如何防御？使人困惑）。

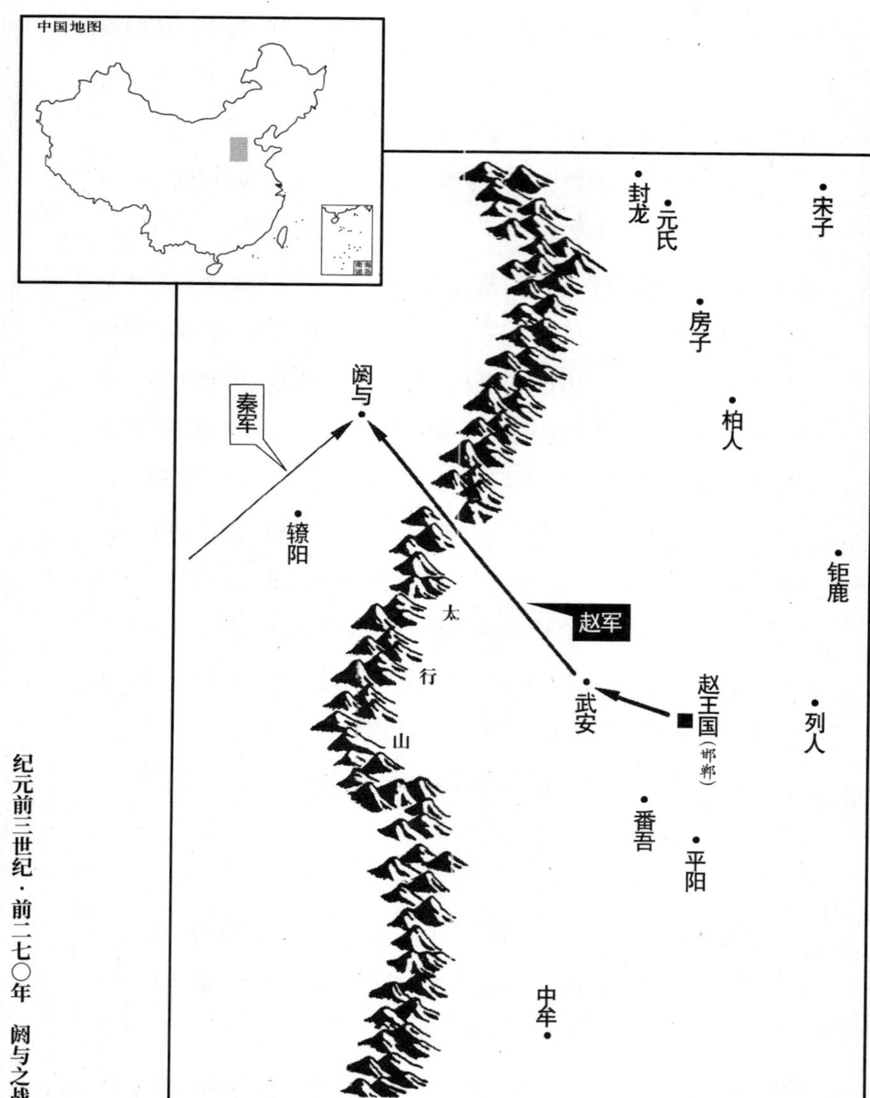

纪元前三世纪·前二七〇年 阏与之战

最初，魏王国（首都大梁〔河南省开封市〕）人范雎（音疽〔狙〕），随从中级国务官（中大夫）须贾，出使齐王国（首都临淄），齐国王（四任襄王）田法章因范雎口才敏捷，十分欣赏，特地赠送他一些贵重礼物，包括黄金和饮食。须贾认为一定是范雎泄漏了国家机密；否则，国王不会那么尊重他。回国之后，禀告宰相魏齐，魏齐发现用别人的痛苦表现自己忠贞的时候已到，于是大宴宾客，把范雎摔倒在地，乱棍捶打，任何呼冤辩解，都不置理。范雎肋骨被打断，牙齿被打脱落，奄奄一息。用竹席包起来，像丢死狗一样丢到粪坑旁边。魏齐为了展示爱国的愤怒情操，还教宾客们轮流往他身上撒尿，用以警诫后人再不要做卖国贼，再不要对外国人胡说八道。范雎受尿素刺激，悠悠苏醒，向守卫哀告说："求你把我弄出去，我会厚谢。"守卫建议魏齐准许他把竹席里的尸首抛掉，魏齐已喝得大醉，顺口应允。范雎才被抬到野外。魏齐不久酒醒，后悔没有查看清楚，下令通缉。

魏王国（首都大梁）小市民郑安平，窝藏范雎，更改姓名叫张禄。这时，秦王国（首都咸阳）礼宾官（谒者）王稽，正在魏王国，范雎趁夜晋见王稽，王稽惊为奇才，把他秘密载回秦王国，推荐给国王（三任昭襄王）嬴稷，嬴稷在行宫中接见。

范雎已经进入行宫的长巷，却假装不知道。嬴稷的那些前导宦官们，警告范雎说："你这么吊儿郎当，大王即将驾到。"范雎说："什么大王？贵国只有皇太后（宣太后）、穰侯（魏冉）罢啦。"嬴稷隐约的听到这话，于是，遣开左右侍从，跪着问说："先生，请你教导。"（古人席地而坐，是坐在自己的小腿和脚跟上，现代日本人榻榻米房间，就是这种坐法。跪则只是把上身稍直，屁股稍离小腿脚跟而已，可不是后代姿势，矮了半截。）范雎说："哪里哪里。"三次之后，嬴稷说："你真的永不肯教导我呀？"范雎说：“我何敢如此，只因为我不过一个流亡的知识分子，跟大王交情疏远，但我所提的建议，却跟大王有密切关系。置身在别人骨肉之间，虽然愿尽愚忠，不知道大王心意，到底如何。所以大王三次垂询，都不敢回答。因为今天在大王面前进言，明天就可能受到诛杀，我并不逃避诛杀，人生终有一死，只要死能有利于秦王国，也甘心情愿。最恐惧的是，我死之后，天下贤能之士，再不敢前来效力。”嬴稷跪着不动说：“先生说的什么话，今天我能见到先生，是上天用我来增加你的麻烦，请你来保存祖先的祭祀。事情不论大小，上自我娘亲（宣太后），下到大臣，都请你教导我，不要怀疑。”范雎拜谢，嬴稷也拜谢，范雎说：“以秦王国（首都咸阳）的强大，战士们的英勇，面对列国，好像凶猛的猎狗搏击跛脚的兔子。可是函谷关（河南省灵宝市东北，秦王国最东关隘）却关闭十五年，不敢看山东（崤山以东）一眼（这段话夸大得离了谱，十五年中，秦王国肆虐“山东”，夺城杀人，史迹斑斑）。主要原因，是大王的舅父魏冉没有尽忠报国，给大王设计的战略，又有错误。”嬴稷继续跪着说：“请告诉我有什么错误。”

可是，范雎发现屏风后仍有人窃听，就先从国际形势分析，观察嬴稷的反应。不久，揣测窃听的人以为没有什么，退走之后，范雎单刀直入说：“魏冉穿过魏王国（首都大梁）和薛国（山东省滕州市）而攻击刚邑（山东省宁阳县）、寿邑（山东省东平县），是一大失策。当初，齐国王（三任湣王）田地，南攻楚王国（首都陈丘〔河南省周口市淮阳区〕），破军杀将（参考前三〇一年），开拓疆土一千华里。可是结果却一寸土地都得不到，为什么？为的是，形势不允许。后来，各国发现齐王国（首都临淄）国力枯竭，联合围攻，齐王国几乎灭亡。齐王国攻击楚王国的唯一收获，是肥了魏王国和韩王国（首都新郑〔河南省新郑市〕）。我的意见是：大王应确立远交近攻的大战略。得一寸土地，就永远是秦王国的一寸土地。得一尺土地，就永远是秦王国的一尺土地，再不会丧失。而今，韩、魏两国位于中国心脏地带，是天下的门户。大王如果想称霸天下，必须跟中国接近（秦王国始终被当作不同于中国的野蛮之邦。当时“中国”的意义，指中原地带，即崤山以东的“山东”），掌握门户后，再对楚王国（首都郢郸）和赵王国施加压力。楚王国强，我们就帮助赵王国；赵王国强，我们就帮助楚王国。楚、赵两国都依靠我们，齐王国必定恐惧。到那时候，魏王国和韩王国，就成了我们的俘虏。”嬴稷大喜，任命范雎当外籍顾问官（客卿），磋商军务。

柏杨曰

范雎一席谈话，为秦王国（首都咸阳）制定“远交近攻”的全方位外交政策，直到今天，仍是所有侵略者奉行唯谨、誓守不渝的神圣经典。秦王国自崛起以来，东征西讨，收获有限，在于全凭蛮力，与全世界为敌。远交近攻大战略确定之后，兵力所及，就成了摧枯拉朽之势，无人可当。

范雎是被魏王国（首都大梁）逼反的最后一个人才。我们不能想象：如果公孙鞅、张仪和范雎，在魏王国得到重用，历史会演变成什么模样。魏王国当权人物化友为敌、代忠为叛的手段，使人震骇。一个有趣的课题是，魏王国政府中每个人都能言善道，要计划有计划，要方案有方案，要忠贞之士，如魏齐、须贾之辈，更比驴毛都多，哪个不是人才？至于公孙鞅不过一个想升官想疯了的小职员，张仪不过一个不切实际的贫寒书生，范雎不过一个油腔滑舌、大言不惭、里通外国的卖国贼。他们既没有参加某一派，又没有被接纳为某一帮，能逃一死，已是皇恩浩荡。在鲨鱼的血口之下，人才不是被吞噬，便是变成敌人，强烈反弹。政权盛衰和国家兴亡，轨迹十分明显。

纪元前二六九年 壬辰

周赧王	四十六年
鲁顷公	五年
秦昭襄王	三十八年
楚顷襄王	三十年
齐襄王	十五年
魏安釐王	八年
韩桓惠王	四年
赵惠文王	三十年
燕武成王	三年
卫怀君	十四年

1 秦王国（首都咸阳〔陕西省咸阳市〕）中更（秦官第八级）胡伤，再攻击赵王国（首都邯郸〔河北省邯郸市〕）阏与（山西省和顺县），败还。

纪元前二六八年 癸巳

周赧王	四十七年
鲁顷公	六年
秦昭襄王	三十九年
楚顷襄王	三十一年
齐襄王	十六年
魏安釐王	九年
韩桓惠王	五年
赵惠文王	三十一年
燕武成王	四年
卫怀君	十五年

1 秦王国（首都咸阳〔陕西省咸阳市〕）用范雎的大战略，派五大夫（秦官第十二级）绾（姓不详）攻击魏王国（首都大梁〔河南省开封市〕），占领怀邑（河南省武陟县）。

纪元前二六七年 甲午

周赧王	四十八年
鲁顷公	七年
秦昭襄王	四十年
楚顷襄王	三十二年
齐襄王	十七年
魏安釐王	十年
韩桓惠王	六年
赵惠文王	三十二年
燕武成王	五年
卫怀君	十六年

1 秦王国（首都咸阳〔陕西省咸阳市〕）太子，在魏王国（首都大梁〔河南省开封市〕）充当人质，本年，在魏王国逝世。

纪元前二六六年 乙未

周赧王	四十九年
鲁顷公	八年
秦昭襄王	四十一年
楚顷襄王	三十三年
齐襄王	十八年
魏安釐王	十一年
韩桓惠王	七年
赵惠文王	三十三年
燕武成王	六年
卫怀君	十七年

1 秦王国（首都咸阳〔陕西省咸阳市〕）攻击魏王国（首都大梁〔河南省开封市〕）邢丘（河南省温县东）。

2 范雎受到秦国王（三任昭襄王）嬴稷信任，逐渐掌握实权。于是，在一个适当的机会，范雎建议说："我在山东（崤山以东）时，只听说齐王国（首都临淄〔山东省淄博市东临淄区〕）有田文，没有听说齐王国有国王。只听说秦王国（首都咸阳）有太后、魏冉，也没有听说秦王国有国王。主持政府的才叫国王，决定利害的才叫国王，掌握生杀大权的才叫国王。而今，太后把大王抛在一边，径自号令天下。魏冉（穰侯，王舅）出使外国，回来后从不向大王提出报告。芈戎（华阳君，王舅）、嬴芾（泾阳君，王弟），横行专断，毫无顾忌。嬴悝（高陵君，王弟）来去自由，对大王也不理睬。四位特权人物在朝，国家如果没有危险，可是从来没有的事。在这四位特权人物压力下，谁还管谁是国王？魏冉靠着大王的权势，随意压制各国，用秦王国的国书，走遍天下。无论攻击任何一国或任何地方，没有军队胆敢拒绝调遣。战胜时，战利品都送到他的封地陶邑（山西省永济市北，指前二七〇年攻击刚邑〔山东省宁阳县〕、寿邑〔山东省东平县〕事）。战败时，人民的怨恨却转嫁给国家。我听说过，果实太多，会压断树枝，树枝折断后，会伤害到树根。一个国家除了首都外的其他城市，如果太多太大，一定危害到中央政府。臣僚如果受到过分的尊重，君王就被认为非常卑微。淖齿控制了齐王国政府，结果是箭射齐国王（三任湣王）田地的大腿，抽田地的筋，把田地悬挂到梁上，隔了一夜，才号叫而死（参考前二八四年）。李兑总揽赵王国（首都邯郸〔河北省邯郸市〕）大权，把太上皇（主父）赵雍囚禁沙丘（河北省平乡县），饿了一百天，把他活活饿死（参考前二九五年）。我看秦王国四位权贵人物的行事，也是淖齿、李兑之辈。三代所以亡国的原因（三代：夏王朝、商王朝、周王朝），在于君王把大权交给臣僚，他自己却一味喝酒打猎。而他所授权的亲信，又都妒贤害能，欺上压下，满足一己的私欲，从不替君王着想。而君王又不觉悟，所以丧失政权。现在，从最低级的官员到中央各机关首长（大吏），以及大王你的左右侍卫，几乎全是宰相（相国）魏冉的私人党羽。每每想到大王在政府中那么孤立，便禁不住替你汗流浃背。一旦你不幸死亡，主宰秦王国的恐怕不是你的子孙。”嬴稷打了一个冷战。于是下令禁止皇太后再过问政事，把魏冉、芈戎、嬴芾、嬴悝的政府职务，一律解除，遣送他们回到他们的封邑。任命范雎当宰相，封应侯。

3 魏王国（首都大梁）派须贾出使秦王国（首都咸阳），范雎穿着破旧的衣服，到宾馆拜访。须贾既惊讶他竟然没有死，又怜悯他落魄异域，忍不住说：“范叔，分手后你还好吧？”（“叔”的意义不明，可能是须贾陷害范雎前，二人尚是好友时的昵称“老三”，也可能是战国时代人们互相招呼时的一种普通称谓：“范老弟。”）留范雎坐下进餐饮酒，发现范雎身上寒冷，又送给他一件丝绵袍。范雎遂充当他的车夫，同到宰相府，对须贾说：“我先进去找我的朋友，请他引见你晋谒宰相。”须贾等了又等，不见范雎出来，到门房询问，侍卫说：“什么范雎？我不认识他。刚才进来身穿破衣服、手拿丝绵袍的，是我们宰相，他叫张禄。”须贾一听，好像巨雷击中他的头顶，轰然一声，几乎昏倒，他知道堕入陷阱，已在监视之下，跑绝跑不掉。于是，双膝下跪，用膝盖匍匐爬行而进，请求宽恕。范雎在大宴宾客，对须贾出卖朋友的不义行为，痛加责备，最后告诉他：“你今天之所以还能保全性命，只因你送给我这一件丝绵袍，多少还有一点老友的旧情。”请宾客们上座，教须贾坐在下方，把一盘供给马吃的饲料——碎草拌黑豆，放到须贾面前，教他吞下去。范雎命他带给魏王国国王（四任安釐王）魏圉一项警告：“把魏齐的人头砍下送来，如果你拒绝，我们攻下大梁（魏首都，河南省开封市），可要屠城。”须贾回国后，告诉魏齐。魏齐吓得魂不附体，宰相也不干了，逃到赵王国（首都邯郸），投靠赵胜（平原君）。

柏杨曰

须贾虽然是一位大使，地位很高，其实也不过官场中一个混混。他出卖范雎并不是因为他真的疑心范泄漏国家的机密，而是他对范雎妒火中烧。身为大使的都没有得到国王的礼遇，而一个随员却获得荣耀，不仅使自己没面子，而且范雎经此锦上添花，势将危及自己的前途。这才暗下毒手，诬以谋反。一则拔除潜在的政敌，二则加强忠贞的厚度，可以说一举两得。再见范雎时，那一星点未泯的天良救了他。以秦王国（首都咸阳）之强之蛮，诛杀一个外国使节，不会眨眼。

4 赵王国（首都邯郸）国王（二任惠文王）赵何逝世，子赵丹继位（三任），是为孝成王；任命平原君赵胜当宰相。

纪元前二六五年 丙申

周赧王	五十年
鲁顷公	九年
秦昭襄王	四十二年
楚顷襄王	三十四年
齐襄王	十九年
魏安釐王	十二年
韩桓惠王	八年
赵孝成王	元年
燕武成王	七年
卫怀君	十八年

1 秦王国（首都咸阳〔陕西省咸阳市〕）皇太后（宣太后）芈八子逝世。九月，魏冉被解除所有政府职务，返回他的封地陶邑（山西省永济市北）。

魏冉倾全力拥立嬴稷，诛杀所有政敌，推荐白起当大将，向南攻取鄢城（湖北省宜城市南）、郢都（湖北省江陵县。参考前二七九年、前二七八年），向东跟齐王国（首都临淄〔山东省淄博市东临淄区〕）和解，使列国君王屈膝归附。秦王国（首都咸阳）所以更为强大，都是魏冉的功劳。虽然他专权横行、骄傲贪暴，足以使他招来大祸，但也并不像范雎所形容的那样恶劣。范雎这个人，可不是真正的效忠秦王国，为秦王国利益打算，不过要夺取魏冉的高位而已，所以一有机会扼住对方咽喉，就不放手。结果使嬴稷断绝了母子之情，也断了舅父跟外甥间的恩义。总而言之，范雎是一个危险人物。

我们同意范雎是一位危险人物的看法，问题是，在专制政体下参与政治斗争的每一个人，没有一个不是危险人物。范雎必须夺取魏冉的高位，才能实施他的外交政策。犹如司马光必须夺取王安石的高位，才能废除新法一样。魏冉对秦王国（首都咸阳）开疆拓土，诚然有很大贡献，然而，再大的贡献都不能允许他“专权横行，骄傲贪暴”。司马光却认为只要看他拥立国王和烜赫功业的份上，他的官位就应该是铁铸的，神圣不可侵犯。而我们认为，一位女大亨加上四位男大亨，当权四十二年之久，也应该欠起屁股了。司马光所以有如此想法，只因为“专权横行，骄傲贪暴”的直接受害人，都是无权无势的普通平民，而当权派竟被一个小人物赶下台，打破“贵者恒贵，贱者恒贱”铁律，司马光就忍不住兔死狐悲，物伤其类。

即以纯私情而言，嬴稷并没有杀了亲娘，不过请她老人家不再干涉政治，也没有杀了老舅，不过请他老人家退休，这就叫“断母子之情、舅甥之恩”？难道眼睁睁看着他继续“专权横行，骄傲贪暴”，不闻不问，才合乎礼教纲常？如果这就是礼教纲常，礼教纲常可是毒药。平民可不希望永远被踩在皇亲国戚的御脚之下。

诚如司马光所言，唯有官位和权力，不可以随便给人，也不应是私人报恩或复仇的工具。事实上，嬴稷请老舅掌握了四十二年的权柄，酬庸不可谓薄。如果把国家断送，司马光又要责备他乱把官位和权力给人了。司马光在评论田文时，曾说：“只要他的意见是正确的，即令本意奸诈，都应该采纳。”（参考前三二一年）然而面对嬴稷的改革，却忘了这段自己的话。范睢对一女四男的抨击，是不是公正？如果他说的是真的，嬴稷采纳，便应赞扬。如果他信口雌黄，嬴稷采纳，才应谴责。而司马光也承认一女四男“专权横行，骄傲贪暴”，那么，为什么就在这节骨眼上，却去探讨他“奸诈”的动机？

司马光总是忘记自己说过的话，但永不忘记既得利益的士大夫立场。

2 秦国王（三任昭襄王）嬴稷，立子安国君嬴柱当太子。

3 秦王国（首都咸阳）攻击赵王国（首都邯郸〔河北省邯郸市〕），占领三个城市。赵王国国王（三任孝成王）赵丹刚刚即位，娘亲皇太后当权。政府决定向齐王国（首都临淄）求救，齐王国回答说：“必须把王弟长安君（名不详）送来充当人质。”皇太后拒绝，齐王国因之拒绝派遣援军。大臣们竭力分析利害，皇太后宣称：“谁要是再提议派长安君去当人质，我这个老太婆可要唾他的脸。”这是一个绝招，大家全都闭口无言。左师触龙请求晋见，皇太后一肚子怒气，命触龙进来，准备只要他一开口，她就发作。触龙走得很慢，勉强坐下来，道歉说：“我老了，脚又有毛病，很久不见太后。有时自己宽慰自己，怕太后的身体不好，不愿我来打扰，但我总盼望能再看到你。”皇太后说：“我的行动也不方便，到哪里都坐辇车（人挽的车）。”触龙说：“太后饭量减少了点没有？”皇太后说：“平常只吃稀粥。”

既闲话家常，皇太后的怒气渐渐消失。触龙说：“我的儿子中，有个叫舒祺的，年纪最小，也最不争气。我已太老，心里特别爱他。今天晋见太后，就是面求太后恩典，让他递补一个王宫侍卫的位置，献身保护王家。冒死恳请，请太后见怜。”皇太后说：“没有问题，他几岁啦？”触龙说：“十五岁了，年纪虽小，可是我愿在未死之前，把他托付给太后。”皇太后说：“你们男人也爱小儿子呀？”触龙说：“比女人还要爱得厉害。”皇太后笑起来说：“女人可不一样。”触龙说：“以我的观察，太后爱小女儿超过爱小儿子几千倍。”皇太后说：“你观察错了，我爱小儿子最多。”触龙说：“不然。爹娘爱儿女，都会为他们的将来打算。你女儿嫁给燕王国（首都蓟城〔北京市〕）国王当王后的时候，你抱着她的脚哭泣，怜惜她嫁到遥远的异国，悲切不已。送走之后，你不是不思念她，不是不想见她一面，可是你却祷告说：‘她千万不要回来。’为的是怕她婚姻生活不满意，更为的是祝福她的子孙，世世代代，当燕王国的国王。”皇太后说：“你的分析很对。”触龙说：“从现在起计算，三世以前那时国王的子孙中，封侯封君的，今天还有没有仍在位的？”皇太后说：“没有。”触龙说：“这不过是俗话说的：‘近者，祸及其身。

远者，祸及其子孙。’并不是君王的子孙一定都不成才，也不是当侯的或当君的一定都是坏蛋。只因为他地位尊贵，却对国家没有一点功劳，待遇优厚，却对社会没有一点贡献，但他们却拥有名位和财富。现在，看起来你是那么爱你的小儿子，提高他的地位，把赵王国最肥沃的土地封给他，又给他无数珍珠玛瑙。可是，却不抓住机会，使他为国家效力。一旦太后千秋万岁之后，请问，长安君凭什么在赵王国立足？”皇太后毛骨悚然，急说：“我已经明白，请先生随意派遣他。”

长安君带领百余辆盛大的侍从车队，到齐王国充当人质。齐王国援军接着出发，秦军得到消息，即行撤退。

4 齐王国（首都临淄）安平君田单，联合赵军攻击燕王国（首都蓟城），占领中人（河北省唐县）。再攻击韩王国（首都新郑〔河南省新郑市〕），占领注人（河南省汝州市）。

5 齐王国（首都临淄）国王（四任襄王）田法章逝世，子田建继位（五任），年纪还小，皇太后（君王后，太史敫〔音jiǎo，皎〕女儿）主持国政。

纪元前二六四年 丁酉

周赧王	五十一年
鲁顷公	十年
秦昭襄王	四十三年
楚顷襄王	三十五年
齐田建	元年
魏安釐王	十三年
韩桓惠王	九年
赵孝成王	二年
燕武成王	八年
卫怀君	十九年

1 秦王国（首都咸阳〔陕西省咸阳市〕）武安君白起攻击韩王国（首都新郑〔河南省新郑市〕），陷南阳（河南省修武县以西），挺进到太行山下，封锁山道。

2 楚王国（首都陈丘〔河南省周口市淮阳区〕）国王（二十二任顷襄王）芈横卧病。黄歇向范睢建议说："楚国王病情沉重，恐怕不能痊愈。为秦王国（首都咸阳）打算，不如把充当人质的太子芈完，放回本国。

芈完如能继承王位，对秦王国一定小心翼翼的侍奉，对你也一定感谢无穷，等于培养一个拥有万辆战车的盟友。如果不放他回去，他不过咸阳（秦首都，陕西省咸阳市）街头一个无权无势的小市民而已。一旦楚王国拥立另一位新君王，必然跟秦王国保持距离，是失掉一个盟友，而又断送一个大国的友谊，不是上策。”范雎报告给嬴稷，嬴稷说：“先派太子师傅回国问安，等他问安回来，我们再研究。”

黄歇跟芈完秘密商议说：“秦王国所以羁留太子，当然是要谋取利益，而你事实上却没有力量做出有利于秦王国的事。在讨价还价过程中，阳文君（名不详，以情势推测，可能是芈完的叔叔）的两个儿子正在国内，国王如果死亡，太子你又不在，两个儿子中必有一个继承王位，就永远没你的份儿了。不如悄悄逃走，跟师傅一同回国。只留我在这里，了不起他们把我杀掉。”芈完遂改变服装，扮着马车夫模样，直出关卡。黄歇留下来看守芈完住的官舍，宣称芈完染病，需要休养，暂不见客。计算芈完走得够远，追兵已来不及，才向嬴稷报告说：“太子已归，而且将到国内，我愿接受贵国的死刑。”嬴稷像爆炸了似的，下令刽子手成全黄歇的志愿。范雎进言说：“黄歇不过一个臣属，愿为他的主人牺牲性命。芈完如果能继承王位，一定会重用他，不如放他回去，让他建立一个亲秦的政府。”嬴稷点头。

黄歇回到楚王国（首都陈丘），三个月后，秋季，芈横逝世。芈完继位（二十三任），是为考烈王。任用黄歇当宰相，把淮河以北土地封给他，号称春申君。

纪元前二六三年 戊戌

周赧王	五十二年
鲁顷公	十一年
秦昭襄王	四十四年
楚考烈王	元年
齐田建	二年
魏安釐王	十四年
韩桓惠王	十年
赵孝成王	三年
燕武成王	九年
卫怀君	二十年

纪元前二六二年 己亥

周赧王	五十三年
鲁顷公	十二年
秦昭襄王	四十五年
楚考烈王	二年
齐田建	三年
魏安釐王	十五年
韩桓惠王	十一年
赵孝成王	四年
燕武成王	十年
卫怀君	二十一年

1 楚王国（首都陈丘〔河南省周口市淮阳区〕）割让州邑（湖北省洪湖市东北）给秦王国（首都咸阳〔陕西省咸阳市〕），再发誓和好。

2 秦王国（首都咸阳）武安君白起，大举攻击韩王国（首都新郑〔河南省新郑市〕），陷野王（河南省沁阳市）。韩王国首都新郑（河南省新郑市）和北方的上党郡（山西省长子县）之间的交通，被拦腰斩断。上党郡长（上党守）冯亭，跟高级将领共商对策，决定："跟首都已失去联络，而秦军正向我们挺进，政府已没有力量派出救兵。我们不如投降赵王国（首都邯郸），赵王国如果接受，而秦军行动，仍不停止，赵王国受到攻击，必定跟韩王国（首都新郑）结盟。韩、赵结成一体，当可抵挡住秦王国的侵略。"于是派使节到邯郸（河北省邯郸市）说："韩王国不能守上党（山西省长子县），势必被秦王国攫取，然而我们宁愿成为赵王国的臣民。上党郡所属大小十七个城市，谨呈献在大王面前。”赵国王（三任孝成王）赵丹向平阳君赵豹征求意见，赵豹说：“圣人有句话：无缘无故，平空降临的好处，是一种灾难。”赵丹说：“上党军民都愿意归附我们，怎么能叫无缘无故，平空降临？”赵豹说：“秦王国对邻国采取的是蚕食政策，一口一口的下肚。它把韩王国拦腰砍断，使韩王国领土南北隔绝，难道目的只在占领野王（河南省沁阳市）一个地方？很显然的，他们的目标是上党，认为自然会掉到他们口袋里。韩王国驻守上党的那些官员，所以不向秦王国投降的原因，是想把灾难转嫁到我们赵王国头上。秦王国辛辛苦苦耕种，赵王国却去快快活活收割，即令我们强大，也不能从弱小手中夺取。何况我们弱小，怎么能从强大手中夺取？我建议，千万不可以接受。”赵丹再问平原君赵胜的意见，赵胜赞成接受。

于是，赵丹派赵胜前往接收，封上党郡长冯亭三个万户的城市，号华阳君。封所属县长三个千户城市的侯爵（战国时代后期，“侯”“君”并出，看赵王国此项加封，“侯”还低“君”一阶），其他官吏，都擢升三级。冯亭伤感流泪，不见使节，说：“我不忍出卖君王的土地，作为自己的采邑。”

柏杨曰

上党（山西省长子县）不但是个烫手的山芋，简直是个点燃了引信的炸弹，抛出去都来不及，赵王国却紧搂入怀，认为天纵奇福。赵豹的分析，入骨三分。而赵胜却像一个白痴，这个以“江湖义气”自豪的贵族，不过一个普通的浮夸之徒，眼睛只看到蝉，没看到黄雀；只看到土地，没看到秦王国大军。弱小国家，有弱小国家的立国之道，千千万万，不可横挑强邻。违犯这个原则，一定挫败，甚至覆亡。接受上党，是一项错误的决策。可怜的战士和人民——多达四十五万之众，为高级官员这项错误的决策，付出生命。

纪元前二六一年 庚子

周赧王	五十四年
鲁顷公	十三年
秦昭襄王	四十六年
楚考烈王	三年
齐田建	四年
魏安釐王	十六年
韩桓惠王	十二年
赵孝成王	五年
燕武成王	十一年
卫怀君	二十二年

战国时代

- 长平之战。
- 秦坑杀赵降卒四十万。
- 魏无忌杀晋鄙救赵。
- 秦诬杀白起。
- 吕不韦遇“奇货”。
- 周王国亡。

- 印度孔雀王朝阿育王，邀高僧四千余人，在华氏城集会，确定佛教宗旨（佛教徒第三次大集结）。

纪元前二六〇年 辛丑

周赧王	五十五年
鲁顷公	十四年
秦昭襄王	四十七年
楚考烈王	四年
齐田建	五年
魏安釐王	十七年
韩桓惠王	十三年
赵孝成王	六年
燕武成王	十二年
卫怀君	二十三年

1 秦王国（首都咸阳〔陕西省咸阳市〕）左庶长（秦官第十一级）王龁（音hé〔合〕），攻陷上党城（山西省长子县）。上党居民逃奔赵王国（首都邯郸〔河北省邯郸市〕），赵王国统帅廉颇率大军进驻长平（山西省高平市西北），收容难民。

王龁继续攻击赵军，赵军屡战屡败，一个副将（裨将）及四个军官（尉）阵亡。赵国王（三任孝成王）赵丹跟大臣楼昌、虞卿，商讨因应之策，楼昌建议派重要人物前往讲和。虞卿反对，说："现在，和战的权柄，握在秦王国（首都咸阳）之手。很明显的趋势，秦王国现已下定决心消灭赵王国（首都邯郸）的野战军，我们派再重要的人物前去，都没有用。不如把这位重要人物派到楚王国（首都陈丘〔河南省周口市淮阳区〕）和齐王国（首都临淄〔山东省淄博市东临淄区〕），致送贵重财宝。楚、齐如果接受，秦王国顾虑逼出来再一次的南北合纵同盟，到那时，讲和才有希望。”赵丹不相信，指派重臣郑朱，前往咸阳（秦首都，陕西省咸阳市），秦王国表示欢迎。赵丹高兴的对虞卿说：“你看，秦王国表示欢迎。”虞卿说：“那就更糟，和解更不可能，而我们的军队还要受到更严厉的攻击。为什么？有些国家祝贺秦王国胜利的使节，早已到了那里。郑朱是国际上的知名之士，嬴稷、范雎一定会在表面上尊重他，大肆宣传，搞得天下皆知。其他国家发现大王已向秦王国屈膝，就没有人再考虑出兵援助。等到各国的态度明朗化之后，接下来绝不是和平，而是战争。”

一切都如虞卿所料，秦王国盛大招待郑朱，却闭口不谈和解。前方战争更趋激烈，赵军一败再败，廉颇坚守阵地营垒，不出应战。赵丹对廉颇一连串失利和躲避的战略，大为不满，屡次加以责备。范雎使用黄金二十四万两的巨款，在赵王国内部发动耳语攻势，说：“秦王国最恐惧的，是赵奢（马服君）的儿子赵括，赵括一旦当统帅，秦军想逃都来不及。廉颇年纪已老，容易对付，不久就投降了。”赵丹下令任命赵括接替廉颇。蔺相如警告说：“大王因赵括有点名气便用他，是胶住调弦的柱子而在那里弹琴，事实上，赵括只会读他老爹的兵书，并不知道如何面对战场上的千变万化。”但赵丹坚信赵括的能力。

最初，赵括小时，跟老爹赵奢学习兵法，自以为天下无敌。曾经跟老爹谈论军事，反复讨论，每每诘难使赵奢张口结舌，但赵奢仍不同意儿子的意见，娘亲问他缘故，老爹说："战争，就是死亡。死亡是一件严肃的大事，可是赵括谈起来却那么轻松，这是一个危机。赵括不当统帅则已，如果当统帅，使赵王国军队破碎的，一定是他。"当赵括接受任命，出发之前，他娘亲上书给赵丹，坚决指出，赵括绝对不是统帅人才。赵丹问她："你怎么知道？"老娘说："我嫁他老爹时，他老爹已是大将，我亲自捧着碗侍奉进餐的长辈，就有十余人，而他自己的朋友也有一百人左右。大王跟皇家赏赐的财物，全都分送给军官和参谋人员。接到命令当天，就全身投入军营，不再问一句家事。而今，赵括刚当了大将，就高高坐在堂上，脸朝东方，威风凛凛，军官们连头都不敢抬。大王赏赐的财物，全都运送回家，每天查看有什么便宜的田宅，赶紧去买。大王以为他跟他爹一样，却不知道他跟他爹不一样。请求大王不要派遣他，他会为国家带来灾难。"（买栋房子买块地，便志满意盈，不过碌碌庸才，大权交到这种人之手，不啻把千万人命，驱入屠场。历史上这种大言不惭、专门谋杀自己军队的屠户将领，举目皆是。）赵丹说："老太太不必多言，我主意已定。"娘亲说："假如赵括有什么差错，请准许他的家属不连坐治罪。"赵丹许诺。

秦王国（首都咸阳）国王（三任昭襄王）嬴稷得到赵括出任统帅的消息，高兴得简直要发狂，消灭赵王国（首都邯郸）野战军主力的机会，终于来到。立刻秘密任命白起当远征军统帅（上将军），王龁降级当副将（裨将）。下令：胆敢泄漏白起当统帅消息的，马上处斩（赵括震于白起的威名，可能撤退，秦王国不允许赵军脱离战场）。赵括到了前方，进入阵地，撤销廉颇颁布的坚守命令，更换廉颇的参谋人员，拆除防御工事，下令出击。白起教秦军假装败退，却秘密伸展左右两翼。赵括乘胜追击，直抵秦军营垒。白起固守，赵括发动空前未有的猛烈攻击，秦军浴血应战，赵军竟无法突破。而秦军两万五千人的左右两翼，已迂回到赵军之后。另五千人的精锐骑兵，已切断赵括的退路。于是，赵括所率领的进攻部队，跟仍留守原阵地营垒里的重兵，被分割为二，粮道随之断绝。白起派出小部队反击，赵括再战，仍不能取胜，成了进不能进、退不能退、战不能战的局势，束手无策。只好效法廉颇，再筑营垒，等待政府救兵（此时大军已被分割，粮道已断。廉颇老将，老将第一要务就是用重兵保持粮道畅通。赵括的如意算盘是击破秦军之后，自然有粮。辩论抬杠，赵括此举有英雄胆识，气壮山河，所以常常赢了老爹）。

嬴稷得到报告，知道赵军已被逼入陷阱，唯恐时久生变，或许逃脱，乃亲自驾临河内（河南省黄河以北），下令强迫征召全国十五岁以上的男子，全数前往长平（山西省高平市西北）报到，封锁所有道路，断绝赵王国的救兵和粮秣接济。齐王国和楚王国企图对赵王国援助，赵军粮食缺乏，赵王国（首都邯郸）请求齐王国（首都临淄）援助粮食，齐国王（五任）田建（事实上是皇太后大史敫〔音jiǎo，皎〕的女儿）拒绝。大臣周子警告说："赵王国是齐王国和楚王国（首都陈丘）的屏障，关系密切，犹如牙齿之于嘴唇，唇亡则齿寒。今天赵王国灭亡，明天就轮到齐楚。救赵王国跟捧着漏罐去浇烧焦了的铁锅一样，是这么紧急，怎能不理？而且，救赵王国是最高道义，击败秦军更可大显威名。不去做这些事，却去爱惜粮食。对国家而言，这是可怕的错误。"田建不接受。（杜牧说："灭六国者，六国也，非秦也。"）

九月，赵军已四十六日没有粮食供应，官兵们饥饿难忍，在营垒里互相谋杀吞食。秦军包围圈越缩越小，而且不断挑战。赵括遴选精锐，组成四队，同时向四面冲杀。秦军阵地防卫森严，坚固得好像铜墙铁壁，赵军反复冲杀四五次，死伤遍地，仍不能动摇秦军一根毫毛。赵括决心孤注一掷，以统帅身份，亲自率领大军，发动最凶猛惨烈的一次突围。然而秦军拒绝肉搏，只以强弓对付，箭如雨下，赵括中箭而死。

统帅阵亡，赵军崩溃，四十万疲惫的官兵，向秦军投降。他们正在庆幸终于逃出浩劫，想不到更悲惨的浩劫还在后面。白起说："秦王国（首都咸阳）已占领上党（山西省长子县），上党人却归顺赵王国。赵王国军队一向强悍，绝不会甘心当俘虏，如果不当机立断，将来可能发生大乱。"于是使用诈术，使赵军安心，然后全部坑杀，只留下年轻军官二百四十人，放回赵王国，使他们报告凶信。这次战役，秦王国获空前胜利，前后总共杀四十五万人，赵王国野战军主力全灭，全国震恐（白起把赵军分成十营，互相隔绝。他们既无戒备，又无武器，势如猪羊。可是，秦王国的"坑刑"是，把人埋到胸部或肩部，然后再斩首。对待大批俘虏，此法自行不通。所以，应是活埋而不是坑刑。现场在今山西省高平市西北十公里王报村，附近有狭谷，东西南北各六十余步，旧名"杀谷"，唐王朝九任帝李隆基曾过此地，改名"省冤谷"）。

任何一个具有高贵心灵的将领，绝不杀降。俗云："杀降者不祥。"杀降的功效是立竿见影的，但杀降造成的伤害，却长久不愈。白起虽然两年后就被诛杀，但我们并不认为那是杀降的报应。因为杀降的报应严重得多，国家、社会，甚至人民的道德品质，都要为杀降付出代价。历史上从没有一个准许杀降的政府付得起这种代价。白起固然是名将，竟做出这种残忍的事，他不过是一条恶狗而已，我们乐于看到他在杜邮（陕西省咸阳市东北）所担任的角色（参考前二五七年）。

纪元前三世纪·前二六〇年　长平之战

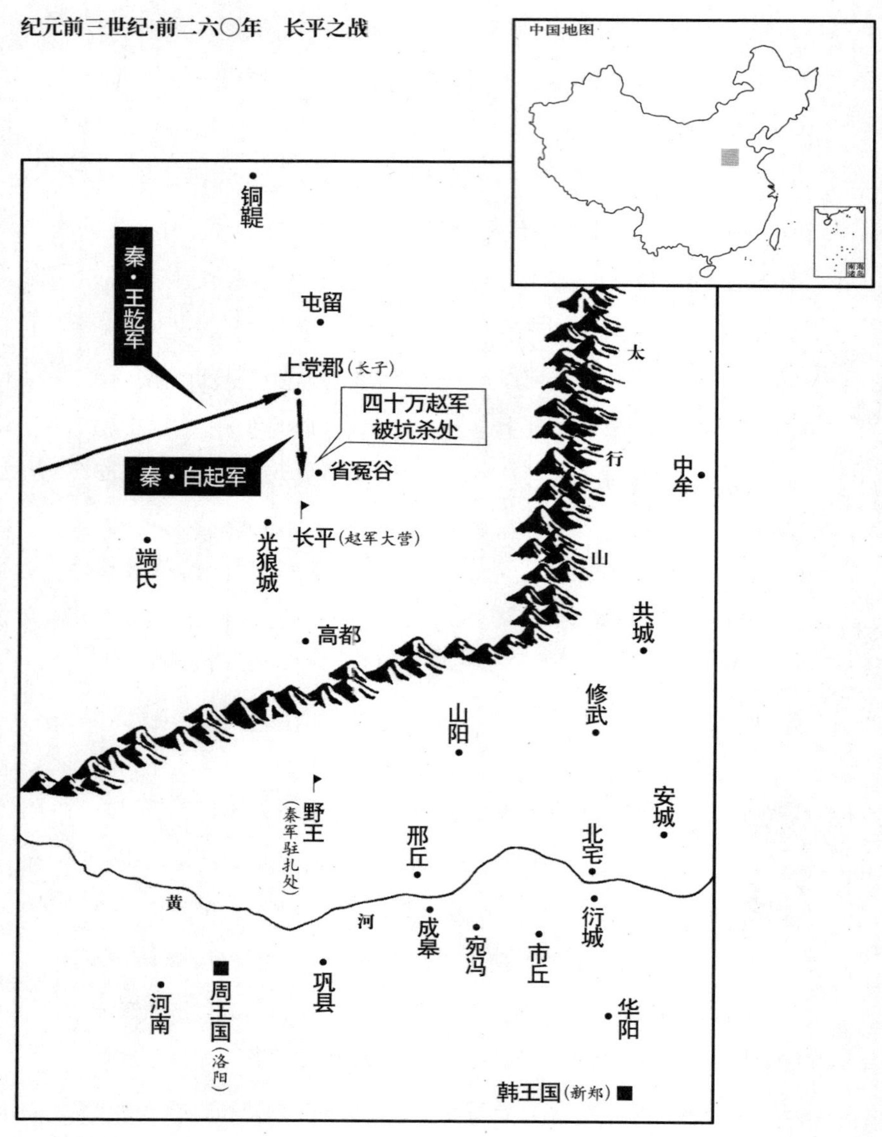

纪元前二五九年 壬寅

周赧王	五十六年
鲁顷公	十五年
秦昭襄王	四十八年
楚考烈王	五年
齐田建	六年
魏安釐王	十八年
韩桓惠王	十四年
赵孝成王	七年
燕武成王	十三年
卫怀君	二十四年

1 十月，白起把大军分成三路，一路命王龁当指挥官，攻陷赵王国（首都邯郸〔河北省邯郸市〕）的武安（河北省武安市）、皮牢（山西省翼城县东北），一路命司马梗当指挥官，攻陷赵王国西北要塞太原（山西省太原市）、上党郡（山西省长子县），一路由自己率领，打算直扑邯郸（赵首都）。韩王国（首都新郑〔河南省新郑市〕）跟赵王国新败之余，惊慌失措，请苏代西入秦王国（首都咸阳〔陕西省咸阳市〕），向范雎致送最贵重的礼物，问说："白起是不是就要攻击邯郸？"范雎说："当然。"苏代

说:“赵王国一旦灭亡，秦国王就成了天下共主，白起势必被擢升到三公高位(三公，比宰相更高的贵官，位于天子跟宰相之间。兼任宰相时，则是宰相。不兼任宰相时，则地位尊贵，具有政治上和道德上的影响力。各王朝对三公称谓不同，性质则一。周王朝三公：太师、太傅、太保。西汉王朝三公：大司马、大司徒、大司空。东汉王朝三公：太尉、司徒、司空)。你能心甘情愿的当他的属下？即令你心甘情愿当他的属下，恐怕他也容不下你。秦王国攻击韩王国，占领邢丘(河南省温县东)、上党(山西省长子县)。那里人民宁愿受赵王国统治，也不愿受秦王国统治，人心向背，昭然若揭。灭赵之后，人们势必逃亡一空，北方人逃到燕王国(首都蓟城〔北京市〕)，东方人逃到齐王国(首都临淄〔山东省淄博市东临淄区〕)，南方人逃到韩王国、魏王国。秦王国所得到的人力资源，能有多少？对秦王国而言，接受割地，才是最大的利益。为什么要让白起建立功劳？”范雎心动，向国王(三任昭襄王)嬴稷建议说:“秦军倾国出战，暴师于外，已过分疲劳，万一因使用过度，有个差错，岂不前功尽弃。不如允许韩赵割地讲和，等我们的将士休息了一阵之后，再行出击。”嬴稷同意范雎的看法，于是，韩王国割让垣雍(河南省原阳县西)，赵王国割让六个城市，缔结和约。

正月，嬴稷下令班师。白起眼看他的灭国功劳被破坏，深恨范雎阻挠，二人之间，从此有了嫌怨。

2 赵国王(三任孝成王)赵丹，派赵郝担任割地特使，办理六个城市的移交手续。虞卿对赵丹说:“秦王国(首都咸阳)攻击我们，是因为疲劳才撤退，还是足有余力挺进，却因为爱我们才撤退？”赵丹说:“当然是力量不够。”虞卿说:“秦王国因为没有夺取的力量才撤退，而今大王却把他们没有力量夺取的城市，送给他们，是帮助敌人攻击自己。明年，秦王国再发动攻击，我们已无法补救。”赵丹不敢马上决定。恰好楼缓来赵王国（首都邯郸），赵丹跟他磋商，楼缓说：“虞卿只知其一，不知其二。赵王国跟秦王国缠斗不休，天下各国无不欢欣鼓舞，为什么？为的是他们将仗恃着强大的秦王国的余威，向被削弱的赵王国下手。大王应该迅速的割地求和，各国认为秦赵和好，赵王国已安慰秦王国的心，便不敢打赵王国的主意。否则，各国将利用秦王国的愤怒，趁着赵王国筋疲力尽，起兵瓜分，赵王国就要覆灭，还谈什么割地不割地？”虞卿听到楼缓的建议，大吃一惊，晋见赵丹说：“楼缓的计谋使人战栗，那样做将使天下各国越发怀疑赵王国的立场，越发不肯援助，赵王国就更陷孤立。而且割地又怎么能安慰秦王国的心？事实上割地只充分暴露赵王国懦怯无能。我建议拒绝割地，并不是拒绝到底。我的意思是，秦王国要求大王割让六个城市，假如你把六个城市割让给齐王国（首都临淄），而秦王国对齐王国，怀有深仇大恨，它肯眼睁睁看你采取行动？于是，你虽然丧失了六个城市给齐王国，却可在秦王国那里得到补偿。假定大王在国际上宣布此项决定，齐王国接收六个城市的军队，还没有抵达边境，我敢保证，秦王国带着厚重礼物的求和使节，已来到赵王国国土。这时候再跟它缔结和约，韩王国（首都新郑）、魏王国（首都大梁〔河南省开封市〕）也必然敬重你，是你一举而跟三国建立友谊。秦王国有秦王国的道路，赵王国有赵王国的道路。”赵丹激赏接受，派虞卿东赴齐王国，磋商共同因应秦王国的方法。虞卿还没有回国，秦王国求和使节，已到邯郸（赵首都）。楼缓得到消息，匆匆溜走。赵丹封虞卿一个城市，作为酬谢。

3 最初，秦王国大举进攻赵王国时，魏国王（四任安釐王）魏圉（音yǔ〔雨〕）向国务官（大夫）询问对国际情势的看法，大家一致认为，魏王国可以获得利益。宰相孔斌就问："何以见得？"国务官异口同声说："秦王国战胜，我们就向它臣服。不能战胜，我们就趁它疲惫，向它攻击。"孔斌说："秦王国自嬴渠梁（二十五任国君孝公，任用公孙鞅变法）以来，从没有打过败仗，而今又有良将白起担任统帅，哪里来的疲惫可趁？"国务官说："纵然他们打胜了赵王国，我们又有什么损失？邻国的耻辱，正是本国的利益。"孔斌说："秦王国是一个贪暴的国家，战胜赵王国之后，必然继续扩张，恐怕下一个就轮到魏王国受祸。前辈们曾说过一则故事：燕子、麻雀们筑巢在屋梁上，母子互相喂食，相亲相爱，咕噜唧喳，那种幸福快乐的情景，使人羡慕，它们也自以为非常安全。想不到炉灶烟筒那里，忽然失火，大厦眼看要化成灰烬。只有燕子、麻雀们的脸色不变，也毫不惊慌，因为它们根本不知道大祸就要临头。现在，你们这些人，竟然想不到赵王国亡后，就要轮到自己。我不明白的是，为什么有些人的见解，竟会跟燕子、麻雀一样？"

孔斌，是孔丘的六世孙。当初，魏圉敬慕孔斌贤能，派使节送上黄金绸缎，请孔斌担任宰相。孔斌说："如果大王采纳我的建议，我的建议可以使国家治理，即令教我吃蔬菜喝凉水，我也甘愿。如果只是利用我的知名度，给我优厚的待遇，我不过一个平民而已，大王难道缺少一个平民？"使节坚决敦请，孔斌才到魏王国。魏圉亲到郊外迎接，请他担任宰相。孔斌先整顿政府，把只靠关系而没有才干的官员调职，任用贤能。裁撤闲散人员，把经费用到有利于国家的事业上。受到伤害的既得利益阶层，纷起反击，散布谣言。大臣文咨告诉孔斌，孔斌说："民众的惰性是：习惯眼前生活，反对改革。所以任何一个政治家，改革之初，都会遭受反对。公孙侨（子产）当郑国（首府新郑〔河南省新郑市〕）宰相，三年之后才没有人抨击。我祖先（孔丘）当鲁国（首府曲阜〔山东省曲阜市〕）宰相，三个月之后大家才闭嘴。我今天革新政治，虽不如他们，但我却不介意任何攻击。”文咨说：“你祖先孔丘的事，我不知道，当初情形如何？”孔斌说：“祖先（孔丘）初当宰相时，人们厌恶他，说：‘那个穿鹿皮长袍的家伙，干掉他，心里一点也不难过。那个穿鹿皮长袍的家伙，干掉他，却不知道用什么方法。’三个月后，改革成功，人们歌颂他：‘那个戴大帽、身穿皮袄的人，满足我们的需要。那个身穿皮袄，头戴大帽的人，对人民没有偏私！’”文咨高兴说：“今天才知道先生真是圣贤。”

孔斌任职宰相九个月，凡是涉及国家大计方针的建议，魏圉都听不进去。孔斌叹息说：“我的建议被拒绝，是我的建议定有不妥当之处。既然不合君王的意，却当君王的官，拿君王的俸禄，只为了贪图一点小利，甘心于吃闲饭，深感罪恶。”于是辞职。一位朋友说：“君王不再任用你，你是不是要走？”孔斌说：“我走到哪里？山东（崤山以东）各国，势将被秦王国（首都咸阳）吞并。而秦王国贪诈，我绝不前往。”就在家休息。另一位朋友新垣固，询问孔斌说：“贤能人才所在的地方，一定使那个地方文化水平提升。你当魏王国的宰相，没有听说有什么突破性贡献，就自己退出政坛。可能是你不能得志，不然，为什么这么快下台？”孔斌说：“正因为没有突破性的贡献，才退出政坛。对一个身患必死绝症的病人而言，世界上没有良医。秦王国决心吞并天下，就是小心谨慎巴结它，也得不到安全。每天忙着救亡，凡事只顾眼前之急，哪里还有心情改旧布新，加强文化建设？从前，伊尹在夏王朝，姜子牙在商王朝，两个王朝仍然灭亡，难道伊尹、姜子牙不打算救他们？当然不是，而是形势不允许。山东（崤山以东）各国，都到了末路。韩、赵、魏三国，只知道割让土地，以求暂时平安。分裂中的周王国（首都洛阳〔河南省洛阳市白马寺东〕），也会并入秦王国版图。燕、齐、楚，早已屈服。由此观察，不出二十年，天下将全部被秦王国吞没。”

柏杨曰

孔斌引用的燕雀之喻，发人深省。他指出：有些人的见解跟燕雀一样，不知道大祸就要临头！那种颟顸恍惚态度，使人惊讶。然而，两千余年的历史，我们却看到更多这样的镜头。一个人从六十层高楼摔下来，经过五十层窗口时，他说：“我活得很好。”经过四十层窗口时，他说：“我活得很好。”经过三十层窗口时，他说：“我活得很好。”平安讯息连续传出。太多时候的芸芸众生，都是在这种自以为“活得很好”声中，欢天喜地，甚至还争权夺利，掀起茶杯风波。

太浓的忧患意识使人变成惊弓之鸟，太淡的忧患意识使人麻木不仁。中国人分趋两个极端，使灾难更惨重，更难摆脱。

4 秦国王（三任昭襄王）嬴稷，决心替范雎报仇到底。情报说，魏齐躲到赵王国（首都邯郸）平原君赵胜住所，于是，邀请赵胜到秦王国（首都咸阳）访问。等赵胜抵达秦王国后，立即囚禁。派人告诉赵国王（三任孝成王）赵丹说：“不砍下魏齐的头，你的叔父（赵胜）

就出不了函谷关（河南省灵宝市东北）。”魏齐只好逃出赵胜住所，投奔宰相虞卿。虞卿立即辞职，跟魏齐逃到魏王国（首都大梁），打算请王弟魏无忌帮助，再逃向楚王国（首都陈丘）。魏无忌考虑到国家利益，不敢马上见面。魏齐一气之下，自杀。赵丹砍下他的人头，送给秦王国，秦王国才把赵胜送回。

魏齐虽贵为宰相，但本质上跟须贾一样，不过官场混混，他在流别人的血、使别人痛苦，表示他的忠义时，慷慨激昂，神采飞扬。等到需要流自己的血来维护国家的安全时，却卑劣的弃职潜逃。凡是残暴的人，没有一个不胆小如鼠。想当年他巍坐高堂，下令对范雎苦刑拷打，何等凛然，再也想不到会有今日，胆小如鼠之辈，因为坚信对手不能翻身，才忽然胆大包天。魏齐直到临死，都没有一句话对自己过去诬陷忠良的行为，表示歉意，反而愤怒的斥责别人不够朋友。咦，他竟要天下人都为他一个人的罪恶去送命受苦，可算是中国历史最古老的一个人渣。他的下场，使天下所有负屈受冤的孤苦灵魂，都扬眉吐气。读者先生如有酒在手，请干一大杯。

5 九月，秦王国（首都咸阳）五大夫（秦官第十二级）王陵，率军攻击赵王国（首都邯郸）。白起卧病，不能远行。

纪元前二五八年 癸卯

周赧王	五十七年
鲁顷公	十六年
秦昭襄王	四十九年
楚考烈王	六年
齐田建	七年
魏安釐王	十九年
韩桓惠王	十五年
赵孝成王	八年
燕武成王	十四年
卫怀君	二十五年

1 正月，王陵攻击邯郸（赵首都，河北省邯郸市），失利。秦王国（首都咸阳〔陕西省咸阳市〕）大举增援，仍不能取胜。白起病愈，秦国王（三任昭襄王）嬴稷打算要他接替王陵。白起说："邯郸实在不容易夺取，而各国救兵又逐渐集结。那些国家长久以来，对秦王国的怨毒至深。我们虽然在长平（山西省高平市西北）打了胜仗，可是将士死亡过半，国内空虚。隔着千山万水，争夺别人的首都，赵王国内线作战，各国救兵外线包围，我们的军队实处于险境。"嬴稷发现国王

既使不动他，又派范雎前往敦促。白起推辞说旧疾复发，始终不接受命令。无可奈何，嬴稷改派王龁接替王陵。

2 赵国王（三任孝成王）赵丹派平原君赵胜到楚王国（首都陈丘〔河南省周口市淮阳区〕）求救，赵胜遴选二十位文武俱备的宾客随从，只得到十九人，另一人再也物色不到。毛遂向赵胜自我推荐，赵胜说："一个贤能的人才，活在世界上，好像铁锥放到口袋里，尖端会立刻显露。先生在我这里，有三年之久，从没有人称道你，我也不知道你，是先生没有才干的明证，还是请你留下。"毛遂说："我请求随你前往，正是要把铁锥放到口袋里。如果已经放到口袋里，早就连锥柄都破袋而出，不仅只露出尖端而已。"赵胜勉强允许。十九人你看我，我看你，面露讥笑。

赵胜既到楚王国（首都陈丘〔河南省周口市淮阳区〕），跟国王（二十三任考烈王）芈完会谈，重提缔结南北合纵同盟，分析利害，从早上谈到中午，不能决定。毛遂突然站起来，右手按着剑柄，迅速登上台阶，对赵胜说："合纵同盟的利害，简单明了，两句话就可说完，从早上谈到中午，还在喋喋不休，原因何在？"芈完大发雷霆，喝令："还不下去，我跟你的主人说话，哪有你插嘴的份儿？"毛遂做出随时都可以出击的姿势，紧握剑柄，走到芈完前面说："大王所以敢对我随意吆喝，仗着楚王国的百万雄兵罢啦。可是，十步之内，你那百万雄兵可一点用处都没有。大王必须知道，你的性命掌握在我的手里，当着我主人的面吆喝我，是什么意思？子天乙（商王朝一任帝）只有七十华里的土地，就当了天子。姬昌只有一百华里的土地，就使所有封国国君臣服，他们靠的不是军队多和战斗力强，而是抓住机会，发挥威力。现在，楚王国拥有五千华里广大土地，战士一百余万人，这是当霸主的资本。以楚王国的强大，天下无人可以抵挡。白起，不过无知之辈，率领几万人，发动攻击，一战攻陷鄢城（湖北省宜城市南）、郢都（楚故都，湖北省江陵县），再战烧掉祖先坟墓所在的夷陵（湖北省宜昌市），三战凌辱大王的祖先（白起摧毁楚王国太庙，参考前二七九年、前二七八年）。这是楚王国百世怨毒，连赵王国（首都邯郸）都感到羞辱，大王却并不在意。南北合纵同盟，事实上是为了楚王国，不是为了赵王国。在我主人面前，为什么吆喝我？”芈完连连道歉说：“谢谢你的解释，楚王国决定追随赵王国。”毛遂说：“既然如此，是不是现在就可订约？”芈完说：“现在就订。”毛遂吩咐芈完的侍从说：“请把鸡、狗、马的血拿来。”（结盟时，因身份不同，用的血也不同。天子国王用牛血、马血，封国国君用狗血、猪血，国务官以下用鸡血。此次盟约，毛遂决心参加一份，所以加上鸡血，混杂使用。）毛遂把畜牲的血倾到铜盘里，在芈完面前跪下呈献，说：“大王应先歃血，表示缔约决心，然后是我的主人，然后是我。”于是就在宫殿之上，歃血礼成（歃，音shà〔煞〕。歃血，把血涂到口唇上，表示饮到肚子里，神明共鉴，永不反悔）。毛遂左手拿着铜盘，右手招请十九人说：“就在这殿堂之下，你们也参与这次歃盟。各位庸碌之辈，因人成事而已。”赵胜既跟楚王国缔结盟约，遂返赵王国，对人说：“从今以后，我再不敢说我能看透了人。”尊崇毛遂做上宾。楚王国（首都陈丘）派黄歇率大军北上赴援。

3 魏国王（四任安釐王）魏圉（音yǔ〔雨〕），也派大将晋鄙，率军十万人，北上赴援。秦国王（三任昭襄王）嬴稷派人警告魏圉说：“我攻击赵王国（首都邯郸），早晚就可到手。如果谁敢来救，等我灭掉赵王国之后，下一个就攻击他。”魏圉心战胆惊，下令晋鄙停止前进，就在邺城（河北省临漳县西南邺城镇）扎营，名义上赴援，实际却在那里观望。

魏圉再派大将新垣衍，从小径进入邯郸（河北省邯郸市），透过赵胜，向赵国王（三任孝成王）赵丹建议，只有一个办法可以使秦军撤退，那就是由魏王国和赵王国，联名尊奉嬴稷称“帝”——天子，也就是天下的共主。齐王国人鲁仲连这时正在邯郸，听到这个消息，拜访新垣衍说：“秦王国（首都咸阳）是一个野蛮国家，不懂得礼义，只懂得战争。他如果妄自尊大，称‘帝’以临天下，我宁可跳东海而死，也不愿受他的管辖，当他的臣民。魏王国并没有发现称帝的害处，嬴稷如果称帝，我能教他把你们国王魏圉，剁成肉酱。”新垣衍不高兴说：“你怎么能教他把我们国王剁成肉酱？”鲁仲连说：“我当然能，现在就告诉你理由。从前，九侯、鄂侯、姬昌，是商王朝末任帝子受辛（纣帝）的三公。九侯把他漂亮的女儿，呈献给子受辛当小老婆，子受辛讨厌她，就把九侯剁成肉酱。鄂侯竭力规劝，反复替九侯申冤，子受辛把鄂侯晒成肉干。姬昌只叹了一口气，子受辛就把他囚禁羑里（河南省汤阴县东北。羑，音yǒu〔友〕）的一座仓库里一百天，企图置他于死地。现在，秦王国是一万辆战车的国家，魏王国也是一万辆战车的国家。各在各的一万辆战车的国家内，各称各的国王，却只因瞧见对方打了一次胜仗，就吓破了胆，打算尊他当‘帝’当‘天子’，而自己却退缩到随时会被剁成肉酱、被晒成肉干的卑微地位。问题是，事情并不到此为止，秦国王称帝之后，他就有法定的资格，行使天子的权力，发号施令，谁敢不遵？他开始更换各国的大臣，他将排除他认为的坏蛋，而任命忠于他的所谓贤能。排除他所憎恨的，给予他所心爱的。接着是，他们将遴选秦王国的美女，当各国国王的王后姬妾。这些女人塞满了魏王国的皇宫，魏王国还能安枕？而将军你，你又有什么办法保持国王对你的宠爱和信任？”新垣衍起身，再三致谢说：“我现在才知道先生是天下奇才，我即刻回去，不敢再提这码子事了。”

4 燕王国（首都蓟城〔北京市〕）国王（六任）武成王（名不详）逝世，子孝王（名不详）继位（七任）。

5 最初，魏王国（首都大梁）信陵君魏无忌礼贤下士，宾客有三千人。大梁（魏首都，河南省开封市）隐士侯嬴，年已七十岁，家庭贫苦，担任大梁北门的守门官（夷门监）。魏无忌大宴宾客，等大家坐定，他带着随从，驾着马车，空出左边座位（左边空位，在对方看起来，则是右方，乃是尊位），亲往迎接。侯嬴破衣破帽，上车之后，也不谦让，径自在空位上坐下。魏无忌手执缰绳，越发恭敬。侯嬴对魏无忌说："我有一位朋友，在闹市当屠夫，请顺道前往探望。"魏无忌驾车直到闹市，侯嬴下车探望他的朋友朱亥，故意说个没完，一面斜眼观察，魏无忌脸色更加温和，这才告辞上车。到了魏无忌家，请侯嬴上座，一一介绍在座的宾客，宾客们大为震惊。

等到秦王国（首都咸阳）包围邯郸（赵首都，河北省邯郸市），赵胜的妻子，是魏无忌的姐姐。赵胜派到魏王国的使节，一个接连一个，昼夜不停，并且向魏无忌抱怨说："我所以敢以姻亲的缘故麻烦你，实因为你有高义，急人之困。现在邯郸在重围之中，朝不保夕，早晚就要陷落，而贵国救兵不来。你纵然看轻我，把我抛弃，独不怜念你的姐姐，也要遭此浩劫？"魏无忌屡次请求魏圉下令晋鄙进军，又透过大臣、宾客，千言万语向魏圉游说，但魏圉态度坚决。魏无忌悲愤交集，无可奈何。最后，他集结宾客及一百余辆战车，轻骑直进，准备在赵王国境内战死。

人马经过北门（夷门）时，看见侯嬴，侯嬴说："王子努力，我可是不能追随。"魏无忌走了几里路，越想越不是滋味，于是又转回来，再拜见侯嬴。侯嬴笑说："我知道你会回来，现在，你陷在窘境之中，准备跟秦军一拼，就好像用肉包子投掷饿虎一样，有什么意义？”魏无忌请他指示可行的方法，侯嬴教遣开随从，秘密告诉他：“我听说，可以调遣晋鄙的兵符，放在国王卧室里（调兵遣将、颁布军令，都用兵符作为信物。符是铜制的，上面铸出虎像，表示勇猛，所以也称“虎符”。把铜符从当中纵剖为二，一半交给出征的统帅，一半由国王保存，国王任何命令，都须用兵符作证，两半完全密合，才可接受），国王最宠爱的如姬，只有她才有可能把它偷出来。听说你曾经代如姬报杀父之仇，如姬愿为你效死。只要你一开口，定可得到兵符。兵符到手，就可率领晋鄙大军，北上救援赵王国（首都邯郸），击走秦军，这是五霸的勋业。”

一切按照计划行事，魏无忌果然拿到兵符，临行时，侯嬴说：“将在外，君令有所不受。虽然兵符相合，假如晋鄙仍拒绝交出军队，而向国王请示，事情就全部失败。我的朋友朱亥，是有名的大力士，可随你一同前往，晋鄙如果交出兵权便好；否则，就教朱亥下手击杀。”于是出发，到了邺城（河北省临漳县西南邺城镇），晋鄙在验明兵符后，果然满腹疑虑，看着魏无忌说：“我率领十万大军，驻防边境，你单车匆匆，就要接任统帅，岂不是有点儿戏？”朱亥掏出密藏在宽袖中重约四十斤的铁锤，照晋鄙头上闪电般猛烈一击，晋鄙万料不到有此巨变，霎时间死在铁锤之下。魏无忌重新部署大军，下令说：“父子都在军中的，老爹回国；兄弟都在军中的，老哥回国；没有兄弟的独生子，回家奉养父母。”

最后，挑选精兵约八万人，向邯郸（赵首都，河北省邯郸市）挺进。秦王国（首都咸阳）大将王龁围攻邯郸一年有余，不能攻破，各国救兵陆续抵达，秦军几次大规模进攻，都没有收获。白起听到消息，忍不住说：“大王不听我的意见，现在怎样？”嬴稷老羞成怒，强迫白起出任统帅，白起宣称他的病势转重，不肯接受。

纪元前二五七年 甲辰

周赧王	五十八年
鲁顷公	十七年
秦昭襄王	五十年
楚考烈王	七年
齐田建	八年
魏安釐王	二十年
韩桓惠王	十六年
赵孝成王	九年
燕孝王	元年
卫怀君	二十六年

1 十月，秦王国（首都咸阳〔陕西省咸阳市〕）国王（三任昭襄王）嬴稷，下令免除白起所有爵位和职务，贬作士兵，放逐到阴密（甘肃省灵台县）。

十二月，秦王国再度动员兵力，增援前方，先锋抵达汾城（山西省新绛县）。白起因病，不能启程。时各国援军攻击王龁，王龁屡次战败，向政府紧急求救的使节，络绎于途。这使嬴稷更为火爆，下令强迫白起出发，不准在首都咸阳（陕西省咸阳市）片刻逗留。白起只好离开，出咸阳西门十里，到了杜邮（陕西省咸阳市东北〔秦首都咸阳城西南小镇〕）。嬴稷跟范雎以及高级官员商议："白起对加到他身上的处罚，表示不满，而且还发牢骚……"嬴稷派人送给白起一把宝剑，白起接剑后，知道君王的用意，遂举剑自杀。秦王国军民同情白起的冤狱，乡村聚落间，都为他设坛祭祀。

白起最大的罪恶，是长平（山西省高平市西北）杀降。然而，对秦王国（首都咸阳）而言，他功勋盖世。他之拒绝担任大军统帅，可能是在斗气，也可能确实预见到必不能胜。秦王国对败军之将，处分严厉，他不敢冒这个险。但更有一种可能是，他真正患病。问题是，专制体制之下，不允许任何人有个性。白起胆敢拒绝君王恩赐的高官，已犯了大忌（轻视官爵就是轻视君王，君王全凭这个法宝维持他的权威），而在被贬逐之后，竟然仍不满意，还发牢骚，这种行为，谓之“怨望”。因此，官场中的狡猾之辈，一旦受到迫害或委屈，不但不敢表示不满、口吐真言，反而诚惶诚恐，自认“臣罪当诛”和“天王圣明”。希望首领肯定他的忠贞不贰。重罪或可免死，轻罪或可重新出头。

2 魏王国（首都大梁〔河南省开封市〕）信陵君魏无忌，在邯郸（赵首都，河北省邯郸市），大败秦军，王龁解围撤退。大将郑安平陷于重围，率二万人投降赵王国，范雎由是受到谴责（郑安平是范雎的救命恩人，一同逃奔秦王国，被保荐出任大将，参考前二七〇年，从郑安平的二万人大军无法撤退一事，可窥知秦军失败之惨。这是自前四世纪五〇年代，公孙鞅变法以来，九十年间，秦王国第一次受到重创。国力大减之后二十年间，使秦王国无力发动类似这次灭国性的大规模攻击）。

魏无忌既救了赵王国，不敢回魏王国，就跟他的宾客们，在赵王国定居，派人领大军回魏王国。赵国王（三任孝成王）赵丹，跟平原君赵胜商议，要封五个城市给魏无忌。赵丹亲自迎接魏无忌进宫，

纪元前三世纪·前二五八年正月至前二五七年十二月　魏无忌救赵，邯郸解围

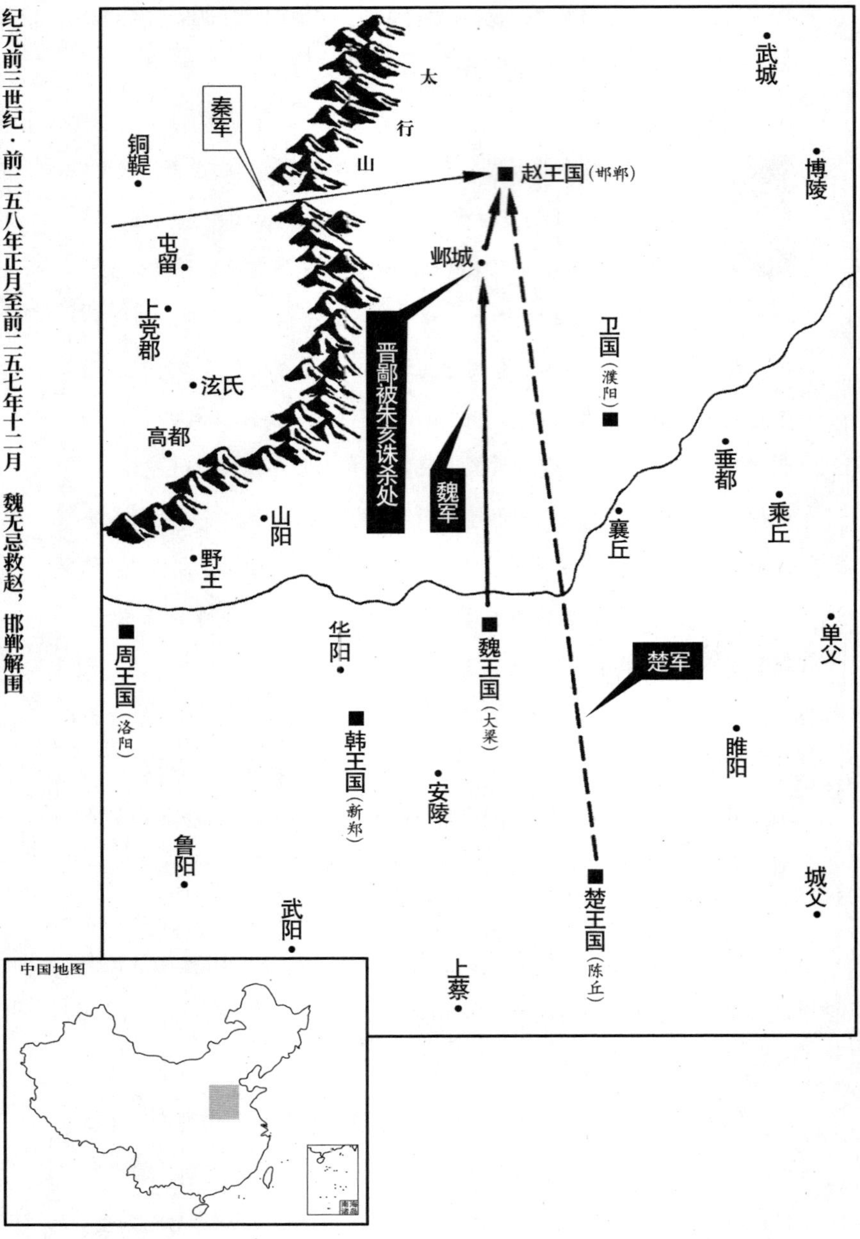

太行山
秦军
铜鞮
赵王国（邯郸）
武城
博陵
屯留
邺城
上党郡
晋鄙被朱亥诛杀处
卫国（濮阳）
泫氏
高都
魏军
垂都
乘丘
襄丘
山阳
野王
周王国（洛阳）
华阳
魏王国（大梁）
单父
楚军
韩王国（新郑）
睢阳
安陵
鲁阳
城父
武阳
楚王国（陈丘）
上蔡
中国地图
南海诸岛

毕恭毕敬，用最尊贵的礼节，请魏无忌登上西阶。魏无忌谦虚辞让，侧着身子，从东阶上去，不敢以国宾自居，并表示自己只是戴罪之身，辜负祖国（魏王国），而又对赵王国没有太大帮助。赵丹跟魏无忌欢宴饮酒，直到黄昏，不好意思出口封他五个城市。但到了最后，赵丹仍把最大的一座城市鄗城（河北省柏乡县北）送给魏无忌当汤沐邑（用全县的税收作为沐浴费用）。魏王国对这位杀将夺兵的叛徒，不敢开罪，仍维持他信陵君的爵位。

魏无忌听说赵王国赌徒毛先生、卖甜酒的薛先生，都雄才大略，打算拜访，两人拒绝。魏无忌就不带车骑，单身跟他们结伴，赵胜不以为然。魏无忌说："我知道赵胜贤能，所以不惜背叛祖国，为赵王国牺牲。现在才发现赵胜所以接纳朋友，不过是一种大丈夫的豪迈之情，目的不在为国家物色栋梁。我跟这两位在一起，唯一害怕的是他们不肯交我这个朋友，赵胜却反而当成羞辱。"假装要告辞他往。赵胜一再道歉，才留下来。

赵胜打算封鲁仲连，以酬庸他折服新垣衍尊秦称帝的建议。使节去了三次，鲁仲连始终不肯接受。赵胜又赠送他黄金二十四万两，鲁仲连笑说："大丈夫最可贵的是，替别人排除灾难，解决困惑，而不要报酬。如果要报酬，那可是商人做生意的事。"向赵胜告辞，终身不再相见。

3 秦王国（首都咸阳）太子嬴柱的大老婆（太子妃）华阳夫人，没有儿子。小老婆夏姬，生了一个儿子嬴异人。嬴异人被送到赵王国（首都邯郸）充当人质。由于秦王国屡次侵略，赵王国对他并不重视，礼貌也不周到。嬴异人在皇家血统中的地位，十分卑微（庶孽孙），所以从国内送来的生活费用，寥寥无几，生活艰难，前途暗淡。然而，他的命运突然好转。阳翟（河南省禹州市）巨商吕不韦，恰好来邯郸（赵首都，河北省邯郸市），看见了他，拍桌子说："他是一件难得的货物，可囤积起来卖大价钱。"于是拜访嬴异人，告诉他："我可以光大你的门户！"嬴异人失笑说："留点劲光大你自己的门户吧。"吕不韦说："我当然也要光大我的门户，但是却在光大了你的门户之后。"嬴异人心中一动，请他上座密谈。吕不韦说："秦国王（三任嬴稷）年纪已老（嬴稷本年已在宝座上坐了五十一年），随时会死，太子（嬴异人的老爹嬴柱）最宠爱华阳夫人，而华阳夫人却没有儿子。你们兄弟二十余人中，嬴傒（嬴异人的老哥，可能是异母兄，虽也是庶子，但却受到重视），已被公认为合法的继承人，有名的智囊士仓，又是他的助理，更如虎添翼。你在国内时，本来并不特别受到宠爱，现在又充当人质，长期羁留外邦。老爹一旦逝世，你绝对没有继承宝座的可能。"嬴异人说："那怎么办？"吕不韦说："有权力决定谁是王储的，只有华阳夫人。我虽然没有钱，但我愿意拿出二十四万两黄金，前往秦王国，为你夺取这个位置。"嬴异人喜不自胜说："如果你的计划可以实现，我愿意把秦王国分出一半，跟你共同治理。"

吕不韦一次付给嬴异人黄金十二万两，使他在邯郸（赵首都，河北省邯郸市）广交朋友，用以制造美好的声誉（有钱而慷慨，美誉自至），吕不韦自己携带黄金十二万两，前往咸阳（秦首都，陕西省咸阳市），先行结纳华阳夫人的姐姐，请老姐转献给华阳夫人珍奇礼物，利用老姐的嘴，赞扬嬴异人贤能，宾客满天下，尤其孝顺，常常思念老爹（太子）、娘亲（华阳夫人），说："夫人就是我的天！"华阳夫人听了，十分高兴。在经过一段密切交往之后，吕不韦再透过华阳夫人的老姐，向华阳夫人提出警告说："靠着自己美丽容貌得到宠爱的，一旦美丽容貌消失，爱情也就跟着消失。夫人的宠爱已到极点，却没有儿子，如果不在权势巅峰时早早在庶子群中培养一位贤才，提拔他当作嫡子。万一有那么一天，美丽早上衰退，爱情晚上就会溜走，即使想开口说一句话，恐怕也不可能。庶子群中，嬴异人最有才干，他自己知道他在庶子群中，上有哥哥，下有弟弟，嫡子根本没他的份儿。夫人如果特别垂爱他，是嬴异人本没有国家而忽然有了国家，夫人本没有儿子而忽然有了儿子。则夫人的尊荣，将在秦王国永存。”

华阳夫人承认这种分析有理，趁着一个机会，对嬴柱说：“孩子中有一个叫异人的，才能品德，都十分卓越，常常听到有人夸奖。”因而流下眼泪说：“我不幸不能为你生一个儿子，愿收异人当我的儿子，我有了儿子，也可托付终身。”嬴柱既爱华阳夫人爱得发紧，当然一口答应，跟她剖开玉石，作为符信。老爹娘亲遂即赏赐给嬴异人很多金银财宝，并且请吕不韦当他的师傅。嬴异人的英名，逐渐在各国君王中传播。

吕不韦更进一步控制嬴异人。吕不韦先娶了一位在邯郸（赵首都，河北省邯郸市）数一数二的绝世美女（赵姬），等到她怀了身孕。一天，嬴异人到吕不韦家欢宴，看见了她，神魂飘荡，请赠送给自己。吕不韦假装大发雷霆：“怎么，朋友妻，不可欺！”闹了一阵之后，仍是把她赠送给嬴异人。怀孕共怀了一年，生下一子嬴政。嬴异人就立那位赵姬当夫人。

邯郸（赵首都，河北省邯郸市）围城时，赵王国要杀嬴异人。嬴异人跟吕不韦用黄金六百斤贿赂守卫，逃出来投奔秦军，一同撤退。到咸阳（秦首都，陕西省咸阳市）后，嬴异人改穿楚王国（首都陈丘〔河南省周口市淮阳区〕）的衣服，拜见华阳夫人，华阳夫人深为感动说：“我是楚国人，你当然是我的儿子。”并把嬴异人改名嬴楚。

纪元前二五六年 乙巳

周赧王	五十九年
鲁顷公	十八年
秦昭襄王	五十一年
楚考烈王	八年
齐田建	九年
魏安釐王	二十一年
韩桓惠王	十七年
赵孝成王	十年
燕孝王	二年
卫怀君	二十七年

1 秦王国（首都咸阳〔陕西省咸阳市〕）大将摎（姓不详。摎，音𠃨〔纠〕），攻击韩王国（首都新郑〔河南省新郑市〕），占领阳城（河南省登封市东南）、负黍（登封市西南），杀四万人。再攻击赵王国（首都邯郸〔河北省邯郸市〕），占领二十余县，斩杀及俘虏九万人。

2 位于洛阳（河南省洛阳市白马寺东）的周王国国王（四十三任赧王）姬延，忽然大起恐慌，秘密跟各王国联络，企图重组南北合纵同盟，由姬延亲自率领联军，出伊阙（河南省洛阳市南五公里），攻击秦王国，切断秦军粮道，使它再不能进入阳城（河南省登封市东南）。秦军的反应迅速而猛烈，大将摎（姓不详）率军直抵洛阳，生擒姬延，掳往秦王国献俘。周王国所属三十六个城市，人口总计三万，全部并入秦王国。

稍后，又把姬延放回，贬作平民，就在本年（前二五六），死于洛阳。

周王朝自纪元前一一三四年一任王姬发即位，到本年（前二五六）四十三任王姬延死亡，共立国八百七十九年，悄悄消失，没有引起一丝涟漪和一声抗议。“共主”“天子”，何等神圣，时候来到时，不值一文。周王国到了只剩下三十六个城市和三万人口，已没有资格过问国际政治，甚至连“大起恐慌”的资格都不具备。唯一的一条路，只有静观待变。而姬延却忽然大展宏图，我们虽不在场，但可以想象：慷慨激昂，“有土一城，有众一旅”，如少康中兴的话，一定说了一箩筐。等到国亡家破，那些大言不惭之徒，当然不知去向。

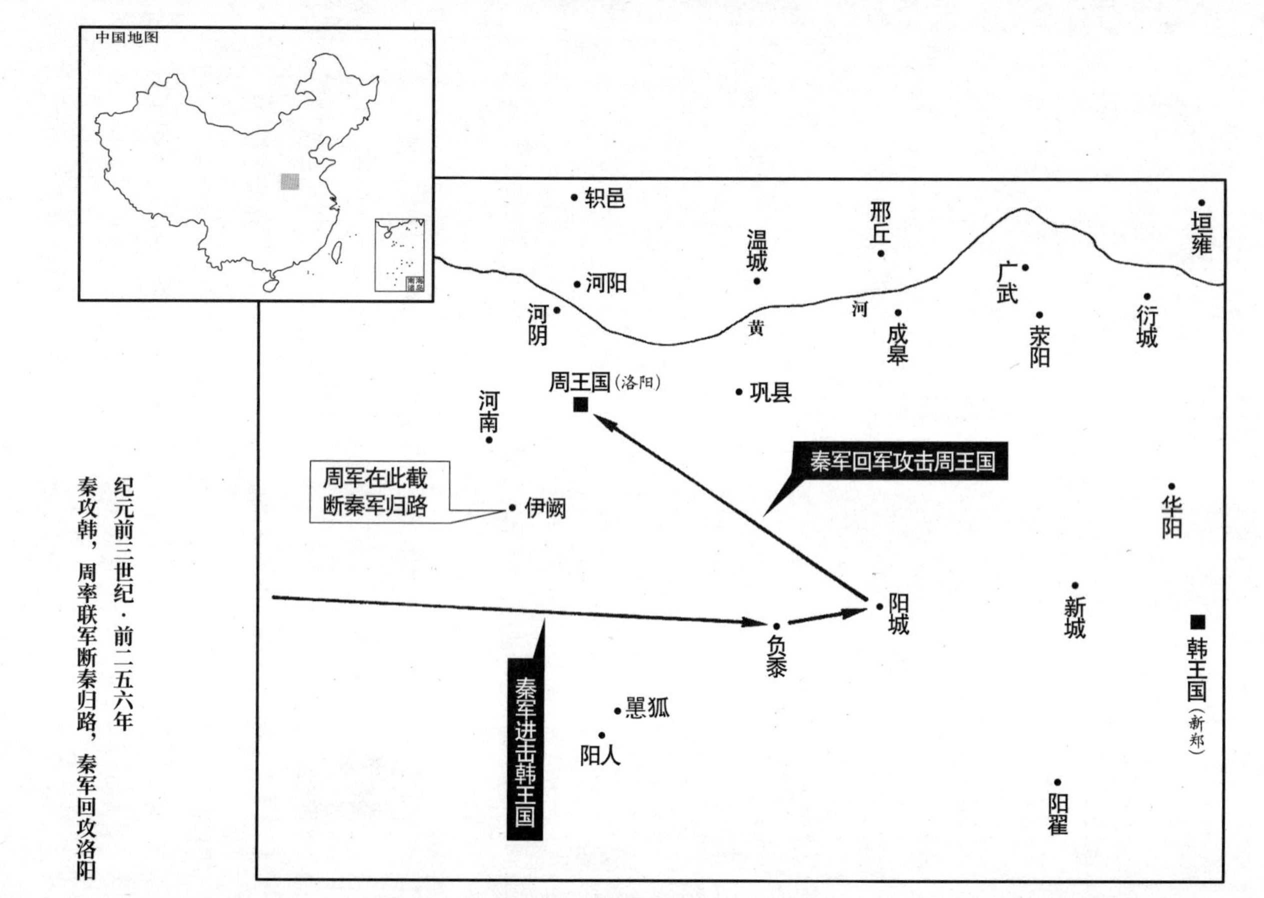

纪元前三世纪·前二五六年

秦攻韩，周奉联军断秦归路，秦军回攻洛阳

纪元前三世纪·前二五六年　秦灭周，九国并立

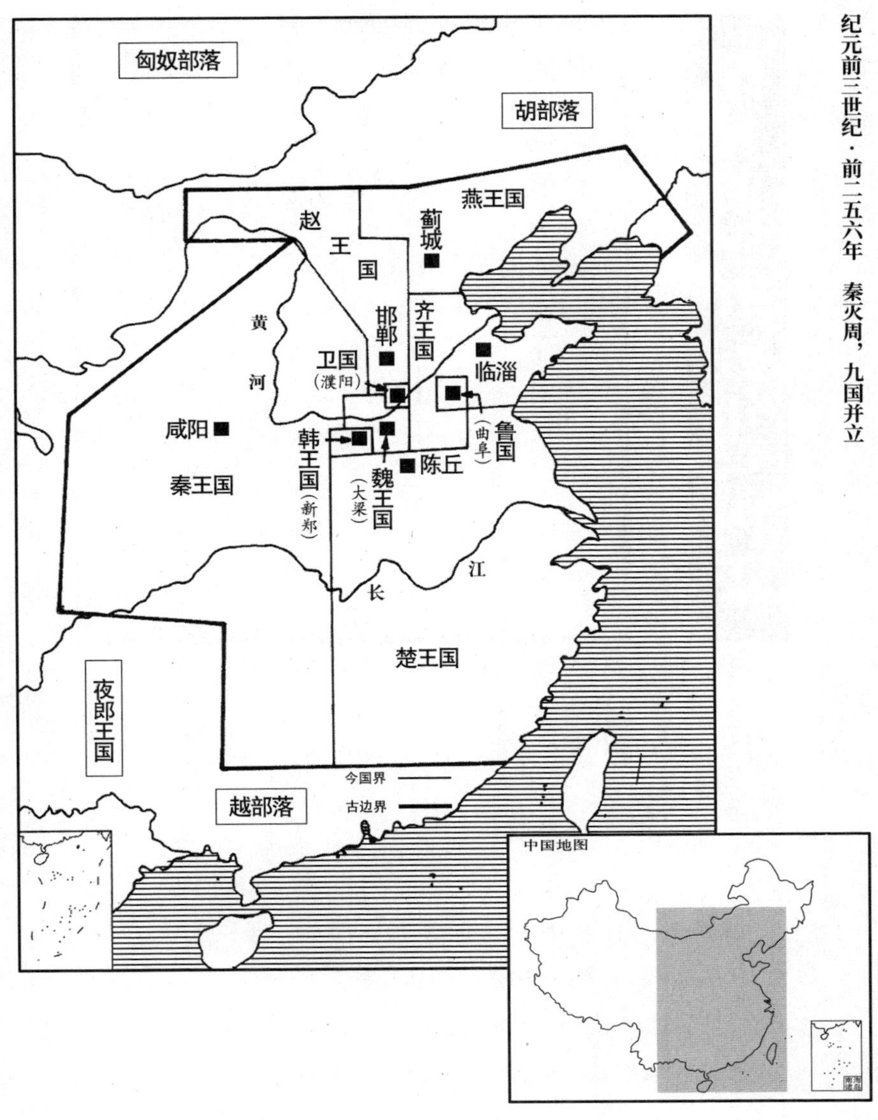

纪元前二五五年 丙午

鲁顷公	十九年
秦昭襄王	五十二年
楚考烈王	九年
齐田建	十年
魏安釐王	二十二年
韩桓惠王	十八年
赵孝成王	十一年
燕孝王	三年
卫怀君	二十八年

1 秦王国（首都咸阳〔陕西省咸阳市〕）河东郡（安邑〔山西省夏县〕，魏王国故都）郡长（守）王稽，被指控跟外国秘密勾结，斩首。应侯范雎心情蒙上严重阴影（范雎得晋见秦国王嬴稷，是王稽的推荐〔参考前二七〇年〕。后来，范雎又推荐郑安平。秦王国法律，被推荐的人犯法，推荐人也要受到同样的处分。稍早，郑安平投降赵王国〔参考前二五七年十二月〕，王稽又以叛逆罪处决，范雎处境，岌岌可危）。一天，嬴稷在朝会上，忽然叹息，范雎探询他苦闷的原因，嬴稷说："现在，白起已死，郑安平、王稽又都背叛。内无良将，可是外面的

敌国却多的是，不由人不忧虑。”范雎毛骨悚然，不知道用什么话回答。燕王国（首都蓟城〔北京市〕）人蔡泽得到信息，遂到秦王国（首都咸阳），先请人把话传到范雎耳朵：“蔡泽是一位著名的雄辩之士，他一旦晋见国王，就会把你推入困局，夺取你的高位。”范雎七窍生烟，派人把蔡泽找来。蔡泽态度傲慢，范雎不高兴，盛气向他说：“你宣传说要接替我当宰相，请你把事情说清楚。”蔡泽说：“这就怪啦，你的见解怎么迟钝到这种程度？像春夏秋冬，四季更替，都在各自完成它们的任务之后，隐身退去。难道没有看见秦王国的公孙鞅、楚王国的吴起、越王国的文种，你可愿意有那种结局？”范雎嘴硬说：“有什么不愿意的？你所举的三位先生，他们都怀着最高贵的仁义，最彻底的忠心。大丈夫杀身成名，死而无恨。”蔡泽说：“人们追求功勋，哪一个不盼望全身而退。身体和名誉都能保持，是最最上策。拥有美好的名誉而丧失生命，就次一等。形象破坏，却偷生于世，那是下等货色。像公孙鞅、吴起、文种，他们站在人臣立场，效忠国家，可以说如愿以偿。问题是，闳夭、姬旦（二位都是周王朝开创大臣），难道不效忠国家？前面三位先生，岂不盼望也能跟他们二人一样？”范雎说：“当然。”蔡泽说：“当今国王（嬴稷）对保护功臣故旧的态度，能不能比嬴渠梁（秦孝公，任用公孙鞅）、芈疑（楚悼王，任用吴起）、姒勾践（越国王，任用文种）？”范雎说：“不知道将来会怎么样。”（这又是嘴硬的话，逼杀白起，还不够说明？）蔡泽说：“你的功劳，比那三位先生如何？”范雎承认不如。蔡泽说：“既然如此，你还不肯下台，大祸恐怕比他们还严重。俗谚说：‘太阳到了中天，一定会下降。月亮圆了之后，一定会残缺。进、退、发展、减缩，随着时间，不断变化，这就是圣人法则。’而今，你恩也报完，仇也报尽，愿望完全满足。不应因变局，我替你感到担心。”范雎大梦方醒，把蔡泽尊为贵宾，推荐给嬴稷。嬴稷跟他面谈，十分投机，任命他当外籍顾问官（客卿）。范雎乘机声称有病，呈请辞职。嬴稷正喜欢蔡泽的才能，遂任命蔡泽当宰相（相国）。蔡泽当宰相只几个月，就被免职。

2 楚王国（首都陈丘〔河南省周口市淮阳区〕）春申君黄歇，任命荀况当兰陵（山东省兰陵县）县长。

荀况，是赵王国（首都邯郸〔河北省邯郸市〕）人，曾经跟临武君（名不详）在赵国王（三任孝成王）赵丹面前，讨论军事，赵丹说："请告诉我军事重点是什么？"临武君说："上得天时，下得地利，严密监视敌人。比敌人后出发，却比敌人先到达，这就是重点。"荀况说："不然。古人的道理是：发动攻击，必须人民跟军队同心合力。弓和箭如果不能密切配合，神射手后羿也无法射中目标。六匹马如果不能和平共驰，神驾驶造父也无法把车辆驶得太远。战士和人民如果不合作，子天乙（商王朝一任帝）、姬发（周王朝一任王）也没有必胜的把握。能使民心归附认同，才是伟大的军事家。所以，军事的重点在于上下一心，精诚团结。"临武君说："不然。军事上重视的，是创造形势，趋利避害，诡诈百出。名将作战，急如闪电，神秘莫测，没有人知道会从哪里发动。孙武、吴起，战无不胜，攻无不取，不见得一定都得到人民支持。"荀况说："不然。我所说的，是仁人的用兵之道，和天子的伟大事业。而你的着眼点，却只在权力、谋略、形势、利害上打转。仁人用兵——只要他是仁人，对他就不可能使用诈术。凡是可以用诈术对付的人，都是粗心大意之辈，或者对方军心厌战，长官与部属之间，貌合神离。姒履癸（桀）用诈术对付姒履癸（桀），还不见得成功。如果姒履癸（桀）用诈术对付伊祁放勋（尧），那就好比拿鸡蛋去打石头，或把手指伸到滚水里，或奋不顾身的跳到水潭火窟，结果不是淹死，就是烧焦。所以仁人的军队，上下一心，三军同力。臣僚跟君王的关系，部下跟长官的关系，好像儿子对父亲、老弟对老哥，如同手臂保卫头颅、眼睛、肚腹、胸膛。用诈术突袭他，跟先警告他而后攻击，事实上是一样的。而且仁人的国家如果有十里，他的视界会超过百里。如果有百里，他的视界会超过千里。如果有千里，他的视界将广及四海。那将使他有广阔的胸襟和锐敏的反应。所以，仁人的军队，集结时是战士，分散开就是良民。延伸时，像'莫邪'宝剑的长刃，碰上立即斩杀。近距离相接时，像'莫邪'宝剑的锋端，遇到立即死亡。平日扎营驻守，稳如磐石，胆敢冒犯，连角都被折断，狼狈而逃。暴君仗恃什么？唯一的仗恃是他的国家人民。如果敌国人民喜爱我们如同喜爱爹娘，喜爱我们的芳香如同喜爱芝兰。抬头上望他们的统治阶层，就好像将处黥刑（脸上刺字）的囚犯望见火焰，或好像一个被迫害的人面对着不共戴天的仇敌。人之常情，即令是暴君姒履癸、恶徒柳跖（春秋时代的名盗，柳下惠的弟弟，拥有九千余人的武力，横行不法），岂有效忠他所厌恶的，而残害他所喜爱的？那就跟教人的子女杀他的爹娘一样，根本不可能。一定会向我国报告他们的阴谋，泄漏他们的机密。那时候，底牌都放到明处，又有什么诈术可用？仁人主持政府，国家必定日趋强大，各国先归附的获得平安，后归附的受到惩罚。反抗的衰落，叛变的灭亡。《诗经》上说：'子天乙（商王朝一任帝）竖起大旗／手拿斧钺／战火燃烧／谁敢阻拦？'就是一个恰当的形容。"

赵丹、临武君同声说："你说得有道理。但请问：天子仁人处理军事，有什么可行的具体方法？"荀况说："君王贤明的，他的国家一定尽善尽美。君王如果是个脓包，他的国家一定混乱。倡导礼教、尊重仁义的，必然治理。破坏礼教、轻视仁义的，必然混乱。

秩序井然的国家强大，秩序混乱的国家衰弱。所以，礼教仁义，是国家的根本。在上位的能推广教化，人民才会归附。在上位的不能推广教化，人民就不可能甘心接受驱使。人民甘心接受驱使，则国家强大，不甘心接受驱使，则国家衰弱。推广教化，是强国的根本。齐王国（首都临淄〔山东省淄博市东临淄区〕）重视个人'技击'，凡砍下敌人一颗人头的，由政府出钱购买。用人头来论功过，即令打了败仗，只要有人头，照样赏赐。如果打了胜仗，而没有人头，也不给分文。这种军队，遇到脆弱的敌人，还可将就使用。遇到的敌人坚强，可就成了一盘散沙；好像空中飞鸟，只会各自逞能。这是亡国之军，不过在街头上招募的一群打手而已。魏王国（首都大梁〔河南省开封市〕）的战士，都经过考试，要穿上全副铁甲，可以拉开重量十二石（每石六十公斤，十二石合七百二十公斤）的强弓，身负羽箭五十支，手提长枪、头戴铁盔、腰挂宝剑，背着足够三天的粮食，每天行军一百华里。一旦通过考试，就免除他家的赋税，配给较好的耕地和住宅。可是，几年之后，战士们的体力，便开始衰退。而已免的赋税，不能再征。已赐的田宅，不能收回，改变办法又不容易。所以魏王国国土虽大，因税收减少的缘故，国库空虚，造成一种危机。秦王国（首都咸阳）地势险恶，政府对待人民，手段残酷，用权力驱使他们，用特务控制他们，用奖赏鼓励他们，用刑罚镇压他们。人民要想改善自己的生活和环境，除了拼命杀敌外，没有第二条路。功劳和赏赐，成正比例，只要能砍下敌人五个人头，就可以管辖五家，作为他们的首长。这是秦王国强大的原因，累积四世（二十五任孝公嬴渠梁、一任惠王嬴驷、二任武王嬴荡、三任昭襄王嬴稷）的努力，才能到这种程度，并不是一时的侥幸，更不是一时的运气。齐王国的'技击'军队，不能抵抗魏王国的'武卒'军队，魏王国的'武卒'军队，不能抵抗秦王国的‘锐士’军队。但秦王国的‘锐士’军队，不能抵挡姜小白、姬重耳的‘霸主’军队。而姜小白、姬重耳的‘霸主’军队，也不能抵挡子天乙、姬发的‘仁义’军队。凡是跟‘仁义’军队作战的，好像把一个脆弱的烧焦了的铁锅，投掷到石头上，它非粉碎不可。更主要的是，各国培养的都是追求名利的将领和战士，好像当雇工或做生意买卖。没有谁会为长官效死，也没有谁肯严守仁义情操。假定有一个国家能得到这种（仁义）治理国家方法的精髓，付诸实施，其他国家都会受到威胁。招募也好、考试也好、奖赏也好，都是一种诈欺，只有礼义教化（礼义教化，浓缩成为礼教，控制中国两千余年）才能使人民一心一德，精诚团结。所以我指出，用诈术对付诈术，还有巧有拙。用诈术对付万众一心，就跟用小刀对付泰山一样。子天乙（汤）之诛杀姒履癸（桀）、姬发（武）之诛杀子受辛（纣），从容进军，暴君下的人民都愿协助，诛杀二人等于诛杀两个地痞流氓。《泰誓》指出：‘独夫受洪惟作威’，就是说明。所以军民高度团结，可以平定天下。低度团结，也可以击败邻国侵略。那些招募、考试、奖赏的军队，有时胜、有时败，有时扩张、有时收缩，有时可以救亡、有时也可以覆灭。互相消长，起落不定，都属于‘盗兵’，天子仁人，并不重视。”

赵丹、临武君说：“你说得有道理，但请问：对于将领，如何选择？”荀况说：“智慧的人从不怀疑，做事的人最重要的是不要有过失。既经决定，不可后悔，到了不后悔的地步，已经至善至美。虽然决定不可动摇，但必须对下列事项，全力以赴：第一，法令规章必须严厉执行。第二，赏功罚过必须大公无私。第三，阵地营垒，粮秣财库，必须周密防守。第四，挺进撤退，调动行军，为求安全，必须慎重，为求快捷，必须迅速。第五，派遣间谍，必须深入敌营，和敌人将士接近。第六，一旦决战，一定要打有把握的仗，不打没有把握的仗：以上是所谓‘六术’。第一，不要因为我喜爱他就任命他当将领，也不要因为我讨厌他而不要他当将领，要以才干为准。第二，不要因为胜利而疏忽怠慢。第三，不要只顾到对内的尊严，而忘了必须建立对外的尊严。第四，不要只看见利，而忘了害。第五，对事必须深切考虑，反复磋商，对金钱必须慷慨；以上是所谓‘五权’。而将领们在下列三种情形下，可以不接受命令：第一，可以杀他，但不可以使他把军队带入绝地。第二，可以杀他，但不可以使他攻击必不能获胜的敌人。第三，可以杀他，但不可以使他凌虐人民；以上是所谓‘三至’。将领得到君王的任命，率领三军（上军、中军、下军），三军既各守岗位，官员们也秩序井然，政治运转，都纳入正轨。这时候，君王不能使他喜悦，敌人不能使他愤怒，这就是‘至臣’。处理事情时，态度严谨，从开始到结束，敬肃如一，这就是‘大言’。任何事业之所以能够成功，都在于先尊敬这项事业；而终于失败，主要原因在于疏忽它、轻视它。凡是敬业精神胜过惰怠心情的，是好兆头。凡是惰怠心情胜过敬业精神的，一定覆灭。为国家谋，压过为自己谋，可以达到目的。为自己谋，压过为国家谋，一定凶险。战时如平时，平时如战时，有建树时，并不自傲，反而像是侥幸得到。尊重你所拟定的谋略，不可懈怠。尊重你所处理的业务，不可懈怠。尊重你的助理官员，不可懈怠。尊重你的军队人民，不可懈怠。尊重你的敌人，不可懈怠；这是‘五不懈怠’。谨慎的把握‘六术’‘五权’‘三至’，再加上‘五不懈怠’的严肃态度，用这种人当将领，可以上通神明。”

临武君说：“你说得有道理。但请问：天子军队如何维持纪律？”荀况说：“将领死于战鼓，前进时，将领阵亡，鼓声不绝。车夫死在车旁，战车攻击，车夫阵亡，手中仍紧握缰绳。军官死于职责，无论多么危急，决不逃避。高级官员死于军营，不图享受。听到战鼓，即行挺进，听到锣声，即行撤退。最主要的是遵守命令，其次才是功劳。不准挺进而挺进，犹如不准后退而后退，处分相同。绝对不可以杀老弱，绝对不可以摧残耕地。投降的不再囚禁，抵抗的绝不赦免，逃亡的不去追捕。诛杀的对象不是平民，而是那些欺压平民的暴徒。平民为残暴的统治阶层作战，他也是残暴之辈。所以，顺我者生，逆我者死，逃亡者不再追究。周王朝把不断规劝子受辛的子启（微子），封到宋国（河南省商丘市），把专门谄媚子受辛的曹触龙，绑赴军营诛杀，对于来归附的商王朝人民，所施的种种关切，跟对于周王朝自己的人民，没有分别。近距离的人歌颂欢乐，远方的人跌跌撞撞拼命前来投奔。无论是多么落后荒僻的地方，都受到妥善照顾。四海之内，亲密得像一家人，凡人迹所到的地方，莫不服从，这就是‘人师’。《诗经》说：‘自西自东，自南自北，无不心服口服。’就是指此而言。王者（天子、圣人、仁人）的军队，有诛杀而没有战争。不攻击城镇，不发动冲锋，敌人上下庆幸。不屠杀、不偷袭、不俘虏，动员军队，不超过农闲时期。因此，乱国的人民，喜爱我们，厌恶他们的政府，欢迎前往解救。”临武君说：“你说得有道理。”

陈嚣问荀况说：“先生谈论军事，总是认为仁义才是根本。问题就出来了，仁者有爱心，义者有理性、有法则，怎么能统军作战？统军作战，就是为了争取胜利。”荀况说：“这就不是你所能了解的了。仁者有爱心，正因为有爱心，才厌恶害人的人。义者有理性有法则，正因为有理性有法则，才厌恶摧残理性、摧残法则的人。军事行动的目的，是除暴安良，不是夺取权力和财产。”

柏杨曰

司马光用六七千字的巨大篇幅，引述荀况的论点，对这项论点，显然认同。荀况是儒家学派的修正主义者，在他思想中，已透露法家学派的信息。他跟孟轲一样，是一位雄辩家，但他没有孟轲可爱。孟轲虽然有时陷于举证和逻辑的错误，但他热情洋溢、气势澎湃，现场的说服力很强。荀况却一副冷冰面孔，好为人师。这篇跟临武君的辩论，洋洋洒洒，不过一场闹剧，盖临武君谈的是战术，荀况谈的是政略，根本两码子事。不但不冲突，而且相辅相成。荀况后来谈到战术时，还不也是临武君那一套。文中频频提示临武君大为佩服的表情，使人怀疑。

荀况的见解，有时候荒唐得离谱太远，竟然幻想出来敌国人民喜爱我们如同喜爱爹娘，而视他们的统治者如同仇寇。所以一旦战争爆发，他们绝不会站在暴君的一边，绝不会攻击被当作爹娘的我们一边！这可是午夜奇谈，再了不起的仁政，可能使敌国人民羡慕，不可能使敌国人民把入侵者当成爹娘，更不可能促使敌人全国背叛。交锋一旦开始，战士完全被杀人的行动或被杀的恐惧所控制，还管什么谁是“义师”、谁是“盗兵”？自从人类有历史以来，从没有出现过的“仁人”和从没有具体实现过的“仁政”，被儒家系统无限制的扩大它的效果，竟成为一个无往不利的符咒。

事实上，荀况崇拜诈术、暴力，他阁下以“莫邪”宝剑自喻，喊出“顺我者生，逆我者死”的血腥口号。对于稍后归附的，一律：“冒犯的衰落，叛变的灭亡。”这种“仁人”的军队，可是够凶恶的了。最难堪的是：“仁政”之下，还有冒犯、叛变之事，“仁政”的力量就并不如所形容的万能，也要靠封爵升官奖赏维持，怎么有资格讥刺别国的军队如此？荀况说，诛杀姒履癸和子受辛，像诛杀两个地痞流氓。未免轻松过度，他应该知道那是两场血战，千万人死亡。《书经》文献俱在，怎能当作一首抒情诗篇？这是一种不负责任的态度。而“六术”“五权”，不过是一些肤浅的知识分子对他一知半解的事物，所作的纸上作业，漏洞百出。幸亏没有把军队交给他，否则，另一位赵括出场。

然而，荀况的见解，有他的价值，至少“三至”，是做将领的铁则。掌握权柄的人如果明令或暗示欺虐人民，将领如果执行，应教他付出代价。集中营魔头艾克曼在以色列绞死，谷寿夫在南京枪决，说明“上级命令”已不能使凶手逃避责任。

3 燕王国（首都蓟城）国王（七任）孝王（名不详）逝世，子姬喜继位（八任）。

4 故周王国（首都洛阳〔河南省洛阳市白马寺东〕）人民不愿归秦王国（首都咸阳）管辖，向东方逃亡，秦王国把周王国所有宝物，都运回咸阳（秦首都，陕西省西安市），再把西周公文公姬咎，放逐到惪狐（河南省汝州市西北，惪，音dàn〔但〕）附近村落。

5 楚王国（首都陈丘）军队占领鲁国（首府曲阜〔山东省曲阜市〕），把鲁国国君（三十七任顷公）姬雠，放逐到莒城（山东省莒县）。

去年（前二五六），《资治通鉴》纪年为“周赧王五十九年”。今年（前二五五），《资治通鉴》纪年为“秦昭襄王五十二年”。五十九年的次年，竟是五十二年，年号制度造成的混乱，在通史上第一次显示。而我们去年用“前二五六年”，今年用“前二五五年”，不但一目了然，也免得查年号的读者先生，活活累死。

纪元前二五四年 丁未

鲁顷公	二十年
秦昭襄王	五十三年
楚考烈王	十年
齐田建	十一年
魏安釐王	二十三年
韩桓惠王	十九年
赵孝成王	十二年
燕姬喜	元年
卫怀君	二十九年

1 秦王国（首都咸阳〔陕西省咸阳市〕）大将摎（姓不详。摎，音jiū〔纠〕），攻击魏王国（首都大梁〔河南省开封市〕），占领吴城（山西省平陆县）。韩王国（首都新郑〔河南省新郑市〕）国王（四任桓惠王）前往秦王国朝见。魏王国完全臣服秦王国。

纪元前二五三年 戊申

鲁顷公	二十一年
秦昭襄王	五十四年
楚考烈王	十一年
齐田建	十二年
魏安釐王	二十四年
韩桓惠王	二十年
赵孝成王	十三年
燕姬喜	二年
卫怀君	三十年

1 秦王国（首都咸阳〔陕西省咸阳市〕）国王（三任昭襄王）嬴稷，在雍县（陕西省宝鸡市凤翔区）郊野祭祀上天。

2 楚王国（首都陈丘〔河南省周口市淮阳区〕）迁都钜阳（安徽省阜阳市北。似乎不久就又迁回陈丘）。

纪元前二五二年 己酉

鲁顷公	二十二年
秦昭襄王	五十五年
楚考烈王	十二年
齐田建	十三年
魏安釐王	二十五年
韩桓惠王	二十一年
赵孝成王	十四年
燕姬喜	三年
卫怀君	三十一年

1 卫国（首府濮阳〔河南省濮阳市〕）国君（四十六任）卫怀君（名不详），到魏王国首都大梁（河南省开封市）朝见，魏政府把他诛杀，另立他的老弟（名不详）继位（四十七任），是为卫元君。卫元君是魏国王（四任安釐王）魏圉（音yǔ〔雨〕）的女婿。

柏杨曰

史书并没有说明卫怀君先生犯了什么罪，非处死不可，但却指出新君是魏王国皇家姻亲，这明显是一场借助外力的政治斗争。魏王国的凶暴，不亚于秦王国，一高兴或一不高兴，就把跟自己毫不相干的另一个国家的元首，像囚犯一样的处决。卫国（首府濮阳）是周王朝（首都镐京〔陕西省西安市西〕）封的，并不是魏王国封的，只不过国小民弱而已。魏王国碰见秦王国，就心惊胆战，碰到小邻居，就另一副态度。

这件事使我们想到上世纪（前四）发生的另一件事，魏王国一任王（惠王魏䓨），强调卫国国君是“人主”，声称：“不听人主的话不祥。”（参考前三二五年）现在魏国王不但不听“人主”的话而已，甚至还把“人主”的人头砍掉，却没有一点不祥。充分证明当年交还逃犯的理由，不是真正的理由。不知道专制魔王又要发明什么别的理由，来再证明“人主不同凡品”？

纪元前二五一年 庚戌

鲁顷公	二十三年
秦昭襄王	五十六年
楚考烈王	十三年
齐田建	十四年
魏安釐王	二十六年
韩桓惠王	二十二年
赵孝成王	十五年
燕姬喜	四年
卫元君	元年

1 秋季，秦王国（首都咸阳〔陕西省咸阳市〕）国王（三任昭襄王）嬴稷逝世，子嬴柱继位（四任），是为孝文王。尊生母唐八子为唐太后，立嬴异人（嬴楚）当太子。这时候的嬴异人（嬴楚）已非昔比，赵王国（首都邯郸〔河北省邯郸市〕）派人护送嬴异人的妻子赵姬（吕不韦送给嬴异人的美女）回秦王国。韩国王（四任桓惠王）亲自到秦王国，穿着最隆重的丧服，祭悼嬴稷。

2 燕王国（首都蓟城〔北京市〕）国王（八任）姬喜，派大臣栗腹担任亲善大使，晋见赵王国（首都邯郸）国王（三任孝成王）赵丹，呈献黄金十二万两，作为祝福礼物，誓言两国永结同盟。栗腹回国后，向姬喜报告说："赵王国壮年人都死在长平（山西省高平市西北。参考前二六〇年），少年人还没有成长，这个国家已没有人力资源，可以攻击。"

姬喜询问昌国君乐间（乐毅的儿子）的意见，乐间说："赵王国四面都是强敌，无险可守，全靠武装部队捍卫国家，人人都是强悍的战士，绝对不可轻视。"姬喜说："我用压倒性五倍的力量，赵王国无法抵挡。"乐间坚决反对，姬喜勃然大怒，立刻板起面孔。所有高级官员都支持国王的正确判断，姬喜遂下令出动战车一千辆，分兵两路，一路由栗腹担任统帅，进攻鄗城（河北省柏乡县北）；一路由卿秦担任统帅，进攻代郡（河北省蔚县）。大臣将渠说："跟人家缔约盟誓，永结友好，又用黄金十二万两的隆重礼品，向人家君王祝福。使节一回国，就翻脸无情，要灭人国，这不是一件高尚的行为，不可能获得战果。"姬喜不听，并且亲自率领一支援军，在大军之后出发。将渠情急，抓住姬喜佩挂印信的锦带，姬喜更加光火，一脚把他踢开，将渠垂泪说："我不是为自己打算，而是为大王打算。"

燕军抵达宋子（河北省赵县），赵王国大将廉颇迎战，在鄗城（河北省柏乡县北）击败栗腹，赵王国另一大将乐乘在代郡（河北省蔚县）击败卿秦，向北追击五百余华里，包围燕王国首都蓟城（北京市）。

姬喜束手无策，只有请求和解，赵王国表示："我们只跟将渠谈判。"姬喜任命将渠当宰相和谈，赵军方才撤退。

燕国王的不信不义，凶暴残忍，又岂亚于秦王国？姬喜只看见眼前的骨头，硬看不见骨头下面的钢刀。正因为这种唯利是图的近视眼太多，人间的悲剧和丑剧，才层出不穷。战国时代已近尾声，大家都将同归于尽，却仍勇于互相残杀。世人只注意强者的不信不义、凶暴残忍，忽略了弱者往往更不信不义，更凶暴残忍。

3 赵王国（首都邯郸）平原君赵胜逝世。

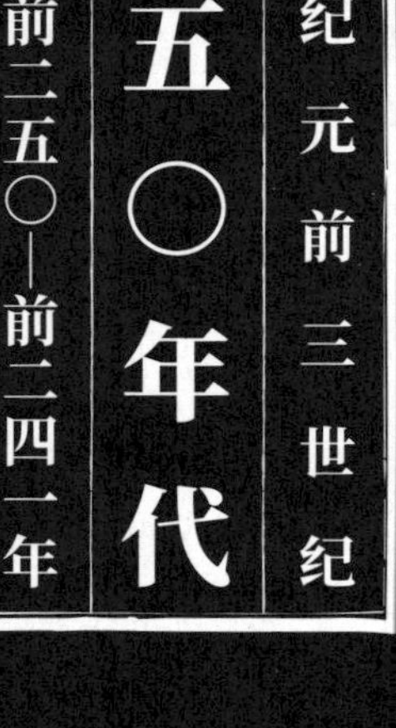

战国时代

- 魏无忌死。
- 嬴政继位秦王。
- 廉颇被谗罢黜。
- 五国联军进攻函谷关。

- 波斯湾北岸巴尔尼部落起兵叛塞琉卡斯王国（因首都在叙利亚，世又称叙利亚王国），尽逐塞军，于故地建安息王国。
- 第一次布匿战争结束。二十四年战争中，罗马共和国沉舰七百艘，士卒死二十万。迦太基共和国损失更重，乞和，赔偿黄金三千二百泰伦，割西西里岛与罗马。

纪元前二五〇年 辛亥

鲁顷公	二十四年
秦孝文王	元年
楚考烈王	十四年
齐田建	十五年
魏安釐王	二十七年
韩桓惠王	二十三年
赵孝成王	十六年
燕姬喜	五年
卫元君	二年

1 冬季，十月，秦王国（首都咸阳〔陕西省咸阳市〕）国王（四任孝文王）嬴柱正式登极，仅只三日，即行逝世。子嬴异人（嬴楚）继位（五任），是为庄襄王。尊嫡母华阳夫人为华阳太后，尊生母夏姬为夏太后。

2 燕王国（首都蓟城〔北京市〕）大将（姓名不详）攻击齐王国（首都临淄〔山东省淄博市东临淄区〕）所属聊城（山东省聊城市），把它占领。然而鲨鱼群却在燕国王（八任）姬喜面前，诬以谋反，那位燕王国大将不敢回国，只好固守聊城（山东省聊城市）。齐王国（首都临淄）宰相田单反攻，一年有余，不能攻克。鲁仲连写了一封信，绑在箭上，射进城里，向燕王国（首都蓟城）大将分析利害，说："你只有两条路可走，不回到燕王国，就得归附齐王国。现在独守孤城，燕军不来救，而齐军不断增援，你还等待什么？"燕王国大将见到信件，垂泪三天，仍不能决定。盖回到燕王国，是自投罗网；而向齐王国投降，则因为过去杀伤的齐王国官兵太多，考虑到会被报复，最后，叹息说："与其教人杀，不如自杀。"遂举刀自刎。聊城混乱，田单破城而入。

田单回临淄（齐首都，山东省淄博市东临淄区）后，向国王（五任）田建报告鲁仲连的贡献。田建准备封鲁仲连一个爵位，鲁仲连逃到沿海一带，说："与其身享富贵，受人屈辱，我宁愿贫贱而随心所欲。"

3 魏王国（首都大梁〔河南省开封市〕）国王（四任安釐王）魏圉（音yǔ〔雨〕），询问孔斌：谁是天下的高士？孔斌说："世界上没有这种人，假使一定要指出的话，那就是鲁仲连。"魏圉说："鲁仲连故意做作，不是天生的高贵气质。"孔斌说："一个人拼命去实践，从不懈怠，就成了君子人物。一直故意做作到底，不中途改变，那就是天生的高贵气质。"

美德是逐渐培养出来的，大人物是自我训练出来的。世界上从没有一个人纯靠天赋，在娘亲肚子里便与众不同，生下更胸怀大志，只有摇尾分子才敢这么认定他的主子就是这样。魏圉先生不相信他所看到的事实，目的只在贬低对方身价，这种反应，如果不是妒火中烧，一定是政治挂帅。

纪元前二四九年 壬子

鲁顷公	二十五年
秦庄襄王	元年
楚考烈王	十五年
齐田建	十六年
魏安釐王	二十八年
韩桓惠王	二十四年
赵孝成王	十七年
燕姬喜	六年
卫元君	三年

1 秦王国（首都咸阳〔陕西省咸阳市〕）国王（五任庄襄王）嬴异人（嬴楚），任命吕不韦当宰相（相国）。

2 东周公（名不详）跟各王国秘密联系，计划再建南北合纵同盟，共同抵抗秦王国（首都咸阳）侵略。嬴异人下令吕不韦攻击巩县（河南省巩义市），把东周公放逐到阳人附近村落（河南省汝州市西北，位于西周公姬咎放逐的慝狐聚西南）。周王朝皇家祭祀，到此断绝。周王朝一直到灭亡时，仍有七个城市：王城（即郏鄏〔音 jiá rǔ · 夹辱，西周公封邑〕河南省洛阳市西金谷园）、洛阳（即成周，周国王所在地，河南省洛阳市白马寺东）、谷城（河南省洛阳市西北）、平阴（河南省洛阳市孟津区）、偃师（河南省洛阳市偃师区）、巩县（东周公封邑〔河南省巩义市〕）、缑氏（河南省洛阳市偃师区南缑氏镇）。

3 秦王国（首都咸阳）封相国吕不韦当文信侯，把河南（河南省洛阳市西金谷园）、洛阳（洛阳市白马寺东）十万户人家，作为采邑。

4 秦王国（首都咸阳）大将蒙骜，攻击韩王国（首都新郑〔河南省新郑市〕），占领成皋（河南省荥阳市西北虎牢关）、荥阳（河南省荥阳市），设置三川郡（境内有三川：黄河、伊水、洛水）。

5 楚王国（首都陈丘〔河南省周口市淮阳区〕）灭鲁国（首府莒城〔山东省莒县〕），把国君（三十七任顷公）姬雠放逐到卞城（山东省泗水县），贬作平民（前二五五年，已把姬雠放逐到莒城，但仍保持国君头衔；这是第二次放逐，头衔全无。鲁国自前一一〇八年至前二四九年，立国八百六十年，到此灭亡）。

纪元前三世纪·前二四九年　楚灭鲁，八国并立

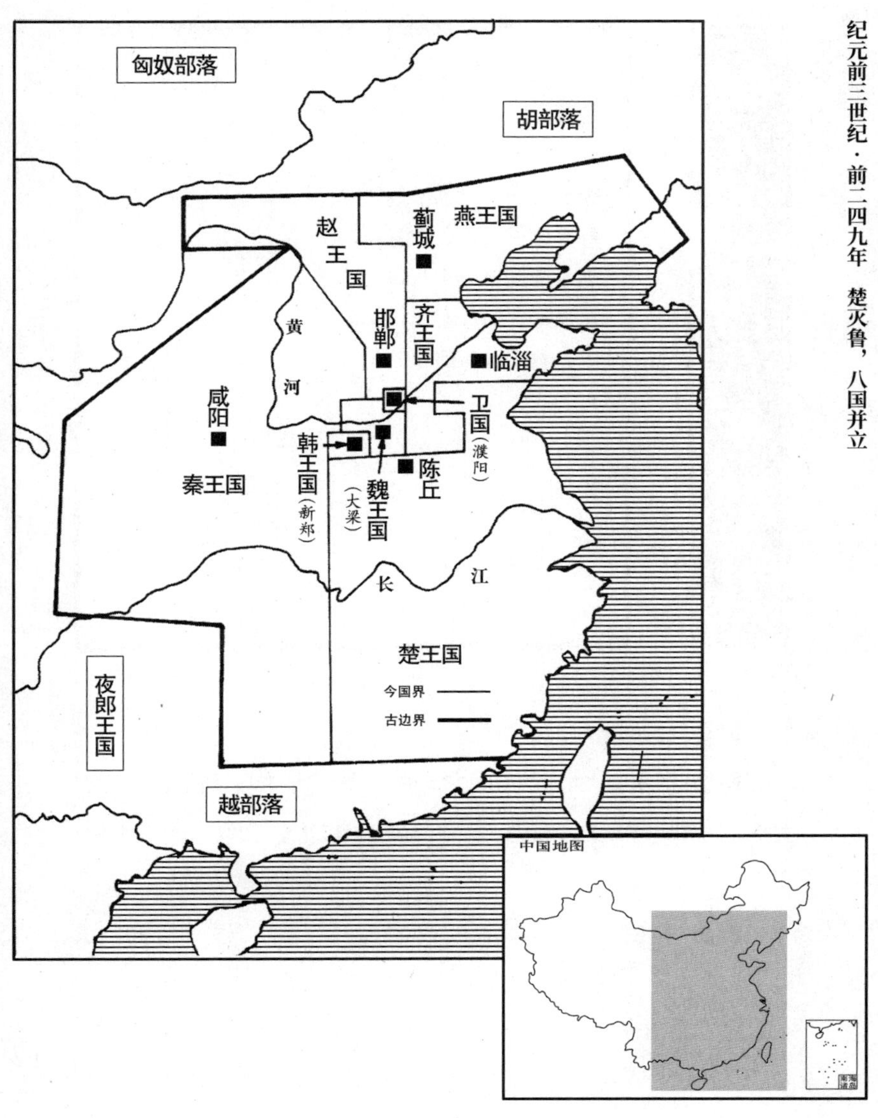

纪元前二四八年 癸丑

秦庄襄王	二年
楚考烈王	十六年
齐田建	十七年
魏安釐王	二十九年
韩桓惠王	二十五年
赵孝成王	十八年
燕姬喜	七年
卫元君	四年

1 日蚀。

2 秦王国（首都咸阳〔陕西省咸阳市〕）大将蒙骜攻击赵王国（首都邯郸〔河北省邯郸市〕），占领榆次（山西省晋中市榆次区）、狼孟（山西省阳曲县）等三十七城。

3 楚王国（首都陈丘〔河南省周口市淮阳区〕）春申君黄歇，向国王（二十三任考烈王）芈完建议："淮河以北地带，跟齐王国（首都临淄〔山东省淄博市东临淄区〕）接壤，一旦事急，不易防守，请准许在江东（江苏省南部太湖流域）赐封我一个郡，作为国家退路。"芈完遂把江东封给黄歇，黄歇就在故吴王国首都姑苏（江苏省苏州市）废墟筑城，宫殿豪华（此时各王国在秦王国强大军力威胁下，斗志全部瓦解。所想到的只有逃避，逃得越远越好，享受一天算一天，一筹莫展，只等钢刀砍下）。

纪元前二四七年 甲寅

秦庄襄王	三年
楚考烈王	十七年
齐田建	十八年
魏安釐王	三十年
韩桓惠王	二十六年
赵孝成王	十九年
燕姬喜	八年
卫元君	五年

1 秦王国（首都咸阳〔陕西省咸阳市〕）大将王龁（音hé〔合〕）攻击上党郡（长子〔山西省长子县〕）所属未曾归附的城市群，完全征服，设立太原郡（晋阳〔山西省太原市〕）。

2 秦王国（首都咸阳）大将蒙骜，率军攻击魏王国（首都大梁〔河南省开封市〕），占领高都（山西省晋城市）、汲城（河南省卫辉市）。魏军屡战屡败，国王（四任安釐王）魏圉（音yǔ〔雨〕）深感忧虑，派人到赵王国（首都邯郸〔河北省邯郸市〕）请信陵君魏无忌回国（魏无忌救赵事，参考前二五七年）。魏无忌恐怕是个陷阱，引诱他回国后审判定罪，于是严加拒绝，并给守卫一个训令说："如果有人敢替魏王国的使节通报，一律诛杀。"宾客们都不敢规劝。这时，毛先生和薛先生出面，联袂拜访魏无忌说："你之所以受各国尊敬，因为你的祖国魏王国还在。而今魏王国情势危急，你不关心它，一旦秦军攻陷大梁（魏首都，河南省开封市），把祖先的祭庙摧毁成一片平地，你还有什么面目见天下之人？”话没有说完，魏无忌脸色已变，立刻整装就道。到了大梁后，兄弟见面，魏圉抱着魏无忌泣不成声，任命魏无忌担任最高统帅（上将军）。

魏无忌派人向各国求救，各国知道魏无忌回到祖国，再当大将，都派出部队听候差遣。魏无忌组成五国联军（无齐王国），在河外（黄河以南）迎击秦王国（首都咸阳）大将蒙骜，蒙骜逃走。魏无忌追到函谷关（河南省灵宝市东北），把秦军逼到关内（函谷关以西），始行撤退（六国并不是没有力量抗秦，只是没有能力团结）。

3 魏王国（首都大梁）安陵（河南省鄢陵县）人缩高的儿子，在秦王国（首都咸阳）供职，充当管城（河南省郑州市）守将。魏无忌无法攻下，派人晋见安陵君（名不详），说：“请你遣送缩高到我这里来，我打算任命他当五大夫（秦官第十二级），充全权执法官（执节尉）。”安陵君说：“我这里是一个小小的封国，所发号令，人民不见得听从，请使节直接告诉他。”教人引导使节到缩高那里，宣读魏无忌的书信。缩高说：“王子之所以看重我，是要用我攻击管城（河南省郑州市）——使做父亲的攻打儿子坚守的城市，天下人都会讥笑。如果我的儿子为了我而投降，是背叛他的主人。做父亲的鼓励儿子背叛主人，魏无忌先生也不会喜欢，所以，请原谅我不敢接受任命。”使节回报后，魏无忌怒火上升，再派人通知安陵君说：“安陵虽是封国，却也是魏王国领土。我现在不能攻陷管城，秦王国就会利用管城作为基地，对我们反扑，魏王国将面临危险（管城〔河南省郑州市〕、大梁〔河南省开封市〕间航空距离六十公里）。盼望你能把活着的缩高送来，

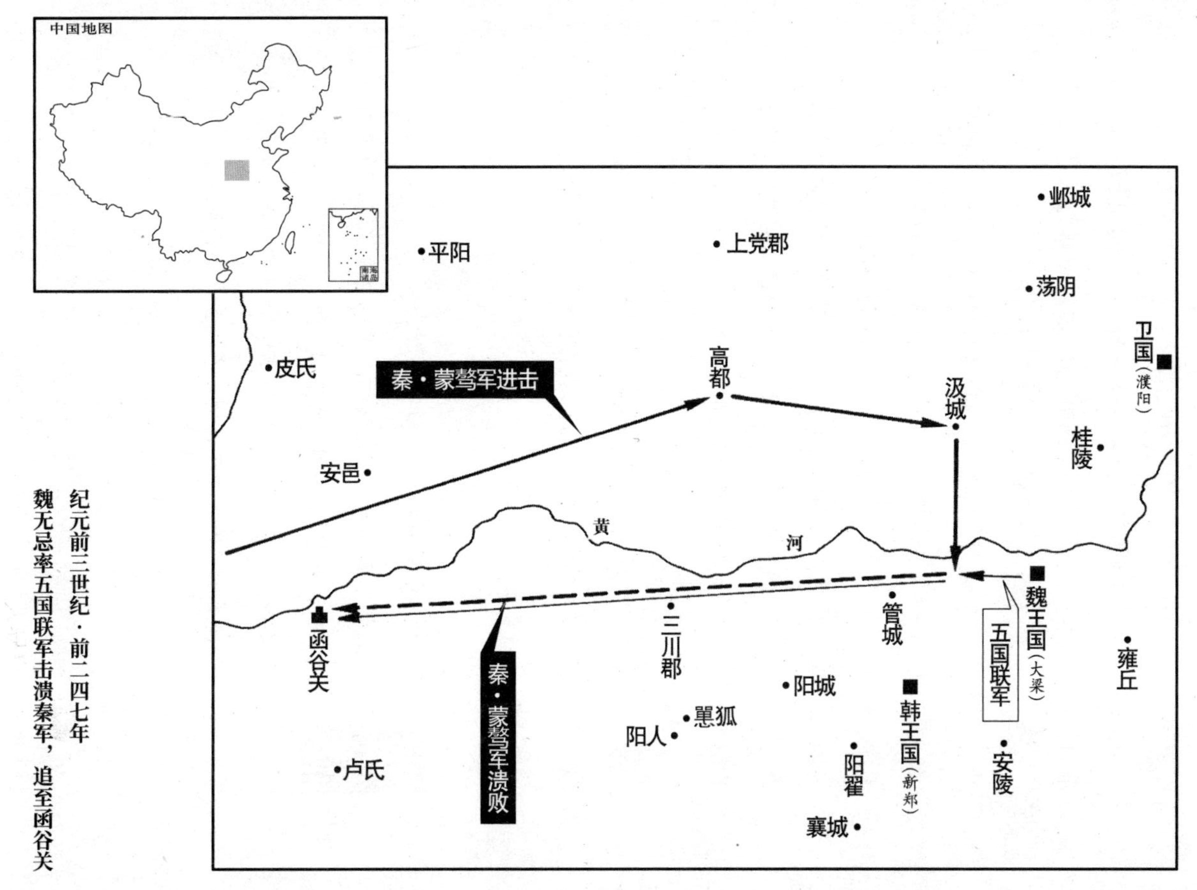

纪元前三世纪·前二四七年
魏无忌率五国联军击溃秦军，追至函谷关

如果你不能或不肯，我将率领十万大军到你城下。”安陵君说：“我父亲成侯（名不详）奉我祖父（二任襄王魏嗣）的命令，镇守此城，亲手把刑事法规交给他。刑事法规上最重的条款是：‘臣属谋杀君王，子女谋杀父母，绝不赦免。即令大赦，凡举城投降敌人，或临阵逃亡的将领，也绝不赦免。’现在缩高拒绝你赐给他的高位，用以解除他们父子面对的困境，你却要我生擒他。这使我违背襄王（魏嗣）的诏令，废除国家的刑法，宁可以死，不敢接受你的指示。”缩高听到消息，说：“魏无忌性情刚猛，而且自信心很强，使节回去，如果把安陵君这段话原封转告，大祸立即临头。我已经尽了我当臣属的信义，不可以教我的国君被自己祖国的军队攻打。”于是，缩高到使节官舍，刎颈自杀。魏无忌没有料到会演变到这个地步，立刻改穿丧服，迁住厢房（缟素辟舍，表示最高的哀悼），派人向安陵君致歉说：“我真是一个小人物，思虑不周，在你面前说了些不该说的话，请你宽恕。”

柏杨曰

这段史迹的重点应在管城（河南省郑州市），可是，原文却全力描述缩高和安陵君的对话。管城是否攻陷，或是解围而去，却没有交代。中国传统的史学家，习惯于这种僵硬的机会教育。于是，事实不重要，意识形态才重要。管城不重要，缩高、安陵君的言论才重要，历史不成为历史，而成了儒家学派的传道书。

4 秦王国（首都咸阳）对魏无忌的强大实力，感到震恐。国王（五任庄襄王）嬴异人（嬴楚）抛出黄金二十四万两（这是个可怕的数目），在魏王国（首都大梁）制造耳语运动，通过晋鄙的宾客，向魏国王（四任安釐王）魏圉（音yǔ〔雨〕）提出警告说："魏无忌在外流亡十年，擢升他当最高统帅之后，全世界国家都甘愿听他的指示，这是一个明显的危机。普天之下，大家都只知道魏无忌，而不知道你国王。"嬴异人（嬴楚）又屡次派出使节，向魏无忌致敬，问他什么时候登极？魏圉日夜听到的全是不利于魏无忌的情报，不能不信以为真，于是派人接任他统帅的职务。魏无忌了解他的处境，声称有病，不再出席朝会，日夜喝酒和沉湎在美女群里，只求速死。四年后，果然逝世。韩王国（首都新郑〔河南省新郑市〕）国王（四任）桓惠王（名不详）准备亲来吊丧，魏无忌的儿子认为是一种荣耀，问孔斌的意见，孔斌说："一定要根据礼教拒绝，邻国君王前来吊丧，只有本国君王才能以主人的身份招待。而今，魏王国国王（魏圉）不下令你当他的代表，你怎么有资格接待一个国王？"遂坚决辞谢。

柏杨曰

使魏圉决心排除魏无忌的，有两句话："人们只知道有他，不知道有你！"这是"知他不知你"模式。范睢刚用它打击过皇太后芈八子和魏冉（参考前二六六年）。魏无忌能保全性命，真是奇迹。因为，随着历史演进，这两句话越来越有杀伤力。

魏无忌忠义震天下，万众钦敬。何以魏圉所听到的，全是谗言？这固然是秦王国（首都咸阳）的银子厉害，也是魏无忌的一种错误。以他的权势和能力，足可以切断国王与外界的交通，至少也可以在国王左右，安置自己亲信——像田单在国王田法章左右安置貂勃一样（参考前二七九年），然而魏无忌却没有这样做，只缘他认为跟国王是亲兄弟，不可以待以机心，更不可以怀疑对方会心狠手辣。他缺少保护自己的行动，而终于使大局全非。仅只忠心没有用，必须使主子相信你忠心才有用。而又如何使主子相信你的忠心，那要看官场手段。然而一个人的精力有限，全部投入工作之后，已没有时间供他逢迎。中国历史上魏无忌故事一再重演，原因恐怕在此。

5 五月二十三日，秦王国（首都咸阳）国王（五任庄襄王）嬴异人（嬴楚）逝世，子嬴政继位（六任。他就是传说中吕不韦的儿子，出生在赵王国首都邯郸〔河北省邯郸市〕），年十三岁，国家大事，全由吕不韦决定，尊称吕不韦“仲父”。

6 秦王国所属晋阳（山西省太原市），发生兵变。

纪元前二四六年 乙卯

秦始皇	元年
楚考烈王	十八年
齐田建	十九年
魏安釐王	三十一年
韩桓惠王	二十七年
赵孝成王	二十年
燕姬喜	九年
卫元君	六年

1 秦王国（首都咸阳〔陕西省咸阳市〕）大将蒙骜，平定晋阳（山西省太原市）之乱。

2 韩王国（首都新郑〔河南省新郑市〕）发动一项使秦王国（首都咸

阳）民疲财尽的攻势。水利工程师郑国，假装逃亡，投奔秦王国，说服秦政府，在仲山（东仲山，陕西省泾阳县西北境）开山掘道，引导泾水，沿着北山南麓，注入洛河（郑国渠于陕西省蒲城县东南，注入洛河，东西长达一百五十余公里。而今，两千年后，郑国渠旧道大多湮没，只泾阳县西北一段尚存，作为泾惠渠的一部分）。在这项庞大水利工程进行途中，阴谋被发现。秦王国要诛杀郑国，郑国说："我为了延长韩王国几年生命，才来投效。然而，水渠落成，秦王国将享受万世的福利。"秦王国认为他的话合理，命他仍主持这项工程。用挖出的泥土，填高低洼地区，并覆盖在碱质土地上，使寸草不生的土地，变成肥沃良田，多达四万余顷（一百亩是一顷），每亩收获高达六斛四升，秦王国更加富庶。

柏杨曰

韩王国（首都新郑）当权头目这种头脑，属于世界一奇。苏秦打算教齐王国（首都临淄〔山东省淄博市东临淄区〕）没落，用的是使他们把国力浪费在堕落性的消费行为上，诸如盖皇宫宝殿，开辟御花园、动物园等。而韩王国干的勾当，却是使敌国投资到建设性工程上，实在不可思议。犹如一只老虎逼门，不想办法擦枪磨刀，反而每天引它到五里路外去吃一条小羊，希望它跑得疲倦，没有力气再吃，却没有想到它会一天比一天更为雄壮。一个国家拥有这样智商的统治阶层，如果不亡，简直没有天理。

纪元前三世纪·前二四六年　秦王国开凿郑国渠

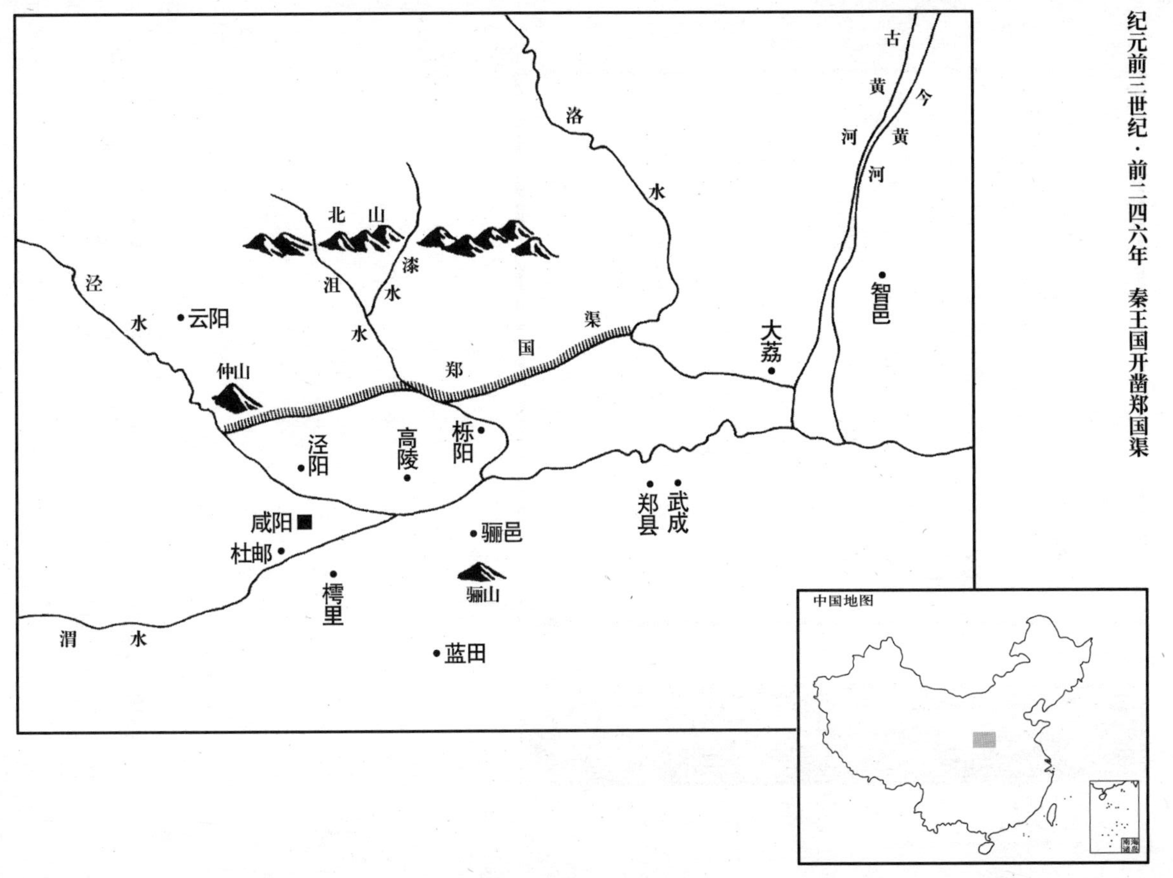

纪元前二四五年 丙辰

秦始皇	二年
楚考烈王	十九年
齐田建	二十年
魏安釐王	三十二年
韩桓惠王	二十八年
赵孝成王	二十一年
燕姬喜	十年
卫元君	七年

1 秦王国（首都咸阳〔陕西省咸阳市〕）麃公（姓名不详。麃，音páo〔咆〕）率军攻击魏王国（首都大梁〔河南省开封市〕）所属卷城（河南省原阳县西），杀三万人。

2 赵王国（首都邯郸〔河北省邯郸市〕）任命廉颇当名誉宰相（假相

国），攻击魏王国（首都大梁），占领繁阳（河南省内黄县）。正在此时，赵国王（三任孝成王）赵丹逝世，子赵偃继位（四任），是为悼襄王。赵偃在当太子时，就不喜欢廉颇，于是派武襄君乐乘（乐毅的儿子），代替廉颇。廉颇怒不可遏，攻击乐乘，乐乘走避，廉颇不能再留，遂投奔魏王国（首都大梁），可是魏王国对他不信任。

赵军屡屡被秦军击败，赵偃又想请廉颇出任统帅，廉颇也愿意继续为祖国效力。赵偃派遣使节前往拜访，考察有没有复出的可能性。廉颇的仇人郭开，用重金买通那位使节，要使节想办法阻挠。廉颇接见使节，当场展示他的体力，一顿饭吃下一斗米、十斤肉，然后披甲上马。可是使节回去后，报告说（只是银子说）："廉颇将军虽然已老，饭量尚好。可是他陪我坐的那段时间，却去拉了三次屎。"赵偃认为廉颇已不堪担负重任。

廉颇久候不见召回，大为失望。楚王国（首都陈丘〔河南省周口市淮阳区〕）派人秘密迎接，教他担任大将。可是，楚王国武装部队的腐败，已不堪救药，完全丧失战斗能力，无法建立功勋。廉颇感叹说："我思念赵王国（首都邯郸）战士。"最后，在寿春（安徽省寿县）逝世。

郭开所担任的角色，十分重要，这位在国王面前一脸忠贞的鲨鱼，宁愿国家灭亡，也要公报私仇，正是敌人最欣赏、最容易收买的对象。赵王国（首都邯郸）亡后，秦王国（首都咸阳）发现：郭开制造冤狱之多，打击民心士气之重，挖政府墙根之努力，其他卖国贼给他提鞋都不配，论功行赏，封他当高级国务官（上卿）。历史上，郭开这类人物不少。他们唯一的危险不是被人唾骂，而是新主子万一不领这份情。

纪元前二四四年 丁巳

秦始皇	三年
楚考烈王	二十年
齐田建	二十一年
魏安釐王	三十三年
韩桓惠王	二十九年
赵悼襄王	元年
燕姬喜	十一年
卫元君	八年

1 秦王国（首都咸阳〔陕西省咸阳市〕）灾荒，大饥馑。

2 秦王国（首都咸阳）大将蒙骜攻击韩王国（首都新郑〔河南省新郑市〕），占领十二城。

3 赵王国（首都邯郸〔河北省邯郸市〕）国王（四任悼襄王）赵偃，任命

纪元前三世纪·前二四四年 赵王国疆域

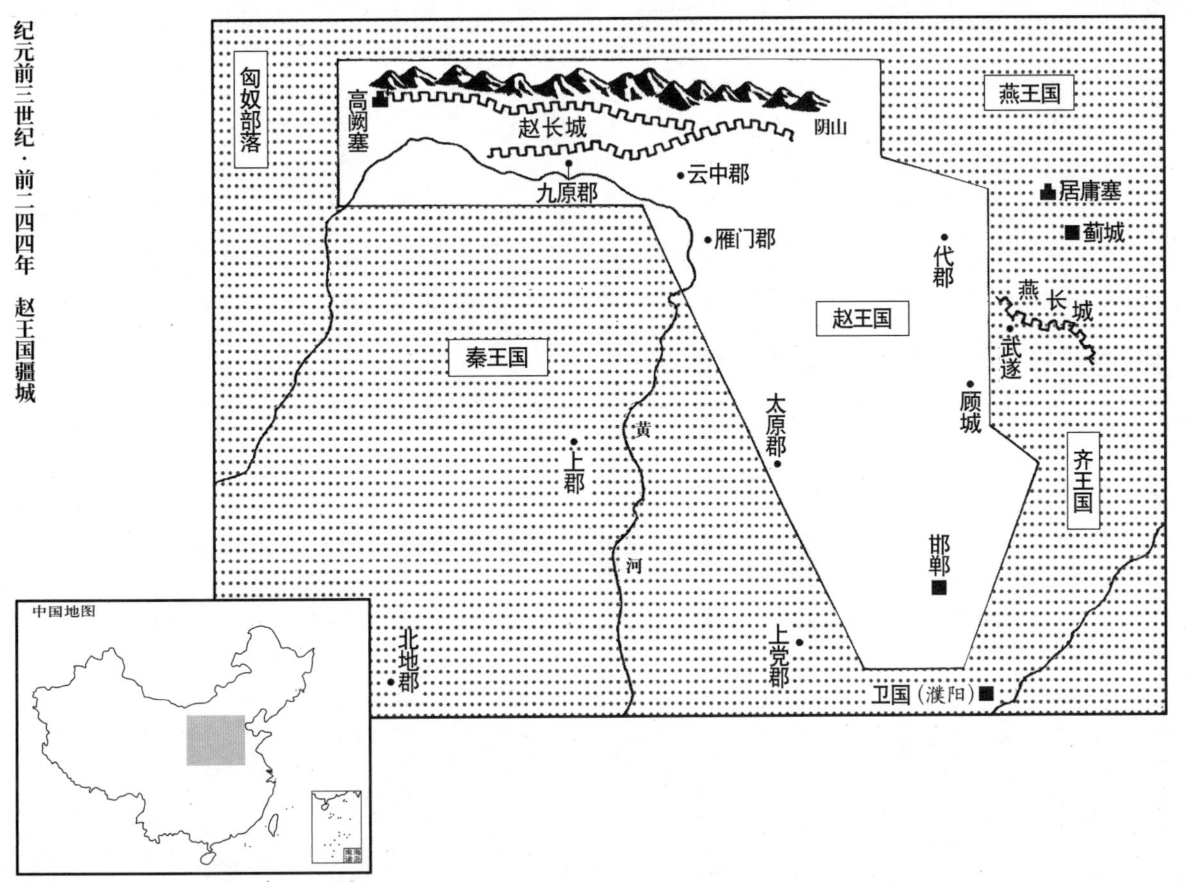

李牧当大将，攻击燕王国（首都蓟城〔北京市〕），占领武遂（河北省保定市徐水区）、方城（燕长城，燕国沿着海河支流漕河所建筑的长城）。

李牧，是赵王国边防军良将，曾经驻防代郡（河北省蔚县）、雁门（山西省右玉县），为了防备北方匈奴部落（王庭设内蒙古察哈尔右翼中旗，“匈奴”第一次出现）南侵，依照需要，自行任用官员。政府所收赋税，不呈缴中央政府，而直接交给边防军司令部，作为军费。李牧每天杀牛宰猪，犒赏战士，骑马射箭，训练精良，严密把守关卡，派出大量间谍，对敌情了如指掌，下令说：“匈奴部落如果南下，人民应迅速的把牛羊赶回城堡，登城固守。胆敢捕杀敌人的，一律斩首。”匈奴部落屡次进击，烽火一起，人们躲避一空（真正的坚壁清野），边防军也如此行动，不跟匈奴交锋。这样过了几年，人们并没有受到损失。匈奴部落讥诮李牧是个胆小鬼，连边防军也认为统帅懦怯。赵国王（不知是哪个国王）责备李牧，李牧不肯改变。赵国王大动肝火，派人接任他的统帅位置。一年下来，赵军不再退让，接受挑战并主动出击，结果不断失利，死伤很大，而沿边地带，变成战场，人民既不能耕田，又不能放牧，举目一片荒凉，民不聊生。国王无可奈何，再命李牧官复原职，李牧声称他有病在身，赵国王给他压力，非复职不可，李牧说：“一定要用我的话，请允许我仍使用以前的老办法。”赵国王答应。

李牧再防边疆，继续坚壁清野。几年下来，匈奴部落无所斩获，但仍肯定李牧对他们心怀畏惧。赵军战士们每天得到赏赐而无所事事，精力充沛，都愿一决胜负。李牧知道时机已经成熟，精选战车一千三百辆、战马一万三千匹、骁勇战士五万人、弓箭手十万人，加强战斗训练。然后，放出牧人和牛羊，布满原野。匈奴部落（王庭设内蒙古察哈尔右翼中旗）小队人马侵入，李牧下令：稍一接触，即行败退，并且故意留下十余个败兵游卒，让匈奴部落劫掠。

匈奴部落单于得到消息（单于〔音chán yú，缠余〕，匈奴部落的酋长、君王），亲率大军深入，李牧节节败退，派出左右两翼向匈奴兵团后路迂回，使匈奴兵团陷于重围。赵军四面夹攻，杀十余万人，匈奴部落狼狈逃走。李牧追击，顺道扫荡襜褴部落（内蒙古浑善达克沙地。襜褴，音chān lán〔搀篮〕）、东胡部落（内蒙古西辽河上游）、林胡部落（内蒙古鄂尔多斯市东胜区）。匈奴部落单于幸而冲出重围，向北逃亡，十几年不敢接近赵王国边境（死伤太多，兵力无法立即补充）。

4 最初，战国七雄（秦〔首都咸阳，陕西省咸阳市〕、楚〔首都陈丘，河南省周口市淮阳区〕、燕〔首都蓟城，北京市〕、齐〔首都临淄，山东省淄博市东临淄区〕、韩〔首都新郑，河南省新郑市〕、赵〔首都邯郸，河北省邯郸市〕、魏〔首都大梁，河南省开封市〕），其中三个国家（秦、赵、燕）跟蛮夷部落边境相接。一、秦王国的西方，有绵诸部落（甘肃省天水市）、绲戎部落（甘肃省通渭县。绲，音gǔn〔滚〕。绲戎，即春秋时期之犬戎）、翟部落（甘肃省临洮县）、豲部落（甘肃省陇西县。豲，音yuán〔原〕）。岐山（陕西省岐山县东北）、梁山（陕西省乾县西北）、泾水（渭水支流泾河）、漆水（渭水支流石川河分支小河，流经陕西省铜川市西）的北方，有义渠部落（甘肃省庆阳市西峰区）、大荔部落（陕西省大荔县）、乌氏部落（宁夏固原市南）、朐衍部落（宁夏盐池县。朐，音qú〔渠〕）。二、赵王国的北方，有林胡部落（内蒙古鄂尔多斯市东胜区）、楼烦部落（山西省北部管涔山）。三、燕王国的北方，有东胡部落（内蒙古西辽河上游）、山戎部落（匈奴部落的分支，分布于辽宁省大凌河流域）。散布在各地的山谷河涧之间，各有酋长，但他们并不团结，有时候有一百余个部落聚集在一起，却没有一个共同领袖。

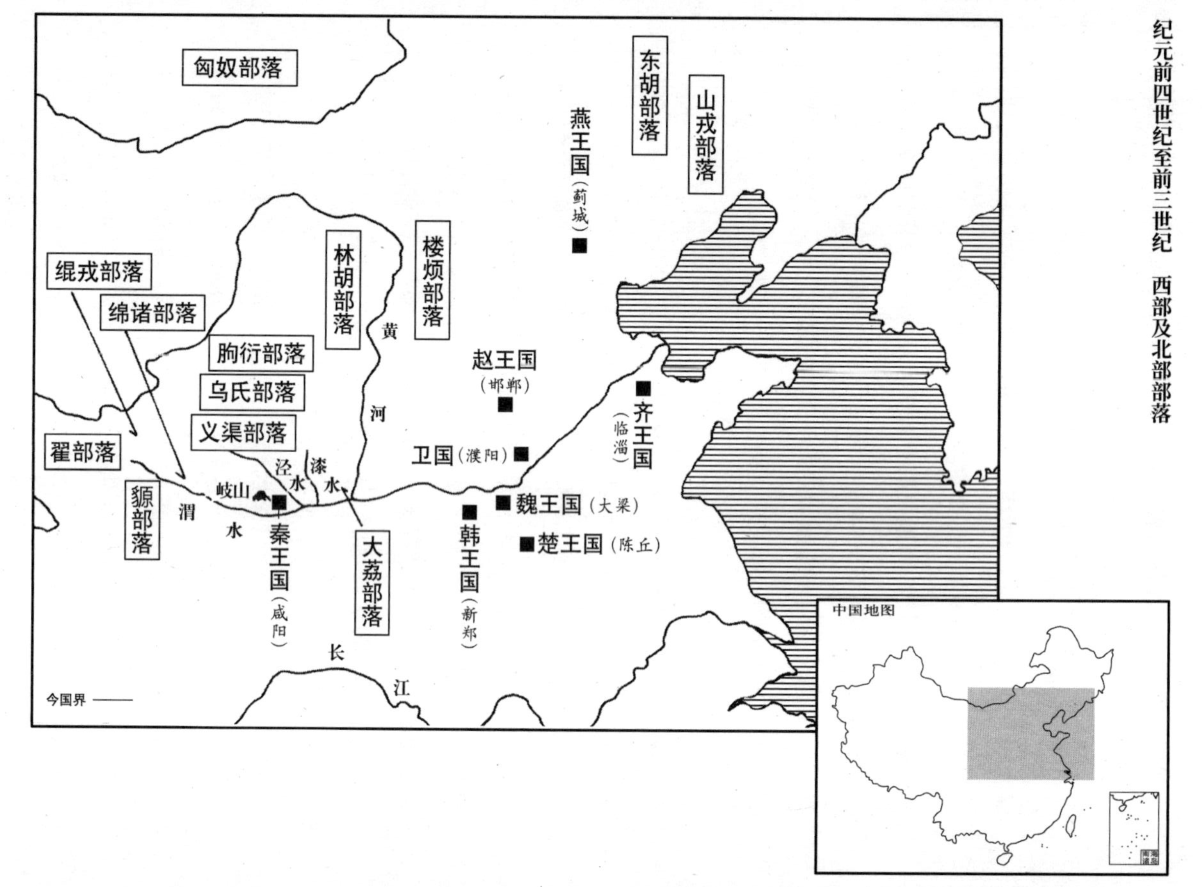

纪元前四世纪至前三世纪　西部及北部部落

稍后，义渠部落（甘肃省庆阳市西峰区）吸收文明，开始建筑城堡。而被秦王国（首都咸阳）像蚕吃桑叶一样，片片吞食。第一任国王（惠王）嬴驷时，夺取了它们二十五个城市。第三任国王（昭襄王）嬴稷时，他娘亲宣太后把义渠王引诱到甘泉（陕西省淳化县西北）杀掉，然后大军攻击，一举消灭，这才从陇西（陇山以西）开始，经过北地（陇山以北），直到上郡（陕西省延安市），修筑长城，抵御野蛮民族入侵。

赵王国（首都邯郸）第一任国王（武灵王）赵雍，在北方击破林胡（内蒙古鄂尔多斯市东胜区）、楼烦（山西省北部管涔山），从代郡（河北省蔚县），经过阴山山脉南麓，直到高阙（内蒙古乌拉特后旗），也修筑长城，设置云中郡（内蒙古托克托县）、雁门郡（山西省右玉县）、代郡（河北省蔚县）。

燕王国（首都蓟城）大将秦开，曾在东胡部落（内蒙古西辽河上游）充当人质，东胡很信任他，他就利用被信任的机会，考察山川形势，等到回国，率军攻击，东胡部落大败，向北撤退一千余华里。燕王国于是也修筑长城，自造阳（内蒙古正蓝旗），直到襄平（辽宁省辽阳市），设立上谷郡（河北省怀来县）、渔阳郡（北京市密云区）、右北平郡（天津市蓟州区）、辽东郡（辽宁省辽阳市），防止蛮夷南侵。

而匈奴部落（王庭设内蒙古察哈尔右翼中旗），到战国时代末期（纪元前三世纪中叶），始行强大。

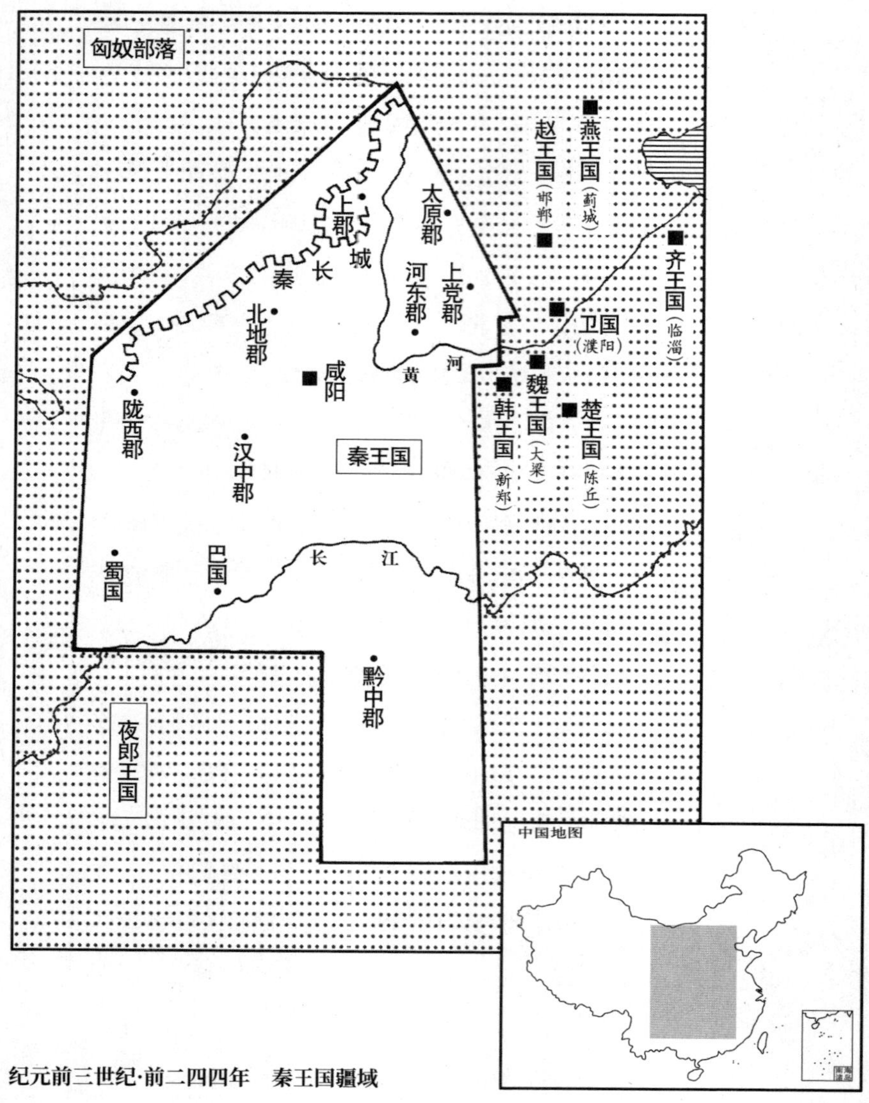

纪元前三世纪·前二四四年　秦王国疆域

纪元前三世纪·前二四四年　燕王国疆域

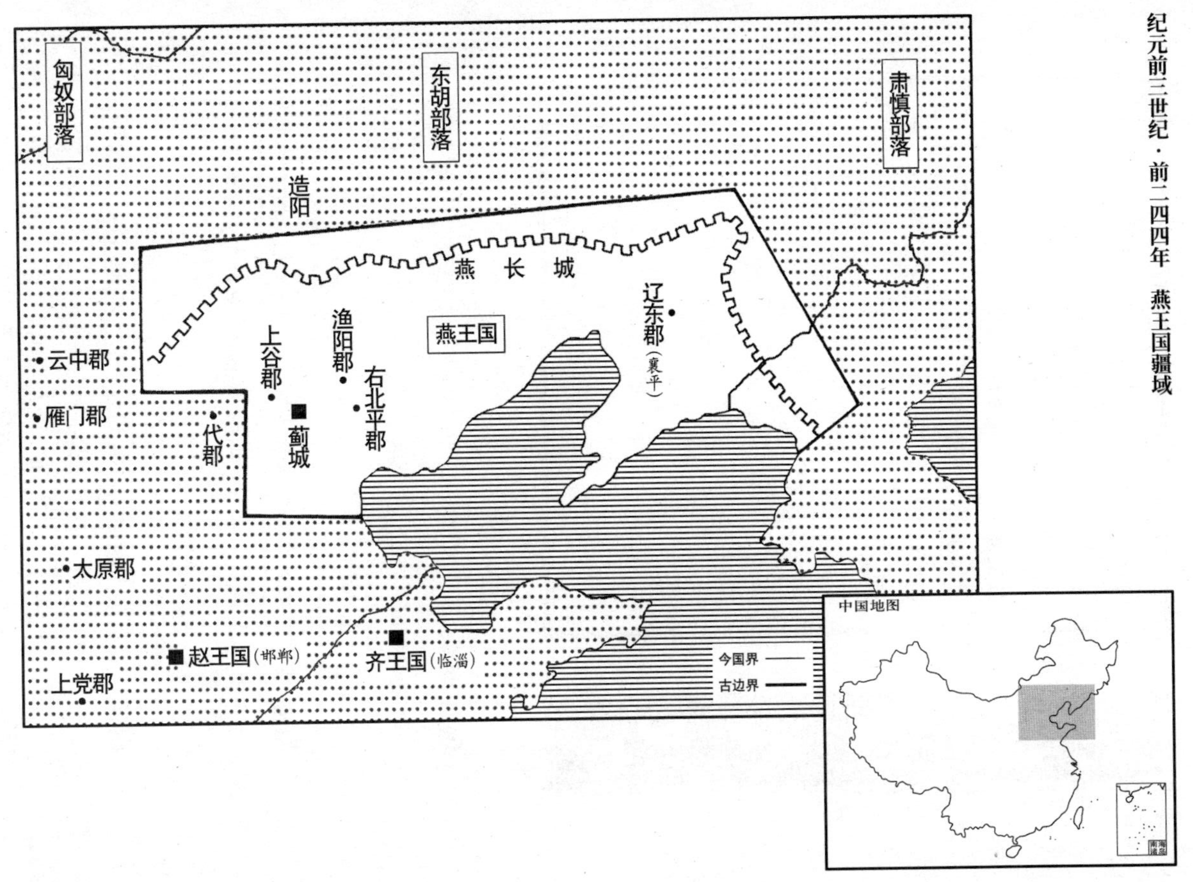

纪元前二四三年 戊午

秦始皇	四年
楚考烈王	二十一年
齐田建	二十二年
魏安釐王	三十四年
韩桓惠王	三十年
赵悼襄王	二年
燕姬喜	十二年
卫元君	九年

1 春季，秦王国（首都咸阳〔陕西省咸阳市〕）大将蒙骜，攻击魏王国（首都大梁〔河南省开封市〕），陷畼城（今地不详。畼，音chàng〔畅〕）、有诡（今地不详）。三月，始行撤退。

2 秦王国（首都咸阳）派到赵王国（首都邯郸〔河北省邯郸市〕）充当人质的王子，返回秦王国。赵王国派到秦王国充当人质的太子赵初，也返回赵王国。

3 七月，秦王国（首都咸阳）蝗虫为害，瘟疫流行。秦政府下令：平民缴纳粮食一千石的，命他当最低级官员（秦官二十级"公士"）。

4 魏王国（首都大梁）国王（四任安釐王）魏圉（音yǔ〔雨〕）逝世，子魏增继位（五任），是为景湣王（湣，音mǐn〔敏〕）。

纪元前二四二年 己未

秦始皇	五年
楚考烈王	二十二年
齐田建	二十三年
魏景湣王	元年
韩桓惠王	三十一年
赵悼襄王	三年
燕姬喜	十三年
卫元君	十年

1 秦王国（首都咸阳〔陕西省咸阳市〕）大将蒙骜，攻击魏王国（首都大梁〔河南省开封市〕），占领酸枣（河南省延津县）、燕城（延津县东北）、虚邑（延津县东北、燕城之南）、雍丘（河南省杞县）、长平（河南省西华县）、山阳（河南省焦作市）等二十余城市，设立东郡（郡政府所在地不详，秦王国于明年〔前二四一〕攻陷濮阳〔河南省濮阳市〕后，才将郡政府定在濮阳）。

2 最初，在赵王国（首都邯郸〔河北省邯郸市〕），剧辛跟庞煖相交，友情深厚。后来，剧辛到燕王国（首都蓟城〔北京市〕）做官（参考前三一二年）。燕国王（八任）姬喜眼见赵王国衰落，对秦王国（首都咸阳）作战，又不断失败，而名将廉颇又客死外国，由庞煖担任统帅，打算乘人之危，发动侵略。询问剧辛的意见，剧辛高兴的说：“我了解庞煖，容易对付得很。”姬喜遂任命剧辛当远征军统帅，大举攻击赵王国。赵王国三军统帅庞煖，率军迎击，格杀剧辛，俘虏燕军二万人。

战国时代七国之中，燕王国（首都蓟城）最为脓包。俗云：“燕赵自古多慷慨悲歌之士。”似乎有赵无燕。只有乐毅当统帅时，燕军才能一战，其他时候，几乎则战无不败。而所有君王，也只有姬平（四任昭王）一人，可称豪杰。自姬乐资（五任惠王）以降，不知道自己振作，却整天打赵王国（首都邯郸）领土的主意，而又不堪赵王国一击。宏观的看，燕王国应该诚心诚意，尽其全力帮助赵王国才对，赵王国像座大山，全力挡住秦王国（首都咸阳）的暴风。一旦大山倒塌，燕王国也就被席卷一空。想不到燕王国一再爆破那座大山，唯恐爆破不垮。有些人的脑筋，确实是粪做的。

3 各王国警觉到秦王国（首都咸阳）不断侵略，谋求对策。

直到今天，重组南北合纵同盟，仍不为晚。问题在于各国统治阶层的腐败，已入骨髓。掌握权柄的人，口袋里满装秦王国（首都咸阳）贿赂的金银财宝。没有好的政治，就没有好的作战部队。将领都是用不尊严的手段获取高位。士兵则全来自穷苦人家，在军中半饱半饥。于是官也好、兵也好，全无斗志，一旦投入战场，自然溃散。各国不知道改革政治，加强战力，却想靠那些离心离德的军队，保护自己的特权并创造奇迹，可谓正成了异想天开。

纪元前二四一年 庚申

秦始皇	六年
楚考烈王	二十三年
齐田建	二十四年
魏景湣王	二年
韩桓惠王	三十二年
赵悼襄王	四年
燕姬喜	十四年
卫元君	十一年

1 楚王国（首都陈丘〔河南省周口市淮阳区〕）、赵王国（首都邯郸〔河北省邯郸市〕）、魏王国（首都大梁〔河南省开封市〕）、韩王国（首都新郑〔河南省新郑市〕）、卫国（首府濮阳〔河南省濮阳市〕），再缔结南北合纵同盟，一致抗秦。推选楚王国国王（二十三任考烈王）芈完，担任盟约长兼联军统帅，春申君黄歇担任执行官，向秦王国（首都咸阳〔陕西省咸阳市〕）发动反击，攻陷寿陵（今地不详），直逼函谷关（河南省灵宝市东北）。秦王国守军大开

关门迎战，五国联军不敢交锋，一哄而散（这是最后一次抗秦的军事行动，瓦解之后，各国静待处决）。

芈完认为联军溃败，黄歇应负责任，对他开始疏远。

观津（河北省武邑县）人朱英，向黄歇建议："世界上公认楚王国（首都陈丘）是一个强国，可是在你领导下，却衰弱成这个样子。不过我认为你也不应该担负这个责任，先王（芈横）时代，跟秦王国（首都咸阳）和好，二十年间，秦王国不侵犯我们，为什么？只因为秦王国如果取道黾阨塞（古代九塞之一，河南省信阳市西南平靖关。黾，音méng〔蒙〕。阨，音è〔鳄〕），危险性太大，如果取道分裂了的周王国，背后就是韩、魏两国大军，危险性也太大。现在形势大变，魏王国（首都大梁〔河南省开封市〕）随时都会灭亡，不能照顾它的属地许邑（河南省许昌市东）、鄢陵（河南省鄢陵县），两城迟早会割让给秦王国。到那时候，秦军距陈丘（楚首都，河南省周口市淮阳区）只剩下六十里。我预料，秦、楚两国，将每天陷于缠斗。"于是，楚王国迁都寿春（安徽省寿县），把寿春改称郢都。把黄歇封到吴城（江苏省苏州市），仍行使宰相职权。

2 秦王国（首都咸阳）攻击魏王国（首都大梁），占领朝歌（河南省淇县），并攻陷卫国首府濮阳（河南省濮阳市），卫国国君（四十七任）卫元君（名不详）逃到野王（河南省沁阳市），依靠山势（王屋山）险阻，保有魏王国黄河北岸。

战国时代

- ◎ 嫪毐之乱。
- ◎ 吕不韦自杀。
- ◎ 韩非身死秦王国。

- ◎ 印度孔雀王朝阿育王逝世，在位四十二年。二孙各据一方，国内纷乱不止。
- ◎ 迦太基共和国占领西班牙。

纪元前二四〇年 辛酉

秦始皇	七年
楚考烈王	二十四年
齐田建	二十五年
魏景湣王	三年
韩桓惠王	三十三年
赵悼襄王	五年
燕姬喜	十五年
卫元君	十二年

1 秦王国（首都咸阳〔陕西省咸阳市〕）攻击魏王国（首都大梁〔河南省开封市〕），占领汲城（河南省卫辉市）。

2 秦王国（首都咸阳）夏太后（前任国王嬴异人的生母，现任国王嬴政的祖母）逝世。

大将蒙骜逝世。

纪元前二三九年 壬戌

秦始皇	八年
楚考烈王	二十五年
齐田建	二十六年
魏景湣王	四年
韩桓惠王	三十四年
赵悼襄王	六年
燕姬喜	十六年
卫元君	十三年

1 魏王国（首都大梁〔河南省开封市〕）把邺城（河北省临漳县西南邺城镇）割让给赵王国（首都邯郸〔河北省邯郸市〕）。

2 韩王国（首都新郑〔河南省新郑市〕）国王（四任）桓惠王（名不详）逝世，子韩安继位（五任）。

纪元前二三八年 癸亥

秦始皇	九年
楚考烈王	二十六年
齐田建	二十七年
魏景湣王	五年
韩韩安	元年
赵悼襄王	七年
燕姬喜	十七年
卫元君	十四年

1 秦王国（首都咸阳〔陕西省咸阳市〕）攻击魏王国（首都大梁〔河南省开封市〕），占领垣城（山西省垣曲县）、蒲阳（山西省隰县）。

2 夏季，四月，秦王国（首都咸阳）寒流来袭，气温急剧下降，有人冻死。

3 秦国王（六任）嬴政，前往故都雍县（陕西省宝鸡市凤翔区）

度假暂住。

4 四月十七日，嬴政二十岁，行“加冠礼”（古时男子二十岁开始戴帽，表示已经成人），开始携带宝剑。

5 秦王国（首都咸阳）大将杨端和，攻击魏王国（首都大梁），占领衍氏（河南省郑州市北十五公里）。

6 嬴政最初即位时，年纪还小，太后赵姬经常跟文信侯吕不韦私通。嬴政稍稍长大，吕不韦恐怕事情败露，将爆发大狱，于是心生一计，他的随从中有位嫪毐（音lào ǎi〔涝矮〕），以阳物巨大闻名于世，吕不韦宣称已把嫪毐阳物割掉，充作宦官，送进皇宫，侍候赵姬。赵姬芳心大悦，久而久之，生下两个儿子。嬴政因娘亲的缘故，把太原（山西省太原市）封给嫪毐，并且委任他主持国家大事，权倾中外，炙手可热（这个男娼，受到皇太后、国王和宰相三方面的支持），势利眼之徒纷纷投靠，要求做他的宾客。终于纸包不住火，有人向嬴政揭发真相，嬴政下令调查。嫪毐不敢面对，决定发动兵变。于是使用御玺，征调军队，攻击嬴政度假暂住的雍县（陕西省宝鸡市凤翔区）蕲年宫（雍县城内东南角），企图捕杀嬴政。嬴政命宰相昌平君、昌国君（均是贵族，名不详）集结部队迎击，在咸阳（秦首都，陕西省咸阳市）巷战，诛杀几百人。嫪毐兵败逃走，被追兵生擒。

秋季，九月，屠灭嫪毐三族（父族、母族、妻族），车裂嫪毐和他的党羽（车裂，即五马分尸，把四肢和头部分别用绳索拴在五辆马车上，一声令下，各自狂奔）。嬴政越想越怒不可遏，认为屠灭三族的重刑，仍然太轻，再下令捕杀所有姓嫪（音lào〔涝〕）的人。随从门客中，罪状较轻的，有四千余家，全部放逐到蜀地（四川省）。又恨娘亲淫荡，把她囚禁在雍县萯阳宫（陕西省西安市鄠邑区西南。萯，音fù〔负〕），把她所生的两个儿子杀掉。下令说："跟我谈话时，胆敢涉及皇太后的，立即斩首，砍断四肢，堆到宫门之外。"于是，二十七个进言规劝的人，被当场处死。齐王国（首都临淄〔山东省淄博市东临淄区〕）宾客茅焦要求晋见，并声明要嬴政改变这种对待娘亲的态度。嬴政派人告诉他："你有没有看见宫门外的那些尸体？"茅焦说："当然看见，不过我听说天上有二十八宿（二十八个星座），现在才杀了二十七个，加上我，正好凑够那个数目，我可不是怕死之辈。"使节回报。跟茅焦同桌吃饭的同乡青年，听到消息，全部收拾铺盖，逃得无影无踪。嬴政咆哮说："他是什么东西，竟敢冒犯我？把大锅准备好，我要煮熟他，教他偏偏不能躺到宫门之外。"嬴政坐在高堂，手按宝剑，口吐白沫。茅焦慢慢的走到跟前，用最尊敬的礼节，跪下叩头，然后起立，说："有生命的人不讳言死，有国家的人不讳言亡。讳言死的人不能增加他的年岁，讳言亡的人不能延续国家的生存。生死存亡，贤明的君王会急于了解，大王可愿垂听？"嬴政说："继续发言！"茅焦说："大王的行为，十分狂悖，难道自己竟不知道？车裂假父、扑杀二弟、放逐娘亲、屠杀进谏的忠臣，即令是姒履癸（桀）、子受辛（纣），也不至这么残暴。一旦传遍天下，向心力立刻瓦解，没有人再向往秦王国。我为大王担忧，言尽于此。"即行解开衣服，伏到刑台上，准备受刑。嬴政顿然醒悟，急急下殿，用手扶他起身，说："先生，请先把衣服穿上，我接受你的忠告。"封他当高级国务官（上卿）。嬴政自己驾车，留出左边空位（左边是尊位，留待娘亲），前往萯阳宫（陕西省西安市鄠邑区西南），迎接赵太后返回咸阳（秦首都），母子感情，恢复往昔。

柏杨曰

嬴政诛杀嫪毐，并不违反善良风俗，也不违反法律。嫪毐不过娘亲的情人、奸夫而已，怎么能称“假父”？茅焦每一句话都在刺激嬴政发疯，而嬴政竟没有发疯，简直不可思议。可能嬴政正在寻觅一个下台阶梯，而茅焦适逢其会。无论怎么吧，茅焦的言论并没有说服力量，而只有激怒力量，竟然发生说服效果，致使我们怀疑事情经过的真实性，假定是真的，我们则怀疑是不是出于嬴政的安排。

7 楚王国（首都郢都〔安徽省寿县〕）国王（二十三任考烈王）芈完，没有儿子。黄歇十分忧虑，大肆搜索看起来可能生儿子的美女，送进皇宫，可是仍然生不下儿子。赵王国（首都邯郸〔河北省邯郸市〕）人李园，正准备把妹妹献给芈完，听说芈完没有生育能力，不敢贸然行事，恐怕进宫之后，也不能生儿子，就会失宠。于是，兄妹二人，投靠黄歇，充当黄歇的随从。不久，李园请假回赵王国省亲，故意逾假几天才回来。黄歇问他什么原因，李园说：“齐国王（五任田建）派人要娶我妹妹，跟使节欢聚，竟耽误了归程。”黄歇说：“有没有下聘？”李园说：“还没有。”黄歇遂把李园妹妹迎接入府当小老婆。不久，她怀了身孕。李园教导妹妹向黄歇说：“楚国王芈完对你的宠信，连亲兄弟都比不上。而且，你当宰相已当了二十余年，偏偏国王没有儿子，去世之后，接替王位的，将是他的兄弟之辈，各有各的亲信，你有什么方法保持富贵？不特此也，你居高位太久，对国王的兄弟们，失礼的地方一定很多，他们一旦坐上宝座，你可要大祸临头。现在，我刚刚怀孕，还没人知道。假如你能够把我呈献给国王，国王准跟我上床。十月期满，幸而生下一个男孩，你的儿子就成了国王，楚王国就是你的，比起面对新君，你觉得哪个好？”黄歇大为赞叹，把她送回哥哥李园家，然后向芈完推荐。芈完果然迎接她进宫，颠鸾倒凤，最后生下一个男孩（芈悍），封为太子。母以子贵，李园的妹妹也成了王后，舅爷李园也进入政府。

李园既爬上高枝，不再需要黄歇，同时又害怕黄歇泄漏机密，遂秘密结交亡命之徒，准备杀人灭口，消息逐渐传开。不久，芈完卧病。朱英问黄歇说："世界上有料不到的洪福，也有料不到的灾祸，你处在变化无常的社会，事奉喜怒无常的君王，怎么可以没有紧急应变的朋友？"黄歇说："什么是料不到的洪福？"朱英说："你当楚王国宰相二十年，名义上是宰相，事实上却是国王。而今，国王病重，随时都会断气。然后你辅佐幼主，掌握国家大权。国王成年之后，你再交还权柄。如果不想交还权柄，你索性自己也可以当王，这就是料不到的洪福。"黄歇说："什么是料不到的灾祸？"朱英说："李园以舅父身份，却不能掌权，已成为你的仇敌。他既不负责国防重任，却很久以来，秘密豢养勇士。国王逝世，李园一定第一个被召进宫，掌握大权，然后向你下手，这就是料不到的灾祸。"黄歇说："什么是紧急应变的朋友？"朱英说："你派我担任宫廷侍卫官（郎中），国王死掉，李园第一个进宫，我把他诛杀，这就是紧急应变的朋友。"黄歇说："你把事情看得太严重了，请不必过问，李园不过一个孤单的匹夫，我又那么恩待他，怎么会演变到那种地步？"朱英的建议被拒绝后，知道巨变就要发生，逃亡而去。

十七天后，芈完逝世，李园果然第一个被召入皇宫，李园在宫门设下埋伏，黄歇冒冒失失进去，伏兵四起，乱刀砍死，把头颅投到宫门外，派遣官员搜捕黄歇家属，全体诛杀。太子芈悍继位(二十四任)，是为幽王。

有人问，魏无忌、赵胜、田文、黄歇，对国家是否有益处，回答说：“在上位的不能治理国家，大奸巨猾，窃弄国家命脉，有什么益处？”

柏杨曰

芈完、黄歇、李园、李园的妹妹，四边关系筑成楚王国高阶层政治舞台。短兵夺权，无情无义、变化莫测。三寸之外，一片黑暗，谁都不知道黑暗中埋伏着什么。战国时代所谓“四大王子”之一的黄歇，他的高位不是他的小聪明能够承当得住的，这从他率领五国联军在函谷关外，没有交锋，就告溃败，可得到证明。站在社会史立场，李园的地位，十分重要，他是一位标准“腻人”，他要拍你马屁时，连漂亮的妹妹都双手送上，那种忠心和温暖，以及善体人意的媚态，使你无法拒绝。可是翻脸时的疾如闪电和回报的酷烈，更使人发抖。在李园之前，还有一个人跟他相似，那就是夏王朝第七任帝寒浞。在李园之后，数目可就更多，直到今天二十世纪，随时都有人登台亮相。不过时代不同，方式稍异。寒浞、李园，是鲨鱼群中最精彩的两只，最好不要遇上。遇上必被缠住，轻者遍体鳞伤，重者全盘覆没。

8 秦国王(六任)嬴政，念及吕不韦扶助老爹(嬴异人)的功劳太大，不忍诛杀(嫪毐事发，追根问底，当然找出吕不韦来)。

纪元前二三七年 甲子

秦始皇	十年
楚幽王	元年
齐田建	二十八年
魏景湣王	六年
韩韩安	二年
赵悼襄王	八年
燕姬喜	十八年
卫元君	十五年

1 冬季，十月，秦王国（首都咸阳〔陕西省咸阳市〕）国王（六任）嬴政，下令免除吕不韦宰相的职务，遣返他的封国（洛阳〔河南省洛阳市白马寺东〕。参考前二四九年）。秦王国皇亲国戚跟高级官员会议决定：“外国人来秦王国做官，都是为他们的祖国做说客，挑拨我们上下不和，应该一律驱逐出境。”于是大举搜捕外国人。外籍顾问官（客卿）李斯，也在被驱逐之列。将离开时，给嬴政上了一份报告，说：“从前，穆公（九任国君嬴任好）召请贤才，从西方的戎部落

（渭水上游）里，物色到由余，从东方宛城（河南省南阳市）中，得到百里奚，到宋国（首府商丘〔河南省商丘市〕）迎取蹇叔，到晋国（首府新田〔山西省侯马市〕）迎取丕豹、公孙支，结果吞并二十余个封国，称霸西戎。孝公（二十五任国君嬴渠梁）用公孙鞅变法，各国归附，至今国家大治。惠王（一任王嬴驷）用张仪的谋略，瓦解六国合纵同盟，使他们向秦王国靠拢。昭襄王（三任王嬴稷）得到范雎帮助，使政府权力扩张，私人势力减小。这四位君王，都是利用外籍人士的力量，完成伟大的功业。由此观察，外籍人士有什么地方辜负了秦王国？女色、音乐、珠宝，秦王国都不出产，大王还不是收集起来，一一享受。只对外籍人士，却恰恰相反，不管好坏，不问是非，凡不是秦王国人民，一律驱逐。这正是看重女色、音乐、珠宝，而轻视人才。泰山不躲避尘埃，所以能成长高大。河海不选择细流，所以能增加深度。领袖人物不排斥知识分子，才能创立他的勋业（“泰山”以下六句，千古至理）。因为这个缘故，三皇（天皇、地皇、人皇）、五帝（姬轩辕、姬颛顼、姬夋、伊祁放勋、姚重华）所以无敌天下（古老传统的知识分子动辄三皇五帝，而三皇渺不可寻，五帝更不是那么回事）。而今，大王却把知识分子资助敌国，把贤才送到别的君王面前，这等于把军队借给匪寇，把粮食送给强盗。”

嬴政下令召见李斯，恢复他的官爵，撤销驱逐令。李斯已走到骊邑（陕西省西安市临潼区东北），才被送回。最后嬴政采用李斯的谋略，秘密派遣间谍，携带金银珠宝，前往各国游说，进行离间。各国有名望、有权柄、有影响力的人士，可以收买的，都用重金收买；拒绝收买的，派出杀手对付。挑拨君王跟官员以及跟人民之间的感情。等到敌国内部防御能力完全瓦解，然后，大军进攻，数年之内，秦王国终于并吞六国，统一世界。

纪元前二三六年 乙丑

秦始皇	十一年
楚幽王	二年
齐田建	二十九年
魏景湣王	七年
韩韩安	三年
赵悼襄王	九年
燕姬喜	十九年
卫元君	十六年

1 赵王国（首都邯郸〔河北省邯郸市〕）攻击燕王国（首都蓟城〔北京市〕），占领狸阳（河北省任丘市东北），战役还没有结束，秦王国（首都咸阳〔陕西省咸阳市〕）大将王翦、桓齮（音yǐ〔椅〕）、杨端和，率大军攻击赵王国，包围邺城（河北省临漳县西南邺城镇），占领九个城市。王翦继续攻阏与（山西省和顺县）、橑阳（山西省左权县。橑，音liáo〔辽〕）。桓齮攻陷邺城、安阳（河南省安阳市）。

柏杨曰

六国之间，这是最后一次互相撕咬。赵王国即令有充分的理由发动攻击，可是，国家领导人如果有一星点智慧，就应该自我克制。国家领导人不是黑道小瘪三，动辄拔刀而上。

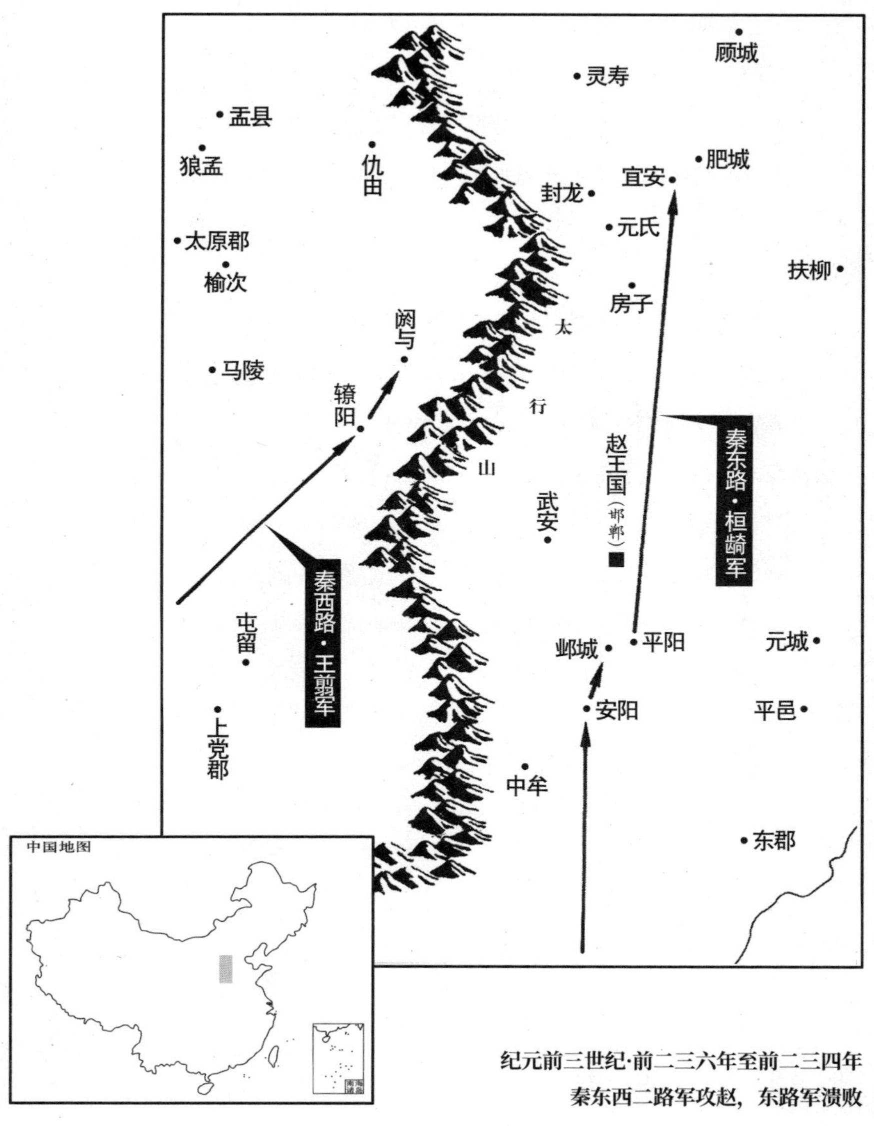

纪元前三世纪·前二三六年至前二三四年

秦东西二路军攻赵，东路军溃败

2 赵王国（首都邯郸）国王（四任悼襄王）赵偃逝世，子赵迁继位（五任），是为幽缪王（缪，音miù〔谬〕）。赵迁的娘亲原是娼妓，赵偃爱她爱得发紧，竟把太子赵嘉罢黜，而封她的儿子赵迁当太子。赵迁品行恶劣，闻名全国。

3 秦王国（首都咸阳）文信侯吕不韦，回到他的封国（河南省洛阳市东白马寺东）已一年有余，各国使节跟宾客，纷纷前往拜访，声势依然烜赫。秦国王（六任）嬴政，恐怕发生变化，写了一封信给吕不韦，说：“你对秦王国有什么贡献？封你十万户。你跟秦王国又有什么关系？号称仲父。现在，把你放逐到蜀国（四川省成都市）。”吕不韦知道已陷绝境，诛杀就在眼前。

纪元前二三五年 丙寅

秦始皇	十二年
楚幽王	三年
齐田建	三十年
魏景湣王	八年
韩韩安	四年
赵幽缪王	元年
燕姬喜	二十年
卫元君	十七年

1 秦王国（首都咸阳〔陕西省咸阳市〕）文信侯吕不韦服毒自杀，自己家里的人，把他埋葬，秦政府着手调查，凡是参加吊丧的随从和宾客，一律逐出国境。嬴政下令说："从今之后，凡主持政府，像嫪毐（音lào ǎi〔涝矮〕）、吕不韦一样荒唐的，财产没收，以此为例。"

有人说："吕不韦岂不是大智大慧之人，他把人当作货物，拿出来交易。"扬雄说："谁说吕不韦大智大慧？为了贪图官爵，付出他的家族。我认为吕不韦不过是个大一点的小偷。小偷的意义是：眼睛只看见瓦罐，却看不见洛阳城。"

柏杨曰

传统史学家习惯于以成败论英雄，照扬雄所言，吕不韦如果能够善终，岂不就成了大智大慧。耶稣告诉他的门徒，为了传教的缘故，“应该灵活得像条蛇”。吕不韦不过灵活得像条蛇而已，他并没有伤天害理。一介平民到掌握国家权柄，现在可以诉诸选举，古时候并没有固定的管道。吕不韦深谋远虑，节节衔扣，智慧过人，无疑问的是一代豪杰。他唯一不能掌握的，是他的旧情人赵姬是那么淫荡，索取没有止境，而嬉戏在他怀中肩上的嬴政小娃，又是如此彻底的翻脸无情。

2 秦王国（首都咸阳）自六月到八月，三个月不降雨，大旱。

3 秦王国（首都咸阳）动员四个郡的兵力，协助魏王国（首都大梁〔河南省开封市〕）攻击楚王国（首都郢都〔安徽省寿县〕）。

纪元前二三四年 丁卯

秦始皇	十三年
楚幽王	四年
齐田建	三十一年
魏景湣王	九年
韩韩安	五年
赵幽缪王	二年
燕姬喜	二十一年
卫元君	十八年

1 秦王国（首都咸阳〔陕西省咸阳市〕）大将桓齮（音yǐ〔椅〕），攻击赵王国（首都邯郸〔河北省邯郸市〕），在平阳（河北省临漳县西南）击斩赵王国大将扈辄，杀十万人。赵国王（五任）赵迁任命李牧当三军统帅；在宜安（河北省石家庄市藁城区西南）、肥下（石家庄市藁城区）会战，秦军大败。桓齮率残军逃走。赵王国封李牧当武安君。

纪元前二三三年 戊辰

秦始皇	十四年
楚幽王	五年
齐田建	三十二年
魏景湣王	十年
韩韩安	六年
赵幽缪王	三年
燕姬喜	二十二年
卫元君	十九年

1 秦王国（首都咸阳〔陕西省咸阳市〕）大将桓齮，再攻赵王国（首都邯郸〔河北省邯郸市〕），连陷宜安（河北省石家庄市藁城区西南）、平阳（河北省临漳县西南）、武城（河北省磁县西南）。

韩国王（五任）韩安恐慌，割让土地，献出国王印信，请降格做秦王国的附庸，派遣韩非到秦王国晋见。

韩非，是韩王国（首都新郑〔河南省新郑市〕）的王子之一，法家学派巨子。眼看祖国日益衰弱，忧心如焚，屡次向国王提出书面建议，国王都一笑置之。韩非对当权官员的颟顸，至为痛心。当权官员平常日子，不去物色贤能奇才，反而把"五蠹"之辈，当作活宝（五蠹，舞文弄墨的知识分子，翻云覆雨的政客，仗义疏财的游侠，欺上骗下的左右亲信，追求物质享受的工人和商人)。当国家太平时，优待御用的摇尾学者；当国家紧急时，却依靠平时瞧不起的武士。培养出来的人才不用，用的又不是培养出来的人才。目睹廉洁正直的人，被邪恶的当权分子排斥，考察过去的得失变化，韩非著《孤愤》《五蠹》《内储》《外储》《说林》《说难》，共五十六篇，约有十余万言。

嬴政崇拜韩非的学问和才能，打算会见他。于是，韩非抓住出使秦王国(首都咸阳)的机会，上书给嬴政，说："秦王国拥有数千华里广大领土，武装部队号称一百万，纪律森严，赏罚公平，号令分明，天下无人可及。我冒死请求大王赐予接见，将贡献破坏合纵同盟的具体方案。大王如用我的方案，不能一举成功——赵王国不投降，韩王国不灭亡，楚王国、魏王国不屈服，齐王国、燕王国不归顺，霸王之名不能建立，四邻所有封国国君不来朝觐，就请大王把我诛杀，作为对大王不够忠心的惩罚。"嬴政怦然心动，还没有任用，李斯已妒火中烧，打小报告说："韩非，是韩王国的王子。大王的目的是在并吞天下，而韩非不可能忘情祖国，而全心全意效忠秦王国，这是人之常情。但送他回国也不是办法，以他的才能，万一韩王国重用他，将成为我们的后患，不如用法律除掉他。"嬴政认为合理，遂把韩非逮捕监禁。李斯派人送去毒药，教韩非自杀。韩非试图面见嬴政解释，却无法面见。嬴政不久就后悔，急派人前往赦免，韩非已死。

有人问："韩非作《说难》大文，却死于'说难'，为什么他不能实践他的理论？"扬雄说："正因为'说难'，他才牺牲。"那人问："为什么？"扬雄说："君子以礼教支配行动，以信义克制自己。意志相合就合作，意志不相合就分开，而根本不忧虑会不会相合！假如企图说服别人而担心合不合对方的心意，那可是什么事都做得出来。”那人问：“韩非忧虑的正是合不合对方心意，难道不对？”扬雄说：“说服工作不采取正当手段，才值得忧虑。方案是不是被接受，不值得忧虑。”

君子爱他的亲人，也爱别人的亲人；爱自己的国家，也爱别人的国家。所以勋业伟大，美名照耀宇寰。而韩非向秦王国献策，第一就是要先覆灭他的祖国，目的只在证实他的学问和才能。他的罪恶并不是一死就可了之的，不必怜悯他的遭遇。

韩非这份卖国上书，十分蹊跷。司马光跟他的编辑群，似乎在故意抹杀真相。据其他史书记载：嬴政拜读韩非的群作，佩服得五体投地，自怨自艾说：“我能够跟这个人做朋友，死而无恨。”当李斯告诉他韩非是韩王国（首都新郑）的王子后，嬴政遂对韩王国发动攻击，这次侵略行动，是传奇性的，不是为了土地，而是为了人才。这种情形下，韩非到了咸阳（秦首都，陕西省咸阳市），嬴政当然迫不及待的立刻接见，恐怕连撒尿的时间都无法等待。但该信语气，好像是韩非压根见不到嬴政，才哀哀上告。而且韩非有口吃的毛病，他顶多呈上他的大作，那就够了，不可能要求会面，以韩非的智慧，不致坚持自暴其短。即令韩非要求会面，也不可能写出那种幼稚言论，提出一连串灭国保证。韩非大作《韩非子》，每一句话都是一个钉锤，完全诉诸理性，字不虚发。而这份卖国上书，却像江湖郎中在卖包治百病的狗皮膏药，岂不低估了他的对手？《史记》不载这封信，《战国策》不但不载这封信，还指出另一桩公案（被姚贾陷害）。司马光所以如此，只是一桩政治上的小把戏。因为在现实政治上，司马光的对手王安石是一位披着儒家外衣的法家，而韩非却是法家学派始祖。正好利用这封卖国上书，把法家丑化，使人们产生“法家就是卖国贼”的印象。

纪元前二三二年 己巳

秦始皇	十五年
楚幽王	六年
齐田建	三十三年
魏景湣王	十一年
韩韩安	七年
赵幽缪王	四年
燕姬喜	二十三年
卫元君	二十年

1 秦王国（首都咸阳〔陕西省咸阳市〕）国王（六任）嬴政，出动大军攻击赵王国（首都邯郸〔河北省邯郸市〕），一路向邺城（河北省临漳县西南邺城镇），一路向太原（山西省太原市），分别攻陷狼孟（山西省阳曲县）、番吾（河北省磁县）。赵王国大将李牧迎战，秦军即行撤退（秦军显然吃了败仗，否则既出动大军，哪有只照一面，不交一手）。

2 最初，燕王国（首都蓟城〔北京市〕）太子姬丹，曾在赵王国（首都邯郸）当人质，跟嬴政感情亲密。嬴政当了国王，姬丹被改派到秦王国充当人质，自以为老友会特别照顾，想不到嬴政端起嘴脸，对他似理不理。姬丹十分气愤，逃回祖国。

纪元前二三一年 庚午

秦始皇	十六年
楚幽王	七年
齐田建	三十四年
魏景湣王	十二年
韩韩安	八年
赵幽缪王	五年
燕姬喜	二十四年
卫元君	二十一年

1 韩王国（首都新郑〔河南省新郑市〕）向秦王国（首都咸阳〔陕西省咸阳市〕）呈献南阳地（河南省修武县以西，介于黄河与太行山之间区域）。九月，秦王国出兵接收。

2 魏王国（首都大梁〔河南省开封市〕）也向秦王国呈献土地（未指何处）。

3 代郡（河北省蔚县）地震，从乐徐（河北省涞源县东南）到平阴（山西省阳高县东南。两地航空距离一百四十公里），一半以上的楼台房舍倒塌，大地裂开东西一百三十步。

战国时代

◎ 荆轲刺秦王嬴政。

◎ 六国相继灭亡。

◎ 秦王朝统一中国。

◎ 雅典脱离马其顿控制，与罗马结盟。

◎ 罗马征服高卢（今法国）。

◎ 迦太基任命汉尼拔当西班牙总督。

纪元前二三〇年 辛未

秦始皇	十七年
楚幽王	八年
齐田建	三十五年
魏景湣王	十三年
韩韩安	九年
赵幽缪王	六年
燕姬喜	二十五年
卫元君	二十二年

1 秦王国首都咸阳（陕西省咸阳市）特别市市长（内史）胜（姓不详），率军攻陷新郑（韩首都，河南省新郑市），生擒韩国王（五任）韩安，韩王国亡（前三三三年至前二三〇年，立国一〇四年）。秦王国在韩王国故土设颍川郡（郡政府设阳翟〔河南省禹州市〕。韩王国之亡，使战国时代急剧结束。这是六国中最先灭亡的一国，从此形势大变，十年之内，其他五国，一扫而光）。

2 秦王国（首都咸阳）太皇太后华阳夫人（华阳太后，嬴政祖母）逝世。

3 赵王国（首都邯郸〔河北省邯郸市〕）饥馑。

4 卫国（首府野王〔河南省沁阳市〕）国君（四十七任）卫元君（名不详）逝世，子卫角继位（四十八任）。

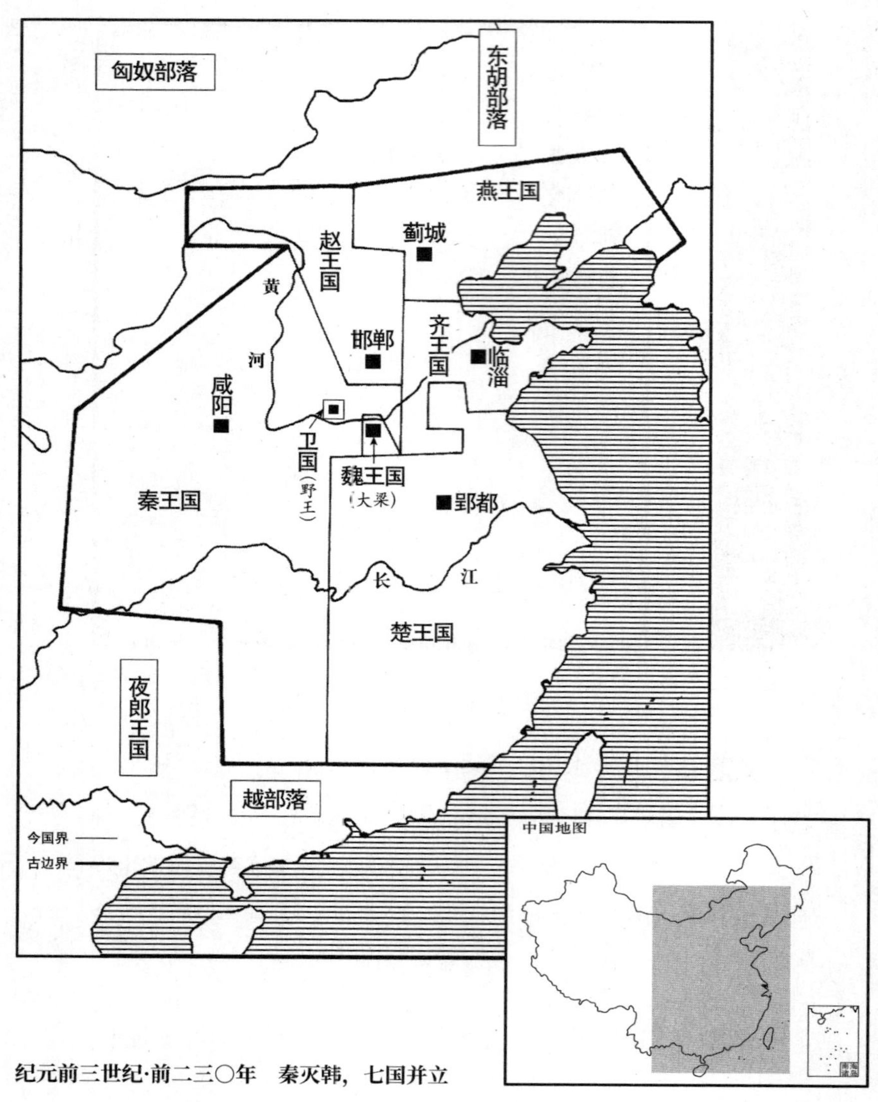

纪元前三世纪·前二三〇年　秦灭韩，七国并立

纪元前二二九年 壬申

秦始皇	十八年
楚幽王	九年
齐田建	三十六年
魏景湣王	十四年
赵幽缪王	七年
燕姬喜	二十六年
卫卫角	元年

1 秦王国（首都咸阳〔陕西省咸阳市〕）向赵王国（首都邯郸〔河北省邯郸市〕）作灭国性攻击。大将王翦率上地（上郡，陕西省榆林市东南鱼河镇）驻军，攻击井陉塞（河北省石家庄市鹿泉区）；另一大将杨端和率河内（河南省黄河以北）驻军，北上呼应。赵王国大将李牧、司马尚，竭力抵抗，秦军不能前进。

秦王国（首都咸阳）间谍给赵国王（五任）赵迁的宠臣郭开更多的金银珠宝，于是郭开向赵迁警告说：李牧、司马尚即将叛变。赵迁大起恐慌，派赵葱跟齐王国（首都临淄〔山东省淄博市东临淄区〕）将领颜聚，接替李牧、司马尚职务。李牧悲愤，拒绝交出兵权，抵抗失败，在逃亡途中被杀，司马尚也被罢黜。

"诬以谋反"的铁帽，法力无边。天下多少忠臣义士和国家栋梁，丧生在这个铁帽之下，自古忠良多枉死，长使英雄泪满襟。赵王国（首都邯郸）亡在眉睫，还替敌人诛杀最后一位名将。郭开属于一脸忠贞分子，历史自有定论。而国王赵迁，这位毁灭赵王国的凶手，可真是名副其实婊子养的。

纪元前二二八年 癸酉

秦始皇	十九年
楚幽王	十年
齐田建	三十七年
魏景湣王	十五年
赵幽缪王	八年
燕姬喜	二十七年
卫卫角	二年

1 秦王国（首都咸阳〔陕西省咸阳市〕）大将王翦发动大规模攻击，斩赵葱；颜聚阵亡，赵军溃散，秦军遂攻陷邯郸（赵首都，河北省邯郸市），生擒赵国王（五任）赵迁。秦国王（六任）嬴政亲自驾临邯郸，搜捕所有跟娘亲赵姬有仇的人家，一律诛杀；归程经过太原（山西省太原市）、上郡（陕西省榆林市东南鱼河镇），返回首都咸阳（陕西省咸阳市）。

2 秦王国（首都咸阳）皇太后赵姬逝世。

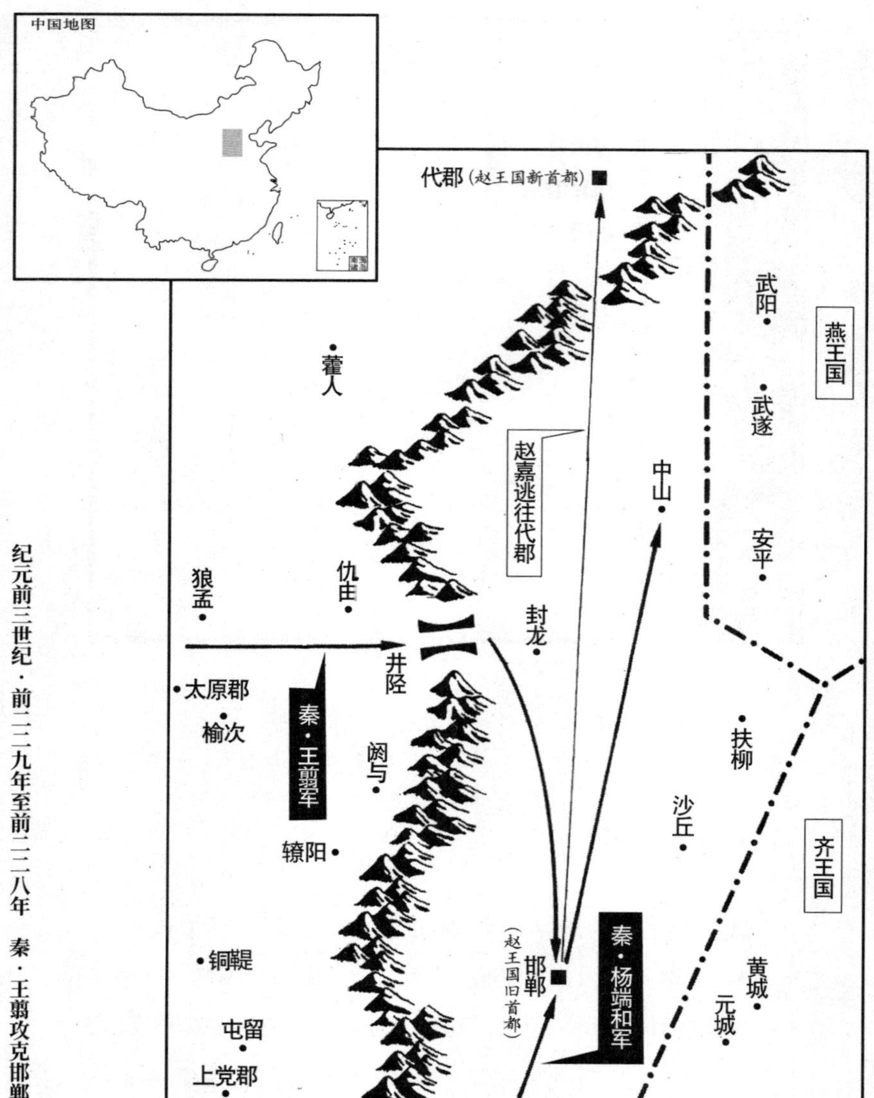

纪元前三世纪·前二二九年至前二二八年　秦·王翦攻克邯郸

3 王翦大军进屯中山（河北省定州市），向燕王国（首都蓟城〔北京市〕）施加压力。赵王国（首都邯郸）前太子赵嘉集结残兵败将，跟皇族数百人，投奔代郡（河北省蔚县），继承王位（六任），称代王。赵王国逃亡的官员纷往投奔，跟燕王国部队结盟，驻防上谷（河北省怀来县）。

4 楚王国（首都郢都〔安徽省寿县〕）国王（二十四任幽王）芈悍逝世，老弟芈郝继位（二十五任），是为哀王。三月，芈郝的庶兄芈负刍袭杀芈郝，自立为王（二十六任）。

5 魏王国（首都大梁〔河南省开封市〕）国王（五任景湣王）魏增逝世，子魏假继位（六任）。

6 燕王国（首都蓟城）太子姬丹，怨恨嬴政，立志报复，征求师傅鞠武的意见。鞠武认为必须邀请赵王国（首都代郡）、魏王国（首都大梁）、楚王国（首都郢都）、齐王国（首都临淄〔山东省淄博市东临淄区〕），再组合纵同盟，然后在北方求得匈奴部落（王庭设内蒙古察哈尔右翼中旗）的支持，才可能成功。姬丹说：“你的谋略很好，可是那需要一段很长的时间，使人心焦，而且又不能保证一定成功。”

不久，秦王国（首都咸阳）大将樊於期，在本国犯罪，逃亡到燕王国，姬丹招待他，下榻旅舍。鞠武劝告说：“嬴政性格凶暴，而又一向憎恨燕王国，已使人寒心。如果听说我们收留了他的叛将，那可是把羊肉放到猛虎必然经过的山径上，恐怕难逃此劫。我建议你火速把樊於期送到匈奴部落。”姬丹说：“樊将军走投无路，前来依靠，正是我舍弃生命保护他的时机，请再想其他办法。”鞠武说：“做危险的事而希望得到平安，制造灾难而希望得到幸福，谋略肤浅，怨毒却深。只为了一个人将来的回报，不顾国家的安危，正是招灾引祸。”姬丹听不进去。

姬丹听说卫国（首府野王〔河南省沁阳市〕）人荆轲是个奇才，前往拜访，对荆轲说：“而今，秦军已生擒韩王国（首都新郑〔河南省新郑市〕）的国王（五任韩安），接着势将向南攻击楚王国（首都郢都），向北攻击赵王国（首都邯郸），赵王国不能支持，大祸必然转移到燕王国（首都蓟城）头上（说此话时，邯郸还没有陷落）。燕王国既小又弱，总是打败仗，怎能抵挡？而各国都对秦王国（首都咸阳）心怀恐惧，不敢再组南北合纵同盟。我的意思是，如果有一位大无畏的勇士，用暴力劫持嬴政，强迫他把他侵略各国的土地，都吐出来，像曹沫当年劫持姜小白一样（前六八一年，齐国〔首府临淄〕国君桓公姜小白，跟鲁国〔首府曲阜，山东省曲阜市〕国君庄公姬同，在柯邑〔山东省东阿县〕举行高阶层会议，鲁国大将曹沫劫持姜小白，姜小白遂归还曹沫三战所丧失的土地），那当然非常理想。如果达不到目的，就当场格杀。他们的将领都领军在外，内部突然发生变化，大家一定互相猜忌，我们就利用这段动荡时间，跟各国缔结合纵同盟，准能击破秦军，请你考虑这件大事。”荆轲应允担当杀手，于是招待荆轲住进最高级的旅舍，姬丹每天前往问候，凡能够呈献给荆轲的，应有尽有。

后来，王翦攻陷邯郸（河北省邯郸市），赵王国灭亡（事实上赵王国并没有灭亡，前任太子赵嘉已在代郡〔河北省蔚县〕另组赵王国中央政府），姬丹恐惧，准备送荆轲出发。荆轲说："我手中没有促使嬴政非见我不可的法宝，就根本见不到他。如果能拿到樊於期将军的人头，跟燕王国（首都蓟城）的地图，作为礼物，嬴政必然大为高兴，定会召见，等到我跟他面面相对时，才能回报。"姬丹说："樊将军日暮途穷，前来投奔，我怎么忍心？"于是，荆轲秘密拜访樊於期说："秦王国（首都咸阳）对你过分残酷，父母妻子家族，全被屠杀，现在又悬赏黄金千斤，还加封一万户，购买你的人头，你怎么办？"樊於期叹息流泪说："请你指示一条明路。"荆轲说："只有一个办法，捐出你的人头，嬴政喜悦之下，才有接见我的可能。然后，我左手抓住他的袖子，右手短剑直指他的前胸。将军的大仇可报，燕王国被欺凌的羞辱可除。"樊於期说："这正是我咬牙切齿，日夜盼望的事。"遂自杀。姬丹听到消息，急来奔救，伏到尸体上大哭失声，然已无可奈何。就把人头装在匣子里。事先，姬丹已物色到天下最锐利的匕首，用毒药烧炼，曾用人做试验，血刚染湿衣服，即行倒毙，于是任命荆轲担任燕王国的使节，另一位燕王国的勇士秦舞阳当副使节，启程前往秦王国。

纪元前二二七年 甲戌

秦始皇	二十年
楚负刍	元年
齐田建	三十八年
魏魏假	元年
赵代王	元年
燕姬喜	二十八年
卫卫角	三年

1 燕王国（首都蓟城〔北京市〕）使节荆轲抵达咸阳（秦首都，陕西省咸阳市），透过嬴政最得宠的亲信蒙嘉，转达燕王国献人头、地图的诚意。嬴政高兴得坐不住，穿上国王礼服，集合文武百官，摆出最严肃隆重的仪式，接见燕王国投降使节跟献礼。荆轲双手捧着地图，在嬴政面前缓缓展开，展开到最后，匕首出现。果如预测的形势，荆轲左手抓住嬴政的衣袖，右手举起匕首，直指嬴政前胸。想不到嬴政惊恐的跳起来，竟挣断了衣袖。荆轲追赶，嬴政吓得心胆俱裂，绕着殿柱奔走。事变猝然爆发，殿下高级官员们目瞪口呆，谁都不知道如何才好。而秦王国法律，高级官员上殿时，不准携带

一寸武器，大家只好徒手上前，一面大声喊：“大王！往后推剑。大王！往后推剑。”（嬴政腰系长剑，仓皇之际，无法拔出，必须把剑推往背后，才容易出鞘。）嬴政得到提示，才把剑拔出，一剑砍断荆轲左腿。荆轲跌倒在地，不能再追，但仍瞄准嬴政，把匕首用力投出，没有击中，却击中铜柱，知道时机已逝，骂说：“只为了要留你订约还地，回报太子，才不杀你，想不到反而误了大事。”官员们遂把荆轲分尸示众。

嬴政受惊受辱之余，暴跳如雷，派出更多的军队到前线，训令王翦进攻燕王国（首都蓟城）。王翦向前挺进，在易水（海河支流，流经河北省易县南）以西跟燕、赵联军会战，大破燕、赵联军。

纪元前二二六年 乙亥

秦始皇	二十一年
楚负刍	二年
齐田建	三十九年
魏魏假	二年
赵代王	二年
燕姬喜	二十九年
卫卫角	四年

1 秦王国（首都咸阳〔陕西省咸阳市〕）大将王翦乘胜追击。

冬季，十月，攻陷燕王国首都蓟城（北京市），燕国王（八任）姬喜跟太子姬丹，率精兵突围，退保辽东（郡政府设襄平〔辽宁省辽阳市〕），秦王国大将李信紧追不舍。赵王国国王（六任代王）赵嘉，写信给姬喜，要求交出姬丹。姬丹逃亡，躲在衍水（今地不详）中，姬喜派使节杀掉姬丹，把人头献给秦军，转献嬴政。嬴政仍有余恨，下令继续进攻（由以后发生的事观察，这次攻势，不久即止）。

2 秦王国（首都咸阳）大将王贲攻击楚王国（首都郢都〔安徽省寿县〕），占领十几个城市。嬴政问大将李信说："我打算征服楚王国，以你的意见，需要多少武装部队？"李信说："二十万应该足够。"嬴政又问王翦，王翦说："非六十万人不可。"嬴政说："你已经老了，胆量也小了。"遂即任命李信、蒙恬，分别担任统帅、副统帅，率二十万大军，向楚王国进攻。王翦遂称病辞职，回到故乡频阳（陕西省富平县）。

纪元前二二五年 丙子

秦始皇	二十二年
楚负刍	三年
齐田建	四十年
魏魏假	三年
赵代王	三年
燕姬喜	三十年
卫卫角	五年

1 秦王国（首都咸阳〔陕西省咸阳市〕）大将王贲攻击魏王国（首都大梁〔河南省开封市〕），堵截黄河的水，淹没大梁（魏首都，河南省开封市）。

三月，城垣崩塌，魏国王（六任）魏假投降，立即斩首，魏王国亡（前三六九年至前二二五年，立国一百四十五年）。

嬴政派人通知安陵君（参考前二四七年）说：“我打算用五百里土

纪元前三世纪·前二二五年　秦灭魏，六国并立

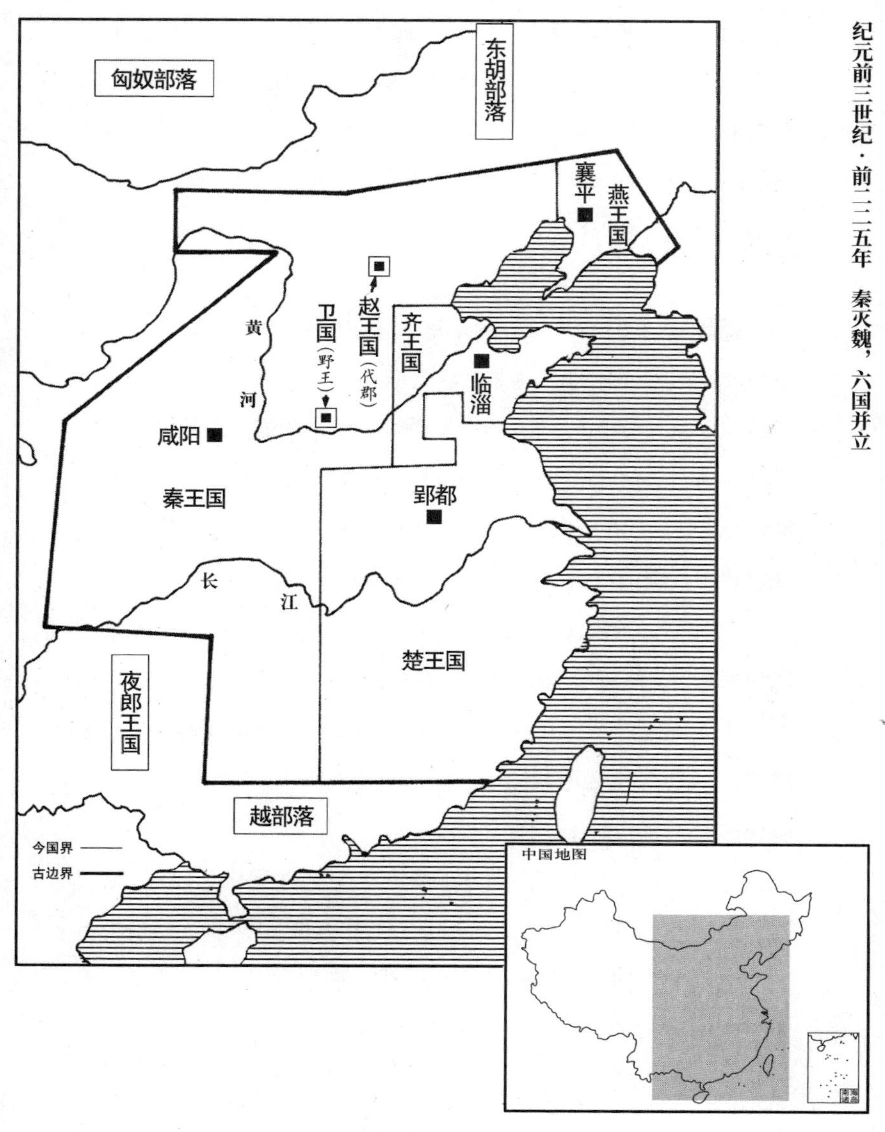

地交换你的安陵（河南省鄢陵县）。”安陵君说：“蒙大王的恩典，用大片土地，交换一座小城，非常感激。然而，这一座小城却是魏王国从前的国王所赐，愿终身留守，不敢交换。”嬴政嘉许他的信义，慨然应允（嬴政所以放过安陵，恐怕跟信义无关，如果有关，魏王国岂会覆没？只是安陵太小，看不上眼，暂时放一马而已）。

2 秦王国（首都咸阳）大军进入楚王国（首都郢都〔安徽省寿县〕），李信攻平舆（河南省平舆县），蒙恬攻寝城（安徽省临泉县），大破楚军。李信再攻鄢陵（河南省鄢陵县），再大破楚军。于是西进，跟蒙恬兵团在城父（安徽省亳州市东南）会师。但楚兵团尾随于后，秦军三天三夜不能休息，楚兵团展开反击，大破李信军，攻陷两个营寨，斩杀七位高级将领，李信溃败回国。嬴政气得发疯，亲自去频阳（陕西省富平县）探望王翦，致歉说：“我没有采用将军的建议，李信果然为秦王国带来羞辱，将军虽然有病，怎么忍心抛下我？”王翦表示他的病实在不允许他再带兵，嬴政说：“算啦算啦，提那病干什么？”王翦说：“大王一定要用我的话，非六十万人不行。”嬴政说：“一切听你的。”

王翦率六十万大军，向楚王国第二次发动灭国性攻击，嬴政亲自送到霸上（陕西省西安市东灞河畔）。王翦向嬴政要求赏赐相当数目的美宅良田，嬴政说：“你只管出发，怎么还怕穷呀！”王翦说：“当大王的将领，功劳再大，也不能晋封侯爵。所以趁着大王还喜爱的时候，请求赏赐，不过为子孙打算罢了。”嬴政忍不住大笑起来。大军既出发，到了武关（陕西省商南县东南），又陆续派出五个使节，向嬴政请求继续赏赐。朋友说：“你这种贪得无厌的行为，岂不太过分。”王翦说：“不然，国王（嬴政）性格猜忌，从不信任别人，如今

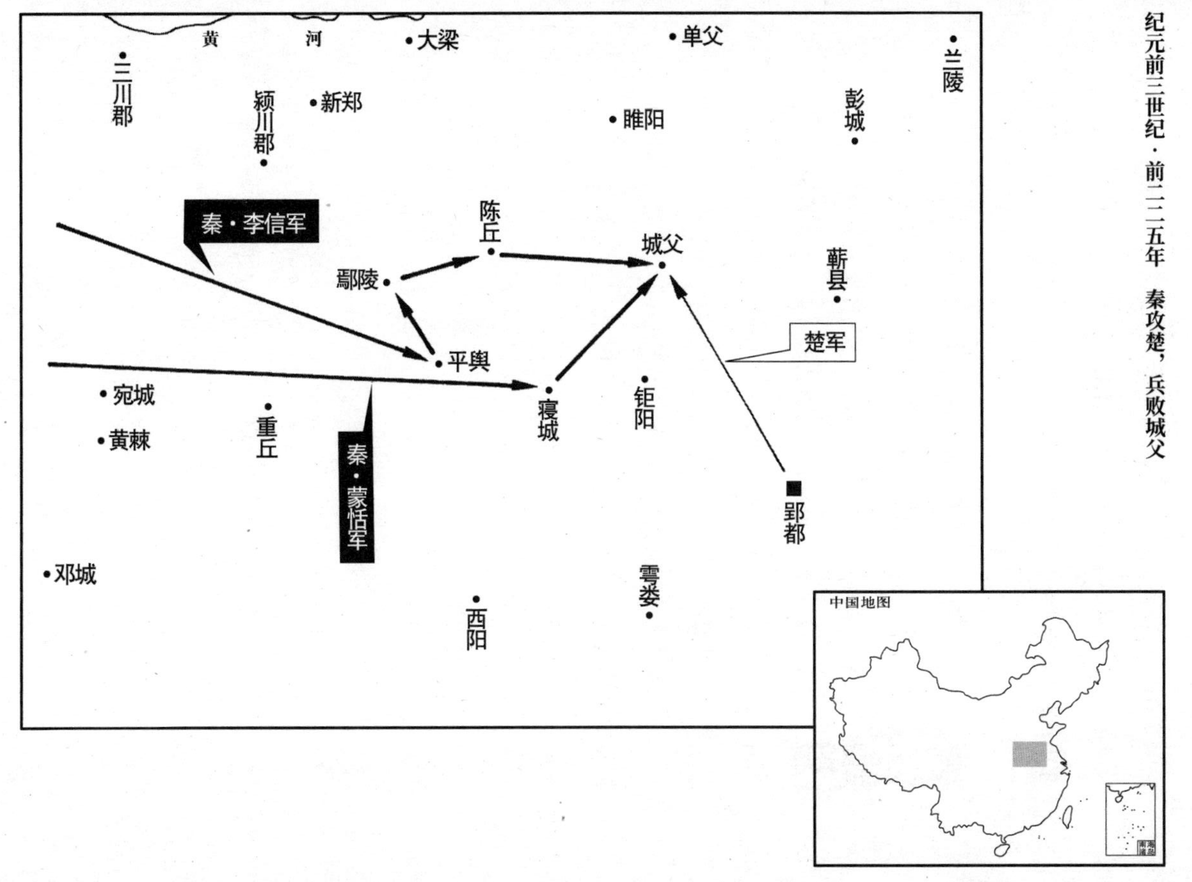
黄
河
大梁
单父
兰陵
三川郡
颍川郡
新郑
睢阳
彭城
秦·李信军
陈丘
城父
蕲县
鄢陵
平舆
楚军
宛城
黄棘
重丘
寝城
钜阳
秦·蒙恬军
郢都
邓城
西阳
雩娄
中国地图
南海诸岛

挖空全国的武装部队，交到我手里。我之大量请求赏赐，只不过为了表示眷恋子孙家财，用来保护自己。否则，他可能疑心我胸怀大志。”

柏杨曰

在专制体制下，从没有过真正的精诚团结，领袖每天都在担心部下背叛，部下也每天都在担心被领袖怀疑背叛。这种心理状态构成的政治舞台，自然充满吊诡欺诈。因为这种缘故，贪污腐败不能绝迹，领袖希望部属贪污腐败，以转移他对政权的野心。部下也用贪污腐败表示志仅于此，来保命保家。当然，必须有背叛能力的官员，才能这样。否则，一旦贪污案发，还是要吃官司。其中自有微妙的分际，不投入实际官场，不易明了。

纪元前二二四年 丁丑

秦始皇	二十三年
楚负刍	四年
齐田建	四十一年
赵代王	四年
燕姬喜	三十一年
卫卫角	六年

1 秦王国（首都咸阳〔陕西省咸阳市〕）大将王翦兵团夺取陈丘（河南省周口市淮阳区）以南土地，抵达平舆（河南省平舆县）。楚王国政府动员全国所有可以动员的兵力迎战。王翦下令固守营寨，楚军屡屡冲锋，王翦闭垒不出。王翦态度安闲，每天沐浴（古时洗澡是一件大事），督促改善饮食，跟战士们共同进餐。过了一段时间，王翦派人调查，回报说："官兵们经常比赛投掷石头，已超过军中规定的距离。"王翦说："时候已到。"楚兵团既无法交战，乃向东撤退，王翦大军尾追，追及之后，猛烈攻击，楚兵团霎时崩溃，秦军追到蕲县（安徽省宿州市南）南，斩楚兵团统帅项燕，乘胜占领城市。

纪元前二二三年 戊寅

秦始皇	二十四年
楚负刍	五年
齐田建	四十二年
赵代王	五年
燕姬喜	三十二年
卫卫角	七年

1 秦王国（首都咸阳〔陕西省咸阳市〕）大将王翦、蒙武，生擒楚王国（首都郢都〔安徽省寿县〕）国王（二十六任）芈负刍，设立楚郡（只是暂时性质，后分为九江郡〔安徽省寿县〕、鄣郡〔浙江省安吉县西北。鄣，音zhāng·章〕、会稽郡〔江苏省苏州市〕。楚王国自前七四一年至前二二三年，共立国五百一十九年，至此灭亡）。

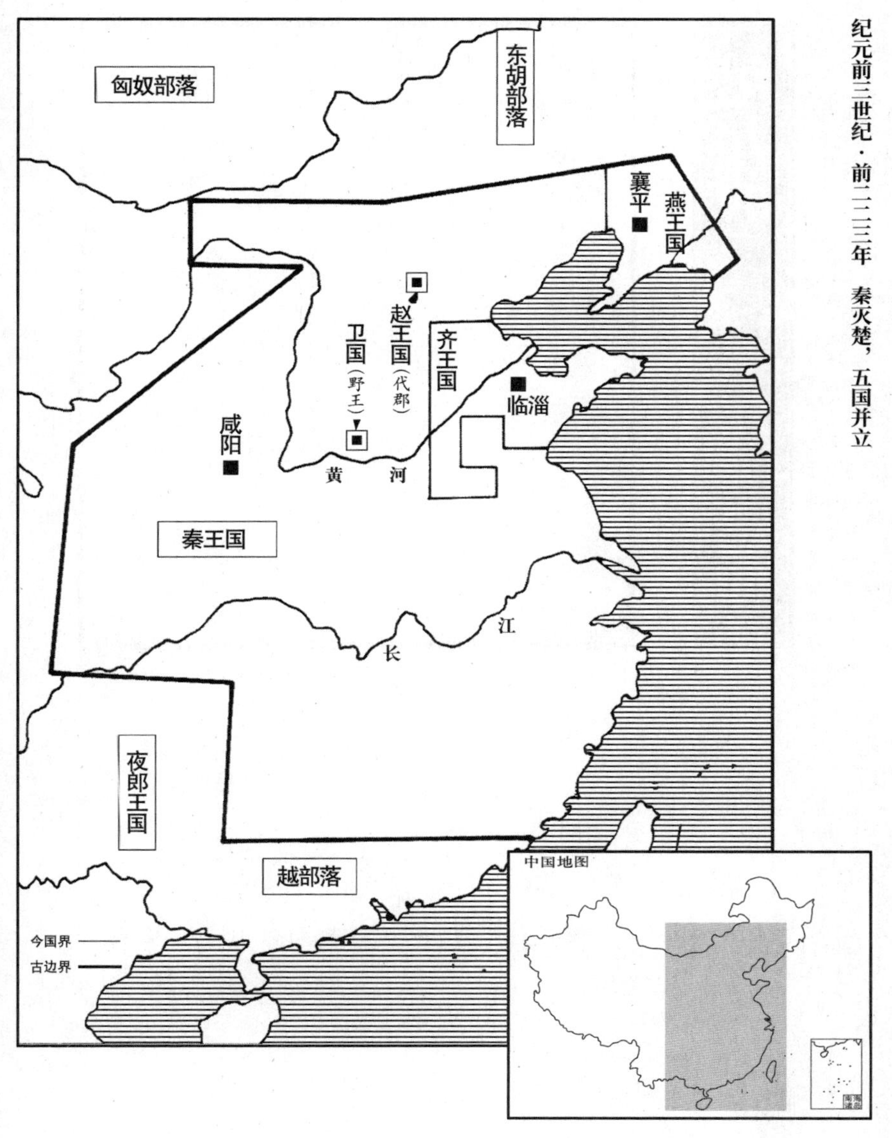

纪元前三世纪·前二二三年　秦灭楚，五国并立

纪元前二二二年 己卯

秦始皇	二十五年
齐田建	四十三年
赵代王	六年
燕姬喜	三十三年
卫卫角	八年

1 秦王国（首都咸阳〔陕西省咸阳市〕）出动大军，派王贲急攻辽东（辽宁省辽阳市），生擒燕王国（首都襄平〔辽宁省辽阳市〕）国王（八任）姬喜（燕王国自前三三三年至前二二二年，共立国一百一十一年，至此灭亡）。

燕王国太子姬丹，不能忍一时激愤，去冒犯如虎似狼的秦王国（首都咸阳），思虑不周，谋略肤浅，使燕国第一任国君姬奭（召公）的祭祀，突然中断，这是一项大罪。竟然有人认为姬丹是一位贤才，未免过分。

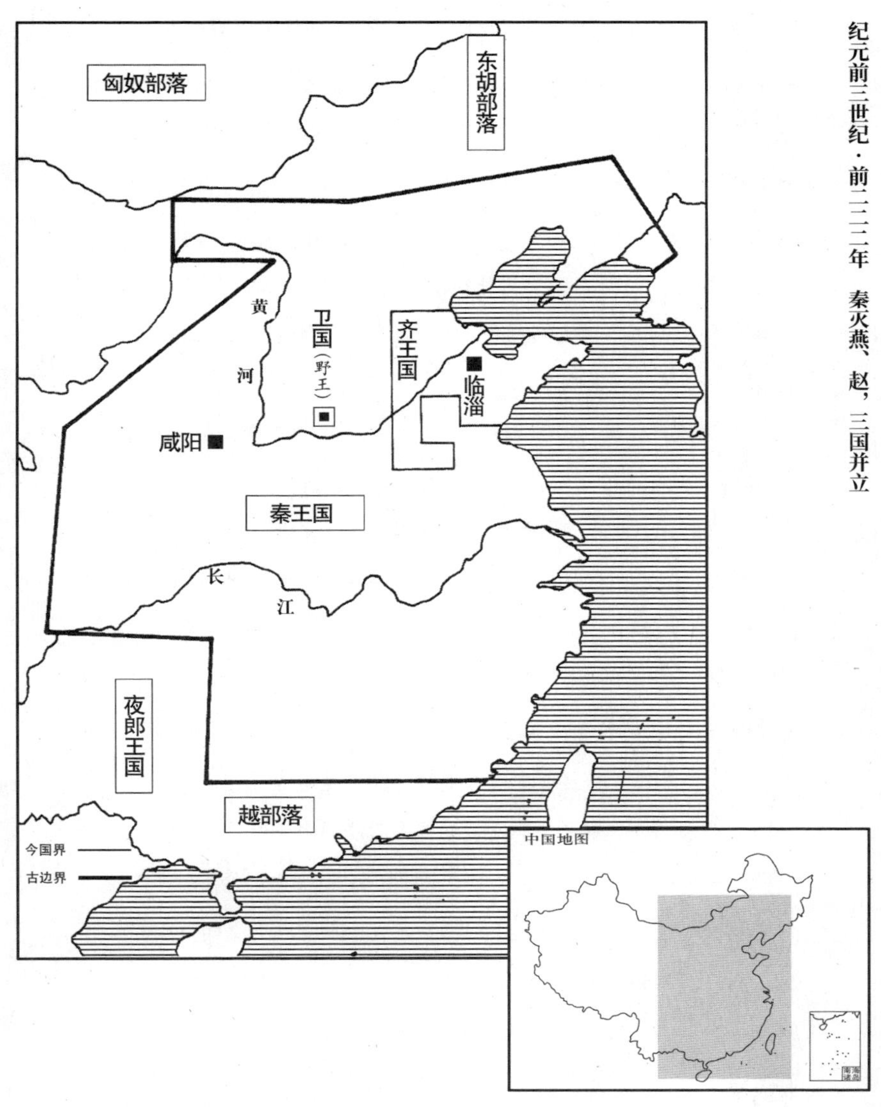

纪元前三世纪·前二二二年 秦灭燕、赵，三国并立

对一个国家领导人而言，主要的工作在于选拔有才干的人担任官职，把政治行为纳入礼教范围，以仁爱之心待人民，以信义之心待邻邦，这样才能使官员都是人才，干部都可安分守己，人民都怀感激之情，邻邦也愿意亲善。到了这种时候，国家自然安如磐石，发出火光，碰它的一定粉碎，撞它的一定被烧得焦头烂额。虽然有强暴的敌人，也没有害怕的理由。姬丹不走这条路，反而以一万辆战车的国家，用小偷大盗手段，去为他一个人泄愤。结果失败身死，国家摧毁，难道没有悲痛？

双膝跪地，匍匐而前，不是恭敬。对自己的承诺，全部履行，不是信义。送人金银财宝，不是恩惠。自砍头颅，自剖腹肚，不是勇敢。盖只顾眼前，不管它的后遗症，不过是芈胜之辈（楚王国〔首都郢都，湖北省江陵县〕十二任王平王芈弃疾，因霸占儿子芈建的妻子，要杀芈建，芈建逃亡到郑国〔首府新郑，河南省新郑市〕，又卷入一场内斗，被郑国格杀。当时尚在怀抱中的儿子芈胜，后来回到楚王国，要求复仇，得不到允许，发动政变，失败丧生）。荆轲只为了酬报姬丹豢养的一点私情，竟不顾他的七族家属，企图用一尺八寸的小小匕首，使燕王国强大、秦王国衰弱，岂不是愚蠢无比。

所以扬雄评论他时，认为：要离不过是一个蜘蛛角色（要离，吴王国〔首都吴城，江苏省苏州市〕勇士，前五一四年，吴国王吴光，派要离刺杀前王吴僚的儿子吴庆忌），聂政不过一个壮士角色，荆轲不过一个刺客角色，都不能算是行义。又说："荆轲，以君子的眼光看来，一个强盗而已！"确实如此。

人们谈论荆轲，总提到燕王国太子姬丹"天雨粟""马生角"故事（传说，姬丹在秦王国充当人质时，要求回国，他的老友嬴政不准，宣称："除非是乌鸦头白，马头生角。"姬丹仰天长叹，乌鸦竟然头白，马也长出角来），太过夸张。又提到荆轲曾砍伤了嬴政，也不是事实。最初，公孙季功、董生，跟夏无且是好朋友，告诉我经过情形如此。自曹沫到荆轲，总共五个人（曹沫、专诸、豫让、聂政、荆轲），他们行义，或完成、或失败，但他们的立场，光明磊落，不掩饰自己的志向，声誉永垂后世，却是真实事实。

柏杨曰

对荆轲的评价，司马光跟司马迁，恰恰相反。司马迁胸襟开朗，气吞八荒。司马光先生不过一个拥有万贯家财的乡村绅士，兢兢业业，谨谨慎慎，听见一个铁锅掉到地上的声音，都会吓一大跳，唯恐那是一颗使他这个士大夫阶层失去既得利益的核子弹。

时势到了纪元前三世纪的七〇年代，秦王国吞并六国的力量，已达到巅峰，六国灭亡的条件已完全成熟，没有荆轲的一击，嬴政难道就饶了燕王国？如果一口咬定燕王国是因荆轲的一击才亡的，不是白痴，便是栽赃。至于说荆轲为了私情，竟然不顾他的家族，司马光更是在那里信口开河。一击而中，家族荣耀，一击不中，国都亡了，家族受苦受难的，又何止荆轲？而且，问题不在家族不家族，而在荆轲的行为。儒家系统一直在教导人：以家族的利益为标准，去计算什么事划得来，或什么事划不来。以致若干“君子”在大庭广众间都表演非常忠心报国，可是一旦回家，就变了模样。

荆轲是为燕王国献身，他不为一己利益，他如果为一己利益，早就跟扬雄一样，关着门写《法言》去了。扬雄是一世纪一〇、二〇年代高级知识分子，在他眼中，新王朝是一个叛逆集团。可是面对叛逆集团，他不但没有荆轲的勇气，挺身而起，反而为了保护他的家族，接受叛逆集团的官位。而就在叛逆集团的官位上，诋毁荆轲是一个强盗。自己没有道德勇气，反而讥讽有道德勇气的人，这种正人君子，布满官场，促使中国文化，一天比一天堕落。

司马光用一个最恶毒的字汇形容荆轲，说姬丹“豢养”他，完全否定荆轲的人格，荆轲岂是金钱美女可以收买的？如果豢养的意义就是雇佣，司马光可是宋王朝赵姓皇帝豢养的文化打手，扬雄可是新王朝王姓皇帝豢养的帮凶了。荆轲代表中国社会“士为知己者死”的侠义情操，固然图报知遇之恩，同时也向燕王国效忠，在荒郊诀别时，荆轲高声悲歌：“风萧萧兮易水寒，壮士一去兮不复还！”这是国家危机时，英雄豪杰们无可奈何的一次自杀性的拯救，人生艰难唯一死，而荆轲从容赴死，悲壮苍凉，千载之下，仍使人动容。竟有人坐在清风徐来的书桌之前，心旷神怡的说他：“岂不是愚蠢无比！”看起来，聪明人太多，正是中国苦难之源。

2 秦王国（首都咸阳）大将王贲攻击赵王国首都代郡（河北省蔚县），生擒赵国王（六任代王）赵嘉（赵王国前三二六年至前二二二年，共立国一〇五年，至此灭亡）。

3 秦王国（首都咸阳）大将王翦，扫荡故楚王国（首都郢都〔安徽省寿县〕）长江以南地区，征服故越王国（首都吴城〔江苏省苏州市〕）灭亡后散处各地的部落，设置会稽郡（江苏省苏州市）。

4 五月，秦王国（首都咸阳）政府下令，准许全国人民聚会欢宴（显然是为了庆祝连灭五国的伟大胜利。民间的聚会欢宴，都要政府准许，中国人的日子在古时就不好过）。

5 最初，齐王国（首都临淄〔山东省淄博市东临淄区〕）皇太后（君王后，太史敫〔音jiǎo · 皎〕的女儿），贤惠能干，对秦王国（首都咸阳）侍奉得十分周到，跟邻国相处也十分和睦。因为地理位置远在东方海边，秦王国日夜不息的攻击魏王国（首都大梁）、韩王国（首都新郑）、赵王国（首都邯郸〔河北省邯郸市〕）、燕王国（首都蓟城〔北京市〕）、楚王国（首都郢都）。五国自救都来不及，所以齐国王（五任）田建在位四十余年中，齐王国没有受到战火伤害，一派升平。皇太后死时，嘱咐田建说："群臣中，某某某可以任用！"田建说："等一会，我把它记下来。"等到拿来书写工具，皇太后却抱歉说："老妇已忘记了。"皇太后既逝世，后胜担任宰相，秦王国大量的金银珍宝，流入后胜家宅。而前往秦王国访问的使节和宾客，秦王国一一赠送他们贵重的礼物，于是这些使节和宾客，一致认为跟秦王国保持和平友好、互不侵犯的关系，是明智的抉择。建议田建前往咸阳（陕西省咸阳市）访问，而且也不再改善军队装备，更不修筑要塞关卡。各国危急时，向齐王国求救，齐王国一律拒绝——使秦王国终于把五国消灭。田建将动身去咸阳访问秦国王（六任）嬴政时，首都临淄（山东省淄博市东临淄区）城防司令（雍门司马）问："齐王国所以立一个国王，是为了国家，还是为了你自己？"田建说："当然是为了国家。"城防司令（雍门司马）说："既然国王是为了国家才立，你为什么远离你的国家，前往秦王国？"田建想想也对，折还皇宫。即墨（山东省平度市）城主得到消息，晋见田建说："齐王国土地有数千华里，战士好几百万。现在，三晋（魏、赵、韩）的官员们，不愿接受秦王国统治，逃亡在阿邑（山东省东阿县）、鄄邑（山东省鄄城县）之间的有几百人。大王如果把他们集结起来，交给他们一百万战士，教他们收复故国疆土，即令临晋关（陕西省大荔县东），也可以攻进去。鄢郢（楚首都，安徽省寿县）人士，不愿接受秦王国统治，逃亡在首都临淄城南的，也有几百人，大王把他们集结起来，交给他们一百万战士，使他们收复楚王国的故土，即令武关（陕西省商南县东南），也可以攻进去。如果这样，齐王国的威望可以建立，秦王国可以消灭，岂仅只保持国家安全而已。”田建听不进去。

柏杨曰

幸亏田建不采纳这位即墨（山东省平度市）城主的意见，否则徒使人民受到更大的苦难。知识分子谈论政治，往往跟赵括谈论军事一样，千难万难的千症万结，信口发飙，都易如反掌。秦王国（首都咸阳）倾全国之力，可用之于战场的，不过六十万。即墨城主却要齐国王一下子交给三晋官员一百万，一下子又交给故楚人士一百万，好不热闹，不知道哪里来的两百万？武装部队不由自己将领率领，却交给那些流亡之徒，天下从没有这种可能。而四十余年没有经过严格训练的军队，一旦投入战场，面对百战百胜的秦军，恐怕又要劳动对方活埋降卒。即令稍稍胜利，要想一口气打到咸阳（陕西省咸阳市），又是一份美丽的纸上作业。齐王国唯一的生路是支援它的邻邦抵抗强秦。事到如今，只剩下齐王国一个孤雏，即令玉皇大帝下凡，也无法挽救。四十余年目光短浅，必须付出四十余年目光短浅的代价。

纪元前二二一年 庚辰

秦始皇　二十六年
齐田建　四十四年
卫卫角　九年

1 秦王国（首都咸阳〔陕西省咸阳市〕）大将王贲自故燕王国（首都蓟城〔北京市〕）南部，向齐王国（首都临淄〔山东省淄博市东临淄区〕）进发，突袭临淄。齐王国军民，没有一人抵抗。秦军承诺给田建五百华里土地，田建遂投降（前三五九年至前二二一年，齐王国立国一百三十九年，到此灭亡）。

秦王国（首都咸阳）对亡国之君，当然不履行承诺，改把田建放逐到共邑（河南省辉县市），软禁在松柏树林之中，衣食不继，终于饿死。齐王国人民埋怨田建不应该拒绝参加南北合纵同盟，听信奸佞和外籍人士的建议，招来亡国之祸。曾为他作了一首悼歌，表示对他信任外籍人士的不满：“满耳松树的涛声／满目柏树林／饥饿的时候不能吃／口渴的时候不能饮／谁使田建落得如此结局／是不是那些／围绕着他的客卿大臣？”

司马光曰

南北合纵和东西连横的大战略，虽然反复百端，但明显的可以看出，南北合纵，符合六国利益。最初，周王朝的君王，建立千万封国，使他们交通来往，相亲相爱，用宴会增进感情，用会盟加强团结。无他，只不过要他们同心合力，保卫国家。如果六国都能以信义互相亲善，秦王国（首都咸阳）即令再为强大，怎么能被它灭亡？三晋（魏、赵、韩），是齐王国（首都临淄）、楚王国（首都郢都〔湖北省江陵县〕）的屏障，齐王国、楚王国，又是三晋（魏、赵、韩）的根基，形势上互相依靠，表面跟实质不可划分。三晋（魏、赵、韩）攻齐楚，是自挖根基，齐楚攻三晋，是自己动手拆毁屏障，天下竟有用拆毁屏障的手段，去向强盗献媚，说：“强盗爱我，不会攻我！”真是荒谬到了家。

柏杨曰

司马光这段评论中，赞扬苏秦的大战略：“南北合纵，符合六国利益。”似乎是露了底。司马光和孟轲二位大亨，一向只谈仁义，不谈利益的，而今司马光也不得不把国家利益，列为第一。但他又主张“六国如果都能以信义互相亲善”，国与国之间，只有利益才能使他们永久结合。所谓信义，也必须建立在利益基础之上。最大的信义往往是最大的利益，最大的利益往往也是最大信义。团体的立场和个人的立场并不一样，儒家学派一直在其中搅和不清，所以总是不断的捉襟见肘，不能自圆其说。

2 现在，秦王国（首都咸阳）已吞并六国，统一当时已知的世界，国王（六任）嬴政扬扬得意，自以为品德超过三皇（天皇、地皇、人皇），功勋超过五帝（姬轩辕、姬颛顼、姬夋、伊祁放勋、姚重华），于是不再称国王，改称“皇帝”（这是“皇”和“帝”二字第一次结合，以后遂成为固定名词，连续使用两千年）。皇帝颁布的文告称“制”，皇帝下达的命令称“诏”（圣旨），皇帝自称“朕”（从前每个平民都自称朕，嬴政之后，只有皇帝才称朕，人民只好自称“我”了）；追尊老爹嬴异人（五任庄襄王）当太上皇（以后只有仍活着的老爹才称“太上皇”），下令说：“元首死了之后，所加的绰号（谥法），是儿子议论父亲、臣属议论君王，无聊透顶。从今天开始，废除谥法。我是始皇帝，后世以数目字顺序计算：二世、三世，以至于万世，传到无穷。”

嬴政搞出了一大套个人崇拜的玩意，诸如“制”“诏”“朕”“皇帝”之类，说明他的智商平平，不过废除谥法，却是一项真知灼见。谥法是儒家系统中最无聊的专门给死亡之贵族起绰号的一种文字游戏。可惜秦王朝瓦解后，谥法复活，直到二十世纪清王朝末期，知识分子还乐此不疲，把人与人间的称呼，搞得其乱如麻、乌烟瘴气。

3 最初，齐王国（首都临淄）一任王（田因齐）、二任王（田辟彊）的时候，邹衍创立“五德相运”学说（五德：金、木、水、火、土。相运：土胜水、水胜火、火胜金、金胜木、木胜土，是为“五胜”。并认为周王朝是火德，即火是保护神），等到嬴政统一天下，齐王国知识分子把这一套奏报给嬴政，嬴政深信不疑。周王朝（首都镐京〔陕西省西安市西〕）既是火神保护，秦王朝当然是水神保护（因为水可以灭火），于是下令改变岁历，把十月作为每年的第一个月（这是一个奇怪的顺序：十月、十一月、十二月、正月、二月、三月、四月、五月、六月、七月、八月、九月），新年朝会跟庆祝大典，都放在元旦——十月一日举行。衣服、旌旗、一切图案，都用黑色（在所谓“五德”中，水神属于北方，北方是黑色。至于为什么水神属北方？北方又为什么是黑色？没有人知道），计算数目字时，以“六”作为单元。

4 秦王朝（首都咸阳〔陕西省咸阳市〕）宰相（丞相）王绾建议：燕王国（首都蓟城）故地、齐王国（首都临淄）故地、楚王国（首都郢都）故地，距首都咸阳（陕西省咸阳市）太过遥远，假如不设置封国，恐怕难以镇守，请皇帝（一任）嬴政分封他的儿子。嬴政把这项建议交给政府研究。司法部长（廷尉）李斯说：“周王朝始祖姬昌（文）、姬发（武），分封他们同姓的子弟，当封国国君的，数目很多。最初还能互相亲善，可是几代下来，情谊疏远，互相攻击，好像对付仇寇，周王朝天子无法禁止。现在仰仗陛下的神威，统一四海，全国最好只划分郡县。陛下的儿子们和功臣们，用国家赋税重重的赏赐，比较容易控制，全国没有跟中央政府相异的意见，才是大的安全方略。所以，分封子弟，不宜实行。”嬴政说：“天下永不休止的苦战缠斗，都是因为有侯爵、王爵的存在。感谢祖先在天之灵，使天下安定，不再动干戈，如果再分封子弟，建立封国，是又培养另一场永不休止的苦战缠斗。然后再去扑灭动乱，岂不困难。司法部长（廷尉）的意见正确。”

于是下令把全国分为三十六郡（内史郡〔陕西省咸阳市〕、三川郡〔河南省洛阳市东白马寺东〕、河东郡〔山西省夏县〕、南阳郡〔河南省南阳市〕、南郡〔湖北省江陵县〕、九江郡〔安徽省寿县〕、鄣郡〔浙江省安吉县西北〕、会稽郡〔江苏省苏州市〕、颍川郡〔河南省禹州市〕、砀郡〔河南省商丘市〕、泗水郡〔安徽省淮北市〕、薛郡〔山东省曲阜市〕、东郡〔河南省濮阳市〕、琅邪郡〔山东省青岛市黄岛区〕、齐郡〔山东省淄博市东临淄区〕、上谷郡〔河北省怀来县〕、渔阳郡〔北京市密云区〕、右北平郡〔天津市蓟州区〕、辽西郡〔辽宁省义县〕、辽东郡〔辽宁省辽阳市〕、代郡〔河北省蔚县〕、钜鹿郡〔河北省平乡县〕、邯郸郡〔河北省邯郸市〕、上党郡〔山西省长子县〕、太原郡〔山西省太原市〕、云中郡〔内蒙古托克托县〕、九原郡〔内蒙古包头市〕、雁门郡〔山西省右玉县〕、上郡〔陕西省榆林市东南鱼河镇〕、陇西郡〔甘肃省临洮县〕、北地郡〔甘肃省庆阳市西峰区〕、汉中郡〔陕西省汉中市〕、巴郡〔重庆市〕、蜀郡〔四川省成都市〕、黔中郡〔湖南省沅陵县〕、长沙郡〔湖南省长沙市〕），郡设郡长（郡守）、民兵司令（郡尉）、辅导官（郡监）。把天下武器全收集到咸阳（陕西省咸阳市），熔化后铸成巨钟和钟架，再铸十二个铜人，每个铜人重约千石，放在宫廷院子里。统一度量衡制度，强迫天下十二万户富豪，从原籍迁移到咸阳。秦王朝皇族历代祖先的祭庙，和章台宫、上林御花园，都设在渭水南岸，每征服一个国家，就仿照它们的宫廷，在咸阳以北照原样建筑一座。沿着渭水北岸，从雍门（陕西省西安市高陵区境）向东延伸，直到泾水跟渭水交口，亭台楼阁，双层大道（复道），互相连接，所俘虏的美女和各种乐器，都送到里面。

柏杨曰

秦王国废止封建，设立郡县，是一个划时代的突破，和最骇人听闻的一种新政治结构。当时没有一个人敢于想象皇帝的儿子竟会跟平民的儿子一样，没有土地，没有奴隶。尤其是崇古的儒家学派的学者，面对着这么大的巨变，大惑不解，而且不久就大起恐慌，因为这简直是敲了他们的饭碗。

纪元前三世纪·前二二一年

秦灭齐，统一中国，设三十六郡

纪元前三世纪

八〇年代

前二三〇—前二二一年

- 嬴政不断出游。
- 蒙恬击匈奴。
- 筑长城。

- 汉尼拔征服西班牙半岛上的萨根塔姆王国，罗马参战。汉尼拔逾越阿尔卑斯山，进入罗马本土。战争持续十九年，是谓“第二次布匿战争”。
- 康尼会战，罗马军团大败，士卒七万人，仅三千人生还。

纪元前二二〇年 辛巳

秦始皇 二十七年
卫卫角 十年

1 秦王朝（首都咸阳〔陕西省咸阳市〕）皇帝（一任始皇帝）嬴政出巡陇西（甘肃省临洮县）、北地（甘肃省庆阳市西峰区），到鸡头山（宁夏泾源县北），再到回中宫（陕西省陇县西北）。

2 秦政府在渭河南岸兴建长信宫（陕西省西安市西），完工后改名极庙宫。从极庙宫筑路到骊山（陕西省西安市临潼区东南），兴建甘泉宫（陕西省淳化县西北）前殿，修筑御用大道（甬道，用墙垣夹街巷，行人或货物通过，外界看不见），跟咸阳（陕西省咸阳市）相连。再大量修筑高速大道（驰道），从咸阳到各郡，控制全国（高速大道，四通八达。北到故燕王国，南到南海。宽五十步，每隔三丈植树一棵，可跟罗马帝国大道媲美）。

纪元前二一九年—壬午

秦始皇　二十八年
卫卫角　十一年

1 秦王朝（首都咸阳〔陕西省咸阳市〕）皇帝（一任始皇帝）嬴政巡查东方郡县，登峄山（山东省邹城市东南。峄，音yì〔亦〕），在峄山上树立石碑，歌颂自己的功德（嬴政脚迹遍全国，共在七处树立歌颂功德碑。《史记》记载了六处碑文，只缺峄山一处）。召集故鲁国（首府曲阜〔山东省曲阜市〕）儒家学派学者七十余人，一块到泰山（山东省泰安市北），讨论“封禅”（祭天称“封”、祭地称“禅”。泰山已够高了，在泰山上修建高台，高上加高，用来祭祀天神，天神就更容易接纳，是为“封”。泰山一个支峰名梁父山〔泰安市东南〕，在梁父山扫除地面——那里的地层最厚，以祭祀地神，是为“禅”。仪式隆重万分，事实上不过是贵族群展示富贵权威，大过其瘾的一种工具。所以历代皇帝都乐意在这项表演中，担任主角）。儒家学者，有的坚持：“古时候君王封禅（登泰山祭祀天地），都用蒲草包裹车轮，以示仁爱，不愿压伤山上的土石草木。至于祭地，一律使用草席。”学者们各有各的一套，议论纷纷，嬴政觉得这些古老的规矩，无法施行，遂对儒家留下成见。

嬴政下令筑路，从泰山（山东省泰安市北）南麓，到泰山最高峰，立碑刻石，歌颂自己的功德。从泰山北侧，前往梁父山（泰安市东南）祭祀大地。典礼仪式，由祭祀部长（太祝）制定，大致跟秦帝国古代在雍县（陕西省宝鸡市凤翔区）建立祠堂祭祀上帝的仪式相同。所有文件都被秘密封藏，世人不得而知。嬴政更到东海（黄海）之滨，祭祀名山大川，及八位重要的神仙（八神：一、天神，在渊水〔山东省淄博市东临淄区南〕祭祀；二、地神，在泰山〔山东省泰安市北〕、梁父山〔泰安市东南〕祭祀；三、兵神，在平陆〔山东省汶上县北〕祭祀蚩尤〔平陆传说是蚩尤的故乡〕；四、阴神，在三山〔山东省莱州市北〕祭祀；五、阳神，在之罘山〔山东省烟台市北芝罘岛。罘，音fú·浮〕祭祀；六、月神，在莱山〔山东省龙口市东南〕祭祀；七、日神，在成山〔山东省荣成市东北成山角〕祭祀；八、四季神，在琅邪山〔山东省青岛市南琅邪山〕祭祀。祭祀八神的习俗，相传开始于周王朝封国齐国的开国君主姜尚〔太公〕，所以八神的祭祀地均在今山东省境内），然后南行，登琅邪山（山东省青岛市南），兴高采烈，逗留三个月之久，修筑琅邪台（琅邪台本来是越王国一任王姒勾践所建，嬴政从别处抽调三万户人家来琅邪筑台，大概属于扩建工程），再立碑刻石，歌颂自己功德，表示对自己非常满意。

最初，燕王国人宋毋忌、羡门子高（羡门，复姓）者流，声称有一种羽化成仙的法术——人到老年，身体消失，变成神仙，升天而去；燕王国及齐王国的一些迂腐、怪诞人士，争着追求学习。齐国王田因齐（一任）、田辟彊（二任）、燕国王姬平（四任），都深信不疑，派人到大海上，寻求蓬莱、方丈、瀛洲三座仙山。据说，三座仙山在渤海（渤海湾）中间，距人世并不太远，但山上的神仙，却不喜欢凡人前往，凡人的船舶只要稍稍接近，就有一阵大风把它吹到别的地方。也有凡人到过，神仙们跟不死药都在那里。嬴政到达时，道家法术师（方士）齐王国人徐市等人，纷纷上书，请求派他们率领处男处女，前往海上搜索，嬴政怦然心动，遂征集几千个处男处女，交给徐市率领，泛海出发。然而，都失望而返，认为是风势不顺所致。他们坚持说："我们无法接近，但我们已经看见。"

嬴政回首都咸阳（陕西省咸阳市）途中，经过彭城（江苏省徐州市），斋戒祈祷（斋戒：不吃荤腥、不接近女色、正心诚意、毕恭毕敬），派一千余人到泗水（淮河支流，流经江苏省徐州市东，今已湮没）寻找周王朝的九鼎，毫无所得（据说，周王国灭亡时，九鼎被运到秦王国，其中一鼎忽然腾空飞起，堕入泗水。嬴政搜索的，可能是这飞去的一鼎。事实上九鼎早已销毁。如果已运到咸阳。秦王朝倾覆时，应该有人看到九鼎才对。《史记》记载秦王国搬运九鼎，恐怕只是烟幕，向全世界宣示权柄转移）。然后，嬴政向西南进发，渡过淮水（淮河），前往衡山（安徽省霍山县西南霍山）、南郡（湖北省江陵县），顺长江而下，到湘山（湖南省岳阳市西北）祭祀湘君，恰好遇到大风，几乎不能渡过。嬴政问咨询官（博士）："湘君是一位什么样的神？"咨询官（博士）说："她是女神，黄帝王朝尧帝伊祁放勋的女儿、舜帝姚重华的妻子，坟墓就在这里。"嬴政大发雷霆，派三千囚犯砍光湘山上的树木，使它露出泥土石块（嬴政已忘了他是谁，认为神灵都得尊敬他。这是中国传统之一：政治权势超过一切），遂再回南郡（湖北省江陵县），从武关（陕西省商南县西南），回到咸阳（陕西省咸阳市）。

2 最初，韩王国人张良，他的父亲祖父以上，一连五代，都当韩王国的宰相，后来韩王国灭亡（参考前二三〇年），张良散尽家产，要为韩王国报仇。

纪元前三世纪·前二一九年 嬴政东游

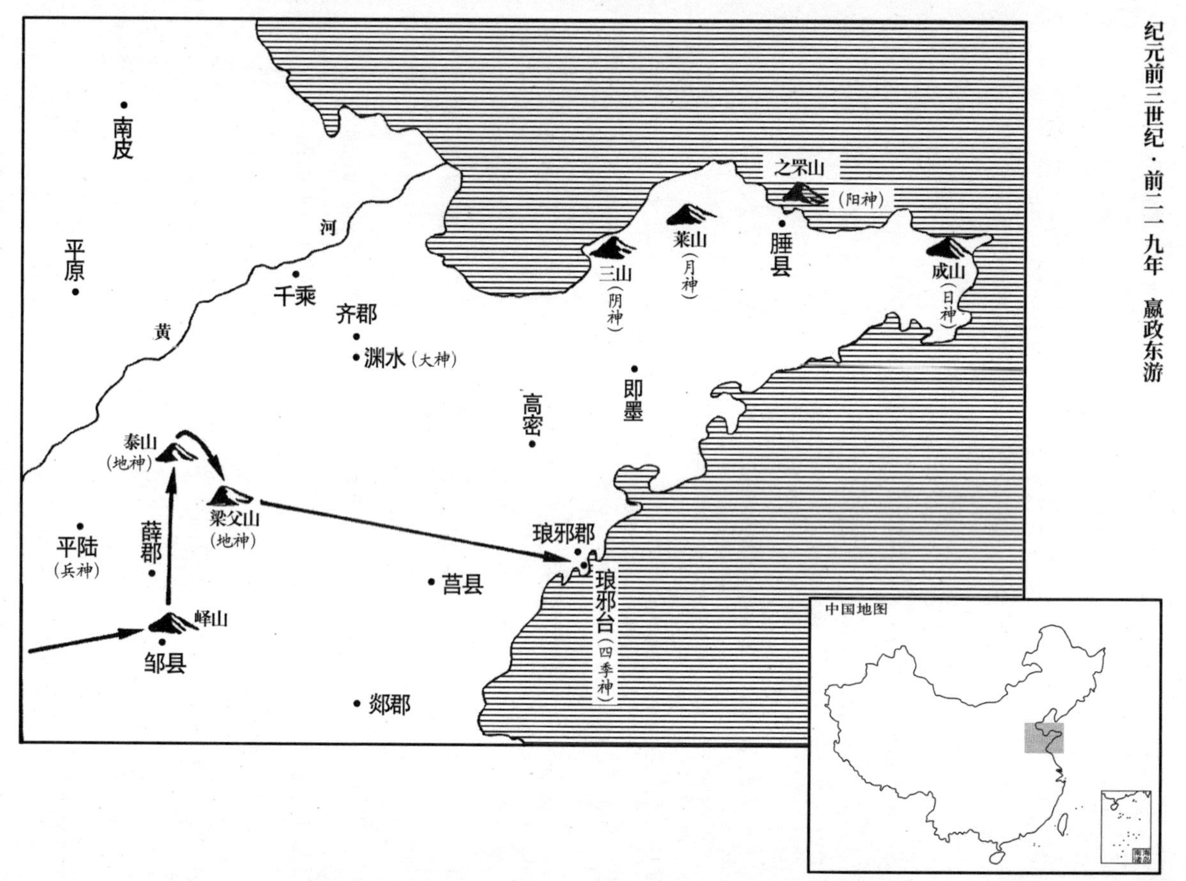

纪元前二一八年 癸未

秦始皇　二十九年
卫卫角　十二年

1 秦王朝（首都咸阳〔陕西省咸阳市〕）皇帝（一任始皇帝）嬴政出发到东方巡视，走到阳武（河南省原阳县）博浪沙（河南省中牟县）时，张良雇请的大力士，用铁椎发动狙击，不料错误的击中后备车辆。嬴政心胆俱裂，等到惊魂甫定，刺客已逃，下令全国搜捕，纷扰十天，不能得到杀手。

2 嬴政继续东行，攀登之罘山（山东省烟台市北芝罘岛），刻石立碑，歌颂自己功德。回程时，前往琅邪（山东省青岛市南），经上党（山西省长子县）而还。

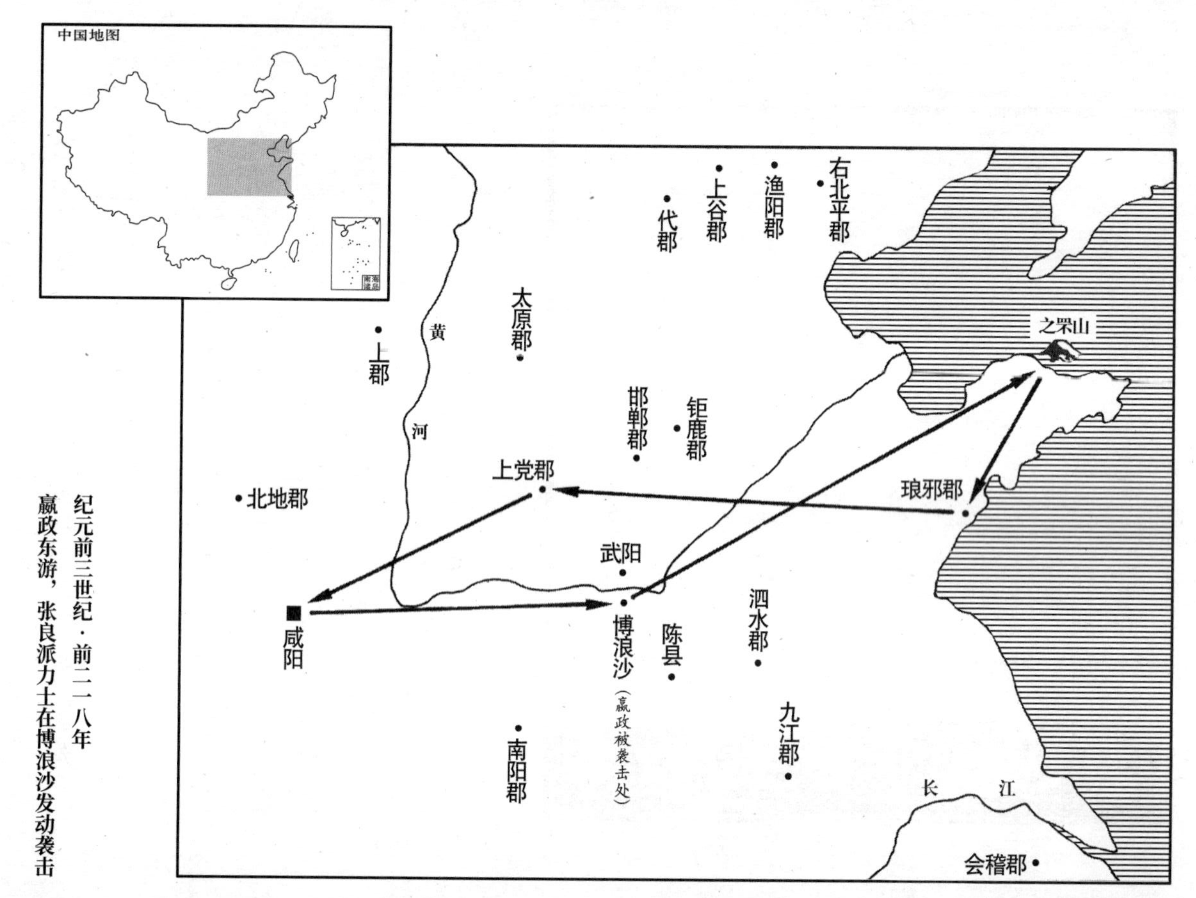

纪元前三世纪·前二一八年
嬴政东游，张良派力士在博浪沙发动袭击

纪元前二一七年

甲申

秦始皇　三十年

卫卫角　十三年

纪元前二一六年 乙酉

秦始皇　三十一年

卫卫角　十四年

1 秦政府（首都咸阳〔陕西省咸阳市〕）下令，全国人民自行呈报田亩数目。

纪元前二一五年 丙戌

秦始皇　三十二年
卫卫角　十五年

1 秦王朝（首都咸阳〔陕西省咸阳市〕）皇帝（一任始皇帝）嬴政再离开首都咸阳东游，前往碣石（河北省昌黎县北。碣，音jié〔杰〕），命故燕王国卢先生求访古仙人羡门。然后在碣石刻石立碑，歌颂自己功德。为了这项工程，城郭摧毁，连堤防都拆除。

2 嬴政北上巡察边境，取道上郡（陕西省榆林市东南鱼河镇），返回咸阳（陕西省咸阳市）。

3 卢先生从海上回来，抄了一段《录图书》（神秘法术书）上的话："使秦王朝灭亡的，是'胡'。"奏报给嬴政。嬴政派大将蒙恬，率三十万大军，向北攻击匈奴部落（王庭设内蒙古察哈尔右翼中旗）。

纪元前二一四年 丁亥

秦始皇　三十三年
卫卫角　十六年

1 秦政府（首都咸阳〔陕西省咸阳市〕）强行征调无业游民、赘婿（男人嫁给女人，生子女从母姓，谓之“赘婿”，在男性中心社会中，除非特别贫苦，不肯当赘婿）、商人（传统文化是一种重农轻商文化，认为商人奸猾，剥削为业，有百害而无一利），组成远征兵团，进攻南越陆梁地（南越，指广东、广西。陆梁，指五岭山脉南北的华南地区，民性好斗，被称为“陆上强梁”，所以叫“陆梁”），设置桂林郡（广西百色市北）、南海郡（广东省广州市）、象郡（广西崇左市），发配罪犯跟平民五十万人到五岭山脉，跟南越土著杂处（秦政府初置三十六郡，今又增加三郡，另有二郡未载，即广阳郡〔北京市〕及闽中郡〔福建省福州市〕，共四十一郡）。

2 蒙恬攻击匈奴部落（王庭设内蒙古察哈尔右翼中旗），收回河南地（河套以南地带），设四十四县，修筑长城，顺应地形险要，建立营垒，从临洮（甘肃省岷县）起，直到辽东（辽宁省辽阳市），长达一万余华里。蒙恬率大军渡过河套，占领河北诸山（阴山山脉），再向北扩张，大军处于野战状态者，十有余年。蒙恬把兵团司令部设在上郡（陕西省榆林市东南鱼河镇），威震匈奴。

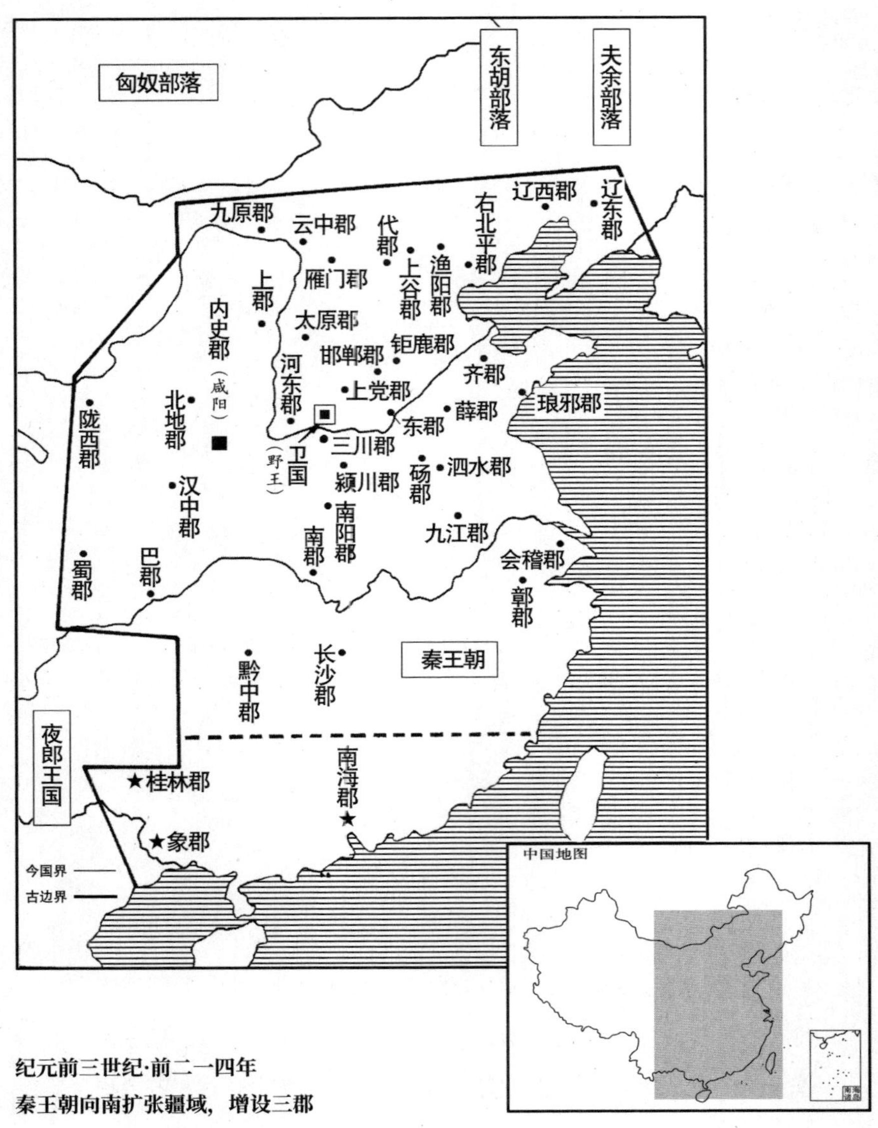

纪元前三世纪·前二一四年

秦王朝向南扩张疆域，增设三郡

纪元前二一三年 戊子

秦始皇　三十四年
卫卫角　十七年

1 秦政府（首都咸阳〔陕西省咸阳市〕）发动司法整肃运动，凡枉法徇私，跟故意诬陷善良、屈打成招，或故意有罪判无罪、大罪判小罪的司法官，一律充军到北方边疆修筑长城，或放逐到南越地（广东、广西）。

2 宰相（丞相）李斯上奏章给秦帝（一任始皇帝）嬴政说："从前，各国相争，所以都广为招揽知识分子。而今天下已定，法令出于中央政府。人民应该从事耕田做工，知识分子应该学习法律规章。偏偏眼前的一些知识分子，不重视现代，却去努力崇拜古代，攻击现行制度，互相传播，扰乱民心。听到颁布一个命令，各人站在各人立场，议论纷纷。在办公室里，口服心不服，离开办公处所，所到街头巷尾，信口批评。有些人炫耀他的主张，博取声誉。有些人提出相反意见，自认为高明，引导群众，诽谤政府。如果不加以禁止，恐怕君王的权威，会逐渐下降；民间结党组帮，也将跟着形成。我建议：一律禁止。办法是：先从书籍着手，凡不是秦政府官方记载的史书，全部焚毁（消灭各国史书）。除非他是咨询官员（博士）职责所在外，其他，任何人收藏《诗经》《书经》和其他学者的著作，都要在限期之内，在郡长、民兵司令（郡尉）监视下，用火烧掉。两个人以上在一起谈论《诗经》《书经》的，斩首。以古非今的，诛杀全家。官吏发现这种情形而不检举的，跟犯人同罪。命令颁布三十天之后，仍继续收藏而拒绝烧掉的，脸上刺字（黥刑），并处罚苦役四年（城旦），但医药、算卦、种树的书，不在焚毁之限。有人想学习法令的，就请官员当教师。”嬴政批：“可。”

魏王国人陈余，对孔鲋说：“政府将要消灭先王（祖宗）的书籍，而你正是书籍的主人，恐怕要有大祸。”孔鲋说：“我研究一些看起来没有用处的学问，了解我的，才是我的朋友。政府不是我的朋友，我有什么大祸？我会把它们藏起来，等到有一天，人们会出面征求。人们征求的时候，就不再是灾难。”（不是朋友，便没有大祸，这是什么逻辑？孔鲋的话颠三倒四，不知所云，白白浪费记载的笔墨。）

纪元前二一二年 己丑

秦始皇　三十五年
卫卫角　十八年

1 秦政府（首都咸阳〔陕西省咸阳市〕）派蒙恬自云阳（陕西省淳化县）到九原（内蒙古包头市），修筑高级路面大道（直道），开山填谷，凡一千八百华里，兴筑多年，不能完成（自云阳到九原，航空距离七百公里，几乎全是荒漠，经济上并无价值，此时秦政府外患只剩匈奴部落〔王庭设内蒙古察哈尔右翼

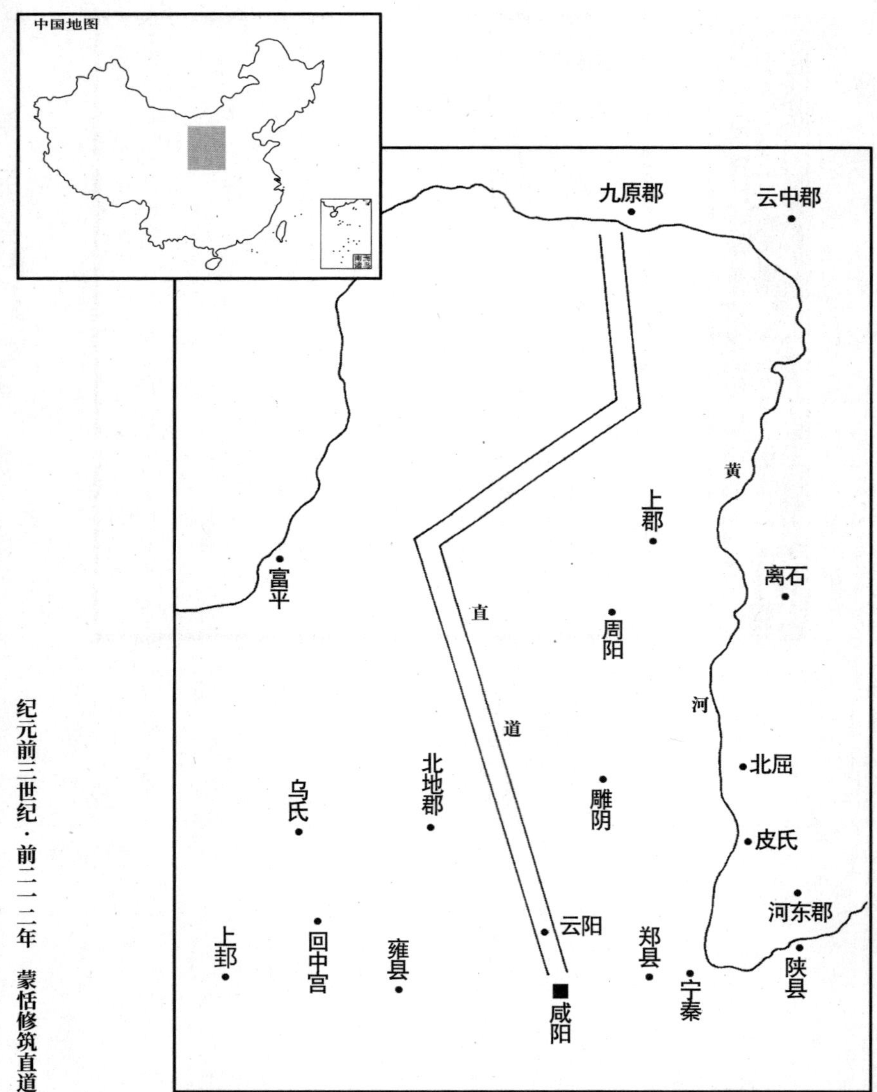

纪元前三世纪·前二一二年　蒙恬修筑直道

中旗〕，当是为了行军及传达政令）。

2 嬴政认为，首都咸阳（陕西省咸阳市）人口过多，而宫殿狭小。于是在渭水南岸上林苑御花园中，兴建宫殿。先在阿房山（陕西省西安市西）筑前殿（即世人所知的“阿房宫”），东西五百步，南北五十丈，上面可容纳一万人，下面可树立五丈高的旗杆，周围用木板搭起高架大道（阁道），从阿房宫直抵南山（秦岭，两地航空距离四十公里），在南山的高峰上，建立“华表”（类似西方纪念碑的石柱），作为标志。再筑双层大道（复道），从阿房宫向北，渡过渭水，直达咸阳，象征天上从北辰星和阁道星，越过银河，直到营星和室星。征调遭受宫刑（割掉生殖器）和其他徒刑的囚犯七十万人，分别投入阿房宫，和骊山嬴政陵墓（陕西省西安市临潼区东），从事苦役。北山（九嵕山）的石头（并不是近在咫尺的秦岭的石头有什么不好，而是无法显示威风），和蜀地（四川省）、荆地（故楚王国土地）的木材，都先后运到。关中（陕西省中部，以西安市为中心的渭水流域狭长地带。东函谷关、西散关、北萧关、南武关，恰位于四关之中）兴建行宫三百座，关外（函谷关以东）兴建行宫四百余座。

于是，在东海郡（山东省郯城县）朐县（江苏省连云港市），矗立巨石，作为秦王朝的东方大门（东门阙，江苏省连云港市南）。

秦政府强迫三万家移民到骊邑（陕西省西安市临潼区东北），五万家移民到云阳（陕西省淳化县），免除十年赋税。

3 卢先生向嬴政建议：“根据仙人秘方，君王不应该总是住在一个地方，而应该时常出巡，用以躲避恶鬼。恶鬼既然远扬，神仙自然出现。陛下下榻的宫殿，最好不要让人知道，然后才可以得到不死之药。”嬴政动心说：“我羡慕神仙。”于是自称“真

纪元前三世纪·前二一二年　嬴政修筑阿房宫

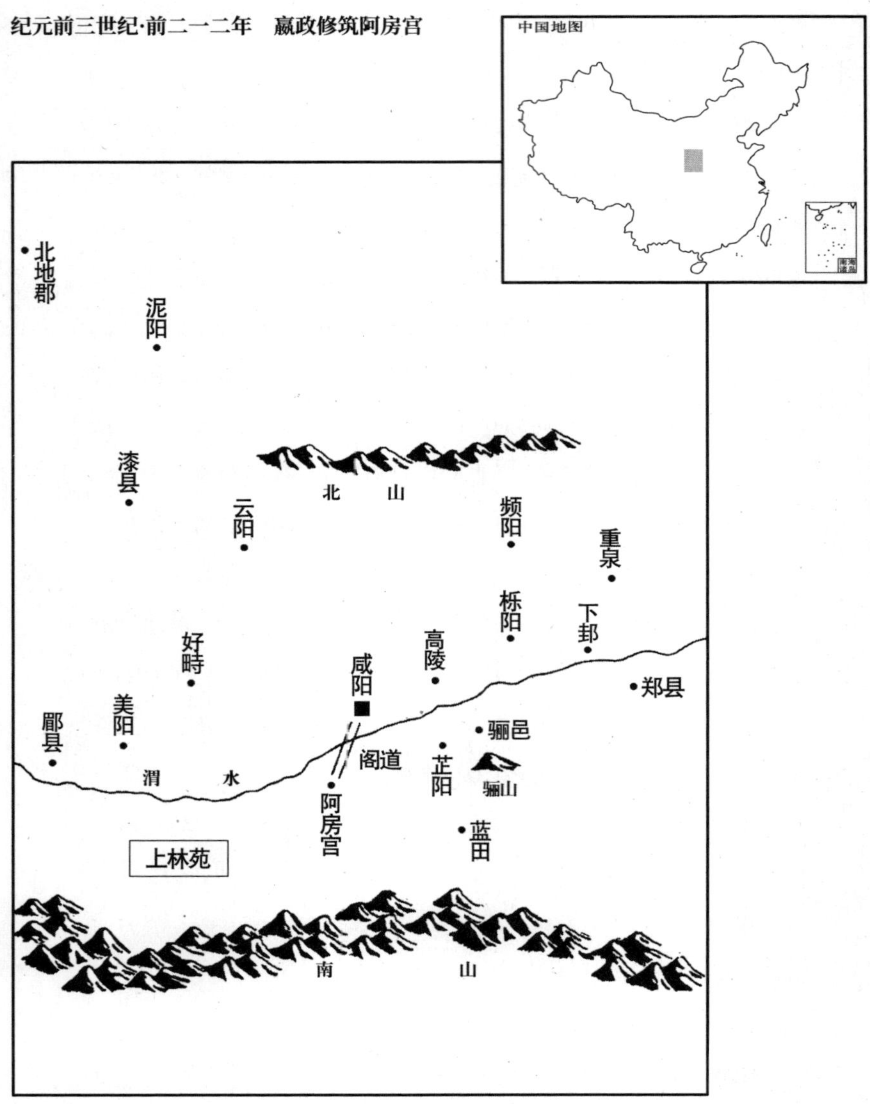

人”，不再称“朕”。下令首都咸阳（陕西省咸阳市）二百华里以内的所有二百七十座行宫殿阁，通通兴筑双层大道（复道）和高架大道（阁道），互相连接。二百七十座行宫殿阁里，都住满美女，有嬴政专用的卧室和乐队。嬴政办公处所也迁徙不定，嬴政高兴到哪里，就到哪里，有偶尔透露他在哪里的，立被处死。

嬴政曾往梁山宫（陕西省乾县西北），在山上望见宰相李斯的警卫，烜赫铺张，好不威严，大不高兴。宦官悄悄报告李斯，李斯大吃一惊，马上收敛，减少他的警卫。嬴政勃然大怒，说：“一定是宦官泄漏了我的话。”追查主犯，都不承认，就把当时在身旁的所有宦官，全部斩首。从此之后，再没有人知道嬴政在什么地方。政府高级官员有事请示时，只好在咸阳宫集合，等候嬴政出现。

侯先生、卢先生，议论嬴政，并对他讥嘲（二人的结论是：“嬴政这个人，天性刚愎，暴戾自用。由一个国王起家，统一天下。自命不凡，什么欲望都得到满足，自以为自古以来，谁都不如他。只信任司法官和监狱官，他们都得到宠幸。咨询官虽然有七十人，不过摆在那里充样。宰相和高级官员，只接受交办事项，一切听命于嬴政。嬴政用刑杀建立权威，天下官员既怕犯罪，又贪图俸禄。于是，谁都不敢进一句忠言。在上位的听不到自己过失，因而一天比一天骄傲。在下位的心惊胆战，只好用诈欺手段博取在上位的欢心。秦政府法律规定，人们怀有医药法术，只要一次不灵验，就立即处死，再没有第二次机会。天文学家有三百人之多，都是第一流学者，可是，害怕触犯忌讳，不敢说出实话。天下事情无大无小，都由嬴政一个人做主，以致嬴政批阅的公文，重量每天达一百二十斤之多，日夜办公，不达到这个数目，就不中止。他这么贪恋权势，还想当神仙呀，我们没有能力替他找到仙丹。”这一段话，把嬴政描写得栩栩如生，是一项精确的认定）。为了躲祸，侯先生和卢先生弃职逃亡。嬴政老羞成怒，咆哮说：“这两个家伙，我尊敬他们，又给他们那么多赏赐，竟敢背后说我的坏话。我倒要查查看，那些留在咸阳的知识分子，还有谁也妖言惑众。”指派高级司法官(御史，秦王朝御史职掌是治狱)逮捕所有知识分子。知识分子为了拯救自己，辗转牵引，互相告发，结果判决四百六十余人有罪。就在首都咸阳，一律坑杀(坑杀应解释为活埋，或解释为推入或诱入陷阱再动手。白起坑杀赵王国降卒四十万，初看势不可能，但分队驱进山谷，两端阻塞，再多的人都无法逃生)，并广为传播，使天下皆知，用恐怖手段加强镇压。

嬴政更扩大向边疆移民，他的长子嬴扶苏规劝说：“那些知识分子都崇拜孔丘，阿爹用重法处理他们，深怕天下不安。”嬴政冒火，把嬴扶苏派到上郡(陕西省延安市)，担任蒙恬北方军团的监军。

纪元前二一一年　庚寅

秦始皇　三十六年
卫卫角　十九年

1 陨石从天而降，坠落东郡（河南省濮阳市），有人在陨石上刻字：“始皇（嬴政）死而地分。”嬴政派出高级司法官（御史）调查审问，没有人承认。于是，把陨石附近人家，全部诛杀，陨石焚化。

2 秦政府（首都咸阳〔陕西省咸阳市〕）强迫三万家移民到河北（河套以北、阴山以南）、榆中（内蒙古伊金霍洛旗），每人赏赐最低级爵位（秦官二十级“公士”）。

楚汉相争

导读

本册《楚汉相争》，恰恰包括纪元前三世纪九〇年代的整整十年（自前二一〇年至前二〇一年），在这十年中，战火烧到全国每个角落。有史以来，中国人还从没有遭受过这么大的灾难。有若干使人目瞪口呆的大事，一个接一个发生：

第一是，日正中天、绝不可能灭亡的秦王朝政府，霎时灭亡，其速度之快，创造空前纪录但不绝后。第二是，陈胜、项羽两位平民崛起，又立即消失，他们的暴兴暴灭，好像一部传奇小说，两个人懵懵懂懂，被时代的巨浪推向最高点，洋洋得意之余，开始发飙，可是，只发了几天，就被摔下来，粉身碎骨，留下小民的遍地哭声，和后人的掩卷叹息。第三是，流氓出身的刘邦先生，扫荡群雄后，建立了为期二百一十五年的西汉王朝。

中国历史上最短的一次改朝换代式的战乱，十年之间，即行结束。以后，中国人就再没有这种好运，每次改朝换代，杀戮惨剧，都会超过十年。

柏杨　一九八三·一〇·一五

目录

秦王朝

- 嬴政沙丘病死。
- 嬴胡亥篡夺帝位。
- 秦王朝崩溃。
- 楚汉血战。
- 项羽乌江自刎。
- 中国再统一。

- 汉尼拔之弟哈斯多路拔，在意大利北部兵败身死。
- 汉尼拔在罗马共和国境内转战已十八年，因无补给，退回迦太基。罗马军深入迦太基追击，汉尼拔首次败绩。
- 第二次布匿战争终（前二一九—前二〇一年），迦太基割西班牙与罗马。

纪元前二一〇年 辛卯

秦始皇　　三十七年
卫卫角　　二十年

1 冬季，十月七日，秦王朝（首都咸阳〔陕西省咸阳市〕）皇帝（一任始皇帝）嬴政出游，左宰相李斯陪同，右宰相冯去疾留守首都咸阳。嬴政有二十多个儿子，而他最爱他的小儿子嬴胡亥，所以当嬴胡亥要求随同老爹出游时，嬴政应允。

十一月，嬴政到达云梦（湖北省安陆市南），在附近云梦大泽，遥祭死在九嶷山（湖南省宁远县南）的舜帝（黄帝王朝七任帝）姚重华。然后，坐船顺长江而下，观察漂流的木材，渡过海渚（安徽省枞阳县），经过丹阳（安徽省当涂县西北），抵达钱塘（浙江省杭州市），前往浙江堤岸，观赏波涛汹涌的钱塘大潮，西行一百二十里，从陿中（浙江省杭州市富阳区。狭，音xiá〔侠〕）渡富春江，登会稽山（浙江省绍兴市南），祭祀禹帝（夏王朝一任帝）姒文命。面对南方海洋，建立石碑，歌颂自己的功德。返京（咸阳）途中，经过吴县（江苏省苏州市），从江乘（江苏省南京市东北）渡长江而北，沿大海到琅邪（山东省青岛市黄岛区），再到之罘（山东省烟台市北芝罘岛。罘，音fú〔浮〕）。在海上看见大鱼（可能是鲸鱼），发箭把大鱼射死。再由之罘沿海西行，走到平原津（山东省平原县西南古黄河渡口），嬴政忽然得病，卧床不起。

嬴政最讨厌听到“死”字，所以没有一个官员敢向他提及或暗示他应该安排身后之事。但嬴政病势日渐沉重，终于发现自己非死不可，这才吩咐宫门守卫宦官（中车府令）兼御印管理官（行符玺事）赵高，下令给身在上郡（陕西省榆林市东南鱼河镇）的长子嬴扶苏：“立即前往咸阳，跟丧车会合，然后安葬。”圣旨已经封妥，存在赵高那里，还没有派使节发出。

秋季，大队人马来到沙丘宫平台（沙丘，河北省平乡县。赵王国太上皇赵雍，就饿死在那里。参考前二九五年）。

七月二十日，嬴政断气。左宰相李斯考虑到皇帝骤然在首都之外死亡，恐怕皇子们在首都，或其他地方发动政变，于是决定秘不发丧。把嬴政的尸体仍放到寝车里，宣称皇帝不过卧病而已，车队仍继续向咸阳进发。由嬴政生前最宠信的宦官驾车，或坐在车旁，每顿饭照常送进去，官员们启奏请示的仪式，也照常举行，而由最宠信的宦官传话批准，瞒得天衣无缝。只有嬴胡亥、赵高，和最宠信的宦官五六个人，知道内情。

最初，嬴政对蒙姓家族，非常信任宠爱。蒙恬率领大军在外作战，蒙毅则在中央政府，参与决策，兄弟二人，都忠心耿耿。一些高级将领，甚至宰相，都不敢对他们冒犯。赵高是一个天阉——生下来生殖器就不健全。嬴政听说他强壮有力，又通晓监狱行政和司法审判，就任命他当宫门守卫宦官（中车府令），命嬴胡亥向他学习法律。赵高绝顶聪明，不久就把小主人侍候得对他亲信有加。赵高尝犯大罪，嬴政教蒙毅审判，判决死刑。嬴政念及赵高反应灵敏，特别下令赦免，官复原职。

赵高既获得嬴胡亥的支持，而又怨恨蒙家兄弟。现在，大展鸿图的时候已到，他向嬴胡亥建议：请假传圣旨，以嬴政的名义，下令诛杀老哥嬴扶苏，而宣布嬴胡亥当太子。嬴胡亥高兴得吹起口哨。赵高说："这是一件大事，如果没有宰相参与，不可能成功。"于是共同晋见李斯，赵高说："皇上（嬴政）颁发给嬴扶苏的诏书跟玉玺，都在嬴胡亥手中。现在，决定谁是合法继承人（太子）在于你我一句话，你看应该怎么办！"李斯大吃一惊，面如死灰，说："你从哪里学到这种亡国的言词，我们当人家的臣僚，不该讨论这个问题。"赵高说："好吧，我且问你：你的才能、谋略、功勋、人缘，以及嬴扶苏对你的信任，这五项，哪一项比得上蒙恬？"李斯说："没有一项比得上。"赵高说："那就对了，一旦嬴扶苏登上宝座，顺理成章，宰相定是蒙恬。那时候，你即令想怀揣着侯爵印信，退休还乡，恐怕都不可能，这道理十分明显。为什么不拥戴嬴胡亥？嬴胡亥仁慈敦厚，有充分的资格和能力登上宝座，请你考虑。"李斯考虑的结果，认为有理。

于是阴谋着手实施，用已经死亡了的嬴政的名义，颁下诏书，宣告立嬴胡亥当太子。再谴责嬴扶苏没有能力开疆拓土，建立战功，却使将士大量伤亡，尤其不应该屡次在奏章上狂言诽谤，抱怨不允许他回到咸阳充当太子。也谴责蒙恬：不知道矫正嬴扶苏的过失，还参与不轨行动。下令二人自杀，把军权移交给副统帅王离。

嬴扶苏接到圣旨，不相信老爹会对亲生儿子下此毒手，但事实俱全，又无法否认，眼泪忍不住夺眶而出，回到寝舍，打算自杀。蒙恬说："皇上（嬴政）在外巡视，没有决定太子是谁。派我率领三十万大军，防守边陲，由皇子（嬴扶苏）担任监军，这是天下重任。而今忽然来了一个使节，如此如此，这般这般，我们就自己了断，怎么知道不是诈欺？我的意思是，应该奏请查证，等知道确实是皇上（嬴政）的旨意时，再死不晚。"使节在旁一叠连声催促二人行动，嬴扶苏说："老爹既决心剥夺儿子的生命，何必请求查证。"遂即自杀。蒙恬坚持查证，使节就把蒙恬发交军法处，囚禁阳周（陕西省子长市）。任命李斯的一位随从（舍人）担任大军保护官（护军），监护诸将（监军死，统帅逮，恐军有变，所以有此措施）。然后，回报李斯、赵高。

嬴胡亥得知老哥嬴扶苏死亡，如释重负，准备把蒙恬释放。恰好蒙毅代表嬴政出去祭祀山川神灵求福，事毕回来。赵高想起旧恨，乘机报仇，警告嬴胡亥说："先帝（嬴政）知道你的贤能，早就要立你当太子，只有蒙毅反对，不如把他杀掉，永除后患。"于是逮捕蒙毅，囚禁代郡（河北省蔚县）。

皇家车队从井陉（河北省井陉县）到达九原（内蒙古包头市）。这时正逢盛暑，嬴政尸首迅速腐烂，发出奇臭。李斯只好下令每辆车上都要载一石鲍鱼，鲍鱼也有奇臭，用来掩饰。从超速大道（直道）直返首都咸阳（绕了一个大弯到九原，不可思议），到咸阳之后，正式发丧。太子嬴胡亥继承帝位（二任）。

九月，秦政府把嬴政安葬骊山（陕西省西安市临潼区东南），墓穴极深，把熔化了的铜汁灌入地下，堵塞泉水，内部填满奇物珍宝。又命工匠在各处装置可以自动发射的强弓，对接近的人，立即射杀。墓穴中兴建江河海洋，用水银灌成小溪，设置机械使它流动运转。墓顶如同天空，星辰排列；墓底完全依照风水格局。凡是没有生儿子的小老婆，全部驱入墓穴殉葬。棺木入土之后，有人提醒说，制造机械的工匠，可是知道怎么破解的，一旦泄漏，仍有被掘被盗危险。于是，再把所有工匠驱入墓穴殉葬。

柏杨曰

两千一百年后，嬴政先生的坟墓，开始从外围被挖掘，水银已涸，强弓已枯，专制帝王自认为铁打的地下江山，成为虚话。迄今挖掘出土的，虽不过一小部分，但仅只充当嬴政卫士的“秦俑”，已引起世界瞩目。等到有一天，把嬴政本人的老骨头挖出来，当另有一番启示。而那么多被活埋的美女，以及被谋杀的工匠，可以想象，他们在封闭的墓穴中挣扎哀号，而最后纷纷窒息倒地，尸体纵横，千古含冤。人权被如此摧残，带给我们江海般悲愤。

2 嬴胡亥打算诛杀蒙毅、蒙恬，嬴胡亥哥哥嬴扶苏的儿子嬴婴劝阻说：“赵国王赵迁杀李牧而用颜聚（参考前二二九年），齐国王田建杀他数世的忠臣而用后胜（参考前二二二年），最后终于亡国。蒙家累世都是我们的重臣和智囊，陛下却打算一次铲除。杀忠良而任用奸佞，后遗症是：在内使官员对政府失去信心，在外使将士们丧失斗志。”嬴胡亥听不进去，遂处决蒙毅、蒙恬。蒙恬临刑时说：“我们蒙家，自祖父至今，为秦王朝立功三世（祖父蒙骜，父蒙武，本身蒙恬），而今我率三十万大军在外，身体虽在监狱，但仍有力量发动

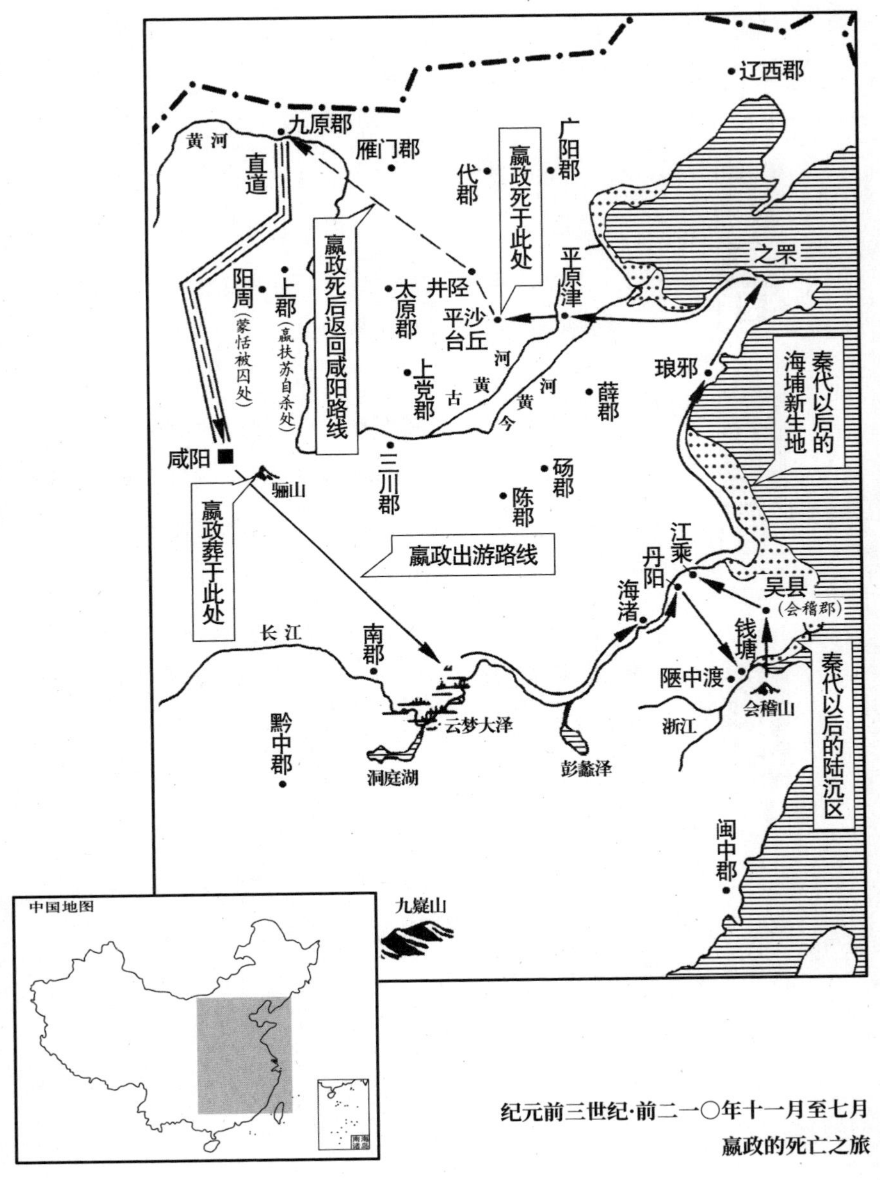

纪元前三世纪·前二一〇年十一月至七月

嬴政的死亡之旅

反抗。然而，我宁愿死，也要坚持大义，不敢辜负祖先的教导，也显示不忘先帝（嬴政）的大恩。”吞下毒药自尽。

或许有人问：“蒙恬忠心耿耿，而仍冤死，忠心又有什么用？”扬雄说：“开山填谷，西起临洮（甘肃省岷县），东接辽水（辽河），虽然不能增加国家的防御力量，但却制造出遍地尸体，他的忠心不能抵消他的罪行。”

嬴政正在荼毒天下，而蒙恬接受驱使，他的残暴，可想而知。然而，蒙恬深切了解当臣属的本分，虽然没有罪而被诛杀，而仍忠贞不移，不生二心，实在足以称道。

秦王朝长城，西起临洮（甘肃省岷县），中经高阙（内蒙古乌拉特后旗），东到辽东（辽宁省辽阳市），全长约二千四百公里，是一个伟大而骇人的工程。但它由“秦王国长城”“赵王国长城”“燕王国长城”接连而成，并不是秦王朝从东筑到西，从头筑到尾。蒙恬先生仅只从事接连工程而已，依当时三国长城位置计算，蒙恬兴建的，不过三四百公里。嬴政统一中国后，各王国高级知识分子——诸如贵族们的食客，和王国的皇亲国戚，全都失业，而嬴政又特别垂青法家学派，以致失势的儒家系统，把他恨入骨髓，诟骂、诽谤，最后更索性昧尽天良，诬陷栽赃，一口咬定嬴政和他的部属蒙恬，共同兴建万里长城，就是一个例证。

扬雄这个酸腐兼备的可怜秀才，大笔一挥，轻松的“西起临洮，东接辽水”，把两千四百公里的账，全部扣到蒙恬头上，这是一种下流手段。然而，问题还在于，即令真的兴筑了两千四百公里长城，也是在为国家抵御外侮，并不是盖皇帝一个人玩乐的花园！蒙恬之忠，连司马光都击节赞叹，扬雄却肆意诬蔑，他这个人曾投降王莽，向王莽歌功颂德，依照儒家法则，可是一项严重的变节。自己奸诈，反而诋毁忠良。当他伏案撰写《法言》时，不知道脸烧不烧，心跳不跳？何以司马光硬把他搬上台盘，让他丢丑！

司马光因蒙恬是嬴政的大将，而予以抨击，说明六国反动的余绪，是如何的强烈。嬴政不比战国时代其他国王更坏，但他建立统一中国大业。统一大业如果是一种罪行，则司马光一定赞成四分五裂、群雄割据了。宋王朝向西夏帝国用兵，向辽帝国用兵，岂不也是“荼毒天下”？何以不敢发一字抨击赵家皇上。

在儒家系统中，秦王朝和嬴政成为罪恶箭靶，一有机会，不经过大脑，随手就是一箭。

纪元前二〇九年 壬辰

秦二世　元年
卫卫角　二十一年
（张楚王陈胜元年·襄彊元年）
（赵王武臣元年）
（齐王田儋元年）
（燕王韩广元年）
（魏王魏咎元年）

1 冬季，十月十日，大赦。

2 春季，秦王朝（首都咸阳〔陕西省咸阳市〕）皇帝（二任）嬴胡亥向东出巡郡县，李斯陪同。先到碣石（河北省昌黎县北），然后沿海南下，到会稽山（浙江省绍兴市南）。嬴政往年所立石碑，有的未曾刻字，这次补行撰文，把随从大臣的名字刻到上面，以表扬老爹嬴政的功德。

夏季，四月，嬴胡亥返回咸阳，问赵高说："人生在世，好像六匹快马冲过缝隙。我既然掌握国家最高权力，面临天下，打算想干什么就干什么，听耳朵喜欢听的，看眼睛喜欢看的，竭尽精神，追求欢乐，直到我年寿终了的那天。你认为这样好不好？”赵高赞扬说：“感谢上帝，你的想法完全正确。只有天纵英明的圣贤领袖，才有这种最高层面的认知。一些昏庸暴乱的领袖，永远不懂人生的真谛。然而，你的想法，目前还不能实施，为什么？沙丘（河北省平乡县）之谋，虽然我们做得非常隐秘，可是很多皇子和大臣，已经起疑。皇子都是你的哥哥，大臣又都是先帝（嬴政）任用的干部。现在陛下刚刚坐上宝座，他们正一肚子不舒服，终有一天，会发生变化。我日夜都在心惊肉跳，恐怕死于非命，你怎么能欢乐得起来？”嬴胡亥说：“我们应该怎么办？”赵高说：“我建议制造恐怖，使用最严厉的法条和最残忍的手段，凡是有罪的人，扩大他们的案情，教他们在口供中尽量说出他们亲友的名字，逮捕那些亲友后，再如法炮制，然后一网打尽，这样就可以把重要大臣和重要皇族，全部诛杀。这是打击的一面，还有收买的一面，陛下在普通人之间，对若干穷困的，增加他们的财富；对若干地位低微的，擢升他们的官爵。把先帝（嬴政）任命的高级官员，全体排除，而任用你的亲信。他们自然对你感恩图报，一切灾害和奸谋，就会被完全堵塞，政府官员没有一个人不受陛下的爱护和恩惠，到那时候，你才可以高枕无忧，想怎么寻乐就怎么寻乐，这个方案，请你考虑。”嬴胡亥听得如醉如痴，庆幸他有这么一位既聪明而又善体人意的忠仆。

于是，在法律外衣下，屠杀开始。任何一位大臣或皇子，只要涉及一点小事，就立即逮捕审讯，审讯时扩大打击面。不久，十二位皇子在咸阳街头被处决，十位公主在杜县（陕西省西安市东南）被五马分尸，家产没收。因口供中出现名字而被逮捕的，更不可胜数。皇子嬴将闾跟同母兄弟三人，被囚禁在皇宫内院，最后才定罪。嬴胡亥派使节告诉这位哥哥说："你态度傲慢，有'不臣'（不遵守臣僚的礼仪）之罪，应处死刑，交付刽子手执行。"嬴将闾说："在政府之中，我从没有任何过失。祭祀大典，我从没有不遵守秩序。皇上交付命令给我，以及向我发问，我从没有说过错话，怎么叫'不臣'？请告诉我证据，死而无憾。"使节说："我不管你有没有犯罪，我只管执行命令。"嬴将闾悲痛欲绝，仰头大呼"苍天"三声，说："我没有罪！"弟兄三人相抱痛哭，拔剑自杀。

嬴姓皇族全体陷于震恐，皇子嬴高打算逃亡，又怕家族被屠，只好上奏章说："先帝（嬴政）在世时，我去皇宫，则赐给我饮食；离开皇宫，则特准我坐轿。御用的衣服，我得到赏赐；御用的马匹，我也得到赏赐。而今先帝嬴政逝世，我本应该殉葬，却并没有这样做。以儿子而言，我可谓不孝，以臣僚而言，我可谓不忠。不孝不忠，就没有资格生存在世界之上。请准许我追随先帝（嬴政），但愿葬在骊山山麓，求陛下哀怜。"嬴胡亥龙心大悦，拿给赵高说："这是不是走投无路？"赵高说："好极了，他们面对死亡，整天活在恐惧之中，哪有时间谋反？"嬴胡亥立即批准，并颁发十万钱作嬴高的丧葬费。

柏杨曰

政治性冤狱是恐怖政治中最极致的一种手段，把恐怖推向人生尽头，在中国传统权力运作中，冤狱比屠杀更能发挥镇压功能，但有计划的大规模推动，却由嬴胡亥首开其端。我们不相信嬴胡亥全无人性，只是无限权力使他的人性丧失。这种人不会尊敬蒙恬之忠，只会嘲笑蒙恬之蠢。嬴将闾显然跟嬴胡亥感情至笃，所以才囚禁内宫。最后审判已定，嬴将闾申诉他并未犯罪，当然不会发生作用，政治性冤狱最大的特征是：无罪不能无刑。不过，任何错误的决策，和任何人为的罪恶，都有个终结，都要付出代价。只是谁也没有想到，嬴胡亥终结之日和付出代价之日，来得那么迅雷不及掩耳。

嬴胡亥下令继续兴筑阿房宫（陕西省西安市西）。征调各地勇士五万人，组成首都警卫兵团（屯卫咸阳），加强战斗技能训练。皇家豢养的狗、马、奇禽、异兽，每天所需饲料太多，供应不足。嬴胡亥下令全国郡县，输送各种豆类、杂粮、干草到咸阳。运送的车辆人夫，都自带食物。又下令咸阳三百华里之内的谷米，人民不准食用，一律缴给政府。

3 秋季，七月，阳城（河南省登封市东南）人陈胜、阳夏（河南省太康县）人吴广，在蕲县（安徽省宿州市南）聚众起兵，反抗秦政府暴政。

当时，秦政府征召第四梯次兵役男子（第一梯次是罪官、赘婿、商人。第二梯次是曾经当过赘婿、商人。第三梯次是祖父母、父母，曾经当过赘婿、商人。第四梯次是左邻〔左间〕。还没有发展到第五梯次右邻〔右间〕，秦亡），前往渔阳（北京市密云区）加强边防。其中一支九百人的补充兵部队，由陈胜、吴广，分别担任部队长（屯长），中途经过大泽乡（安徽省宿州市东南）。偏偏天降大雨，桥断路绝，计算时间，赶到目的地时，已超过原定限期。依照秦政府的法令，超过限期的，不管什么原因，一律诛杀。陈胜、吴广自知难逃一死，为了自救，又为了民众日增的愁苦和怨恨，于是，铤而走险，袭杀补充兵部队司令（将尉），召集大家宣布说："你们已经超过期限，非杀头不可。即令宽恕，边疆荒凉，十之六七都会丧生。大丈夫不死则已，要死，也应该干大事、成大名。王侯将相，全靠自己夺取，难道只那几个人才可以干哪！”大家欢呼听命。

陈胜、吴广，宣称嬴扶苏、项燕，并没有死亡（秦王朝人民一直尊敬嬴扶苏，怜他冤死，参考去年〔前二一〇〕。故楚王国人民怀念前二二四年阵亡的大将项燕），设立祭坛，全体盟誓，称大楚国，陈胜当将军，吴广当民兵司令（都尉），攻陷大泽乡（安徽省宿州市东南），再攻陷蕲县（安徽省宿州市南）。夺取蕲县后，派符离（安徽省宿州市东北）人葛婴，向东方进军，夺取城市，一连攻陷铚县（安徽省宿州市西南）、酂县（河南省永城市）、苦县（河南省鹿邑县）、柘县（河南省柘城县）、谯县（安徽省亳州市）。一面作战，一面招兵买马，军队像滚雪球般，迅速扩张。等到抵达陈县（河南省周口市淮阳区），战车已有六七百辆，骑兵千余，步兵数万人，遂进攻陈县，陈县代理县长及警察官（尉）都不在，只留守的主任秘书（丞）率军抵抗，在城门下作战，兵败被杀。陈胜遂进入陈县。

4 最初，大梁（河南省开封市）人张耳、陈馀，感情最笃，是刎颈之交。魏王国覆亡时，秦政府听说过二人贤能，用重赏缉拿。张耳、陈馀，改名换姓，逃到陈县，充当街道栅门管理员（里监门），糊口度日。陈馀曾因犯了小过，被街坊官吏鞭打，陈馀大怒，要起来反抗，张耳用脚踢他，要他忍耐。官吏去后，张耳把陈馀拉到郊外桑树下，责备他说：“我从前对你说些什么，今天为了一点点侮辱，就跟那个小小官崽拼命，因小失大，怎么值得！”陈馀十分感谢。陈胜既率大军进驻陈县，张耳、陈馀前往晋见。陈胜久仰二位大名，对他们热烈欢迎。陈县的父老子弟，请求陈胜当楚王（陈县是故楚王国领土，前二七八年至前二四一年，且做楚王国首都）。陈胜征求张耳、陈馀的意见。二人说:“秦政府残暴无道，消灭别人的国家，虐待人民。你所以冒万死的危险，起兵反抗，目的是为天下除害。而今刚得到陈县，就当国王，岂不是暴露了你的私心？我们盼望，你万万不要称王，而应立刻率军西进，派人四方寻访六国国王的后裔，帮助他们复国，一方面给秦政府增加敌人，一方面为自己树立党羽。敌人多则力量必然分散，党羽多则兵力一定强大。如此，郊野不致发生战争，郡县不必防守，就可推翻残暴的秦王朝政权。然后进驻咸阳，号令各国。各国本来已亡，却告复兴，用恩德相结，那是皇帝的大业。而今在一个小小的陈县当王，恐怕引起反感，人心离散。”陈胜听不进去，于是自称楚王，号张楚国。

当时，各郡县民众苦于秦政府的法令残苛，纷纷诛杀官吏，响应陈胜。

秦政府派往东方的礼宾官（谒者），回到首都咸阳（陕西省咸阳市），把叛徒们声势，据实报告给嬴胡亥。嬴胡亥不愿听任何使他心里不舒服的消息，于是大发雷霆，把他们囚入监狱。不久，大家就学会了因应之道，当嬴胡亥再询问东方叛乱事件时，都异口同声回答:“什么叛乱？我从没有听说过。不过一些偷鸡摸狗之辈，经过地方官吏下令逮捕，早已完全肃清，不值得理会。”嬴胡亥遂大为高兴。

陈胜封吴广当代理张楚王，督促各路将领，向西推进，攻击荥阳（河南省荥阳市）。

张耳、陈馀，再向陈胜建议，请出奇兵，夺取故赵王国（河北省中南部）土地。陈胜这次接受，派老友陈县人武臣（武，姓）当统帅、邵骚当大军保护官（护军），任命张耳当左翼指挥官（左校尉）、陈馀当右翼指挥官（右校尉），拨出三千人，向北方赵王国故土挺进。陈胜又派汝阴（安徽省阜阳市）人邓宗，向九江郡（安徽省寿县）夺取土地。此时，张楚国（陈胜）军队，数千人为一个单位的，不可胜数。

东征军统帅葛婴抵达东城（安徽省定远县），立襄彊当楚王。后来听说陈胜当王，遂杀掉襄彊，回陈县（河南省周口市淮阳区）报告，陈胜大不愉快，斩葛婴。

陈胜派周市率军进入故魏王国（河南省东部），夺取土地，任命上蔡（河南省上蔡县）人、房君（爵位）蔡赐，当上柱国（故楚王国官号，上将级武官）。又听说周章贤能，懂得军事，于是发给周章将军印信，命他西征，直接进攻秦王朝本土。

武臣一行，从白马（河南省滑县）渡过黄河，进入赵王国故土，派人到各县市，游说当地有力量的绅士豪杰，他们都纷起响应，北伐军团已增加到几万人，尊称武臣为武信君。一连取得十余个城市，但其他城市却都坚守。武臣率军再北进，准备直接攻击范阳（河北省定兴县）。范阳人蒯彻说："看你的气势，似乎要在战胜之后才夺取土地，夺取土地之后才占领城市，我以为这是一项失策。如果采纳我的意见，不必战胜就可以夺取土地，不必攻坚就可以夺取城市。一篇文告，就可以平定千里，你以为如何？"武臣说："你有什么办法？"蒯彻说："范阳县徐县长，既怕死，又贪赃枉法，大军一到，他准投降。假如你仍像前面那十余个城市一样，对于秦政府的官员，一律铲除，把他也杀掉，恐怕边疆所有城市，全成了铜墙铁壁，使你攻不胜攻。假如你不但不杀那个县长，反而封他一个侯爵，教他乘坐豪华的车辆，奔走于燕赵王国故地，有他这个活榜样，燕赵王国故地上的城市，势将全部投降。"武臣说："这是一个好主意。"派出安车（古人乘车，都是站着，安车却可以坐下；普通只用一马，特殊礼遇时，可用四马）一百辆、骑兵二百名，命蒯彻带着侯印，前往说服

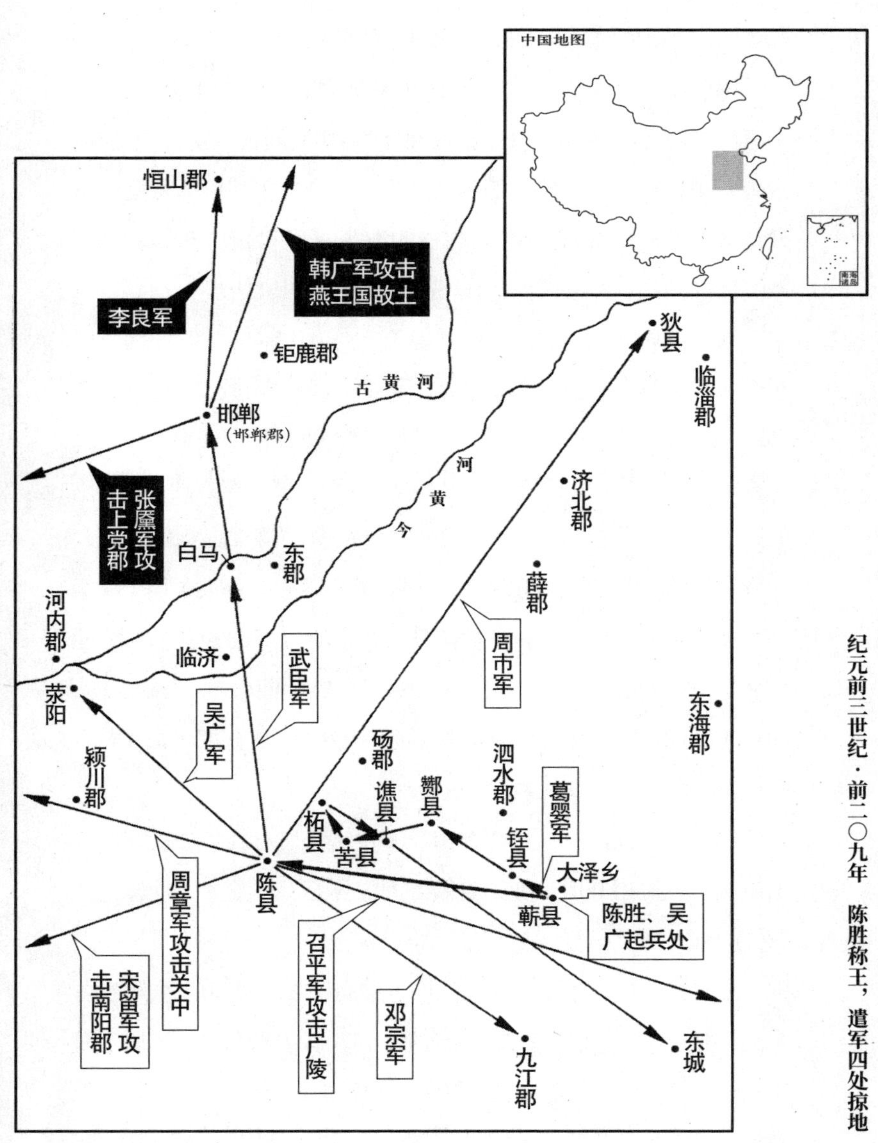

纪元前三世纪·前二〇九年　陈胜称王，遣军四处掠地

徐县长。消息传出，燕赵王国故土上，投降的有三十几个城市。

陈胜既派出周章，认为秦政府已经崩溃，油然而生轻蔑之意，不再防备。咨询官（博士）孔鲋警告说："我听说过《兵法》：不仗恃敌人不来进攻，而仗恃我们不怕进攻。而今大王却恰恰相反，只仗恃敌人不来进攻，却不仗恃自己的准备。一旦兵败，后悔就来不及。"陈胜说："我的军事行动，先生不必辛苦担心！"

周章沿途征集壮士，到达函谷关（河南省灵宝市东北）时，拥有战车千辆、步兵数十万，已成一强大兵团。等进抵戏城（陕西省西安市临潼区东北，与首都咸阳航空距离四十公里），战火已逼近都门，掩饰不住，嬴胡亥才猛然震惊，召集御前会议，商讨对策。嬴胡亥六神无主，只问："怎么办？"宫廷供应部长（少府）章邯说："强盗已到门口，人数众多，战斗力强大，征调附近驻军，已来不及。幸而骊山（陕西省西安市临潼区西南）做苦工的囚犯为数不少，请陛下下令赦免，交给他们武器，前往迎击。"嬴胡亥遂下令大赦，派章邯集结骊山的囚徒，和所有家奴，以及家奴生的儿子，迎战张楚军。张楚军大败，向后撤退。

张耳、陈馀这时抵达邯郸（河北省邯郸市），听到周章撤退消息，又听到陈胜派出夺取土地的将领，回陈县之后，很多人受谗言陷害，被陈胜处死。于是，建议武臣自己称王。

八月，武臣称赵王，任命陈馀当最高统帅（大将军），张耳当右宰相，邵骚当左宰相，派人报告陈胜。陈胜大发脾气，打算屠杀武臣等全家，发兵攻击新建立的赵国，上柱国（上将级武官）蔡赐说："秦政府还没有推翻，而先杀武臣等全家，是又制造出另一个秦政府。最好是顺水推舟，向他祝贺，使他向西进军。"陈胜接受，把武臣等家人接到皇宫居住，封张耳的儿子张敖当成都君，派使节前往邯郸，祝贺新王即位，并催促向函谷关进军。张耳、陈馀对武臣说："你当赵国的国王，不是张楚王（陈胜）的本意，所以派特使前来道喜，不过是一种谋略。张楚国一旦把秦政府推翻，必然对我们攻击。所以大王应考虑是不是要直接向秦政府挑战？我们认为，大王最好先向北发展，夺取燕（北京市）代（河北省蔚县）地区土地，再向南收回河内（河南省武陟县），使国土扩张。那时候，赵国（武臣）南临黄河，北有燕代，张楚国（陈胜）即令消灭了秦政府，对赵国（武臣）也束手无策。张楚国（陈胜）如果不能消灭秦政府，则赵国（武臣）的分量，也同时加重，乘着张楚军及秦军筋疲力尽，我们就可以横行天下。"武臣认为看法正确，遂不西进，而派韩广到燕王国故土，李良到恒山（河北省正定县），张黡（音yǎn〔眼〕）到上党（山西省长子县），分别夺取土地。

九月，沛县（江苏省沛县）人刘邦，在沛县聚众起兵。下相（江苏省宿迁市）人项梁，在吴县（江苏省苏州市）聚众起兵。狄县（山东省高青县东南）人田儋，在齐王国故土聚众起兵。

刘邦，又名刘季，鼻梁高耸，前额宽阔，面部线条分明，左腿上有七十二颗黑痣，喜爱朋友，慷慨大方，胸襟坦荡豁达，常怀大志，不愿从事家人赖以维生的耕田生涯。最初，当泗水村（江苏省沛县东）村长（亭长）。单父（山东省单县）人吕文，精于面相，看见刘邦面貌，大为惊奇，就把女儿（吕雉）嫁给他。不久，刘邦奉派押解囚犯到骊山（陕西省西安市临潼区东南）做工，中途有些人逃亡，不知去向。依照逃亡的情况推测，到达骊山时，已全部逃光。走到丰县（江苏省丰县）西方泽中亭，住宿，晚上，索性把囚犯们统统释放，说："你们快逃，我也从今天开溜。"囚犯中有十余个壮汉，愿追随他流浪。刘邦曾经喝得酩酊大醉，半夜，穿过草泽地，遇到一条大蛇当道盘卧，刘邦拔剑一挥，把大蛇砍成两段。晚间，一位老太婆在那里哭说：“我的儿子是白帝的儿子，变化成蛇，卧在道路上，却被赤帝的儿子所杀。”说罢，忽然间不知去向。

刘邦因纵放囚犯而逃亡，一直藏匿在芒山、砀山之间（两山相距四公里，位于河南省永城市东北），不断有奇怪的事情发生，沛县青年们互相传播，很多人想向他归附投靠。稍后，陈胜起兵，沛县县长打算响应，行政官（主吏）萧何、监狱管理员（狱掾）曹参说：“你是秦政府任命的官员，今天却打算背叛政府，万一沛县人反对，岂不进退失据。你最好把潜逃在外的亡命之徒找回来，可能有好几百人。在胁迫之下，大家就不敢不赞成。”县长就命樊哙去寻找刘邦。这时刘邦身旁已有十几个人，有时甚至多到一百人。而就在这时候，县长忽然警觉到，这些亡命之徒如果回来，可能无法控制，于是改变主意，拒绝刘邦回城，下令关闭城门，指挥民兵守御。为了断绝内应，还打算诛杀萧何、曹参。二人恐惧，翻城逃跑，投奔刘邦。刘邦和他的一伙流氓就在城下扎营，把书信绑到箭上，射进城中，向父老们剖析利害。父老们遂率领子弟击斩县长，大开城门，迎接刘邦，尊称他当沛公（故楚王国王子大臣，多数都封公爵。沛县原故楚王国属地，所以称公。此时陈胜已称张楚王，且刘邦初起事时，力量微弱，称公已很满意了）。萧何、曹参集结沛县子弟，有三千人，响应抗暴行动。

项梁是故楚王国大将项燕的儿子，曾经因杀人的缘故，跟侄儿项羽，逃亡到吴中（江苏省苏州市）一带，吴中一带贤能有名望的知识分子，都愿跟他们结交。项羽少年时，学习文学不成，再学习剑法，又学不好。项梁向他发脾气，项羽说：“学文有什么用？不过记记姓名。剑也不过抵抗一个敌人，也没有什么好学。要学，学万人敌。”项梁就教他兵法，项羽对了胃口，可是又只看个大略，不肯深入研究。

项羽身长八尺余（这是古汉尺，一尺约合二十三公分，八尺约合一八四公分），力大无穷，可以两手举鼎，才干也超过常人。会稽郡（江苏省苏州市）郡长（守）殷通，听到陈胜起事，打算起兵响应，命项梁跟桓楚担任统帅。当时，桓楚正逃亡在荒泽之中，项梁说："桓楚躲藏的地方，谁都不知道，只有项羽知道。"于是，教项羽全副武装在堂外等候，项梁进去跟郡长殷通对话，建议说："请郡长召见项羽，面授命令，教他去寻找桓楚。"殷通答应说："好！"项梁命项羽进去。一会工夫，项梁向项羽使一个眼神，说："可以了。"项羽闪电出击，砍下殷通人头，项梁手提郡长人头，佩上郡长印信。一霎时郡政府惊恐大乱，项羽奋勇进击，斩杀好几十个人——或许一百人，郡政府伏尸满地，大家慑服，不敢反抗。项梁这才召集他平时结交的郡政府高级官员，宣布他所以这样做，只为了举大事、起义兵（这是一场典型的夺权流血，跟抗秦无关，殷通本来就是要起兵响应陈胜的，和项梁的目标完全相同）。于是率领郡政府所属正规军，以及征召来的外县市的平民子弟，共集结精锐部队八千人。项梁当会稽郡（江苏省苏州市）郡长，项羽当副将（裨将），率军夺取不肯归附的县市。本年（前二〇九），项羽二十四岁。

田儋，是故齐王国皇族。田儋的堂弟田荣，田荣的胞弟田横，都是豪杰，靠着强大的家族，很能得到民心。张楚国（陈胜）大将周市夺取土地，大军挺进到狄县（山东省高青县东南），狄县闭城坚守。田儋把他的奴隶捆绑，亲自送到县政府，声称要晋见县长，请准许他把该奴隶处决（古人有权诛杀属于自己的奴隶，但得事前禀告官府）。狄县县长出庭问话，田儋乘机把县长击斩，号召年轻丁壮，说："天下都起来反抗秦政府，各王国也纷纷复国。齐王国是一个古老的国家，我

纪元前三世纪·前二〇九年九月　刘邦占据沛县

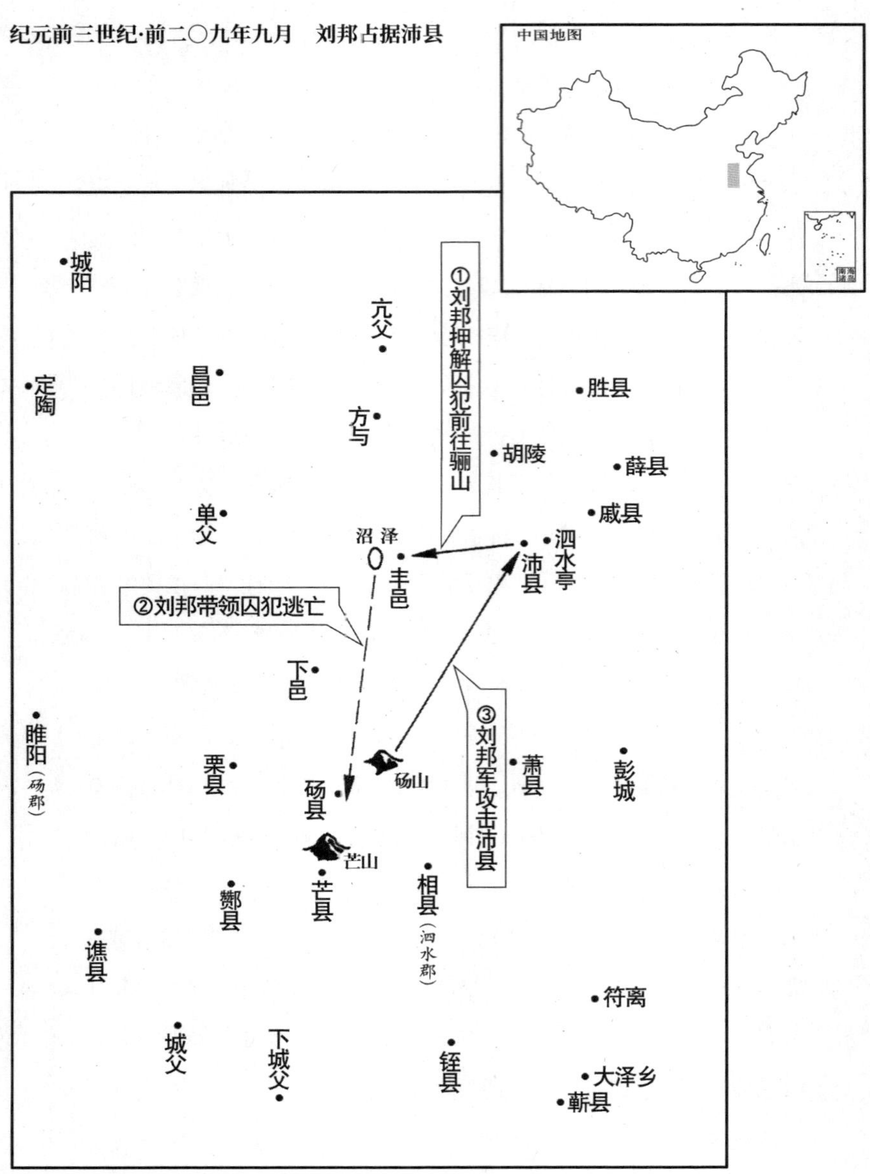

田儋，理应当王。”宣称自己是齐王，出兵迎战周市，周市撤退。田儋遂率军向东收复故齐王国土地。

赵国（武臣）大将韩广，奉赵王武臣之命，北上夺取故燕王国土地，当地英雄豪杰，要拥护韩广当燕王。韩广说：“我娘亲还在邯郸，千万不可。”大家说：“赵国（武臣）西边怕秦，南边怕张楚，对我们已没有控制力量。而且，以张楚国（陈胜）的强大，不敢害赵王（武臣）将相的家属，赵王（武臣）安敢加害于你？”韩广就自称燕王。几个月后，赵国（武臣）把韩广的娘亲和家属，平安送到。

赵王武臣，跟张耳、陈馀，沿着燕国（韩广）边界，夺取土地。武臣偶尔外出，被燕军俘虏。燕国（韩广）把他囚禁起来，要求赵国（武臣）割让土地。赵国（武臣）派出几次使节，全被燕国（韩广）斩首。正在无可奈何，一个炊事兵（养卒）前往燕军营地，晋见燕军将领说：“你可知道张耳、陈馀有什么盼望？”燕军将领说：“盼望得到他们的国王罢了。”炊事兵大笑说：“那不是他们的盼望。事实上，武臣、张耳、陈馀，不费吹灰之力，得到故赵王国疆土，每人都想当王，谁肯安心当一辈子宰相将军？只不过大局初定，不敢一下子三分天下而已。只好以长幼为序，先推举武臣当王，收揽民心。而今局势已定，张耳、陈馀，正要瓜分赵国（武臣）土地，只在等待时机。将军却囚禁武臣，这两位先生，名义上是求你放他，实际上是求你杀他，杀了武臣之后，两人就各得一半。一个赵国（武臣）已不把燕国（韩广）看到眼里，不久就出现两个贤能的国王，团结一致，指控你谋杀赵王（武臣）之罪，你们燕国（韩广）非覆亡不可。”燕军将领立即把武臣释放，由炊事兵驾车，返回赵国军营。

5 张楚国（陈胜）大将周市，自狄县（山东省高青县东南）还军，经过故魏王国土地，打算立故魏王国王子宁陵君魏咎当魏王。恰巧魏咎在陈县（河南省周口市淮阳区），一时不能抵达，而土地城市，都已收复，大家要求周市当王。周市说：“天下混乱，忠臣乃见。全世界都背叛秦政府，在道义上，一定要立故魏王国皇家后裔才行。”大家坚持周市称王，周市坚决拒绝。派人到陈县迎接魏咎，五次往返，陈胜才准许魏咎前往，宣布他当魏王（首都临济〔河南省封丘县东〕），周市担任宰相。

6 本年（前二〇九），秦政府下令把卫国（首府野王〔河南省沁阳市〕）国君（四十八任）卫角，贬作平民，卫国灭亡（前一一一二年至前二〇九年，立国九〇四年）。

纪元前二〇八年 癸巳

秦二世　　二年

（张楚王陈胜二年·景驹元年·怀王芈心元年）

（赵王武臣二年·赵歇元年）

（齐王田儋二年·田假元年·田市元年）

（燕王韩广二年）

（魏王魏咎二年·魏豹元年）

（韩王韩成元年）

1 冬季，十月，秦王朝（首都咸阳〔陕西省咸阳市〕）泗水郡（安徽省淮北市）监察官（泗水监）平（姓不详），率军包围变民首领刘邦所在的丰县（江苏省丰县，刘邦出生地），刘邦迎战，把郡政府的军队击败，遂命雍齿留守丰县。

十一月，刘邦率军北上，攻击薛县（山东省滕州市南），泗水郡长（守）壮（姓不详），迎战失败，逃到戚县（山东省微山县），刘邦派左参谋官（左司马）追获，斩首。

纪元前三世纪·前二〇八年十月　刘邦建立根据地

中国地图

范阳

鲁县（薛郡）

瑕丘

亢父

刘邦军

昌邑

滕县

方与

胡陵

薛县

单父

戚县

沛县

泗水亭

丰邑（刘邦根据地）

下邑

萧县

彭城

砀县

芒县

相县（泗水郡）

2 张楚国（陈胜）西征大将周章向东撤退，退出函谷关（河南省灵宝市东北），在曹阳（河南省三门峡市西南）扎营。两个月后，秦政府大将章邯尾追而至。周章战败，再向东撤退到渑池（河南省渑池县西。渑，音miǎn〔勉〕）。十几日后，章邯猛烈攻击，张楚军再战败。周章自杀，张楚军瓦解。

3 张楚国（陈胜）代理国王（假王）吴广，率大军围攻荥阳（河南省荥阳市）。秦王朝三川郡（河南省洛阳市东白马寺东）郡长李由（李斯的儿子），坚守荥阳，吴广不能攻克。张楚军将领田臧等，交换意见说："周章兵团已被击破，秦军随时会到。我们屯兵坚城之下，腹背受敌，势将瓦解。不如只留少数军队在此，将所有的精锐兵力，给秦军一个迎头痛击。现在，代理国王（吴广）骄傲不可一世，又不懂军事，跟他谈徒浪费时间，甚至他可能反对，事情就不可为了。"商量已定，就假传张楚王（陈胜）命令，袭杀吴广，把人头割下，呈献陈胜。陈胜不敢责备，反而派使节把宰相（令尹）的印信送给田臧，任命他当上将。田臧就留李归等少数将领继续围攻荥阳，然后亲自率领精锐，西上迎击，在敖仓（河南省荥阳市北敖山粮仓）跟秦军遭遇，张楚军崩溃，田臧阵亡。章邯乘胜攻击李归，再大破张楚军，李归等战死，荥阳围解。

阳城（河南省登封市东南）人邓说的部队，驻屯郏城（河南省郏县），章邯部下的一个将领，把他击败。铚县（安徽省宿州市西南）人伍逢的部队驻屯许县（河南省许昌市东），被章邯击败。两军奔还陈县。陈胜诛杀邓说。

4 秦王朝皇帝（二任）嬴胡亥（本年二十三岁）不断责备宰相李

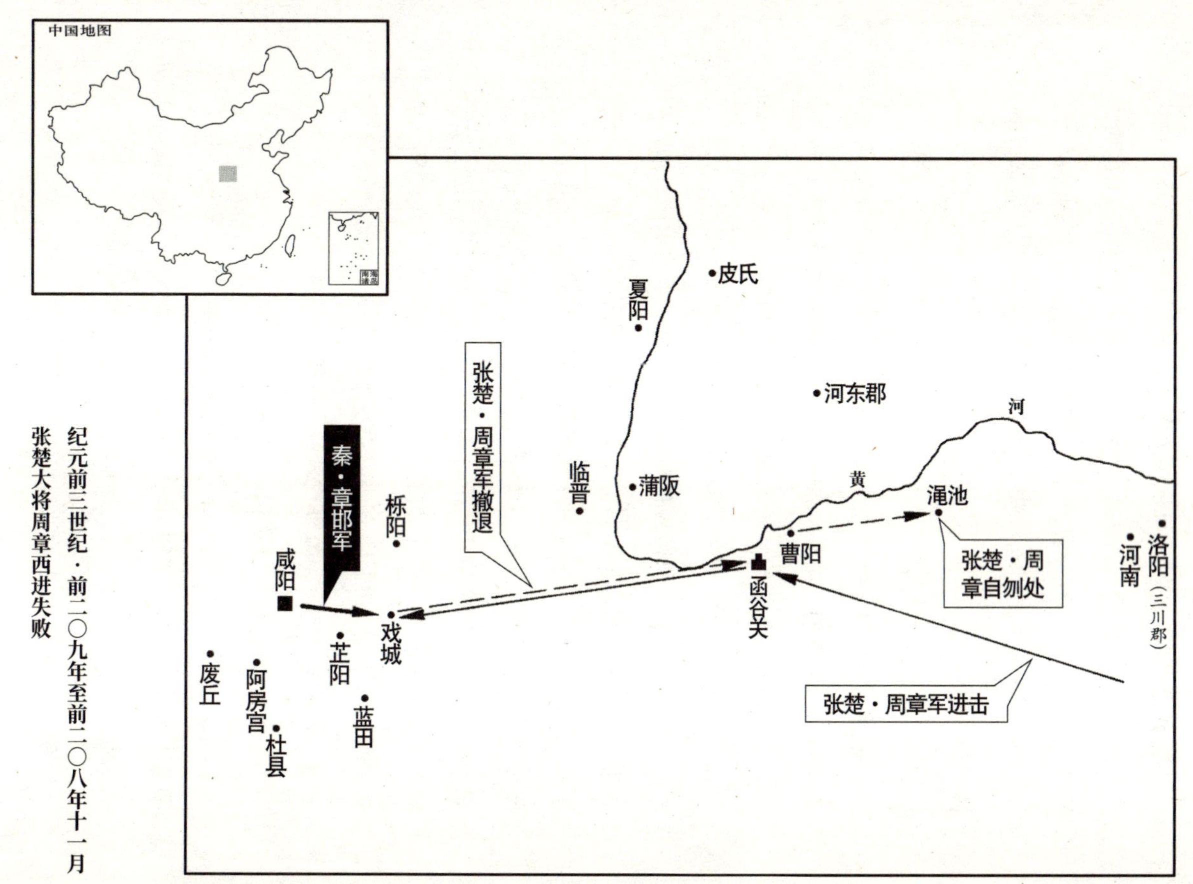

纪元前三世纪·前二〇九年至前二〇八年十一月

张楚大将周章西进失败

斯，说他位居三公（秦政府三公：宰相〔丞相〕、全国武装部队总司令〔太尉〕、最高监察长〔御史大夫〕），为什么使盗匪猖獗到如此地步？李斯大为恐惧，但他贪恋权势，仍不肯辞职，而又拿不出方案对策，只好迎合嬴胡亥的想法，上奏章说："圣贤君王的意义，就是能够明察罪行，加以惩罚，所以申不害有言：'掌握天下权力而不知道随心所欲、放纵享乐的，是谓"把天下当成枷锁"。'为什么会这样？只因他疏忽了督责他的部属，只好自己辛苦，跟伊祁放勋（尧）、姒文命（禹）一样，于是，天下自然成为枷锁，如果不能实行申不害、韩非的学说，严厉督责部属，而把天下的事集中在一个人身上，结果身体疲惫，精神憔悴，平白苦了自己。将精力全都贡献给人民，这是凡夫俗子干的事，不是拥有无限权力的伟大领袖干的事。如果领袖也干这种事，领袖又有什么尊贵之处？所以英明的领袖，能够独自决断、严厉督责。权力在领袖之手，而不在部属之手。封闭所谓道德仁义的道路，根绝所有进谏规劝的言论。领袖想做什么就做什么，没有一个人敢表示异议。如果这样，官员人民们弥补自己的过失都来不及，哪里还有心思图谋叛逆？"嬴胡亥大为高兴，于是，对部下更加严厉，认为征收赋税最多的官员有才干，杀人最多的官员是忠臣。受刑的囚犯络绎道路，每天街市上都堆满了尸体。凶恶残暴，人民骇恐，越发盼望天下大乱。

5 赵国（武臣）大将李良，已收复恒山（河北省正定县。去年〔前二〇九〕，武臣派李良出发夺地），回邯郸复命。武臣再派他前往夺取太原（山西省太原市），走到石邑（河北省石家庄市西南），秦政府军在井陉（河北省井陉县井陉关）布防，赵军不能前进。秦军将领伪造嬴胡亥一封信，向李良招降。李良接信后，将信将疑。因大军不能前进，折回邯郸，请求援兵。将到邯郸时，遇见武臣的姐姐参加宴会归来。李良看那副架势排场，以为是赵王（武臣）亲到，急忙下马，就在道旁伏地拜谒。偏偏武臣的姐姐烂醉如泥，不知道对方是李良，认为只是一位普通将领，仅教一位骑兵表示谢意。李良在将领中居于高位，素来尊贵。从地上爬起来，回顾他的侍从卫士，自觉羞惭。一位侍从官说："天下纷纷叛变，有能力的人首先当王。赵王（武臣）原来的地位就比你低，而他的姐姐竟然对你都不肯下车相见，将来天下平定，更没有我们立足之地，一不做，二不休，不如把这个女人干掉。"李良接到嬴胡亥的信，已经动摇，但仍犹豫不决，恰好受到侮辱，再经部下挑拨，不禁怒火上冲，立即派人追杀武臣的姐姐，率军突袭邯郸。邯郸毫无戒备，李良闯入皇宫，斩赵王武臣跟左宰相邵骚。张耳、陈馀平常广交朋友，消息灵通，所以得到风声，逃出劫难。

6 凌县（江苏省泗阳县）人秦嘉、符离（安徽省宿州市东北）人朱鸡石等，聚众起兵，把东海郡（山东省郯城县）郡长，围困在郯县（山东省郯城县）。张楚王陈胜听到消息，派武平君畔（姓不详），前往充任监军，管理郯县一带张楚军。秦嘉拒绝，自称最高指挥官（大司马），不愿隶属武平君畔，告诉他的部下说："武平君（畔）不过一个毛头小伙，乳臭未干，懂得什么，不要理他。"遂称接到张楚王（陈胜）命令，斩武平君畔。

7 秦帝（二任）嬴胡亥，派司马欣、董翳，分别担任东征军统帅章邯的秘书长（长史）、民兵司令（都尉），协助章邯进剿盗匪。此时，章邯已击破许县（河南省许昌市东）伍逢，击斩张楚国上柱国（上将

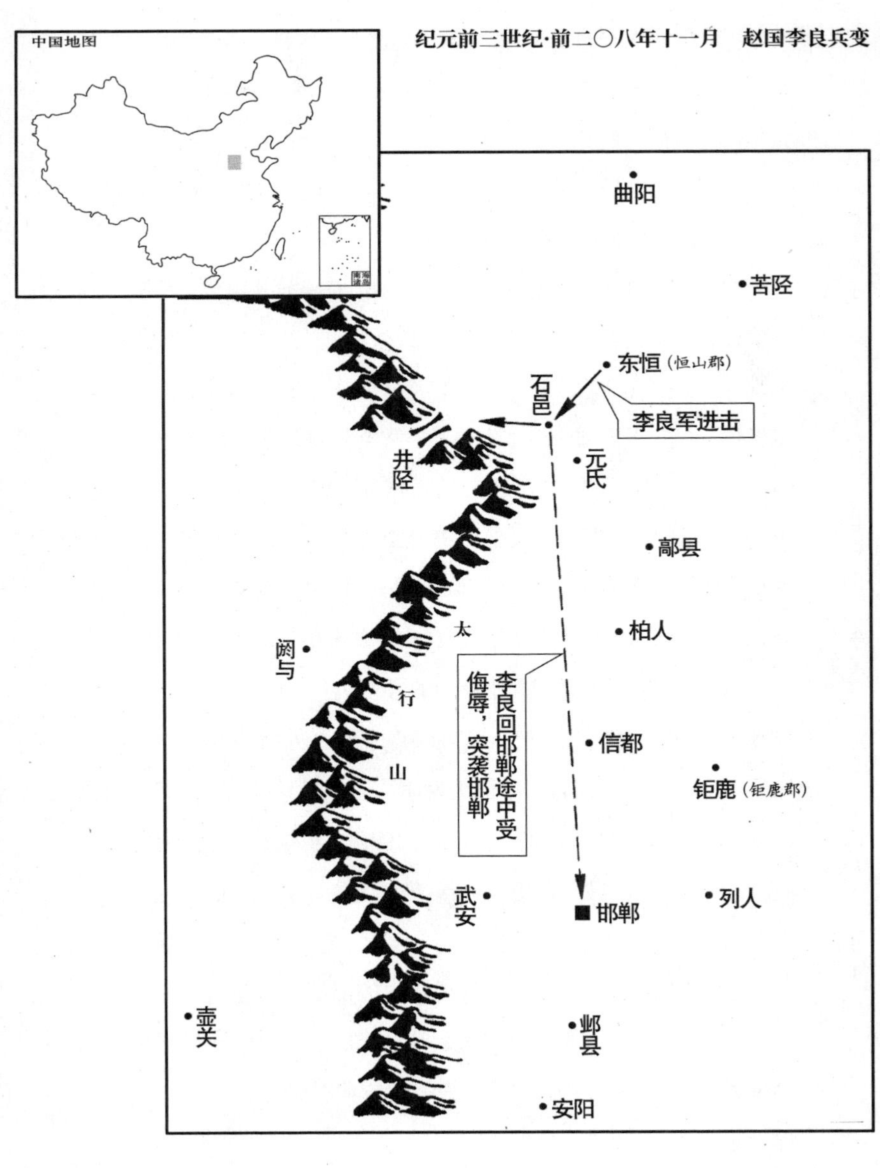

纪元前三世纪·前二〇八年十一月 赵国李良兵变
中国地图
南海诸岛
曲阳
苦陉
东恒（恒山郡）
石邑
李良军进击
井陉
元氏
鄗县
太
行
山
阏与
柏人
李良回邯郸途中受侮辱，突袭邯郸
信都
钜鹿（钜鹿郡）
武安
邯郸
列人
壶关
邺县
安阳

级武官）蔡赐，大军直逼陈县（河南省周口市淮阳区，张楚王陈胜首都）。张楚军将领张贺，在西郊构筑工事，陈胜亲自督战，但张楚军仍大败，张贺阵亡，情势危急。

十二月，陈胜前往汝阴（安徽省阜阳市），归途经过下城父（安徽省涡阳县），车夫庄贾刺杀陈胜，向秦投降。

当初，陈胜既当张楚王，亲戚朋友，纷纷前来投靠，岳父也随同前往，陈胜竟把他当作普通宾客接待，作一个揖而已，并不像过去那样，下跪叩头。岳父生气说："领导叛乱，冒称王号，而又对长辈傲慢无礼，绝不能长久。"也不告辞，起身就走。陈胜跪下来请求原谅，岳父也不理会。亲友越来越多，经常跟陈胜谈论昔年往事。有人警告陈胜说："大王那些老朋友客人，愚昧无知，喜欢乱说话，恐怕影响你的形象，减低威望。"陈胜就找个借口，把老朋友们一一诛杀。大家遂纷纷逃去，没有人再跟陈胜亲近。陈胜任命朱防当考选官（中正），胡武当特务官（司过），负责情报跟安全工作。将领们夺取土地城市回来，二人对将领们在外所颁发的命令或所做的事，总是批评纠查，甚至认为违法，逮捕下狱。将领们对人民越是苛刻，越被认为忠心。陈胜所不喜欢的人，不是交由军法审判，就是自己亲自处置。将领们对陈胜毫无亲密之情，最后，也终于在这上面失败。

陈胜从前的随从（涓人）、现任将军的吕臣，当苍头军（青巾包头）统帅，从新阳（安徽省界首市北）出发，反攻陈县（河南省周口市淮阳区）。克复陈县后，斩庄贾，仍称楚国，把陈胜埋葬在砀县（河南省永城市），尊称为隐王。

当初，陈胜派铚邑（安徽省宿州市西南）人宋留，率军夺取南阳（河南省南阳市），攻击武关（陕西省商南县西南）。宋留已攻下南阳，听到陈胜死亡消息，军心不稳，南阳再叛归秦政府，宋留投降。嬴胡亥下令把宋留车裂示众（五马分尸）。

8 魏国（魏咎）宰相周市，率军夺取丰县（江苏省丰县）及沛县（江苏省沛县），派人向雍齿招降（雍齿留守丰县），雍齿一向瞧不起刘邦，不愿做他的部下，遂献出丰县，投降周市。刘邦回军反攻，不能收复。

9 赵国（武臣）张耳、陈馀，收集残兵败卒，集结数万人，攻击李良。李良战败，投降秦军章邯。宾客中有人提醒张耳、陈馀，说："两位都不是赵王国人，在此地等于旅客。如果要依靠赵王国，恐怕难以立足。只有一个办法：物色一位故赵王国皇家的后裔当王，你们当他的助手，才可以成功。"这是一项有深度的见解，于是物色到赵歇。

春季，正月，张耳、陈馀，拥立赵歇继位赵王，定都信都（河北省邢台市）。

10 东阳（江苏省盱眙县东南）人宁君、秦嘉，听到陈胜溃败消息，拥护景驹继任张楚王，率军抵达方与（山东省鱼台县），准备攻击定陶（山东省菏泽市定陶区）秦军。派公孙庆出使齐国（田儋），约期共同出兵。齐王田儋说："陈胜战败，生死未卜，你们怎么不先请示齐国，而自封国王？"公孙庆说："齐国（田儋）不向张楚国（陈胜）请示而自封国王，张楚国（景驹）为什么要向齐国（田儋）请示？而且，张楚国（景驹）首先发难，自当号令天下。"田儋老羞成怒，斩公孙庆。

秦军左右指挥官（左右校尉）攻陷陈县（河南省周口市淮阳区）。张楚苍

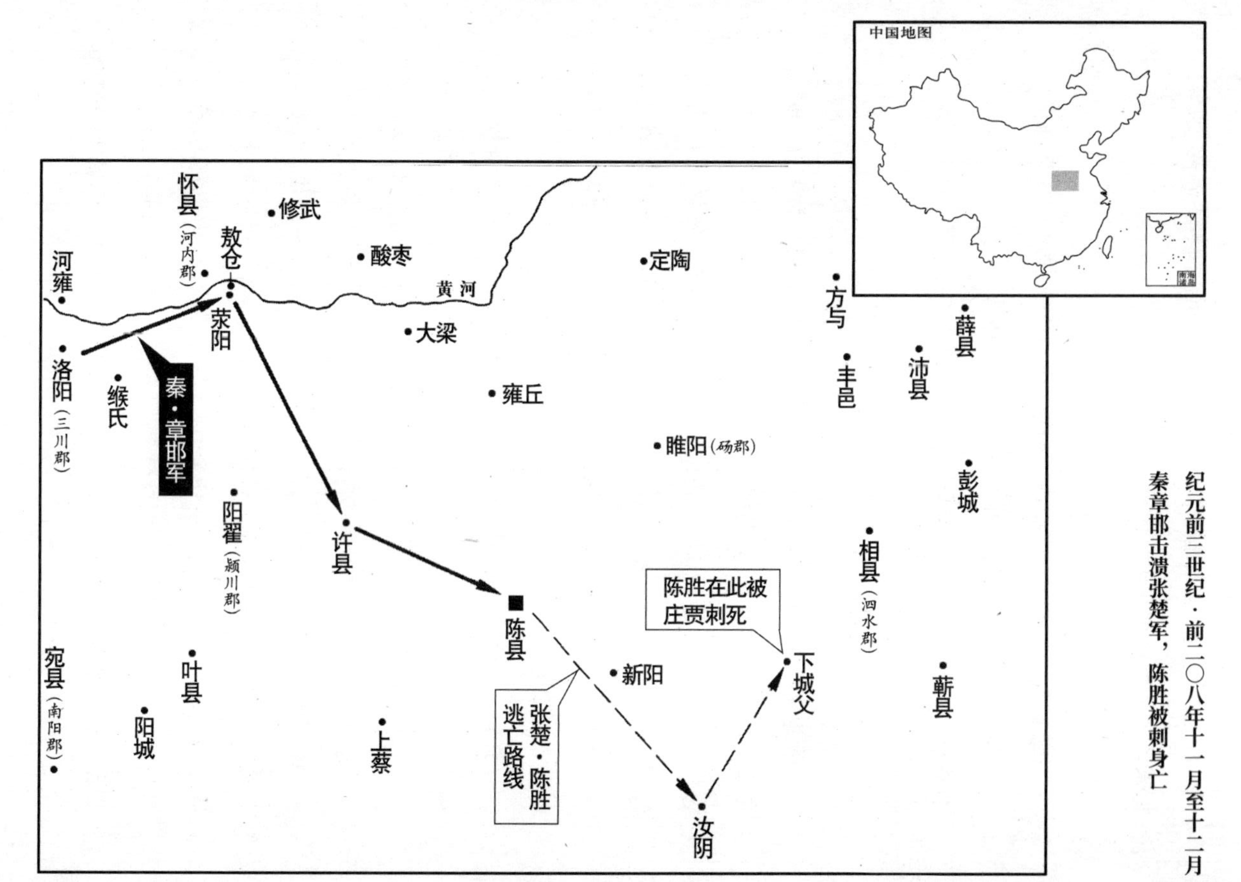

纪元前三世纪·前二〇八年十一月至十二月
秦章邯击溃张楚军，陈胜被刺身亡

头军统帅吕臣败走，集结散兵游勇，跟番阳（江西省鄱阳县）变民首领英布结合，联合反攻。在青波（河南省息县与新蔡县交界处）会战，大破秦军，夺回陈县（河南省周口市淮阳区）。

英布，是六县（安徽省六安市）人，因犯法被判在脸上刺字的黥刑，依照规定，应押送到骊山（陕西省西安市临潼区东南）去做苦工。当时骊山聚集囚徒几十万人，英布跟其中头目和豪杰们结交，乘机率领死党，逃亡到长江一带，成为盗匪。番阳（江西省鄱阳县）县长吴芮，很受人民爱戴，号称番君。英布前往晋见，当时拥有数千人，已成一个强大的武装力量。吴芮把女儿嫁给他，使他率领徒众，出击秦军。

11 张楚王景驹在留县（江苏省沛县东南）扎营，刘邦前往投靠。张良聚集了一百余少年，也前往投靠。中途，跟刘邦相遇，遂决定追随。刘邦任用张良当骑兵官（厩将）。张良屡次向刘邦谈论《太公兵法》（太公指齐国第一任国君姜子牙），刘邦都能领会，而且常常采纳张良的意见。张良曾经把他的谋略告诉其他将领，却没有一个人能够了解。张良赞叹说：“刘邦真是天纵奇才！”决心不再他往。刘邦跟张良晋见景驹，准备请求派遣援军，反攻丰县（江苏省丰县）。

当时，秦政府东征军统帅章邯的参谋官（司马）尸（姓不详），大军所到之处，血腥屠杀。从相县（安徽省淮北市），直到砀县（河南省永城市东北）。东阳（江苏省盱眙县东南）人宁君，跟刘邦联合西进，在萧县（安徽省萧县）西方会战，稍稍失利，撤退到留县（江苏省沛县东南）。

二月，刘邦攻击砀县，三天攻下，接收砀县武装部队六千人，于是拥有九千人劲旅。

三月，再攻陷下邑（安徽省砀山县），回军再攻丰县，仍不能攻克。

12 广陵（江苏省扬州市）人召平，受故张楚王陈胜的派遣，夺取广陵（江苏省扬州市），还没有攻克；得到陈胜失败消息，而秦军章邯马上又到。于是，渡长江而南，诈称奉张楚王（陈胜）命令，任命项梁当楚国上柱国（上将级武官），说："江东（江苏省南部太湖流域）已经底定，请出兵西上，攻击秦军。"项梁遂率八千人渡长江，听说陈婴占领东阳（江苏省盱眙县东南），派出使节，要求联合作战。

陈婴，是前东阳（江苏省盱眙县东南）县政府的职员（令史），留住县城，一向谨慎笃实，人们都称长者，对他十分尊敬。各地抗暴纷起，年轻人击杀县长，集结二万余人，要求陈婴当王。娘亲对陈婴说："自从我嫁到你们陈家，从没有听说你们祖先，有谁做过官的。如今突然大名加身，绝对不是祥瑞。不如追随一位领袖，事情成功，至少可封一个侯爵。事情失败，也容易逃走藏匿，不要追求世俗上所谓的大名！"陈婴遂拒绝称王，告诉军官们说："项家世世当楚王国的将领，享有盛名。我们要成大事，非他们不行。投靠名家，才可以灭秦。"大家接受，于是把军权交给项梁。

英布既击败秦军，向东推进。听说项梁已渡淮河，遂跟另一位蒲将军（名不详），一齐归附项梁。

项梁这时候已拥兵六七万人，扎营下邳（江苏省睢宁县北）。张楚王景驹、大将秦嘉，在彭城（江苏省徐州市）以东布防，准备抵制项梁。项梁昭告大军说："张楚王（陈胜）首先发难，战场失利，一时不知去向。秦嘉竟然背叛，另立景驹当王，大逆不道！"遂攻击秦嘉，秦嘉大败逃走，项梁追到胡陵（山东省鱼台县东南），秦嘉反攻，苦战一天，秦嘉阵亡，军队投降。景驹逃走，死在魏国（魏咎）。

项梁既吞并秦嘉的部队，进抵胡陵，将率军西上。而秦军大将章邯，也抵达栗县（河南省夏邑县）。项梁特遣将领朱鸡石、余樊君进

纪元前三世纪·前二〇八年三月　项梁北上

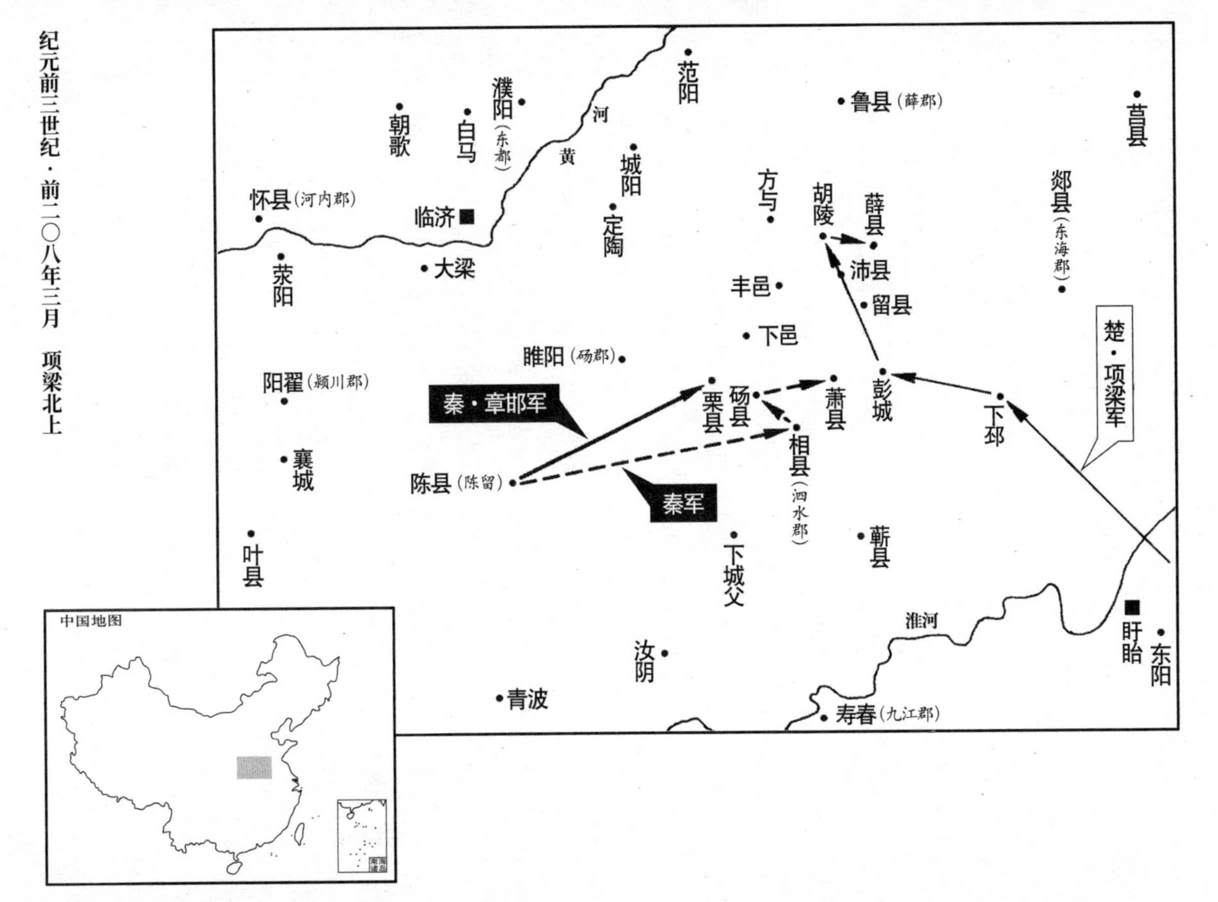

击。余樊君战死，朱鸡石大败，逃回胡陵。项梁率军进驻薛县（山东省滕州市南），斩朱鸡石。

刘邦率骑士一百余人晋见项梁，项梁拨给刘邦士卒五千人、“五大夫”级（文官十二级）将领十人。刘邦遂再攻丰县（江苏省丰县），攻陷，雍齿逃奔魏国（魏咎）。

项梁命项羽攻击襄城（河南省襄城县），襄城坚守。陷落后，项羽把全城军民，全部坑杀（起兵革命，本为抗暴，想不到革命之人，比暴更暴。中国人就一直在这种灾难中循环）。

项梁得到情报，证明陈胜确实死亡，就在薛县（山东省滕州市南）召集军事会议，刘邦也应邀参加。居鄛（安徽省纵阳县西北）人范增，已七十岁，平常在家，就以奇计谋略，受到尊敬。他对项梁说：“陈胜失败，没有什么稀奇。秦王国消灭六国，楚王国（芈姓）最为无辜（哪一国有辜？齐王国岂不更无辜）。自从怀王（芈槐）被骗入武关，不能回国（参考前二九九年），国人至今对他怀念，所以南公先生有言：‘楚虽三户，亡秦必楚。’陈胜首先发难，不去找一位芈姓皇族的后裔当王，而自己当王，所以气势不够深厚，不能长久。你起兵江东（江苏省南部太湖流域），故楚王国的将领，先后向你归附。因为你家几世都当楚王国的将领，最有资格拥戴芈姓皇族后裔。”项梁佩服他的见解，于是寻访到正在民间牧羊的芈槐的孙儿芈心。

夏季，六月，拥护芈心当楚怀王，用以号召对他祖父仍怀忠诚的人民。任命陈婴当上柱国（上将级武官），采邑五县，随同芈心，定都盱眙（江苏省盱眙县）。项梁自称武信君。

张良向项梁建议说：“你已选立了故楚王国皇家后裔，而故韩王国皇家后裔的王子中，横阳君韩成，最为贤能，似乎应该任命他继承王位，为我们广树党羽。”项梁教张良找到韩成，封他当韩王，任命张良当韩国（韩成）国防部长（司徒），随同韩成，率领一千余人，向西夺取韩王国的故土（河南省中西部）。然而，收复几个城市后，又被秦军逐一夺回，遂在颍川郡（河南省禹州市）附近，实行游击。

13 秦军统帅章邯大破陈胜后，北上进攻魏国（魏咎）首都临济（河南省封丘县东）。魏王魏咎派周市向齐国（田儋）、楚国（芈心）求救。齐王田儋亲自率军，会同楚军将领项它，联合赴援。章邯乘夜突袭，在临济城下，大破齐楚联军，田儋及周市同时阵亡。魏咎无奈，为了避免人民受到屠杀，遂约定降期，然后自焚而死。老弟魏豹投奔楚国（芈心）。芈心拨付数千人给魏豹，命他继续夺取故土。齐王田儋的堂弟田荣，集结田儋的残兵败将，向东退保东阿（山东省阳谷县东北阿城镇），章邯紧迫不舍，紧密包围。齐国（田儋）官员得到田儋死讯，拥护故齐王国亡国之君（五任）田建的老弟田假。田假继任国王后，任命田角当宰相，田角的老弟田间当大将，继续抵抗。

秋季，七月，连绵大雨。项梁率军攻击亢父（山东省济宁市南），得到田荣被围消息，遂攻击章邯，在东阿城下，大败秦军，章邯向西撤退。田荣率军返回齐国（田儋）。项梁尾追秦军，命项羽、刘邦进攻城阳（山东省鄄城县东南），屠杀全城。楚军抵达濮阳（河南省濮阳市）以东，项梁攻击，再大败秦军。章邯急行集结，重振军威，固守濮阳，决河水围绕城池四周，阻挠楚军攻势。

刘邦、项羽，进攻定陶（山东菏泽市定陶区）。

八月，田荣率突围残军攻击齐王田假，田假不能支持，投奔楚国（芈心）。大将田间率军前往援救赵国（赵歇），得到消息，不敢回去。田荣遂拥护田儋的儿子田市当齐王、田荣当宰相、田横当大将，收复故齐王国全部领土。

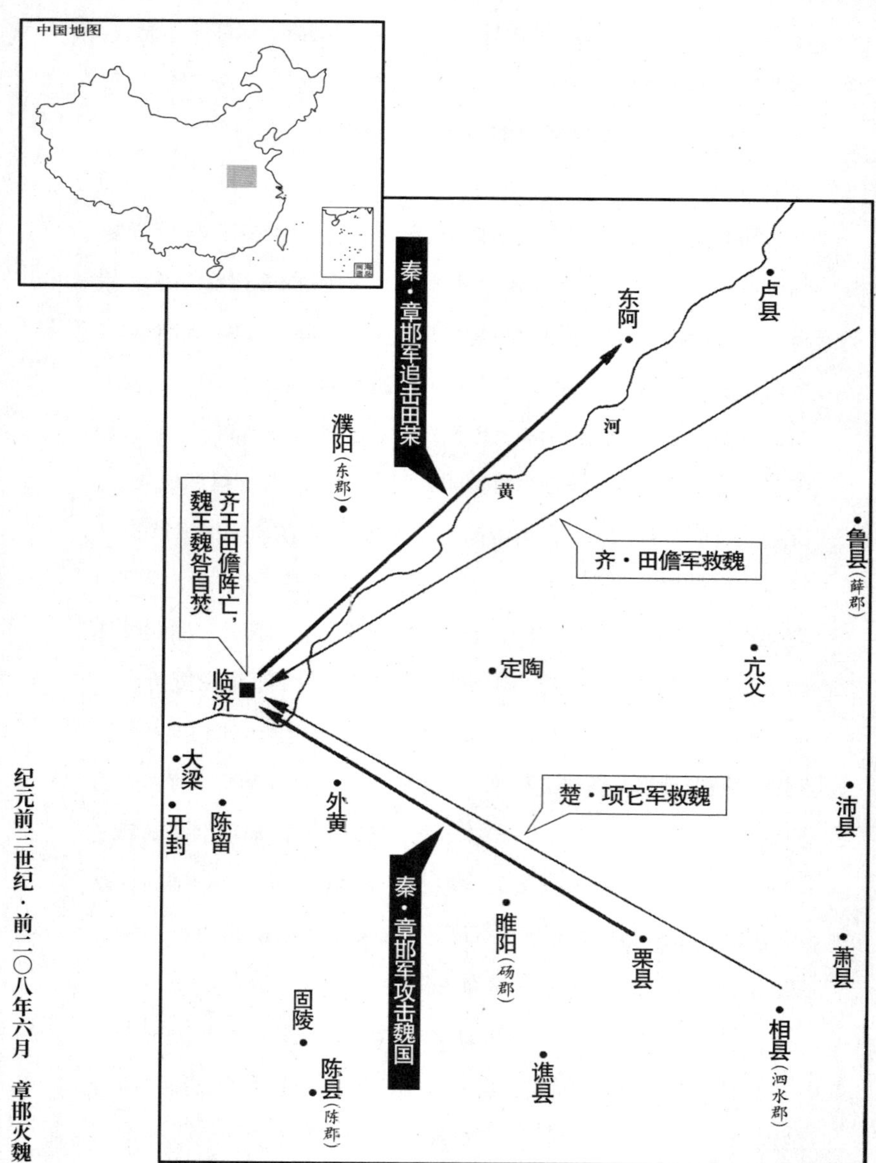

纪元前三世纪·前二〇八年六月 章邯灭魏

章邯军势转强，项梁命人催请齐国（田市）跟赵国（赵歇）派遣援军，共击章邯。田荣说："楚国杀田假，赵国杀田角、田间，我们才出兵。"楚赵拒绝，田荣大怒，竟不出兵。

14 秦政府宫廷禁卫官司令（郎中令）赵高，仗恃皇帝（二任）嬴胡亥对他的宠爱，专权横行，为报复私仇，滥加诛杀，很多人在他手下丧生。久而久之，恐怕大臣们在金銮宝殿奏事时，揭发他的罪行，于是向嬴胡亥建议说："天子之所以尊贵，主要的是，人们只听见他的声音，却看不见他的面容。而且陛下年纪还轻，对天下大事，不见得件件了如指掌。每天坐朝，和官员们面对，谴责也好、奖励也好，万一有不恰当的地方，岂不是暴露自己的短处，这可不是显示天子圣明的好办法。陛下不如藏在深宫之中，跟我以及跟熟悉法律规章的宫廷随从（侍中），专门阅览奏章，而就在奏章上批示。这样，官员们就不敢故意再出难题，天下人也都会称赞你是一位圣明的君王。"嬴胡亥欣然采纳，从此不再出席早朝，不再主持会报，不再接见高级官员。赵高在深宫中陪伴，事实上，一切由赵高决定。

李斯对这项规则不满意，赵高决心釜底抽薪，摧毁李斯。于是晋见李斯，问说："关东（函谷关以东，也就是河南省崤山以东，关东山东，同指中原广大地区）盗匪一天比一天猖獗，皇上（嬴胡亥）却更加征调苦工，修筑阿房宫，又收敛聚集犬马之类没有用的东西。我打算规劝，可是地位卑微。这正是宰相的事，你应该说几句真话，为国家请命。"李斯说："这是应该的，我早就想提出建议。可是，皇上从不露面，深居皇宫。我要说的话，又不能使人转达。想请求接见，皇上又没有时间。"赵高说："只要你肯规劝，我愿尽我的能力，为你安排。"李斯十分感激。于是，赵高等嬴胡亥正在美女群中，荒唐享受、乐不可支的时候，派人通知李斯说："皇上正有空闲，可以晋谒了。"李斯遂到宫门求见。最初，嬴胡亥还勉强出来应付，几次之后，不禁大发雷霆，说："我平常闲着，宰相不来。等我稍微休息休息，轻松轻松，他却来找麻烦。瞧我年轻是不是？瞧我不敢拒绝是不是？"

时机已经成熟，赵高乘机说："当初沙丘密谋（参考前二一〇年），李斯是重要角色。而今陛下已即位皇帝，宰相不过仍是宰相，他的愿望很明显，要陛下割给他土地，封他当王。陛下如果不问我，我有话也不敢说，既然问我，我不敢隐瞒。宰相（李斯）的大儿子李由，是三川郡（河南省洛阳市东白马寺东）郡长（守），故楚王国领土上的那群盗匪，像陈胜之流，都是宰相邻县的子弟，双方有浓厚的乡情。所以盗匪们在故楚王国领土上，公然横行，经过三川（洛阳市东白马寺东）城下，李由都不攻击。我听说李由跟盗匪之间，书信来往频繁，因为没有得到证据，所以不敢向皇上报告。尤其是，宰相主持政府，权势比陛下还大，我也不敢冒犯。"嬴胡亥既恐又怒，要对付李斯，但又怕不了解实情，于是派人去洛阳调查李由跟盗匪勾结情形。

李斯这才明白他已陷于险境，于是上奏章攻击赵高说："赵高无论惩罚人或奖励人，大权跟陛下没有分别。从前田恒当齐国国君（二十九任）简公姜壬的宰相，偷窃国君的恩德和权势，对下收买人民，对上收买群官，最后终于杀掉姜壬，夺取齐国（参考前三八九年），这是天下周知的史迹。而今，赵高心意邪恶，行为奸险。私人的财富，远超过田恒。而又贪得无厌，不停的追求利禄，在皇宫用事，权力仅次于君王。劫持陛下的威信，犹如韩玘当韩王韩安的宰相（胡三省注：李斯奏章是向嬴胡亥警告：亡国之祸，近在旦夕，故特别强调韩安信用韩玘故事。韩王国亡国之时，定有宰相韩玘这个人，可惜史书没有记载。李斯跟韩安同时，韩玘之事，嬴胡亥也应亲自看到，所以李斯才在奏章中，提出这项教训）。陛下如果不加控制，恐怕要爆发事变。”嬴胡亥说：“什么话？赵高不过一个宦官，从不因为安适而放纵，也不因为危险而变心。洁身自爱，谨慎忠诚，是他自己的努力，才使他升迁到今天的官位。他用他的忠贞作为进身之阶，用他的信誉保持他的官职。我认为他实在是一位贤才，而你却怀疑他，为什么？而且，我如果不信任赵高，教我信任谁？告诉你，赵先生这个人，精明廉洁，干练而有魄力，对下深切了解民心，对上又能合乎我的心意，你不可说他的坏话。”嬴胡亥宠爱赵高，已经入迷，恐怕李斯把他杀掉，就把李斯攻击赵高的奏章，告诉赵高。赵高说：“宰相所害怕的，只剩下我，我一死，他可就是他所说的田恒。”

这时，天下大乱已成，地方政府解体。关中（陕西省中部）武装部队不停向东出发，进剿盗匪。为了挽救大局，右宰相冯去疾、左宰相李斯、将军冯劫，联合上奏章说：“关东（函谷关以东）盗匪蜂起，政府派军征剿，杀戮很多，而盗匪更多。祸源来自战士戍边，和苛捐杂税，以及水陆运输、诸般苦役。请求暂时停止阿房宫工程，削减边防军轮调次数。”嬴胡亥的反应，奇异而且凶暴，大怒说：“掌握政权的好处，在于想干什么就干什么。领袖有权，部下有责，没有人敢为非作歹。四海之内，完全在自己控制之下。从前，姚重华（虞）、姒文命（夏），虽然当了尊贵的君王，却关切穷苦，处处为人民着想，怎么可以效法？先帝（嬴政）在国王位置上兴起，统一世界，而今天下升平，镇压四周蛮夷，为的是安定边境。兴筑宫殿，不过表示心情得意，你们都已看到先帝（嬴政）的成绩。我自从即位，两年之间，盗匪四起，你们不能扑灭，反而要求取消先帝（嬴政）的既定国策，对上既不能报答先帝（嬴政），对下更不肯尽忠于我。要你们坐在尊贵的座位上干什么？”下令逮捕，打算找一个罪名处刑。冯去疾、冯劫自杀。李斯不愿自杀，独自向监狱报到。嬴胡亥命赵高担任审判长，声称李斯跟李由涉嫌叛乱，同时逮捕他们的亲属和朋友宾客。

赵高审判李斯，仅苦刑拷打，就多达一千余次，李斯不堪刑求，只好承认罪状（现代称“坦承不讳”或“自动招认”）。李斯所以自诬谋反，不愿自杀的缘故，是他自认为对国家建过大功，又有辩才，以及事实上他并没有谋反，相信终可以洗刷清白，获得昭雪。等逃过苦刑，再给嬴胡亥上奏章，希望嬴胡亥醒悟赦免。因此在狱中上疏说：“我自从担任宰相，治理人民，已三十余年。最初秦王国疆域狭小，土地不过一千华里，战士不过数十万人。我竭尽能力，秘密派遣大批间谍，携带黄金白玉，到各国游说。而我们则暗中加速武装，修明政治教育，擢升战士勇将，尊崇对国有功人士。威胁韩王国，削弱魏王国，击破燕赵，消灭齐楚，终于兼并六国，生擒他们的国王，拥护先帝（嬴政）即位天子。之后，北方驱逐胡貉部族（长城以北各部落），南方戡定百越部落（从越南北部到钱塘江口，各部落总称。参考前三八七年），展示秦王朝强大。更建议统一度量衡制度及统一文字，推行全国，树立秦王朝的威望。这都是我的罪行，早就应该伏死。幸蒙皇上准许我继续效力，才延长到今天，请求陛下垂念！”奏章呈递上去，当然先到赵高之手，赵高把它扔到垃圾堆里，冷笑说：“囚犯有什么资格写报告！”然而也使他提高警觉，决定堵塞最后一个漏洞。于是派遣他部下十余位门客（门客，位于奴仆与朋友之间一种特别幕僚，战国时代，有权力的人广收宾客、食客，之后或称门客。地位可高可低，只在奉承主子欢喜，不必办事，跟真正的幕僚，又有不同），冒充监察官（御史）、礼宾官（谒者）、宫廷随从（侍中）之类，宣称奉皇上命令，复查李斯案情。李斯以为他的奏章发生效力，据实回答：绝对没有谋反。冒牌官员回报后，赵高责备李斯不肯合作，再加苦刑拷打。若干次之后，李斯畏惧痛苦，再有人来询问时，只好继续自诬。后来，有一天，嬴胡亥果然派遣亲信前来复查，李斯无法辨识真假，不敢更改口供。嬴胡亥得到报告，感谢上苍说："要不是赵高，几乎被李斯出卖。"嬴胡亥派往三川（河南省洛阳市东白马寺东）调查的钦差大臣，到三川时，三川郡郡长李由，已被楚国（芈心）大军格杀。钦差大臣回到首都咸阳，正逢李斯被捕下狱。钦差大臣证明李由并没有谋反，但赵高向嬴胡亥报告，却恰恰相反，说钦差大臣已证明李由确实谋反。于是李斯被认定罪大恶极，判处五刑（一、先在面上刺字。二、削鼻。三、砍下双脚脚趾。四、用鞭抽死。五、斩首，剁成肉酱），在咸阳街市上腰斩。李斯被押出监狱，绑赴刑场途中，第二个儿子也一同处决，他转头对儿子说："我们牵着猎犬，同出上蔡（河南省上蔡县，李斯故乡）东门，追逐狡兔，再也不能了。"说罢，父子相对大哭。死后，屠杀三族。嬴胡亥遂任命赵高当宰相，事无大小，都由赵高全权处理。

柏杨曰

李斯被处决，不是中国历史上第一个冤狱，但却是中国历史上最早和最大的一个冤狱。男主角竟是缔造秦帝国的巨头，担任宰相三十年，身兼法家学派巨子。这场冤狱为中国政治性冤狱政策，立下典范，被以后两千年间的暴君暴官，谨慎奉行。最主要的手段是"诬以谋反"，对有些人，如果不诬以谋反，简直无法铲除。这顶铁帽，即令是宰相，也无力承当。以致发展到最后，甚至还有强臣指控君王谋反的怪事，它是一种锐利的诛杀武器，对宰相固可以使用，对君王同样也可以使用，对手无寸铁的文化人跟平民，更易如反掌。

次要的手段是“苦刑拷打”，它除了摧毁肉体的抵抗力外，还同时摧毁对手的尊严。于是产生了“攻破心防”“自动招认”“坦承不讳”专业术语，铁帽遂成为孙悟空头上的金箍，怎么拿都拿不掉。李斯自恃他的忠心和辩才，赵高何尝不知道李斯忠心！至于辩才，李斯的奏章即令到了嬴胡亥面前，也不能救他一命。从奏章上看，秦王朝的建立，仿佛李斯一手完成，那么，置嬴政于何地？专制封建政体下，天下只有一个人才，就是“领袖”。功归于上，或许还可自保；功归于己，纵在平时，也会招祸，何况缧绁之中？李斯对官场如此陌生，三十年宰相，可是白干。即令不会激起反感，嬴胡亥成见已深，岂会采信一个囚犯的一面之词？哪一个囚犯不喊冤枉？谁敢推翻案卷里调查所得的“确凿”证据？嬴胡亥真想了解真相，何必派人复查？和李斯亲自面对就行了，但嬴胡亥岂是肯面对之人？

冤狱政策中最毒辣的一招是使用诈术，使李斯不敢翻供。诈术日新月异，再有智慧的人，都很难抵挡；以致李斯第一等英才，竟栽在三流狱吏之手。而嬴胡亥明知赵高是李斯的死敌，却把李斯交他审讯，结果当然可以预卜。但这一点却给后世的暴君暴官们，一个很大启发。

从发生冤狱的多寡大小，可以衡量一个政权的品质。了解这项因果，对中国人的苦难，当会获得深刻的感受。

15 楚国（芈心）大将项梁在东阿（山东省阳谷县东北阿城镇）大败秦军之后，向西挺进，抵达定陶（山东省菏泽市定陶区），再度大败秦军。项羽（本年二十五岁）、刘邦（本年四十九岁）在雍丘（河南省杞县）也大败秦军，击斩三川郡（河南省洛阳市东白马寺东）郡长李由。一连串辉煌战果，使项梁对秦军开始轻视，脸上充满得意。故楚王国宰相宋义进言

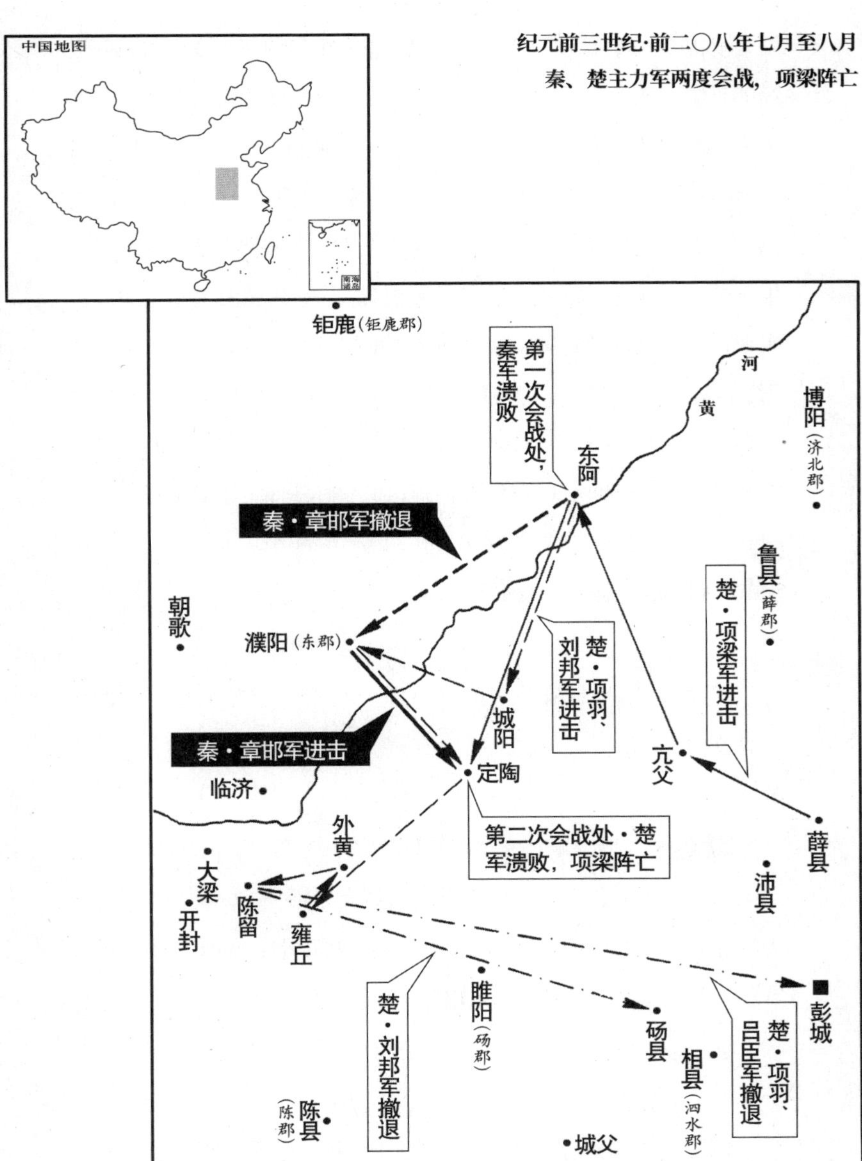
纪元前三世纪·前二〇八年七月至八月
秦、楚主力军两度会战，项梁阵亡
中国地图
钜鹿（钜鹿郡）
第一次会战处，秦军溃败
河
黄
东阿
博阳（济北郡）
秦·章邯军撤退
鲁县（薛郡）
楚·项梁军进击
朝歌
濮阳（东郡）
楚·项羽、刘邦军进击
城阳
秦·章邯军进击
亢父
定陶
临济
第二次会战处·楚军溃败，项梁阵亡
外黄
薛县
大梁
陈留
沛县
开封
雍丘
睢阳（砀郡）
彭城
楚·刘邦军撤退
砀县
楚·项羽、吕臣军撤退
相县（泗水郡）
陈县（陈郡）
城父

说:“战胜之后,将领骄傲,士兵怠惰,一定失败,而今士兵已有怠惰的现象,而秦军反而一天比一天茁壮,我替你担心。”项梁听不进去,派宋义出使齐国(田市),中途,宋义遇到齐国(田市)使臣高陵君显(姓不详),宋义问:“你是不是准备要见项梁?”高陵君说:“当然。”宋义说:“我认为项梁马上就要失败,你慢慢前进,还可能逃生。如果很快赶到那里,恐怕玉石俱焚。”嬴胡亥派大量生力军增援章邯,章邯攻击定陶,楚军崩溃,项梁战死。这时,天降连绵大雨,自七月到九月,雨势不停。项羽、刘邦正在攻击外黄(河南省民权县西北黄集村),不能夺取,转攻陈留(河南省开封市东南),得到项梁死讯,军心震恐,只好跟另一位将领吕臣,把楚怀王芈心,从盱眙(江苏省盱眙县)北迁,定都彭城(江苏省徐州市)。吕臣驻扎彭城东,项羽驻扎彭城西,刘邦驻扎砀县(河南省永城市东北)。

16 魏豹收复故魏王国二十多个城市,楚怀王芈心封魏豹当魏王。

17 闰九月,楚怀王芈心重组他的武装部队,把吕臣、项羽二人的军队合并,自任统帅。任命刘邦当砀郡(郡政府设睢阳〔河南省商丘市〕)郡长,封武安侯,统领砀郡民兵。封项羽长安侯,接着再晋封项羽鲁公爵,命吕臣当国防部长(司徒),吕臣的老爹吕青当宰相(令尹)。

18 章邯击败项梁后,认为楚国(芈心)已不构成威胁,率大军北渡黄河,兵锋直指赵国(赵歇)。一路势如破竹,抵达邯郸,把居民全部迁到河内(河南省黄河北岸),彻底破坏城郭。张耳、赵王赵

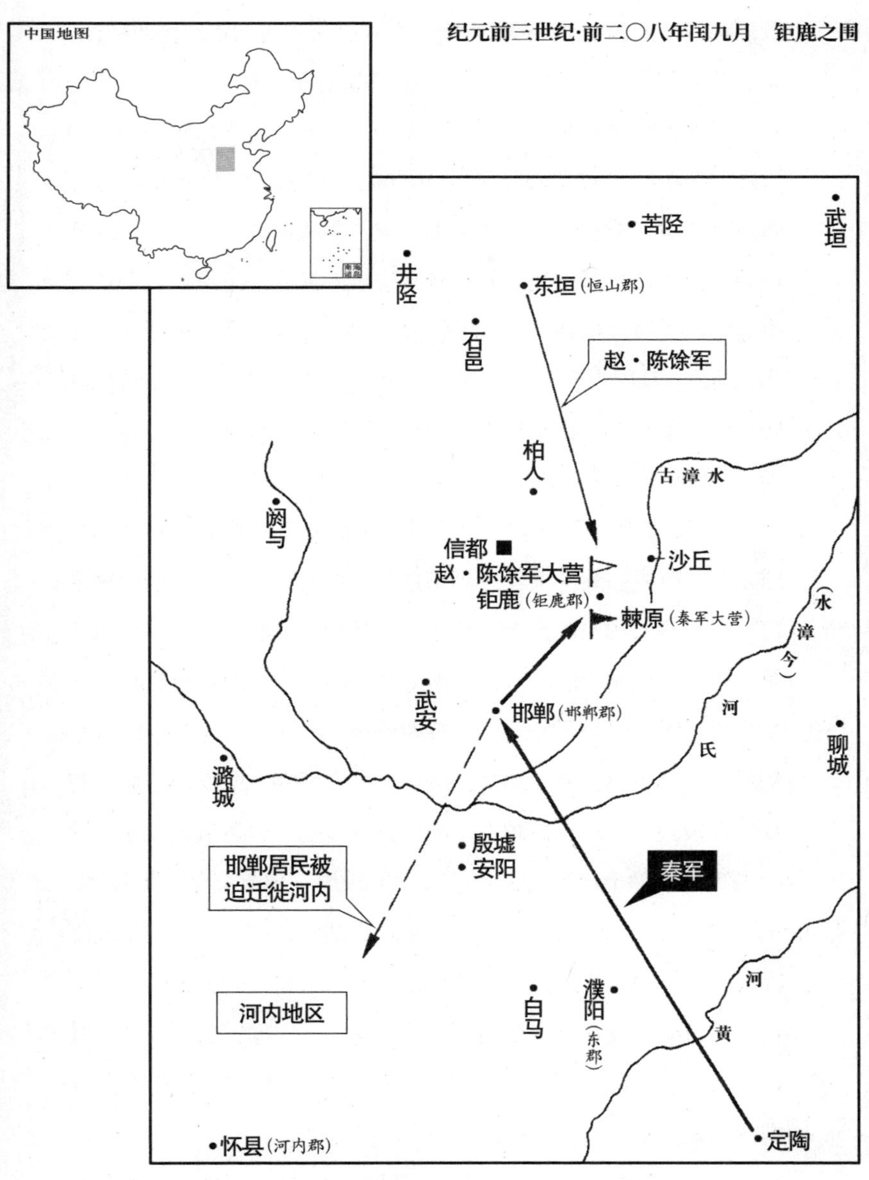
中国地图
纪元前三世纪·前二〇八年闰九月　钜鹿之围
苦陉
武垣
井陉
东垣(恒山郡)
石邑
赵·陈馀军
柏人
古漳水
阏与
信都
赵·陈馀军大营
沙丘
钜鹿(钜鹿郡)
棘原(秦军大营)
(今漳水)
武安
邯郸(邯郸郡)
河
氏
聊城
潞城
殷墟
安阳
邯郸居民被迫迁徙河内
秦军
河内地区
白马
濮阳(东郡)
河
黄
怀县(河内郡)
定陶

歇，逃到钜鹿（河北省平乡县）固守。秦军副将王离把钜鹿团团围住。陈馀前往北方恒山（河北省正定县），招募战士几万人，在钜鹿北方扎营。章邯大军在钜鹿南方棘原扎营。赵国（赵歇）屡屡向楚国（芈心）求救。齐国（田市）使节高陵君显（姓不详）正好还在彭城（江苏省徐州市），晋见芈心说："贵国宋义，曾推断项梁必然失败，不过几天，果然应验。部队还没有作战，就先看到失败的征兆，可以说是一位军事专家。"芈心召见宋义，面谈军国大事，心悦诚服。就任命宋义当上将军，项羽当次将军（次将），范增当末将军（末将），率军援救赵国。其他将领一律隶属宋义，号称"卿子冠军"（卿子，跟王子公子一样，当时一种尊称。冠军，全军之冠）。

最初，楚怀王芈心跟将领们约定：先攻入关中（陕西省中部）的，封王。那时候，秦军战斗力仍然强大，追击攻打，变军们经常逃窜，谁都不敢想象深入秦王朝本土。然而，项羽深恨秦军格杀项梁，发誓要挖秦政府的根，愿同刘邦出击。芈心跟几位老将军交换意见，认为："项羽这个人，狡猾残暴，襄城（河南省襄城县）之役，把居民全部坑杀，老少男女，没有一个人幸存，所攻击的城市也几乎都被毁灭。而且楚国发动的好几次攻势，像陈胜、项梁，都归失败，似乎不应该再去冒险。不如派遣一位年高德劭的将领，用仁义作号召，向西收揽人心。秦政府统治下的人民，被暴政蹂躏太久，真的能有一位那样的将领出面，不去侵犯人民的财产和自由，可能望风迎降。项羽不行，刘邦一向宽厚，似乎是唯一的适当人选。"芈心于是拒绝项羽，把他派到援赵军中，而命刘邦向西夺取土地。

刘邦集结陈胜、项梁的溃兵，从砀郡（河南省商丘市）到成阳（山东省鄄城县东南）、杠里（山东省鄄城县西南），攻击秦军营垒，连破秦军两军。

纪元前二〇七年 甲午

秦二世　三年
(楚怀王芈心二年)
(赵王赵歇二年)
(齐王田市二年)
(燕王韩广三年)
(魏王魏豹二年)
(韩王韩成二年)

1 冬季，十月，齐国(田市)大将田都，背叛宰相田荣的指示，率领他的部队，协助楚军，救援赵国(赵歇)。

2 楚国(芈心)武安侯刘邦，在成武(山东省成武县)击败秦政府东郡(河南省濮阳市)郡兵司令(郡尉)。

3 楚国(芈心)上将军宋义，率援赵大军，进至安阳(山东省曹县。与陷于重围的钜鹿航空距离二百四十公里），逗留四十六天，按兵不动。次将军项羽（本年二十六岁）催促说："在秦军重重包围下，赵国（赵歇）十分危急，我们应该率大军北渡黄河，楚军由外，赵军由内，前后夹击，一定大破秦军！"宋义说："不然。目的如果是打死吸血的牛虻，就不可以先用全力对付牛虻的虫仔！秦军击赵，如果胜利，兵力已衰，我们正可乘它疲惫。如果不胜，则我们擂鼓西征，尾追进击，一举就可灭秦。所以不如先使秦赵互斗，我们坐收其利。要说冲锋陷阵，我不如你；要说运用谋略，你不如我。"于是颁布军令："凡是猛如虎，狠如狼，贪如羊，桀骜不驯，不服从命令之辈，一律诛杀。"派他的儿子宋襄，前往齐国（田市）担任宰相，亲自送到无盐（山东省东平县东南），举行盛大宴会，饮酒取乐。当时，天正严寒（山东省西部，入冬之后，郊外最低气温，可到零下二十度），官兵们既饥又冷。项羽决定采取激烈反应，他告诉亲信说："我们正应该同心合力，打击秦军，却逗留在这里，不肯前进一寸。今年农作物歉收，已成饥馑，农民穷苦，难以维生。官兵们的伙食，一半是豆子杂粮，军营之中，没有粮秣储存，上将军却大摆筵席，饮酒享受，不知道早日北渡黄河，利用赵国（赵歇）的粮秣，联合发动攻击，反而说：'乘他们疲惫。'以强大的秦军，攻击新建立的赵国（赵歇），一定一扫而光，赵国（赵歇）消灭后，秦军将更强悍，有什么'疲惫'可'乘'？而且，我们刚受到一连串的致命打击，大王（芈心）坐卧不安，把国内所可以调动的军队，全数交给上将军，国家安危，在此一举。如今，不管士兵的死活，却专心经营私事（指宋义送儿子前往齐国当宰相），不能算是国家栋梁！"

十一月，军营朝会，项羽晋谒上将军，就在虎帐中击杀宋义，提着他的人头示众说："宋义跟齐国（田市）勾结谋反（又是老式铁帽），大王（芈心）密令我行刑。”声势所及，各将领震动恐惧，不敢不服，没有人表示异议，一致说：“最早倡议拥护楚怀王（芈心）的，是将军叔侄，而今将军平定祸乱，又是一大贡献。”于是共推项羽代理上将军。派人追赶宋义的儿子宋襄，直追到齐国（田市）境内，斩首。项羽派桓楚向芈心报告军变经过。芈心无奈，只好顺水推舟，任命项羽当上将军。

宋义的才干如何，我们没有更多资料。他预言项梁失败，而项梁果然失败，只表示他有观察能力，并不表示他就有指挥大兵团作战的能力。尤其他以智囊自居，竟颁布了那种除了把对手激怒，毫无其他意义的军令。为什么没有想到：项羽岂是被文字吓倒之辈？既已激怒对手，又不防备反击，所谓谋略，恐怕不会太高。项羽指摘他的那些论点，深中要害。若非项羽发动兵变，宋义准成赵括二世，秦王朝可能削平群雄，再定江山。

4 十二月，楚国（芈心）武安侯刘邦（本年五十岁），率军抵达栗县（河南省夏邑县），中途跟刚武侯（姓名不详）相遇，趁刚武侯不备，发动袭击，把他四千人的部队吞并。跟魏国（魏豹）大将皇欣、武满的军队会合，大败秦军。

5 故齐王国末代国王（五任）田建的孙儿田安，攻下济北地区（山东省高唐县一带），率军追随项羽，参与救援赵国（赵歇）军事行动。

6 秦政府大将章邯自滏阳河渡口，建筑高速大道（甬道。两旁修筑高墙，既可防敌突袭，又可不受交叉路口干扰），直抵钜鹿（河北省平乡县）城下，运输粮饷给围城的秦军副将王离。王离兵多将广，粮秣充足，攻击越发猛烈。钜鹿城里，粮食快要吃完，而守军又少。张耳不断派人催促陈馀进击，陈馀考虑到自己兵力有限，无法跟秦军对抗，不敢行动。拖延了好几个月，张耳由失望而愤怒，派张黡（音yǎn〔眼〕）、陈泽去责备陈馀说："当初，我跟你是刎颈之交，而今，我和大王（赵歇）随时都会死亡，而你手下大军数万，却在旁静坐，不肯相救，还谈什么同生共死？如果我们的誓言是真的，为什么不一齐攻击秦军，大家死在一起？何况，还有十分之一二机会活命？"陈馀说："我确切了解，目前实在无法相救。强行攻击，只白白把我们的军队牺牲。我所以不死，只打算保留此身，替大王（赵歇）和张耳报仇。一定要同时送命，就跟用肉去喂饿虎一样，有什么用？"张黡、陈泽要求同死，陈馀无奈，交给他们五千精锐，先行试攻。结果全军覆没，没有一个人生还。当时，齐军、燕军，都来相救，张耳的儿子张敖，在代郡（河北省蔚县）一带招兵买马，也集结一万余人，都紧傍陈馀扎营，恐惧秦军的强盛，没有人敢发动攻击。

项羽既格杀宋义，威名震撼楚国（芈心），先派当阳君（姓名不详）和蒲将军（名不详）率军两万人，渡过黄河，抢救钜鹿（河北省平乡县）。攻击稍稍顺利，摧毁章邯所筑的高速大道（甬道），王离军遂缺乏粮秣。这时，陈馀更派人前来求援。于是项羽亲率大军北上，渡过漳河，登岸之后，下令凿沉所有船只，摧毁所有锅碗炉灶，焚烧军营，每人携带三天口粮，表示全军不求生还的决心。于是包围王离，跟秦军短兵相接，凡九次合战，最后把秦军击败。章邯率军撤退，各国援军才敢乘势进击，斩杀苏角，生擒王离。秦军另一大将涉间（涉，姓），拒绝投降，自焚而死。当会战开始时，楚军团勇冠各国，援军连营十余座，没有一个人敢出兵相助。项羽单独发动攻击，各国将领在营垒上遥望，楚军猛扑秦军阵地，每一个战士，以一当十，以十当百，杀声震动天地，营垒中的各国援军，一个个恐惧战栗，面无人色。等到秦军崩溃，项羽召见各国将领，各国将领心怀敬惧，将要进辕门（军营大门）时，不由自主的双膝跪地，匍匐而前，不敢抬头。项羽从此成为所有王国的上将军，各国向他归附（钜鹿一战，奠定项羽一生基业，扭转历史）。

赵王赵歇跟张耳，这时才得以出钜鹿城，向各国援军致谢。张耳跟陈馀相见，张耳再度责备陈馀不肯发动攻击；又问到张黡、陈泽在哪里，不相信陈馀的回答，认为陈馀把二人杀掉，不断用怀疑的口气询问陈馀。陈馀忍无可忍，喊叫说："想不到你怨恨我这么深，难道认为我忍气吞声，是为了这颗将军印信？"就把大将印信交给张耳，张耳吃了一惊，没有接受；正好陈馀起身去厕所，一位门客对张耳说："我听说，上天给你的东西，你如果拒绝，就会反过来受到惩罚。陈馀把大将印信交还你，你不接受，违反天意，将是一种灾难，还不赶快把它收下。"张耳于是收下印信，接收所有武装部队。陈馀从厕所出来，发现印信不在，对张耳竟然不曾挽留，十分痛心，于是，一直走出大厅，率领他所亲信的战士数百人，沿着滏阳河捕鱼打猎。赵王赵歇遂还信都（河北省邢台市）。

张耳、陈馀，举世称为贤才，他们的门客，甚至仆役，也都是天下的俊杰，在他们所在的国土上，纷纷取得宰相级高官。张耳、陈馀贫贱时，互相誓言为对方效死，并不是一句虚话，他们确有那种情操。可是，一旦身踞高位，

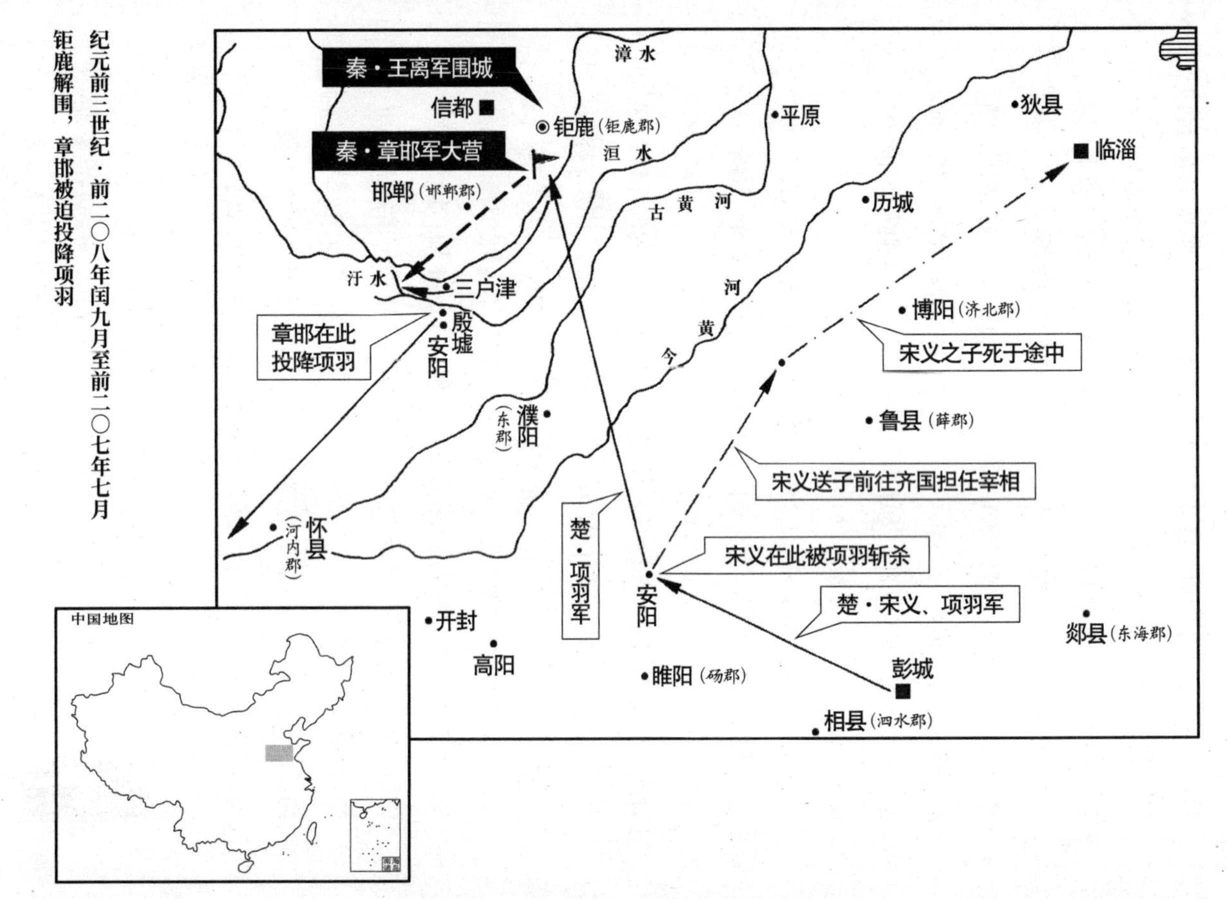

纪元前三世纪·前二〇八年闰九月至前二〇七年七月

钜鹿解围，章邯被迫投降项羽

争夺权力，竟至两败俱伤。为什么从前相爱如彼之深，现在却相恨如此之苛？岂不仍是势利之徒？所以虽然拥有高名，又拥有广大宾客，所作所为，跟吴太伯、吴季札，相差太远（据说：周王朝始祖太王姬亶父，有三个儿子，长子吴太伯、次子姬仲雍、三子姬季历。姬亶父决定把酋长位置，传给三子姬季历，于是吴太伯、姬仲雍，怕老爹于心不安，就逃到蛮荒，成为吴王国的始祖。吴王国一任王吴梦寿有四子：吴诸樊、吴余祭、吴夷眜、吴季札。老爹认为四子吴季札贤能，于是决定"传弟"制度，命长子吴诸樊传吴余祭，最后把王位传给吴季札，但吴季札谦让，不肯接受）。

人际之间的关系，亲密易，信任难，谅解尤难。张耳和陈馀的友情，并不虚假，但他们并没有发展到绝对相信，和绝对相谅的程度。所以，钜鹿被围之日，也就是张陈二人友情瓦解之时。张耳日守危城，城随时会破，人随时会死，唯一的盼望就是陈馀那支军力，而陈馀却按兵不动，张耳岂不愤懑？可是陈馀了解，只要出击，军必溃，身必亡，对局势毫无补益。从张黡、陈泽的例证，可说明他的乌合之众，确不堪秦军一击。张耳独责备陈馀不死，而他的儿子张敖，也率军在外，同样一动都不敢动，置老爹的生死不顾，张耳对儿子为何不发一言？如果说陈馀背叛老友，张敖岂不是背叛老爹？形势犹如山崩，张黡、陈泽之事，不过火上加油。司马迁称二人是势利朋友，那么，张耳、张敖，难道是势利父子？

张耳即令相信陈馀绝不会背叛（犹如他相信他儿子张敖绝不会背叛一样），纵然没有那人从中挑拨，纵然不把印信收回，二人的友谊，也已无法恢复原状。相爱越深，一旦不信不谅时，谴责也越烈。此时如果张耳拒收印信，表面上还有和解可能。然而，二人当初不过两个光棍，如今各有各的摇尾系统，摇尾系统“效忠”到极致，一定会煽动主子之间互相仇恨，甚至火并，以便从中取点小利。所谓主子，在摇尾系统拨弄下，身不由己，父子都能被拨弄得反目，何况已经互相生疑的朋友？

7 春季，二月，刘邦向北攻击昌邑（山东省巨野县东南大谢集镇），跟彭越相遇，彭越率领他的军队追随刘邦。

彭越，昌邑人，是一个渔夫，常在钜野（山东省巨野县）附近湖中捕鱼为生，后来当上强盗。陈胜、项梁最初起事时，湖上少年们聚集几百人，拜访彭越，要求彭越当他们的首领，彭越推辞说：“我不同意。”少年们一再坚持，彭越才勉强答应。约定第二天太阳初升时集合，迟到的就以军法处斩。第二天太阳初升时，大家陆续报到，有十几个人来得最晚，而最晚的一位，直等到中午才来。彭越向大家抱歉说：“我年纪已老，各位非教我当首领不可，可是约定时间，却有很多人不肯遵守，不可能全都处斩，只好处斩最后一位。”下令军法官行刑。大家笑说：“怎么，当起真来啦。下次不敢，也就是了。”彭越立即诛杀，设立祭台，宣告起义。大家大为震骇，不敢抬头乱看。于是，向四方夺取土地，招收各国散兵游勇，集结一千余人，遂帮助刘邦进攻昌邑。昌邑不易攻破，刘邦放弃，向西进发，经过高阳（河南省杞县西南）。

高阳（河南省杞县西南）人郦食其，家庭贫苦，又找不到工作，只好当一个街坊看门人（里监门）。刘邦部下一位骑兵，恰好是郦食其看门的那个街坊的人。郦食其对那位骑兵说：“各国将领经过高阳（河南省杞县西南）的，有几十个人，跟他们谈话，全都龌龊不堪，心胸狭小，讲究琐碎礼节，沾沾自喜，以为才高一等，对视界广阔的意见，没有一个人听得进去。听说刘邦虽然傲慢，却平易近人，喜爱大的谋略，这正是我愿追随的人，可惜没有人给我引见。你如果见到他时，请告诉他：‘我同乡中有郦某人，年已六十有余，身长八尺，人们都说他是疯子，他自己却说他不是疯子。’”骑兵说：“刘邦可不喜欢知识分子，有一次，一个人戴着儒家那种帽子来见他，他拿下他的帽子，就在里面撒一泡尿。跟人谈话，常常破口大骂，可不能用知识分子那一套期待他。”郦食其说：“我知道，你姑且试试。”骑兵等有机会，把郦食其教他的话，说给刘邦。

刘邦抵达高阳（河南省杞县西南）驿站招待所，派人召见郦食其，郦食其到招待所晋见。刘邦正踞坐在床上，有两个美女正给他洗脚。郦食其进去后，仅打一个招呼，说：“你是帮助秦政府攻击各国？还是打算率领各国攻击秦政府？”刘邦诟骂说：“你这个酸货，天下受够了秦政府的暴政，所以各国奋起反抗，你他妈的胡扯些什么？”郦食其说：“既然要集结义兵，铲除无道，就不应该用这种态度接见长辈。”刘邦立刻停止洗脚，起来把衣帽穿戴整齐，请郦食其上坐，郑重道歉。郦食其遂叙述战国时代合纵抗秦，跟连横和秦各种往事，刘邦从来没有听说过，大为兴奋，请郦食其一同进餐，问说：“我们现在应该怎么办？”郦食其说：“你所有的不过一群乌合之众跟散兵游卒，总数还不到一万人，却打算直接去攻击强大的秦政府所在地，这正是人们所说的：‘把头伸进虎口。’而陈留（河南省开封市东南），位居要冲，四通八达，城里又囤积相当多的粮草。我跟陈留县长很好，请你派我去说服陈留县长投降，即令他不投降，你发动攻击，我可以作为内应。”刘邦于是派郦食其前往，刘邦率领军队，随后出发，陈留县长投降。刘邦封郦食其当广野君。郦食其推荐他的老弟郦商，郦商手下有四千人，齐来归附，刘邦任命他当大将，率领陈留原来守军，随同出征。郦食其遂成为刘邦的职业外交官，代表刘邦，经常出使各国。

8 三月，刘邦攻击开封（河南省开封市西南），不能攻克。续向西进，在白马（河南省滑县）跟秦军将领杨熊，发生遭遇战。接着又在曲遇（河南省中牟县）东方会战，大破秦军，杨熊败退到荥阳（河南省荥阳市），秦帝（二任）嬴胡亥（本年二十四岁）派使节诛杀杨熊示众。

夏季，四月，刘邦南下攻击颍川（河南省禹州市），屠杀全城（这就是被称颂的仁义之师和忠厚长者，中国人的灾难，就在这种革命者比被革命者更残暴的情形下，恶性循环），派张良夺取故韩王国土地。当时，赵国（赵歇）另一位将领司马卬（音áng〔昂〕），正准备南渡黄河，攻击函谷关（河南省灵宝市东北）。刘邦遂向北攻击平阴（河南省洛阳市孟津区），断绝黄河渡口（阻挠司马卬前进，刘邦要独占战功）。向南攻击洛阳东境，战场失利。于是再南下，穿过轘辕（河南省登封市西北轘辕关），张良率军跟刘邦会师，刘邦请韩王韩成留守阳翟（韩故都，河南省禹州市），自己偕同张良，继续南下。

六月，刘邦跟南阳郡（河南省南阳市）郡长齮（音yǐ〔以〕。姓不详）在犨县（犨，音chōu〔抽〕。河南省鲁山县东南）东方会战，大破秦军。刘邦率军进入南阳郡，南阳郡长齮（姓不详），退保宛县（南阳郡政府所在地，河南省南阳市）。

刘邦率军绕过宛县，继续西进，张良说："你虽然急着要进武关（陕西省商南县西南），可是秦军仍然很多，而且扼据险要。如果不攻下宛县，一旦宛县部队袭击你的背后，强大的秦政府军再在面前迎战，将十分危险。"于是，刘邦偃旗息鼓，乘夜率军从另外道路折返，等到天明，已把宛县包围了三层。南阳郡长齮（姓不详）张慌失措，举剑就要自杀，随从（舍人）陈恢说："请你稍候，等我的计划失败，再死不晚。"翻出城墙，晋见刘邦说："听说楚怀王（芈心）承诺，先进入咸阳（秦首都，陕西省咸阳市）的，封王。而今你围攻宛县，宛县不过南阳郡所属几十座城市之一，如果你使官民们产生一种印象：投降就死，恐怕每一个城市都会坚守。你如果每天攻打，士兵死伤，必然增加。等到攻打不下，再舍宛县而去，宛县军队一定尾随追击。你即令仍可前进，也被拖得不能先到咸阳，而后退又难逃宛县地方部队的截击。我如果是你，我就公开招降纳叛，封给郡长一个官位，留他守城，而带走他所率领的郡兵，向西挺进。那时候，西行路上所有为秦政府固守的城市，都会抢着大开城门，迎接阁下。一路通行无阻，将不费吹灰之力。"刘邦大喜说："好极。"

秋季，七月，南阳郡长齮（姓不详）投降，刘邦封他殷侯，封陈恢一千户。从此西上，没有一个城市不开城归附。推进到丹水（河南省淅川县），秦政府的高武侯鳃（姓不详）、襄侯王陵，也相继投降。刘邦回军再攻胡阳（河南省唐河县西南），遇到番阳（江西省鄱阳县）县长吴芮的一位部将梅鋗，于是联合进攻析县（河南省西峡县）、郦县（河南省南阳市西北），二县也相继投降。大军经过地带，禁止掳掠，故秦王国人民都感惊喜（自南阳郡起，便进入秦王国本土，民心跟六国故土上的民心不同）。

9 围攻邯郸的秦政府副将王离大军，既全部覆没，统帅章邯固守棘原（河北省平乡县西南）。项羽则在滏阳河之南筑营，相持不下，战场暂时平静。

秦军屡次败绩，秦帝（二任）嬴胡亥派人责备章邯。章邯恐慌，派秘书长（长史）司马欣专程回首都咸阳（章邯离开咸阳已两年有余，所发生的剧烈变化，他还不太了解），陈述前方军事情况，请求指示机宜。司马欣晋谒宰相赵高，在门房等了三天，赵高拒绝接见。探听之下，似乎正在酝酿某一种巨大阴谋，不禁毛骨悚然，急行返回防地，不敢走他来时的道路。赵高果然派人追捕，已来不及。司马欣回到军营，向章邯报告说："赵高掌握最高权力，其他没有一个人敢作决定。我们如果战胜，赵高一定嫉妒；如果战败，更是一条死路，请将军深思决定。"

陈馀也写信给章邯，说："白起是秦王国的大将，在南方攻陷郢都（故楚首都，湖北省江陵县；参考前二七八年），在北方长平（山西省高平市西北）坑杀故赵王国降卒四十万（参考前二六〇年），攻城略地，不计其数，结果被强迫自杀（参考前二五七年）。蒙恬祖孙三代，当秦王国的将领，在北方驱逐蛮夷，开辟榆中（内蒙古伊金霍洛旗一带）地区数千华里，最后，竟在阳周（陕西省子长市）处死（参考前二一〇年十二月）。为什么如此？只因为功勋太多，功劳太大，秦政府无法酬报，只好诛杀。将军当秦政府的统帅，已经三年，丧失的将士，有十余万。而群雄崛起，越来越多。赵高靠拍马屁谄媚功夫，擢升高位，一旦发现再也罩不住，恐惧皇上（嬴胡亥）处分时，必然把大祸转嫁到你头上，用你的人头推卸他的责任。派人接替你的职位，解除他的压力。将军长久在外，政府中却埋伏着这么多危机。有功也死，无功也死。而且，上天要秦政府灭亡，无论傻瓜或聪明人，都已深知。你对内不能够直言规劝，对外又是一个将要亡国的带兵官，孤立无援，竟打算安然长存，岂不是一场悲剧。将军，你为什么不回军倒戈，参加各国合纵同盟，向暴政发动攻击，瓜分秦王国领土，分别封王，南面称孤（中国传统，君王座位，总是设在北方，面对南方。国王通常自称"孤"或"寡"，皇帝才自称"朕"），比起趴到砧板上腰斩，妻子被杀，你以为哪一种好？"

章邯仍犹豫不决，派遣军纪官始成（始，姓），秘密晋见项羽，谈判投降条件。谈判正进行中，项羽命蒲将军（名不详）日夜行军，渡过三户（河北省磁县南），抵达滏阳河南岸，发动攻击，再破秦军。项羽率主力部队追至汙水（流经河北省临漳县境），三度大破秦军。章邯不能支持，再派人秘密晋见项羽，请求准许投降。项羽举行军事会议，宣布说："我们的粮草不足，不如接受。"大家一致赞成。项羽就在洹水（安阳河）南岸、商王朝废墟（河南省安阳市西北小屯村，二十世纪时，在那里掘出甲骨文，成为考古学家重地），举行盟誓。盟誓后，章邯晋见项羽，悲痛流涕，陈述赵高迫害经过，项羽遂封章邯当雍王，留在统帅部，另行任命秘书长（长史）司马欣担任上将军，率秦军作为前导。

10 瑕丘（山东省济宁市兖州区）人申阳，率领他的军队攻入河南（黄河以南），投靠项羽。

11 最初，秦王朝中宰相（加一"中"字，表示宦官）赵高，准备彻底控制政府，恐怕有些官员不肯驯服，决定先行建立权威，把一只鹿牵到金銮殿上，报告嬴胡亥说："这是一匹马！"嬴胡亥笑说："宰相搞错了，把鹿当成马！"询问左右的意见，左右不敢回答。被嬴胡亥问得急了，有的顺着赵高的话，说那是马，也偶尔有人说那不是马而是鹿。赵高冷眼旁观，一一切记在心，对说是鹿的人，暗中使用法律陷害，于是全体官员都畏惧赵高，没有人敢指出他的罪行。之前，赵高不断向嬴胡亥保证：关东（函谷关以东）那些变民，都是宵小之辈，毫无作为。等到项羽生擒王离等大将，章邯大军又屡屡战败，告急文书雪片飞来，要求增加援军。自函谷关以东，几乎全部叛变，各新兴王国的君王或将领，分别率领军队，向秦政府集中攻击，赵高封锁消息，一句也不转告嬴胡亥。

八月，楚国（芈心）武安侯刘邦率军数万人，攻陷武关（陕西省商南县西南），所有居民，无论男女老幼，全数屠杀。战火既烧到秦王朝心脏，赵高才开始恐慌，恐怕嬴胡亥翻脸，把他杀掉，就假装生病，不再朝见。嬴胡亥恰巧做了一梦，梦见白色老虎咬他的左骖马（贵族们乘车用四匹马并驱，中间两匹称“服马”，两边两匹称“骖马”，左边的称“左骖马”），硬把左骖马咬死。醒来之后，闷闷不乐，请巫师解梦，巫师说：“泾水作怪。”（泾水，发源甘肃省，流经陕西省南部，注入渭水。）嬴胡亥遂在望夷宫（陕西省泾阳县西南）吃斋祈祷，打算亲自前去祭祀，把四匹白马沉入泾水，作为祭品。派使节去看赵高，追究他有关东方盗匪情事。赵高六神无主，最后，一不做，二不休，跟他的女婿（宦官哪里来的女儿？可能赵高是个假货，也可能是义女）——首都咸阳县长（咸阳令）阎乐、老弟赵成，进行阴谋，说：“皇上（嬴胡亥）从来不接受劝告，而今局势紧急，却打算教我们顶罪。不如把他罢黜，拥戴嬴婴（嬴扶苏的儿子）。嬴婴仁爱勤俭，人民都对他称颂。”于是开始行动，由宫廷禁卫官司令（郎中令）作为内应，宣称有巨盗绑架咸阳县长的娘亲。一面悄悄把阎老娘藏到赵高住宅，一面下令阎乐动员军队追捕。阎乐率领一千余人亲信精兵，突然出现望夷宫，逮捕宫门司令（卫令仆射），喝问：“巨盗已闯进望夷宫，你为什么不阻止？”宫门司令说：“各区守卫严谨，怎么会发生这种事？”阎乐即命斩首，率军直进，看到禁卫官（郎中）、宦官（宦），不由分说，即行射杀，禁卫官、宦官们大吃一惊，有的逃走，有的抵抗。抵抗的全被格毙，杀几十人。宫廷禁卫官司令（郎中令）跟阎乐同时进入后宫，射中嬴胡亥用的御帐。嬴胡亥大怒，召唤左右侍从，左右侍从早已逃跑一空。最后身旁只剩下一个宦官不敢开溜。嬴胡亥逃到寝宫，问他说："你为什么不早警告我？竟弄到这种地步。"宦官说："正因为我没有早警告你，才活到现在。如果早警告你，也早被你杀了，还能活到今天？"阎乐逼到嬴胡亥面前，斥责他的罪行，说："你骄傲不可一世，横行霸道，滥杀无辜，天下都对你叛变，你有什么打算？"嬴胡亥说："我可不可以见宰相一面？"阎乐说："当然不可以。"嬴胡亥说："求你给我一个郡当王。"阎乐说："当然不可以。"嬴胡亥说："求你封我一个万户侯。"阎乐说："当然不可以。"嬴胡亥说："请准许我跟妻子当一个平民，比照皇子待遇。"阎乐说："我奉宰相之命，为天下铲除暴君。你虽然能说善道，我可不敢转达。"喝令左右："还不动手！"嬴胡亥只好自杀。

阎乐回报赵高，赵高召集政府高级官员，跟所有皇子，对诛杀嬴胡亥事件，作一简报。宣布："秦王朝本来是一个王国，先帝（嬴政）统一天下，才称皇帝。现在六国已经复建，我们的疆土越来越小，仍用空名皇帝，没有必要，应该恢复原状。"于是，拥护嬴婴当秦王国国王（三任），用平民的仪式，把嬴胡亥埋葬在杜县（陕西省西安市东南）南宜春苑。

九月，赵高教嬴婴沐浴吃素，定期祭祀皇家祖庙（太庙），正式接受玉玺。斋戒到第五天时，嬴婴跟他的两个儿子密谋："赵高把二任皇帝（嬴胡亥）谋杀在望夷宫中，恐怕臣僚们讨伐，假装公义，推我坐上宝座。听说赵高已跟楚国（芈心）约定消灭秦王国，他就在关中称王。现在故意教我沐浴吃素，朝见皇家祖庙（太庙），必然想在那里动手。我不妨假装有病，声言不能前往。他一定亲自前来劝驾，乘他来的时候，把他干掉。"到时候，赵高三番五次派人催促嬴婴，嬴婴总是推托。赵高果然亲自出马，说："国家祭祀大典，大王怎么能够不去主持？”嬴婴就在斋宫把赵高刺死，下令屠杀赵高三族（父族、母族、妻族）。

嬴婴派军增援峣关（陕西省蓝田县东南。峣，音yáo〔摇〕），加强防御工事。刘邦大军已到，就要攻击。张良说：“秦军仍然强大，不可轻视。我们应双管齐下，先派人在附近山头竖立楚军旗帜，作为疑兵，混淆敌人视听。再教郦食其、陆贾两位辩才，前往游说秦军将领，许诺重利。”秦军将领果然表示愿意缔结休战盟约。刘邦又要承诺，张良说：“很明显的，秦军将领已准备叛变，只怕部下反对，才有这种反应。我们正好利用他们的懈怠，猛烈攻击。”刘邦率领大军绕过峣关，翻越蕢山（陕西省蓝田县南。蕢，音kuài〔快〕），发动突袭，就在蓝田（陕西省蓝田县西）南郊，大破秦军，追击到蓝田北郊，再大破秦军。

纪元前二〇六年 乙未

秦嬴婴　　元年
西楚霸王　　元年
西汉高祖　　元年
（楚怀王芈心三年）
（赵王赵歇三年）
（齐王田市三年·田荣元年）
（燕王韩广四年·臧荼元年）
（魏王魏豹三年）
（韩王韩成三年·郑昌元年）

1 冬季，十月，楚国（芈心）武安侯刘邦大军，挺进霸上（陕西省西安市东，灞河流经其地，所以称霸上）。秦政府（首都咸阳〔陕西省咸阳市〕）瓦解，不能抵抗。秦王（三任）嬴婴坐着白马拉的丧车，脖子上套着绳索（表示自己是个俘虏），把皇帝用的各种印信，包括"玺""符""节"（玉玺，皇帝印信。符信，或用金属，或用玉石，上面刻着文字或图案，中分为二，一留中央，一交在外官员，参考前二五七年。节信，形状像一根竹竿，竿头有毛缨，使节拿着它，表示君王亲临），封装妥当，在轵道（陕西省西安市东北。轵，音zhǐ〔只〕）路旁，下车迎降。有的将领主张立即诛杀，刘邦说：“最初，大王（芈心）指令我西击关中，就是因为我能宽容。何况，他已经投降，杀降，一定不祥。”于是把嬴婴交给军法处囚禁（秦自建立王国到灭亡，前三三八年至前二〇六年，立国一百三十三年。自建立封国到灭亡，前七七八年至前二〇六年，立国五百七十三年。如果自建立帝国到灭亡，前二二一年至前二〇六年，立国十六年）。

贾谊曰

秦王国以那么一小块土地，夺取天下最高权力，胁迫八州（古中国分九州，秦王国居九州之一的雍州，六国则居八州）朝拜它这个同等地位的国家，凡百有余年。然后统一天下，化世界为一家，崤山和函谷关都成了宫殿，声势盖世。想不到一个人冒险犯难，庞大帝国的祖宗七庙（儒家礼制，从老爹上溯到高祖父的祖父，各建一座祭庙。加上创立政权那位祖先的祭庙，共七座庙。这些君王的祭庙统称“太庙”），全部摧毁，身虽死而仍被天下耻笑，原因何在？在于不知道推行仁义。同时，攻守形势，恰恰相反。

柏杨曰

杜牧《阿房宫赋》，道出六国覆灭的真相：“亡六国者，六国也，非秦也。”贾谊强调仁义，仁义当然重要，但并不是唯一主宰。嬴政的仁义何在？还不是消灭六国，建立空前未有的大一统江山。至于攻守形势相反，战国时代，几次南北合纵同盟，秦王国都居于挨打地位，为什么不垮于当时各国训练有素的正规军？却垮于以后的乌合之众？刘邦的军队，不会强过赵括，为什么赵括攻不进秦军营垒？而刘邦一下子就击溃峣关防线？

这不是一项纯军事问题，即令白起复活，他的结局也不会比章邯更好。军事是政治的延长，秦政府首领如果不是嬴胡亥，而是嬴

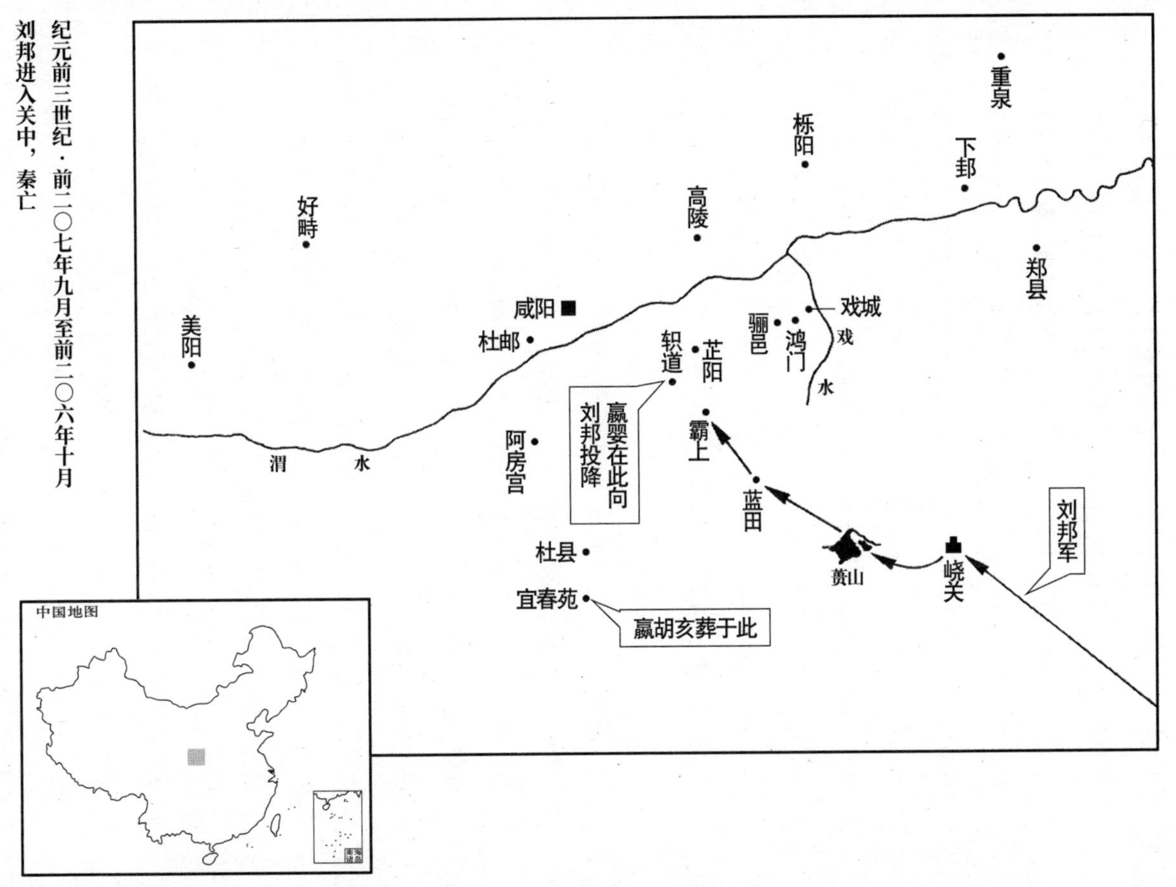

纪元前三世纪·前二〇七年九月至前二〇六年十月

刘邦进入关中，秦亡

扶苏；不是赵高，而是李斯，章邯何至叛变？峣关守将何至阵前受贿停战？政治是人际关系的不断调整，治和乱、叛和忠，往往决定于这种调整是不是恰当和公平。赵高之流的鲨鱼群，最大的盲点是始终看不见当头劈下来的钢刀，他们高估了豢养他们的那个政权的能力，认为无论他们怎么伤害，那个政权仍能保护他们，所以对任何人都不珍惜。包括李斯在内的三公，一夕之间，歼灭无遗。国家唯一的栋梁章邯，也要扑杀。最后甚至认为，连身为保护神的嬴胡亥，也可铲除，另换新人。

秦政府之亡，亡于最高领袖昏暴得出奇，当权官员冥顽得出奇，以及窝里斗惨烈而凶猛得出奇。

2 刘邦（本年五十一岁）既攻陷秦王朝首都咸阳（陕西省咸阳市），将领们一窝蜂闯进秦政府国库，像强盗一样，大秤分金，小秤分银。只有萧何，直入宰相府，收集山川地图和人民户籍档案，妥为保管，借此了解天下险要关卡、财富，和人口分配多寡。刘邦看见秦王朝豪华的皇宫，奢侈的寝殿，声色犬马，奇宝异珍，以及成千上万的美女，怦然心动，就想搬进去住。樊哙说："你打算当全国的领袖？还是仅只不过当一个富家翁？这些豪华奢侈的东西，正是秦王朝覆亡的原因，你要它们干什么？请立刻回到霸上（陕西省西安市东灞河畔）军营，不要久停！"刘邦不肯，张良说："正因为秦王朝荒唐残暴，你才能够来到这里。我们既号召替天下铲除灾害，应该对这些东西表示厌恶，才是将来图谋大事的资本。而今，才到没有几天，就被弄得头昏脑涨，跟他们一样享受快乐，这正是子受辛（纣）的帮凶。忠言逆耳利于行，良药苦口利于病，请接纳樊哙的建议。"刘邦这才勉强回到霸上（陕西省西安市东灞河畔）军营。

十一月，刘邦召集附近各县重要民间领袖和乡绅，宣布说："诸位父老们痛恨秦政府暴政，已经很久。我遵照约定：先进入关中的当王。我一定会被封秦王，所以向你们宣布新的法律，只有三条：第一，杀人的处死。第二，伤人的看情形轻重定罪。第三，抢人东西的看赃物多少定罪。除了这三条，秦政府所颁布的法律，完全取消。官员人民，都继续留在岗位上。我们作战的目的，只在替你们铲除暴政，并不是抢劫，请不要惊慌。现在，我就要回到霸上军营，等待各国将领。在他们抵达之前，先行作此决定。"派使节随同秦政府的官员，分别前往县市乡邑，传达政令。民众一片欢呼，牵着牛羊，担着酒菜，争先恐后的前来劳军，刘邦拒绝说："军营粮草很多，并不缺乏，不敢使各位破费！"民众更是雀跃，唯恐怕刘邦不当秦王。

3 楚国（芈心）长安侯项羽（本年二十七岁）既平定河北（黄河以北），率领各国将领，打算西进函谷关。从前，各国将领士兵们或在关中（陕西省中部）做过苦工，或曾经路过关中，秦政府官员对待他们，多数都很凶暴。后来章邯率军投降，各国将领士兵，乘机报复，把他们当作俘虏奴隶驱使（古代，俘虏没有人权，跟奴隶没有区别），随时横肆凌辱。秦军上下，一片怨恨，耳语说："章将军逼着我们投降，如果能进函谷关，击破秦政府，当然很好；如果战而不胜，各国将领裹挟着我们向东撤退，秦政府却杀掉我们的父母、妻子、儿女，该如何是好？"将领们听到风声，禀告项羽。项羽召集英布、蒲将军（名不详），计议决定："秦军人数众多，虽然投降，心并不服。到了函谷关，跟守关的秦军面对，那时一哄而散，投奔守关秦军归队，我们将陷于险境，不如断然格杀，只剩下章邯、司马欣、董翳几位高级将领，一起进入秦土。”于是发动夜袭，在新安（河南省渑池县）城南，坑杀秦军二十余万人（又是一次大规模杀降）。 570

4 有人提醒刘邦说：“秦王朝土地富饶，十倍关东（函谷关以东）。听说项羽已封章邯当雍王（关中，古雍州），关中当然是他的封地。如果到达，你不可能立足。我们应该派军把守函谷关，拒绝各国军队前进，征召关中战士增援，可以永远防御。”刘邦认为有理，依照计划实施。不久，项羽大军抵达函谷关，关门紧闭，这时才得到消息：刘邦已取得关中。项羽几乎气得爆炸，命英布等攻陷函谷关。

十二月，项羽抵达戏水（源自陕西省西安市临潼区南骊山山麓，向北注入渭水）。刘邦左参谋官（左司马）曹无伤，派人向项羽密报：“刘邦打算在关中称王，教嬴婴当宰相，金银财宝全被搜括，不久就要请求加封。”项羽更如火上泼油，大宴士卒，定明早凌晨，向刘邦发动攻击。

当时，项羽大军四十万人，号称百万，扎营骊邑（陕西省西安市临潼区）鸿门坂（临潼区东北。后世称项王营）。刘邦只有十万人，号称二十万，扎营霸上（陕西省西安市东灞河畔。两地航空距离二十公里）。范增告诉项羽：“刘邦在山东（崤山以东）时，贪财好色，现在入关（函谷关），对财宝不再夺取，对美女也不再注意，可看出他的志向不小。我曾请人观看天象，在他阵地上空，气流都成龙虎形状，五彩分明，那是一种只有帝王头上才有的气流。应该迅速攻击，不要延误。”

楚军左军司令（左尹）项伯，是项羽的叔父，跟张良有至深的友情。得到消息后，大吃一惊，就在深夜，骑马奔驰到霸上，找到张良，秘密告诉他军事情况，要张良随他离开，说：“不要跟他们玉

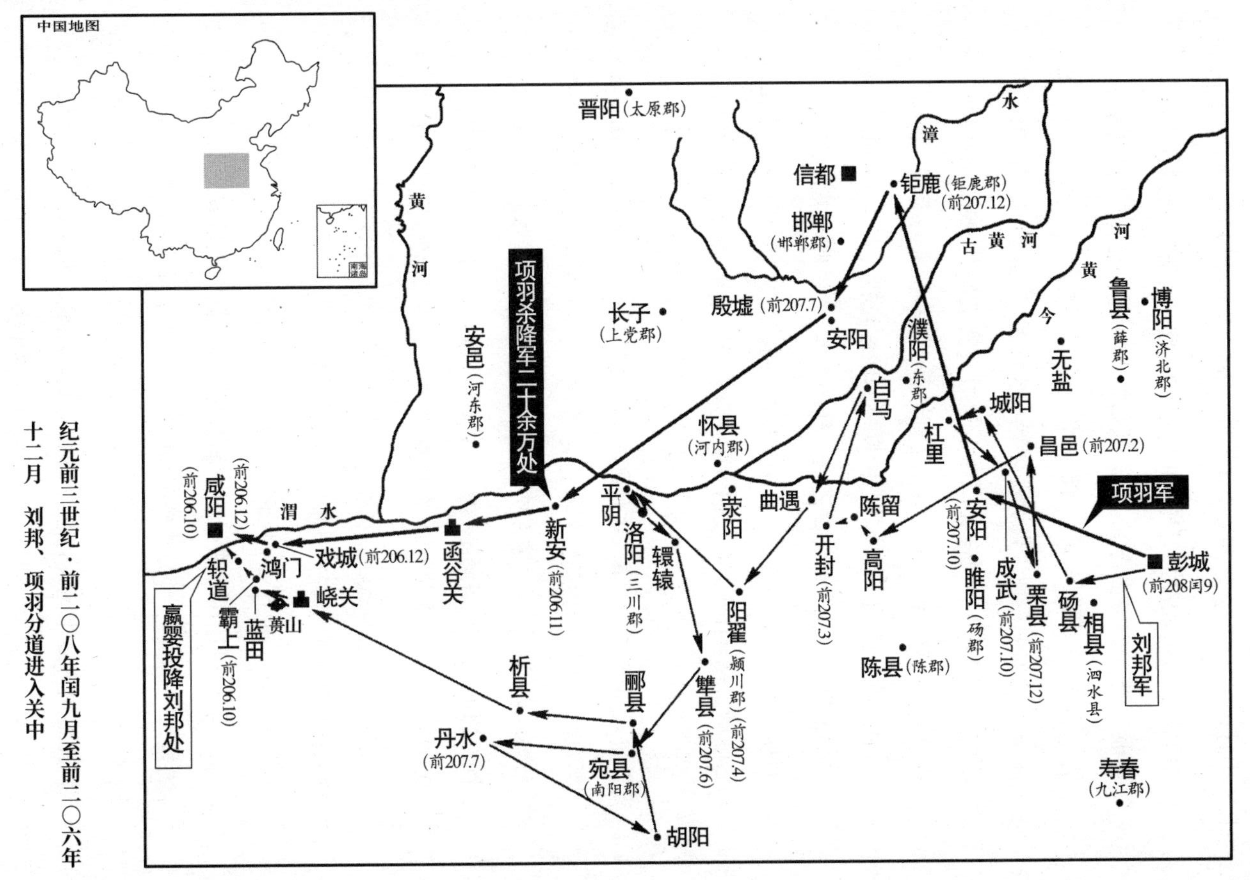

纪元前三世纪·前二〇八年闰九月至前二〇六年十二月 刘邦、项羽分道进入关中

石俱焚。”张良说：“我奉韩王（韩成）命令，送刘邦入关（武关），而今刘邦危急，我却逃亡，是一种不义行为，我不应该不把这件大事告诉他。”张良遂进去告诉刘邦。刘邦魂飞魄散，张良说：“你的军队，能不能抵抗项羽？”刘邦沉默一阵，说：“不能，我们怎么办？”张良说：“请项伯相见，告诉他你绝不敢背叛！”刘邦说：“你怎么跟项伯这么要好？”张良说：“秦政府时，我们就在一起，他曾经犯罪杀人，我救了他一命。所以遇到这种大事，特来回报。”刘邦说：“你跟项伯，谁的年纪大？”张良说：“项伯长我几岁。”刘邦说：“请你陪他进来，我会像侍奉兄长一样侍奉他。”张良出来，请项伯跟刘邦相见。项伯不肯，经不住张良百般求告，才勉强答应。刘邦恭恭敬敬，双手捧酒，向项伯祝福，要求两家永结姻亲之好。刘邦誓言：“我自攻入武关（陕西省商南县西南）之后，再小的财宝，都不敢接近。只知道收集档案，封存仓库，等待将军（项羽）驾到后发落。我所以派军把守函谷关，并不是为了拒抗将军（项羽），而只是为了防备当地盗匪攻击，和镇压突发事件。我日夜都在盼望将军（项羽）驾到，岂敢谋反？请老哥告诉将军（项羽）我这份忠心，上天明鉴。”项伯承诺，对刘邦说：“明天清晨，一定要早早前来晋见。”刘邦说：“当然。”于是项伯连夜飞奔回营，把刘邦说的话，转告项羽，说：“刘邦如果不先摧毁秦政府，你怎能这么顺利到此？他有大功而你攻击他，是一种不义，不如好好待他。”项羽允许。

天色方明，刘邦在一百余骑兵保护下，到鸿门坂晋见项羽，致歉说：“我跟将军，努力打击秦政府，将军在河北（黄河以北）作战，我则辗转河南（黄河以南）。想不到先一步到了关中（陕西省中部），跟将军在这里再度相见。也想不到有人挑拨离间，使将军对我误会。”项羽说：“这是你左参谋官（左司马）曹无伤说的，不然的话，我怎么会起疑心！”于是举行盛大宴会，欢迎刘邦（这就是历史上有名的“鸿门宴”）。筵席中，范增几次向项羽使眼色，又举起身上所佩的玉玦，再三对项羽示意（玉玦，一种半圆环状的玉石饰物。玦，音jué〔决〕。暗示项羽应该决断），项羽假装不懂。范增不能忍耐，起身出外，召来项庄（项伯的堂弟），指示说：“项将军秉性仁慈，不忍心下手。你可以到筵席之前，举杯祝福，饮酒之后，就请舞剑助兴。在舞剑中，直刺刘邦，当场格毙。不如此，我们将来都成为他的俘虏。”项庄果真进帐，向在座宾主敬酒，敬酒已毕，说：“军营之中，没有什么娱乐，愿表演舞剑，共同欢度良辰吉日。”项羽说：“这是一个好节目。”项庄得到允许，就拔剑起舞。心里已偏袒刘邦的项伯，发现情势不对，也拔剑起舞，经常用身体掩护刘邦，以致项庄无法下手。张良看出紧急，立即前往营门，找到樊哙。樊哙问：“事情如何？”张良说：“项庄拔剑起舞，目标指向刘邦。”樊哙说：“危在眉睫，我必须进去，跟他死在一起。”樊哙全副武装入营，营门卫士阻挡，樊哙既急又怒，侧起盾牌，向卫士猛烈撞击，卫士猝不及防，跌倒在地。樊哙遂一直进入营幕，手披帷帐（帷帐，大营幕之中，所设的专用小营帐。刘邦当时以贵宾的身份出席宴会，所以有此项特殊设备，表示尊荣），站在那里，双眼射出怒火，直视项羽，头发上指，眼角都要裂开，项羽手按佩剑，直起脊梁（古时席地而坐，身体稍前或坐得稍直，成为“跪状”，显示项羽突然受惊），问：“那个人是谁？”张良说：“刘邦陪车侍卫（参乘）樊哙。”项羽赞叹说：“一条好汉，赏他一坛酒。”樊哙拜谢，站着往肚里灌。项羽说：“再赏他一个猪肩。”卫士送给他一只生猪肩，樊哙把盾牌反放到地上，再把生猪肩放到上面，拔剑切割，送一块肉到口中大嚼。项羽说：“好小子，你还能不能再喝？”樊哙说：“我死都不怕，怎怕喝酒？秦政府像虎狼一样，杀人常恨不能把人杀光，整人唯恐怕

纪元前三世纪·前二〇六年十二月　鸿门宴

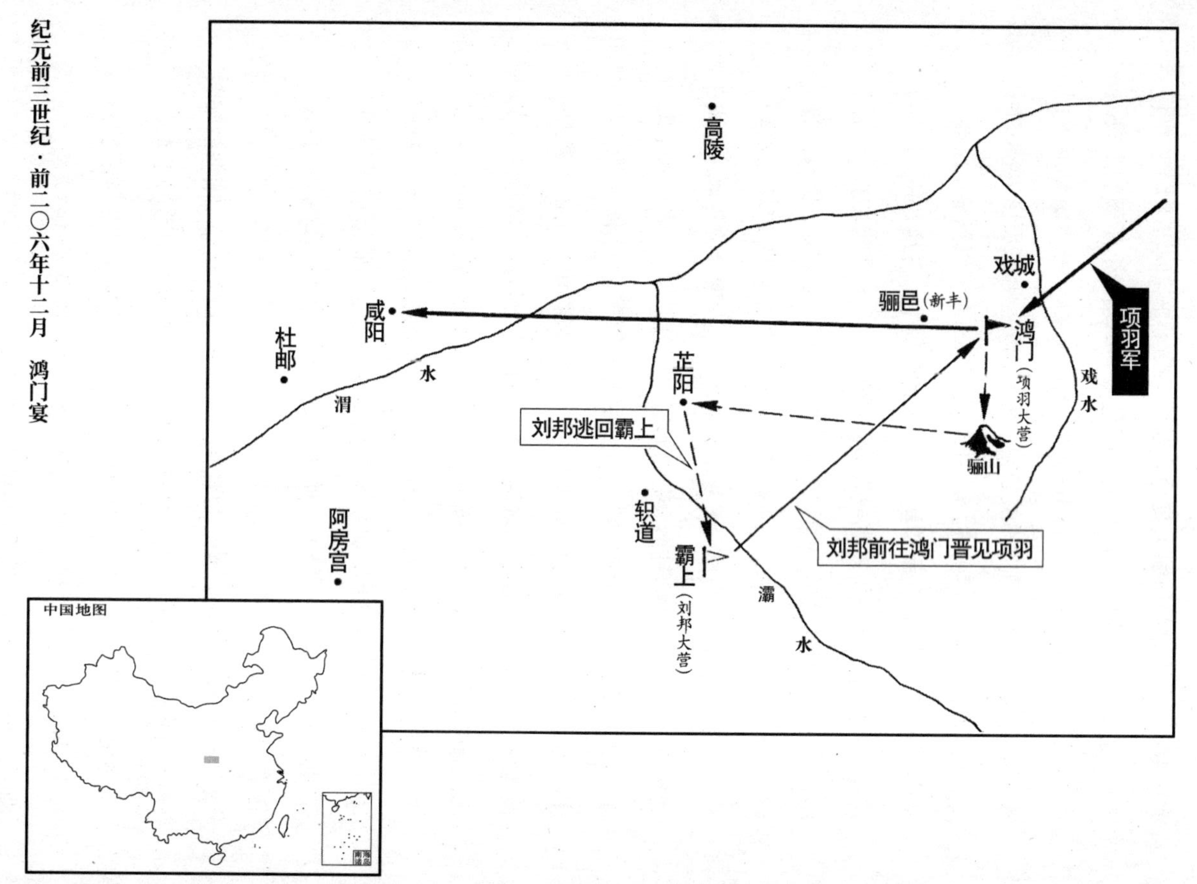

不能使天下人都受到痛苦，全国人民纷纷叛变，怀王（芈心）跟各将领约定：‘先进入咸阳的，封王。’而今刘邦最先击破秦军，最先进入咸阳，什么东西都不敢碰，只远远的在霸上扎营，恭候将军（项羽）大驾。如此的劳苦功高，不但没有封王的赏赐，反而听一些坏胚的小报告，要诛杀功臣，踏上秦政府灭亡的后尘，请将军定夺。”项羽没有回答，只吩咐：“请入座。”樊哙就坐在张良身旁。一会工夫，密谋已定，刘邦起身去洗手间，樊哙紧紧跟随。刘邦说：“我们还没有告辞，似乎失礼。”樊哙说：“如今人家是利刀、是砧板，我们是鱼、是肉，逃命要紧，告辞个屁！”于是二人悄悄溜走。鸿门坂距霸上四十华里，刘邦不敢坐他来时的车辆，全留在鸿门坂。脱身后，只有一匹马，由刘邦一人独骑。樊哙、夏侯婴、靳彊、纪信，手提佩剑盾牌，步行保护。从骊山下，穿过芷阳（陕西省西安市东北），从小径直奔霸上。留下张良向项羽当面道歉，并献上贵重礼物。刘邦告诉张良：“从小径到军营，不过二十华里（比走大道要缩短一半），推测我已到达，你再行动。”张良在外，一直等到他觉得刘邦已经安全，才进帐向项羽叩谢，说：“刘邦不胜酒量，不能面辞。他差遣我奉上白璧一双，呈献将军。玉斗一双，呈献亚父（范增被尊亚父）。”项羽问：“刘邦在哪里？”张良说：“他听说将军有责备他的意思，心里害怕，先行躲避，大概已到军营。”项羽接过白璧，放到桌上。范增却把那双玉斗放在地上，拔剑砍碎，对项羽恨恨说：“不长进的东西，怎么能共谋大事？夺取你天下的，一定是刘邦，我们都会成为他的战利品。”

刘邦回到霸上（陕西省西安市东灞河畔），立即诛杀曹无伤。

几天之后，项羽进入咸阳，屠城。把囚禁在监狱里的嬴婴斩首，焚烧秦王国宫殿，大火三个月不灭。大肆搜括财宝和美女，撤退东返，人民开始失望。韩先生（名不详）向项羽建议："关中（陕西省中部）地区，拥有险要的山川形势，在四座要塞保护之下（四塞就是四关：北方萧关，南方武关，东方函谷关，西方散关），土地肥沃，在此建都，可以称霸天下。"项羽一则看见秦王国宫殿已被烧成焦土，二则又急于回到东方，回答说："富贵不归故乡，好像穿着锦绣漂亮的衣裳，在黑夜里走路，怎能显示荣耀？"韩先生退出后，扼腕说："人家都说楚国人肤浅暴躁，虽然戴着人的帽子，却仍是一只猕猴（猕猴，也称"沐猴"，体长七十公分至一百公分之间，容易饲养驯服。中国北方演猴戏的，多用这种猴。虽然穿衣戴帽，但猴毕竟是猴，不能跟人相比），果然不错。"这话被项羽听到，逮捕韩先生，投入大锅煮死。

柏杨曰

开凿隧道，山前山后同时动工，在精确测量下，高低相同，方向针对，然后双方才能衔接贯通。如果一边高一边低，一边向左一边向右，就永不能筑成，不但没有利益，反而造成损失。人际关系，也是如此，价值标准跟利害判断，以及智慧的和知识的层面，必须相差无几，才容易契合。如果悬殊太大，就成了闽南语所形容的"鸡同鸭讲"，世界固然因此而多彩多姿，但也因此产生悲剧。

项羽不过一个头脑简单、肌肉发达的粗汉，有战场上的厮杀力，却没有政治上的思考力。韩先生所作的分析，项羽既看不出，也不了解，远超过他的智商。所以他只能做一件事：向天下人挺身证明他果然仍是一只戴着人帽的猕猴。韩先生对他的批评，有人信，有人不信，但经过项羽自己作证，人们就无法不信。项羽开端之后，历史上遂层出不穷这种挺身自证的镜头。一直延伸到近代，人世间不断有猕猴，也不断有烹刑，使人哀伤。

向蠢驴提出只有龙驹才可以了解的建议，一定碰壁；如果愤而指出它真是蠢驴，结果一定严重。韩先生就是一个榜样。

5 项羽不愿刘邦在关中（陕西省中部）当王，向楚王芈心请示，希望排除刘邦。想不到芈心回答说："我遵守诺言。"项羽老羞成怒，号叫说："芈心这家伙，是我们项家抬轿抬他出来的。并不是他有什么功劳，怎么敢乱说话？当初天下大乱，我们不得不假借各国亡国之君的后裔，作为号召。事实上，身披坚甲，手执武器，转战深山荒野，三年以来，终于消灭秦王国，这都是各位将领和我项羽的力量。现在已不再需要芈心这种玩意了，虽然他没有贡献，但我还是封他一块土地，给他一个王位。"将领们一致赞成。

春季，正月，项羽尊称芈心为义帝，说："既然称帝，而古代称帝的人，都拥有土地千里，住在河川的上游。"下令芈心迁都江南（长江以南）郴县（湖南省郴州市。郴，音chēn〔嗔〕）。

二月，项羽瓜分天下，大批封王。项羽自封西楚霸王，建都彭城（江苏省徐州市），领土包括故魏王国和故楚王国的九个郡（南阳郡〔河南省南阳市〕、薛郡〔山东省曲阜市〕、东郡〔河南省濮阳市〕、泗水郡〔安徽省淮北市〕、会稽郡〔江苏省苏州市〕、砀郡〔河南省商丘市〕、陈郡〔河南省周口市淮阳区〕、鄣郡〔浙江省安吉县北〕、东海郡〔山东省郯城县〕）。项羽跟范增都疑惧刘邦，可是既已和解，又不愿承担毁约的恶名，秘密商量说："巴蜀（四川省）道路艰险，又是秦政府放逐罪犯的地方。"于是宣称："巴蜀（四川省）也是关中（陕西省中部）土地。"封刘邦当汉王，首府设南郑（陕西省汉中市），领土包括巴郡（重庆市）、蜀郡（四川省成都市）、汉中郡（陕西省汉中市）。然后把关中（陕西省中部）分为三国，安排秦政府降将，包围刘邦，阻塞他的归路。封章邯当雍王，首府设废丘（陕西省兴平市），领土包括秦故都咸阳以西。司马欣从前当过栎阳（陕西省西安市临潼区）监狱官（狱掾），对项梁有恩，所以项羽封他当塞王，首府设栎阳（陕西省西安市临潼区），领土包括咸阳以东，直到黄河。董翳曾劝章邯投降，所以封他当翟王，首府设高奴（陕西省延安市），领土包括上郡（陕西省延安市）。

项羽既把魏国（魏豹）土地纳入自己版图，于是封魏王魏豹当西魏王，首府设平阳（山西省临汾市），领土包括河东（山西省南部）。瑕丘（山东省济宁市兖州区）人申阳，本是张耳最宠信的随从，因首先攻下三川郡（河南省洛阳市东白马寺东），并在黄河沿岸迎接楚军，所以封他当河南王，首府设洛阳，领土包括河南（黄河以南）。韩王韩成照旧，首府设阳翟（河南省禹州市）。赵国（赵歇）将领司马卬，平定河内（河南省黄河北岸），建立不少功勋，所以封他当殷王，首府设朝歌（河南省淇县），领土包括河内。改封赵王赵歇当代王，首府设代县（河北省蔚县）。赵国（赵歇）宰相张耳，素有贤名，又追随项羽入关（函谷关），封他当常山王，领土包括赵国故地，首府设襄国（信都改称，河北省邢台市）。当阳君英布，是楚军大将，勇冠三军，封九江王，首府设六县（安徽省六安市）。番阳（江西省鄱阳县）县长吴芮，率南方百越部落（浙江省、福建省及广东省一带蛮族）参战，又追随项羽入关（函谷关），封他当衡山王，首府设邾城（湖北省黄冈市黄州区）。芈心的上将（柱国）共敖，攻击南郡（湖北省江陵县），功劳很多，封他当临江王，首府设江陵（南郡郡政府所在县）。改封燕王韩广当辽东王，首府设无终（天津市蓟州区）。燕国（韩广）将领臧荼，随楚军救赵国（赵歇），再随楚军入关（函谷关），封他当燕王，首府设蓟县（北京市）。改封齐王田市当胶东王，首府设即墨（山东省平度市）。齐国（田市）将领田都，随楚军救赵，再随楚军入关（函谷关），

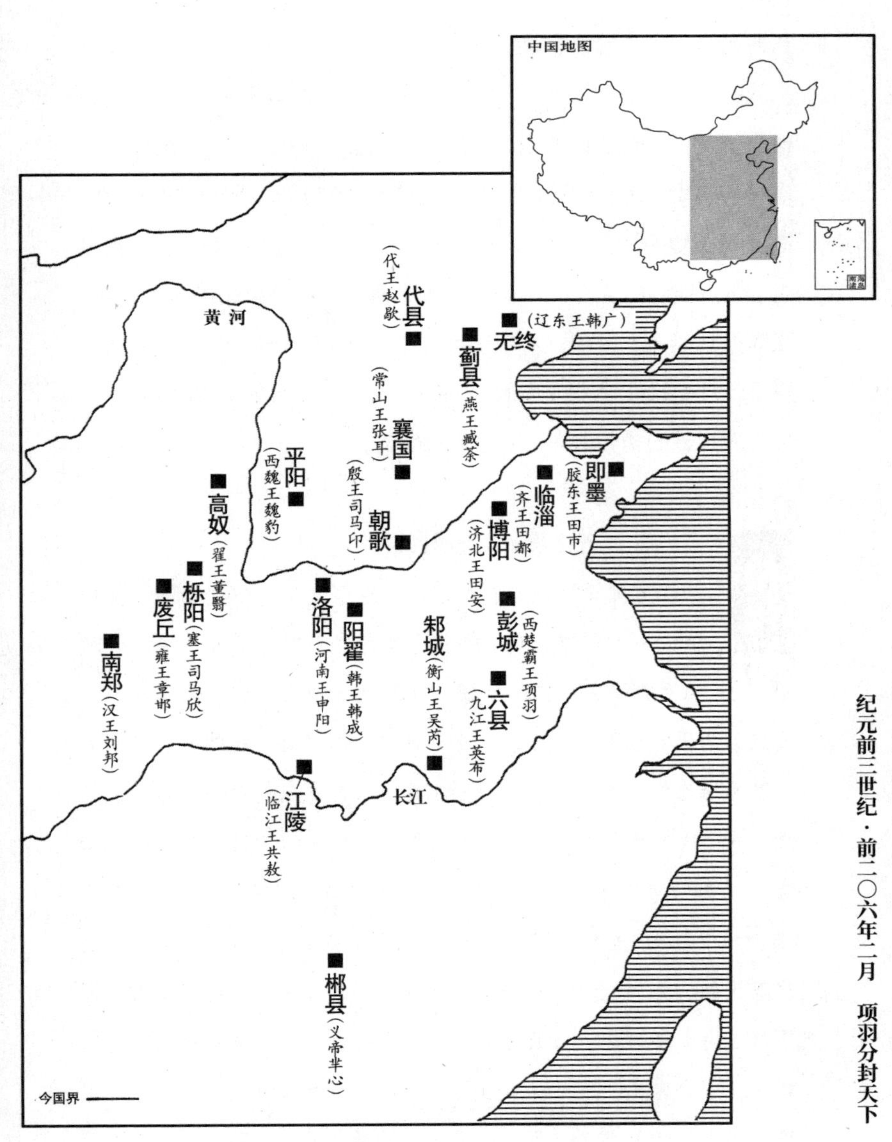

纪元前三世纪·前二〇六年二月　项羽分封天下

封他当齐王，首府设临淄（山东省淄博市东临淄区）。当初，项羽北渡漳水救赵，田安收服济北（济水以北）几个城市，率军归降项羽，项羽封他当济北王，首府设博阳（山东省泰安市）。而田荣，屡次拒绝项羽的命令和约束，又拒绝发兵加入西征联军，所以独不加封。成安君陈馀，交出大将印信后就行他往，又没有追随项羽入关（函谷关），也没有加封。很多门客提醒项羽："张耳、陈馀，都是赵国的复国功臣，张耳既然当王，对陈馀不应不理。"项羽勉为其难，听说陈馀在南皮（河北省南皮县），就把环绕南皮的三个县，封给陈馀。番君（吴芮）部下将领梅锏的功劳最多，封十万户侯爵。

仔细研究项羽这份封王名单，不禁叹息他的政治头脑，竟贫乏到这种程度，简直难以置信。他建立的不是一个统一的国家，连"邦联"的资格都够不上，不过一个地位互相平等的国际联盟。在制度上，项羽这个国王并不高过别的国王。项羽这次分封，完全被自己的喜怒，和他左右政客们的喜怒所操纵，为自己制造出原本绝不可能发生的严重危机。像芈心，一个无权无势的小朝廷，项羽把他迁到一千华里外蛮荒地带郴县（湖南省郴州市），芈心也顺服的听命，项羽仍不容他存在，而于明年（前二〇五）竟派人把他刺死。像刘邦，项羽应该依芈心的指示，封他当秦王的，至少也应把他封到距家乡较近的地区，满足刘邦跟他部下的思乡心切，这对项羽并没有损失。但项羽仍记得刘邦比他先入咸阳，夺了风光，而把他驱逐到当时人们一致认为是蛮荒地带的汉中（陕西省汉中市）。像燕王韩广，派遣他的大将臧荼，率领军队参加项羽的联军西征，臧荼即令有功，正常的情形应由项羽对臧荼加以赏赐，遣送回国，再由国王韩广酌予擢升。可是项羽却卖弄他的权威，把臧荼封燕王，反而把顶头上司、本来的燕王韩广，逐出首府蓟县（北京市），贬到偏僻的无终（天津市蓟州区）当辽东王。对齐国（田市）和赵国（赵歇），也都如此。后来，更把韩王韩成当作罪犯一样的诛杀，韩成的智囊张良，遂被逼入刘邦阵营，跟项羽作对到底。

中国有句谚语："天下本来太平无事，都是庸才把它搞乱。"正是项羽的写照。

刘邦听到被封汉中（陕西省汉中市）的消息，气得几乎发疯，下令备战，要攻击项羽。周勃、灌婴、樊哙，都支持这项决定。萧何说："虽然到汉中（陕西省汉中市）当王，总比死好吧！"刘邦说："不去汉中（陕西省汉中市），怎么就会死？"萧何说："不去汉中（陕西省汉中市）当王，一定跟项羽作战。而我们的军队没有他多，百战百败，除了死，难道还能活？屈服在一人之下，却能伸展志气于万民之上的，子天乙（汤）、姬发（武）才能做到。我希望你早日到汉中，先坐上王位，然后收揽民心，召请贤能，用巴蜀（四川省）的财富，回军平定三秦（韩、赵、魏三国瓜分晋国，称三晋。而今雍国、塞国、翟国，瓜分秦王国故土，因称三秦），天下仍在掌握之中。"刘邦接受，遂前往他的封国（陕西省汉中市），任命萧何当宰相（丞相）。另送张良黄金二千四百两、珍珠二斗，张良全部赠给项伯。刘邦请张良转托项伯，要求管辖汉中郡全郡，项羽批准。

夏季，四月，各国军队从戏下（戏水之滨。戏水流经骊山，注入渭水），开始撤退，分别返回他们的封国。项羽准许刘邦率领三万人，加上景仰刘邦的人士，又有数万人，从杜县（陕西省西安市东南）南部，进入蚀中（子午谷）。张良送刘邦到褒中（陕西省汉中市西北），才告辞返回韩国（韩成）报命。临行时，张良建议刘邦烧毁所经过的栈道（在悬崖绝壁上，凿出一排石孔，插入长约两三公尺木棍的一端，然后在那一排木棍上，铺接木板，就成了惊险的栈道。上面仅可通过一匹马。每隔相当距离，就有一个可容两匹马交会的较宽处所。有些栈道，旁边还有栏杆。一经焚烧，如要恢复原状，需要庞大的财力和长期的劳作）。一则阻止可能来自项羽或三秦的偷袭，一则向项羽表示刘邦志仅于此，不再希望东返。

6 齐国（田市）宰相田荣，听说项羽改封齐王田市当胶东王，另封田都当齐王，怒不可遏（把自己的部下封成自己的主人，任何人都会怒不可遏），发兵迎击田都，田都败走，投奔西楚王国。田荣不准田市到即墨（山东省平度市）当胶东王，仍留他在临淄（山东省淄博市东临淄区）继续当他的齐王。可是项羽的威名震动天下，田市害怕，不敢违抗，悄悄溜走，奔向即墨（山东平度市）就任；田荣对这个懦夫大为冒火。

六月，田荣攻击即墨，格杀田市，田荣自称齐王。这时，彭越在钜野（山东省巨野县）已拥有一万余人，谁都不隶属。田荣授给彭越将军印信，命他攻击首府设在博阳（山东省泰安市）的济北王田安。

秋季，七月，彭越击斩田安。于是田荣囊括了三齐（山东省）全部领土（同三晋、三秦一样，齐国、胶东国、济北国，都在故齐王国疆土之上，称三齐）。又命彭越攻击西楚王国，项羽派大将萧公角迎战，被彭越击败。

7 张耳回到襄国（河北省邢台市）就任常山王。陈馀更为愤怒，说："张耳的功劳跟我相等，而今，张耳当王，我只不过封侯，这都是项羽不公平。"于是暗中教张同、夏说，向齐王田荣建议："项羽宰割天下，荒唐得离了谱，把各国将领封成国王，而且都封到富裕地方，反而把原来的国王驱逐到穷乡僻壤。现在赵王（赵歇）被赶到北方的代县（河北省蔚县），陈馀认为违背常理。大王（田荣）崛起，绝不会允许这种不义的怪事存在。大王（田荣）如果派军帮助陈馀，使他攻击常山王（张耳），使赵歇复国。以后赵国（赵歇）就成了齐国（田荣）的尾巴，为你捍卫西方。”田荣许诺，拨一部分军队给陈馀。

8 已自封为西楚霸王的项羽，认为韩国（韩成）重臣张良追随刘邦，而韩成又没有功劳，所以虽封韩成当韩王，却不准他前往韩国首府阳翟（河南省禹州市），而携带他一齐回到彭城（西楚首都，江苏省徐州市）。不久，把韩成贬作穰侯（封邑穰县〔河南省邓州市〕。秦王国权倾中外二十年的穰侯魏冉原封邑）。又不久，不知道什么缘故，又把韩成斩首。

9 最初，淮阴（江苏省淮安市淮阴区）人韩信，家庭穷困，自幼便是一个小流氓，没有善良行为的记录，所以没有资格被任命担任公职，而他又不会经商。有时到别人家混碗饭吃，有时索性乞讨糊口，人们对这个游手好闲的年轻人，都十分厌恶。有一次，韩信在城外钓鱼，连一条也钓不上来，饥饿难忍，被一位洗衣服的老妇人看见，给他一顿饭吃。韩信感激说：“我将来一定重重报答你。”老妇人生气说：“大丈夫不能养活自己，我可怜你才请你吃点东西，岂是希望报答？”淮阴街头，有位大流氓欺侮韩信，说：“你虽然长得高，又带刀带剑，心里却孬种得很。”找了一个人多的场合，挑战说：“韩信，你不怕死，砍我一刀。怕死，就从我腿裆下爬过去。”韩信向大流氓端详了很久，然后低着头从他腿裆底下爬过去，大家轰然大笑，认为他是个懦夫。

稍后，项梁渡淮河北上，韩信携带他全部家产——一把佩剑，前往从军。当一名低级军官，默默无闻。项梁战败（参考前二〇八年八月），又归属项羽，项羽擢升他当宫廷禁卫官（郎中）。韩信屡次向项羽贡献意见，项羽都不采用。

刘邦进入汉中（陕西省汉中市），韩信了解自己在项羽的西楚王国不能再有发展，于是逃走，投奔刘邦，同样也不受重视，当一名仓库管理员（连敖）；不知道犯了什么法，被判死刑。法场上，同时执行的十三人，全都斩首。斩到韩信时，韩信抬头仰视，正好看到监斩官夏侯婴，叫说："主上难道不打算统一天下，为什么杀壮士？"夏侯婴吃了一惊，又看他相貌堂堂，立即开释。相谈之下，大为高兴，向刘邦推荐，刘邦命他当粮食总监（治粟都尉），也并不认为他有什么特别。韩信常跟宰相萧何接近，谈论军国大事，萧何十分钦敬。

刘邦自到南郑（陕西省汉中市），将领士兵们，流涕悲歌，思念故乡，很多人在南下途中就潜逃东归。韩信揣测萧何已经向刘邦屡次推荐，刘邦并没有反应，前途到此为止。于是，也弃职而去。萧何听到韩信逃走消息，来不及向刘邦报告，翻身上马，亲自追赶。有人向刘邦报告说："宰相（萧何）也开溜了。"刘邦如五雷轰顶，张皇失措，好像失去左右双手，不知道如何才好。过了两天，萧何才回来，前来晋见，刘邦既怒又喜，问他："你为什么逃走？"萧何说："我不是逃走，而是追逃走的人。"刘邦说："追谁？"萧何说："韩信。"刘邦诟骂说："将领们逃走的有十几个，你不追，却去追韩信，他妈的你胡扯些什么？"萧何说："那些将领不足珍惜，我们很容易物色到。可是韩信这种天下奇才，没有人可以相比。大王如果打算一辈子当汉中王，可以不要韩信。如果要夺取天下，除了韩信外，再没有第二个人能帮助你，现在只看你怎么决定？”刘邦说：“我当然要回到东方，怎么能长久闷在这里。”萧何说：“必须确定东进政策，对韩信才有意义，韩信自然会留下来。否则，我们留不住韩信。即令暂时留住，他也终会逃走。”刘邦说：“看你的面子，请他当将军。”萧何说：“仅只当一名将军，韩信不可能留下来。”刘邦说：“好吧，请他当统帅。”萧何说：“那太好了。”于是刘邦下令教韩信进帐。萧何说：“大王待人，素来傲慢无礼，现在任命统帅，竟像呼唤小孩子一样那么轻率，韩信所以溜掉，就是为此。大王如果决定，那么就得选择一个良辰吉日，沐浴斋戒，设立高台，然后登台拜将，典礼隆重。”刘邦承诺。消息传出，将领们大为欢喜，每人都认为这个统帅高位，非自己莫属。

拜将的日子来到，竟然是地位卑微、人们从没有听说过的韩信，集中全世界的霹雳，都不能使全军受到这么大的震惊。典礼已毕，分宾主坐下，刘邦说：“宰相（萧何）每次都谈到将军，请将军教导我怎么办才对。”韩信自谦他并没有萧何形容的那么贤能，因问刘邦：“我们的对手莫非就是项羽？”刘邦说：“当然。”韩信说：“大王自以为勇猛剽悍，比项羽如何？”刘邦沉默了很久，承认说：“不如。”韩信祝贺说：“我也以为大王（刘邦）不如。然而，我曾当过项羽的部下，很了解项羽是个什么样的人，项羽性如烈火，动辄像爆炸了一样的咆哮怒吼，千万人都会心胆俱裂。可是他却没有助手，不知道选拔贤能，所以事实上只不过匹夫之勇。他对人恭敬慈祥，言语亲切。人有疾病，他甚至为人流涕，把自己的饮食分给他吃。可是，当人建立了大功，要封要赏时，他拿着已刻好的印信，把印角都摸旧了，还舍不得颁发。所以事实上只不过妇人之仁，虽然称霸天下，统御各国，可是他不建都关中（陕西省中部），而建都彭城（江苏省徐州市）！违背义帝（芈心）的约定，却用他的亲信当各国国王，这是天下人最感到不公平的事。驱逐原来的君王，而教原来的将领们当君王，又强迫义帝（芈心）远迁到江南（长江以南）。他的军队经过的地方，全都摧毁，一片残破，人民不服。目前仍然相安无事的原因，只不过一时恐惧。在名义上，项羽虽然是霸主，却因失去民心之故，变得十分脆弱，不堪一击。大王（刘邦）如果处处跟项羽相反，集结天下的英雄豪杰、能人智士，谁不可以诛杀？把天下城市，分别封赏给有功的，和对国家有贡献的功臣，谁不愿意臣服？率领思乡归土的忠义军队，向东挺进，谁不能够击败？而且，三秦王（雍王章邯、塞王司马欣、翟王董翳）原都是秦政府高级将领，率领秦帝国人民的子弟，在外作战多年，伤亡不可计数，最后反而裹挟他们，向东方各国投降。到了新安（河南省渑池县），更被项羽坑杀二十余万，只剩下他们三人（参考本年〔前二〇六〕十一月）。关中（陕西省中部）父老兄弟对这三人，怨恨之深，深入骨髓。西楚政府强行封他们当王，故秦帝国遗民，不会支持。大王自进入武关（陕西省商南县西南），秋毫无犯，废除秦政府暴政，跟秦帝国人民约法三章，民心所向，没有人不盼望你当领袖，依当初各国同意的条件，大王确实应在关中（陕西省中部）当王，人人皆知。而你竟被贬到汉中（陕西省中部），秦地人民，无不痛恨。我认为，大王如果发动攻击，三秦（雍国、塞国、翟国）所属，一纸号召文告，就可平定。”刘邦听到韩信的分析，大喜过望，深恨相见太晚，遂完全接受韩信方略，下令动员，将领各就部署位置，准备出击。萧何留守后方，征收巴蜀（四川省）赋税，负责后勤供应。

八月，刘邦率领大军，绕过栈道，攀山越岭，穿过故道小径（陕西省凤县东北峡道），向雍王章邯的首府废丘（陕西省兴平市）发动突袭。章

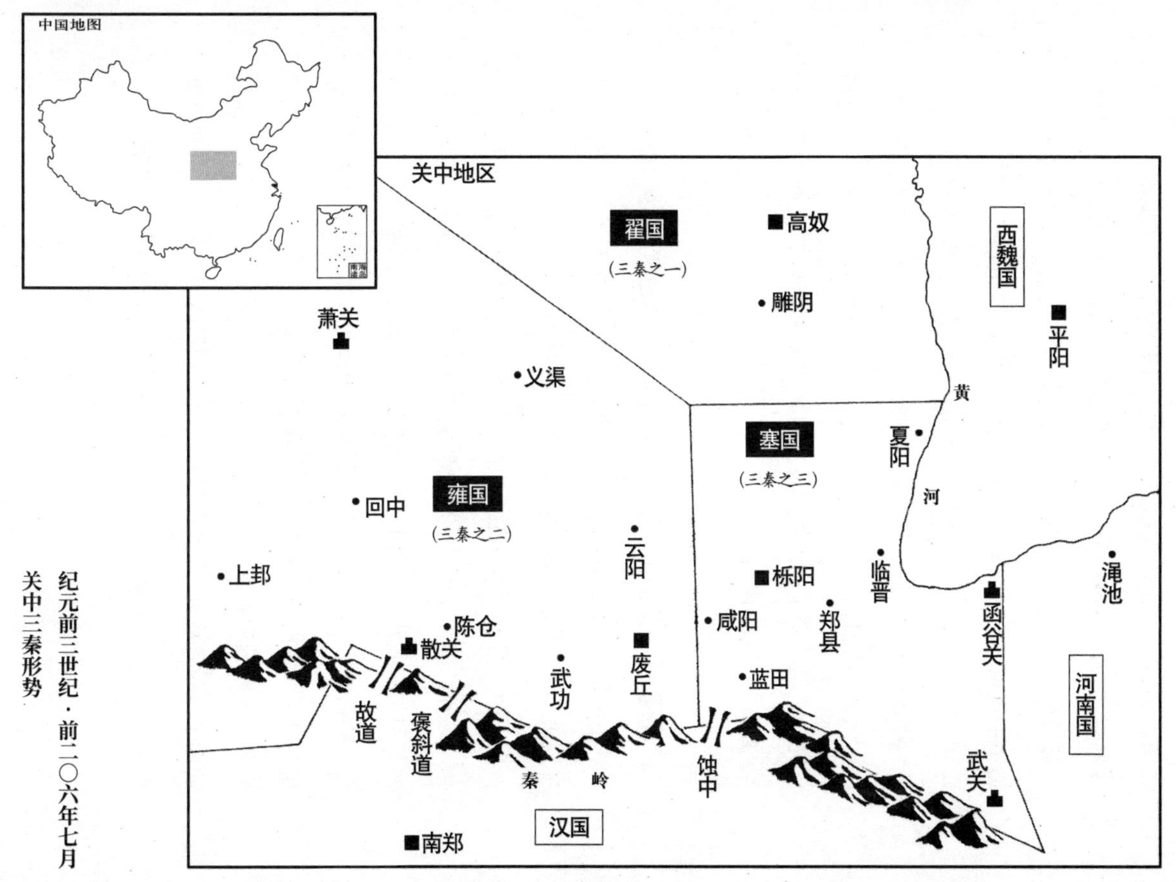

纪元前三世纪·前二〇六年七月
关中三秦形势

邯迎击，在陈仓（陕西省宝鸡市东）会战，章邯大败，向东撤退。两军再在好畤（陕西省乾县好畤村）会战，章邯再大败，最后撤退到废丘，刘邦用重兵包围，派出将领夺取其他城市。塞王司马欣、翟王董翳，知道不能抵抗，先后投降（章邯是一员名将，却一败再败。司马欣、董翳，也不是平凡之辈，却望风披靡。不是他们没有才干，而是他们出卖了二十万忠于他们的大军。在强大力量支持下，维持一个粗安局面，还没有问题。动刀动枪，大家可要思量。三位现在的部队，全是故秦王国子弟，被出卖的记忆仍新。投降，是他们保命的唯一选择）。刘邦已完全占领故秦王国土地，设立渭南郡（陕西省西安市）、河上郡（陕西省大荔县东）、上郡（陕西省延安市）。

10 汉王刘邦派将领薛欧、王吸，东南出武关（陕西省商南县西南），由王陵当向导，直向东方沛县（江苏省沛县）迎接老爹刘执嘉，跟妻子吕雉。项羽得到消息，封锁阳夏（河南省太康县），王陵等不能前进。

王陵，是沛县人，最初聚集党徒数千人，盘踞南阳（河南省南阳市），现在归降汉王国。项羽立刻逮捕王陵的娘亲，囚入军营。王陵使节到时，项羽请王老娘坐在最尊贵的东面上位，希望王陵改变主意。谈话已毕，使节告辞，王老娘私自向使节流泪说：“请代我传话给我儿，好好的效忠刘邦，刘邦是一位厚道的长辈，终有一天统一中国，不要因为娘亲的缘故，三心二意。为了免得我儿为难，我会使你亲眼看到我死。”抽剑自杀。项羽不明白为什么连一个老太婆都不肯屈服，羞辱感使他疯狂，下令把王老娘的尸体用滚水煮烂。

11 西楚霸王项羽把曾经担任过吴县（江苏省苏州市）县长的郑昌，封作韩王（代替被杀的韩成），抵御刘邦的汉军攻击。

12 张良（当时仍是韩国宰相）上书项羽说：“刘邦因为失去原来的封爵，才发动战争，目标不过仍是当初约定的关中（陕西省中部）。如今既已得到，绝不会继续采取军事行动，更不敢再向东迈进一步！”又把齐国（田荣），以及故魏王国土地上作游击战的彭越所发布的文告，一齐送给项羽，警告说：“很显然的，齐国（田荣）打算联合赵国（赵歇），击灭西楚（项羽）。”所以项羽决定暂时不对刘邦反应，而先行对付齐国（田荣）。

13 燕王韩广拒绝当辽东王，留在首府蓟县（北京市），不肯前往无终（天津市蓟州区）。新燕王臧荼不买他故主的账，发动攻击，斩韩广，合并辽东国领土。

14 本年（前二〇六），汉王刘邦任命秦王朝首都咸阳（陕西省咸阳市）特别市长（内史）沛县（江苏省沛县）人周苛，担任最高监察长（御史大夫）。

15 项羽派人催促义帝芈心前往郴县（湖南省郴州市），芈心左右看出大势已去，纷纷离开，另找出路。

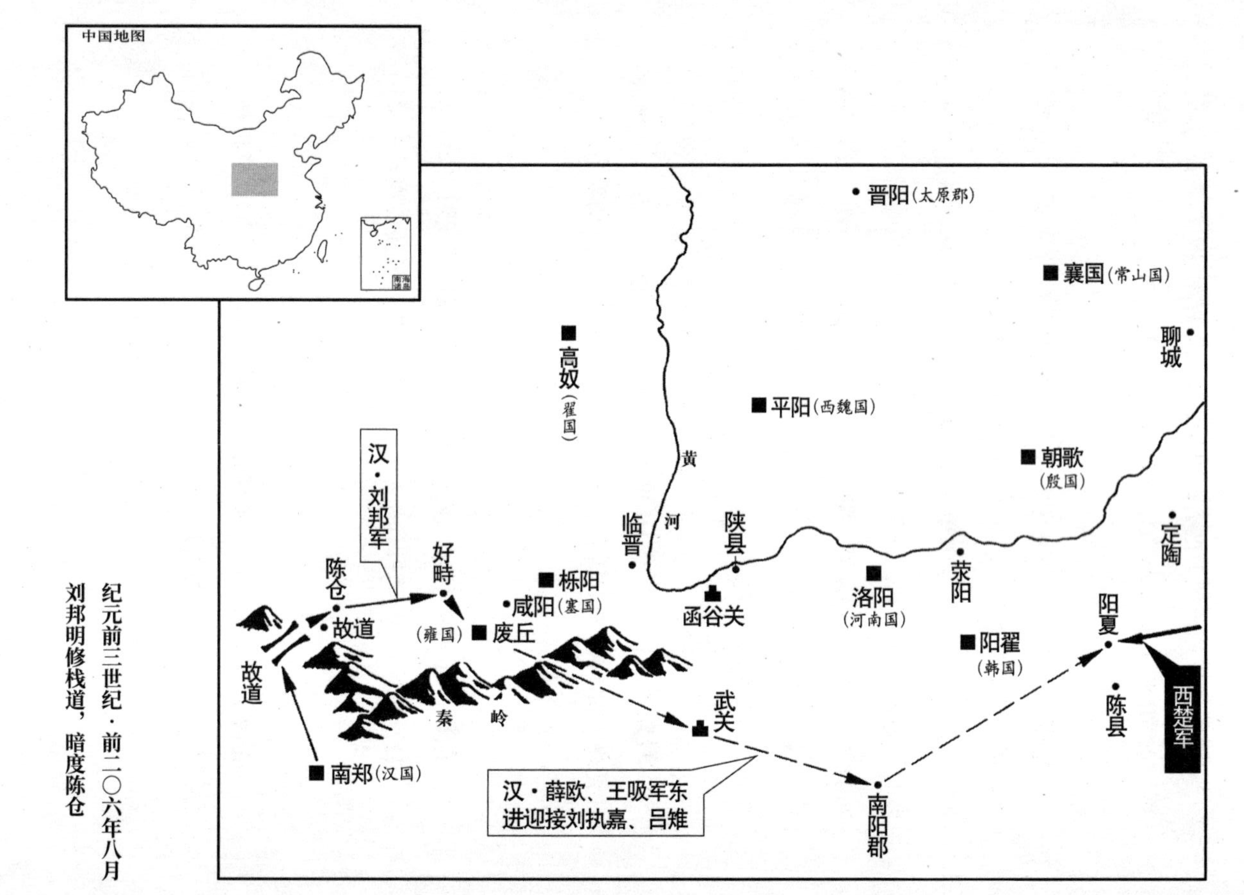

纪元前三世纪·前二〇六年八月

刘邦明修栈道，暗度陈仓

纪元前二〇五年

丙申

西楚霸王　　二年

西汉高祖　　二年

（楚义帝芈心四年）

（赵王赵歇四年）

（齐王田荣二年·田假四年·田广元年）

（燕王臧荼二年）

（魏王魏豹四年）

（韩王郑昌二年·韩信元年）

1 冬季，十月，西楚（首都彭城〔江苏省徐州市〕）霸王项羽（本年二十八岁），密令九江王（首府六县〔安徽省六安市〕）英布、衡山王（首府邾县〔湖北省黄冈市黄州区〕）吴芮、临江王（首府江陵〔湖北省江陵县〕）共敖，谋杀义帝芈心。三王在长江船上埋伏勇士，把芈心格杀。

2 被项羽封为侯爵的陈馀动员他所管辖的三县民兵（项羽封他南皮等三个县），会同齐国（首府临淄〔山东省淄博市东临淄区〕）协防部队

（参考去年〔前二〇六〕），攻击常山王张耳的首府襄国（河北省邢台市），张耳溃败，投奔汉王国，在废丘（陕西省兴平市）晋谒刘邦，刘邦给他优厚的礼遇。陈馀把代王赵歇，从代县（河北省蔚县）接回襄国（河北省邢台市），恢复赵国。赵歇感谢陈馀，封陈馀当代王。陈馀顾念赵国刚刚复国，力量薄弱，所以没有前往他的封国，而留在中央政府，辅佐赵歇，只任命夏说当宰相，到代国（首府代县〔河北省蔚县〕）处理政事。

3 张良从韩国（郑昌）逃走，改换服装，选择小道，投奔汉王国，汉王刘邦（本年五十二岁）封张良当成信侯。张良素来体弱多病，从没有带过兵，而只贡献谋略，经常跟刘邦在一起。

4 刘邦前往陕县（河南省三门峡市），安抚关外（函谷关以东）父老子弟。

5 河南王（首府洛阳）申阳，向汉王国归降。汉王刘邦命在洛阳（河南省洛阳市东白马寺东）设河南郡。

6 刘邦任命故韩王国二任王（襄王）韩仓的孙儿韩信，当韩国全国武装部队总司令（太尉），派他率军前往夺取故韩王国土地。这位韩国皇族后裔的韩信，向项羽封的韩王（首府阳翟〔河南省禹州市〕）郑昌，发动突袭，大军抵达阳城（河南省登封市东南），郑昌投降。

十一月，刘邦封这位韩国皇族后裔的韩信当韩王，率领韩国部队，随同刘邦作战（两位韩信，同时在政治舞台上出现，而且又同时居于高位。为了分辨，史称这位韩国皇族后裔的韩信，为“韩王韩信”）。

7 刘邦把首都迁到栎阳（陕西省西安市临潼区。从汉中〔陕西省汉中市〕迁此）。

8 汉王国（首都栎阳）军队攻占陇西郡（甘肃省临洮县）。

9 春季，正月，西楚（首都彭城）霸王项羽，率大军攻击齐国（田荣），抵达城阳（山东省莒县），齐王田荣迎战，大败，逃到平原（山东省平原县），平原人把他格杀。项羽于是再封田假当齐王。大军前进到北海（山东省昌乐县东南），沿途杀人放火，摧毁城郭及民间房屋，对投降的田荣部队，一律坑杀，掳掠美女，囚禁老弱。所过之处，歼灭无遗。齐国人民无法生存，只有集结反抗。

10 汉军攻陷北地（甘肃省庆阳市西峰区），生擒雍王章邯的老弟章平。

11 三月，刘邦从临晋（陕西省大荔县东）东渡黄河，西魏王（首府平阳〔山西省临汾市〕）魏豹投降。刘邦率领魏国部队，直指河内（河南省黄河以北）。首府建于朝歌（河南省淇县）的殷王司马卬迎战，刘邦把他生擒，遂设置河内郡（河南省武陟县）。

最初，阳武（河南省原阳县东南）人陈平，家境穷困，但喜爱读书。乡村祭神大会时，陈平负责切肉，分割均匀。老一辈人嘉勉他说："好极了，我们真庆幸你小子担任宰割祭肉这个角色！"陈平说："嗨，有一天我有权宰割天下时，也会跟宰割祭肉一样！"后来，各国崛起，陈平在魏国（魏咎）首府临济（河南省封丘县东）担任交通部长（太仆），曾向魏咎贡献意见，不被采纳，忍不住发点牢骚，就有人打他的小报告，陈平看情形不对劲，悄悄溜走。后来，在西楚王国，项羽命他担任有位无权的国务官（卿）。恰好殷王司马印叛变，项羽命陈平率军讨伐，陈平用压力使司马印悔过，凯旋而还。被擢升民兵司令（都尉），赏赐黄金四百两。不久，汉军攻陷朝歌（河南省淇县），殷王司马印又降刘邦。项羽认为奇耻大辱，要诛杀先前平定殷国的那些将领。陈平恐慌，把他的官印跟赏赐他的黄金，包扎停当，派人奉还给项羽，一个人再度逃亡，仅带一柄佩剑，改换服装，向北渡过黄河，投奔那时驻军修武（河南省获嘉县）的刘邦。拜托魏无知推荐，刘邦遂召见他，请他共同进餐，饭后送陈平回招待所休息。陈平说："我是为了提出建议才来的，应该今天就提出。"跟刘邦畅谈，二人情投意合，刘邦兴奋之极，问说："你在西楚，当什么官？"陈平说："民兵司令（都尉）。"当天，即任命陈平当民兵司令，并要他担任陪车侍卫（参乘），兼大军保护官（护军）。将领们听到消息，全体哗然，喊叫说："大王偶尔遇到一个西楚的逃犯，还没弄清楚他的来龙去脉，就跟他一同坐车，又教他督促前辈！"刘邦听到，越加厚待陈平。

12 刘邦由平阴津（河南省洛阳市孟津区）南渡黄河，到洛阳西南新城（河南省伊川县），一位乡村教育官（三老）董先生（名不详），拦住刘邦，进言说："我听说过，顺乎民心的，昌盛；违反民心的，灭亡。军事行动，如果没有明确而动人的政治号召，不会成功。俗语说：'揭穿敌人的真面目，敌人才能屈服。'项羽凶恶奸险，逐杀他的君主（芈心），是天下的巨贼。实行仁政，不靠勇敢；推广信义，不靠暴力。大王最好率领全体三军，为义帝（芈心）穿戴丧服，昭告各国共同讨伐。四海之内，都将仰慕你的高贵德行，这可是三代创业君王的举动（三代：夏王朝一任帝姒文命、商王朝一任帝子天乙、周王朝一任王姬发）。”刘邦认为是真知灼见，立即行动，替义帝芈心发丧。在祭坛上，刘邦裸露双臂，放声大哭，全军哀悼三天，然后宣言：“天下共同拥戴义帝芈心，北面向他称臣（君主总坐于北方，面向南方），竟被项羽放逐江南，又加谋杀，大逆不道。我动员关中（陕西省中部）部队，征召三河壮士（三河：河南、河东、河内。河南，河南省黄河以南。河东，山西省南部黄河以东。河内，河南省黄河以北），将顺着长江、汉水，南下讨伐。愿追随各国，攻击谋杀义帝芈心的凶手。”使节把文告送到赵国（赵歇）时，陈馀说：“汉政府杀张耳，我们就出兵。”刘邦找到一位容貌跟张耳一样的倒霉家伙，斩首，把人头送给陈馀。陈馀才派出部队，参加反项羽战争。

13 已死的齐王田荣的老弟田横，集结老哥田荣的溃散官兵，约有数万人，在城阳（山东省莒县）发难。

夏季，四月，田横拥护田荣的儿子田广当齐王，跟项羽扶植的齐王田假对抗。

项羽因不断战斗（他的暴行为他制造出更多的敌人），齐国（田假）境内境外，一片混乱，所以虽然知道刘邦的汉军步步进逼，却不能反应。他希望把齐国（田假）稳定下来之后，再攻击刘邦。刘邦就乘着这个间隙，率领各国军队，总数约五十六万，向东挺进。

汉军抵达外黄（河南省民权县西北黄集村），彭越率他的部队三万余人归附，刘邦说：“彭将军在故魏王国土地上，夺取十余个城市，而不自己称王，为的是要物色故魏王国皇家后裔。现在西魏王魏豹，可真是故魏王国皇家的后代。”于是任命彭越当魏国（魏豹）宰相（相国），军权独立，彭越遂率军夺取故魏王国土地。

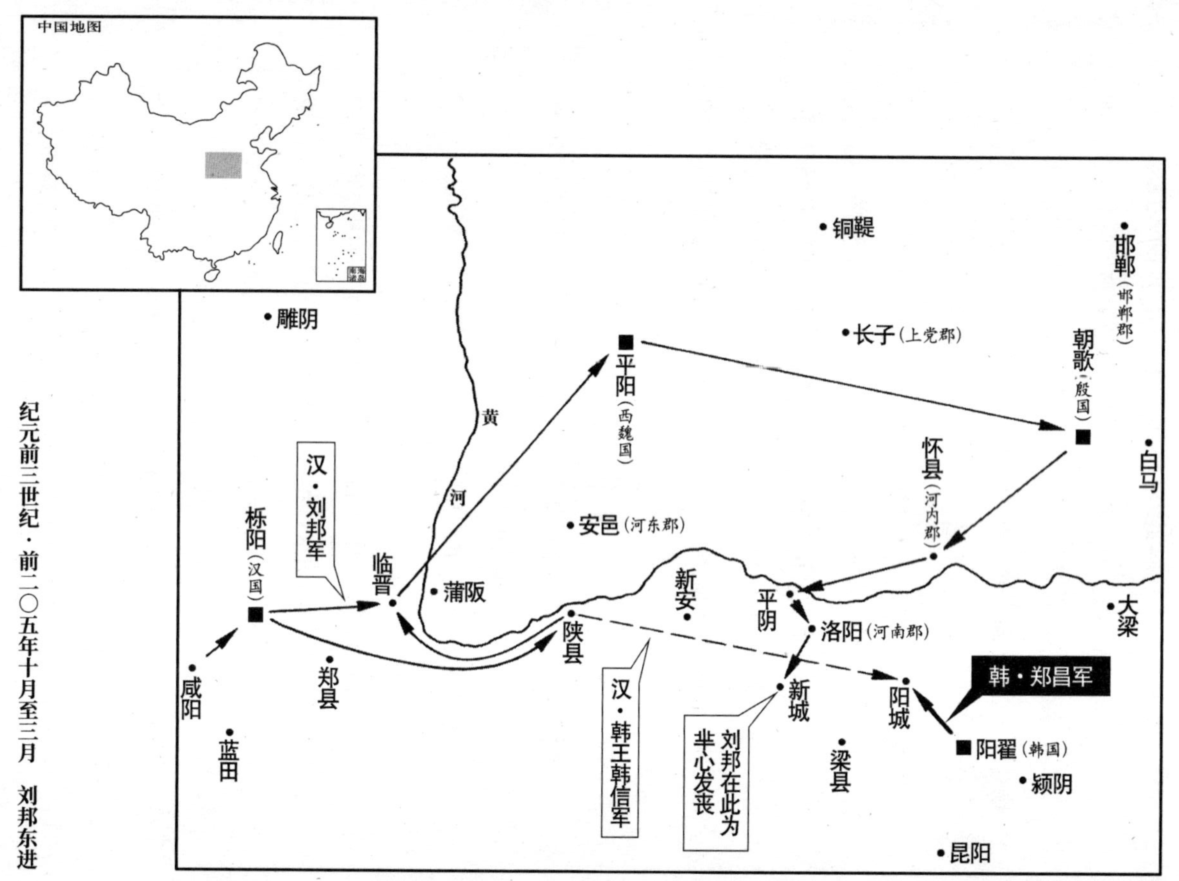

纪元前三世纪·前二〇五年十月至三月 刘邦东进

最后，刘邦攻陷西楚王国首都彭城（江苏省徐州市），刘邦想不到胜利如此容易，认为大事已定，把项羽库藏的金银财宝，跟宫廷美女，全部接收。每天酒席筵会，乐不可支。

项羽的反应犹如万钧雷霆，他留下大军继续在齐国（田广）扫荡，自己亲率为数仅三万人的精锐部队南下，从鲁县（故鲁国，山东省曲阜市），穿越胡陵（山东省鱼台县东南），直抵萧县（安徽省萧县），向汉军发动拂晓攻击。中午，已到彭城（江苏省徐州市），攻势凌厉，猛不可当，汉军大败，不能成列，四散逃命。楚军为报复首都陷落跟汉军暴行之仇，展开无情追杀。汉军官兵走投无路，纷纷投入谷水、泗水，被杀及被淹死的，有十余万人。未死的像森林大火下狂奔的野兽一样，一窝蜂向南狂奔，希望逃进山区。而楚军穷追不舍，追到灵璧（安徽省淮北市西南）东方睢水（河道大部今已堙没）北岸，把残军追到，纵兵践踏，汉军完全瓦解，势如山崩，又受到骑兵冲杀，残军十余万人，全被逐入睢水，尸体堆积如山，河床阻塞，河水不流，向两岸泛滥。

项羽用重兵包围刘邦，里外三重。就在这紧要关头，突然间，西北掀起狂风，大树连根拔起，房屋像玩具一样，全被摧毁，飞沙走石，虽是中午时分，却昏黑如同午夜，而西楚军杀声惨急。刘邦率领几十名骑兵，乘乱逃生。经过沛县（江苏省沛县），打算带走家小，可是逮捕刘邦家小的西楚特遣部队也适时赶到。刘家大小早已失踪，不知去向，无法联络。刘邦继续向西逃亡，中途遇到他的儿子刘盈和唯一的女儿刘鲁元（她的名字不详，因后来把鲁县作为她的采邑，而她又是长姐，长姐称“元”，所以称鲁元公主），拉到车上。而西楚追兵渐近，刘邦心胆俱裂，嫌马跑的太慢，把儿女从车上推下，以求减轻重量。交通部长（太仆）夏侯婴急跳下车把他们抱上来。不久，刘邦再把儿女推下，夏侯婴再跳下车抱回，这样好几次，夏侯婴说："事虽紧急，但马已跑累，不能再跑，为什么连儿女都不要？"于是把车放慢，刘邦咆哮怒骂，几次都要把夏侯婴杀掉。但夏侯婴不避刀锋，终于保住两个小儿女脱险。

审食其随着刘邦的老爹刘执嘉，跟刘邦的妻子吕雉，从小路追赶刘邦，无法追及，反而碰到西楚军。西楚军把他们一股脑生擒，押回彭城。项羽把他们拘留在军营里，当作人质。

吕雉的老哥吕泽（周吕侯），屯兵下邑（安徽省砀山县）。刘邦从小径逃到那里，派人四处召集溃败的散兵游卒。这时候，刘邦于一夜之间，从全盛垮到只剩下一支旦夕可能被消灭的孤军。所有封国全部背叛，重又归附西楚。塞王司马欣、翟王董翳，抓住机会逃走，再降项羽。

14 齐国（田广）大将田横，进攻项羽扶植的齐王田假，田假不能抵御，投奔西楚王国，西楚霸王项羽斩田假。田横平定三齐（山东省）全境。

15 刘邦困居下邑（安徽省砀山县），束手无策，问他的幕僚说："我打算放弃关东（函谷关以东，即中原），让给能击破西楚的人物，谁有这种力量？"张良说："九江王英布，是西楚的枭将，跟项羽之间，互相猜忌。彭越则跟齐国（田广）联合，在故魏王国土地上，背叛西楚。这两个人，可以立刻派上用场。而大王麾下，只有韩信一人，可以担任这件大事，独当一面；假如你放弃关东（函谷关以东），把关东交给他们，西楚王国势必破碎。"

最初，项羽攻击齐国（田荣），向九江王英布征调军队，英布声称有病在身，不能亲行，只派了一位将领，率领几千人前往。等到汉军攻破彭城（江苏省徐州市），英布继续声称病还没有痊愈，拒绝发兵入援。项羽心里怨恨，几次派遣使节去六县（安徽省六安市）质问，并且要英布前往彭城（江苏省徐州市）相见。英布大加恐慌，不敢应命。项羽在北方有齐国（田广）、赵国（赵歇），西方有汉王国（刘邦），都是大的忧患，只剩下九江王英布站在他这一边，项羽又欣赏英布的才能，打算亲近结交，所以百般容忍。

刘邦从下邑（安徽省砀山县）移驻砀县（河南省永城市东北），再前进到虞县（河南省虞城县）。环顾他左右那些臣僚，生气说：“像你们这些人，没有一个可以讨论天下大事的。”礼宾官（谒者）随何说：“大王说这话是什么意思？”刘邦说：“我想请一个人替我出使六县（安徽省六安市），说服九江王（英布）背叛西楚。只要把项羽牵制几个月，我就有百分之百把握，取得天下。”随何说：“这项任务，请交给我。”刘邦派二十人当随何的随从前往。

五月，刘邦向西撤退，抵达荥阳（河南省荥阳市），溃散的军队稍稍集结。萧何在关中（陕西省中部）征集的应除役而尚未除役的老弱残兵，也到荥阳（男人满二十三岁，即列入兵役名册，五十六岁时除役，恢复平民。萧何此次遣送的补充兵，原记载称之为：“老弱未傅者”，是年未满二十三，还没有登记入册的少年，和年已超过五十六，还没有从名册中注销的老汉，一律调赴前线。说明二十四到五十五之间的适龄役男，已征召净光。可看出死亡惨重，迫使老弱也要投入战场）。汉军经过整训后，声势又震。西楚（项羽）从彭城派出军队，常常乘胜追击，跟汉军在荥阳南郊的京县（荥阳市南十公里）、索城（荥阳市）之间，不断发生遭遇战，而西楚骑兵渐渐逼进。刘邦遴选骑兵统帅，大家一致推荐故秦王国骑士重泉（陕西省蒲城县东南）人李必、骆甲。刘邦打算发表人事命令。李必、骆甲说：“我们是故秦王国的人，恐

纪元前三世纪·前二〇五年四月

彭城会战，刘邦大败

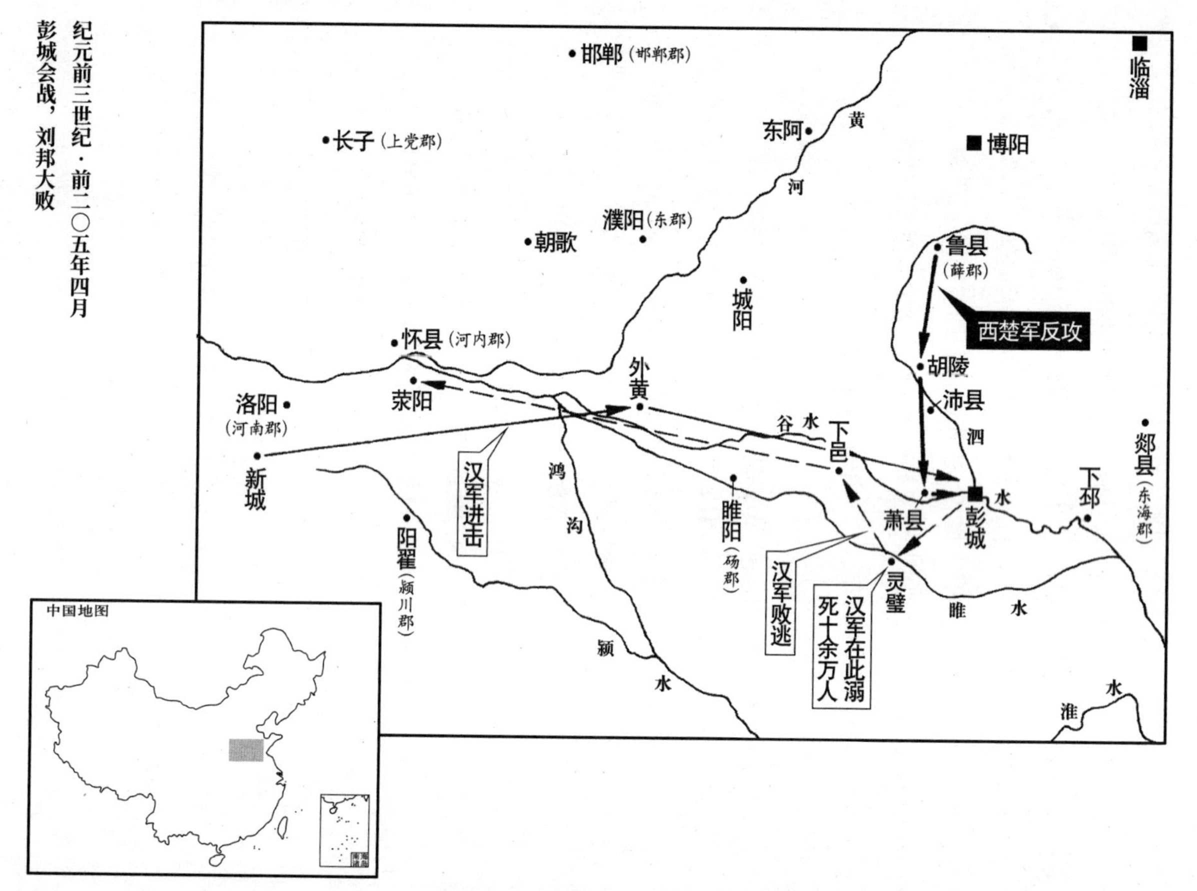

怕军中不肯信服。最好请大王左右亲信中精于骑术的将领做统帅，我们愿做他的助手。”刘邦遂任命灌婴当宫廷禁卫官司令（中大夫令），主持骑兵，由李必、骆甲，分别担任左右指挥官（校尉），率骑兵在荥阳东迎战，大败西楚骑兵。西楚攻势受到顿挫，从此不能越过荥阳。

刘邦从荥阳修筑高速大道（甬道，夹道建立高墙），直通黄河渡口，以便利从敖仓运输粮食（敖仓，秦政府在荥阳北敖山，所建粮库）。

16 周勃、灌婴等亲信老将，对陈平十分不满，联合其他将领，向刘邦抗议说：“陈平虽然长得堂堂一表，肚子里却未必有学问。我们听说，陈平从前在家，跟他的嫂嫂通奸。后来在魏国（魏咎）混不下去，逃到西楚（项羽），又混不下去，再逃到我们这里。大王那么尊敬他，教他担任大军保护官（护军）。我们得到报告，他接受将领们的贿赂，钱多的给好位置，钱少的给坏位置。陈平事实上是一个反复无常之辈，大王应该详加考察。”刘邦顿然起疑，责备原推荐人魏无知。魏无知说：“我所推荐的，是陈平的才能。大王所责备的，是陈平的品德。而今，有一个人，具备尾生、孝己二位的崇高品德（二位都是传说时代和半信史时代的善士，有至高的美誉），而对目前的战场胜负，毫无裨益。请问大王，你用他们二人干什么？楚汉相争，一天比一天惨烈，我推荐陈平，只看他的谋略有没有用。至于跟嫂嫂通奸，以及收受贿赂，又有什么关系？”刘邦直接责备陈平说：“你在魏国（魏咎）不得意，在西楚（项羽）又不得意，而今天找到我头上，一个名誉良好的人，是这样的呀？”陈平说：“我在魏国侍奉魏王（魏咎），魏王不能采纳我的建议，所以投奔西楚。西楚霸王（项羽）对外人从不信任，只信任项家的人，跟大舅子、小舅子之类裙带关系，虽然有卓越的人才，也被埋没。听说大王能用度外之人，所以归附。我赤条条一个光棍，如果不接受馈赠，简直就活不下去。问题在于，我的谋略如果有价值，就请大王用我。如果没有价值，金银仍在那里，就请没收，准许我辞职。”刘邦向他道歉，再厚厚的赏赐，擢升他当大军总保护官（护军中尉），督察全体官兵。将领们看看苗头不对，才不敢再打他的小报告。

17 一直羁留在汉军大营的魏王魏豹，请假回家探视患病的娘亲。既到他的首府平阳（山西省临汾市），立即封锁黄河渡口，投降西楚王国（项羽）。

六月，刘邦从荥阳（河南省荥阳市）回栎阳（陕西省西安市临潼区，现在已是对西楚战争的大后方根据地）。

六月六日，刘邦封他的儿子刘盈（本年六岁）当太子，赦免囚犯。

18 废丘（陕西省兴平市）被围一年（参考去年〔前二〇六年〕），汉军决河水灌城，城不能再守，投降；雍王章邯自杀。所属土地，全部平定。汉政府分别划入中地郡（陕西省咸阳市）、北地郡（甘肃省庆阳市西峰区）、陇西郡（甘肃省临洮县）。

19 关中（陕西省中部）发生饥馑，一斛米卖到一万钱（一斛，二斗五升），人与人之间，互相格杀烹食（可悲），一片蛮荒恐怖。汉政府下令鼓励饥民向巴蜀（四川省）逃难求生（五千年中，中国币制单位，有无数次改变，然大体上以“钱”为基础。但“钱”的价值，也就是它的购买力，每个时代不同，无法判断。所以一斛米卖一万钱，并不能引起我们的关切。但如果介绍二十世纪四〇年代，中国对日本帝国抗战胜利前后，一个小烧饼卖到二十万元时，大家都会震撼，因为抗战前一

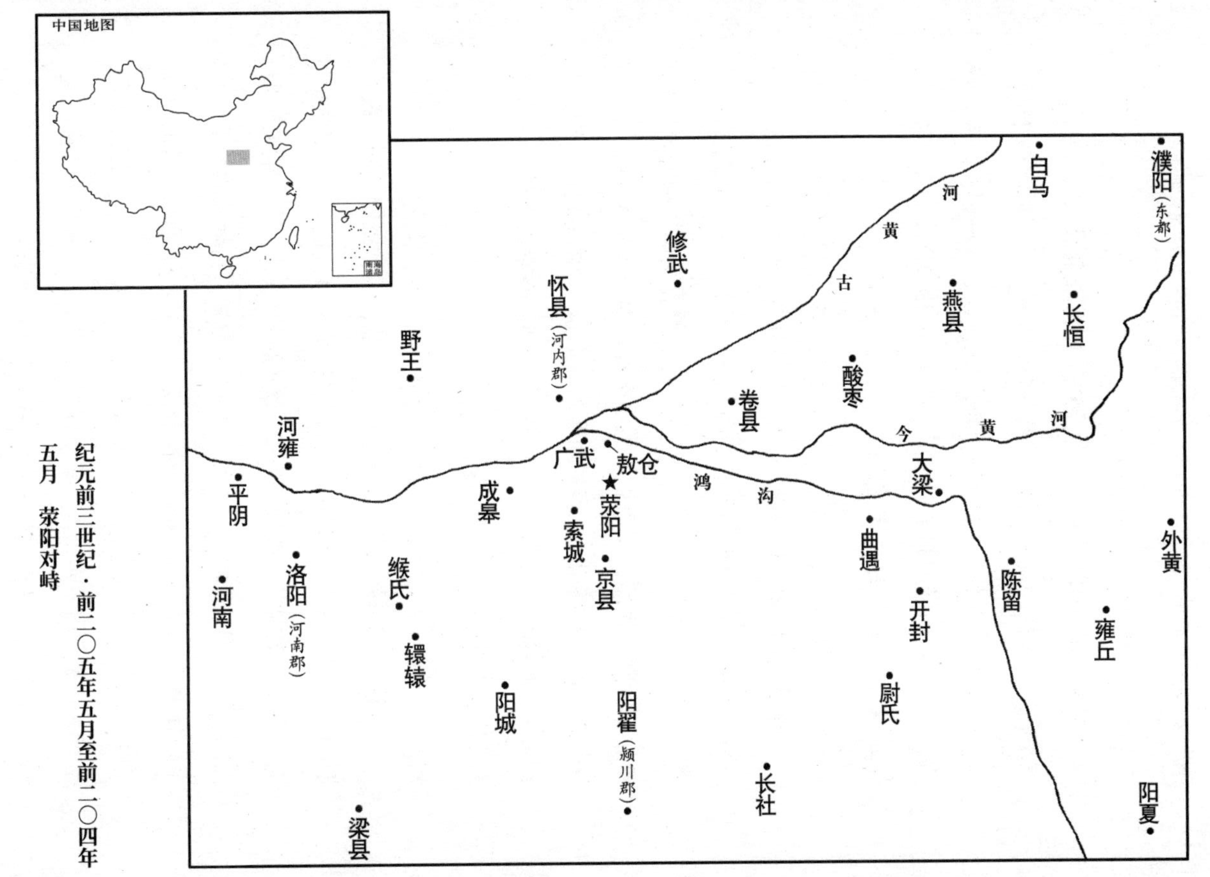

纪元前三世纪·前二〇五年五月至前二〇四年五月　荥阳对峙

个小烧饼，一元可买一百个。所以史学家显示出当时钱币的购买力，是一项重要任务。依《史记·正义》解释，一万钱约合黄金一市斤)。

最初，秦帝国覆亡时，英雄豪杰拼命攫取金银珠宝，宣曲（陕西省西安市西南）任姓人家，却只收购粮食。等到西楚军和汉军在荥阳（河南省荥阳市）发生拉锯战，青年抽调一空，没有人种田，大饥馑降临，英雄豪杰所攫取的金银珠宝，都因购买粮食而尽归于任家，任家遂成为巨富，长达几代之久。

20 秋季，八月，刘邦返回前线荥阳。太子刘盈留守栎阳（陕西省西安市临潼区），而由萧何全权主持关中（陕西省中部），制定法律规章，为刘邦的祖先建立祭庙（宗庙、太庙），修筑祭祀天地的神坛（社稷），以及皇宫宝殿。地方政府请示案件，有些可以不必呈请刘邦决定的，都由萧何决定，等刘邦回来后，再一并由他追认。萧何整顿关中（陕西省中部）户籍，征收粮秣，集训后备军人，供应前方作战，从不匮乏。

21 刘邦派郦食其前往劝说魏王魏豹，请他返回荥阳。魏豹拒绝，说："汉王（刘邦）态度傲慢，往往侮辱别人的人格，用最下流的话辱骂各国君王跟他的臣僚，好像辱骂奴隶，我不忍心再看见他。"刘邦任命韩信当左宰相，灌婴、曹参，当韩信的助手，率军向魏国（首府平阳〔山西省临汾市〕）攻击。刘邦问郦食其："魏国统帅是谁？"郦食其说："柏直。"刘邦说："乳臭都没有干，怎能敌得过韩信。骑兵司令是谁？"郦食其说："冯敬。"刘邦说："秦王国大将冯无择的儿子，虽然很有才干，却挡不住灌婴。步兵司令是谁？"郦食其说："项它。"刘邦说："他也挡不住曹参，我终于放

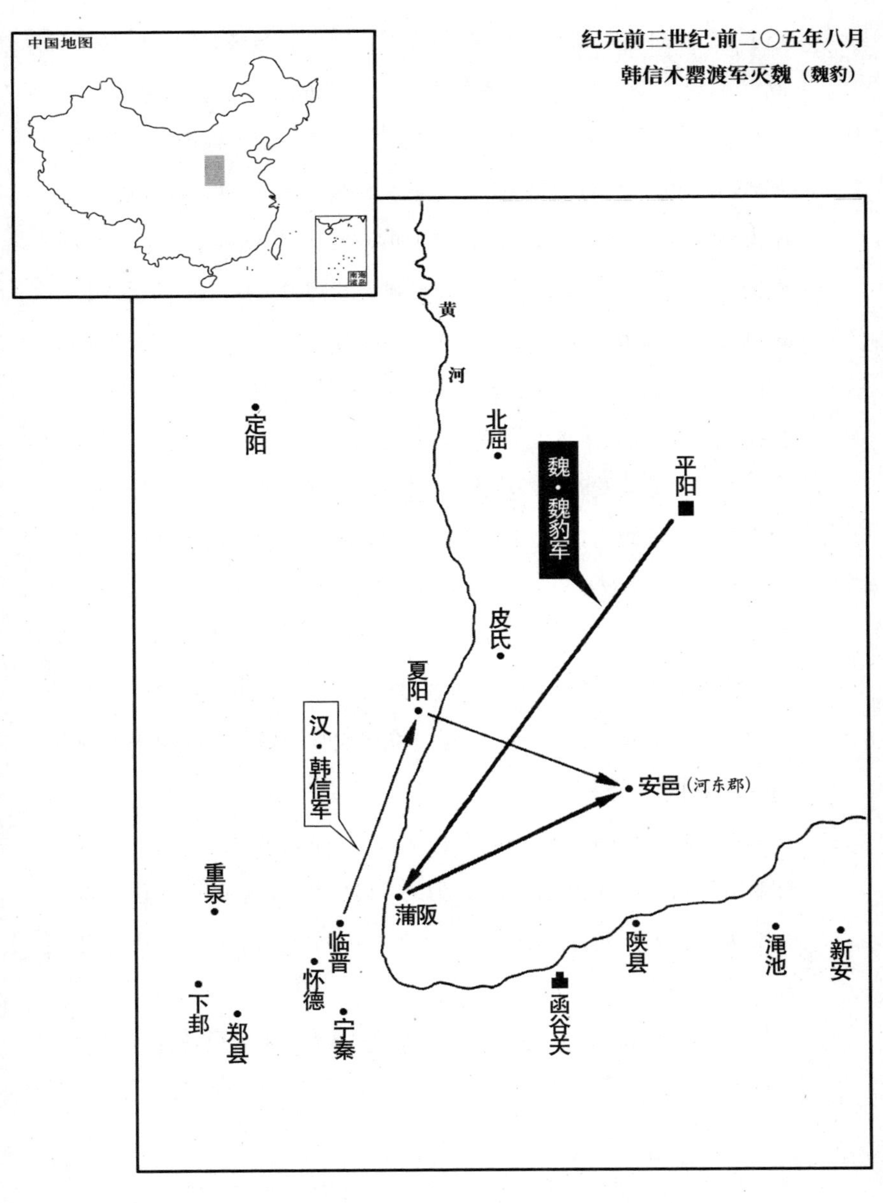
中国地图
纪元前三世纪·前二〇五年八月
韩信木罂渡军灭魏（魏豹）
黄河
定阳
北屈
魏·魏豹军
平阳
皮氏
夏阳
汉·韩信军
安邑（河东郡）
重泉
蒲阪
临晋
怀德
下邽
郑县
宁秦
函谷关
陕县
渑池
新安

心了。”韩信也问郦食其：“魏国会不会用周叔当统帅？”郦食其说：“不会，用的是柏直。”韩信说：“一个不成才的娃儿罢啦。”

汉军自首都栎阳（陕西省西安市临潼区）东征，魏王魏豹用重兵扼守蒲阪（山西省永济市），监视临晋（陕西省大荔县东）汉军。韩信在黄河西岸集结部队跟船只，宣称要在故前强渡黄河。等到魏军集中兵力，积极准备迎战时，韩信派遣另一支强大的精锐部队，悄悄抵达北方航空距离八十公里外的夏阳（陕西省韩城市），用无数空瓶空瓮制成木筏（木罂），安全渡过黄河，急袭魏军后方基地安邑（山西省夏县）。魏豹在蒲阪得到消息，大惊失色，回军迎战。

九月，韩信发动猛烈攻击，生擒魏豹，解送荥阳，魏国（魏豹）全部平定。汉政府遂分别设河东郡（山西省夏县）、上党郡（山西省长子县）、太原郡（山西省太原市）。

22 汉军在彭城（江苏省徐州市）溃败的时候，赵国（赵歇）宰相陈馀，发觉张耳并没有死，兴起一种被欺骗的愤怒，使他决定脱离汉王国（刘邦）阵线。

韩信既灭魏国（魏豹），派人晋见刘邦，要求增兵三万人，乘势征服燕国（臧荼）、赵国（赵歇）、齐国（田广）；然后向南断绝西楚王国（项羽）的粮道。刘邦允许，派张耳率军增援，共同行动，先行向北攻击赵国（赵歇）、代国（陈馀）。

闰九月，韩信在阏与（山西省和顺县），跟赵国境内的代军相遇，击破代军，生擒代军统帅夏说（本年初，赵王赵歇封陈馀代王，陈馀任命夏说当宰相。此时想是夏说率领代军入援）。

韩信一连破魏破代，刘邦立刻派人征调他手下的精兵，到荥阳抵抗西楚。

纪元前二〇四年 丁酉

西楚霸王　　三年
西汉高祖　　三年
（赵王赵歇五年）
（齐王田广二年）
（燕王臧荼三年）

1 冬季，十月，汉王国（首都栎阳〔陕西省西安市临潼区〕）大将韩信、张耳，率东征军好几万人，继续挺进，攻击赵国（首都襄国）。赵王赵歇及代王陈馀，得到情报，在井陉口（即井陉关，河北省井陉县西。陉，山脉突然中断，两岭紧夹，易守难攻，是军事天险。太行山山脉共有八陉，井陉是第五陉，山凹如井），聚集重兵，严密防守，号称二十万人。广武君李左车向陈馀贡献意见说："韩信、张耳，乘胜而前，离开他们的本土，在遥远的外国战斗。进则生，退则死，势不可当。不过，粮草转运，要经过千里之遥，官兵一定面露饥色。每到一个地方，必须先砍柴抢粮，才可以煮饭，显示大军没有隔宿之食。井陉关道路不能同时通过两辆车和两匹马。汉军一入井陉，行列势将拖长数十百里，而粮草必然又在大军之后。你如果交给我三万人，从小道出击，断绝他们的补给。你则坚守要塞，拒绝迎战。他们向前不能厮杀，向后不能撤退，而又抢夺不到东西，不出十天，韩信、张耳两颗人头，就可放在我们的军旗之下。否则，我们反而会变成俘虏。”陈馀一向自称他的军队是“仁义之师”，不肯使用诡谋奇计，回答说：“韩信的军队，数量既少，又十分疲惫，对这样的敌人，不给他一个迎头痛击，各国都会看不起我们，打我们的主意。”（陈馀跟荀况是一个模子浇出来的人物，唯一不同的是，陈馀要面对战争，荀况只不过纸上谈兵，不但没有危险，反而得享大名。）

韩信派出间谍探听，得知陈馀拒绝采用李左车的建议，高兴得几乎要唱歌，于是直入井陉险道。将到井陉口三十华里，安营扎寨，稍事休息。夜半，下令备战行军，另行选拔精锐骑兵两千人，每人手拿一面红色大旗（汉王国以及统一中国之后的西汉王朝，旗帜都是红色），从小路爬上附近山头，埋伏在隐蔽的地方，给他们训令：“赵军发现我们被击败，一定倾巢而出追击，你们要迅速冲进他们大营，拔去赵国（赵歇）军旗，插上我们军旗。”然后下令将领们就在原地互相传递早饭，不再到司令部会餐，说：“等消灭赵军后，再行会餐。”没有一个将领相信今天能够消灭赵军，但不得不假装相信，齐声回答说：“是！”韩信说：“赵军早就占据险要，如果没有看到我们统帅的旗鼓，绝不会攻击我们的先锋部队，恐怕把我吓跑。”（古时行军，先锋有先锋的旗鼓，大将有大将的旗鼓）。于是，先派出一万人，渡河（桃河）之后，就在水滨列阵。赵军在营垒望见，哄堂大笑。（《兵法》：背水之地是一种“绝地”，军队一旦背靠河川，就成为“废军”，绝地废军，非死不可。盖前有强敌，后无退路。陈馀素知兵法，看到敌人犯下如此重大错误，不得不笑。）

天色微明，韩信竖起统帅大旗，擂出统帅在营的战鼓，直出井陉口。果不出所料，赵军大开辕门迎击。两军酣战，良久，韩信、张耳假装不能支持，统帅旗鼓也都抛弃，向水滨狼狈撤退，桃水营垒大开辕门，把二人接进营垒，然后再出动反扑。赵军果然出动大营中每一个人，一面争夺汉军抛弃的旗鼓辎重，一面进攻水滨汉军营垒。汉军背后就是河水（桃河），无法再退，只有死战，杀声震动天地，一时不分胜负。而就在这时候，韩信派出埋伏的两千名精锐骑兵，一看赵军人营已空（所谓已空，并不是空无一人，应是战斗部队全部投入战场），立即飞奔驰入，拔下赵国军旗，插上汉军红旗。

赵军发现并不能立刻俘虏韩信、张耳，准备收兵，却看到自己大营已竖起汉军红旗，认为汉军已生擒赵王（赵歇），惊恐震骇，军心动摇，不但不能再战，而且不能集合成列。霎时间，大家拔腿狂奔，四散逃命。赵军将领截杀，不能阻止。汉军乘势夹击，赵军崩溃。汉军追到泜水（发源于河北省临城县西，东流注入滏阳河，全长约五十华里）水滨，斩陈馀，俘虏赵王赵歇。

再精密的作战计划，都不能保证胜利，还需要另一个因素的介入，才能成功，那就是敌人必须犯下致命的错误：错误的决策，或错误的判断。对这种不能控制的因素，我们称之为“命运”。韩信的军事能力，举世无双，可是，如果他的命运不佳，碰上的对手不是迂腐的陈馀，而是天才李左车，千万汉军，势将在井陉丧生，所谓登台拜将，徒留笑柄。

纪元前七世纪，出了一位子滋甫（宋国二十任国君襄公）；纪元前三

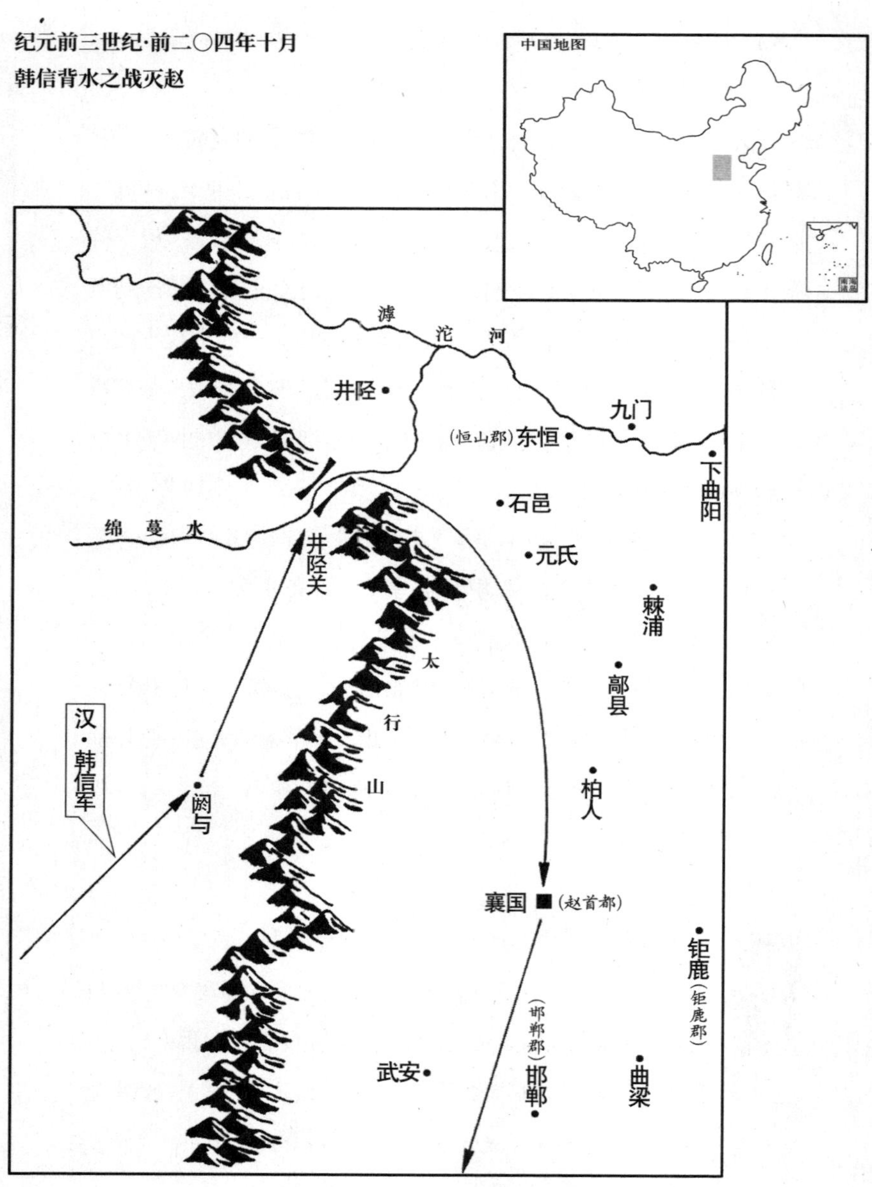

纪元前三世纪·前二〇四年十月
韩信背水之战灭赵
中国地图
滹沱河
井陉
九门
(恒山郡)东恒
下曲阳
石邑
元氏
绵蔓水
井陉关
棘蒲
鄗县
太行山
汉·韩信军
阏与
柏人
襄国(赵首都)
钜鹿(钜鹿郡)
(邯郸郡)邯郸
武安
曲梁

世纪，出了一位陈馀，使我们又多了一份研究儒家学说的资料。荀况在跟临武君那篇洋洋洒洒辩论中，特别强调仁义之师。而儒家心目中的仁义之师，据说只有三次：姒文命建立夏王朝、子天乙建立商王朝，以及姬发建立周王朝。而三次灭国兴邦的大战，却无一不靠诡诈的战略和战术。保卫国家的战斗，跟侵略掠夺的战斗，性质上当然不同，但短兵相接、血肉相搏的时候，可不管你是圣贤或是禽兽，是正义或是邪恶，一旦进入战场，冲锋号响，便只有智慧之师、勇敢之师，没有仁义之师。拿破仑就曾说过："上帝永远站在大炮最多的一边！"

汉军将领们对他们的统帅韩信，崇拜得如同神明。呈献战果之后，顺便请求解开困惑，问道："《兵法》有明白规定：'扎营列阵，要右面背面靠山，左面前面靠水。'这次，将军教我们背着河流扎营列阵，又下令说：'等消灭赵军后，再行会餐。'虽然执行命令，心里却很怀疑，因为你违反了《兵法》，立于必败之地。想不到却打了一个胜仗，是什么道理？"韩信说："我用的战术，也在《兵法》之中，只是各位没有注意。《兵法》说：'陷之死地而后生，置之亡地而后存。'（前有高山，后有大河，退不能退，逃不能逃，乃是"死地""亡地"。）我们的部队，并不是训练有素、军心坚定、忠心不贰的劲旅，不过一群市井小民组成的乌合之众，必须引导到死亡之地，他们才肯奋战。如果战场广阔，恐怕早已一哄而散，还能指望他们打仗！"将领们万分敬佩，一致说："这种谋略，我们永远不会。"

韩信下令，生擒李左车的，赏赐黄金二万两，作为酬谢。不久，就有官兵把李左车逮捕，送到大营。韩信跳下座位，亲自解开他身上的绳索，请李左车坐最尊贵的右边座位，当作教师尊敬。问说：“我打算向北攻击燕国，向东攻击齐国，如何才能成功？”李左车说：“我不过是个俘虏，怎能有资格参与军国大事？”韩信说：“我们都知道，百里奚在虞国，虞国灭亡；在秦国，秦国建立霸权（百里奚故事，参考前三三八年。秦国九任国君穆公嬴任好，在百里奚辅佐下，成为春秋五霸中的第三霸）。并不是他在虞国是个傻瓜，到了秦国就变得聪明。原因只在他的谋略，被不被采用，他的建议，领袖听不听从。陈馀如果接受你的意见，我早已被赵军生擒活捉。正因陈馀不能接受你的意见，我现在才得以侍奉左右。如今推心置腹，希望先生不要拒绝。”李左车说：“将军横渡西河（黄河），生擒魏豹，活捉夏说，东方攻下井陉（河北省井陉县井陉关），只一个早晨，便击溃赵军二十万，斩杀代王、陈馀，名闻海内，威震天下。连田野间耕作的农夫，都觉得大军随时会到，玉石俱焚，因而不到田里去，只大吃大喝，拼命享乐，过一天算一天，侧起耳朵，听候命运安排，这正是你特有的优势。然而，事实上你的部队已经疲惫，很难再度投入战场。一旦把这种疲惫的部队，困顿在坚固的燕国（臧荼）城池之下，想战而不得战，想攻击又无法夺取，情势窘迫，势必长期的僵持，粮食枯竭。燕国既不屈服，齐国（田广）势必在边境驻屯重兵，严密防守。一旦成了这种局面，刘邦、项羽二人的前途，恐怕难以确定，这正是你的弱点。一个善于作战的将领，绝不用弱点去攻击优势，而会用优势去攻击弱点。”韩信说：“那么，我应该做什么？”李左车说：“假如我是你，我就按兵不动，使官兵获得充分休息，同时安抚赵国（赵歇）人民。你会发现，百里以内的父老子弟，都会争着致送牛羊和美酒，表示他们的欢欣。然后大军北上，派遣一位能言善道的使节，拿着你的书信到燕国（臧荼）展示你的优势，燕国（臧荼）在你凌厉的声威之下，一定屈服。燕国（臧荼）既已屈服，再把大军东移，直指齐国（田广），这时即令具有最高能力的智囊，也无法拯救他们。如此之后，天下大事，都在掌握之中。兵法说：有实力的虚声恐吓，可以使人丧胆，就是指这种现象。”韩信说：“谢谢你的指教。”按照李左车的计划行事，派人前往燕国（臧荼），燕国（臧荼）果然望风而降。韩信向刘邦报告佳音，并建议封张耳当赵王，刘邦应许。

西楚王国（项羽）经常派出奇兵，渡黄河攻击新建立的赵国（张耳）。张耳、韩信不断出兵应战，顺便夺取赵国原来所属的其他城市，征集民兵，送往荥阳（河南省荥阳市）前线。

2 十月三十日，日蚀。

十一月二十九日，又日蚀。

3 汉王国（刘邦）使节随何，抵达六县（九江国首府，安徽省六安市），九江王王府膳食官（太宰）负责接待，过了三天，仍不能晋见九江王英布。随何告诉膳食官（太宰）说：“大王所以不肯接见我，原因很简单，准认为西楚王（项羽）强大，汉王（刘邦）弱小。然而，我正是为这件事，来向大王作一分析。假使能给我一个机会，我说得合理，大王一定乐于垂听；我说得不合理，满可以把我和二十个随从，绑到九江（安徽省六安市）街头处决，更足以证明大王厌恶汉王（刘邦），而效忠西楚（项羽）。”膳食官（太宰）向英布报告，英布遂召见随何。

随何说：“汉王（刘邦）派我晋见大王，实在不明白大王跟西楚霸王（项羽）怎么这等亲近？”英布说：“他是领袖，我是部下，我面向北方侍奉他。”随何说：“大王跟项羽，原来一样的都是臣僚。而今却面向北方侍奉他，当然是认为西楚强大，可以得到保护。好吧，问题就发生在这里。项羽攻击齐国（田广）时，亲自背着构筑工事的木板，身先士卒，冒险犯难。大王就应动员你全国军队，亲自率领，作为西楚兵团的前锋。可是你仅仅派了四千人前往助战，一个面向北方侍奉人的人，难道竟是这个样子？汉王（刘邦）攻陷彭城（江苏省徐州市），项羽还没有离开齐国（田广）之前，以大王的立场，就应该出动全军，北渡淮河，反攻彭城。可是你拥兵一万有余，并没有派一个人出去，袖着手隔山观虎斗，对于一个保护自己的领袖，难道竟是这个样子？大王虚情假意，只在表面上嚷嚷效忠西楚，就想得到实质上的雄厚利益，我不认为你会如此。不过，我也了解，大王所以不敢明目张胆的背弃他，是考虑到西楚王国强，而汉王国弱。但你并没有深思：西楚兵力虽强，天下人却认定他们不义，主要的是撕毁盟约（先入关的当王），和谋杀义帝（芈心）。现在汉王（刘邦）联合各国，退守成皋（河南省荥阳市西北汜水镇）、荥阳（河南省荥阳市），拥有从蜀汉运来的丰富粮草（蜀，四川省。汉，汉中郡，陕西省南部），壕沟深广，营垒坚固，分兵据守沿边险要。西楚兵团深入敌国八九百华里（西楚首都彭城距荥阳航空距离三百七十公里），老弱残兵要从千里以外，转运辎重，而汉军坚守不动，西楚大军立刻陷于进不能进、退不能退的苦境，所以说，西楚军事力量，不足仗恃。假如西楚战胜汉军，则各封国都会恐惧，互相援救；在这种情形下，所谓西楚（项羽）强大，那强大恰恰为他招来天下各国的攻击。西楚王（项羽）之不如汉王（刘邦），至为明显。大王不结交万无一失的汉王（刘邦），却把自己托付给危机四伏的西楚王（项羽），使人感到困惑。但我的意思并不是说，仅靠九江国（英布）的部队，就能够把西楚消灭。而只是说，大王如果背弃西楚王（项羽），项羽必然被你羁绊，暂时不能对汉王（刘邦）发动大规模攻击。只要几个月工夫，汉王（刘邦）就可有充裕的时间，底定天下。我就追随大王，仅带一把佩剑，单身回到汉王国（刘邦），汉王（刘邦）势必割地分封。何况九江国（英布）本来就是大王的封地，当然物归原主。”英布大喜说：“我接受你的指示。”秘密承诺背弃西楚（项羽），但对外还不敢泄漏。

这时，西楚王国（项羽）的使节正在九江（安徽省六安市），住在招待所，催促英布出兵。随何决定逼迫英布表明态度。趁他们在厅堂议事时，随何直闯而入，坐在西楚使节的上方尊位，说：“九江王（英布）已经归附汉王国（刘邦），西楚怎么还来催促发兵？”事出仓猝，英布一时呆在那里，西楚（项羽）使节一看发生变化，立刻起身告退。随何遂对英布说：“事情既然决定，就应该把西楚使节杀掉，莫让他们回去报信，然后迅速投奔荥阳（河南省荥阳市），跟汉王（刘邦）结盟，合力同心。”英布说：“一切听你的。”下令处决西楚使节，出军北上，向西楚（项羽）发动攻击。西楚政府派大将项声、龙且迎战。缠斗几个月，九江军大败。英布打算率领残军投奔荥阳，又恐怕西楚兵团追上把他杀掉，于是，抛弃他的部队，跟随何改穿平民服装，单人匹马，从小路投奔刘邦。

十二月，英布抵达荥阳（河南省荥阳市）时，刘邦正张开两腿，在那里洗脚，大模大样，传唤英布晋见。英布既是名将，又是封王，忍受不了这种羞辱，勃然大怒，后悔不该做这样的抉择，恨不得自杀。可是，等到了招待所，却景象大变，一切设施，包括帐幕、饮食、随从，都跟刘邦完全一样，又不禁大喜过望。

于是，英布派人到九江（安徽省六安市）接运眷属，而西楚王国（项羽）已派大将项伯，收容九江的残兵败将，把英布的妻子儿女，尽数屠杀。英布派出的使节辛苦召引，总算集结到一些老友、臣僚，率领数千人回来。刘邦再拨一部分部队给英布，请英布据守成皋

（河南省荥阳市西北汜水镇）。

4 西楚兵团不断破坏汉军从黄河渡口到荥阳（河南省荥阳市）大营之间的高速大道（甬道），汉军开始受到粮食缺乏的威胁。刘邦跟郦食其商量用什么方法削弱西楚（项羽）的力量。郦食其说："从前，子天乙（汤）讨伐姒履癸（桀），把他的后裔封到杞国（河南省杞县）。姬发（武王）讨伐子受辛（纣），把他的后裔封到宋国（河南省商丘市）。而今，秦王国品德败坏，仁义沦丧，并吞各国，消灭各国祭祀天地的神坛，使各国的后裔连一块立足之地都没有，所以人心思变。大王假使也能封六国皇家的后裔，他们的国王、官员、人民，都会感激你的恩德，没有人不敬佩你的道义，男人愿做你的部属，女人愿做你的奴婢。恩德和仁义俱备，大王自然面向南方，成为霸主，西楚（项羽）一定屈服。"刘邦说："好极了！快去刻印，就带着它去封六国皇家后裔。"郦食其还没有动身，张良从外地返回荥阳，进来拜见。刘邦正在吃饭，说："子房（张良别号），快来！有人给我出了一个打击西楚（项羽）的好主意！"把郦食其的话重复一遍，问说："怎么样？"张良吃惊说："谁给你出的这种馊主意？大王，你马上就要完蛋！"刘邦说："为什么？"张良说："借一下你的筷子，让我画出天下形势。第一，子天乙（汤）、姬发（武王），封姒履癸（桀）、子受辛（纣）的后裔，是自信绝对可以控制他们，现在你能绝对控制得住项羽？第二，姬发（武王）攻入朝歌（商首都，河南省淇县），表扬贤德的商容，释放囚禁中的王叔子胥余（箕子），加高被陷害的忠臣子干（比干）的坟墓（子胥余，商王朝末任帝子受辛的叔父，子爵，封到箕国。眼看子受辛所作所为，将陷国家于危亡，屡次规劝，子受辛都不接受，因怕受祸，假装疯狂，自愿当奴隶，但子受辛仍把他逮捕。子干，也是子受辛的叔父，不断阻挠子受辛作恶，子受辛把他剖腹杀掉）。

你能不能做到？第三，周王朝取得政权后，把巨桥（河北省威县）的粮仓打开，赈济天下穷人，把鹿台上堆积的金银财宝，散发给困苦平民（鹿台，在商王朝首都朝歌城中。刘向说：鹿台广三里，高千尺）。你能不能做到？第四，商王朝既亡，周王朝代兴，把战车改装成普通人使用的轿车，把长矛尖端朝下捆绑，妥当运走，昭示天下：此后永没有战争。你能不能做到？第五，把战马改作耕马，到华山之南放牧，表示不再使用。你能不能做到？第六，把牛群都赶到桃林的北部（从河南省灵宝市到陕西省潼关县，古代称桃林塞），公开显示不再用它们运送军粮。你能不能做到？第七，天下英雄豪杰，离开他的亲人，放弃祖先的坟墓，抛掉他的故旧老友，追随大王（刘邦），唯一的希望是建立功劳，多少分封一块土地。如今却把六国皇族的后裔找出来，封他们当王，天下的英雄豪杰，势将回到他亲人、祖先坟墓、故旧老友身旁，一同效忠他所属的新王，谁还再在你左右？你还跟谁组成一条战线？第八，除非是西楚王国（项羽）不够强大，如果西楚王国（项羽）够强大，新建立王国的六国皇族后裔，一定会靠拢过去，你有什么方法使他们臣服？好了，如果你采用那位先生的谋略，可是万事全休。”刘邦像蚱蜢一样跳起来，吐出口里的食物，诟骂说：“烂货，几乎坏了你老爹的大事。”急令把已刻好的印信销毁。

荀悦曰

制定政策，攫取胜利，决定于三项要素：一是形势（形），一是因应（势），一是心理状态（情）。形势的意义，指大战略大政略上得失的评估。因应的意义，指掌握基本条件。心理状态的意义，指是不是切合实际，和是不是坚定不移。所以，同一件事情，用同一种谋略，有的失败，有的成功，主要原因，在于这三项要素不同。最初，张耳、陈馀，建议陈胜物色六国皇家后裔，封他们当王，为自己树立党羽。郦食其也用同样道理，建议刘邦。而就在这上面，理论一样，得失却不一样。

陈胜开始暴动时，天下人同此心，全都希望推翻秦王朝政府。而现在，西楚王国（项羽）跟汉王国（刘邦）的胜败，还没有定局，天下人未必全都希望消灭项羽。所以，陈胜当时分封六国皇家的后裔，是自己广结盟友，而增加秦政府的敌人。最重要的，陈胜并没有拥有广大领土，各国的封地，并不是从自己领土中划出，而是从敌人领土中划出，是一种表面的恩惠，却收到实际的利益。刘邦则不然，立六国皇族后裔，要先分割自己拥有的领土，用来送给敌人，为了虚名而受实祸。这是事情相同，而形势不相同。

后来，宋义坚持隔山观虎斗，等候秦政府跟新兴的赵国（赵歇），一毙一伤（参考前二〇七年），这跟卞庄刺虎的故事（《史记·陈轸传》："卞庄子要攻击老虎，管竖子阻止他说：'两只老虎，正在抢吃一条牛，必然争斗，结果，大老虎受伤，小老虎被咬死，这时你再下手，全世界都将知道你一击之下，连杀二虎。'"）完全相同。可是，在战国时代，邻国互相攻击，没有亡国的顾虑，用这种策略还可以。因为在战国时代，列国林立，都有悠久的历史，一场败仗下来，未必关系国家兴亡。胜的一方挺进获利，败的一方撤退自保。第三者自然可以储存自己的实力，等待对方筋疲力竭；环境允许他这样做。而楚国（芈心）和赵国（赵歇），都是新建立的政权，跟秦政府并不站在平等地位，安危存亡，决定于刹那之间。进取则可以收功，退后立即受到灾祸。这是事情相同，而因应不同。

攻击赵国（赵歇）战役，韩信大军渡过泜水扎营，赵军不能把他击败。可是彭城（江苏省徐州市）战役，刘邦也背睢水，结果官兵逃奔，为了避免被敌斩杀，竟跳到睢水里淹死，西楚兵团大获全胜。为什么会这样？赵军离开首都（河北省邢台市），在国境内作战，胜利时固向前挺进，遇到挫折，便想后退。心里怀念着家中父母妻子，并没有为国献身的决心。韩信孤军而又背水，官兵们知道，战败必死，于是苦斗蛮缠，没有二心，韩信才取得胜利。刘邦深入敌国，一直楔入敌人心脏，每天欢宴喝酒，官兵们乐不可支，认为天下已定，斗志全失。西楚王国（项羽）以举世无双的威望，竟然丧失首都，全军激愤，不可遏止，决心挽救危局，跟汉军决一死活，汉军遂不得不败。而且，韩信遴选最精锐的部队留守大营，赵国（赵歇）却以怀念妻子的军队，发动攻击。项羽遴选最精锐的部队发动攻击，刘邦却用骄将惰兵抵抗。这是事情相同，心理状态不同。

所以说，谋略不可以一成不变，计策不可以僵固不化。随着时机，掌握突发事件，才是最重要的决策基础。

5 刘邦对陈平说：“天下纷扰，什么时候才能平定？”陈平说：“项羽最忠心、最耿直、从不阿谀的高级干部，不过范增（亚父）、钟离昧、龙且、周殷等几个人而已。大王如果能抛出几万斤黄金，就可在西楚（项羽）国内，挑拨离间他们君臣之间的感情，使他们上下猜忌。项羽这个人，天性多疑，容易听信谗言，势将在内部先行诛杀。我们乘那时候，发动攻击，一定可以击破。”刘邦说：“好极。”交给陈平黄金四万斤，任凭他随意使用，而从不问他用到什么地方。

陈平用重价雇用间谍，潜入西楚军中，发动咬耳朵攻势，传播消息说：“以钟离昧为首的一些高级将领，建立的功劳太多了，却一直不能封王，心情上自不满意，听说要跟刘邦合作，消灭我们领袖（项羽）项家，瓜分西楚国土。”这项咬耳朵攻势，其效如神，项羽虽没有立刻诛杀钟离昧等，却从此对他们不再像往常那么信任。

夏季，四月，西楚大军包围荥阳（河南省荥阳市），攻势猛烈，荥阳危在旦夕。刘邦恐惧，向项羽求和，只要求荥阳以西土地。范增警告项羽绝不可接受，并且更应该加强攻击。刘邦又急又怕，却又一筹莫展，于是乞灵于陈平的诡计。当项羽的使节到荥阳时，陈平烹制最丰富、最昂贵的酒席，包括一只全牛（太牢），用最尊敬的礼节，向使节呈献，可是却忽然间大吃一惊，懊丧说："我以为是亚父（范增）派来的人，原来是大王（项羽）派来的人！"把酒席原封抬回去，更换一桌粗茶淡饭（全牛太牢当然没有了）。使节回到西楚大营，把这类事情报告项羽，项羽果然对范增怀疑。范增催促对荥阳发动急攻，项羽既对范增已有戒心，所以偏偏不肯急攻。范增终于发现原因何在，悲愤说："天下大事，已经底定。大王好自为之，请允许我退休还乡。"项羽巴不得早日排除这位居心不良，而又整天唱反调的老汉，于是立刻批准。范增从前线返回彭城（西楚首都，江苏省徐州市）。就在中途，背上的疽疮复发，病故。 620

五月，据守荥阳的汉军不能支持，将军纪信报告汉王刘邦说："情势紧急，荥阳城破，就在今晚。我可以代替你出面欺骗西楚，请大王乘着局势混乱，拼命逃生。"午夜，陈平派出两千余人的娘子军，开东门而出，西楚兵团看不清是女子装扮，战鼓急动，大军开始从四面八方集结迎击。纪信坐着汉王特用的辇车——黄绫作盖，左边插着表示国王威仪的御旗，缓缓驶出东门，使人高喊："粮草已尽，汉王（刘邦）投降！"西楚兵团高呼万岁，纷纷离开阵地，挤向东城，观看历史上最重要的一幕。

刘邦抓住机会，率领数十人骑兵，打开西门，悄悄开溜。命韩王韩信、周苛、魏豹、枞公，留在荥阳固守。项羽见到纪信，一种被欺弄的羞辱使他无法承受，喝问刘邦何在，纪信说："已走的很远了。”项羽下令烧死纪信。而在荥阳城中，周苛、枞公商量：“反国叛王，哪有心跟我们誓死守城！”遂斩魏豹。

刘邦逃出荥阳，先到成皋（河南省荥阳市西北汜水镇），再回关中（陕西省中部）征集部队，打算重返荥阳。辕先生（名不详）建议说：“跟西楚在荥阳僵持了几年，而我们一直居于劣势，是不是可以采取另一种战略，大王暂时不再东进，却东南出武关（陕西省商南县西南），项羽一定南下迎战，而你固守营垒，不跟他交锋。这样可以给荥阳、成皋前线，一段休息的时间，也使韩信有充分的时间消化赵国（赵歇）战果，和加强控制燕国（臧荼）跟齐国（田广）；然后大王再来荥阳前线。这样，西楚（项羽）必须处处设防，力量分散。力量分散，我们才能休息喘气。等到士气振奋，发动反攻，才能胜利。”刘邦采纳这项意见，遂出武关，抵达宛县（河南省南阳市）、叶县（河南省叶县），一面跟英布招兵买马。项羽听到刘邦身在宛县，立即率大军南下，刘邦只坚守城池，任凭攻打，不肯出战。

6 当初，刘邦从彭城（西楚首都，江苏省徐州市）溃退下来，彭越所夺取的城市，又全部丧失。只好率领他的部队，沿着黄河一带游击，遥遥声援被围困在荥阳（河南省荥阳市）的汉军，不停的切断西楚兵团粮道。本月（五月），彭越渡过睢水，南下攻坚，跟西楚大将项声、薛公，在下邳（江苏省睢宁县北）会战，大破西楚兵团，斩薛公。项羽命大将终公守成皋（河南省荥阳市西北汜水镇），亲率军向东攻击彭越。刘邦离宛县（河南省南阳市）北进，乘项羽出征，发动急攻，击破终公，再陷成皋。

六月，项羽大破彭越，听到汉军又占领成皋，怒火上升，回军猛烈攻击刘邦东进基地荥阳，荥阳陷落。楚军生擒周苛，项羽告诉

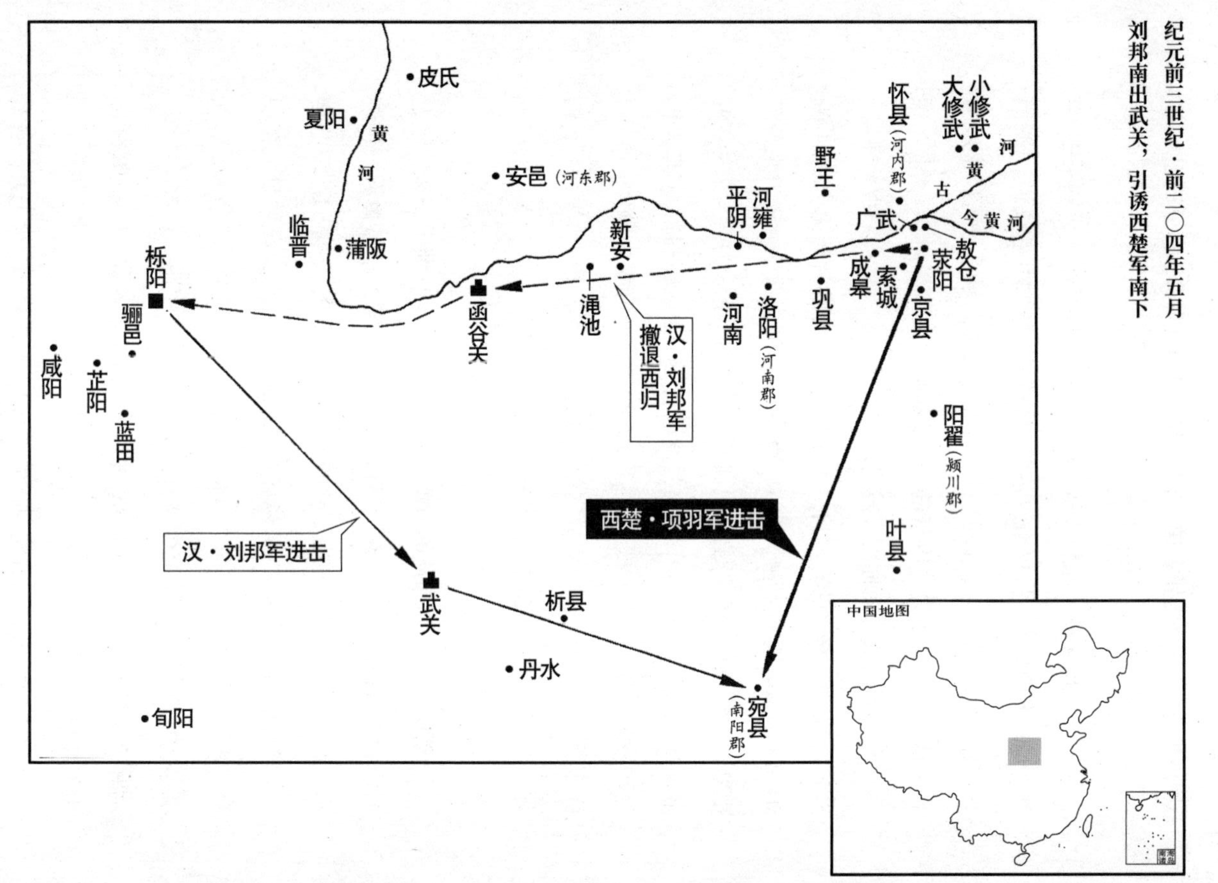

纪元前三世纪·前二〇四年五月
刘邦南出武关，引诱西楚军南下

周苛，如果投降，就任命他当上将军，封三万户爵位。周苛骂说：“你如果不快点归附汉王（刘邦），就要成为俘虏，你不是汉王（刘邦）的对手！”项羽下令把周苛投入大锅煮死，同时杀掉枞公，又生擒韩王韩信，迅速包围成皋。

刘邦被项羽强大凌厉的战力慑住，知道成皋不能久守，就放弃成皋，再度逃亡。跟夏侯婴同乘一辆小车，悄悄溜出北门，北渡黄河，到达韩信、张耳统帅部所在的小修武（河南省获嘉县有东西二城，东城称小修武，西城称大修武），不声不响，投宿一家客栈。凌晨，自称是汉王的使节，驰入统帅部。韩信和张耳还没有起床，刘邦即直接闯到卧室，夺取韩信、张耳的印信（在中国，印信占极重要的角色，主管官如果没有了印信，就等于孙悟空没有了金箍棒。甚至以君王之尊，也必须像保护性命一样的保护他的印信。而罢黜一个君王时，第一件事就是夺取他的印信），用该项印信，召集紧急军事会议，调动他们的职务或工作。韩信、张耳起床，才知道来的不是汉王（刘邦）的使节，而是汉王（刘邦）本人，吓了一跳。

刘邦既取得两人的部队，即命张耳巡行各地，加强故赵王国土地的战备。擢升韩信当宰相（相国），率领没有随着张耳出发的赵国（张耳）部队，向东攻击齐王国。

刘邦是中国历史上最伟大、最传奇的君王之一，他出身于地痞流氓阶层，可能还不识字（即令识字，教育程度也不会高）。世界上有很多头目，其蠢如驴，却自捧或被捧为天纵英明，实在使人背皮发紧，他阁下确实先天就有超越普通庸才之处。他所有的重要决策，都来自部属们的建议，自己几乎完全没有主见。但他大多数时候，对部属的建议，都有正确判断，而在发现判断错误时，会立刻认错、且会马上改正。刘邦身上，找不

纪元前三世纪·前二〇四年五月至六月

刘邦兵败成皋

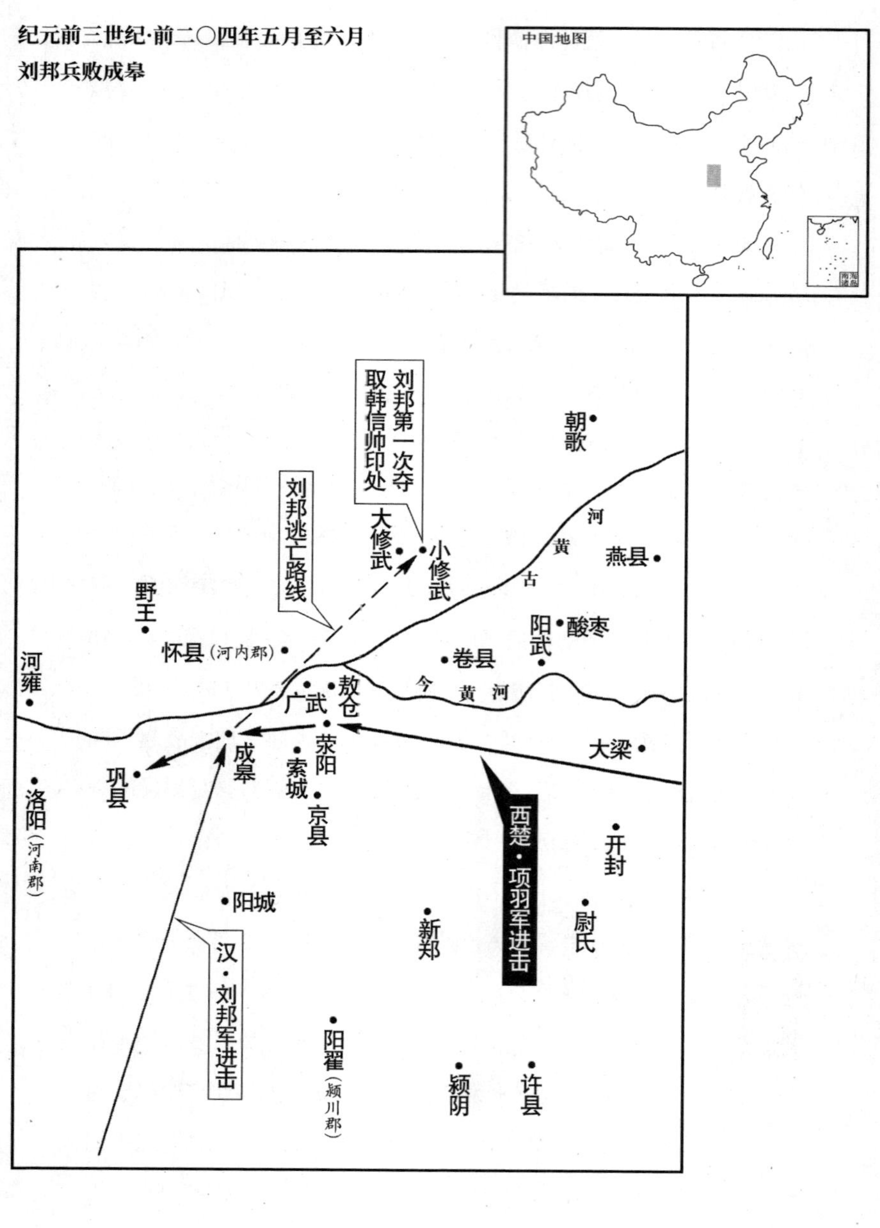

到予智予雄的镜头，这要归功于他恢宏的胸襟，和对新事物吸收消化的强大能力。

荥阳（河南省荥阳市）陷落，成皋（河南省荥阳市西北汜水镇）出奔，刘邦不回关中（陕西省中部），却直投韩信张耳大营。像小偷一样，悄悄溜进小修武（河南省获嘉县东城），提心吊胆过了一夜。史书虽没有记载，我们可推想，他跟夏侯婴一定有一种忧虑和恐惧：万一韩信和张耳不肯买账，紧握军权不放，他们可是死路一条。魏无忌先生手拿国王兵符，带有随从宴客，晋鄙还拒绝交出军队。刘邦和夏侯婴，不过落荒而逃的两个光棍，韩信和张耳把他们杀掉，而自己称王，跟杀掉两条丧家之犬没有分别。即令不杀，把两位软禁大营，假传刘邦命令，还可控制关中（陕西省中部）。刘邦出生入死得来的江山，将全部滑入韩信和张耳之手。

刘邦不敢把他的生命寄托韩信张耳的效忠上，假使当天晚上就投入大营，一夜之间，足够酿成叛变密谋。所以必须一直等到夺取元帅印信，重新调整军官职务之后，才敢确信自己的安全，这是一种别人教导不出来的应变能力，反应疾如闪电。接着仍授权张耳负责赵军，并擢升韩信当宰相，使他们虽被夺军权，却不以为意，而仍死心塌地。无疑的，刘邦是一个政治天才。

成皋（河南省荥阳市西北汜水镇）自刘邦逃走，将领们也陆续逃走，仍追随刘邦。西楚兵团遂进入成皋，并打算向西推进。此时刘邦的力量，已初步复苏，派军在巩县（河南省巩义市）设防截堵。

7 秋季，七月，大角星旁，出现孛星（大角星，Arcturus，中名天王星。孛星，一种尾巴光芒比彗星短的流星。古代天文学家说，君王如果作恶多端，孛星就会出现）。

8 西楚（首都彭城）所属的临江王（首府江陵〔湖北省江陵县〕）共敖逝世，子共尉继位。

9 刘邦接管韩信从关中（陕西省中部）带出来的部队（韩信另率赵军东击齐国），声势再度大振。

八月，刘邦率军渡黄河南下，行前在小修武（河南省获嘉县东城）大宴官兵，打算跟西楚（项羽）再战。宫廷禁卫官（郎中）郑忠，建议刘邦最好只作截堵，不作进攻。刘邦接受，派将军刘贾（刘邦的堂兄）、卢绾，率步兵二万人、骑兵数百人，从白马津（河南省滑县东北古黄河渡口）渡黄河南下，深入西楚（项羽）腹地，协助彭越，加强游击。焚烧西楚仓库，劫掠西楚运输车辆，使项羽军粮食缺乏。西楚兵团攻击刘贾，刘贾严守营垒，跟彭越互相声援，拒绝短兵相接。

10 彭越夺取故魏王国土地，攻下睢阳（河南省商丘市）、外黄（河南省民权县西北黄集村）等十七个城市。

九月，项羽对总参谋长（大司马）曹咎说："请你严守成皋，纵使刘邦百般挑战，千万不可出击，只要截住他，不准他向东就行。我十五天内，必然可以平定故魏王国土地上的变乱，会立即回来。"遂率军东进，攻击陈留（河南省开封市东南）、外黄、睢阳，全部收复。彭越败走。

11 刘邦打算放弃进攻成皋，撤退到巩县（河南省巩义市）、洛阳一带，跟西楚王国保持一个适当距离。郦食其警告说："天之上，还有天，知道这个道理的，统一中国的大业，可以完成。君王的天是人民，人民的天是粮食。敖仓（河南省荥阳市北敖山粮仓）粮秣，虽已运出来很多，但据说仓下地窖，仍有庞大储存。项羽攻陷荥阳，竟不知道派重兵保护敖仓，反而向东去打彭越，只派曹咎率领一些杂牌队伍、囚徒罪犯，去守成皋，这正是上帝要帮助大王（刘邦）。而今，西楚已呈现劣势，大王反而打算撤退，自己剥夺有利于自己的条件，我认为犯了严重错误。而且，两雄不并立，西楚王国跟汉王国，相持已久，天下大乱，农夫放下耕犁，妇女走下织机，人心慌恐，因为不知道什么时候，才能安定。我建议：立即反攻，夺回荥阳，一面取得敖仓粮食，一面扼守成皋要塞，一面堵塞太行陉（太行山八陉之二，位于河南省沁阳市西北），一面断绝飞狐陉（太行山八陉之六，位于河北省涞源县南。何焯注：这两段话可能是后人妄加，当时汉军已完全控制故赵王国全境，何必堵塞太行陉？而飞狐陉远在塞北，西楚王国所不及，何必要去断绝），一面在白马津（河南省滑县东北古黄河渡口）驻屯重兵，向天下显示你的地利形势，让全国英雄知道他们应该向谁归附！”刘邦听从，密谋夺取敖仓。

郦食其又向刘邦进言：“如今，燕国（臧荼）、赵国（赵歇）已完全平定。只有齐国（田广）仍然对抗。田姓皇族强大，东方是大海，西方是泰山，又有济水（现已堙没）、黄河，作为天险。南方跟西楚王国（项羽）接壤，最容易发生变化。你虽派出几万大军，不是短时间可以征服。请你给我一项公开命令，前往游说齐王（田广），劝他靠拢，作为汉王国（刘邦）的东方屏藩。”刘邦说：“好极。”派郦食其前往。

郦食其到齐国（首府临淄〔山东省淄博市东临淄区〕）后，问齐王田广说：“大王知道不知道天下将由谁统一？”田广说：“不知道。你认为由谁统一？”郦食其说：“由汉王（刘邦）。”田广说：“为什么？”郦食其说：“汉王（刘邦）先进咸阳（秦首都，陕西省咸阳市），而项羽撕毁义帝（芈心）最初的约定，反而把他放逐到汉中（陕西省汉中市）。更进一步，把义帝（芈心）赶到江南（长江以南），还把他杀掉。汉王（刘邦）得到消息，动员全国兵力，攻击三秦（雍国章邯、塞国司马欣、翟国董翳。按：这是谎话，刘邦先攻击三秦，而后项羽才杀芈心），出关（函谷关）之后，质问义帝（芈心）何在？集结天下兵力，立六国皇家后裔当王（这又是谎话，但田广听了可非常受用），守将投降，就封侯爵。帮助汉军粮草的，就封土地。使利益均沾，所以天下豪杰，都愿接受驱使。项羽却恰恰相反，有毁弃义帝（芈心）约定的恶名，又有谋杀义帝（芈心）的罪行。部下有功，他不记忆；部下有过，他一辈子都忘不了。战胜得不到赏赐，攻陷城池，也得不到封爵。除非项家班皇亲国戚，谁都没有权柄。天下背叛，贤才怨恨，没有人甘心效忠。这种形势很明显，最后胜利，定属汉王（刘邦），坐在桌旁都可推算出来。然而，最重要的是：汉王（刘邦）从汉中（陕西省汉中市）起兵，平定三秦，渡过黄河，击破魏国（魏豹），横穿井陉（河北省井陉县西井陉关，太行山八陉之五），诛杀陈馀。这一切都非人力可以办到，乃上天赐给他的洪福。而今，汉王（刘邦）已取得敖仓的粮食，扼守成皋要隘，堵塞太行道，断绝飞狐口，重兵驻屯白马津（又是一连串谎话，把他对刘邦的建议，当作已完成的事实。田广不明真相，郦食其正好信口开河，增强说服力）。天下各国，打算拖延到最后才归服的，一定会最先被消灭。大王如果迅速向汉王（刘邦）低头，齐国（田广）仍能保存。否则，危亡会随时发生。”

在此之前，齐国（田广）听说韩信大军东进，特派大将华无伤、田解，率重兵进驻历下（山东省济南市）布防。后来齐王田广接受郦食其的建议，派使节晋见刘邦，要求和解。历下驻军的戒备解除，齐王田广以下高级官员，跟郦食其每天欢宴纵酒，享乐待命。

想不到，巨变在酝酿中。韩信率领大军正向东挺进，听说郦食其已说服齐王（田广），就打算停止。智囊蒯彻说：“将军接到的命令是攻击齐国（田广），汉王（刘邦）虽然派专使前往，但没有下令教你停止军事行动，你怎敢擅作主张，逗留不前？而且，郦食其一个人，靠着三寸不烂之舌，竟说服齐国（田广）七十余座城市。而将军大军数万，不过夺取赵国（赵歇）五十余座城市。当元帅当了好几年，反而比不上一个烂胚！”韩信认为他的分析有理，遂渡黄河。

纪元前二〇三年——戊戌

西楚霸王　　四年

西汉高祖　　四年

（齐王田广三年·田横元年）

1 冬季，十月，汉王国（刘邦）统帅韩信，率大军进抵历下（山东省济南市），发动猛烈突击，大破齐军，遂长驱直入，直逼临淄（齐首都，山东省淄博市东临淄区）。齐王田广既恐惧又愤怒，认为郦食其是个巨骗，被他出卖，下令煮死（古代烹刑，似乎很普遍。在此之后，这项酷刑才逐渐消失，其他酷刑代之而起）。齐政府瓦解，田广逃到高密（山东省高密市），派使节到西楚王国（项羽）求救。宰相田横逃到博阳（山东省泰安市），留守长官（守相）田光逃到城阳（山东省莒县），将军田既逃到胶东（山东省平度市)，集结残军。

2 西楚总参谋长(大司马)曹咎镇守成皋(河南省荥阳市西北汜水镇)，汉军屡次挑战，曹咎都不作反应。汉军使用心战，在城外诟骂，对项羽以及西楚官员，千变万化，恣意侮辱。几天下来，曹咎气得发抖，忘了项羽的吩咐，大开东门，渡汜水(汜水流经汜水镇东门)出战，大军刚渡过一半，汉军迎头痛击，西楚军首尾不能相顾，立刻崩溃，成皋陷落。西楚储存的金银财宝，全到汉军之手。曹咎跟司马欣，在汜水河畔，双双自刎。刘邦遂从小修武(河南省获嘉县东城)南下，渡过黄河，再入成皋，把重兵进驻广武(河南省荥阳市北)，接近敖仓粮库。

西楚王国(项羽)跟汉王国(刘邦)血战五年，西楚一直居于主动，占尽优势。前二〇三年的成皋战役，是一个转折点。成皋一失，敖仓不保；敖仓不保，西楚开始缺粮。即令钢铁部队，一旦"乏食"，便只有破败。长平战役(参考前二六〇年)，秦王国所用的秘密武器，就是饥饿。现在，饥饿抓住西楚。

成皋陷落，由于曹咎这个蠢货之不能忍。心胆俱裂，由衷屈服，是已经瘫痪了的奴才。跳高之前，先曲双膝，则是英雄豪杰。《伊索寓言》上介绍过一只螃蟹，当钓竿敲打它时，它立刻愤怒的把它钳住，死也不放。这种刚愎暴戾人物，当一个码头小流氓，已到顶端，当一个领袖——无论是政治的或军事的，曹咎就是榜样。

忍是一种艺术，韩信提供另一个榜样。奴才的忍，或英雄的忍，表现在外的形态是一样的，内涵却大大不同。螃蟹型人物不忍一时之愤所造成的严重后果，使人深思。

项羽（本年三十岁）一连收复故魏王国土地上十余座城市，听到成皋失守消息，即行回师，汉军正把西楚大将钟离昧包围在荥阳东郊，听说项羽回师，军心震恐，马上解围，纷纷退守附近险要。项羽在广武（河南省荥阳市北）扎营，跟汉军对峙。几个月匆匆过去，西楚兵团开始尝到丧失敖仓的苦头，粮草不继。项羽十分忧虑，做了一个大号切肉用的砧板，把刘邦的老爹刘执嘉，放到上面，派人通知刘邦说："如果不投降，我就烹杀你的父亲。"刘邦回答说："我跟你曾经同时接受义帝（芈心）的命令，教我们二人要情如兄弟。所以我爹就是你爹，如果一定要烹杀你爹，分给我一碗汤喝！"项羽被这种无赖嘴脸激怒，下令行刑。项伯劝阻说："天下大事如何，不可预料。一个企图夺取政权的人，根本不会考虑他亲人的死活。把老头杀掉，对我们没有丝毫益处，只有增加仇恨。"项羽这才罢手。

项羽对刘邦（本年五十四岁）说："天下大乱，已有好几年，只不过因为你我两个人在斗。这样如何，我跟你面对面相搏，决一雌雄，不必劳苦父老。"刘邦笑着回绝说："老弟，我只斗智，不斗力！"项羽命三员战将出营挑战，汉军有一位楼烦部落（山西省北部管涔山）的神射手，把三员战将，全都射杀。项羽爆炸般的自己披上铠甲，手持铁戟，驰出营门，向汉军挑战。楼烦神射手正要瞄准发射，项羽怒目如电，大喝一声，楼烦神射手一惊，眼睛不敢正视，双手发颤，踉跄逃回大营，再不敢出来。刘邦派人探听，才知道是项羽。对项羽的英勇，大为震骇。

最后，项羽跟刘邦当面对话，约定在广武涧，隔涧相见（原文为"广武间"，当是后人传抄错误，涧是深溪，二人之间必有横隔，才可避免对方突击）。项羽再次提出单独决斗的建议，刘邦不理，而只闲话家常。突然间，刘邦高声向西楚大军宣布项羽十大罪状："第一，项羽违背义帝（芈心）约定，把我贬逐到蜀汉当王（蜀：四川省。汉：汉中郡，陕西省南部）。第二，犯上作乱，谋杀卿子冠军宋义。第三，援救赵国（赵歇）后，不回去报命，竟裹挟各国将领，进入关中（陕西省中部）。第四，焚烧秦王皇宫，挖掘帝王坟墓，把陪葬的金银财宝，全下自己腰包。第五，处决降王嬴婴。第六，坑杀秦政府降军二十万。第七，把各国将领封到富足的地方当王，反而把原来的王赶到边陲。第八，把义帝芈心逐出彭城（江苏省徐州市），而自己定为首都，又吞并韩国（韩成）、魏国（魏豹）、楚国（芈心），贪多无厌。第九，追杀义帝（芈心）。第十，政治措施不公平，政府官员没有信义。天地不容，大逆不道。我率堂堂的正义之师，追随各国军队之后，诛杀暴徒。驱使市井流氓和犯罪的囚徒，捉拿项羽，你项羽怎么还敢向你家老子叫阵？”项羽暴跳如雷，发动伏弓，一箭射中刘邦前胸，刘邦栽倒马下，忍住痛苦，抱着脚说：“那强盗射中了我的脚趾！”

刘邦伤势沉重，不能起床。军心动摇，张良要刘邦勉强出面，到营区巡视，安抚官兵，以免受到西楚兵团的乘胜攻击。刘邦巡视回来后，伤势更重。于是，返回成皋大营疗养。

3 汉王国（刘邦）统帅韩信既占领临淄（齐首都，山东省淄博市东临淄区），率军向东追击齐王田广。项羽派他最亲信的悍将龙且，率领号称二十万人的大军来救，跟齐王田广在高密（山东省高密市）会合。有人向龙且建议：“汉军千里求战，每战都拼死命，凌厉难以抵挡。而齐楚联军，因为在自己领土上作战，稍受挫折，就会一溃而散，投奔亲友躲避。最好的办法，莫过于坚守营垒，请齐王（田广）派出亲信使节，到各城市号召反正。那些城市听到齐王（田广）仍然健在，楚军又来相救，必然驱逐汉军。汉军离他们根据地（关中）有两

纪元前三世纪·前二〇三年十月至八月

广武对峙

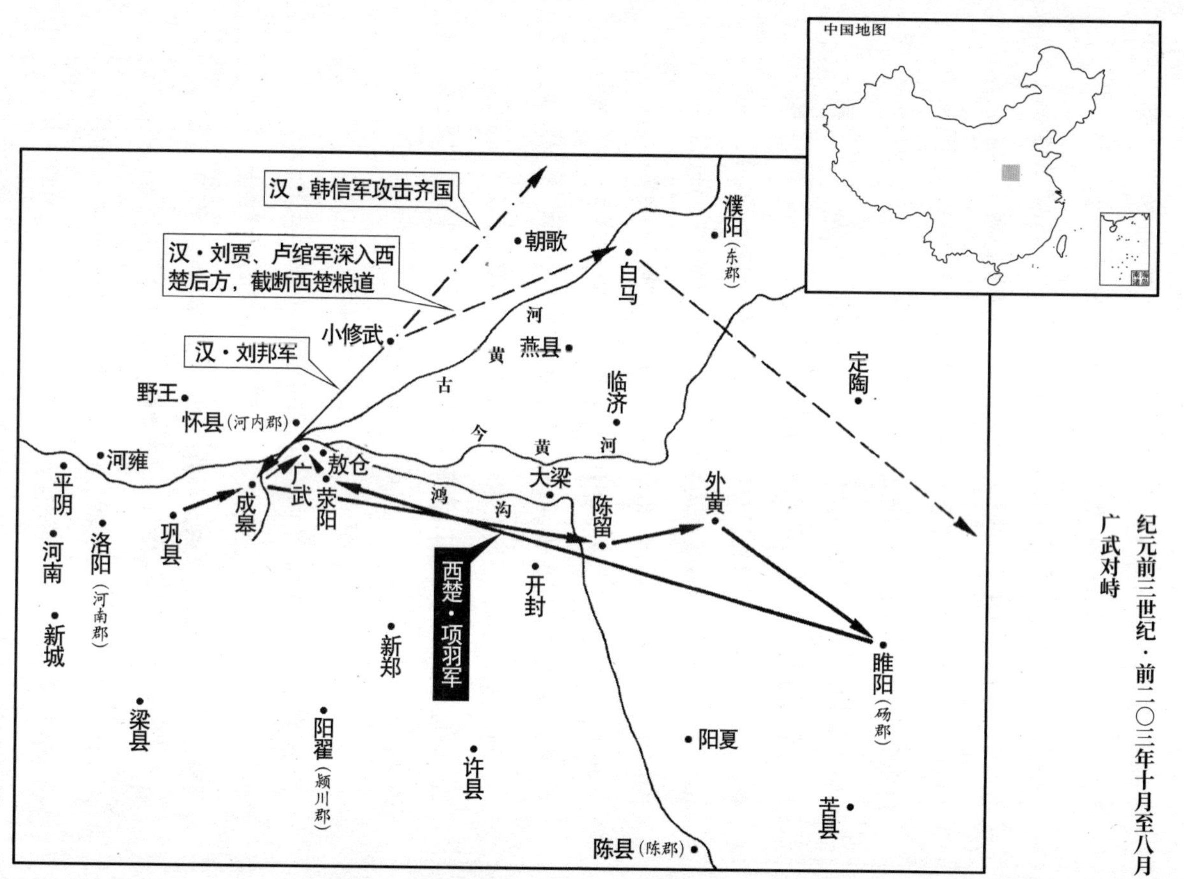

千华里之遥，在齐国（田广）完全孤立，城市纷纷反叛，粮草势必断绝，可以不必经过战争，就使他们投降。”龙且说：“我跟韩信相识很久，深知道对付他太容易了。这个人靠洗衣服老太婆养活，他的谋略连自己的肚子都喂不饱，还谈什么指挥大军？曾经被人骑到胯下侮辱，证明他懦弱成性，毫无一点丈夫气概，这种人我从没有看到眼里。而且，我奉命救援齐国（田广），假如不大干一场，就让他们投降，我还有什么功劳？第一仗就打胜，大王（项羽）可能把一半国土封给我。”

十一月，齐楚联军跟汉军，隔着潍水布阵（潍水流经高密故城之西）。韩信于半夜下令，命缝制一万余个布袋，满装沙土，用来在潍水上游筑坝。下游河床水位，遂迅速降低。韩信下令大军蹚水过河，龙且迎战，汉军假装大败，向后撤退。龙且大喜过望，叫说：“我早就知道韩信是个脓包。”挥军追击，等到进入潍水河床，韩信命撤除上游沙坝，洪水如万马奔腾，从天而降。西楚兵团被分割为二，汉军猛烈反扑，斩龙且。留在潍水那一边的楚军，一哄而散。齐王田广逃亡，韩信穷追到城阳（山东省莒县），生擒田广。汉军大将灌婴，俘虏齐国（田广）留守长官（守相）田光，抵达博阳（山东省泰安市）。

田横听说田广已死，遂自称齐王，反攻灌婴，在嬴县（山东省济南市莱芜区）会战，田横溃败，遂逃到故魏王国土地，投奔彭越。灌婴攻击千乘（山东省高青县东北），斩田吸。曹参攻击胶东（山东省平度市），斩田既。齐国（田广）完全平定。

4 汉王刘邦，封张耳当赵王（去年〔前二〇四〕应许）。

5 刘邦创伤痊愈，返回关中（陕西省中部），抵达首都栎阳（陕

纪元前三世纪·前二〇四年九月至前二〇三年十一月　韩信灭齐（田横）

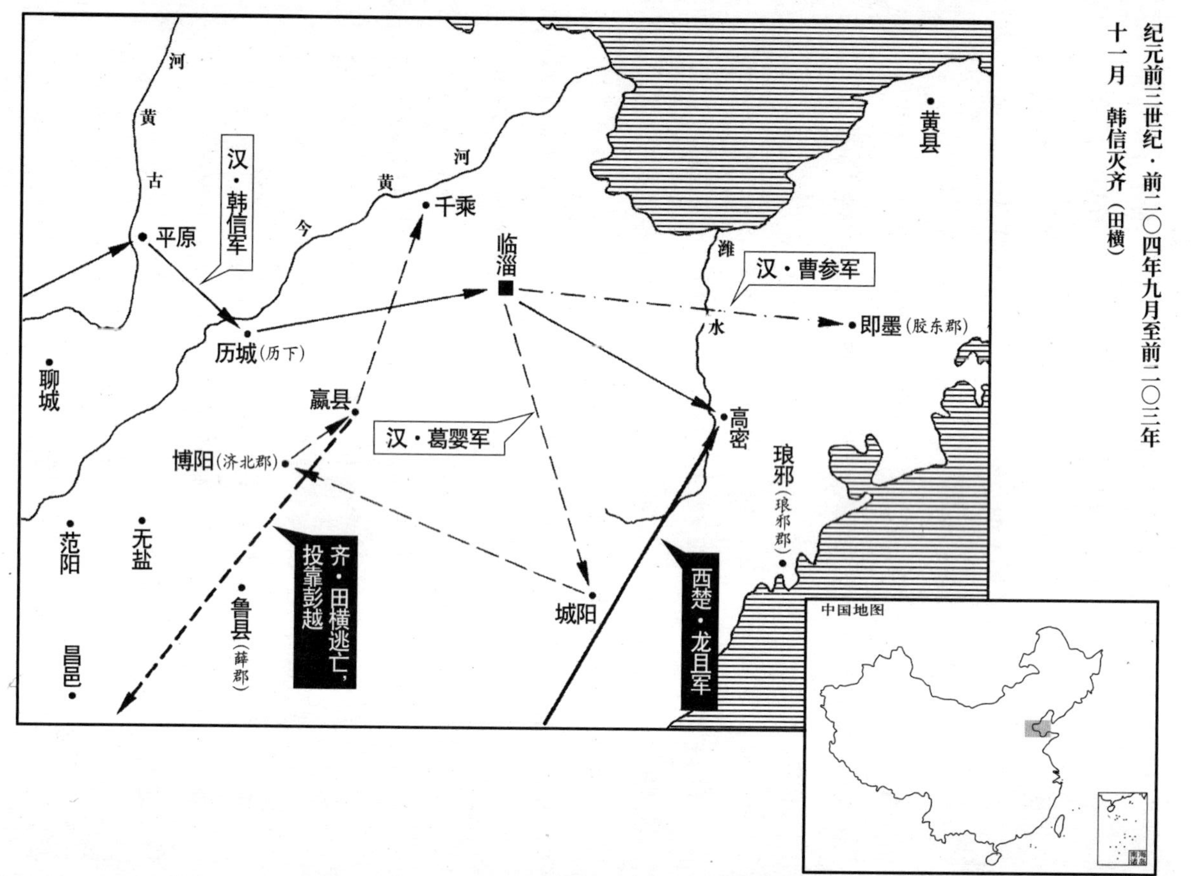

西省西安市临潼区)，割下故塞王司马欣的人头，悬挂街市示众(栎阳是塞国旧都，司马欣被项羽封塞王)。停留四天，再回前方，仍驻扎广武(河南省荥阳市北)。

6 韩信派使节向汉王刘邦请求：“故齐王国人民，虚伪多诈，反复无常。而南方又跟西楚王国(项羽)相邻，请准许我暂时代理国王，便于镇压。”刘邦拆开使节呈递上来的书信，鼻孔冒烟，吼叫说：“我被困在这里，日夜盼望你来救我，你却打算当王。”张良、陈平立刻轻轻踢了刘邦一脚，咬耳朵说：“我们被困在这里，有什么办法阻止韩信当王？现在他既然开口，最高的策略是顺水推舟，就请他当王，厚厚待他，至少使他保持中立。不然的话，可能发生巨变。”刘邦恍然大悟，因而破口大骂说：“你他妈的，大丈夫平定一个王国，当然就是一个实任国王，代理个屁！”

春季，二月，刘邦派张良带着国王印信，前往临淄，宣布封韩信当齐王。并征调他的部队到广武(河南省荥阳市北)前线，拒抗西楚兵团。

7 项羽听到龙且战死，才第一次感到恐惧，派盱眙(江苏省盱眙县)人武涉，前往游说韩信。武涉说：“全国人民很久以来，厌恶秦王朝政府暴政，集结所有力量反击。秦政府已经打倒，依各人的功劳，割裂土地，分封国王，目的在使士兵获得休养。想不到汉王(刘邦)叛变，起兵指向东方，侵入别国领土。既攻破三秦(雍国、塞国、翟国)，即行出关(函谷关)，征调各国部队，攻击西楚(项羽)，用意十分明显，非征服全世界，不会停止。欲望之难以满足，竟到这种程度。汉王(刘邦)这个人，绝不可信赖。他被项王(项羽)控制在掌握之中，已有好几次。项王（项羽）怜惜他，每次都让他活命。然而，一经脱逃，就背叛誓言，反而向项王（项羽）攻击，他就是如此的忘恩负义。而今，将军（韩信）自以为跟刘邦的情谊深厚，因而为他拼命，最后一定陷入他的圈套。将军所以还被容忍，苟且延续，主要原因是项王（项羽）还在。而今，二人之间，轻重全看将军，你向右伸手则汉王（刘邦）胜，向左伸手则项王（项羽）胜。项王（项羽）今天覆灭，下一个准轮到将军。你跟项王（项羽）有故旧之情，为什么不脱离汉王（刘邦），跟西楚王国和解，三分天下，各自当王？如果错过今天，将军自然帮助汉军，攻击西楚。一个智慧的人，难道就是如此？”韩信抱歉说：“我曾当过项王（项羽）的部下，不过一个禁卫官（郎中），只拿着武器站岗。言不听，计不从，谋略不用，所以才投奔汉王（刘邦），汉王（刘邦）却任命我当最高统帅（上将军），交给我几万人之多，脱下他身上的衣服给我穿，分送他的食物给我吃。言听计从，我才能够到这个地步。人既那么深厚的亲我信我，我如果背叛，将招来大祸。一点忠心，至死不变，请你代我叩谢项王（项羽）。”

武涉失望而去。智囊蒯彻，了解天下变局，在于韩信一念之间。于是，假借算命卜卦的言词，微言挑动，对韩信说：“相你的面，不过封一个侯爵，而且危机四伏。可是相你的背（意指背叛），富贵不可形容。”韩信说：“怎么会这样？”蒯彻说：“当抗暴初起之时，人们唯一忧虑的，是推不翻秦王朝政府。而今西楚和汉争斗，全国土地，一片血腥，父亲和儿子，骸骨同时暴露原野，多到不可胜数。西楚霸王（项羽）据守彭城（江苏省徐州市），转战追杀，乘胜席卷天下，威震海内，却被困在京县（河南省荥阳市南九公里）跟索城（荥阳市）之间，迫近西山（荥阳市西），不能再进，迄今已有三年。汉王（刘邦）率十万大军，据守巩县（河南省巩义市）跟洛水（流经洛阳，注入黄河）的要隘和险阻，每天总有数次交锋，却没有一点战果，挫败的时候，又得不到任何援救，这正是智勇同时枯竭的窘境。人民恐惧疲惫，恨入骨髓，却不知道怎么才好。以我的推断，如果没有盖世的威望和贤能的人物，就不能使灾难平息。而今，两位国王（项羽和刘邦）的性命，掌握在你的手中。将军帮助汉王，汉王就胜利；将军帮助西楚，西楚就胜利。我的意见是，对谁都不帮助，使他们同时共存。天下便分成三份，鼎足而立，谁都不敢先动。以将军的身价，充分具备威望和贤能，又有庞大的武装部队，驻扎强大的齐国，如果联合燕国（臧荼）、赵国（张耳），用奇兵穿过对方不设防地带，顺从人民的愿望，向西方（齐国在东）发出呼吁，可以肯定的，天下望风响应，谁敢不听？然后割裂大国的领土，削弱强国的兵力，大量增加封国。封国增加之后，天下归附，都会对将军感恩。齐国土地，据有胶水（山东省胶莱河）、泗水（流经江苏省北部，今已堙没）流域，将军高卧深宫之中，就可以控制天下。天下所有国君，都会前来朝见。特别注意，上天赏赐给你的宝物，你如果不肯接受，一定会受到伤害。运气来了却不知道把握，一定会化成灾难。请将军三思。”韩信说：“汉王（刘邦）待我，恩重如山，我不应贪图富贵，做出忘恩之事。”蒯彻说：“当初，张耳、陈馀还是小民时，交情深厚，相互以生命相许。后来，为了张黡、陈泽二人的事（参考前二〇七年），张耳把陈馀格杀在泜水之南，头脚异处（参考前二〇四年）。当二位开始相交时，义气千秋，然而终于决裂，为什么？为的是欲望无穷，人生变数太多，心理动向，难以预测。将军必忠必信，把身家性命，交付给汉王（刘邦），这份感情，不见得比张耳、陈馀更为亲密。而你们之间的争执冲突，每一件事都大过张黡、陈泽。你认为汉王（刘邦）绝对不会害你，是犯了严重错误。历史上事迹斑斑：文种把已经沦亡了的越王国拯救复兴，使国王姒勾践称霸国际，成大功又享大名，结果身被诛杀。原因很简单，野兽既被杀光，猎狗已没有用处。以朋友交情而言，你跟汉王（刘邦），不如张耳、陈馀。以君臣忠信而言，你跟刘邦，不如姒勾践、文种。从这两个例证观察，已经够了，将军要深思熟虑。而且，古人有云：'勇略震主者，身危。''功劳盖世的，不赏。'现在，将军有勇略震主的威望，又有'不赏'的功劳。归附西楚，西楚对你绝不会信任。归附汉，汉王（刘邦）对你怀有一种震恐的心。请问，你怎么选择你的道路？"韩信抱歉说："先生先去休息，等我想想看。"

过了几天，蒯彻再向韩信进言说："采纳建议，是成功的预兆。谋略计划的执行，是成败的关键。拒绝正确的建议、制定错误的决策，而能长久保持平安的，为数很少。观察必须深刻，才能知道如何决断。犹豫和怀疑，为害至大。只见到眼前一小点利益，却忘了以后的重要发展，以你的智慧，当然了解它的后果，但仅只了解，没有行动，仍然难免大祸。事业成功很难，败坏却十分容易。机会，只敲门一次，抓不住便永远丧失。时机，时机，不再来临！"但韩信始终感激刘邦待他深厚，不忍背叛。同时，也自以为功劳俱在，刘邦绝不可能夺取他的齐国。

韩信把他的决定告诉蒯彻，蒯彻遂逃亡而去，假装疯癫，在街头给人卜卦为生。

8 秋季，七月，刘邦封英布当淮南王（首府六县〔安徽省六安市〕）。

9 八月，北貉部落（吉林省东部一带）、燕国（臧荼），先后派遣骑兵，协助刘邦作战。

10 汉王刘邦下令，军士不幸死亡的，由政府负责准备丧服棺材，转送给他的家属。这项措施，使人民归心。

11 本年（前二〇三），刘邦擢升首都栎阳（陕西省西安市临潼区）警备区司令（中尉）周昌，当最高监察长（御史大夫）。周昌，是荥阳城破后被杀的周苛的堂弟。

12 项羽自知再没有人帮助他，而粮食又快吃完，韩信也将发动攻击，十分忧虑。恰巧，刘邦派遣特使侯公，前来晋见项羽，请求交还老爹刘执嘉。项羽遂利用这项接触机会，跟刘邦签订盟约：以洪沟为界（洪沟，也作鸿沟，流经河南省开封市西南，在荥阳市东北，注入黄河，今已堙没），洪沟以西，全部归汉王国，洪沟以东，则是西楚王国领土。两国友好，永不侵犯。

九月，项羽用盛大典礼把刘执嘉，跟刘邦的妻子吕雉，送还刘邦（翁媳被俘，参考前二〇五年四月，至今二年五个月），即率军撤退。

刘邦也打算回到关中（陕西省中部），张良、陈平警告说："汉王国有天下一半以上的土地，各地首领都已归附。西楚王国兵力已疲，粮草又尽，这正是上天要灭亡它的时候，今天如果不乘胜追击，那可是在家里豢养老虎，自留后患。"刘邦醒悟。

纪元前二〇二年 己亥

西楚霸王　五年

西汉高祖　五年

（齐王田横二年）

1 冬季，十月，汉王刘邦（本年五十五岁）背叛盟誓，向往东撤退中的西楚霸王项羽（本年三十一岁）发动攻击，追到固陵（河南省周口市淮阳区北），征召齐王韩信、魏国宰相（相国）彭越，前来会师，共商大计。可是韩信、彭越却没有反应。愤怒的西楚兵团回军反攻，汉军大败。刘邦只好固守营寨，不敢迎战，问张良说："韩信、彭越他们都不听我的，怎么办？"张良说："西楚覆亡在即，而二人还没有明确的封地，他们不来，并不意外。大王如能真心跟他们共同享有天下，他们来得恐怕比谁都快。韩信虽封齐王，不是出于你的本意，韩信自不安心。彭越本来夺取故魏王国土地，最初，大王因为魏豹是魏王，所以才任命彭越当魏国宰相（参考前二〇五年四月），今魏豹已死（参考前二〇四年五月），彭越也盼望封王，你却一直没有决定。如果把睢阳（河南省商丘市）以北，直到谷城（山东省平阴县西南东阿镇），都划给彭越，封他当王。从陈县（河南省周口市淮阳区）以东，直到大海（东海），都划给齐王韩信，韩信本是故楚王国人，人情之常，当然希望他的领土包括他的故乡。假如你舍得分割这些土地，促使他们参战，西楚败亡在即。”刘邦立即依照张良建议。不久，韩信、彭越，分别率领大军，前来会合。

十一月，刘贾南渡淮河，包围寿春（安徽省寿县），派人引诱西楚总参谋长（大司马）周殷。周殷献出城池投降后，立刻率领舒城（安徽省庐江县）的民兵，攻陷六县（安徽省六安市），大肆屠杀，集结九江郡（安徽省寿县）的民兵，迎接英布。率军经过城父（安徽省亳州市东南城父镇）时，屠城，然后跟刘贾会合。

十二月，项羽率军抵达垓下（安徽省灵璧县东南，是一个高岗绝岩，经过千余年风雨剥蚀，到二十一世纪，仍高达十二公尺左右），兵力既少，粮草又尽，势不能再战。屡次向韩信指挥下的汉军攻击，都被击退。百战百胜的英勇，已不复在，只好退守营垒。汉军把项羽重重包围，密不通风。入夜，项羽听到四面唱起楚歌，面无人色说：“难道汉军已把楚国全都征服？为什么军中的楚国人这么多？”午夜，项羽不能安枕，起来在虎帐中饮酒，慷慨悲歌，流下数行眼泪，左右侍从也都泣不成声。项羽决心逃亡，跨上爱马乌骓，率亲信骑兵八百余人，夜半稍后，抛弃大军，向南突围。黎明时分，汉军才发觉，命骑兵司令灌婴率五千骑兵追捕。项羽一路血战，渡过淮河后，卫士只剩下一百余人，抵达阴陵（安徽省定远县西北三十公里），迷失道路，向一农夫询问，农夫故意欺骗他，说："左转。"左转之后，陷在广大的草泽之中，进退艰难，汉军不久即行追及。项羽折向东方，抵达东城（定远县东南二十五公里），随身只剩二十八骑，而汉军追兵有数千人。项羽知道逃出无望，告诉二十八骑说："我自起兵以来，已经八年，身经七十余战，从没有失败过，遂统一全国，独霸天下。而今被困此地，是上天要灭亡我，不是我不会作战。今天唯有决一生死，愿为各位作一次闪电突击，一定突出重围，阵斩敌将，砍倒对方军旗，取得三项胜利，向你们证明是上天要灭亡我，不是我不勇敢。"遂把二十八骑分成四队（每队七人），向四面冲杀。此时汉军包围圈已经完成。项羽说："我为你们杀一个将领。"下令开始行动，指定越过山岭后，在山的东侧，分三处集结。

于是项羽大声呐喊，像暴风一样，冲刺而下，汉军不敢争锋，恐慌躲避，遂斩杀一员将领。汉军骑兵禁卫官（郎中骑）杨喜，鼓起胆量追赶，项羽怒目大喝，如同一声霹雳，杨喜人马同时受到惊吓，踉跄倒退。项羽既到山岭东侧，如所预期的，分三处会合。汉军不知道项羽在哪里，只好把部队分为三支，包围三处。项羽再杀入重围，再斩汉军一位民兵司令（都尉），连杀数十百人。乘汉军惊魂未定，集结兵力，仅丧失两人。项羽得意说："如何？"部属们佩服得五体投地，说："果然，大王英勇无敌！"

最后，项羽抵达乌江（安徽省和县东北二十公里乌江镇），打算南渡长江。乌江村长正把船划向岸边，对项羽说："江东虽小（江东，江苏省南部太湖流域），土地面积，也有一千华里，人口数十万，照样可以称王，请大王火速过江。这一带只我有这条船，汉军一旦追到，便渡不成了。”项羽此时改变主意，惨笑说：“上天要灭亡我，我又何必渡江？想当初，我跟江东子弟八千人渡江西征，而今没有一个活着回来，纵然江东父老兄弟怜悯同情，仍推我当王，我还有什么颜面相见？他们纵然不说什么，我难道心不惭愧？”遂把坐骑乌骓，送给村长，命骑兵下马步战，短兵相接。汉军已到，直扑项羽。项羽斩杀几百人，身上也受到十余创伤，瞥见汉军骑兵参谋官（骑司马）吕马童，唤说：“你岂不是我的老友？”吕马童仔细注视，大吃一惊，指着他对骑兵禁卫官（中郎骑）王翳说：“他就是项羽！”项羽说：“我听说，刘邦用黄金二十四万两购买我的人头，封万户侯爵，我给你做件好事。”于是自刎而死。王翳下马割下人头，其他骑兵一拥而上，争夺尸体，践踏撞击，互相残杀几十人。最后，杨喜、吕马童，跟禁卫官（郎中）吕胜、杨武，各砍下项羽一个肢体，五人把肢体拼凑，证实确是项羽。于是每人分得两千户，一律封侯（吕马童封中水侯，王翳封杜衍侯，杨喜封赤泉侯，杨武封吴防侯，吕胜封涅阳侯）。

西楚王国（项羽）全部投降，只鲁县（山东省曲阜市）继续抵抗。刘邦冒火，率大军攻击，准备杀光全城人民。大军抵达城下，正要攻击时，却听到城里传出乐声和读书声。顿然感动，嘉许他们是礼义之邦（鲁县，故鲁国首府，儒家学派领袖孔丘故乡），为他们的君王（项羽初封鲁公）效忠。于是把项羽的人头，拿给父老兄弟们看，证明项羽确实死亡，鲁城才投降。刘邦用公爵（鲁公）的仪式，把项羽埋葬在谷城（山东省平阴县西南东阿镇），亲自主持祭礼，哀恸哭泣。下令保护项羽亲属。封项伯等四人侯爵，赐他们姓刘，被掳掠在西楚王国（项羽）的各地人民，一律遣送返乡。

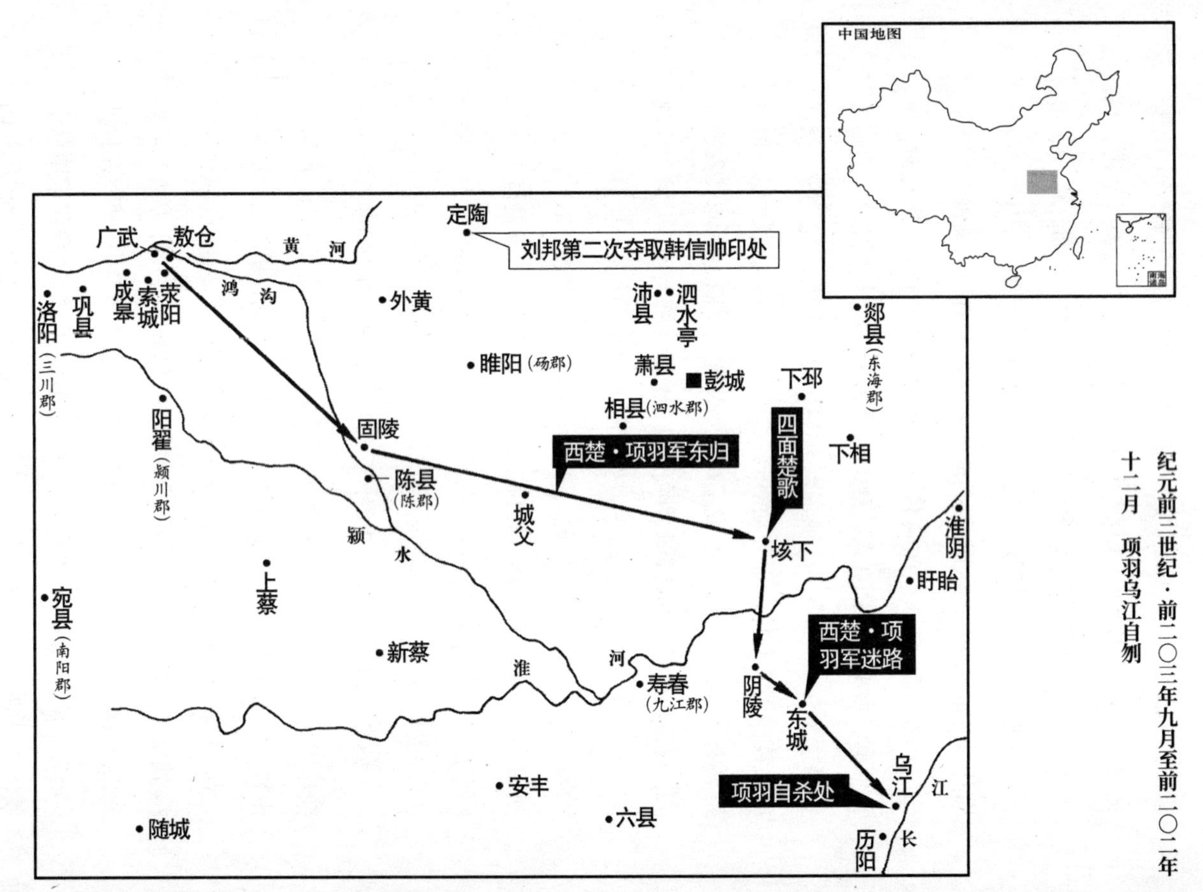

纪元前三世纪・前二〇三年九月至前二〇二年十二月　项羽乌江自刎

项羽起自田野，仅有三年，就率五国联军（齐、赵、韩、魏、燕），推翻秦王朝政府，分割天下土地，封王封侯，权力握在他一人之手，虽然没有美满的结局，但这种声势局面，从太古到现在（纪元前一世纪），从来还没有过。等到项羽放弃关中（陕西省中部）形势，怀念楚王国故乡，驱逐芈心（义帝），自立称王，却抱怨各国背叛自己，道理上根本不通。尤其自以为英明盖世，无所不能，完全靠自己的悟性，而不接受历史教训。认为霸王事业，不过是一种武力决斗，打算纯用武力控制世界。短短五年，国灭家亡，身死东城（安徽省定远县东南）。临死都不觉悟，不知道责备自己，反而认为："上天灭亡我，并不是我不会作战"，岂不荒谬！

有人问："项羽在垓下（安徽省灵璧县东南）战败，自杀的时候，说：'上天的旨意'，是不是这样？"扬雄说："刘邦采纳大家的意见，而大家的意见能使强有力的对手屈服。项羽厌恶大家的意见，自以为聪明过人，结果削弱自己的力量。使对手屈服的，胜利；削弱自己力量的，失败。跟'上天'有什么牵连？"

项羽是一位名将，他的致命伤是不懂政治，却在打了几场胜仗之后，忽然间自以为很懂政治。政治比军事复杂得多，绝不是一个习惯于发号施令、资质平凡的军事将领，所能胜任。项羽不但自认为他能够胜任，而且还游刃有余，他就注定要付出代价，并连累千万无辜的人，跟着付出代价。

2 **汉王刘邦胜利凯旋，路经定陶**（山东省菏泽市定陶区），**突然闯进韩信大营，夺取他的印信，立即把齐国**（韩信）**部队，纳入自己控制**（这是第二次夺取韩信的印信和军队〔第一次夺取参考前二〇四年六月〕，可看出刘邦对韩信一百个不放心。所谓“解衣推食”，不过一种权术，不是爱，更不是友情）。

王夫之曰

韩信攻陷魏国（魏豹）跟代国（陈馀）之后，刘邦立刻夺回他的军权（参考前二〇四年）。他用什么方法使韩信俯首帖耳，而不背叛，而不拔腿远走高飞？这正是刘邦的高明之处，一般人没有这种本领。固然是一种气势，但不仅限于气势，而是刘邦夺军措施，一定有使韩信心服口服的理由。固然是一种恩情，但不仅限于恩情，而是没有偏袒，没有第三者谗言介入，韩信才有可能坦然接受。刘邦的决定，连韩信都会同意，没有一件事不让韩信知道。韩信更确信，他始终获得刘邦信任，他的重要性不在于暂时没有军权。所以，他认为军权在刘邦手中，跟在自己手中一样。既无疑惧，又无怨尤，当然不会生出二心。假使刘邦怀疑韩信，夺取军权只是为了防他变心，事情恐怕发生变化。项羽吝啬一颗印信，韩信都会背叛，军权可比一颗印信重要得多。

刘邦刚刚击破项羽，还军经过定陶，再次夺取韩信军权，自此天下安定。盖大敌既被消灭，韩信要强大部队干什么？所以韩信不能抗命。既被夺去军权，也不能抱怨。如果拖延下去，万一再发生战乱，那时候，韩信便有充分理由掌握部队，不可能强迫他交出。夺取得越迅速，也越安全，才能巩固国家，安抚人民，消除杀机，使权力集中政府。

3 西楚所属的临江王共尉（共敖之子），拒绝投降。刘邦派卢绾、刘贾，攻陷他的首府江陵（湖北省江陵县），生擒共尉。

4 春季，正月，刘邦改封齐王韩信当楚王，指定淮河以北作采邑，首府下邳（江苏省睢宁县北）。又封魏国（魏豹）宰相建城侯彭越当梁王，管辖故魏王国土地，首府定陶（山东省菏泽市定陶区）。

5 刘邦下令："八年以来，部队不能休息，人民更是痛苦。现在，天下统一，为了庆祝，即日起全国大赦死罪以下的囚犯。"

6 各封国国王一齐上书刘邦，拥护他当皇帝。

二月三日，汉王刘邦在汜水北岸（汜，音fán〔凡〕。汜水，发源嵩山，北流于荥阳市西，注入黄河，今已堙没），筑坛登极，称皇帝（一任高祖），妻子吕雉本称王后，改称皇后。儿子刘盈本称太子，改称皇太子。追尊娘亲刘老太婆当昭灵夫人。然后下诏说："前衡山王吴芮，率领百越部队，帮助各国，推翻秦政府，建有大功，各国尊奉他当王，而项羽却夺取他的土地，改称'番君'，我深感不满。现在，封吴芮当长沙王（首府临湘〔湖南省长沙市〕）。"又下诏说："故越国姒无诸（姒勾践后裔），世世祭祀越王国皇家祖先，故秦王国却夺取他的土地，使他的祭祀中断，祖宗享受不到人间烟火；各国攻击秦王国时，姒无诸亲率闽中（福建省）部队，同时出征，项羽却不予理会。现在，封姒无诸当闽粤王，管辖闽中（福建省）。"

明明自己想干，却装腔作势，硬说不想干，然后教唆摇尾系统发动拥护的闹剧，自己才作勉强状，扭扭捏捏，登台亮相，这种无聊的小动作，在政坛上不断演出，一直演到二十世纪，仍然有人乐此不疲。刘邦写下的这个剧本，遂永远被奉为经典。

秦王朝皇帝嬴政，在儒家学派刻意的丑化之下，被当作一个有百非而无一是的暴君。可是，他所建立的政治制度，包括“皇帝”的位置和排场，以及全部有利于专制行为的法令规章，却被刘邦所建立的西汉王朝，滴水不漏的一股脑继承，受到儒家学派的肯定，没有任何抵制。儒家学派攻击的只是嬴政本人，不是攻击嬴政所作出来的摧毁人权的专制制度。

7 刘邦定都洛阳（河南省洛阳市东白马寺东）。

8 夏季，五月，刘邦下令复员，士兵都遣送返乡。

9 刘邦下诏说：“过去，人民为了保护生命财产，很多人聚集在一起，据守山河险要，为数至多。而今天下已经安定，人民应该各自返回他的故乡，收回他的财产田宅。政府官员必须依照情理，不可骚扰，更不可鞭打或侮辱退役士兵。有封爵的或十四级（公大夫）以上官阶的，由县政府供应生活费用。十五级（官大夫）以下官阶的，免除他个人和他全家赋税和劳役。”

刘邦在洛阳南宫设宴，款待高级官员。刘邦说：“各位侯爷、各位将军：请老老实实告诉我，不要有一点隐瞒。我为什么能够取得天下？而项羽又为什么失败？”高起、王陵说：“陛下派人攻城略地，就把那个地方封他，跟部下同享荣华富贵。项羽却恰恰相反，对功劳大的人陷害，对贤能的人猜忌。”刘邦说：“这固然是重要原因，但更重要的原因，却在于我会用人，而项羽不会。在帐幕之中拟定谋略，而在千里之外取得胜利，我不如张良。镇守后方，安抚人民，补给粮草军饷，从不缺乏，我不如萧何。率领百万杂牌队伍，战必胜，攻必克，我不如韩信。这三位都是人中豪杰，而我能用他们，所以才取得天下。项羽只有一位智囊范增，却不能用，所以被我打垮。”大家从内心悦服。

10 韩信到新封的楚国（首府下邳〔江苏省睢宁县北〕）就任楚王，立刻前往淮阴（江苏省淮安市淮阴区），找到当初施舍给他饭吃的那位洗衣服的老太婆（漂母），酬谢她黄金二十万两。又找到当初侮辱他，教他从裤裆下爬过的那个无赖（参考前二〇六年），任命他当首府下邳警备区司令（中尉）。韩信告诉他的部下，说：“他实际上是一条好汉，当他侮辱我时，我满可以杀掉他。但杀掉一个无名小卒，有什么意思，所以忍耐。”

11 彭越既被西汉政府封作梁王（首府定陶〔山东省菏泽市定陶区〕），流亡在彭越那里的齐国国王田横，大为恐惧（田横投靠彭越，参考去年〔前二〇三〕十一月），率领他的亲信徒众五百余人，逃到大海中一个小岛上（山东省青岛市即墨区东崂山湾口有田横岛）。刘邦认为，田横兄弟最初先取得故齐王国领土，贤能人才很多归附。现在虽逃入大海，久而久之，可能发生变化。于是派使节前往会晤，宣布大赦，征召他前往首都洛阳。田横拒绝说：“我曾经烹杀过皇上的使节郦食其（参考去年〔前二〇三〕十月），而今他的老弟郦商在政府担任高级将领，我内心害怕，不敢接受命令。请准许我以一介平民的身份，老死在齐国这个岛上！”使节回来报告。郦商当时担任皇城保安司令（卫尉），刘邦特别下令给他：“田横即将前来，包括他所带的侍从人马在内，如果敢碰他一下，屠杀全族。”再派使节“持节”前往简报他所作的措施（节：代表皇帝的一种信物。西汉政府的“节”，是一根长约二公尺许的竹竿，尖端绑着牛尾。“持节”，即拿着它，代表皇帝御驾亲到，具有绝对权威。在以后的史迹中，常有“持节”镜头），并且警告说：“田横如果前来，大则封他当王，小则也给他一个侯爵。如果不来，政府就要派军讨伐。”

田横没有选择余地，只好带着两位随从，乘坐驿车，走到距洛阳三十华里的尸乡（河南省洛阳市偃师区西）驿站，向使节抱歉说：“臣僚晋见天子，应先沐浴，表示尊敬。”就在驿站住下，对他的随从说：“开始时，我跟刘邦，都是国王，称孤道寡。而今，刘邦当了尊贵的天子，我却成了逃亡的俘虏。面向北方侍奉他，羞辱难堪。而且，我把人家的老哥烹杀，却跟老弟并肩起坐，纵然他害怕皇上的命令，不敢动手，我也内愧于心。刘邦想见我的原因，不过要看一看我的相貌。现在，砍下我的人头，骑兵奔驰三十华里，相貌可能仍保持原状，依然看得清楚。”于是自杀，随从捧着人头，在使节领导下，飞奔洛阳。刘邦说：“咦，田横在市井小民中崛起，兄弟三人，全都当王，岂不是天下贤才！”不禁伤感落泪。下令任命二位随从当民兵司令（都尉）。动员工兵二千人，用国王的礼仪埋葬田横。埋葬已毕，两位随从在田横墓旁挖掘坟穴，然后自刎，到地下相伴。刘邦听到报告，大吃一惊，认为田横的门客都有很高的才能，岛上还有五百人，派人前往征召，五百人听到田横已经死亡，集体自杀。

12 当初，西楚王国（项羽）人季布，是项羽的将领，战场上曾经数度追逐刘邦，使刘邦受到很大的惊恐和羞辱。项羽死后，刘邦悬赏黄金二万两捉拿季布。并且下令：胆敢窝藏季布的，屠灭三族。季布走投无路，只好剃光头发，脖子带着锁链，自己把自己卖给鲁县（山东省曲阜市）朱家当奴隶。朱家是一位侠义的人，心里明白他是季布，但仍把他买下，安置在田间房舍里。然后亲自到首都洛阳，晋见滕公夏侯婴，说："季布有什么罪？部属们各人效忠各人的领袖，是他们应尽的责任。姓项的族人岂能全部杀光？皇上刚刚平定天下，为了自己一个人的私怨，去跟一个亡国将领较量，心胸太不宽阔。而且，以季布的贤能，政府如果追迫太急，恐怕逼得他不向北投靠胡部落，定向南投靠越部落。不知道任用英雄豪杰，而使他前往帮助敌人，这正是伍子胥所以鞭打芈弃疾尸首的原因，你为什么不提醒皇上！"（前六世纪，楚王国十二任王芈弃疾诬杀国务官伍奢，伍奢的儿子伍子胥投奔吴王国，率吴军反击，攻陷首都，时芈弃疾已死，伍子胥鞭打他的尸首复仇。）夏侯婴等到一个机会，把朱家的话作为建议。刘邦认为有理，下令特赦季布，任命他担任宫廷禁卫官（郎中），朱家却从此不再见季布。

13 季布的同母老弟丁公（名不详），也是项羽的将领，彭城（江苏省徐州市）之战时（参考前二〇五年四月），他追捕刘邦，马蹄到处，短兵器已可刺及，刘邦情急，向丁公乞怜说："我们两个，都是一代贤才，为什么不能相容？"丁公遂手下留情。等到项羽覆亡，丁公晋谒。刘邦下令把丁公带到军营，巡回示众，宣布他的罪状："丁公当项羽的部下，却不忠于项羽，使项羽丧失天下的，就是他。"然后诛杀。刘邦说："使后世做人家部下的，再不要效法丁公。"

司马光曰 刘邦从丰沛起兵，网罗豪杰，招降纳叛，数都数不完（张良、萧何、陈平、英布、彭越……甚至包括刘邦自己，哪个不是“不忠于项羽”），等到登极称帝，却只有丁公受到惩罚，什么原因？盖进取与守成，形势不同。当群雄转战疆场的时候，人民并没有固定的领袖。只要前来投奔，就一律接受，理所当然。等到已成了皇帝，四海之内，都是臣民。假如不强调礼教仁义，臣民们仍心怀二志，谋取政治暴利，国家岂能长久安定？是以用大义作为标准，向天下人显示：只要你是叛徒，连新领袖都不能容你。用背叛领袖的手段，去结私人恩德，虽然饶了自己一命，仍然以不义相待。杀一个人使千万人恐惧，刘邦的谋略，岂不深远？子孙们享受天子权位四百余年，理应如此。

柏杨曰 刘邦杀丁公，是一种最卑鄙的“引蛇出洞”型的严重忘恩负义，不过三流权术，目的只在阻吓“后世”的人起而效法丁公。然而，没有多久，陈豨就向丁公看齐，接着英布也向丁公看齐！而刘邦巴不得陈豨和英布手下的将领，个个都是丁公。数千年来，丁公这类人物，多到动用电脑都数不完，司马光太高估杀丁公的效果。刘邦的子孙当皇帝四百余年，另有原因，任何专制帝王或任何独裁头目，都没有能力控制他死后政治情势的发展。刘邦刚翘了辫子，便出现了吕家班局面，杀丁公效应到哪里去了？

14 齐郡（山东省淄博市东临淄区）人娄敬，被征调到陇西（甘肃省临洮县）当兵，路过洛阳，挣脱车上的绳索，穿着穷人才穿的羊皮袄，投奔也是齐郡人的同乡虞将军（名不详），请求晋见刘邦。虞将军请他换上漂亮一点的衣服。娄敬说:“我穿绸缎，就穿绸缎见；我穿粗布，就穿粗布见。不必更换！”虞将军向刘邦报告，刘邦召见。娄敬问说:“陛下建都洛阳，是不是要跟周王朝政府比上一比，看谁立国最久？”刘邦说:“是的。”娄敬说:“陛下夺取天下大权的方式，跟周王朝政府不同。周王朝皇家祖先，自从后稷封到邰邑（陕西省扶风县东南），积德积善，十有余代，到了姬亶父（太王）、姬季历（王季）、姬昌（文王）、姬发（周一任武王），各封国才归附他，遂推翻商王朝政府，当上天子（国王）。后来，姬诵（周二任成王）即位，叔父姬旦（周公）当宰相，才兴建洛阳城。以当时的版图，洛阳是中国的地理中心，各封国国君前来朝觐，道路远近，都不致有太大的悬殊。有高贵品德的统治集团，容易君临天下。没有高贵品德的统治集团，容易覆灭。所以当周王朝强大的时候，四海一团祥和，各封国以及四方蛮夷部落，全都服从中央，各尽职责。等到政府机能衰退，各封国以及四方蛮夷部落，没有人理它，周政府也无法控制。这不仅仅是统治集团丧失了高贵的品德，也是形势上自己先处于劣境。如今，陛下崛起丰沛，席卷蜀汉（蜀：四川省。汉：汉中郡，陕西省南部），平定三秦（塞国、雍国、翟国），跟项羽在荥阳、成皋（河南省荥阳市西北汜水镇）一带缠斗，大战役七十次，小接触四十次。天下人民，内脏和脑浆，涂满大地，父子们的骸骨，同时在荒野受到日晒风吹，更不计其数。哭泣的声音还没有停止，战场上受伤的士卒，还不能起床。如果跟姬诵（周二任王成王）、姬钊（周三任王康王）时代相比，大不相同。而故秦王国土地，左有高山作为屏障，右有黄河作为天堑，四境全是要塞，万一发生急难，立刻可以征召百万大军。继承故秦王国的国防和农业建设，立即拥有肥沃的田野，正是一般人所形容的‘天府之国’（天府，天堂之意），我建议你把首都建在关中（陕西省中部）。即令山东（崤山以东）大乱，故秦王国的疆土，仍可保存。请注意的是，跟人决斗，如果不能扼住他的咽喉，或不能从他后背攻击，就不能取得彻底而完全的胜利。你据守故秦王国土地，正是扼住天下的咽喉，而攻击天下的后背。”

刘邦征求高级官员的意见，大家都是山东（崤山以东）人，不愿意西行，争着发言说：“周王朝皇家历时数百年，秦王朝皇家只两代便被消灭。洛阳东有成皋（河南省荥阳市西北汜水镇），西有崤山（河南省西境）、渑池（河南省渑池县西），北靠黄河，南有伊水、洛水，坚固犹如钢铁，可以信赖。”

刘邦再问张良，张良说：“洛阳虽然有这些优点，可是腹地太小，方圆不过几百华里，田地贫瘠，农作物产量太少，四面八方，敌人随时都可发动攻击，这不是用武之地。关中（陕西省中部）则不然，东有崤山、函谷关，西有陇山（陕西、甘肃二省交界处）、蜀郡（四川省成都市），沃野千里，十分富饶。南有巴蜀（四川省）的财富，北方跟蛮夷部落接壤，有畜牧的便利。北西南三面都没有被攻击的危险，只要注意到东面如何控制天下，便已足够。封国稳定时，黄河、渭水，正是向首都运送粮食的交通要道。封国情势万一发生变化，中央军顺流而下，粮食不会缺乏，这正是‘金城千里’跟‘天府之国’，娄敬的见解，是一种深谋远虑。”

刘邦下令迁都长安（陕西省西安市，本是秦王国一个村落），而且立即出发。任命娄敬当宫廷禁卫官（郎中），封奉春君（君比侯低一级），赐他姓刘。

15 张良健康不佳，一直多病，自从跟随刘邦从洛阳迁都长安（陕西省西安市）之后，就沉迷在玄虚的巫术里，每天静坐，使全身气息运转，不再吃饭，而只吃一种据说可以延年益寿的药物。在家幽居，很少出门。他说："我们张家，几代都是韩王国的宰相，韩王国亡后，我变卖价值黄金二十万两的家产，向秦王国报仇，曾引起天下震动（指博浪沙行刺嬴政，参考前二一八年）。今天，以口舌的功劳，被尊为帝王的师傅，封一万户侯爵，这是一个平民最高的极限，对我而言，已十分满足。目前唯一的愿望，是离开这个烦扰世界，追随赤松子先生，遨游世界之外。"（赤松子，太古时代的神仙。神农氏时，曾担任水利官，可以造雨。）

有生就有死，犹如有白天就有黑夜。从古到今，还没有一个人能够例外，以张良的真知灼见，足可以了解神仙之事，不过虚话。然而他仍宣称要追随赤松子，一定有他的原因，说明他具备高度智慧。

功名——功勋和名位，是人生最难处理的关节。诚如刘邦所称道的，西汉王朝开创基业的英雄，不过"三杰"。然而，韩信全族屠灭（参考前一九六年），萧何投入监牢（参考前一九五年），岂不都因为他们已经达到巅峰，而仍不知道停止？所以张良才假托神仙，放弃现实世界，把功名看成身外之物，把荣耀抛到脑后，所谓"明哲保身"，张良正是一个榜样。

司马光对张良晚年的怪诞行为，所作分析的原因，我们同意，以张良的聪明智慧，当然了解神仙并不存在。只不过为了保命，不得不言不由衷，信口开河。但司马光认为韩信和萧何的受到迫害，是因为他们已经达到巅峰，而仍“不知道停止”，却远离事实。什么叫巅峰？侯爵是不是巅峰？王爵是不是巅峰？刘邦已经封王，还不满足，喋血上爬，为什么没有杀头坐牢？不但没有杀头坐牢，反而当上皇帝，好不威风。这已足够说明达到巅峰而仍不知道停止，并不是招祸的原因，至少不是主要原因。主要原因另有所在，那就是威权政治本质上是一种极不稳定的政体，钢铁般坚固的外貌，强有力的野心家随时都可能把它摧毁，不像民主政治那么有丰富的弹性。掌握权柄的人，不得不把全副精力用来防止叛变。每一个有能力或每一个有影响力、受到人民爱戴，以及有大功劳，军权、政权在手的人，都是潜在的仇敌。无论你知道不知道停止，都会被排除。最简单也是最迅速的手段，莫过于制造冤狱。韩信和萧何所受到的，不过一场大冤狱，和一场小冤狱而已。韩信可能还有不收敛之处。萧何自始至终，都战战兢兢、俯首帖耳，根本没有“不知道停止”的行为，也难逃此劫。

司马光没有一句话触及到专制制度和当权分子的邪恶，反而千错万错，都是被迫害的人错，谁教你不停止进取？谁教你激起主子的疑心？因而大肆赞扬“明哲保身”。儒家系统对于不能明哲保身的人，总是冷嘲热讽，讥笑备至。数千年以降，遂使中国文化越来越缺乏正义和道德勇气。在明哲保身哲学引导下，中国人都有一种神经质的恐惧，连自己应有的权利，都不敢挺身保护，唯恐惹祸招灾，中华民族遂逐渐显现出獐头鼠目的气质，使人痛心。

嬴稷诛杀白起（参考前二五七年），不过是一个孤立的个案，刘邦一连串屠戮，却是专制政体必不可免的一项作业，成为中国历史发展的特征，几乎所有新兴的政权，都要通过这个窄门，血迹斑斑。

16 六月九日，刘邦下令大赦。

17 秋季，七月，燕王（首府蓟县〔北京市〕）臧荼背叛中央，刘邦亲率大军进击。

18 赵王（首府襄国）张耳、长沙王（首府临湘）吴芮逝世。

19 九月，生擒臧荼。

九月三十日，刘邦任命全国武装部队总司令（太尉）、长安侯卢绾当燕王（首府蓟县〔北京市〕）。卢绾跟刘邦同住一条街巷，二人又同一天出生，自幼玩在一起，感情亲密。刘邦对卢绾的亲信，没有人比得上，所以特别封王。

20 西楚王国从前的将领利几（利，姓）叛变，刘邦亲率大军把利几击破（利几当陈县县长时，投降汉王国，封颍川侯。今年〔前二〇二〕，刘邦到洛阳，召见利几，利几恐惧，起兵反抗）。

21 闰九月，刘邦把秦王朝时代的兴乐宫，改建为长乐宫。

22 西楚王国从前的大将钟离昧，一向跟楚王韩信友善。项羽死后，钟离昧投奔韩信。刘邦深恨钟离昧，听说躲在韩信那里，正式下诏，命楚国（韩信）逮捕。

韩信初到他的封国，巡查各县市，每次都携带大批武装部队，护卫严密。

纪元前二〇一年 庚子

西汉高祖　六年

1 冬季，十月，有人向西汉王朝（中国历史上共有八个汉，史称刘邦这个汉为西汉，以别于以后的玄汉、东汉、蜀汉、成汉、南汉、后汉、陈汉）皇帝（一任高祖）刘邦（本年五十六岁），告发楚王韩信叛变，刘邦询问各级将领如何反应。大家慷慨激昂说："立即发动攻击，埋掉那瘪三。"刘邦沉默，不再说话。又问陈平，陈平说："有人告发韩信叛变，韩信知道不知道？"刘邦说："不知道。"陈平说："陛下手下的精兵，比楚国（韩信）的精兵如何？"刘邦说："比不上。"陈平说："陛下将领中，指挥大兵团作战能力，有没有超过韩信的？"刘邦说："没有。"陈平说："士兵不如韩信的精，将领又没有韩信的能，而出动大军，岂不是逼他武装对抗？我替陛下担心。”刘邦说：“那该如何才好。”陈平说：“古代天子，常到各地视察，会晤封国国君。我建议：陛下不妨宣称前往云梦（湖北省安陆市南）游览，在陈县（河南省周口市淮阳区）接见各国王侯。陈县属楚国管辖，韩信以为天子不过是出来游逛寻乐，不会有什么重要大事，不可能提防，一定前来晋谒，到时候把他逮捕，一个武士就可办到。”刘邦接受。于是派出使节到各封国，命他们到陈县相聚，诏书上说：“我将前往云梦一游。”使节出发后，刘邦跟着出发。

韩信接到诏书，怀疑恐惧，不知道怎么处理，有人建议说：“事到如今，只有把钟离昧杀掉，再去晋谒，皇上才会高兴。皇上高兴，才不会有事。”韩信只好牺牲钟离昧。

十二月，刘邦到达陈县（河南省周口市淮阳区），各封国国王也都陆续到齐。韩信带着钟离昧的人头晋见。刘邦看过人头，命武士把韩信绳捆索绑，单独囚禁到一辆槛车上。韩信这时候才发现落入圈套，叹息说：“果然像人们预料的：‘狡兔死，走狗烹。飞鸟尽，良弓藏。敌国破，谋臣亡。’而今天下已经平定，我固然应死。”刘邦说：“抱怨有什么用，有人告你谋反！”把韩信戴上脚镣手铐，押解西返（不再提云梦之事）。下令大赦（安抚韩信部下）。

田肯上奏章祝贺，说：“陛下逮捕韩信，又建都秦中（关中）。秦中（关中）形势，最是险要，靠山面河（黄河），地理条件十分优越。封国如有叛乱，出兵东下，好像在屋顶上倒拿水瓶往下倾泻，没有人可以阻止。而齐国（山东省）东有琅邪（山东省青岛市黄岛区）、即墨（山东省平度市）的富饶，南有泰山的屏障，西有浊河（即黄河，黄河浑浊，故又称浊河）的天堑，北有渤海的海盐利益。方圆二千华里，战士可征集到百万之众，那是东方的秦王国。除非是皇上的亲儿子、亲弟弟，千万不可封他齐王。”刘邦说：“好极。”赏赐黄金五百斤。

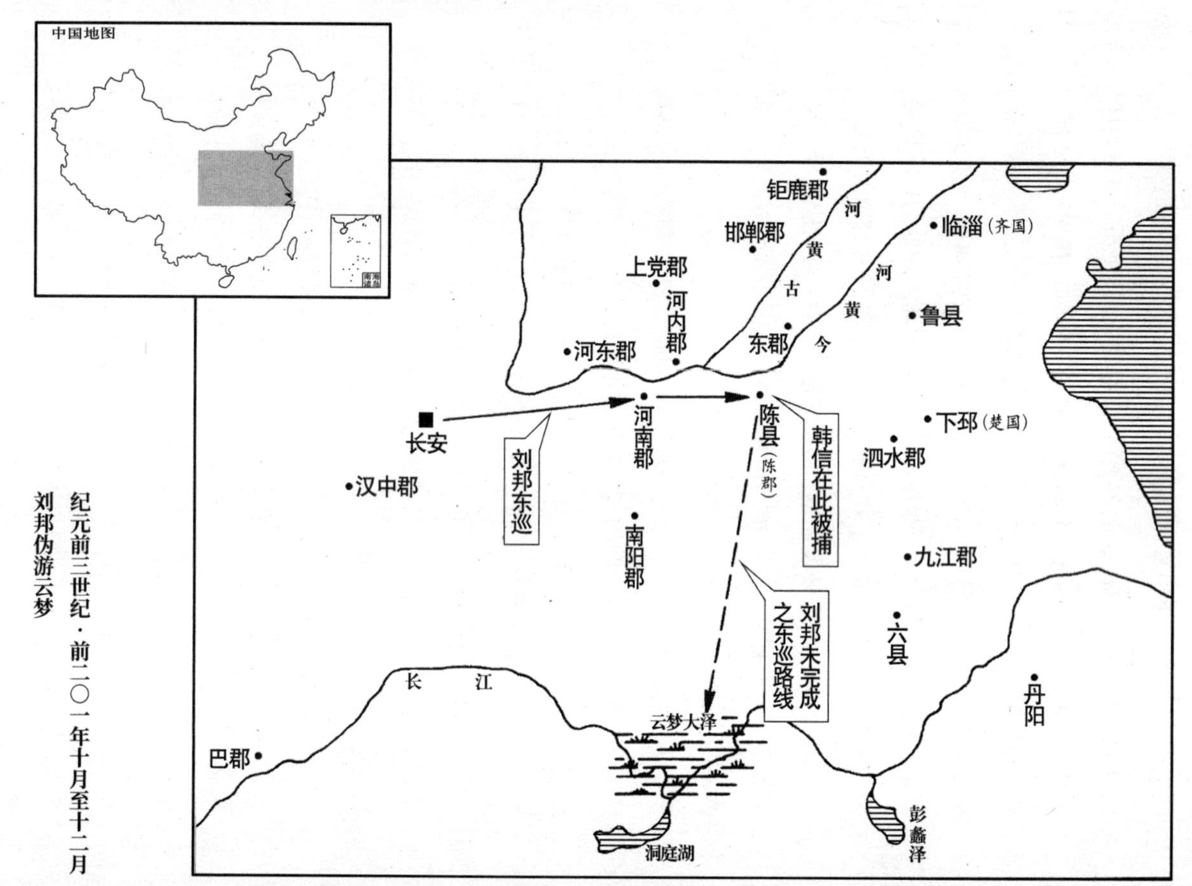

纪元前三世纪·前二〇一年十月至十二月
刘邦伪游云梦

刘邦回到洛阳，把韩信释放，改封淮阴侯。韩信知道他获罪的原因，不是谋反，而是刘邦对他的军事天才，由衷恐惧。于是经常称病，不去朝见。平常家居，也恍然若失。对于跟周勃、灌婴居于同一等级官位行列，有一种难言的羞愧。有一次，去拜访将军樊哙，樊哙在迎接他和送他离去时，都用最尊敬的跪拜礼节，自己称“臣”，说：“想不到大王肯亲来看臣。”触起感慨，出门后，笑说：“再也想不到会跟樊哙混在一起。”

刘邦曾经跟韩信讨论将领们的指挥能力。刘邦问：“你看我能带兵多少？”韩信说：“不能超过十万。”刘邦说：“你能带兵多少？”韩信说：“多多益善——越多越好！”刘邦笑起来说：“那你怎么被我控制？”韩信说：“你虽然不能统御士卒，却能统御将领，所以我才成为陛下的俘虏。而且，你的聪明才智，属于‘上天授予，不是人力可及’类型！”

2 十二月二十二日，刘邦把大批功臣加封侯爵。

萧何封酂侯，采邑的户数特别多。功臣们抗议说：“我们身披铁甲，手拿利器，在沙场上杀敌，大战有百余次，小战有数十次。萧何既没有流血，又没有流汗，只靠着弄弄笔杆，写写文书，户数反而比我们多，那是为了什么？”（酂县，河南省永城市西酂城镇，当时不过八千户人家。而曹参封平阳侯，张良封留侯。平阳、留县，都有万户。将领们所以反对，只为了平常看不见萧何这个人，却忽然冒了出来，才大为惊奇。）刘邦说：“你们会打猎吧，我就用打猎作为比喻。在山林荒原追逐野兽的是狗，发号施令的是人。各位追逐野兽，是‘功狗’。而萧何发号施令，是‘功人’。”（萧何事实上并没有发号施令，发号施令的是刘邦、韩信。萧何功劳在于后方勤务，兵源不缺，补给不缺。项羽正因为没有萧何，大军陷于饥饿，不得不讲和撤退，刘邦再背信追击，终于溃散。）大家不敢再说活。

张良是智囊，也没有血汗功劳。刘邦请他在故齐王国（山东省）选择一个三万户人家的采邑，张良说："最初，我在下邳（江苏省睢宁县北）起事，跟皇上（刘邦）在留县（江苏省沛县东南）相会，皇上采用我的建议，偶尔也有侥幸成功的时候，这是上天把我交给皇上。为纪念这份因缘，把我封到留县，就足够了，不敢当三万户。"于是封张良留侯。

刘邦再封陈平户牖侯（户牖乡，今河南省兰考县）。陈平推辞说："我并没有那么多功劳。"刘邦说："我用你的计谋，取得胜利，不是功劳是什么？"陈平说："如果不是魏无知，我怎能晋见陛下？"刘邦说："像你，才是真正不忘本。"再赏赐魏无知。

3 西汉王朝政权刚刚建立，刘邦儿子们的年龄都还太小，弟兄又少。而秦王朝政府，就正是因为这个缘故，孤立无援，才被消灭。刘邦遂决定扩大皇族范围，把姓刘的家人（十年前还是一群被政府取缔的地痞流氓），分封到全国各地，作为镇压安抚力量。

春季，正月二十一日，刘邦把楚国（韩信）分割为二：淮河东南五十三县称荆国（首府吴县〔江苏省苏州市〕），封堂兄刘贾当荆王。薛郡（山东省曲阜市）、东海（山东省郯城县）、彭城（江苏省徐州市）等三十六县称楚国（首府彭城），封老弟文信君刘交当楚王。

正月二十七日，划云中（内蒙古托克托县）、雁门（山西省右玉县）、代郡（河北省蔚县）等五十三县称代国（首府代县），封老哥宜信侯刘喜当代王。划胶东（山东省平度市）、胶西（山东省寿光市南）、临淄（山东省淄博市东临淄区）、济北（山东省济南市长清区）、博阳（山东省泰安市）、城阳（山东省莒县）等七十三县称齐国（首府临淄），封刘邦当平民时跟情妇生的儿子刘肥当齐王，凡是讲齐国话的地方，都并入管辖。

4 韩王韩信雄才大略，而韩国领土，北方跟巩县（河南省巩义市）、洛阳相邻，南方紧接宛县（河南省南阳市）、叶县（河南省叶县），东方则拥有淮阳（河南省周口市淮阳区），都是驻扎重兵的重镇，刘邦不能安心。于是，划太原郡（山西省太原市）三十一县，成立韩国，把韩王韩信迁到新土，监视匈奴，首府设在晋阳（山西省太原市）。韩王韩信上书说："韩国位于北方边陲，匈奴部落不断入侵，晋阳距边界太远，请准许把首府北迁到马邑（山西省朔州市）。"刘邦批准。

5 刘邦大封功臣，已封了二十余人，其他有功的将领，日夜都在争论谁的功劳最大，得不到结论。因之，没有继续封下去。有一天，刘邦在洛阳南宫，从双层道（复道）经常遥遥望见将领们三五成群，在洛水沙滩上聚会。刘邦问张良说："他们谈些什么？"张良说："难道你不知道？他们正在谋反。"刘邦说："天下已经安定，为什么还要反？"张良说："陛下原来不过一介平民，靠着他们的效忠，才取得天下。而今，你当了皇帝，封的全是你的亲属和老友，杀的全是你的仇家。那些办公桌上的政府官员，查考他们的功劳，认为就是把全国都划成封国，也封不完。这些将领恐怕你从此不再封赏，又恐怕久而久之，你想起他们过去偶然犯的错误，会兴起杀机。军心不稳，所以才聚在一起，密谋叛变。"刘邦忧愁说："那怎么办？"张良说："你平生最憎恨、最厌恶，而大家又都知道的，有谁？"刘邦说："雍齿！他跟我有旧怨，又不断欺负侮辱我，我早就想把他杀掉，只因他立下不少功劳，于心不忍。"（参考前二〇八年十二月。这些旧怨，应在雍齿终于又投降刘邦之前。）张良说："请立刻先封雍齿，其他人异谋自然平息。"刘邦遂摆下筵席，封雍齿当什方侯。然后下令，催促宰相、监察官（御史），迅速评估各将领的功劳，用来作为分封的根据。筵席之后，将领们皆大欢喜，互相说：“雍齿都封了侯爵，我们还有什么问题。”

司马光曰

张良是刘邦的智囊，刘邦对他，推心置腹，信任有加，他当然会知无不言。岂有早知道将领们正进行谋反，却紧闭着口，直等到刘邦有所发现，然后才透露消息？只因刘邦刚刚当上皇帝，屡次以他的爱恨作为标准，施行赏罚，因私害公，将领们当然有一种抱怨和惊惧的心情。所以张良趁着询问的机会，使刘邦检讨反省，改变心意。希望在上位的没有徇私的过失，在下属的没有猜疑的惊惧。国家平安，才能延到后世。像张良这样的人，可称之为最善于规劝。

6 西汉政府封爵已毕，刘邦下诏，再定第一级功勋十八人的名次（名次顺序：萧何、曹参、张敖、周勃、樊哙、郦商、奚涓、夏侯婴、灌婴、傅宽、靳歙、王陵、陈武、王吸、薛欧、周昌、丁复、虫达。胡三省认为，张敖有什么大功？只因他是刘邦的女婿，因此可以肯定这份名单，是刘邦妻子吕雉所定。可看出吕雉的影响力）。大家哗然说：“平阳侯曹参，身上受伤七十处，攻城夺地，功劳最多，应该列在第一。”礼宾官（谒者）、准侯爵（关内侯）鄂千秋说：“群臣的议论都不对。曹参虽然有攻城夺地的功劳，但那是发生在每一次的战场上，为时短暂。而皇上（刘邦）跟西楚（项羽）打了五年拉锯战，不知道有过多少次，军队丧失，群众星散，甚至只身逃亡。萧何不断从关中（陕西省中部）补充兵源，用不着皇上特别下令征召，经常的一来就是数万人。皇上缺乏粮草，大营中经常有上一顿饭，没有下一顿饭，全靠萧何辗转补给，使前方终不匮乏。皇上虽然在山东（崤山以东）一再溃败，萧何却坐镇关中，等待他随时回来，这种功劳是万世的。假如没有曹参，甚至没有几百个曹参，西汉王朝仍是西汉王朝。而西汉王朝得到几百个曹参，也并不能靠他们保护国家安全！为什么认为一时的功劳可以盖过万世的功劳？所以，萧何第一，曹参第二。”刘邦说：“对极。”特别准许萧何“剑履上殿，入朝不趋”——可以带着佩剑，穿着木屐上金銮宝殿，而且进得宫门，不必跑着细步，仍按照平常速度走路（金殿之上，皇帝跟高级官员面对，为了安全，官员们不准携带任何武器。古代中国人不穿鞋子，只穿木屐，一进殿门，就要脱下，一则保持清洁，一则保持庄严。至于细步奔跑，乃是军营规矩，发展到皇宫之中，表示对皇帝的尊敬。特准萧何免除这些限制，是一种殊荣。但以后的历史显示：凡是篡位夺权的巨头们，在把旧皇帝赶下宝座之前，差不多都要玩一场这种“剑履上殿，入朝不趋”的八字游戏，然后动手。当这八个字在政治舞台演出时，人们就可肯定下一步将会发生什么）。刘邦说：“我听说：‘推荐贤能的，应接受上等赏赐。’萧何功劳固大，经过鄂先生解释，更为明显。”于是就鄂千秋原来的采邑，擢封他当安平侯。当天，封萧何的父亲、儿子、兄弟十余人，都有采邑，并增加萧何二千户人家。

7 刘邦由洛阳返回栎阳（陕西省西安市临潼区）。

8 夏季，五月二十二日，刘邦尊称老爹刘执嘉“太上皇”。

9 最初，匈奴汗国（王庭设蒙古国哈拉和林市）畏惧秦王朝政府军力强大（蒙恬北伐匈奴，参考前二一五年），向北迁徙十有余年，等到秦政府消灭，匈奴汗国开始逐渐渡黄河（河套）南下。

匈奴单于（一任）挛鞮头曼，封长子挛鞮冒顿当合法继承人——太子。后来，宠爱另一位皇后（阏氏），生下幼子（名不详），挛鞮头曼又打算立幼子当太子。当时，东胡部落（内蒙古西辽河上游）强大，而月氏王国（甘肃省中部。月氏，音yuè zhī〔悦支〕）鼎盛。挛鞮头曼决心谋杀亲生长子，于是派挛鞮冒顿到月氏王国当人质，然后向月氏王国发动猛烈攻击，在意料中，月氏王国果然要杀挛鞮冒顿。挛鞮冒顿机警，偷了一匹骏马，逃奔出险，回到匈奴汗国。挛鞮头曼到底仍有父子之情，又觉得这儿子雄壮可爱，遂交付给他骑兵一万人。挛鞮冒顿不久就获悉内幕，把老爹跟几乎夺取他性命的皇后（阏氏）晚娘，恨入骨髓。

于是，挛鞮冒顿特别制造一种响箭（鸣镝），教他的部属日夜苦练。一天，下令说："听我响箭的声音，响箭射什么地方，而不跟着射的，诛杀。"开始时，挛鞮冒顿用响箭射他自己的骏马，接着用响箭射他的爱妻，左右侍从有不敢发箭的，一律斩首。最后，用响箭射老爹挛鞮头曼的坐骑，左右果然一齐发箭。挛鞮冒顿知道训练已经成熟。有一天，随从老爹挛鞮头曼出去打猎，用响箭直射老爹挛鞮头曼的咽喉，左右响应，挛鞮头曼遂死于乱箭之下。挛鞮冒顿杀父之后，再杀皇后（阏氏）晚娘，和同父异母的弟弟，以及企图反抗他的高级官员和将领；自己继任单于（二任）。

东胡部落（内蒙古西辽河流域）听说挛鞮冒顿即位，派使节说："我们想要故单于（一任）挛鞮头曼的千里马。"挛鞮冒顿征询群臣的意见，群臣说："这是我们匈奴的宝马，不能给他。"挛鞮冒顿说："既然是邻国，何必爱一匹马！"就把千里马送给东胡。不久之后，东胡部落又派使节说："我们想要单于的一位皇后（阏氏）。"挛鞮冒顿再征询群臣的意见，群臣羞怒交加，喊说："这是可怕的侮辱，竟然要皇后，我们应给他点颜色瞧瞧。"挛鞮冒顿说："既然是邻国，何必爱一个女子！"遂把一位漂亮的皇后（阏氏）送给东胡。东胡部落酋长发现匈奴汗国对自己恐惧到这种地步，更加骄傲。

东胡部落跟匈奴汗国之间的无人地带，南北狭长达一千余华里，两边各设瞭望堡垒，东胡部落派使节说："这一带土地，一点用处都没有，我们希望占领。"挛鞮冒顿又征询群臣的意见，有人说："这一带土地果然没有用，给他们也可，不给他们也可。"挛鞮冒顿忽然大发雷霆说："土地是国家的根本，怎么能给他们？"把赞成割让的人，全部诛杀。遂即上马，下令："最后出发的，斩首。"发动闪电进攻，东胡部落本来看不起挛鞮冒顿，根本没有防备，挛鞮冒顿就此一战，把东胡部落消灭。

挛鞮冒顿返回王庭后（匈奴汗国君王所住御帐所在，称"王庭"），再继续向西攻击月氏王国（甘肃省中部），月氏王国不能抵御，遂向西逃亡（逃亡到中亚阿姆河中上游，称大月氏，残留下来的人，称小月氏）。挛鞮冒顿更向南推进，吞并楼烦部落（山西省北部管涔山），及白羊部落（陕西省最北部）河南王，顺势攻击燕国（首府蓟县〔北京市〕）、代郡（河北省蔚县），当初被蒙恬所夺取的匈奴汗国故土，全部收复。跟中原边界，在河南塞（河套以南诸要塞），从朝那（宁夏彭阳县西古城镇）到肤施（陕西省榆林市东南鱼河镇），互相接壤。当时，西楚王国（项羽）跟汉王国（刘邦），正在苦战，无暇照顾北方边陲，所以挛鞮冒顿趁机壮大，武装部队有三十万人，北方各部落，无不震服。

秋季，匈奴大军把韩王韩信，包围在韩国首府马邑（山西省朔州市）。马邑岌岌可危，韩王韩信几次派使节到匈奴汗国，要求和解。西汉政府发兵救援，得到情报，怀疑韩王韩信可能怀有二心，派使节责备他擅自跟外国交往。韩王韩信大起恐慌，害怕被杀。

九月，韩王韩信遂献出马邑，投降匈奴汗国。挛鞮冒顿率军从马邑南下，越过句注山（山西省代县西北二十五公里），攻击太原（山西省太原市），前锋直抵晋阳（太原郡政府所在县）。

10 刘邦下令撤销秦政府时代的烦琐仪式，一切务求简单明了。每次金銮宝殿上御宴，群臣们喝酒争功，醉的人大喊大叫，拔出佩剑，乱砍殿柱，闹得天翻地覆，刘邦越来越不能忍受。儒家学派高级知识分子叔孙通建议说："儒家学者，很难使他们开创新局，但可以用他们来安定政权。我愿前往鲁县（故鲁国首府，山东省曲阜市），征召儒家学派的专家学人，跟我和我的学生，共同拟定皇家礼仪。"刘邦说："做起来会不会很难？"叔孙通说："五帝不听同一样的音乐（五帝：姬轩辕、姬颛顼、姬夋、伊祁放勋、姚重华），三王不用同一样的礼仪（三王：姒文命、子天乙、姬发）。礼乐这件事，因时代、社会、观念的不同，而不断改变。我建议采取古代的一套，再参考秦王朝近代的一套，综合制定。"刘邦说："那就请试试看，要容易做到，太难的事我可搞不来。"

于是，叔孙通到鲁县（山东省曲阜市）遴选儒家学派学者三十余人，但其中两位学者不肯接受，对叔孙通说："你侍奉过的主人，有十个之多（史籍只载七个：嬴政、嬴胡亥、陈胜、项梁、芈心、项羽、刘邦，可看出秦王朝时代和楚汉相争时代儒家学者的窘迫），都靠着拍马屁猎取官位。而今天下刚刚安定，死亡的人，还没有完全埋葬，负伤的人，还没有完全康复，竟然打算制定乐章和礼仪，实在使人惊愕。乐章和礼仪是何等大事，必须累积高贵的品德，教化一百年，然后才有资格制定。我不忍心去做你要做的事，请离开得越快越好，别污染我。"叔孙通失笑说："腐儒，不知道世界不断在变！"遂率领遴选的三十人，西返首部长安（陕西省西安市），又邀请刘邦左右近臣中有点学术素养的，加上叔孙通的学生，共一百余人，在郊外搭建帐篷，加强演习。一个多月后，报告刘邦说："请陛下先看一下试试。"刘邦看了各种动作，说："这个我做得到。"下令政府官员接受训练。

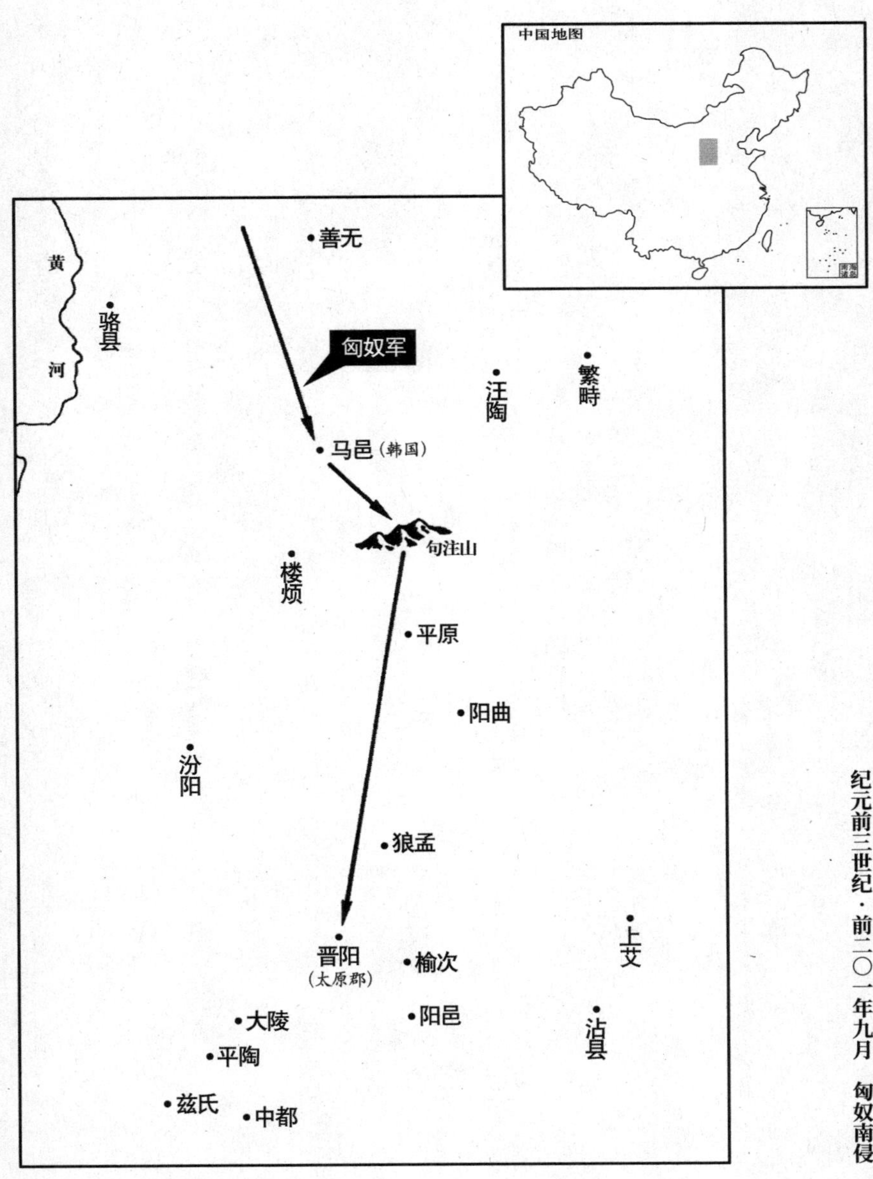

纪元前三世纪·前二〇一年九月　匈奴南侵

匈奴崛起

导读

似乎是上帝注定的，每一个强大的国家，都会有一个同样强大的敌人。敌人的个体可能随时更换，但敌人不变。西汉王朝时代的敌人是匈奴汗国，唐王朝时代的敌人是突厥汗国跟吐蕃王国，宋王朝时代的敌人是辽帝国和金帝国，明王朝时代的敌人是女真，清王朝时代的敌人犹如倾盆大雨，更不得了：英法美德俄日，以及比利时、荷兰。

西汉王朝时代的敌人——匈奴汗国，在纪元前三世纪露面，而在纪元前二世纪崛起，从此像毒蛇一样，缠到中国人身上，引起国困民贫的数百年血战。本册以《匈奴崛起》作为篇名，强调它的威胁。

然而，比“匈奴崛起”更重要的一件事，也同时发生，那就是儒家思想定于一尊。无论什么思想，只要定于一尊，不准批判，灾难就无穷无尽。留意以后史迹发展，就可看出这种毒素，在中国人身上，逐渐发作。

柏杨　一九八三·一一·一五

目录

纪元前二世纪

西汉王朝使中国从战乱中复苏，而北方匈奴汗国崛起，这个庞然大物在中国北部、西部，不断发动侵略。为抵御这项侵略，西汉政府发动不少次防卫性的攻击战争。

本世纪（前二）六〇年代，西汉政府确定儒家思想是唯一的正确思想，影响中国人民，直到纪元后二十世纪，两千年之久，仍未停止。

- 叔孙通制定朝仪。
- 白登之围。
- 诬杀韩信。
- 诬杀彭越。
- “人彘”惨剧。

- 罗马共和国颁布法律，禁止参议员及其子女经商。
- 罗马攻击马其顿王国，狗头山一役，马其顿兵败，乞和。
- 罗马在希腊依斯米举办竞技大会，宣布各邦脱离马其顿，完全独立。
- 中国人卫满，在王险（朝鲜半岛平壤市）建卫氏朝鲜。
- 塞琉西斯王国入侵希腊，大败而归。

纪元前二〇〇年 辛丑

西汉 高祖 七年

1 冬季，十月，西汉王朝（首都栎阳〔陕西省西安市临潼区〕）长乐宫落成（位于陕西省西安市西郊。前二〇二年动工，本年〔前二〇〇〕完工。当时未央宫还没有破土，长乐宫是唯一的宫殿，成为政府中枢，朝会或御前会议，都在那里举行。稍后，萧何在长乐宫西侧兴筑未央宫，刘邦的儿子刘盈〔二任〕，才常住未央宫，而把长乐宫让给娘亲，成为皇太后吕雉发号施令的地方，也称“东朝”）。各亲王和封国国君，以及高级官员，都来朝贺。天色未明，皇家礼宾官（谒者）到现场主持仪程，依照顺序，引导大家进入殿门，分别站立两厢，东西相对。侍卫武官沿着台阶布岗，并在庭院中戒备，手拿武器，旗帜招展，一切就绪后，前面传出警告：皇上就要驾到。不久，西汉帝(一任高祖)刘邦(本年五十七岁)坐着御辇(君王皇后专用的人力拉的小车)，缓缓而至。皇家礼宾官引导亲王封王以下，直到年薪六百石(每石一〇三·五五公升)的中央政府科长级官员(西汉王朝官员俸禄，共分八等：一等一万石，二等二千石，三等一千石，四等六百石，五等四百石，六等三百石，七等二百石，八等一百石)，依照爵位及官位高低，顺序向前，向刘邦敬礼。气氛庄重肃穆，一个个心颤胆战、紧张恐惧。朝拜礼毕，摆下向刘邦祝福的酒宴，大家端坐殿上，弯腰低头，不敢仰视，仍依照爵位跟官位高低，起身给刘邦献上祝福酒，九次之后，皇家礼宾官宣布朝会礼成。这时，监察官(御史)提出弹劾，指控若干举动不合规定的官员，立即逐出金殿。自开始到结束，没有一个人敢大声喧哗、动作粗鲁。于是刘邦乐不可支，拍大腿说："到今天我才知道当皇帝可真他妈的过瘾！"擢升叔孙通当祭祀部长(奉常)，赏赐黄金五百斤。

任何一个国家的君王，都有朝见仪式，但都没有中国的怪诞。最突出的一点是"跪"。而跪，是一种对人最尊贵、对己最屈辱的古礼。春秋战国时代，以及叔孙通先生"制朝仪"时代，跪还是一项简单动作，大家的屁股坐在小腿肚上，只要稍稍挺身，便算完成。三世纪之后，蛮夷部落的"床"，引进中国，中国人虽不再席地而坐，可是"跪"却不废，遂变作一项难堪的负担，成为中国文化中的一个瘤疣，这瘤疣一方面阻碍血液正常运行，一方面培养奴性成长，直到二十世纪。

叔孙通搞的这一套，是儒家的拿手本领。"儒"的原始意义，就是"典礼专家"，所以胜任愉快。在君尊臣卑原则下，君王遂远离人群，春秋战国那种君臣促膝谈心——像嬴稷跟范雎交头接耳的美好时代，一去不返。皇帝和臣属之间，隔着一条“礼教”鸿沟，这鸿沟随着时代进展，而越来越深、越来越宽、越来越无法逾越。最初，特殊的几个官员，还可以坐在皇帝身旁，但到了十一世纪，司马光先生编撰《资治通鉴》时，宰相已没有座位，只好站在那里。而最后，到了明王朝、清王朝，宰相连站也不可能，跟平民一样，也得跪到皇帝面前（而且还得准备随时被掀翻在地，苦刑拷打）。中国人所陷入的，就是这种畸形的、官越小，尊严越少、平民根本就更没有尊严的传统。

对专制政体而言，叔孙通先生制定的朝仪，是一种屈辱剂。严重的使人权、民主，受到践踏。

2 最初，秦王朝统一天下，综合六个王国的礼仪，选择其中使君王尊贵，使臣僚卑下的部分，特别保存。叔孙通制定朝仪，大体上承袭秦王朝的规矩，上自皇帝绰号，下至官位名称、宫殿名称，都没有什么更改。后来所制定的礼仪规章跟法律书籍，合并装订，由司法机关保管，法官们又不肯外传，其他官员跟平民，遂不知道它的内容。

礼教的功能太大了，用到个人身上：无论动态的或静态的，都有一定法则，可以遵循；所有行为，都可达到尽善尽美之境。用到家族上：能够分别内外，敦睦九族。用到地方上：长幼的辈分，划分清楚，风俗习惯，都会由丑变美。用到国家上（中国人对“国家”和“天下”的观念，一直混淆不清，有时候二位一体，有时候又迥然不同。大概是这样：“国”指“封国”时，“天下”则指“中国”。有时，“天下”也指“世界”。古人受知识限制，认为“天下”就只这么大）：君王和臣僚就有一定的序列，可以顺利推动行政，治理人民。用到天下：则封国顺服，纪律严明；岂只使桌面上和门户内的小动作，不陷于混乱而已。

以刘邦的聪明通达，听到陆贾的建议，立即接纳（陆贾著《新语》，指出穷兵黩武一定灭亡，崇尚礼教一定兴盛。每呈阅一篇，刘邦都要夸奖一次。参考前一九六年）；看到叔孙通的礼仪，叹息欣赏。然而，刘邦却不能跟三代君王并列（三代君王：夏王朝一任帝姒文命、商王朝一任帝子天乙、周王朝一任王姬发），由于他学问贫乏。当开国之初，如果能得到儒家学派巨子（大儒）作为助理，他的勋业就不仅仅到此为止。

可惜，叔孙通的抱负太小，只偷窃了一点礼教的渣滓，为了因应世俗的要求，谋求君王的恩宠，遂使先王（姒、子、姬）的礼教，永远沉沦，不能复兴；直到今天，使人痛心。所以扬雄讥讽叔孙通说："从前，鲁国（首府曲阜〔山东省曲阜市〕）有位大臣，史书上不记载他的姓名。有人问：'怎么才算是"大"？'回答说：'叔孙通准备制定政府礼仪，到鲁国去请教师，只有两位请不到。'那人说：'孔丘周游列国的本意在此，难道不是？'回答说：'孔丘周游列国，是传授他的学问，贡献社会。如果放弃自己的立场，去屈从别人，随俗邀宠，怎能跟孔丘相比？即令有礼教、有法则，怎能使用？'"扬雄的话中肯扼要。儒家学派巨子（大儒），岂肯摧毁礼教法则，而只追求一时的表现？

司马光的评论，把人引进五里云雾，不知道他说些什么，又不知道旨在何方。他责备叔孙通的话，尤其使人眼如铜铃。司马光说，当时如果有"大儒"就好了，就可帮助刘邦建立万世不朽的勋业。咦，三王（姒、子、姬）时代，"大儒"如云，万世勋业何在？即以政权存在长短而论，夏王朝四百四十年，还包括被后羿、寒浞所谓“篡夺”的六十七年。商王朝六百六十二年，首都不断迁移，好像难民营。周王朝八百七十九年，最后两三百年，连封国都不如。而刘邦建立的西汉王朝，加上后来延续的东汉王朝，虽没有“大儒”，也有四百一十一年，不比“三王”逊色。儒家系统看来，“大儒”真是活宝，只要他出现，准益寿延年。事实上“大儒”不在人间，而只在儒家的书本之上。看情形备受扬雄赞扬的那两位不肯同行的家伙，恐怕就非是“大儒”不可。果真如此，“大儒”的形象实在使人作呕。他们认为，音乐礼教，必须高贵品德累积百年，然后才可制定。礼教既如此重要，这百年之间，岂不成了真空？没有礼教，如何能有高贵品德？如果说没有礼教，照样可以培养高贵品德，那礼教岂不是聋子的耳朵，成了多余之物，还要它干什么？

叔孙通曾批评两位：“腐儒，不知道时代不断在变！”司马光和扬雄在听了这两句话之后，仍要对号入座，为什么如此冥顽不灵，难以理解。

3 刘邦亲率大军北上，讨伐韩王（首府晋阳）韩信，在铜鞮（山西省沁县南）会战，大破韩王韩信，斩大将王喜，韩王韩信逃奔匈奴汗国（王庭设蒙古国哈拉和林市）。白土（陕西省神木市西锦界镇）人曼丘臣（曼丘，复姓）、王黄等，拥护故赵王国（首府邯郸〔河北省邯郸市〕）皇族后裔赵利当赵王，集结韩王韩信的溃兵败将，跟韩王韩信、匈奴汗国联盟，准备攻击刘邦。

匈奴汗国派左右贤王（匈奴汗国元首单于之下，设“左贤王”“右贤王”，权力跟地位，仅次于单于，而在普通亲王之上），率领一万余骑兵，跟王黄的赵兵团，在广武（山西省代县西南阳明堡镇）到晋阳（山西省太原市）一带，构筑阵地。西汉军发动攻击，匈奴骑兵不能抵御，向后溃退，可是立刻又集结在一起，继续阻挠西汉军前进。西汉军再攻击，匈奴骑兵再溃退，西汉军不允许敌人再度集结，驱动大军，穷追猛打，企图一举消灭左右贤王野战军主力，战场迅速向北推进。北方正逢隆冬，天气酷寒（山西省北部冬季，户外低温达零下二十摄氏度，是一个居住在亚热带人不能想象的可怕景观），战士们手指被冻掉的，占全军十之二三（这正是拿破仑在莫斯科所面对的困境）。

但是，身在温暖如春晋阳宫的刘邦，却轻视这项灾难。他得到情报，匈奴汗国单于（二任）挛鞮冒顿正驻扎代谷（河北省蔚县）。决定发动一项大规模攻势，一劳永逸的解决北方边患（可能还打算生擒挛鞮冒顿），于是派出特使侦察。挛鞮冒顿知道西汉政府特使所负的任务，所以早就把精锐部队，以及肥壮的牛马，全部藏匿，使西汉政府特使只看到老弱残兵跟瘠瘦的牲畜。刘邦派出十次特使，十次特使都把所见到的，据实呈报，并判断匈奴汗国不堪一击。刘邦仍不放心，再派娄敬前往，作最后观察。

娄敬还没有回报，刘邦认为良机绝不可失，迫不及待的下令所有的兵力，三十二万人的庞大军团，向北推进。前锋刚越过句注（山西省代县西北二十五公里），娄敬回来，警告刘邦说：“我跟前面十位特使的看法，恰恰相反。两个国家一旦决裂，敌国一定会夸张他的强大，展示他的优点。可是，我在匈奴那里看到的，却全是老弱残兵，用意十分明显，他们要引诱我们攻击，然后伏兵四起。我认为，对匈奴汗国，绝对不可采取军事行动。”这时大军正向前挺进，不能停止。刘邦眼冒火星，咆哮说：“他妈的，你这个齐国（首府临淄〔山东省淄博市东临淄区〕）死囚，靠着两片嘴皮，当上高官（娄敬建议定都长安，参考前二〇二年），今天又站在这里胡说八道，打击士气，扰乱军心，散布失败思想，容你不得！”下令把娄敬囚禁广武（山西省代县西南阳明堡镇）监狱，加上全副脚镣手铐。

刘邦先到平城（山西省大同市），主力仍在后面。挛鞮冒顿倾全国精锐——四十万骑兵，乘刘邦巡视白登（山西省大同市东北）之时，把白登团团围住，水泄不通。七日七夜，西汉军团完全孤立。城中和城外取不到联系，传递不出消息，得不到救援，陷落就在旦夕。最后，刘邦采用陈平的诡计，派出秘密使节，从小路找到匈奴汗国大营，晋见皇后（阏氏），送上贵重礼物（当然还有一段动人说词）。皇后（阏氏）对挛鞮冒顿说：“两国君王，不应该互相围困。我们所侵占的中国土地，事实上不能长久居住，而且中国皇帝有神灵保护，请你考虑！”

挛鞮冒顿本来跟王黄，以及赵王赵利，约定日期会师，时间已到，而赵军不到。挛鞮冒顿怀疑赵军跟西汉军之间，可能勾结，于是趁此机会，下令解围一个城角。正好天降大雾，西汉军使节来往，没有人察觉。陈平命卫士使用强弓，弦上多加一箭，面向匈奴，保护刘邦从解围的城角，悄悄溜出。既逃出包围圈，刘邦就要狂奔，交通部长（太仆）滕公夏侯婴，坚持慢走（可能恐惧奔驰声惊动敌人）。

刘邦回到平城（山西省大同市），西汉军主力也陆续抵达，匈奴兵团遂完全解围，撤退回国。经过这次挫折，西汉军无法再战，也跟着班师，只留下樊哙，率军平定代郡（河北省蔚县）一带的民变。刘邦回到广武（山西省代县西南阳明堡镇），特赦娄敬，对娄敬说：“我不听先生的话，竟被困在平城（白登只是平城附近一个小城，人们习惯于用大包小）。我已把前面派的十个瞎眼特使，全部处斩！”封娄敬二千户，擢升关内侯，号建信侯（关内侯，是准侯爵，没有封号，也没有采邑）。

刘邦回程中，经过曲逆（河北省顺平县），惊叹说：“好大的城市，

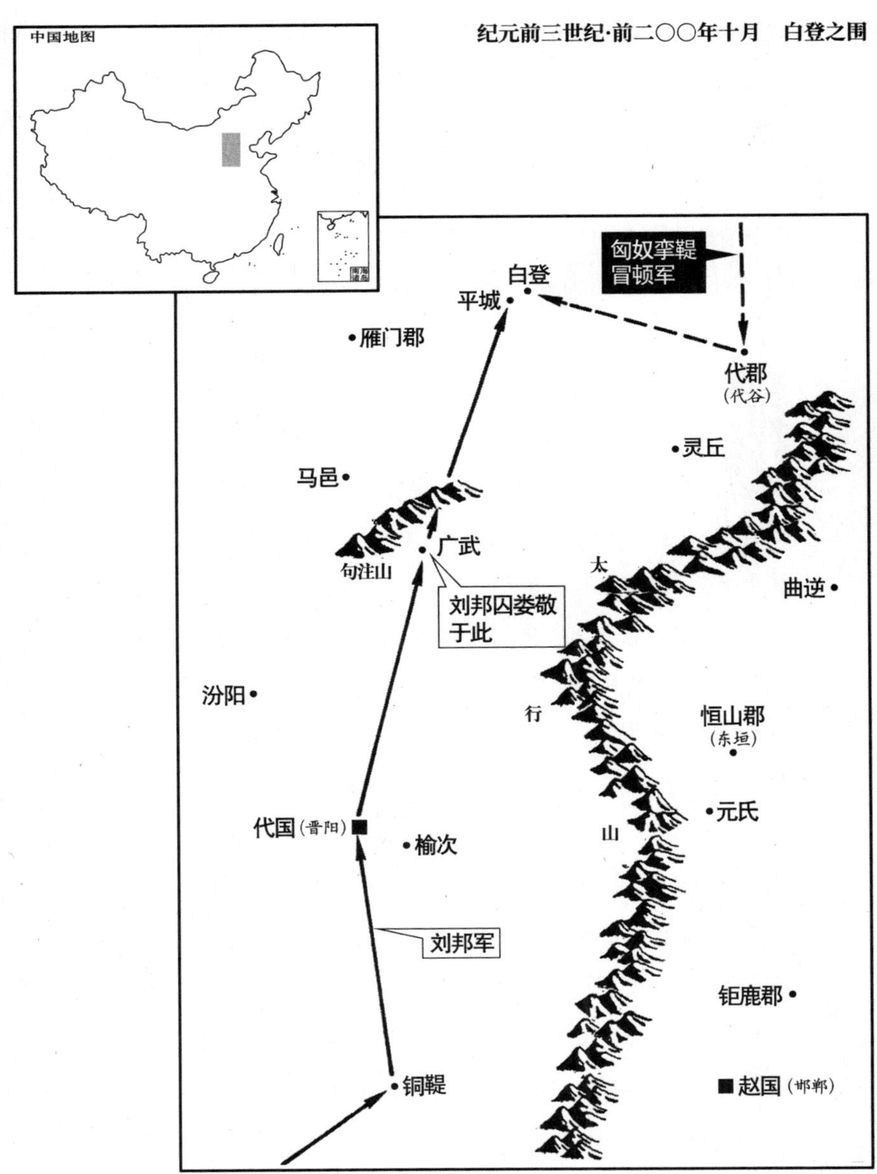
纪元前三世纪·前二〇〇年十月　白登之围
中国地图
匈奴挛鞮
冒顿军
白登
平城
雁门郡
代郡
（代谷）
灵丘
马邑
广武
句注山
太
曲逆
刘邦囚娄敬
于此
汾阳
行
恒山郡
（东垣）
元氏
代国（晋阳）
榆次
山
刘邦军
钜鹿郡
铜鞮
赵国（邯郸）

我走遍天下，只有洛阳可跟这里相比。”改封陈平当曲逆侯，全县所有人家，全数作为采邑。陈平随刘邦东征西战，曾经贡献过六次奇计，每次都增加他的采邑（六次奇计：一、请拨付巨金，在西楚王国〔首都彭城〕内部进行挑拨离间。二、用简陋菜饭款待项羽使节。三、夜间派出女子冒充武装部队，使刘邦得以从荥阳〔河南省荥阳市〕逃亡。四、踹刘邦一脚，请封韩信当齐王〔首府临淄〕。五、设计伪装出游云梦〔湖北省安陆市南〕，诱擒韩信。六、解白登之围）。

柏杨曰

陈平用什么方法，使挛鞮冒顿解除白登城墙一角的包围，是千古一大秘密。史书记载匈奴汗国皇后（阏氏）的那段话，丝毫没有说服力量。而赵军爽约，即令跟西汉军勾结，也不会影响匈奴兵团的优势。如果影响匈奴兵团的优势，解开城墙一角之围，难道优势就可恢复？胡三省说：“秘计者，以其失中国之礼，故秘而不传。”更属匪夷所思，史书上斑斑可考的诡诈血腥，诸如刘邦要喝他爹的肉汤，难道不失中国之“礼”？虽然我们不知道秘计内容，但可以肯定，该秘计一定严重的伤害刘邦的尊严，使子孙和中国人蒙羞。否则，匈奴不会凭空网开一面。

然而，刘邦仍不失为中国历史上最伟大的君王之一。在白登之役后，了解自己力量有限，不急图报复，又向娄敬当面道歉，厚加酬报。比起以后历史显示的，像杨广在边疆丢脸之后，立求争回面子，为全国人民以及为他的王朝，带来死亡（参考六一四年）。像袁绍，当田丰劝他不可攻击敌人时，他跟刘邦囚禁娄敬一样，囚禁田丰，然而兵败之后，袁绍却老羞成怒，把田丰处决（参考二〇〇年）。刘邦，固一代英豪，使人击掌。

4 十二月，刘邦回程中，经过赵国首府邯郸（河北省邯郸市），赵王张敖（张耳的儿子，刘邦的女婿，鲁元公主的丈夫），用女婿的礼仪接待，十分恭顺。刘邦却大模大样，像簸箕一样坐在那里（摊开两腿，微屈两膝，是一种傲慢轻视的粗野姿势），动辄破口大骂。赵国宰相贯高、赵午等，不堪羞辱，说："我们大王（张敖），是一个懦夫！"向张敖进言说："当初，天下大乱，英雄豪杰，纷纷崛起，有能力的人，先行当王。而今，大王（张敖）对皇上（刘邦）这么恭顺，他却自以为了不起，不可一世，没把人当人，我们要为你作出大事，把他干掉。"张敖紧咬自己的手指，咬出鲜血，说："你们错了，我老爹（张耳）失去他的国家，全仗皇上恩典，才得以恢复。一草一木，一丝一毫都是皇上的赐与，子子孙孙，永远感激；这种话以后再不可以出口。"贯高、赵午等自相商量，说："我们的错误在于把决定告诉大王（张敖）。大王是一位厚道长者，不忘记别人恩德。但是，领袖受到羞辱，做臣属的宁愿去死。皇上（刘邦）羞辱我们大王，我们决心杀他，为什么把大王牵连在内？事情成功，福气由大王享受；事情失败，灾难由我们承当。"

5 匈奴汗国攻击代郡（河北省蔚县），代王（首府代县）刘喜潜逃（刘喜，是刘邦的老哥。韩王韩信投降匈奴后，刘邦封刘喜当代王，管辖故韩王韩信的领地）。刘邦大不高兴，贬刘喜当郃阳侯。

6 十二月十日（十二月辛亥朔，没有辛卯），刘邦封他的幼子刘如意（戚姬生的儿子）当代王（首府代县）。

7 春季，二月，刘邦回到长安（陕西省西安市）。萧何兴建的未央宫落成（未央宫在长乐宫之西，相距半公里，方圆四公里），壮丽豪华。刘邦大发脾气，对萧何说：“天下纷扰，还没有平定，我东征西讨这么多年，仍不知道结局是成是败，你却盖这么奢侈的宫殿？”（刘邦一直没有安全感，正是谋杀功臣的心理状态。）萧何说：“当天下还没有平定时，宫殿简陋一点，还可将就。现在，天子以四海为家，假如不够壮丽豪华，便不能显示威严。另外有层意思，就是使后世感到不必再有什么增加，也可节省民力。”刘邦才转为高兴。

司马光曰

圣贤君王，仁义就是华丽，道德就是威严，从来没有听说靠雄伟宫殿来镇服天下的。天下仍没有平定，更应当特别节约，用以解救人民的急困，却第一个先盖宫殿，岂知道先后轻重？从前姒文命（禹）住处简单，而姒履癸（桀）却兴建倾宫。祖先创业时，厉行节俭，用以教训子孙，到了后来，子孙还流于奢侈淫靡，何况一开始就过分奢侈？而竟然说，使后世无法再去增添，可谓荒唐。到了刘彻（七任武帝），终于因大兴宫殿而使人民疲惫，未必不是由于萧何这个开端！

大乱之后，立即为君王修建豪华宫殿，使人扼腕。然而，一个普通平民，生活稍微过得去，还要买栋新屋，布置新房。皇帝大权在握，扩张住处，正是人之常情。传统知识分子对皇帝兴筑宫殿，十分敏感，史书上频频记载反对的言论，目的虽然是盼望减轻人民的负担，但也显示它太不切实际。太不切实际的理念，没有价值。

不知道什么原因，儒家学派总反对“住”的追求。认为稍图舒适，便成罪过。历代君王自己虽不听这一套，拼命照盖；但对别人却会板起面孔，于是，限制高度、限制间数，规定某种官位的人才可以用什么砖瓦，某种官位的人才可以用什么椽柱，某种官位的人才可以用什么颜色，平民只好永住陋室。结果简单阴暗的建筑物，直到今天仍挤满每个角落。

我们当然反对统治阶层为他的住宅奴役人民，但我们赞扬建筑。司马光经常发生举证的错误：刘彻使全国民穷财尽，在于他的向外扩张政策，不在于他兴建宫殿。

8 刘邦自栎阳（陕西省西安市临潼区）迁都长安（刘邦西迁，先暂住栎阳，未央宫落成后，才正式把政府搬过去。楚汉争霸期间，西汉王朝的首都，也就是萧何坐镇的地方，一直都在栎阳）。

9 西汉政府设皇族事务部长（宗正），管理以刘邦为首的刘姓家族。

10 夏季，四月，刘邦前往洛阳（河南省洛阳市东白马寺东）。

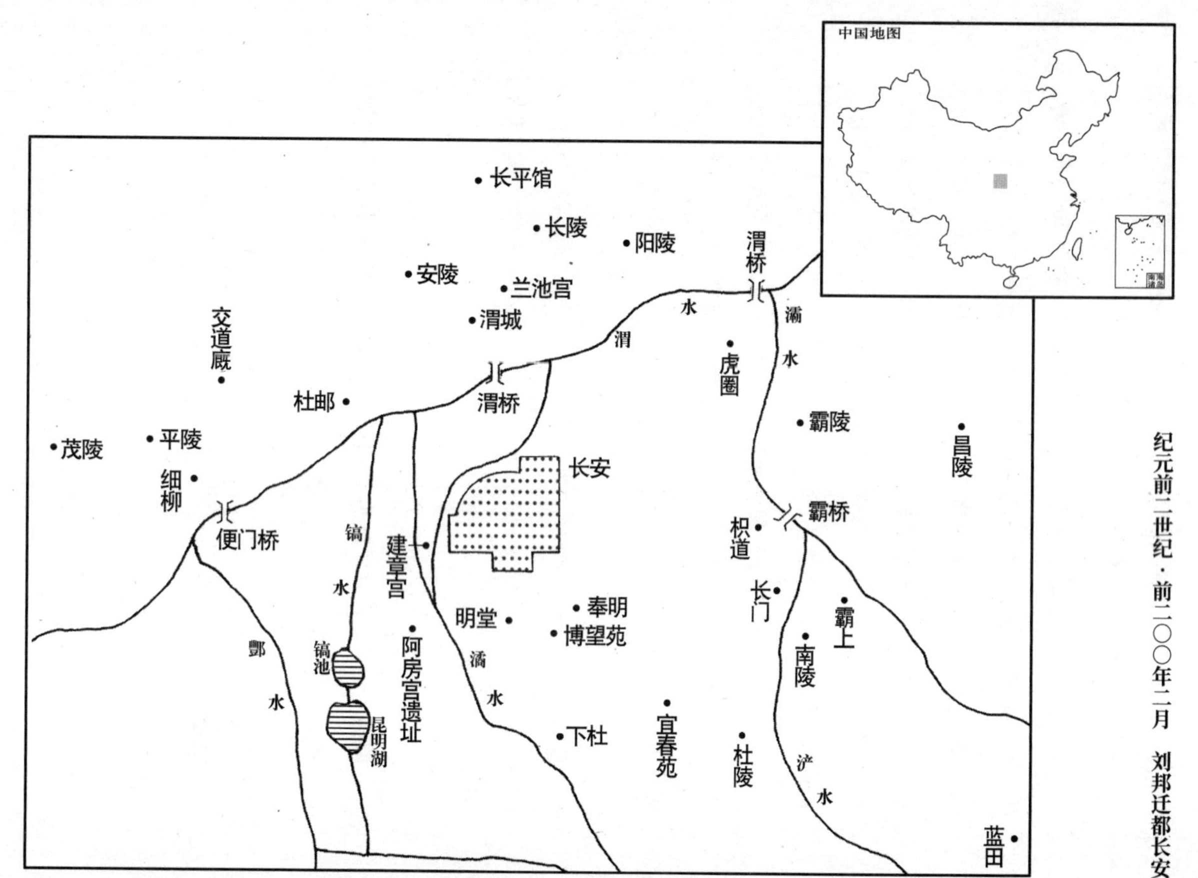

纪元前二世纪·前二〇〇年二月　刘邦迁都长安

纪元前一九九年 壬寅

西汉　高祖　八年

1 冬季，西汉王朝（首都长安〔陕西省西安市〕）皇帝（一任高祖）刘邦（本年五十八岁），率大军在东垣（河北省正定县）攻击韩王（首府晋阳）韩信的残部，路过柏人（河北省隆尧县西南），赵国（首府邯郸）宰相贯高等派杀手埋伏在洗手间的夹墙之中，准备突击。刘邦本来要在那里留宿，忽然觉得不对劲，问说："县名叫什么？"左右回答："柏人。"刘邦说："柏人跟'迫人'发音相似，不是好地方！"竟不留宿。

十二月，刘邦从东垣回首都长安。

春季，三月，刘邦前往洛阳（河南省洛阳市东白马寺东）。

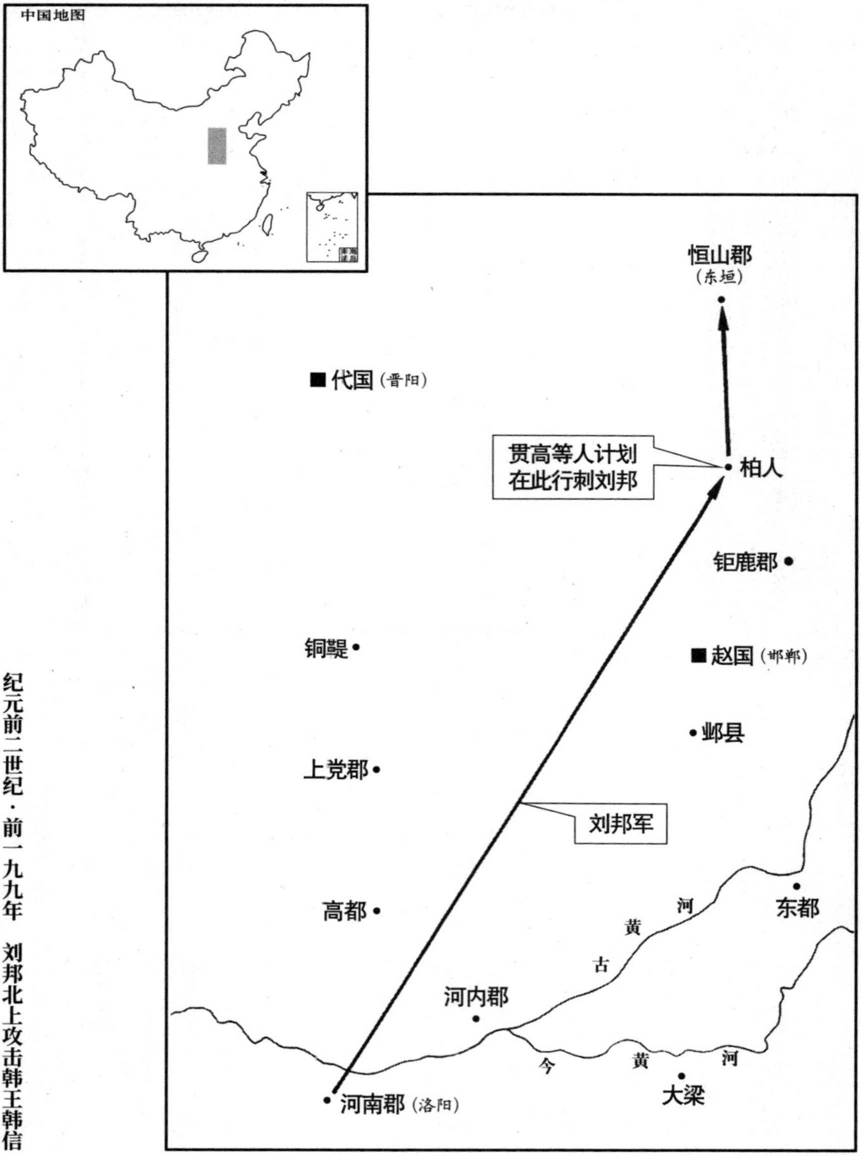

纪元前二世纪·前一九九年　刘邦北上攻击韩王韩信

中国地图

恒山郡
（东垣）

代国（晋阳）

贯高等人计划
在此行刺刘邦

柏人

钜鹿郡

铜鞮

赵国（邯郸）

邺县

上党郡

刘邦军

高都

东都

古黄河

河内郡

今黄河

河南郡（洛阳）

大梁

2 西汉政府下令：商人不准穿锦绣衣裳，不准穿绸缎衣裳，不准穿纱布或细纱布衣裳，不准穿细麻布衣裳，不准穿毛料衣裳；不准携带兵器，不准坐车，不准骑马（这是中国历史上重农轻商的明文法令。然而，商业行为，势不能阻止。商人既无法单独生存，遂出现了两种因应：一是官商勾结，一是亦官亦商、亦商亦官、官商合一。不久，连堂堂宰相跟地方政府首长，都做起生意，用政治力量强行干涉经济行为，不能改变本质，但却可以阻止社会进步）。

3 秋季，九月，刘邦从洛阳回长安。淮南王（首府六县〔安徽省六安市〕）英布、梁王（首府定陶〔山东省菏泽市定陶区〕）彭越、赵王（首府邯郸〔河北省邯郸市〕）张敖、楚王（首府彭城〔江苏省徐州市〕）刘交，都随从到首都。

4 匈奴汗国（王庭设蒙古国哈拉和林市）单于（二任）挛鞮冒顿，不断攻击西汉王朝北方边境，刘邦十分忧虑，征求娄敬的意见。娄敬说："天下刚刚安定，无论人民和战士，都筋疲力尽，所以必须放弃用武力对付他们的念头。挛鞮冒顿杀死老爹，把一群庶母当作妻子，这种人，用仁义说服他也不可能（弑父固是禽兽行径，"娶母"却是北方蛮夷的风俗习惯，嫡子有娶庶母的责任，弟弟有娶寡嫂的责任，为的是要她们生活安定，专心抚育她们的下一代。胆敢拒绝这种责任的，将受到处罚。社会结构不同，道德标准也不同）。我们唯一的方法，是把眼光放到未来，使挛鞮冒顿的子孙，向中国臣服。可是，恐怕陛下办不到。"刘邦说："说出来听听。"娄敬说："假使陛下能把嫡长公主（鲁元公主，当时正是赵王张敖的妻子）嫁给挛鞮冒顿当老婆，送上一份丰富豪华的嫁妆，挛鞮冒顿这家伙眼皮薄，嫡长公主既是中国皇帝之女，有一个大富大贵的娘家，保证一定立她当皇后（阏氏）。好啦，她生的儿子，当然就是太子。陛下每年过节，把中国过剩而匈奴所缺少的东西，派使节送去，馈赠问安，乘势命一些能言擅道有教养的人，常去教导或暗示一些女婿对岳父的礼节。挛鞮冒顿活着的时候，他是女婿，一旦死亡，陛下的外孙继任单于（君王），谁听说过外孙敢跟外祖父对抗？这样做，可以不必经过战争，就使匈奴汗国顺服。可是，我必须警告，要嫁就得嫁嫡长公主（指鲁元公主）。假如胡乱找一位普通的皇族女儿，或者在皇宫里随便物色一个女孩冒充，挛鞮冒顿一旦发觉，认为关系仍隔着一层，那可没有用处。”刘邦说：“好计谋。”就要下令送鲁元公主和亲。皇后吕雉得到消息，肝肠寸断，日夜哭泣，哀求说：“我只生一个女儿（鲁元公主）跟一个儿子（太子刘盈），你却狠心把她投到匈奴蛮荒！”刘邦的政治手段敌不过被激起的父女之情，竟作罢论。

娄敬是中国历史上最有远见的政治家之一，建议定都长安，使国家的根本稳固。而创议和亲政策，更锐利的观察到十年百年之后的外交形势。“和亲”——中国皇女下嫁给外国君王，这一次虽然没有实施，但稍后却终于实施，为国家带来海洋般的利益。

“和亲”是一种能力，西汉王朝开始尝到和亲的美妙滋味，唐王朝简直几乎全靠和亲，才使边疆蛮夷顺服。到了清王朝，和亲更成为一种秘密武器，使内外蒙古心甘情愿、俯首帖耳的做中国藩属。满洲人完全执行娄敬的策略，把大批皇女嫁给蒙古王子，生下的儿子，从小就随母亲住在皇宫，不但生活习惯几乎全部华化，而且跟外祖父（现在皇帝）、舅父（下任皇帝或亲王）、表哥表弟（再下任皇帝或亲王），玩耍在一起、读书在一起，那种浓厚的感情，使他在成年回到蒙古当权之后，跟中国关系更加密切。“和亲政策”像《西游记》盘丝洞的网，密不可破，在蒙古境内，自己、儿子、兄弟、侄儿，所拥有的家庭主妇，都是清王朝的皇女。日累月积，要想特立独行，连找个人商量都找不到。

只有宋王朝和明王朝在儒家僵固头脑压力之下，丧失了和亲能力，认为把皇女嫁给蛮夷，是一项侮辱。文既不肯和亲，武又怎么打都打不过，结局大家共知：国土日缩，人民日苦，而终于覆灭沦亡，皇女成了婢女，不得不给蛮夷当奴，备受凌虐。

纪元前一九八年 癸卯

西汉　高祖　九年

1 冬季，西汉王朝（首都长安〔陕西省西安市〕）皇帝（一任高祖）刘邦（本年五十九岁），物色一位民间的女子，宣称她就是嫡长公主，隆重的送到匈奴汗国（王庭设蒙古国哈拉和林市），做单于（二任）挛鞮冒顿的妻子。派娄敬护送，前往缔结和亲盟约。

娄敬完全了解挛鞮冒顿的凶暴残忍，不可以用仁义感化，却主张跟他结成姻亲，为什么前后如此矛盾？骨肉间的恩情，高贵卑贱间的区别，只有仁义的人才能知道，怎么会想到用这种手段去使挛鞮冒顿屈服？古代君王统治蛮夷，顺服时用恩德怀柔他，反抗时用武力镇压他，从来没有听说过用婚姻作为手段的。挛鞮冒顿把他的亲爹都当成禽兽，活活射杀，对于岳父，岂看在眼里？娄敬的谋略，太不严密。何况鲁元公主已是赵国（张敖）的王后，怎么能再嫁给匈奴单于？

正因为对手残暴，才改用婚姻手段，怎么会有矛盾？只有仁义的人才知道骨肉之情和尊卑之分，可谓天下第一奇想，野蛮人跟文明人一样的爱护他们的儿女，尊敬他们的父兄，爱和敬不是某一个阶层人士的专利。司马光如果不是无知，就是故意抹杀事实。娄敬已讲的明明白白：嫁出皇女，不是改造挛鞮冒顿，而是把效果放在挛鞮冒顿的子子孙孙，这正是可贵的远见。司马光却缠住挛鞮冒顿本人不放。娄敬是“和亲政策”的发明人，在娄敬之前，司马光固没有听说过，但娄敬之后，西汉王朝跟唐王朝和亲政策，获得的丰富成果，《资治通鉴》记载的十分详尽，这些记载又都经司马光字字寓目，怎么忽然间咬牙发誓：“从没有听说过用婚姻作为手段？”

宋王朝拒绝和亲的错误决策，已使中国付出极大代价。司马光不但没有反省，反而大言不惭的说：“对于夷狄，顺服时用恩德怀柔他，反抗时用武力镇压他。”宋王朝时的蛮夷契丹和西夏，始终威胁中国生存。司马光也当过宰相，他为什么不用恩德怀柔，又为什么不用武力镇压？敌人，能击败他时击败他，不能击败他时只有和解——和亲是和解的方式之一。宋王朝就坏在战既不能战，和又不敢和的稀泥之中。人们所听的，全是慷慨激昂、掷地有金石声的隧道声音，为害不浅。

2 娄敬护送“嫡长公主”前往匈奴，回来后向刘邦建议：

“匈奴汗国的河南（河套以南）白羊部落、楼烦部落，跟首都长安（陕西省西安市）最近的距离，只有七百华里，轻装骑兵南下突袭，一天一夜就可抵达秦中（即关中）。秦中（关中）战乱之后，一片荒凉，居民稀少，无法遏阻外来侵略；可是土地肥沃，可以容纳大量移民，我们应该使人口迅速增加。当初，群起反抗秦政府暴政，号召力最强的，齐王国有田姓家族，楚王国有昭姓家族、屈姓家族、景姓家族。如果不是他们响应，就不可能成功。而今陛下虽建都关中（陕西省中部），却地广人稀。而东方（函谷关以东）六国所残留下的强大家族，一旦叛变，陛下恐怕躺在床上都睡不着觉。我建议：把六国皇家的后裔，以及地方上的英雄豪杰和有知名度的人士，全都强制他们移民关中（陕西省中部）。这样的话，天下太平时，可以抵御北方的蛮夷（胡）入侵；封国要是不服从中央时，也可以有足够的兵员，大张挞伐。这是使根本坚固、枝叶衰弱的方法。”刘邦说：“好极。”

十一月，刘邦下令齐楚地区昭姓家族、屈姓家族、景姓家族、怀姓家族、田姓家族——五大家族，跟当地的英雄豪杰，移民关中（陕西省中部），发给他们良田美宅，使能安居乐业。这次行动，共移民十余万人。

3 十二月，刘邦从长安（陕西省西安市）到洛阳（河南省洛阳市东白马寺东）。

4 赵国（首府邯郸〔河北省邯郸市〕）宰相贯高等行刺刘邦的阴谋泄漏，贯高的仇人得到内幕情报后，提出检举。刘邦像炮仗一样爆了起来，下令逮捕赵王张敖跟所有黑名单上的人。赵午等十余人，一听到消息，争先自刎。贯高怒不可遏，骂说：“谁教你们干那种事？大王（张敖）明明没有参与阴谋，而今连他一并逮捕，你们都一死了之，还有谁能证明他的清白？”

密封的囚车，把张敖跟贯高送到长安。在审讯中，贯高供称：“是我们做部下的单独行动，大王（张敖）并不知道。”审问官一定要他承认张敖也曾参与，对他苦刑拷打，用鞭子和木棍捶击数千次，又用铁锥乱刺，残忍酷烈，贯高全身溃烂，再找不出一块完整的肌肤下手，但贯高咬牙承受，誓不改口。

司法案件，中国一向采“口供主义”。因中国统治阶层，包括皇帝在内，都有一副大慈大悲的天使般心肠，除非嫌犯自己承认有罪，绝不判刑。于是，为了要嫌犯自己承认有罪，只有靠苦刑拷打，直到“坦承不讳”“自动招认”才止。贯高是天下第一等奇人，也正是孟轲所称道的“威武不能屈”的大丈夫，而苦刑比威武更可怖。他只要一时难支，在哀号声中点一点头，张敖全族便化成一团脓血。

只重视口供，不重视证据，更不重视程序，是中国司法的传统特色。苦刑之下取得口供后，再制造证据坐实。于是，冤狱累累。张敖幸而是皇帝（刘邦）的女婿，有丈母娘皇后吕雉暗中保护，否则，把加到贯高身上的苦刑十分之一加到他身上，他早“坦承不讳”“自动招认”了。

口供主义，是中国人的灾难之一。

5 皇后吕雉，屡次向刘邦解释，张敖的妻子是刘家的女儿——公主，怎么会有二心？刘邦诟骂说：“死婆娘，假使张敖当了皇帝，他还在乎你的屁女儿。”

司法部长（廷尉）把贯高的口供报告刘邦，刘邦赞扬说：“好一条汉子，谁认识他？去拜访一下，动以私情，套出实话。”高级国务官（中大夫）泄公（名不详）说：“我跟贯高同县，很知道他的为人，他在赵国（张敖）豪气千秋，一把硬骨，守信重义。”刘邦教泄公手拿皇家符节（表示皇帝亲临），到已被拷打得倒地不起的贯高身旁，先谈论家世，互相叙述别后情况，好像朋友平常日子相见时把臂言欢，最后探询赵王张敖到底参与了没有，贯高说：“人之常情，谁不爱他的父母妻子。而今，我的三族（父族、母族、妻族）都全部处死，我爱大王（张敖）岂超过我的亲属？只因为大王（张敖）确实没有谋反，谋反的事全是我们单独行事。”他把行动过程，叙述一遍，说明张敖确不知情。泄公回宫，报告刘邦。

春季，正月，刘邦下令释放张敖，撤销王爵，贬作宣平侯。改封代王（首府代县〔河北省蔚县〕）刘如意，当赵王（首府邯郸）。

刘邦欣赏贯高的侠义担当，派泄公通知他：“张敖已经出狱。”下令特赦贯高。贯高喜不自胜，说：“大王（张敖）真的出狱了？”泄公说：“当然，难道皇上（刘邦）还骗你？”又说：“皇上（刘邦）敬重你的为人，所以特别赦免。”贯高说：“我全身脓血，而不肯死，只为了要证明大王（张敖）无辜。而今大王（张敖）既然已经出狱，我已尽到我的责任，死而无憾。而且人臣已背上篡弑的名声，还有什么面目再侍奉君王（刘邦），即令皇上不杀我，我也会内愧于心。”说罢，把头部猛烈后仰，颈骨折断，遂告死亡。

荀悦曰

贯高领导谋反，是一个弑君的凶手。虽然为他的国王（张敖）洗刷清白，小的忠心，不能弥补大逆不道，私人的品德，不能抵销法律上的罪行。《春秋》昭示的大义是：要光明正大。他的罪不应赦免。

刘邦因骄傲的缘故，臣僚背叛。贯高因凶恶逆戾，使他的君王丧失国家。然而，促使贯高谋反，是刘邦的过失。促使张敖丧失国家，是贯高的过失。

贯高贫贱不能移，他不在乎刘邦。富贵不能淫，他不在乎宰相高位。威武不能屈，他不在乎苦刑拷打。当刘邦破口大骂，百般侮辱张敖时，不会仅限于张敖，所有赵国臣僚，恐怕都难逃诟詈，这正是典型的“不把人当人”场面，一个有自尊、有人性的人，自然不能忍受。贯高没有淖齿（参考前二八四年）的能力，把刘邦吊起来剥皮抽筋，他唯一的反击方法只有暗杀。

荀悦却认为贯高应该全部忍受，奴才嘴脸，刘邦地下有知，一定拍大腿欣赏说：“有权有势真好，对无权无势的小民，想杀就杀，想砍就砍，想骂就骂，想怎么侮辱就怎么侮辱。自有学问冲天的无耻之徒，帮腔帮拳。”

专制封建的头目，有时还有天良，像刘邦竟然下令释放贯高。倒是帮凶往往比主凶更恶毒，荀悦之流却要求杀之无赦。两千年来，中国人就在这种《春秋》大义教育下，人性被消磨殆尽，中国进步历程，一天比一天艰难。

6 西汉政府下令，十月二十七日以前犯罪，死刑以下的囚犯，全部赦免。

7 二月，刘邦从洛阳（河南省洛阳市东白马寺东）返回长安（陕西省西安市）。

8 最初，逮捕赵王张敖时，刘邦下令，赵国（首府邯郸）的臣僚、宾客，胆敢跟随张敖到首都的，屠杀全族。但王宫禁卫官（郎中）田叔、孟舒，都自己剃光头发，用铁链锁住脖子，伪装是张敖的家奴，在左右侍奉。后来，张敖宣告无罪，刘邦对田叔、孟舒的侠义行为，十分赞叹，召见他们，跟他们谈话，发现政府现任官员中的见解学识，没有能超过他们的，于是分别任命他们担任郡长（郡守）跟封国宰相。

9 夏季，六月三十日，日蚀。

10 擢升丞相萧何当相国（"丞相"也好，"相国"也好，"国相"也好，"相"也好，以及后来到了大分裂时代之后，有"同中书门下三品"，我们通称"宰相"，使人们确然了解权力位置。不过细节上，当然互有差异，"相国"显然比"丞相"权威要重）。

纪元前一九七年 甲辰

西汉　高祖　十年

1 夏季，五月，西汉王朝（首都长安〔陕西省西安市〕）太上皇刘执嘉（刘邦的爹），在栎阳宫逝世。

秋季，七月十四日，西汉帝（一任高祖）刘邦（本年六十岁），把老爹埋葬在万年（栎阳县东半城）。楚王（首府彭城〔江苏省徐州市〕）刘交、梁王（首府定陶〔山东省菏泽市定陶区〕）彭越，都来送葬。西汉政府下令特赦栎阳（陕西省西安市临潼区）囚犯。

2 定陶（山东省菏泽市定陶区）美女戚姬（名不详。“姬”是西汉王朝初期皇宫小老婆群最高一级，也称“夫人”，位比宰相，爵比亲王，俸禄二千石，地位仅次于大老婆皇后），得到刘邦宠爱，生子刘如意，封赵王（参考前一九八年）。刘邦对太子刘盈的仁爱忠厚性格，一直不满意，认为刘如意才像自己。所以，虽然封他赵王，却不命他前往封国（赵国首府邯郸），始终留在长安。刘邦每次到关东（函谷关以东），都带着戚姬。戚姬盼望由她的儿子当帝位的合法继承人，日夜向刘邦哭泣请求。皇后吕雉这时年龄已长，甚至渐老，不复当年姿色，反而不能随行，经常留守后方，夫妻感情，更为疏远。

刘邦打算撤销刘盈的太子封号，改封刘如意，高级官员们全体极力反对，都没有用。最高监察长（御史大夫）周昌，在御前会议上，据理力争。刘邦问他什么缘故，周昌说话有点口吃，又在激愤情绪之下，不能畅言，只说：“我口不能言，然而我期期知道不可以，陛下要废太子，我期期不接受命令。”刘邦看他急愤的表情，忍不住大笑。一场严重的巨变，在笑声中暂时中止。吕雉躲在金銮殿东厢，侧着耳朵偷听。朝会完后，见到周昌，向周昌下跪叩头致谢，说：“如果没有你仗义执言，太子就完了。”

本年（前一九七），赵王刘如意才十岁，刘邦既不能下定决心立他当太子，又忧虑自己死后戚姬母子会遭受报复（没有力量保护身后最亲爱的人，是专制魔王和独裁暴君最大的悲哀）。掌玺监察官（符玺御史）赵尧，建议给赵王刘如意设置一位强有力的宰相，这位宰相平常必须被皇后吕雉、太子刘盈，以及大臣们所敬爱畏惧，才能发生保护力量。刘邦问说：“你看谁是恰当人选？”赵尧说：“周昌。”刘邦遂任命周昌当赵国（首府邯郸）宰相，擢升赵尧接任周昌当最高监察长（御史大夫）。

“夺嫡”是所有政治斗争中最凶恶的一种斗争。戚姬在毫无外援支持下，只靠自己的美色，便发动这项攻势，幸而成功，也无法保证儿子就能平安登上宝座。吕雉不是普通家庭妇女，她帮助刘邦共创大业，跟大多数军政要员，情谊深厚。戚姬孤孤单单，儿子又小，谁肯为她们母子向主流派挑战？周昌手无一兵一卒，岂有抗衡力量？赵尧不过想挤掉周昌，以求自己蹿升而已。他的计谋毫无价值，然而，除此之外，又有何法？

3 最初，刘邦任命阳夏侯陈豨当封国宰相（相国），代表中央，监护赵国（首府邯郸〔河北省邯郸市〕）和代郡（河北省蔚县）跟匈奴汗国（王庭设蒙古国哈拉和林市）接壤地带的边防军。陈豨出发前，向淮阴侯韩信辞行。韩信拉着他的手，屏退左右随从，在院中散步，仰天叹息，说：“我可以不可以告诉你心腹的话？”陈豨说：“请将军吩咐。”韩信说：“你驻防的地方，集结了天下最精锐的部队。而你，又是皇上（刘邦）最信任的将领。如果有人打小报告说你背叛，皇上绝对不会相信。可是，再有人打第二次小报告，皇上就可能起疑。等接到第三次小报告，他一定勃然大怒，亲自率军征讨。到时候，我为你在中央政府发动，天下大事，就在掌握之中。”陈豨素来佩服韩信，对他的话完全相信，回答说：“我接受你的指示。”

陈豨一向羡慕故魏王国（首都大梁）信陵君魏无忌（参考前二五八年）宾客盈门。后来，陈豨当上宰相，并监护强大的边防军，接事之前，先请假回家省亲，经过赵国（首府邯郸），仅宾客们的车队，就有千余辆之多，邯郸城里政府招待所全部住满。

新到任的赵国宰相周昌，要求入朝。到长安后，向刘邦报告，指出，宾客既如此盛大，而陈豨率领大军，在边疆数年之久，恐怕发生变化。刘邦派人到前方，调查陈豨宾客们在代郡（河北省蔚县）为非作歹的劣迹，每每牵连到陈豨。于是陈豨恐慌，而这时候，投奔匈奴汗国的韩王韩信，派亲信王黄、曼丘臣，向陈豨游说引诱。不久，太上皇刘执嘉（刘邦的爹）逝世，刘邦派人征召陈豨。陈豨声称有病，不敢回来。

九月，陈豨跟王黄结合，公开叛变，自称代王，夺取赵国、代郡土地。刘邦亲统大军北征，到赵国首府邯郸（河北省邯郸市），一看平静无事，大为高兴，说："陈豨这小子，不知道占领邯郸，却去据守漳水（源出山西省长子县，流经河北省邯郸市），我晓得他真是无能之辈。"

周昌建议：常山郡（恒山郡，河北省正定县）共有二十五县，竟有二十县失守，应该诛杀郡长（守）跟民兵司令（尉）。刘邦说："郡长、民兵司令谋反了吗？"周昌说："没有。"刘邦说："这是他们的力量不够，有什么罪？"下令周昌选拔赵国可能当将领的壮士，召见四个人，诟骂说："他妈的，你们这些瘪三，可想当将军？"四个人又惭又惊，伏在席垫上不敢抬头。刘邦各封他们一千户人家，任命他们带兵。侍奉在左右的官员抗议说："自从当年到蜀郡（四川省成都市)、汉中郡(陕西省汉中市),后来又跟西楚王国(项羽)交战,陛下从没有一次赏过这么多人,今天却一下子就封了四个,他们有什么功劳?”刘邦说:“这你就不知道了,陈豨叛变,赵国、代郡,全部沦陷,我征调天下各封国的军队,没有一个人来,只能靠邯郸这些地方部队。为什么吝啬四千户人家,不用以勉励赵国子弟?”左右佩服说:“陛下想法,至善至美。”

刘邦得到情报,陈豨手下将领,都是商人出身,笑逐颜开说:“我知道怎么办了。”派人用重金行贿,陈豨所属的部将,纷纷归降。

柏杨曰

商人是金钱挂帅的动物,虽然当了将领,仍然可以收买,所以刘邦知道他应做什么。而那些被收买的将领,却不能想一想他们被收买后,将有何等遭遇。任何一个政府,除了少数样板,都难以容忍收买过来的变节分子。问题是,马克思说过,你买吊死资本家的绳子,只要肯出钱,资本家仍卖给你。利益是今天的,灾难是明天的。不仅资本家而已,庸碌之辈,无不只看眼前。

纪元前一九六年 乙巳

西汉　高祖　十一年

1 冬季，西汉王朝（首都长安〔陕西省西安市〕）皇帝（一任高祖）刘邦（本年六十一岁）在邯郸（河北省邯郸市）。

代王（首府代县〔河北省蔚县〕）陈豨大将侯敞，率一万余人的部队，沿着邯郸外围游击。王黄率一千余骑兵，进驻曲逆（河北省顺平县）。张春率一万余步兵，渡黄河，攻聊城（山东省聊城市）。西汉政府将领郭蒙，跟齐国将领挥军进击，大破陈豨军团。全国武装部队总司令（太尉）周勃，从太原（山西省太原市）挺进，目标直指代郡（河北省蔚县），进抵马邑（山西省朔州市），发动攻击，不能攻克。周勃大怒，再发动更猛烈的攻击，攻陷，作报复性屠城。被王黄拥护当赵王的赵利，据守东垣（河北省正定县），刘邦亲率军攻破，改名真定。刘邦悬赏黄金二十四万两，购买王黄、曼丘臣的人头。二人的部属被财帛引诱，遂斩二人呈献。陈豨大军溃败。

2 淮阴侯韩信声称有病，没有追随刘邦出征，秘密派人前往陈豨处，指示机宜。韩信准备跟他的侍卫官（家臣），乘夜假传圣旨，大赦做劳工的囚犯，跟被判罪充当官府奴隶的囚徒，集结他们，攻击皇后吕雉和太子刘盈。部署已经完成，只等陈豨方面回音，恰好韩信的一位随从（舍人）得罪了韩信，韩信把他囚禁，打算杀掉。

春季，正月，那位随从（舍人）的弟弟向皇后吕雉告发韩信叛变阴谋。吕雉想召见韩信，又考虑韩信可能拒绝，跟宰相（相国）萧何磋商，于是宣称：皇帝（刘邦）派使节来，陈豨已死，侯爵们和高级官员，都到金殿祝贺。萧何告诉韩信说："你虽然有病，也应该勉强去一趟。"韩信一进宫，吕雉立即命武士把韩信捆绑，就在长乐宫悬钟的房中处决。韩信临死时，叹息说："我后悔不听蒯彻的话（参考前二〇三年），竟被一个女人欺骗，岂不是天意！"为了根绝后患，吕雉下令屠灭韩信三族（父族、母族、妻族）。

世人以为，韩信首先建立功业，跟刘邦起兵汉中（陕西省汉中市），平定三秦（项羽分故秦王国为三：雍国、塞国、翟国），率领部分军队，向北挺进，消灭魏国（魏豹），夺取代国（陈馀），征服赵国（赵歇），威胁燕国（臧荼）；东击齐国（田广），而加以并吞；

南攻西楚（项羽），在垓下（安徽省灵璧县东南）把它铲除。西汉王朝之所以统一天下者，泰半是韩信的功劳。看他拒绝蒯彻的煽动，亲自到陈丘（河南省周口市淮阳区）迎接刘邦，岂有谋反的心？只不过由于失去王位，于心不服，遂陷于犯上作乱的悖逆。像卢绾这样的人，不过刘邦同乡同里的幼年玩伴，还在燕国当王。韩信反而以一个侯爵身份，在首都按时朝拜，岂不是刘邦对韩信忘恩负义？

刘邦在陈丘（河南省周口市淮阳区）用诈术逮捕韩信，说刘邦对不起韩信，确实如此。然而，韩信也有自取之道。最初，汉王国跟西楚在荥阳（河南省荥阳市）对峙，韩信已灭齐国（田广），不向刘邦报到，却自己想当齐王。之后，刘邦追击项羽，到了固陵（河南省周口市淮阳区北），跟韩信约定会师日期，而韩信却失约不来。当时，刘邦已有制裁韩信的决心，只是力量不足，不敢动手。等到天下平定，韩信还有什么可凭恃的？乘人窘困之际而逼取大利，是小市民小商人干的勾当，论功而报答恩德，是君子士大夫的本心。韩信以小市民小商人的作法，以求一己的好处，而希望对方用君子士大夫的风度回报，那是太难了，所以司马迁说："假如韩信了解君臣相处之道，虚怀谦让，不夸耀自己的功劳，不展示自己的才智，或许可以保全，而对于西汉王朝的贡献，也可能跟姬旦（周公）、姬奭（召公）、姜子牙（太公）媲美，后世荣华不绝，永享子孙的祭祀。不去那样做，却在天下已定之后，企图叛变，以致家族全被屠杀，岂不应该。"

韩信最初拒绝蒯彻的建议，不跟刘邦为难，只因项羽还没有消灭，所谓"三分天下，鼎足而立"，不过是蒯彻疯狂而愚昧的构想。从前韩王国（战国时代）曾用这种观点，纵横国际，最后被秦王国（战国时代）吞并，而无人援救，覆辙不

远。形势很明显，韩信如果在齐国（首府临淄）叛变，西方有张耳，南方有彭越，同时反击。鼎的三脚折断一只，必然落得作为蟊贼的下场。韩信知道不可能，才不听蒯彻的话，是更深的谋略。项羽覆亡之后，刘邦筋疲力竭，返回关中（陕西省中部），这时候韩信如果发动，才可以如愿以偿。蒯彻的意见，韩信岂须臾忘记？卞庄子刺虎，小死大毙，一举两得的比喻，韩信正是如此构想，只在等待时机发动。他说"不忍心背叛"，姑且堵蒯彻的嘴罢了。削去王位，降为侯爵，封国既小，而又无兵权，还要利用陈豨发难。何况当时拥有三齐（齐国、胶东国、济北国）的精锐部队，面向西方，虎视眈眈，还会怕谁？

司马光以及司马迁对韩信的评估，深入问题核心，只是惋惜韩信不懂得封建专制政治的运转特质，以致丧生。韩信是英雄不是枭雄，是军事家不是政治家。他天性忠厚，信任刘邦的友情，却不知道政治上的头目，只认识利害，韩信把刘邦当成父兄，直到陈丘（河南省周口市淮阳区）双手被缚，梦才初醒，以后软禁长安，在严密监视下，已插翅难飞。

王夫之的《读通鉴论》，享誉三百年之久，却篇篇使人失望，甘愿为奴、崇拜权势，使他对每件事情，都有奇异结论。他说韩信在齐国时即行叛变，张耳在西，彭越在南，双方阻击，必然失败，可谓痴人说梦。韩信一旦起兵，张耳的赵国，是韩信一手平定的，当时韩信的威望，震撼天下，张耳何以独爱刘邦，只为刘邦效命，而跟战无不胜、攻无不取的名将对抗？刘邦被困荥阳，既不能分兵，韩信又善于指挥大兵团作战，张耳即令敢对抗，又怎有力对抗？至于彭越，他跟刘邦的关系，始终游离，王夫之有什么根据，敢肯定他一定站在刘邦那一边？王夫之更认为项羽死后，刘邦返回关中（陕西省中部）之际，韩信发动兵变，才有把握，更是异想天开。恰恰在那时候，张耳和彭越，他们才必然阻截，因为形势比人强，大局已稳，君臣名分已定，刘邦正处巅峰。

王夫之肯定韩信早有谋反之心，这是最下流的一种“诛心”之论，责备人永没有止境。悲剧就发生在韩信并没有谋反之心，如果有的话就好了，刘邦自己都承认不堪韩信一击。韩信被削成侯爵，国土既小而又没有兵权，却企图谋反，正是逼出来的，没有彼一逼，焉有此一反。好像某甲痛揍某乙，某乙把某甲手臂咬了一口，不能证明某甲不揍某乙时，其乙一直在那里想咬他一口。是非因果，不应被如此颠倒。

更重要的是，韩信之死，是一场冤狱。就西汉政府所作的指控，看不出有任何积极证据，仅凭着随从（舍人）弟弟的片面之词，没有调查，不容分辩，便急吼吼暗下毒手，而所使用的又是灭口手段。表面上由吕雉主持，从“伪游云梦”那件事推断，毒计恐怕酝酿已久，否则屠杀像韩信这样的重臣，吕雉岂敢遽做决定。

刘邦对韩信一直有一种自卑性的恐惧。韩信不死，刘邦睡不着觉。消灭对手的法宝，只有“诬以谋反”。重读蒯彻的言论，使人敬佩交集。然而，与其说韩信死于吕雉、刘邦，毋宁说死于专制封建政治。一个伟大的英雄惨遭屠灭三族，当巨变发生时，老幼妇孺，从豪华盖世的侯爵官邸，霎时间被他们效忠的政府乱刀齐下，无有遗留，哭声号声，两千年后，仍然盈耳，却没有人为他们申诉，甚至还有高级知识分子如王夫之之流，在旁帮凶，认为韩信一生下来，就是一个叛徒，刘邦杀得好、杀得妙，不禁浩叹！

3 西汉政府大将柴武，在参合（山西省阳高县）一次军事攻击

中，斩韩王韩信。

4 刘邦回洛阳，得知韩信已被屠杀三族，心中大喜，但回顾前情，又感怜惜，问吕雉说："韩信死时，说了些什么话？"吕雉说："他说他后悔没有采用蒯彻的计谋。"刘邦说："我晓得蒯彻，一个能言善道的齐国（首府临淄〔山东省淄博市东临淄区〕）知识分子。"

刘邦下令齐国（刘肥）逮捕蒯彻。蒯彻被押解到长安（陕西省西安市）后，刘邦问他："是你教韩信谋反？"蒯彻说："当然，正是我教他。可惜韩信这个白痴，不采纳我的谋略，以致落得今天这种悲惨的结局。如果听我的话，你怎么能够得逞？"刘邦鼻孔冒烟，大叫："煮死他。"左右正要动手，蒯彻说："天大的冤枉，我竟受烹刑。"刘邦说："你教唆韩信谋反，有什么冤枉？"蒯彻说："秦政府失掉了它的鹿（鹿，比喻政权），天下英雄豪杰，共同追逐捕捉，有能力而双脚跑得快的人，先得到它。盗跖（春秋时代著名大盗）的狗，对着伊祁放勋（尧，儒家童话中最好的君王）汪汪乱叫，不是伊祁放勋不好，而是狗只忠于它的主人。在那个时候（前二〇三年），我只知道有韩信，不知道有陛下。而且天下英雄豪杰，磨刀擦枪，想当皇帝的多得很，只限于能力，办不到罢了，难道全都煮死？"刘邦泄气说："好吧，放掉他。"

5 刘邦封儿子刘恒当代王，首府设晋阳（山西省太原市）。

6 西汉政府下令，大赦天下。

7 刘邦出征陈豨的时候，征召梁国（首府定陶〔山东省菏泽市定陶区］）部队，梁王彭越声称患病，仅派一位将领率军前往邯郸（河北省邯郸市）会合。刘邦又气又怒，派使节责备他，彭越害怕起来，准备亲自去长安（陕西省西安市）晋见道歉。他的一位将领扈辄说："这可要考虑，大王（彭越）最好不去。受到责备才去，去就落入圈套，不如动员军队，索性叛变。"彭越不肯这样做。

梁国（首府定陶）交通部长（太仆）犯罪，逃亡到长安，检举彭越跟扈辄谋反，刘邦派人乘彭越不备，把彭越逮捕，送到洛阳囚禁。有关单位审讯的结果，认为谋反的证据已经确实，应依照法律谋反条款治罪（屠灭三族）。刘邦开恩，特别赦免，撤销爵位，贬作平民，放逐到蜀郡（四川省成都市）青衣（四川省雅安市名山区北）。

彭越被押解西行，走到郑县（陕西省渭南市华州区），遇到杀星。恰巧皇后吕雉从长安回洛阳，在道途中，二人相见，彭越向吕雉痛哭流涕，声明他清白无辜，不敢盼望复爵，只敢请求放逐到故乡昌邑（山东省巨野县东南大谢集镇）。吕雉满口答应，并带着他折返洛阳。

当彭越正庆幸获得一线生机，感谢吕雉恩重如山之际，吕雉警告刘邦说："彭越，是英雄人物，把他安置在蜀地（四川省），恐怕后患无穷。为什么不乘机杀掉他？我特地把他带回来。"刘邦同意，于是吕雉找到一位彭越的随从（舍人），教他检举彭越又要谋反。司法部长（廷尉）王恬开，奏请处"族刑"。刘邦批准。

三月，行刑，斩彭越，屠三族，在洛阳城外集中处决。西汉政府下令，有人胆敢收殓彭越尸首的，一律治罪。梁国（首府定陶）国务官（大夫）栾布，正好出使齐国（首府临淄），回到洛阳（河南省洛阳市东白马寺东），就在彭越人头之下，简报他出使经过，然后焚香祭拜，放声大哭。官员把栾布抓住，上奏刘邦。刘邦召见栾布，破口大骂，要烹杀他。正要把他投到沸腾的巨锅里时，栾布回头告诉刘邦："我想说一句话再死。”刘邦说：“好吧。”栾布说：“当陛下在彭城（江苏省徐州市）被困，在荥阳（河南省荥阳市）、成皋（河南省荥阳市西北汜水镇）之间战败，项羽所以不能向西穷追的缘故，因为彭越大军驻屯故魏王国（河南省东部）土地，跟汉王国结盟，共同打击西楚。当时，彭越稍一偏向西楚，汉王国就会破碎。而跟汉王国站在一边，西楚也会破碎。而且，垓下（安徽省灵璧县东南）会战，如果不是彭越参与，项羽不会覆灭。等到天下已定，彭越受封王爵，也要传之万世。想不到只为了一次征兵不到，彭越正好卧病在床，不能亲行，陛下就疑心他谋反。事实上彭越并没有谋反，陛下更用芝麻绿豆的小事，屠灭三族，我恐怕所有功臣，都会寒心。而今彭越大王已去，我生不如死，请继续你的烹刑。”刘邦下令赦免，任命栾布当民兵司令（都尉）。

司马迁曰

魏豹、彭越，虽然出身微贱，然而称霸一方，拥有千里疆土，面向南方称“孤”（皇帝自称“朕”，国王自称“孤”——战国时代，国王自称“寡人”，都是一种表示异于凡品的玩意），血战取得胜利，每天都传捷报，却心怀叛意。等到失败，不死于敌人，而死于自己人之手，身受刑杀。为什么这样？只为他们的行为不够水准。中等才能的人，都以他们的行为为羞，何况君王？他们没有大的罪恶，而又具有超人智谋，却缺少律己的品德，偶尔掌握一点点权柄，就打算呼风唤雨，更上层楼，以致陷于囚犯地位而无法摆脱。

柏杨曰

司马迁之言差矣，魏豹只是不能忍受刘邦的辱骂而反，情形跟贯高相同，并非有什么冲天大志。彭越更根本没有叛变的意图，他所遭遇的，不过一个比韩信更明显的“诬以谋反”的冤狱而已。传统历史学家总在责备被诬杀的千万冤魂，而不敢碰凶手一根毫毛，如果是恐惧当权派，不敢如此，其情可悯，如果真的内心认为如此，就不可原谅。

8 三月丙午日（三月丙辰朔，没有丙午），刘邦封儿子刘恢当梁王（首府定陶〔山东省菏泽市定陶区〕）。

三月十一日，又封另外的儿子刘友当淮阳王（首府陈县〔河南省周口市淮阳区〕），撤销东郡（河南省濮阳市西南），划归梁国（首府定陶）。撤销颍川郡（河南省禹州市），划归淮阳国（首府陈县）。

9 夏季，四月，刘邦从洛阳回到长安。

10 五月，刘邦下诏，任命秦王朝南海郡（广东省广州市）民兵司令（尉）赵佗，当南越王（首府番禺〔广东省广州市〕）。派陆贾前往授与印信符节，使镇抚南方所有百越部落，永不侵犯西汉边疆。

最初，秦王朝二任帝嬴胡亥时，南海郡（广东省广州市）民兵司令（尉）任嚣，重病卧床，临死前，把龙川（广东省龙川县）县长赵佗叫到床前，吩咐说："秦政府暴虐，天下受尽苦难。听说陈胜等起兵抗暴，将来如何发展，不得而知。南海郡既偏僻又荒远，恐怕盗匪之辈，前来侵犯。本打算封锁'新道'（秦一任帝嬴政，开凿五岭山陉。参考前二一四年），用以自保，静候大势演变，却因为病情日重，未能实施，希望由你完成。番禺（广东省广州市）这个地方，北有大山（五岭山脉）险要，南有大海（南海）阻碍，东西数千华里，还有很多中国人（汉人或黄河流域移民）帮助你，也是一方霸主，满可建立一个王国。但郡政府没有一个有见解的官员，可以交换意见，所以请你前来，告诉你一切。"即用正式公文书任命赵佗代理南海郡民兵司令。

不久，任嚣逝世。赵佗颁发命令给横浦（广东省南雄市）、阳山（广东省阳山县）、湟溪关（阳山县西北二十公里茂溪口）等地方政府，说："盗匪即将攻击，你们必须立即阻塞要隘，集中兵力戒备。"稍后，利用法令，诛杀秦政府任命的几位重要高级官员，然后派出自己的亲信党羽，担任代理郡长（守）、县长（令）。等到秦政府灭亡，赵佗出兵占领桂林郡（广西凌云县）、象郡（广西崇左市），自称南越武王。

陆贾抵达番禺（广东省广州市），赵佗态度傲慢，头发束成一撮，竖在头上，伸开两条腿，像簸箕一样坐在那里。陆贾对他说："你本是中原人（赵佗本东垣人〔刘邦改东垣为真定，今河北省正定县〕由这话可了解，当时的中国，仅只扩张到长江流域。珠江流域，虽设立郡县，仍被看作蛮荒化外），亲戚、兄弟、祖先坟墓，都在故乡。而今你一反天性，背叛父母之国，不念祖宗，放弃中国传统装束，打算靠弱小的南越（广东、广西，面积本来很大，但在纪元前二世纪，两地却仍是原始地带，人口稀少），跟天子对抗，成为敌国，大祸恐怕就要来临。自从秦政府失去控制，国王国君、英雄豪杰，纷纷起事，只有汉王刘邦，先入关中（陕西省中部），夺取咸阳（秦首都，陕西省咸阳市）。项羽背叛盟约，自称西楚霸王（首都彭城），国王国君，都做他的臣属，可以说至为强大。然而汉王刘邦，从巴蜀（四川省）起兵，用皮鞭驱使天下，遂诛杀项羽。只五年工夫，天下平定。这不是人的力量，而是天意如此。天子已经知道你在南越称王，也没有参加反抗秦政府跟西楚政府暴政的阵营，宰相和将军们都认为应该派出大军，向你问罪，但天子怜悯人民在战乱频仍中，已十分劳苦，才打消原意，并且派我前来，授给你封王的印信和互相联系的符节。你应该恭恭敬敬，到郊外迎接，北面称臣，想不到你却打算靠着新近成立、基础还没有稳固的南越，倔强到底。西汉政府如果得到报告，恐怕会有激烈的反应，首先挖掘焚烧你祖先的坟墓，屠杀你的家族，然后随便派一个军官，率领十万人兵团，南下进攻。到那时候，你的部下杀你投降，易如反掌。”

赵佗顿开茅塞，赶紧跳起来，规规矩矩坐下，道歉说：“请你原谅，我在蛮夷部落中鬼混得久了，忘了中国礼仪。”因向陆贾请教：“我比萧何、曹参、韩信怎么样？”陆贾说：“大王的贤明和能力，跟他们相似。”赵佗又问：“我比皇上（刘邦）怎么样？”陆贾说：“皇上（刘邦）继承五帝（黄帝王朝七位君王中的五位：姬轩辕、姬颛顼、姬夋、伊祁放勋、姚重华）、三皇（天皇、地皇、人皇）伟大的勋业，统治中国，中国人口以‘亿’为单位计算（二十世纪三〇年代前期，十个“百万”是一亿。一九三〇年后期，十个“千万”是一亿），领土有一万华里，物产丰富，号令统一，自从开天辟地，从来未曾有过。大王武装部队不过数十万，而且遍地蛮夷，不是山峦崎岖，就是海滨水涯，一片荒凉，不过西汉政府辖下的一个郡而已，怎么能够相比？”赵佗朗声大笑说：“可惜我不在中国，所以在这里当王。如果我在中国，怎知道不如刘邦？”

赵佗挽留陆贾住下，举行盛大欢宴。数月之后，赵佗对陆贾说：“南越这里，连个说话的对手都没有。陆先生来此，使人听到一些从没有听到过的事。”遂向西汉政府呈献价值黄金二十万两的贵重礼物，另外更把同价值的黄金二十万两的贵重礼物，赠送陆贾私人。陆贾终于使赵佗接受西汉政府封他南越王爵位，向西汉政府称臣，遵守西汉政府法律约束。陆贾回到长安报命，刘邦大为高兴，任命陆贾当中级国务官（太中大夫）。

陆贾时常在刘邦面前，谈论《诗经》《书经》。刘邦不耐烦，诟骂说：“你老子在马上得天下，他妈的什么《诗》《书》？”陆贾说：“陛下马上得天下，能马上治天下吗？子天乙（汤）、姬发（武），用暴力犯上作乱，强行夺取政权，却用仁义礼教治理。文武同时使用，才是长久之策。从前，吴夫差（吴王国七任王）、智瑶（参考前四〇三年）、嬴政（秦王朝一任帝），都因为太相信武力，终于灭亡。假如当年秦政府吞并六国，统一天下之后，施行仁义政治，效法先圣先贤。这个天下，怎么会到你手？”刘邦面色惭愧，搭讪说：“请你写下来秦政府所以失败，我所以成功的原因，以及古时候国家兴亡故事，拿给我看。”

陆贾就在这方面，概略的作一叙述，共写了十二篇。每成一篇，就讲解给刘邦听，刘邦对每一篇都予称赞，左右侍从们就跟着喊“万岁”，称陆贾的书为《新语》。

11 刘邦患病，讨厌跟人见面，躺在寝宫里，下令宫门守卫，不准任何官员入内，连绛侯周勃、颍阴侯灌婴，都阻在门外。十几天之后，舞阳侯樊哙推开守卫，一直闯到榻前，高级官员们在后尾随，刘邦正枕着一个宦官，躺在那里，樊哙看见他，忍不住流下眼泪，说：“当初，陛下跟我们这批人在丰（江苏省丰县）沛（江苏省沛县）起事，平定天下，是何等的雄壮。如今天下归于一统，却这般委靡不振？而且你说病得很重，大臣们心神不宁。你拒绝跟我们见面，难道只对一个宦官留下遗言？你没有看见赵高干的勾当？”（赵高沙丘更换诏书，变换帝位继承人，参考前二一〇年。）刘邦大笑，一跃而起。

12 秋季，七月，淮南王（首府六县〔安徽省六安市〕）英布叛变。

最初，韩信被杀，英布已经恐慌，及彭越被杀，刘邦下令把彭越的尸体剁成肉酱，分别送给各封国。使节到了淮南（首府六县），英布正在郊外打猎，看见肉酱，既悲又惧，遂秘密调兵遣将，准备其他郡县有什么紧急情况时，即行发动。

英布最心爱的一位姬妾有病，到医生那里诊治。医生家跟高级国务官（中大夫）贲赫，对门而居，贲赫送了一份厚礼，就到医生家陪那位姬妾饮宴。英布认为二人必有奸情（他们可能有奸情，但也可能只是贲赫要拍宠姬的马屁），打算逮捕贲赫。贲赫得到消息，仓猝逃走，乘坐政府驿车，直奔长安，检举英布反形已露，请求在他还没起兵之前，把他诛杀（明明是男女之间的纠纷，却控以谋反，在专制政治下，只有这顶铁帽才报得了私仇，即令对手是王爷，也招架不住）。

刘邦看到贲赫的检举书，告诉宰相萧何，萧何说："英布不会这样，恐怕是仇家陷害。最好先把贲赫囚禁，派人前往淮南国（首府六县）调查。"英布发现贲赫逃走，并且已经上书政府，怀疑揭发他的叛变秘密。不久，中央政府的使节前来查询，查询的结果，又对自己不利。于是一不做，二不休，先屠杀贲赫全家，然后起兵叛变。

刘邦接到正式报告，立即释放贲赫，任命他当将军。召集将领们商谋对策，大家异口同声说："出兵攻击，坑杀那小子，他有什么本领？"汝阴侯夏侯婴，召请故楚王国宰相（令尹）薛先生（名不详），向他请教。薛先生说："英布当然会叛变。"夏侯婴说："皇上（刘邦）把土地封给他，把王爵加给他，他为什么还要这样做？"薛先生说："前些时杀韩信，过些时又杀彭越。韩信、彭越、英布三人，对国家对皇上（刘邦）的功劳一样、贡献一样。二人已死，英布自会怀疑该轮到他了，所以非反不可。"夏侯婴报告刘邦，刘邦召见薛先生，向他请教。薛先生说："英布叛变，一点也不奇怪。假使英布用上等谋略，山东（崤山以东）地区不会再属西汉政府。用中等谋略，胜败之数，不可预料。用下等谋略，陛下可以靠着枕头，安安稳稳睡觉。"刘邦问："什么是上等谋略？"薛先生说："向东夺取吴郡（江苏省南部），向西夺取故楚王国土地（河南省南部），再夺取故齐王国

（山东省东部）跟故鲁国（山东省西南部）土地。号召燕国（河北省北部）、赵国（河北省南部），然后固守，不再进攻，山东（崤山以东）便会完全脱离。”刘邦问:“什么是中等谋略？”薛先生说:“向东夺取吴郡，向西夺故楚王国土地，吞并故韩王国（河南省中部）跟故魏王国（河南省北部及东部）。占领敖仓（河南省荥阳市北敖山粮仓），取得粮秣，封锁成皋（河南省荥阳市西北汜水镇）。双方相峙，成败在两可之间。”刘邦问:“什么是下等谋略？”薛先生说:“向东夺取吴郡，向西夺取下蔡（安徽省凤台县）。然后把重要物资，转运到大后方故越王国（浙江省）土地，南方跟长沙王（首府临湘〔湖南省长沙市〕）吴芮结盟。这时候，陛下可以安枕，平安无事。”刘邦问:“英布将用哪种谋略？”薛先生说:“下等。”刘邦问:“你怎么知道？”薛先生说:“英布本是骊山（陕西省西安市临潼区东南）的一个囚徒（参考前二〇八年），爬到封王高位，眼光短浅，只顾身前，不顾身后，看不到远景，而只求自保，所以必然采取下等谋略。”刘邦说:“好极。”封薛先生千户人家。下令撤销英布封爵，改封儿子刘长当淮南王（首府改设寿春〔安徽省寿县〕），接替英布。

13 这时，刘邦已经有病，打算派太子刘盈出征。太子宾客唐宣明（东园公）、朱晖（绮里季）、崔广（夏黄公）、周术（角里先生），拜访建成侯吕释之，说:“太子（刘盈）担任最高统帅，功劳再大，官位不能再升。可是万一失败，则灾难从此开始。你应该火速晋见皇后（吕雉），找一个恰当机会，向皇上（刘邦）哭泣求情，告诉皇上:‘英布，是天下猛将，又精于作战。而各位将领，跟你都是平辈，教太子统御他们，跟教绵羊驱使狼群，有什么分别？他们可能不接受命令。而且一旦英布得到消息，战鼓西行，谁能抵御？你虽然有病，仍请勉强一行，用一种特制的软车，躺在那里指挥，将领们就不敢不尽全力。

你虽劳苦，可是为了你的妻子儿女，只有强打精神。’”吕释之当夜去见吕雉，吕雉找个机会向刘邦哭诉，把四人的话，照说一遍。刘邦说：“我早就知道那小子不能办事，当老子的只好自己出马。”

刘邦御驾亲征，率军出发。高级官员都留守长安，送别霸上（陕西省西安市东灞河畔）。留侯张良也有病，勉强起床，送到曲邮（陕西省西安市临潼区北），见到刘邦，说：“我本应该随从大军，只因病重，不能如愿。楚国人（英布的淮南国是故楚王国土地）反应敏捷，慓悍善战，请你尽量避免跟他对决。”建议给太子刘盈加一个将军的头衔，统御关中（陕西省中部）所有的武装部队。刘邦拜托，说：“子房（张良别名），你虽然有病，勉强躺在家里照顾我儿子。”这时，叔孙通当太子师傅（太子太傅），张良兼太子教师（太子少傅）。征调上郡（陕西省延安市）、北地（甘肃省庆阳市西峰区）、陇西（甘肃省临洮县）三郡地方民兵，跟巴蜀（四川省）正规政府军，以及首都长安警备区司令（中尉）所属的警备部队三万人，充当太子禁卫军，驻屯霸上（陕西省西安市东灞河畔）。

14 英布最初起兵时，对他的将领们说："刘邦已经老了，一定不能亲来，只有派他的将领们出征。将领群中，唯有韩信、彭越，而今都已去世，其他的人，我不在乎。"这才决定发动。果如薛先生预料，他先行向东攻击荆国（首府吴县〔江苏省苏州市〕），荆王刘贾逃走，死于富陵（江苏省淮安市洪泽区西北）。英布遂合并荆国武装部队，北上，渡过淮河，攻击楚国（首府彭城〔江苏省徐州市〕），楚王刘交发兵在徐县（江苏省泗洪县南）跟僮县（安徽省泗县东北）阻截，分为三个据点布防。有人向楚军司令建议："英布是沙场老将，人们对他，一向畏惧，而且《兵法》上说：'封国的国君在自己领土上作战，称为"散地"（官兵不必拼死，战稍不利，大家一哄而散，各投亲友）。'而今把大军分割三处，只要一处失败，其他两军跟着也就崩溃，怎么能互相援救？"楚军司令坚持己见。

英布军先攻破一个据点，果然，楚军完全瓦解。英布在肃清后方之后，率大军西进。

纪元前一九五年 丙午

西汉　高祖　十二年

1 冬季，十月，西汉王朝（首都长安〔陕西省西安市〕）皇帝（一任高祖）刘邦（本年六十二岁）跟英布在蕲县（安徽省宿州市南蕲县镇）西方遭遇，英布军队全是精锐。刘邦在庸城（蕲县西）固守营寨，看见英布军阵地，跟项羽军阵地仿佛相似，心里有点畏惧。二人遥遥相望，刘邦说："你何苦叛变？"英布说："什么叛变？我只是想当皇帝罢了。"刘邦冒火，破口大骂，纵兵进击。双方大战，英布军不能支持，向后撤退，渡过淮河后，再布阵反扑，再败，再撤退，数次之后，全军溃散。英布只好率领亲军一百余人，逃向长江以南。刘邦指派将领追击。

2 刘邦回首都长安，经过故乡沛县（江苏省沛县），在行宫摆设酒席，宴请他当流氓时所有的伙伴，男女长辈，以及年轻一代。谈谈往事，叙叙当年，欢聚一堂，喜气洋溢。大家将醉未醉时，刘邦引吭高歌，并起来舞蹈，意气激动，感慨伤怀，不禁流下眼泪，告诉长辈们说："离家出外的孩子，总是悲思他的故乡。我自从被拥护当沛公（参考前二〇九年），东征西讨，除暴安良，终于取得天下。现在我把沛县当作我的汤沐邑（全县赋税，不缴给政府，全部作为主人沐浴之用）。人民不必再缴纳赋税，世世代代，永远如此。"欢宴十余日，才动身告辞。

3 西汉政府追击英布的将领，在洮水（今地不详）南北两岸，跟重新集结的英布残军会战，英布军再大败，最后彻底瓦解，不能再行集结。英布从前跟番君吴芮情谊至笃，又有婚姻之好（英布是吴芮的女婿，参考前二〇八年）。这时吴芮已死（前二〇二年），儿子吴臣，继承老爹长沙王（首府临湘）的王位，吴臣派人向姐夫英布保证，愿跟他一同逃亡南越（首府番禺〔广东省广州市〕）。英布信以为真，随着使节前往长沙国首府临湘（湖南省长沙市），路经番阳（江西省鄱阳县）时，番阳人（姓名不详）在兹乡（鄱阳县境）民家，击杀英布。

英布这个人，祖先可能是皋陶的后裔（皋陶，黄帝王朝六任帝伊祁放勋的司法部长，据说审判公平，国无冤狱，被后世敬重）。春秋时代，楚王国消灭英氏国（安徽省金寨县东南英氏城）、六国（安徽省六安市东北九公里城北镇），英布祖先已经没落。虽然身受刑罚，可

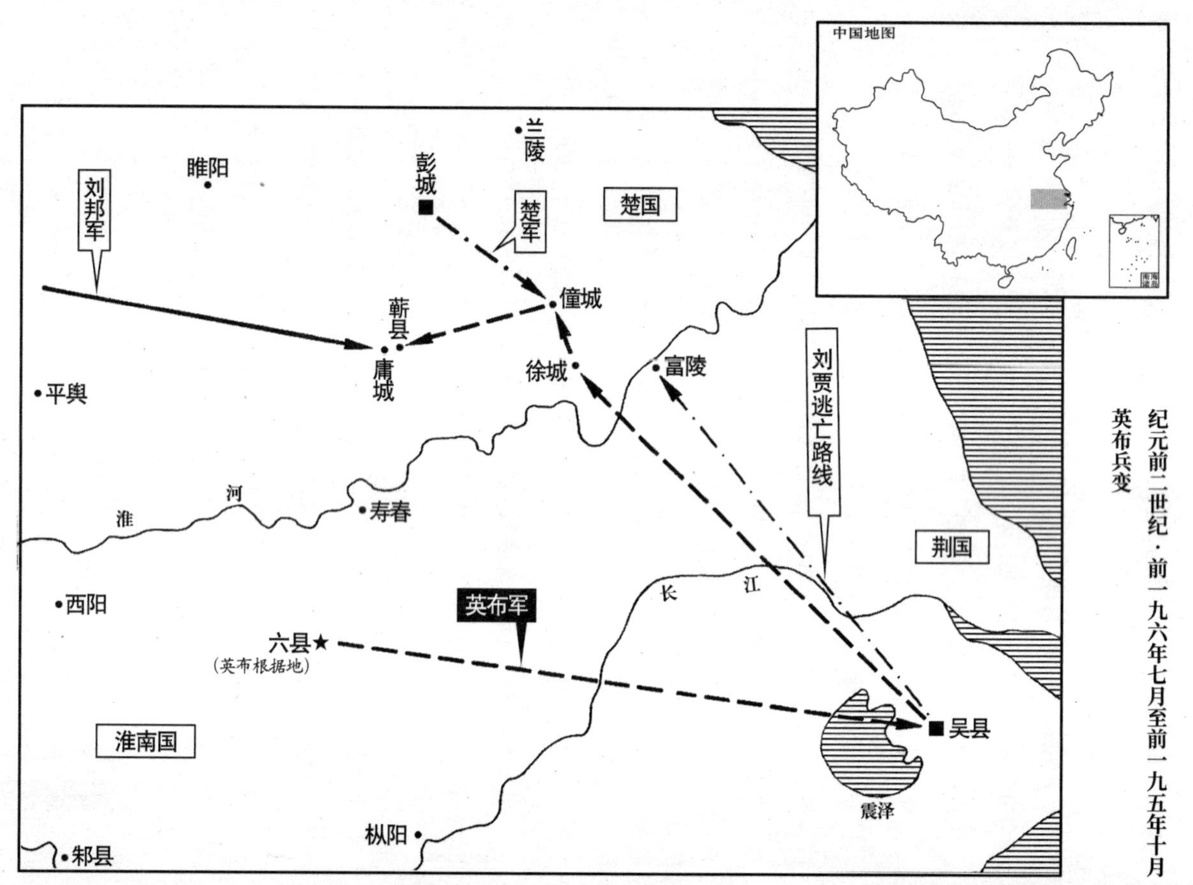

纪元前二世纪·前一九六年七月至前一九五年十月

英布兵变

是突然崛起，蹿升得仍如此之快。项羽坑杀的人民千千万万，英布正是他的首席帮凶，功劳又在其他将领之上，借此封王。最后仍逃不过诛杀，灾祸起自一个美丽的女人，妒火所烧，竟断送前程。

4 周勃把代郡（河北省蔚县）、雁门郡（山西省右玉县）、云中郡（内蒙古托克托县）一带叛乱，完全平定。追击到当城（蔚县东北），斩陈豨。

5 荆王（首府吴县〔江苏省苏州市〕）刘贾没有儿子，刘邦改荆国为吴国（首府广陵〔江苏省扬州市〕）。

十月九日，刘邦封老哥刘喜的儿子刘濞当吴王，管辖三郡五十三县。

6 十一月，刘邦经过鲁县（山东省曲阜市），用太牢（牛羊猪各一）祭祀儒家学派始祖孔丘。

7 刘邦自从攻击英布回来，病势加重，于是更急于更换太子。张良规劝，刘邦拒不接受，张良遂称病不再问事。叔孙通上疏说："从前，姬诡诸（春秋时代晋国十九任国君献公），因为骊姬的缘故，罢黜太子（姬申生），立幼子姬奚齐，使晋国大乱数十年（前七世纪事），成为天下笑柄。秦王朝不早早的确定嬴扶苏太子名号，留下空隙，使赵高得以用诈欺手段，拥立嬴胡亥（参考前二一〇年），自取灭亡，这是陛下亲眼看到的事。而今太子（刘盈）仁爱厚道，又十分孝顺，天下无人不知。皇后（吕雉）跟陛下共渡患难，怎么可以背弃？陛下一定要废嫡立庶，我愿受斩刑，用鲜血污染金殿。"刘邦说："算啦，我

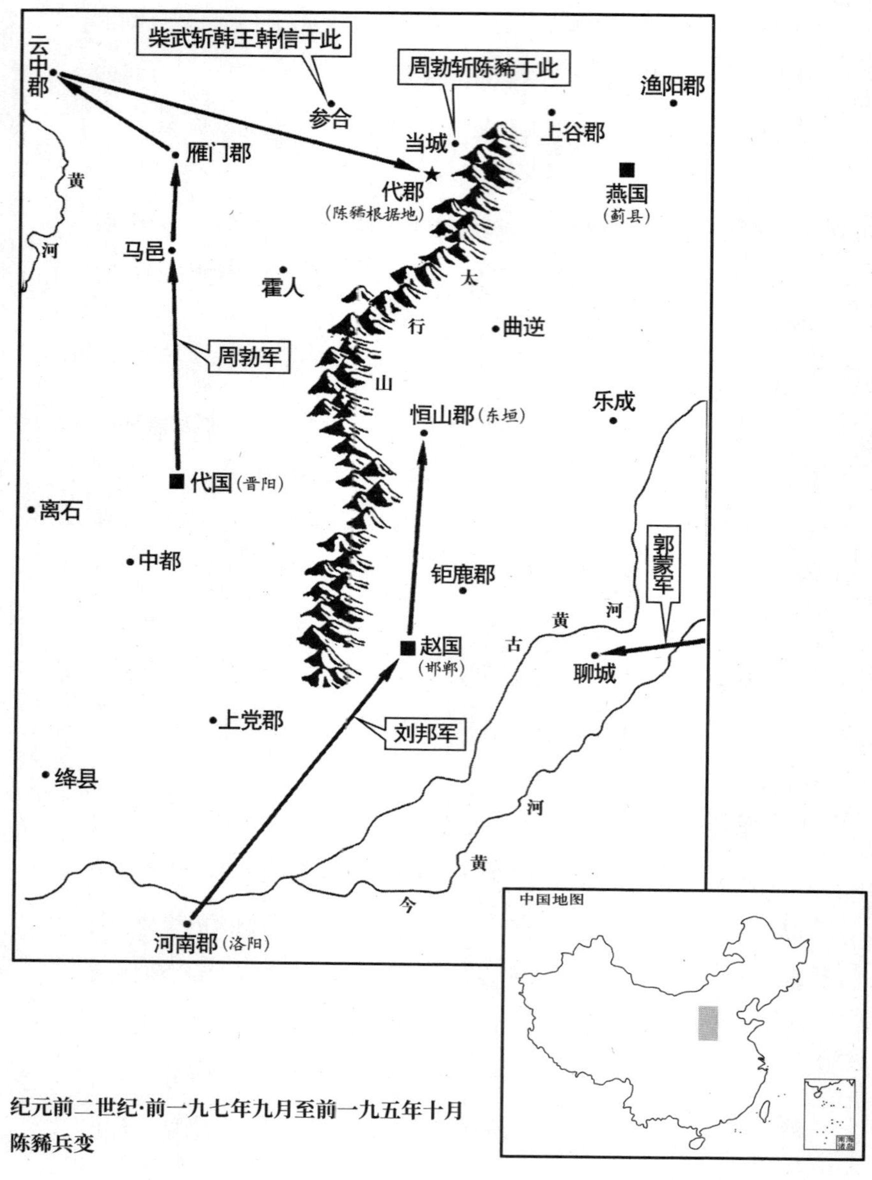

纪元前二世纪·前一九七年九月至前一九五年十月

陈豨兵变

不过开开玩笑。”叔孙通说：“太子，国家的根本，根本一摇，天下震动，怎么能开这种玩笑？”这时高官们坚决反对的很多，刘邦知道大家不服赵王（首府邯郸）刘如意，只好作罢。

8 宰相（相国）萧何因为首都长安地狭人多，御花园（上林苑）中却有很多空地，荒芜在那里，十分可惜。请求拨付给平民作为农田，官员们也可以不必再去御花园割草，只令农夫缴粮就可以了。刘邦暴跳如雷，号叫说：“萧何接受商人贿赂，打主意打到我御花园头上来了。”下令司法部长（廷尉）逮捕萧何，戴上全副脚镣手铐刑具，囚入监狱。几天之后，皇城保安司令（卫尉）王将军（名不详）在刘邦身旁，进言说：“宰相（萧何）有什么大罪，陛下突然把他逮捕？”刘邦说：“我听说，李斯当秦王朝宰相，好的事归给领袖，坏的事归给自己。萧何为了贪图奸商的财宝，竟要我的御花园，博取民心，所以要惩罚他。”王将军说：“在职责范围内，只要对人民有益处，就向上请求，这才是真正的宰相。陛下怎么可以疑心他受贿？当初，陛下在东方跟西楚（项羽）打拉锯战，数年之久。陈豨、英布叛变，陛下亲自出征，那个时候，萧何镇守关中（陕西省中部），只要一只脚轻轻摇动，关西（函谷关以西，即关中）就不是陛下的了。萧何不在那时候谋利，现在却去贪图商人几两银子？秦王朝因为拒绝听到过失，才丧失天下，李斯那种把过失包揽到自己身上的小动作，何足效法，你可把萧何看得太肤浅了。”

刘邦听了，内愧于心，只面子一时抹不开。但仍在当天，派使臣“持节”，前往释放萧何。萧何年纪已老，而平常又一向谦恭谨慎，出狱后随着使臣入宫晋见，赤着双脚认罪。刘邦耍起无赖，说：“罢了罢了，贵阁下为了人民利益，请求御花园的田地，我却不准，我不过姒履癸(桀)、子受辛(纣)角色，而你是最贤明的宰相。我故意囚禁你，就是要人民都知道我是个暴君。”

9 陈豨当初叛变时，燕王(首府蓟县〔北京市〕)卢绾动员军队攻击他的东北阵地。陈豨派王黄到匈奴汗国(王庭设蒙古国哈拉和林市)求救。卢绾也派张胜出使匈奴汗国，告诉匈奴，已经击败陈豨。前任燕王臧荼的儿子臧衍，也在那里，看到张胜，建议说：“你所以在燕国(卢绾)受到尊重，是因为你了解北方蛮夷。而燕国所以仍然存在，是因为各封国接二连三叛变，兵连祸结。今天，你代表燕国来此，目的在于早日清除陈豨一帮。有没有想到，陈豨一帮人清除后，西汉政府下一次就会对燕国开刀，你也要成为俘虏。你最好说服燕王(卢绾)，暂且和缓对陈豨的压力，而跟匈奴汗国和解。天下无事，燕王(卢绾)宝座可以长久坐下去。万一将来西汉政府向燕国下手，也可以有个外援。”

张胜认为有理，秘密建议匈奴汗国帮助陈豨，反击燕军。卢绾发觉不对劲，疑心张胜已投降匈奴汗国，急向中央奏报，要求屠灭张胜家族。可是，等到张胜回来复命，叙述他的构想，卢绾完全接受，于是处决了另一个人，屠灭了那人的家族(那人是谁？一家老幼何辜？可悲)，却把张胜和他的家族，秘密送到匈奴汗国，充当使节。一面派范齐秘密前往会见陈豨，教唆陈豨长期抵抗，不要急于在战场上决定胜负。当刘邦出击英布时，陈豨经常率军进驻代郡(河北省蔚县)。

最后，西汉军终于击斩陈豨，陈豨的副将(裨将)投降，把卢绾的阴谋，和盘托出。刘邦征召卢绾，卢绾声称患病。刘邦又派辟阳侯审食其、最高监察长(御史大夫)赵尧，前往蓟县(燕首府，北京市)，迎接卢绾，并顺便调查真相。卢绾越发恐慌，逃走躲藏，对他的亲信说："不是刘姓而当王的，唯有我跟吴臣（长沙王）。去年（前一九六）春天，西汉政府屠灭韩信三族。夏天，屠灭彭越三族，都出于吕雉的阴谋。而今皇上（刘邦）患病，把政府交给吕雉，吕雉不过一个女人，专门找借口诛杀异姓跟有功大臣！"声称病重，不肯应召。那些亲信一看祸事越闯越大，纷纷逃亡。卢绾说的话，逐渐泄漏。审食其听到耳朵里，回长安后，据实奏明，刘邦大为愤怒。适时的又得到匈奴汗国（王庭设蒙古国哈拉和林市）降人报告说：张胜未死，人在匈奴汗国，担任燕国的使节。刘邦说："卢绾这家伙果然叛变。"

春季，二月，刘邦命樊哙以宰相身份，率军进击，并封儿子刘建当燕王（首府蓟县）。

10 刘邦下诏："南武侯织（姓不详），也是南越（首府番禺〔广东省广州市〕）贵族的后裔，封他当南海王。"（去年〔前一九六〕封赵佗当南越王，共辖三郡，南海是其中之一〔郡政府也设番禺〕，今年封这位其姓不详的侯爵当南海王，是夺取赵佗的一个郡，势不可能。可能只是虚名，并不能到任。）

11 刘邦攻击英布时，被流箭射中，回长安途中，创伤恶化。吕雉派一位最优秀的外科医生赶来医治，医生给他检查过之后，说："可以治疗！"刘邦诟骂说："我本是一个小民，手提三尺佩剑，取得天下，难道不是上天的意思？我的命在天老爷手里，就是神医扁鹊（前四世纪郑国名医），也没办法。"拒绝医治，赏给医生黄金五十斤，送他回去。

吕雉知道刘邦随时会死，向他请示后事："你百岁之后，萧何也会去世，谁能接替他的位置？"刘邦说："曹参。"吕雉再问谁可接替曹参？刘邦说："王陵。不过王陵是个粗线条，要请陈平帮助他。陈平智慧超人，但没有魄力，不能够独当一面。周勃也是人选，他敦厚而又不善言词。然而，将来保护刘家平安的，必然是他，可以任命他当全国武装部队总司令（太尉），作为准备。"吕雉又问："谁接替周勃？"刘邦已十分衰弱，叹息说："再以后的事，你已经用不着担心了。"

夏季，四月二十五日，刘邦在长乐宫逝世（年六十二岁）。

四月二十八日，西汉政府发丧。大赦天下。

12 前燕王（首府蓟县）卢绾，率数千人驻屯边界，等候消息。希望刘邦痊愈，亲自到长安向刘邦请求。而刘邦竟死，四顾茫然，只好投奔匈奴汗国。

13 五月十七日，西汉政府把刘邦埋葬在长陵（陕西省咸阳市东北二十公里）。

最初，刘邦厌恶读书，但天性聪明，胸襟开阔，能采纳最好的谋略，连看门人跟最低阶层的小兵，一见面都成为老友。当年进入关中（陕西省中部），定三章约法（参考前二〇六年）。等到全国统一，命萧何制定法律，韩信制定军律，张苍制定各种单行规章，叔孙通制定礼仪。跟功臣共剖符信（用金、玉、铜、竹、木之类做成，上刻文字，然后当中劈开，君王自留一半，一半交给当事人。参考前二五八年），丹书铁券（把字铸在铁券上，用朱砂涂在字上，保证永远有效。古代君王颁发给功臣，世世代代保存，可以凭它免除若干重罪，包括死刑），妥藏在皇家祖庙（太庙）的石屋金柜之中。虽然每天忙碌，没有片刻休息，但创立制度，规模宏远。

春秋晋国史臣蔡墨曾经考证，尧帝伊祁放勋（黄帝王朝六任帝，儒家学派的神圣君王），后裔中有刘累，学习养龙技术，曾侍奉夏王朝第十六任帝姒孔甲，他的后裔改姓为范。

晋国国务官（大夫）范丐（范宣子）说："我的祖先最初是伊祁放勋（陶唐氏），夏王朝时是刘累（御龙氏）。商王朝时，子孙称豕韦部落（河南省滑县东南）。周王朝时，子孙迁到唐国（山西省翼城县），周王朝二任王姬诵，消灭唐国，子孙再迁杜国（陕西省西安市东南郊）。杜国国君姬恒（杜伯），被周王朝十一任王姬靖诬杀，姬恒的儿子姬隰叔投奔晋国。等到晋国称霸国际时，姬隰叔改姓范，世代当晋国防务司令（士师）。前七世纪八〇年代，晋国内乱，范姓后裔投奔秦国。后来全族再回到晋国，未回到晋国而仍留在秦国的族人，恢复姓刘。"

刘向说："战国时代，在秦王国的刘姓后裔，随军出征，被魏王国俘虏。魏王国覆亡后，刘姓后裔迁到大梁（河南省开封市）附近，聚集丰邑（江苏省丰县）。因之周市告诉雍齿说：'丰邑的人，是从大梁来的移民。'（二人事，参考前二〇八年十二月）"

所以，我们歌颂高祖（一任帝刘邦）："汉王朝的皇帝，出自尧帝伊祁放勋，繁衍到周王朝的秦国，才开始姓刘。经过魏王国，往东再迁，出了一位丰公。"丰公，指刘邦的祖父，太上皇（刘执嘉）的老爹。事实上刘家在丰邑定居的日子很短，在丰邑的祖先坟墓也很少。所以高祖（刘邦）当上皇帝后，在秦地（范隰叔孙儿范会留在秦王国的后裔）、晋地（范姓在晋做官）、魏地（被掳大梁）、楚地（丰邑属故楚王国）四个地方，分别设立祠堂祭祀——祭祀天地及祖先，这就是证据。由此推断，西汉王朝继承尧帝伊祁放勋的大运，盛德已高达顶点。斩杀大蛇，就是符信。国旗用红的颜色，乃火的标志。这是上帝的安排，一切都出于天意。

刘邦的出身，不过一个地痞流氓，可是当了头目之后，自有马屁精造神弄鬼，拼命往他脸上涂脂抹粉。连班固，这位受人尊重的史学家，也奋不顾身，查出刘邦竟然是儒家学派顶礼膜拜的尧帝伊祁放勋的后裔。看他这篇大作，左拉右扯，驴头马嘴，真是辛苦非常。司马迁在他的大作《史记》里，便没有这些呓语。

塞万提斯先生写《堂吉诃德传》，借着堂吉诃德之口，告诉他的伙伴桑科说：只要你能混出一点名堂，就自会有人发现你有皇家血统。可说明这种摇尾手段，古今中外，相差不多。不过，刘邦确实是中国历史上最英明的君王之一。所有关键性的大决策，都是别人的主意，没有一个是他自己想出来的。庸碌的领袖面对着比他智慧高的人，会感到一种压力，浑身不舒服，自己的愚蠢见解一旦被部属批驳，他会老羞成怒，翻脸无情。左右必须全是比他更庸碌的蠢才，使他有机会表演“面授机宜”“智从己出”，他才满意。刘邦几乎样样不如人，然而，他是一个优秀的统御人才，能作正确判断，能承认错误，能宽容别人的过失，能用度外之人；胸襟坦荡，不拘小节，具备一个理想领袖的条件，即令生在民主时代，他也会同样崛起。

刘邦最大的罪恶，是他用残忍的手段屠杀功臣，留下不可抹灭的劣迹，我们绝不宽恕他。但我们也了解，专制独裁政治就是杀戮，当初大家一块当小偷、当强盗，吃在一起、睡在一起，大哥二哥麻子哥，好不亲爱，一旦你高坐金銮宝殿，装模作样，想想你当年狼狈嘴脸，要不是我，你还能活呀？王朝政权建立伊始，效忠心理还没有凝聚成为惯性，互相猜忌之下，不但君要杀臣，臣也要杀君。猜忌犹如荆轲的毒刃，见血封喉，毫无回转余地。

西汉王朝初期，我们只看到君杀臣。以后，我们将看到臣杀君，同样凶暴。

这是封建制度的特产，只有民主政治才可以消除这个毒瘤。

14 五月二十日，皇太子刘盈继位（二任惠帝，本年十六岁），尊娘亲皇后吕雉当皇太后。

15 最初，刘邦卧病时，有人诬陷樊哙，说樊哙是皇后吕雉的一党，只等刘邦死掉，就要派军队诛杀赵王（首府邯郸）刘如意跟他的随从。刘邦大怒若狂，用陈平的计谋，把绛侯周勃召到病榻之前，亲自下令："陈平乘坐驿车，带着周勃，火速前往前方，由周勃接替樊哙的职务，陈平就在军中斩樊哙。"

柏杨曰

樊哙跟刘邦是连襟姻亲，从小玩伴，情同骨肉，为刘邦"大哥"出生入死，忠心耿耿。鸿门宴上，强闯项羽先生军营的镜头（参考前二〇六年十二月），仍历历在目。而刘邦却只听一句风言风语，便下毒手，当年恩义，霎时勾销，所谓"亲密的战友"，使人心冷。政治恩怨，本来变化莫测。而专制独裁下的政治恩怨，不但变化莫测，更带血腥。

陈平、周勃二人在中途商议说："樊哙，是皇上（刘邦）当平民时的老友，功劳又多，又是皇后的妹夫（吕雉的妹妹吕须）。既有亲戚关系，身价又如此尊贵。皇上一时发怒，要我们杀他，以后后悔，怒气可能会出到我们身上。我们不如把他押回长安，交给皇上自己处理。"将到大军营地，兴筑高台，用皇帝符节召见樊哙。樊哙看到诏书，立刻把手伸到背后，任由捆绑，装进囚车，由驿站直发长安，而由周勃接管军权，继续扫荡燕国（首府蓟县）尚未归附的郡县。

陈平走到中途，听到刘邦逝世消息，魂飞天外，发现他处于拦腰捉住毒蛇的窘境，立即用十万火急的速度，比囚车先到长安。中途遇见使节带来诏书，指派陈平跟灌婴进屯荥阳（河南省荥阳市）。陈平机警，接受诏书后，并不去荥阳，反而直到皇宫，悲恸痛哭，特别哀痛，然后要求留在宫中守护棺柩。吕雉深受感动，任命他当宫廷禁卫官司令（郎中令），担任刘盈（二任惠帝）的师傅。由于这一连串措施，使吕须向姐姐诬陷陈平的话，没有发生效果。

樊哙到长安，在意料中的，被马上释放，恢复封爵和采邑。

16 吕雉下令宫廷事务总管（永巷令）逮捕戚姬，剃光头发，戴上刑具，穿上给囚犯特制的用赤土染红的囚服，教她捣米。一面派使节征召赵王（首府邯郸）刘如意入朝。一连派了三次使节，赵国宰相周昌说："先帝（刘邦）把刘如意托付给我，刘如意年纪还小（本年十二岁），听说皇太后（吕雉）恨戚姬入骨，准备把刘如意叫到长安，母子同杀，我不敢送他去长安。而且，刘如意有病，也不能上路。"吕雉气得跳脚，最后，改变方法，先征召周昌。等周昌到长安后，吕雉再派人征召刘如意。

刘如意出发，还没有到长安。刘盈知道老娘盛怒难测，就亲自到霸上（陕西省西安市东灞河畔）迎接，一同进宫。把刘如意带到身旁，一块吃饭、一块睡觉。吕雉想杀刘如意，又怕伤到儿子刘盈，一直不能下手。

纪元前一九四年 丁未

西汉　惠帝　元年

1 冬季，十二月，西汉王朝（首都长安〔陕西省西安市〕）皇帝（二任惠帝）刘盈（本年十七岁），凌晨到郊外打猎，唤赵王（首府邯郸〔河北省邯郸市〕）刘如意一块前去，刘如意年幼（才十三岁），贪睡不肯起床，刘盈只好独自出发。皇太后吕雉得到消息，急派人拿毒酒闯进寝宫，强迫刘如意喝下，刘如意遂毒发身死。黎明时，刘盈回来，弟弟已成为尸体。根苗已除，吕雉的复仇之手直指戚姬，下令砍断戚姬双手双脚，挖掉双眼，凿聋双耳，灌下破坏声带的哑药，把她扔到厕所，命名“人彘”。

几天之后，吕雉特地教人引导刘盈前往参观。对墙角一团血肉模糊、蠕蠕而动的物体，刘盈询问是什么东西，左右据实回答，竟是戚姬。刘盈痛彻心腹，放声大哭，遂患病卧床，一年有余，不能行动。派人告诉娘亲吕雉说：“这不是人做的事。我是你的儿子，对你无可奈何。但竟不能保护老爹心爱的姬妾和弟弟，还说什么治理天下？”从此，刘盈每天饮酒、玩女人，恣意淫乐，不再主持政事。

司马光曰

身为儿女，父母有过失寸，应该规劝。规劝而父母仍不听，应该号泣规劝。岂有继承老爹创立的政权，当天下的君主，只因不能忍受娘亲残忍，竟不管国家大事，纵情酒色，自伤身体的道理？像刘盈，正是只怀有小的爱心，而不知道什么是大义的那种人。

柏杨曰

刘盈是中国历史上少见的一位仁君，戚姬母子夺嫡利刃，对象就是刘盈。刘盈对她们的仇恨，应远超过娘亲。但危险既已消失，亲情仍是亲情，也只有刘盈这种具有宽厚心灵的人，才能如此的不记旧恶。俗云：“天要下雨，娘要嫁人。”刘盈从小就在凶爹恶母控制之下，他有什么办法反应他的愤怒、悲哀？司马光轻轻一句：“规劝不听，继续号泣规劝。”弟弟已死，庶母已成“人彘”，还有什么可规劝的？规劝不听，号泣规劝。号泣规劝再不听，下一步又该如何？是号泣个没有完？还是把娘亲皇太后的权柄剥夺！如果那样，司马光又要责备他不孝了。刘盈被迫逃避，是一种无力感的反应，那是对恶母的悲凉抗议，使人充满同情。

然而，问题仍在“人彘”。禽兽捕杀对手，目的只在置之于死，不在使对手痛苦。吕雉如果把戚姬一刀斩首，我们可以谅解她的积恨。但用“人彘”残酷手段，是禽兽不如。我们绝不反对报复，报复是一种激发人类奋斗进取的最大动力之一。没有报复之心，便成了一摊泥奴才。而“以德报怨”，更是一种狡狯诈术。连儒家系统开山老祖孔丘都强烈反对，认为应该“以直报怨”，那就是，报复不应超过对方应得的。《基度山恩仇记》上，当邓迪斯看到检察官发现妻子和儿子惨死，立刻发疯时，邓迪斯就后悔他做得过分。报复超过限度，心肠阴毒；有力量报复而不报复，属于最高层面的神圣品质，我们在刘盈身上找到。

2 西汉政府把淮阳王（首府陈县〔河南省周口市淮阳区〕）刘友，改封赵王（首府邯郸）。

3 春季，正月，开始兴筑长安城，先兴筑西北方（长安迄今还没有城墙。不能同时完工，仅先筑西北一角）。

纪元前一九三年 戊申

西汉　惠帝　二年

1 冬季，十月，西汉王朝（首都长安〔陕西省西安市〕）齐王（首府临淄〔山东省淄博市东临淄区〕）刘肥（刘邦的庶子）到长安朝见，参加皇太后吕雉的宴会。西汉帝（二任惠帝）刘盈（本年十八岁）认为刘肥是他的兄长，请他坐在右边尊位，吕雉怒火上升，暗教左右斟一杯毒酒，放在刘肥面前，向他祝福。刘肥叩谢，正要举杯，刘盈站起来，抢先夺到酒杯。吕雉魂不附体，跳起来一巴掌把酒打翻。刘肥立刻警觉到酒里有问题，不敢久停，假装喝醉。宴会之后，才知道是杯毒酒，大为震恐。齐国秘书长（内史）士（姓不详）向刘肥建议，要想救命，最好献出一个郡——城阳郡（山东省莒县），作为鲁元公主的汤沐邑。吕雉这才转怒为喜，放刘肥回国。

2 春季，正月四日，兰陵（山东省兰陵县西南兰陵镇）平民家水井中，出现两条龙。

3 陇西（甘肃省临洮县）地震。

4 夏季，大旱。

5 郃阳侯刘喜逝世（刘喜原封代王〔首府代县，河北省蔚县〕。参考前二〇〇年）。

6 酂侯（文终侯）、宰相萧何病重，刘盈亲自去探望他，乘便问："宰相逝世之后，谁可以接替你？"萧何说："只有君王对臣僚最为了解。"刘盈说："曹参怎么样？"萧何在枕上叩头说："皇上找对了人，我死而无恨。"

秋季，七月五日，萧何逝世。

萧何购买的农田，都在穷乡僻壤，住宅从不修建围墙。他说："子孙贤明，会效法我的勤俭。子孙顽劣，这些贫田荒屋，权势人家也不屑于夺取。"

七月二十七日，西汉政府任命曹参继任宰相（相国）。

曹参听到萧何逝世消息，吩咐随从说："赶快准备行装，我就要到中央当宰相了。"不久，使节果来征召。最初，曹参当平民时，跟萧何友善。后来分别升迁到将相地位，感情并不融洽。但萧何逝世时，却推荐曹参。

曹参接任萧何的宰相职位，对所有的事，一无变更，完全遵循萧何所定的法令制度。在郡县或封国的官员中，遴选一些不善言词，性情厚重，像长辈一样的人，任命他们担任宰相府的官员。凡是言语锋利，文字苛刻，追求名声的官员，一律排除。曹参唯日夜欢宴饮酒，不问政事。无论高级官员或低级官员，甚至幕僚宾客，看见曹参委靡不振，游手好闲，都十分忧虑，有些人前来规劝进言，曹参就把他们灌醉。有些人乘饮酒的间隙，抓住机会，张口要提出意见时，曹参再灌他们，一直把他们灌得东倒西歪，踉跄告辞，竟没有机会说话。久而久之，成了惯例。曹参发觉别人偶尔犯点小错，一定想办法掩饰，不去追究，所以宰相府像一潭死水，百无一事。

曹参的儿子曹窋（音zhú〔烛〕），当高级国务官（中大夫），刘盈对曹参的行为，深为诧异，认为是对年轻君王的一种轻藐！教曹窋回家，问老爹是不是这个意思，曹参大发雷霆，把儿子打了二百藤条，说："快进宫当差，天下事你不应该胡乱开腔。"第二天，早上朝会时，刘盈责备曹参说："那件事，是我教曹窋规劝你的。"曹参脱下官帽（表示待罪）致歉，说："陛下自认为你的能力，比上比不上先帝（刘邦）？"刘盈说："我怎么敢比先帝！"曹参说："陛下观察我的能力，比上比不上萧何？"刘盈说："你似乎不如萧何。"曹参说："这就对了，先帝跟萧何共同平定天下，法令规章，十分完善。而今陛下袖手高坐，我们尽忠职守，谨慎遵循，莫出差错，岂不应该？"刘盈说："你说得有理。"

曹参当宰相，三年下来，人民歌颂说："萧何制定法令规章／有条不紊／曹参接任／谨慎遵循／无为而治／安定小民。"

纪元前一九二年 己酉

西汉　惠帝　三年

1 春季，西汉政府（首都长安〔陕西省西安市〕）征调长安六百里以内男女十四万六千人，继续兴筑长安城，工作三十天。

2 西汉政府遴选皇族的女儿，封为公主，嫁给匈奴汗国（王庭设蒙古国哈拉和林市）单于（二任）挛鞮冒顿。

这时候，匈奴汗国的国力达到巅峰，挛鞮冒顿派人送一封信给西汉王朝皇太后吕雉，措词傲慢而猥亵。（挛鞮冒顿信上说："我是一个寂寞的君王，又生在北方荒凉的草泽地带，长于牛马成群的草原之上，屡次到达边境，希望深入中国腹地一游。而你的丈夫初死，想必空闺难耐。我们两人，既然都不快乐，又无法取悦自己。你不如嫁给我，各人用自己所有的，交换自己所没有的，芳心如何？”）吕雉看到此信，羞怒交加，召集御前会议，准备处决匈奴汗国的使节，然后出动大军进击。樊哙说：“我愿亲率十万战士，扫荡匈奴，杀他片甲不存。”皇家警卫指挥官（中郎将）季布说：“仅只这句话，樊哙就应该处斩。从前，匈奴把先帝（刘邦）围在平城（山西省大同市。参考前二〇〇年），中国军队三十二万人，樊哙身为上将，都无法解围。民间呻吟的声音仍在，负伤战士们刚能离开床铺，樊哙却想动摇国本，大言不惭的说十万人就能横扫匈奴，这是瞪着大眼撒谎。夷狄蛮夷，跟禽兽一样，歌颂的话，不值得高兴，恶言相加的话，也不值得恼怒。”吕雉说：“对极。”命高级皇家礼宾官（大谒者）张释，代吕雉写一封回信，谦卑恭顺，请求施恩。呈献安车两辆、骏马八匹。挛鞮冒顿再派人前来道歉，说：“因为从来没有听说过中国的礼仪，所以冒犯之处，请陛下原谅。”附送马匹，遂跟西汉和解（吕雉在复信上说：“单于不忘我们这个小地方，赐下信件，我们全国上下，都震惊惶恐。我本应前往侍奉单于，可惜我已经老了，血气衰弱，头发和牙齿也都脱落，连走路都蹒蹒跚跚。单于听到夸奖我的话，超过实质。我如果真的前去贵国，你岂不是使自己受到玷污。

我们没有犯罪，请你赦免……”司马光先生不录，却忽然写出挛鞮冒顿自承不知道中国礼仪的话，好像吕雉责以大义，他翻然改过似的。使历史真相，受到扭曲）。

3 夏季，五月，西汉政府任命闽越部落（散布在浙江省南部及福建省）酋长姒摇当东海王（首府东瓯〔浙江省温州市〕）。姒摇跟姒无诸（刘邦封姒无诸当闽越王，参考前二〇二年二月），都是故越王国（首都会稽〔浙江省绍兴市〕）国王姒勾践的后裔，前三世纪九〇年代，曾经参加各国联军攻击秦政府，立下很多功劳，部落民众跟他一同归附，所以有这项任命。首府设东瓯（音ōu〔欧〕。浙江省温州市），俗称东瓯王。

4 六月，西汉政府征调各封国（王国及侯国）囚犯二万人，继续修筑长安城。

5 秋季，七月，皇家御用马棚失火。

6 本年（前一九二），蜀郡（四川省成都市）湔氏部落（湔，音jiān〔尖〕。四川省松潘县）叛变，西汉政府军出击平定。

纪元前一九一年 庚戌

西汉　惠帝　四年

1 冬季，十月，西汉王朝（首都长安〔陕西省西安市〕）皇帝（二任惠帝）刘盈（本年二十岁），娶皇后张嫣，张嫣是刘盈姐姐的女儿。皇太后吕雉坚持亲上加亲，才有这项婚姻（张嫣的老爹是张敖，老娘是鲁元公主。所以刘盈是舅父，张嫣是甥女。吕雉这个混账老太婆，为了加强统治，竟然要儿女乱伦）。

2 春季，正月，西汉政府下令遴选平民中孝顺父母、兄弟和睦，而又努力耕田的，免除田赋捐税。

3 三月七日，刘盈二十岁，举行加冠典礼，大赦天下。

4 西汉政府撤销若干扰民的法令规章，废除秦政府时代颁布的“挟书律”——挟带、收藏书籍的，屠杀全族。

5 刘盈住未央宫，经常前往长乐宫朝见娘亲吕雉，平常无事时，又常常跑去闲逛。而皇帝上街，都威风凛凛，军警夹道，禁止通行（这就是“出警入跸”，一种权威展示）。刘盈觉得扰乱社会秩序，就紧傍军械库之南（未央宫到长乐宫，中间是武库），修建双层大道（复道）。祭祀部长（奉常）叔孙通警告说：“这是高皇帝（刘邦）衣冠出巡的道路，子孙的车马，怎么能在上面走？”（皇家礼仪：刘邦生前穿的衣服和戴的帽子，每个月一次，都要从墓园捧出来，捧到刘邦的祭庙，称为“游衣冠”。刘盈的双层大道，正筑在“游衣冠”那条路上。）刘盈慌忙说：“马上把它拆掉。”叔孙通劝阻说：“最高领袖永远没有过失，既然已经筑成，人民都已经知道，拆除了岂不自承错误。我建议陛下在渭水北岸，给高皇帝（刘邦）再建立一座祭庙，这样的话，‘游衣冠’时，就不必再到长安城里的祭庙了。而且对祭庙大加扩建，正是大孝的基础。”刘盈立即下令在渭水北岸，为刘邦建第二座祭庙。

过失，是人类不能避免的事。然而只有圣贤在发现错误后，才能改正。古时候的神圣君王，担心自己有了过失而自己还不知道，所以尧帝伊祁放勋（黄帝王朝六任帝）竖立一块木板，请人民写下批评。舜帝姚重华（黄帝王朝七任帝），在政府门前，设置一个大鼓，人民有所规劝时，就擂动大鼓，晋见陈述。岂有怕人民知道他过失的？所以商王朝另一位宰相仲虺（音huǐ〔毁〕），赞美商王朝一任帝（成汤）子天乙说："对于改过，毫不迟疑。"商王朝宰相傅说，曾警告子武丁（二十三任帝高宗）说："不要把改过当作羞耻，而去做坏事。"由此观察，身为政治领袖，不必认为根本没有过失才是贤明，而应该认为改正过失才是美德。叔孙通对刘盈的建议，竟然说：最高领袖永远没有过失。是教刘盈故意掩饰过失，将错就错，岂不荒谬？

柏杨曰

孟轲曾攻击陈贾，说："现代的人岂止继续错误下去而已，反而捏造出许多理由，把错误说成美德。"但陈贾不过偶尔干那么一票的小人物。叔孙通却为拒谏饰非，提供理论基础："领袖永远没有过失。"于是，冥顽不灵兼死不认错，上行下效，遂成官场中的金科玉律，贻害两千余年，使中国人丧失了承认错误和改正错误的能力。到了现在，偶尔发现中国人主动向人道歉时，尤其在高位的中国人，主动向属下道歉时，简直是一幅美好的图画。

6 长乐宫鸿台火灾（鸿台，前二二〇年，秦一任帝嬴政兴建，高四十丈，上有亭台楼阁）。

7 秋季，七月二十日，未央宫藏冰室火灾。

七月二十一日，未央宫纺织厂火灾。

纪元前二世纪

一〇年代

前一九〇——前一八一年

西汉王朝

◎ 吕雉临朝听政。

◎ 吕姓家族封王。

◎ 杀前少帝刘恭。

◎ 南越王赵佗称帝。

◎ 罗马大将西庇阿夫立揆斯，深入塞琉斯王国国土。塞王乞和，割托鲁斯山以北给罗马。

◎ 印度孔雀王朝亡，珊珈王朝兴（约前一八七年）。

纪元前一九〇年 辛亥

西汉　惠帝　五年

1 冬季，天上响雷，桃树、李树开花，枣树结实（这些都是反常现象）。

2 春季，正月，西汉王朝政府（首都长安〔陕西省西安市〕）再征调长安六百里以内男女十四万五千人，继续修筑长安城，工作三十天结束。

3 夏季，大旱，河川水量减少，山涧小溪干枯。

4 秋季，八月，宰相、平阳侯（懿侯）曹参逝世。

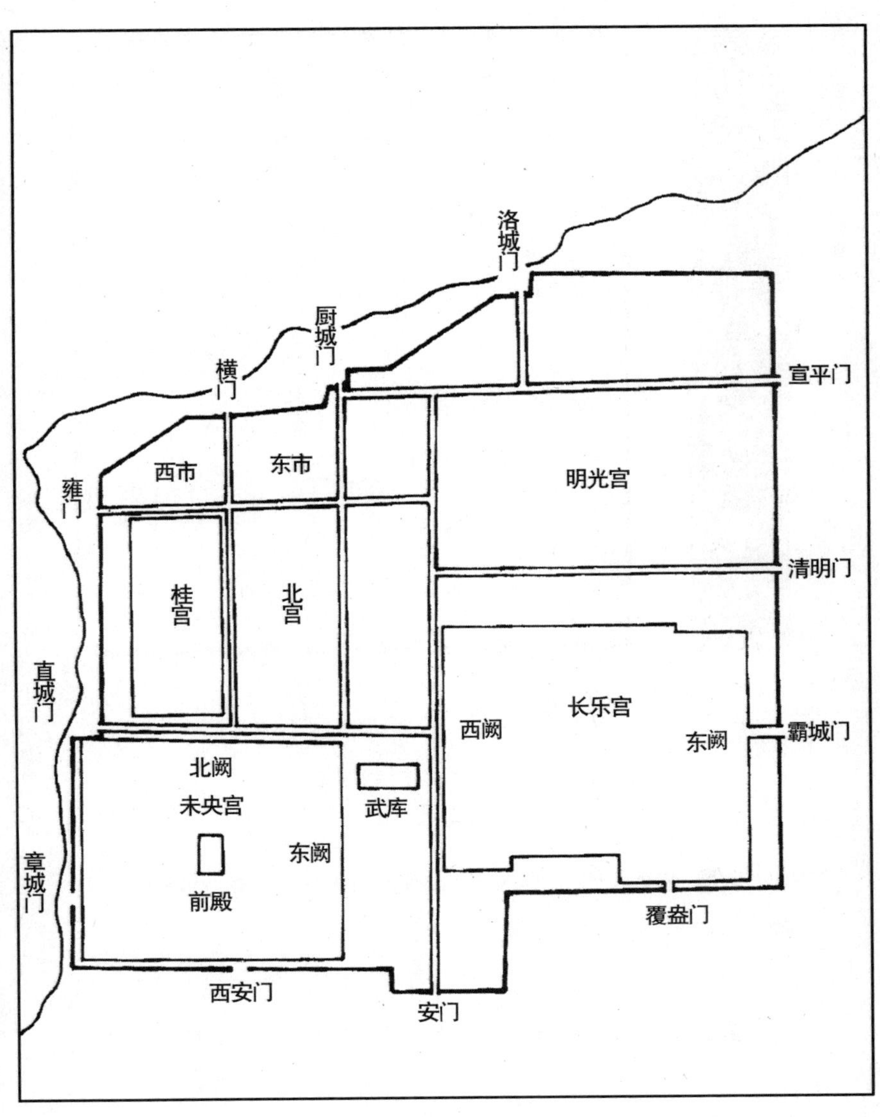

纪元前一九〇年正月　西汉王朝长安城

纪元前一八九年 壬子

西汉　惠帝　六年

1 冬季，十月，西汉王朝政府（首都长安〔陕西省西安市〕）任命王陵当右宰相，陈平当左宰相。

2 齐（悼惠）王（首府临淄〔山东省淄博市东临淄区〕）刘肥逝世。

3 夏季，留侯（文成侯）张良逝世。

4 西汉政府任命周勃当全国武装部队总司令（太尉）。

纪元前一八八年—癸丑

西汉　惠帝　七年

1 冬季，西汉王朝（首都长安〔陕西省西安市〕）全国武装部队总司令（太尉）灌婴，率领机动部队（车骑）跟弓箭部队（材官），进驻荥阳（河南省荥阳市）。

2 春季，正月一日，日蚀。

3 夏季，五月二十九日，日全蚀。

4 秋季，八月十二日，西汉帝（二任惠帝）刘盈在未央宫逝世（本年二十三岁），大赦天下。

九月五日，安葬安陵（陕西省咸阳市东北十五公里）。

最初，皇太后吕雉命皇后张嫣，收养其他女人生的儿子刘恭，而把做母亲的杀掉，立作太子。刘盈入土之后，刘恭继位（三任），年龄还小，史称前少帝。吕雉成为太皇太后，临朝听政，公开控制中央政府。

纪元前一八七年 甲寅

西汉　少帝　元年

1 冬季，西汉王朝（首都长安〔陕西省西安市〕）太皇太后吕雉，准备封她娘家吕姓兄弟们当王，询问右宰相王陵的意见，王陵说："高皇帝（刘邦）曾杀白马跟高级官员盟誓：'非姓刘的如果封王，天下人共起讨伐。'现在把姓吕的封王，不符合这项盟誓。"吕雉大不高兴，再问左宰相陈平跟全国武装部队总司令（太尉）周勃，二人说："高皇帝（刘邦）平定天下，封姓刘的当王。而今太皇太后临朝听政，封姓吕的当王，有什么不可以？"吕雉才转嗔为喜。

朝会结束后，王陵抱怨陈平、周勃，说："当初高皇帝（刘邦）跟大家歃血（用牲畜的血微涂口边。歃，音shà〔煞〕）盟誓，难道你没有参加？如今高皇帝（刘邦）去世，太皇太后（吕雉）成为新的女主人，打算封姓吕的当王，你们拍马屁，背叛盟誓，死后有什么面目在地下跟高皇帝（刘邦）相见？"陈平、周勃说："当面指责过失，在金銮宝殿上公开提出反对意见，我们不如你。可是保全国家和保护姓刘的后裔，你不如我们。"王陵张口结舌，无法回答。

十一月三日，吕雉擢升王陵当太傅（皇家师傅，地位高过宰相），目的在把他架空，夺去宰相实权。王陵遂声称患病，吕雉乘机把他免职，送他回到他的封国（王陵封安国侯，河北省博野县东南）。于是擢升左宰相陈平当右宰相，任命辟阳侯审食其当左宰相。审食其虽当左宰相，却不处理公务，而只管宫廷，好像宫廷禁卫官司令（郎中令），但他一向受吕雉的宠爱，所以高级官员们都找他裁决政事（审食其是吕雉的情夫，当然权倾中外，陈平虽是首席宰相，所能决定的事恐怕很少）。

2 吕雉痛恨最高监察长（御史大夫）赵尧设谋保护刘如意（赵尧向刘邦建议任用周昌当赵国宰相事。参考前一九七年），下令惩罚。上党（山西省长子县）郡长（守）任敖，当过沛县（江苏省沛县）监狱官，曾经对吕雉有恩（刘邦当流氓时，逃亡在外，县政府逮捕吕雉囚禁。监狱里的一些看守，对这位年轻妇女，争相戏弄。任敖跟刘邦素有交谊，把肇事的头目打得身受重伤），于是，擢升任敖接替。

吕雉追封亡父临泗侯吕文、亡兄周吕侯（令武侯）吕泽王爵，吕文绰号宣王，吕泽绰号悼武王，作为大封吕姓家族的先奏。

3 春季，正月，废除秦王朝的"诛杀三族令"及"妖言令"。

诛杀三族(父族、母族、妻族)是秦政府制定的法律，这是专制帝王企图彻底消除叛逆的手段，谓之“斩草除根”。问题是，叛逆有它产生的条件，一旦条件具备，不要说诛杀三族阻吓不住，即令诛杀三千族也阻吓不住。而且因有诛杀三族的恐惧，一旦推翻旧统治者，新统治者的报复性和预防性的屠戮，就更凶恶。中国历史上，帝王子孙几乎都被杀光，就是渊源于统治阶层先下毒手。

连坐，是野蛮民族的产物，时到二十世纪，中国虽不再有诛杀三族，但家属对罪刑的分担，仍保持这种余绪。

4 夏季，四月，鲁元公主(刘邦跟吕雉生的唯一女儿)逝世。封鲁元公主的儿子张偃当鲁王(首府鲁县〔山东省曲阜市〕)，尊鲁元公主绰号鲁元太后。

5 四月二十八日，封所谓刘盈的儿子刘山当襄城侯、刘朝当轵侯、刘武当壶关侯(在史书上强调“所谓”〔原文“所名”〕，是为以后发生的斩草除根式屠杀，埋伏合理解释；参考前一八〇年)。

6 吕雉打算封姓吕的当王，先行封所谓刘盈的儿子刘彊当淮阳王(首府陈县〔河南省周口市淮阳区〕)、刘不疑当恒山王(首府真定〔河北省正定县〕)。然后命高级皇家礼宾官(大谒者)张释，发动高级官员们，异口同声请求封吕泽的儿子郦侯吕台当吕王，把齐国(首府临淄〔山东省淄博市东临淄区〕)所属的济南郡，划出建立吕国(首府东平陵〔山东省济南市章丘区〕)。

7 五月四日，赵王(首府邯郸〔河北省邯郸市〕)宫中丛台火灾。

8 秋季，桃树、李树，全都开花。

纪元前一八六年 乙卯

西汉　少帝　二年

1 冬季，十一月，西汉王朝（首都长安〔陕西省西安市〕）吕王（首府东平陵〔山东省济南市章丘区〕）吕台逝世。

2 春季，正月二十七日，地震，羌道（甘肃省舟曲县）到武都（甘肃省西和县西南蒿林乡）之间山崩。

3 夏季，五月九日，西汉帝（三任前少帝）刘恭，封楚（元）王（首府彭城〔江苏省徐州市〕）刘交（一任帝刘邦的弟弟）的儿子刘郢客当上邳侯；封齐（悼惠）王（首府临淄〔山东省淄博市东临淄区〕）刘肥（刘邦的庶长子）的儿子刘章当朱虚侯，征调刘章担任宫廷侍卫，又把吕禄的女儿嫁给刘章。

4 六月三十日，日蚀。

5 秋季，七月，恒山（哀）王（首府真定〔河北省正定县〕）刘不疑（二任惠帝刘盈子）逝世。

6 西汉政府再行使八铢钱（钱，一直是中国货币单位。铢是重量单位，依照《汉书 · 律历志》，一铢的重量等于一百粒黍米。《淮南子》认为等于一百四十四粒黍米。《说苑》认为等于九十六粒黍米。黍米在北方称“小米”，黄色颗粒，颗粒有大小。政府财政困难时，又往往减少铜的成分，都可能在重量上造成差异。秦政府使用八铢钱，西汉政府最初改用“荚钱”，重只四铢，轻飘飘像一片榆叶，人民不愿接受，经济混乱。本年〔前一八六〕，西汉政府乃恢复八铢重量）。

7 七月二十七日，封襄成侯刘山（二任惠帝刘盈子）当恒山王（首府真定），改名刘义。

纪元前一八五年 丙辰

西汉　少帝　三年

1 夏季，长江、汉水泛滥成灾，淹没漂流四千余家。

2 秋季，白昼看到天上群星。

3 伊水、洛水，泛滥成灾，淹死及冲走一千六百余家。汝水泛滥成灾，淹死及冲走八百余家。

纪元前一八四年 丁巳

西汉　少帝　四年

1 春季，二月七日，西汉王朝（首都长安〔陕西省西安市〕）皇帝（三任前少帝）刘恭，封所谓刘盈（二任惠帝）的儿子刘太当昌平侯。

2 夏季，四月二十一日，太皇太后吕雉封妹妹吕须当临光侯（吕须是樊哙的妻子，应是历史上第一位女侯爵）。

3 刘恭年龄渐长，逐渐发现身世真相——他不是皇太后张嫣的亲生儿子（参考前一八八年），忍不住说：“皇太后（张嫣）凭什么杀我的娘亲，教我当她的儿子？等我长大，就有她好看的。”这话传到吕雉耳朵，立即反应，把刘恭囚禁到宫廷事务署附设监狱（永巷），对外宣称皇帝患病，而且十分沉重，拒绝任何人晋见。过了一段时间后，吕雉向高层官员们宣布说：“皇上（刘恭）有病，一直不能痊愈，看他语无伦次，精神错乱，显然已不能继续治理天下，我们应该物色一位适当人选，接替重任。”高层官员们都伏身叩头，异口同声说：“太皇太后为了全国人民，为了保护皇家祖庙和国家，考虑得十分深远，大家愿接受指示。”于是罢黜刘恭，在宫廷监狱中处死。

五月十一日，吕雉命恒山王（首府真定〔河北省正定县〕）刘义继任帝位（四任），改名刘弘，是为后少帝。因太皇太后吕雉临朝主政之故，不称元年（每个君王登极，依照规定，都要从头计年，刘弘即位，明年本应该改称元年，现在连这点权力象征都被剥夺）。封轵侯刘朝当恒山王（首府真定）。

4 本年（前一八四），任命平阳侯曹窋（音zhú〔烛〕。曹参子）当最高监察长（御史大夫）。

5 主管单位决定，禁止铁器输往南越王国（首府番禺〔广东省广州市〕）。南越王赵佗说：“高皇帝（刘邦）封我当南越王，准许两国自由贸易。而今吕雉采纳奸臣的建议，把我们当作蛮夷，不准卖给我们东西，一定是长沙王（首府临湘〔湖南省长沙市〕）吴臣的主意，打算用中国的力量，消灭我们，自以为有功，而由他兼任南越王。”

纪元前一八三年
戊午

西汉　少帝　五年

1 春季，赵佗称南越武帝（首都番禺〔广东省广州市〕），出兵攻击西汉王朝（首都长安〔陕西省西安市〕）长沙国（首府临湘〔湖南省长沙市〕），连破数县才去。

2 秋季，八月，淮阳（怀）王（首府陈县〔河南省周口市淮阳区〕）刘彊逝世，没有儿子，擢升壶关侯刘武（二任惠帝刘盈子）继任。

3 九月，征调河东（山西省夏县）、上党（山西省长子县）两郡骑兵，进驻北地（甘肃省庆阳市西峰区）。

4 西汉政府首次下令边防军每年轮调（秦政府征用民兵，南驻五岭〔大庾岭〕，北修长城，没有归期，人民怨怒。本年〔前一八三〕，西汉政府才规定以一年为期）。

纪元前一八二年 己未

西汉　少帝　六年

1 冬季，十月，西汉王朝（首都长安〔陕西省西安市〕）吕王（首府东平陵〔山东省济南市章丘区〕）吕嘉（吕台子）骄傲奢侈，太皇太后吕雉下令撤除封爵。

十一月，封吕台（肃王）的弟弟吕产当吕王（首府东平陵）。

2 春季，白昼看到天上群星。

3 夏季，四月三日，大赦天下。

4 西汉帝（四任后少帝）刘弘，封朱虚侯刘章的弟弟刘兴居当东牟侯，充任宫廷侍卫。

5 匈奴汗国（王庭设蒙古国哈拉和林市）攻击狄道（甘肃省临洮县）、阿阳（甘肃省静宁县）。

6 施行五分钱。

7 宣平侯张敖逝世，追尊绰号鲁元王。

纪元前一八一年 庚申

西汉　少帝　七年

1 冬季，十二月，匈奴汗国（王庭设蒙古国哈拉和林市）攻击狄道（甘肃省临洮县），俘虏西汉二千余人而去。

2 春季，正月，西汉王朝（首都长安〔陕西省西安市〕）太皇太后吕雉，征召赵王（首府邯郸〔河北省邯郸市〕）刘友到长安。刘友的妻子是吕家女儿，刘友不爱这位王后，而爱别的姬妾。吕王后醋劲发作，趁回娘家的机会，向吕雉打小报告说："刘友说，姓吕的怎么能封王？等太皇太后（吕雉）死了之后，我要干掉他们。”吕雉遂起杀机。刘友到长安后，住赵国宾馆（西汉王朝时，各封国王爷或侯爷，都在京师〔长安〕设立招待所〔邸〕，作为本国官员朝见时住宿之地），请求晋见，却被拒绝。然后，吕雉派军警封锁，隔绝内外，断绝饮食。赵国官员偷偷送去一点吃的东西，会立刻被捕，加上一个罪名。

正月十八日，刘友饿死。用平民礼仪，埋葬在长安郊外民间墓场。

3 正月三十日，日蚀，白昼如同黑夜。吕雉大不高兴，对左右说：“这是针对着我！”

4 二月，改封梁王（首府定陶〔山东省菏泽市定陶区〕）刘恢当赵王（首府邯郸〔河北省邯郸市〕）。任命吕王（首府东平陵）吕产当梁王（首府定陶）；吕产不往封国，而留在中央政府，担任皇家师傅（太傅）。

5 秋季，七月二十八日，封昌平侯刘太（二任惠帝刘盈子）当济川王（济川国，即济北国、吕国。首府东平陵〔山东省济南市章丘区〕）。

6 临光侯吕须的女儿，是将军营陵侯刘泽的妻子，刘泽是刘邦的堂弟。齐国（首府临淄〔山东省淄博市东临淄区〕）人田先生（名不详）向高级皇家礼宾官（大谒者）张释建议说：“吕姓封王，重要的高级官员并没有心服。现在，刘泽在刘姓皇族之中，辈分最高。你如果请求太皇太后，也封刘泽当王，大家就再没有话可说，吕姓的王爵就更稳固。”张释告诉吕雉，吕雉认为合理，于是把齐国所辖的琅邪郡（山东省青岛市黄岛区）划出，封刘泽当琅邪王（首府琅邪）。

7 赵王刘恢（一任帝刘邦子），自被改封到赵国（首府邯郸）后，一肚子气。吕雉又把吕产的女儿嫁给他当王后，王后随从人员全是吕家党羽，专横擅权，有些人还调查刘恢的行动打小报告，刘恢不能自由。他有一位心爱的姬妾，王后又派人把她毒死。

六月，刘恢悲愤交加，无可奈何，自杀身亡。吕雉得到报告，认为刘恢为了一个女人，竟然断绝祖先的祭祀香火，罪大恶极，不准他的后裔继承王位。

8 这时，吕姓家族掌握权柄，气焰冲天，不可一世。朱虚侯刘章（刘邦孙，齐王刘肥子），年才二十岁，慷慨雄壮，对刘姓皇族受到压制，十分愤恨。有一次，进宫侍候吕雉主持的宴席，吕雉命刘章充当酒令官（酒吏）。刘章要求说："我是将门之后，如果有人违抗酒令，请准许我用军法制裁。"吕雉说："好吧。"当大家酒意正酣，刘章请求唱《耕田歌》，吕雉允许，刘章遂唱："耕土要深／栽苗要稀／不是同种的／锄掉丢弃！"吕雉大不高兴，沉默不说话。一会工夫，一个吕姓皇亲喝醉，不能再饮，悄悄溜走。刘章看到眼里，急起追赶，举剑一挥，砍下人头，回报说："有人逃席，已按照军法斩首！"吕雉跟左右大吃一惊，但既已允许他用军法，一时也不能怪罪，宴席遂提前结束。自这件事发生之后，吕姓家族对刘章很是忌惮，高级官员们也依靠刘章，刘姓皇族逐渐转强（刘章不可能有这么大的影响力，他之所以不死，不过吕雉看他还是一个大娃儿跟吕家女婿而已，杀这个大娃儿易如反掌）。

9 右宰相陈平，忧虑吕姓家族的力量每天都在膨胀，可能有一天失去控制，大祸会降临到自己头上。虽然平常在家，也思考这项发展，不能解决。一天，陆贾前来拜访，直到客厅坐下，而陈平不肯接见，陆贾坚持会面，问说："你想些什么，这般忧郁？"陈平说:“你猜?”陆贾说:“你的富贵,已到巅峰,不可能有私人的不满足。你所忧虑的,不外是吕姓家族难制,跟皇上(刘弘)年龄太小而已。”陈平说:“是的,我们应该怎么办?”陆贾说:“天下安定,注意相(音xiàng〔象〕);天下危急,注意将(音jiàng〔匠〕)。将相和睦,军民自会接受领导。万一发生变化,事权才能统一。国家的命脉,操在二位手中。我曾经想把这话告诉全国武装部队总司令(太尉)周勃,但周勃跟我是最要好的朋友,平常在一块打斗嬉戏,不会看出我说话的重要性,所以一直没有开口。我的意思是,你为什么不跟周勃建立更深厚的友谊,互相接纳?”接着向陈平分析将来对付吕姓家族时所面临的几个关键问题。陈平顿然醒悟,遂用陆贾的谋略,送给周勃黄金一万二千两作为祝福礼物,其他礼物包括乐队和名酒,都非常贵重。周勃也以同等价值的礼物回报,二人情谊日深,吕姓家族的势力,逐渐减退。

陈平把奴隶和婢女一百人、马车五十辆、钱五百万,送给陆贾,作为对他生活的补助。

10 吕雉派使节告诉代王(首府晋阳〔山西省太原市〕)刘恒,准备改封他当赵王(首府邯郸)。刘恒辞谢,表示愿意住在边陲。吕雉遂封她亡兄吕释之的儿子吕禄当赵王,追尊吕释之绰号为赵昭王。

11 九月,燕王(首府蓟县〔北京市〕)刘建(一任帝刘邦子)逝世。刘建姬妾生有一个儿子,吕雉派人把他诛杀,王位无人继承,遂撤除燕国。

12 西汉政府派隆虑侯周灶,率军攻击南越帝国(首都番禺〔广东省广州市〕)。

西汉王朝

- 吕姓家族覆灭。
- 西汉五任文帝刘恒即位。
- 周勃冤狱。
- 贾谊上《治安策》。

- 月氏杀乌孙（甘肃省敦煌市）国王难兜靡，乌孙残众西迁。
- 马其顿国王腓力逝世，波西斯继位，跟希腊和解，组亚该亚同盟，对抗罗马。

纪元前一八〇年 辛酉

西汉　少帝　八年

1 冬季，十月十六日，西汉王朝（首都长安〔陕西省西安市〕）皇帝（四任后少帝）刘弘，封吕王（首府东平陵〔山东省济南市章丘区〕）吕台的儿子、东平侯吕通当燕王（首府蓟县〔北京市〕），封吕通的老弟吕庄当东平侯。

2 春季，三月，太皇太后吕雉往霸上（陕西省西安市东灞河畔），主持祈福驱灾大祭，回宫途中，经过轵道（陕西省西安市东北。前二〇六年，秦王嬴婴，在此投降刘邦），看见一个东西，像一只青毛狗，流星般直扑吕雉腋下，惊愕之间，忽然不见。吕雉命巫法师占卜，巫法师说：“那是赵王刘如意的冤魂！”吕雉毛骨悚然，遂觉得腋下疼痛，与日俱增。

3 吕雉忧虑外孙鲁王（首府鲁县〔山东省曲阜市〕）张偃年幼孤弱。夏季，四月十五日，封张敖（张偃的老爹）姬妾生的两个儿子：张侈当新都侯、张寿当乐昌侯，使辅佐张偃。又封宫廷总礼宾官（中大谒者）张释当建陵侯，作为他建议封吕姓当王的酬谢。

4 长江、西汉水（嘉陵江）泛滥，淹死及冲走一万余家。

5 秋季，七月，吕雉病重，命赵王（首府邯郸）吕禄（吕雉侄）当上将军，统御北军（野战军）；命梁王（首府定陶）吕产（吕雉侄）统御南军（保安部队。西汉王朝首都长安驻军，以营地为别，分“北”“南”二军。北军隶属首都长安警备区司令〔中尉〕，南军隶属皇城保安司令〔卫尉〕。北军乃野战军，战斗力强，至少在三万人以上，刘邦经常调派“中尉卒”出征，即北军。南军负责治安，战斗力较弱，地位并不重要。每次政变，野心家夺取目标，总在北军，北军不响应，事不能成）。吕雉告诫吕禄、吕产，说：“吕姓封王，重要高官们都不服气。我死之后，皇上（刘弘）年幼，小心重要高官背叛。你们一定要留在军营之中，严密保卫宫廷，不要给我送葬，一旦离开军营，万一有什么变化，你们一无凭借，就要陷入敌人之手。”

七月三十日，吕雉逝世。遗诏大赦天下，任命吕产当宰相（相国），吕禄的女儿当皇后。吕雉埋葬之后，任命左宰相审食其当皇家师傅（太傅）。

6 吕姓家族准备发动政变，但是恐惧周勃、灌婴等，不敢行动。朱虚侯刘章的妻子是吕禄的女儿，女心向外，不断透露消息，阴谋渐泄。刘章秘密派人告诉老哥齐王（首府临淄）刘襄，请刘襄向长安进军，刘章跟弟弟东牟侯刘兴居，在长安作为内应，诛杀吕姓家族后，拥护刘襄继位皇帝。

刘襄跟他的舅父驷钧、王宫禁卫官司令（郎中令）祝午、首府临淄警备区司令（中尉）魏勃，密谋动员，只宰相（国相）召平拒绝合作。

八月二十六日，刘襄打算派人诛杀召平，召平得到消息，征调军队包围王宫。魏勃告诉召平说："大王（刘襄）打算发兵，并没有奉到中央命令，显然非法。你用武力阻止他，用心良苦，我愿替你带兵进宫，逮捕大王（刘襄）软禁。"召平相信，把军权交给他。魏勃既取得军权，反而包围宰相府，召平后悔无及，只好自杀。于是，刘襄任命驷钧当封国宰相（国相），魏勃当将军，祝午当秘书长（内史），动员齐国全国部队。

刘襄派祝午晋谒琅邪王（首府琅邪〔山东省青岛市黄岛区〕）刘泽，说："吕姓家族作乱，我家大王（刘襄）准备出兵讨伐。他知道自己年纪还轻，又不懂军事，愿意把齐国托付给大王（刘泽）。大王在高皇帝（刘邦）时，就当过将军，所以教我来敦请大王，驾临临淄（齐国首府，山东省淄博市东临淄区）商议，共举大事。"刘泽相信他的话，遂前往临淄。既到临淄，刘襄翻脸，把他拘留，派祝午征调琅邪国所有民兵，跟齐军合并。刘泽对刘襄说："大王（刘襄）是高皇帝（刘邦）的嫡长孙，皇帝宝座，非你莫属。而今重要高官们仍在犹豫，没有决定。我在刘姓皇族中，辈分最长（刘泽是刘邦的堂弟，刘襄的堂叔祖），可能等待我去贡献意见。留我在临淄，对你毫无益处，不如让我前往京师，相机行事。"刘襄允许，派出盛大车队，送刘泽西行。

刘泽走后，齐军大举进攻济南国（即济川国。山东省济南市章丘区），发布文告，指控吕姓家族罪行，要求天下共同起兵征讨。宰相（相国）吕产等接到报告，派颍阴侯灌婴，率军迎击。灌婴大军抵达荥阳（河南省荥阳市），跟他的亲信密谋说：“吕姓家族把重兵放在关中（陕西省中部），正准备推翻刘家政权，自己当皇帝。我如果击破齐国军队，回去献功，正增加吕姓家族的资本。”遂驻扎荥阳，不再前进。派人通知齐王刘襄跟其他封国，谋求和解，等待吕姓家族有所行动，再联军攻击。刘襄同意，把军队撤回境内，静候消息。

7 吕禄、吕产打算政变，但对内顾忌周勃、刘章，对外顾忌齐国（首府临淄）、楚国（首府彭城），又怕灌婴叛变，所以必须等灌婴跟齐国军队交锋之后，才敢在长安发动，因之一直犹豫不定。这时候，济川王（首府东平陵〔山东省济南市章丘区〕）刘太、淮阳王（首府陈县〔河南省周口市淮阳区〕）刘武、恒山王（首府真定〔河北省正定县〕）刘朝（都是二任惠帝刘盈的儿子），以及鲁王（首府鲁县〔山东省曲阜市〕）张偃，都因为年纪太小，没有前往他们的封国，全留长安。加上赵王（首府邯郸）吕禄、梁王（首府定陶）吕产，分别统御北南两军，都是吕姓家族的党羽。所有侯爵跟所有政府高级官员，人人自危，不知道什么时候发生动乱。

全国武装部队总司令（太尉）周勃，手中没有兵权。大家焦急之余，把希望寄托于一位衰老的曲周侯郦商（郦食其的老弟）身上，郦商年迈多病，他的儿子郦寄，跟吕禄情如手足，友谊至深。周勃跟宰相陈平商议，派人挟持威胁郦商，教郦商唆使儿子郦寄参与密谋。于是，郦寄告诉吕禄，说：“高皇帝（刘邦）跟太皇太后（吕雉），共同创业。刘姓九人封王（刘邦弟楚王刘交，刘邦子代王刘恒、淮南王刘长，刘邦侄吴王刘濞，刘邦堂弟琅邪王刘泽，刘邦孙齐王刘襄，刘盈子恒山王刘朝、淮阳王刘武、济川王刘太)，吕姓三人封王（梁王吕产、赵王吕禄、燕王吕通)，都出于高阶层官员公议，政府正式发布，天下承认，各封国也都认为应该如此。而今太皇太后（吕雉）去世，皇上（刘弘）年幼，你身佩赵王印信，不马上回到你的封国，却担任上将军，率领重兵，居留京师（长安)，不能不引起他们的猜疑，这不是智慧的决定。你为什么不辞去武职，把大将印信缴还，把兵权交给全国武装部队总司令（周勃)。梁王（吕产）也应缴还宰相印信，跟高阶层官员们共同盟誓，回到他的梁国（首府定陶〔山东省菏泽市定陶区〕)。这样的话，齐国（首府临淄〔山东省淄博市东临淄区〕）军队师出无名，必然停止，高阶层官员们也可安心。老哥高枕无忧，在千里之大的土地上，当你的太平国王。这是子孙之利，传到万世。”吕禄认为老友的话，不会有错，就要交出兵权，派人把这决定报告吕产跟吕姓家族长辈元老，有人认为可以，有人认为不可以，不能决定。

吕禄信任郦寄，二人时常出去游猎。有一次，经过姑妈吕须（吕雉之妹）家，吕须看见侄儿如此，悲愤交集，说：“你当将军却远离军营，吕姓家族死无葬身之地！”把家中所有珠玉宝器拿到堂下，散给随从，叹息说：“我不替别人看守这些东西！”

8 九月十日，凌晨，平阳侯、代理最高监察长（行御史大夫事）曹窋（音zhú〔烛〕)，晋见宰相吕产，商讨公事。正逢宫廷禁卫官司令（郎中令）贾寿，出使齐国（首府临淄）回来，责备吕产说：“大王（吕产）不早一点回到你的封国，明天再回去，还回得去呀？”把灌婴跟齐国、楚国合谋，打算回军诛杀吕姓家族的事，作一简报，催促吕产火速进宫。曹窋在侧座隐约听见，急行退出，报告陈平、周勃。

周勃恐怕发生变化，立即奔向北军（野战军）。北军（野战军）营门森严，不能进去。这时，襄平侯纪通担任宫廷符节保管官（尚符节），派人“持节”，假传圣旨，以皇帝（刘弘）命令，准许周勃接管北军（野战军）。事先，周勃教郦寄跟外籍官民接待总监（典客）刘揭，警告吕禄说：“皇上已派周勃接管北军（野战军），要你回国。你最好交出将印，辞职离开。否则，大祸就要临头。”吕禄跟郦寄是生死之交，相信绝不会欺骗自己，就把上将军印信交给刘揭，把兵权交给周勃。

周勃进入北军（野战军）时，吕禄已交出印信，空身而去。周勃升堂，下令说：“效忠吕家的露出右臂，效忠刘家的露出左臂。”战士们全露出左臂，周勃遂完全控制北军（野战军）。

然而，南军（保安部队）尚在吕姓家族之手，右宰相陈平命朱虚侯刘章协助周勃，周勃命刘章守卫辕门（防备南军突袭），命曹窋告诉皇城保安司令（卫尉），阻止宰相吕产进入殿门。吕产不知道吕禄已离开北军（野战军），所以一直前往未央宫，准备发动政变。到了殿门口（宫内有殿，每殿有门），殿门紧闭，不能进去，逡巡徘徊，不知所措。曹窋不敢行动，飞报周勃。周勃这时候仍恐惧不能完全击败吕家，所以不敢公开宣布对吕家采取行动，只告诉刘章说：“快进宫保护皇上（刘弘）！”刘章要求部队，周勃拨给他一千余人。刘章率军进入未央宫，看见吕产正在庭院，遂把他团团围住。僵持到傍晚，刘章攻击，吕产逃走，天忽然刮起大风，吕产的卫队和从官，乱成一团，不能抵抗。吕产逃到宫廷禁卫官司令部（郎中府）厕所躲避，刘章就在厕所中把吕产斩首。

刘章砍下吕产的人头后，西汉帝（四任后少帝）刘弘，命皇家礼宾官（谒者）“持节”，慰劳刘章。刘章要夺取符节，皇家礼宾官不肯，刘章就强迫他一同上车，到处奔走招降，斩长乐宫保安官（长乐卫尉）吕更始，归途中直奔北军（野战军），回报周勃。周勃肃然起立，向刘章叩谢，说："我们担心的只有吕产，如今把他诛杀，天下已定。"于是分别派出部队，搜捕吕姓家族，无论男女老幼，全体诛杀。

第二天，九月十一日，捕获吕禄，处决；因痛恨吕须，用藤条把她活生生打死。再派人诛杀燕王（首府蓟县）吕通，罢黜鲁王（首府鲁县）张偃。

九月十八日，改封济川王（首府东平陵）刘太当梁王（首府定陶）。派刘章去齐国（首府临淄），就政变事，向齐王刘襄简报，命齐军复员。

9 全国最高统帅（大将军）灌婴在荥阳（河南省荥阳市），听说齐军统帅魏勃，是说服齐王（首府临淄）刘襄起兵的人，派使节召他见面，责备他轻举妄动。魏勃回答说："家里失火，岂有先禀告家长，才去救火的？"退立一旁，两腿发抖，害怕得说不出话。灌婴再问他，他仍是这一句。灌婴瞅看他，失笑说："人们都说魏勃人中豪杰，简直胡扯，不过一个庸才罢了，有什么作为？"命魏勃回去。灌婴也自荥阳班师。

有些人久负盛名，平常日子里，嘴脸多端，俨然人物。一旦形势有异，如果再继续拍胸脯表演将要杀身成仁，可能真的杀身成仁。于是立竿见影，立刻两腿发抖。不过，柏杨先生积六十年的经验，可以预测：魏勃回到齐国后，向齐王刘襄提出报告，或向他的部下训话时，准把这场"荥阳之会"，描绘成据理力争，灌婴终于被他说服，对他充满敬意，待若上宾。说不定魏勃还会在媒体上发表一篇回忆录之类，说灌婴还向他下跪，请他宽恕。

达官贵人中，多的是魏勃，久瞧便知。

班固曰

孝文（西汉王朝五任文帝刘恒）在位时，天下人都认为郦寄出卖朋友，见利忘义。然而，郦寄的老爹（郦商）是开国功臣，又被强力挟持，所以摧毁吕禄，安定国家，拯救父亲，拯救皇帝，大义已够。

柏杨曰

根据已知的史料，并没有吕家班要夺取刘姓政权的证据，吕雉不过一个泼辣的悍妇，跟《红楼梦》中的王熙凤，是一路货色。有小聪明，也有恶毒心肠，但没有疯狂野心。比起七世纪出现的、中国唯一女皇帝武曌女士，吕雉就像一个白痴。吕雉最大的愿望不过把她娘家人封王，风光风光而已。封王引起激烈的反应之后，才不得不更坚持封王政策，来保护她的家人，和她的弱孙安全。看她饿死刘友，不过为娘家女儿出气。毒死刘肥，只是为了他坐在她儿子的上席，都非一个胸怀大志的人的作为。吕禄、吕产，一对荷花大少，更非政治人物，如果有意谋反，岂会被郦寄的三寸不烂之舌说服，轻率的交出军权？吕家班政变的消息，主要的来自刘章，自从逃席事件之后，双方对立立场，十分明显，吕家班纵有阴谋，也不可能对刘章毫不设防。刘章年轻躁进，利用妻子身份，制造无法求证、但却迎合人心的情报，也只不过为了博取政治暴利。

以陈平、周勃为首发动的政变，事实上是一场夺权斗争，所以必须使用“诬以谋反”法宝。郦寄当时就被人指责，可见即令在吕家班被肯定为叛逆的恐怖气氛下，公道仍在人心。班固为他辩解的理由：一、老爹是功臣，二、老爹被挟持。功臣之子，难道就可以伤天害理？这种想法可谓奇异之极。而我们又根本不相信他老爹真被挟持这回事，军权在吕家班之手，太久的劫持会使阴谋暴露。

郦寄卖友求荣、见利忘义，已铁案如山，班固却把他美化得忠义千秋，只不过成者王侯败者寇，刘家班成功罢了。如果吕家班成功，对郦寄这种行为，又是如何评估？当时还有公论，后世的史学家，反而替郦寄开脱。

不过，无论如何，我不希望朋友中有郦寄这种“大义已够”的人物，上帝保佑！

10 高级官员们共同会商，决定说：“皇上（刘弘）、梁王（首府定陶）刘太、淮阳王（首府陈县）刘武、恒山王（首府真定）刘朝，都不是惠帝（二任帝刘盈）真正的亲生儿子，是皇太后（吕雉）夺取别人的儿子，杀死他们的娘亲，送到皇宫养育，教惠帝（刘盈）收作自己的儿子，立为皇太子；晋封王爵，目的只在加强吕姓家族的力量。今天把吕姓家族全部屠灭，而皇帝也好、亲王也好，年纪一天天长大，一旦掌握权柄，我们可要付出代价。与其冒这项危险，不如在高皇帝（一任帝刘邦）儿子群中，遴选一位品德贤明的亲王，请他当天子。”大家完全同意。有人提议：齐王（首府临淄）刘襄，是刘邦的嫡长孙，最有资格。重要高官们反对，说：“吕姓家族太过强梁，当了皇亲，几乎颠覆政府，使功臣流离失所。刘襄的舅父大人驷钧，在封国里横行霸道，好像戴着帽子的猛虎，如果刘襄当皇帝，第二个吕姓家族，将再登台。只有代王（刘恒），是高皇帝（刘邦）现有儿子中，年龄最大的一位，而且很孝顺，也很宽厚。他娘亲薄姬的家族，一向谨慎善良，将来成了皇亲，不致惹起灾难。代王（刘恒）是现存的长子，继承父位，名正言顺，何况他又有天下共知的美好声誉？”遂秘密派出使节，前往晋阳（代国首府，山西省太原市），迎接刘恒。

二十三岁的刘恒，对这个飞来洪福，且喜又惊，询问左右意见，宫廷禁卫官司令（郎中令）张武等说：“中央政府重要的高级官员，都是高皇帝（刘邦）时代的将领，精通战阵，长于谋略。他们不会满足目前的爵位，只是恐惧高皇帝（刘邦）、皇太后（吕雉）的威望，不敢动手。现在，他们已屠灭吕姓家族，喋血京师（喋血，杀人如麻，脚踏鲜血）。此时前来迎接大王，不可以轻易采信。我建议你声称有病，不能动身，冷静的观察局势发展。”首府晋阳警备区司令（中尉）宋昌，看法不同，他说：“大家的判断，似是而非。当初，秦王朝政府失去控制，六国皇家后裔跟英雄豪杰，风起云涌，有数万人之多，都认为可以夺取天下。然而，天下终于归于刘姓，大家早已绝望，此其一。高皇帝（刘邦）把子弟们封王各地，犬牙交错，互相牵制，已像磐石般的稳固，再没有人可以起来对抗，此其二。西汉王朝建立以来，废除秦王朝的暴政，法令简单，广施恩德，人民相安，任何煽动，都不易引起共鸣，此其三。以吕雉太后的严厉，强立姓吕的当王，独断独行。而周勃一旦‘持节’进入北军（野战军），登高一呼，战士们都露出左臂，愿为姓刘的而战。吕姓家族，终归消灭，这是天意，并非普通人力可以办到。即令想发动政变，人民不听驱使，他能靠一小撮党羽就干？而今，首都长安之内，有朱虚侯刘章、东牟侯刘兴居，是皇家血亲。首都长安之外，有吴王（首府广陵）刘濞、楚王（首府彭城）刘交、淮南王（首府寿春）刘长、琅邪王（首府琅邪）刘泽、齐王（首府临淄）刘襄，以及我们代国（首府晋阳），都使他们畏惧。高皇帝（刘邦）儿子中，只有大王（刘恒）跟刘长，而大王（刘恒）却是老哥，人们又知道大王（刘恒）仁爱忠厚，中央政府高阶层官员们顺应人心，迎大王（刘恒）登极，请不要怀疑。”

刘恒报告娘亲薄太后（封国国王的娘，也称太后），薄太后也不敢决定长安方面的拥护，是吉是凶，请来巫法师卜卦，卜出的卦名叫“大横”（古时用火烤乌龟的甲壳，观察显示出来的纹路，来辨识未来。甲壳上如果全是横的裂纹，称为“大横”），卦词说：“横纹这么清楚／我就成了天王／夏王朝二任帝姒启／光辉发扬。”（“大横庚庚，余为天王，夏启以光。”）刘恒说：“我已经是王了，还当什么王？”巫法师说：“天王不是普通亲王，在周王朝，天王就是天子，在西汉王朝，天王就是皇帝。”

刘恒跟他的亲信，仍不放心，请薄太后的弟弟、刘恒的舅父薄昭，前往首都长安，晋见全国武装部队总司令（太尉）周勃。周勃等把决策经过，向薄昭简报。薄昭回到晋阳（代国首府，山西省太原市），保证说：“完全出于诚意，可以相信。”刘恒大喜，笑着对宋昌说：“跟你判断的完全一样。”

于是，刘恒出发，命宋昌陪同乘车（古人乘车，尊贵的人坐在左边，当中是驾驶员，右边由身价相等的人陪同。这位陪同的人，称为“参乘”。因为在右边缘故，又称“右骖”）。张武等六个人，则乘政府驿马车，随从前往，到了高陵（陕西省西安市高陵区），休息，刘恒命宋昌再前往探听消息，走到渭河大桥，右宰相陈平以下高级官员，已整队前来迎接。宋昌看不出有什么诈谋，回来报告，刘恒才继续前进。抵达渭河大桥后，高级官员们拜谒，自称“臣”（表示承认对方的宝座），刘恒下车答礼。周勃上前禀告：“请单独接见。”宋昌在旁说：“如果说的是公事，请当众奏报。如果说的是私事，天子没有私事。”周勃遂下跪，呈献

皇帝玉玺符节。刘恒推辞说："等我到代国宾馆（代邸），再进一步讨论。" 782

闰九月二十九日，傍晚，刘恒进入长安，下榻代国宾馆，中央官员跟随到代国宾馆，右宰相陈平，率领文武百官拜谒，说："现在的皇上刘弘等，并不是孝惠皇帝（刘盈）亲生，不应该继承大统。而大王（刘恒）却是高皇帝（刘邦）的长子，应该登极，请大王即刻即位。"刘恒在面向西方的座位上再三谦让推辞，又在面向南方的座位上作最后一次谦让推辞（坐东厢而向西辞让，对群臣尚是宾主之礼。后来坐北厢而向南辞让，已成君臣）。最后，遂正式登上宝座（本年，刘恒二十三岁），是为孝文帝（五任）。群臣以尊卑顺序，侍奉左右。

东牟侯刘兴居说："诛杀吕姓家族，我没有功劳，现在，我负责清除皇宫。"跟交通部长（太仆）汝阴侯夏侯婴，进入皇宫，对现任帝（四任后少帝）刘弘说："你不是姓刘的儿子，不应该当皇帝。"告诉皇家武装卫士，放下兵器离去。几位忠心耿耿的皇家武装卫士拒绝，宦官总管（宦者令）张释教他们服从，大家只好走开（张释就是高级皇家礼宾官〔大谒者〕，封建陵侯。本是宦官，所以兼任宫廷官）。夏侯婴遂教准备辇车（皇帝专车），把刘弘送出皇宫。刘弘害怕说："教我到哪里去？"夏侯婴说："出去住，就住在宫廷供应部（少府）吧。"

接着，高阶层官员派出天子特用的法驾仪仗（皇帝仪仗，有"大驾""法驾""小驾"。大驾：亲王部长官员在前引路，全国武装部队总司令陪同皇帝乘车〔骖乘〕，卫士车队八十一辆。法驾：没有亲王部长，而由首都市长〔京兆尹〕、首都警备区司令〔中尉〕、长安县长在前引路；宫廷随从〔侍中〕陪同皇帝乘车〔骖乘〕，卫士车队三十六辆。小驾：没有明确规定，但可推知声势将再减小），前往代国宾馆，迎接刘恒，报告说："皇宫已经清除。"当晚，刘恒前往未央宫。而未央宫皇家礼宾官（谒者）十人，全副武装在端门戒备（端门，未央宫

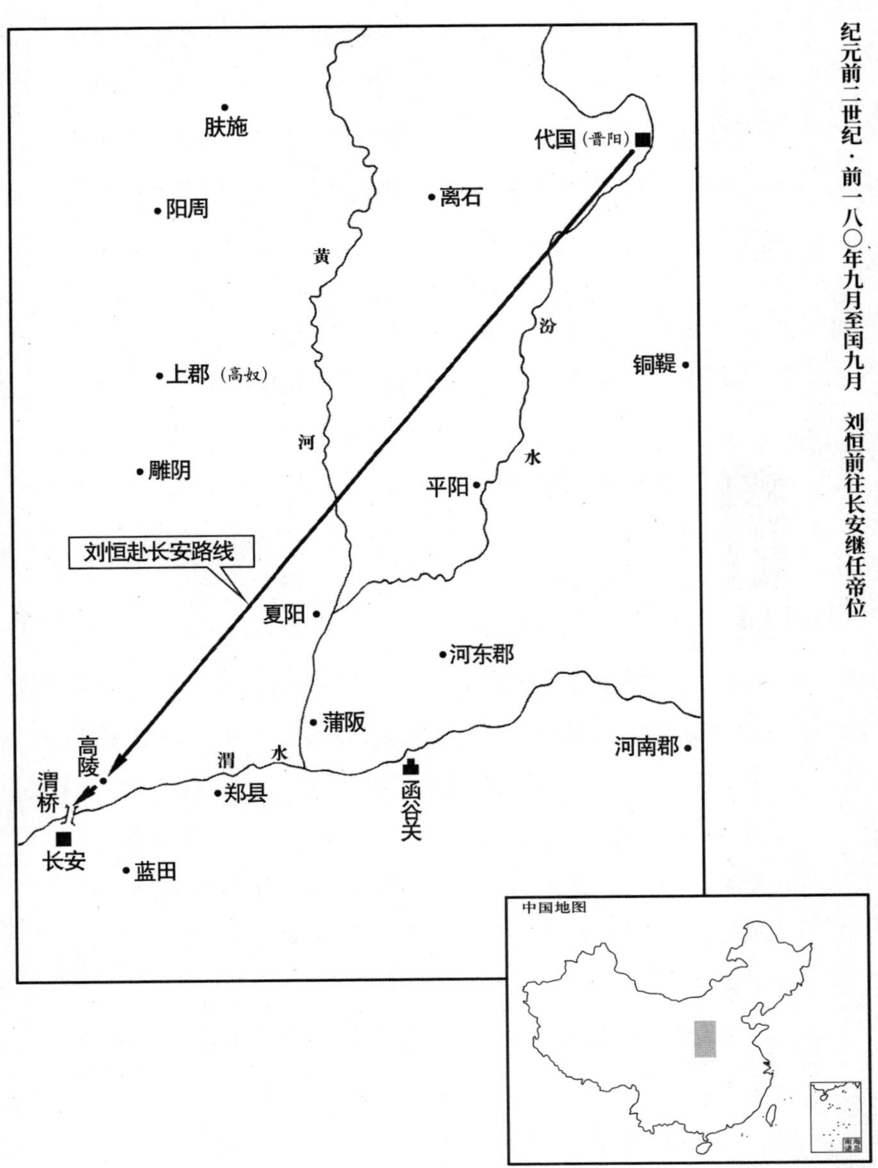

纪元前二世纪·前一八〇年九月至闰九月　刘恒前往长安继任帝位

前殿大门，也是未央宫的正门），喝令止步，说："天子在宫，你们有什么事？"刘恒告诉周勃，周勃亲自出面解释，十人才放下兵器离开，刘恒进去。当夜，任命宋昌当首都卫戍司令（卫将军），统率南北两军（保安部队及野战军）。任命张武当宫廷禁卫官司令（郎中令），负责皇宫安全。

有关官员分别诛杀梁王（首府定陶）刘太、淮阳王（首府陈县）刘武、恒山王（首府真定）刘朝，跟四任帝（后少帝）刘弘。

刘恒（五任文帝）正式登上金銮宝殿，连夜颁发诏书，大赦天下。

柏杨曰

刘盈十六岁即位，二十三岁逝世。七年之间，正是青春壮士，生儿子的可能性，远超过不生儿子。史书上只说皇后张嫣无子，并没有说刘盈无子，他的小老婆群照样可以生子。史书上强调刘恭（三任）、刘弘（四任）是"他人子"，只是指小老婆的儿子，交给张嫣抚养。站在张嫣立场，固然是"他人子"，站在刘盈立场，仍是刘家血统。正因为如此，吕雉才把孩子的娘亲杀掉。如果是抱自别家，难道独放过老爹，而不灭口？吕雉当然有可能把姓吕的孩子抱来充数，但屠灭吕家班罪状中，没有此条。如果有这种行为，反吕阵线难道不抖出来？而且，抱养一个就足够了，却抱养了八个，数目越多，泄漏机密的机会越多。吕雉不傻。

我们肯定的认为，刘弘兄弟八人，全是刘盈亲生之子。他们的罪状在于他们身上所流的四分之一的吕姓血液。高官们对他们长大成人后的恐惧之情，溢于言表。政治斗争下常使事实真相淹没，反吕阵线的史学家，自然希望后人相信这项诬陷。不过，至少有一点可以证实，政变时口口声声保护皇帝安全，不过一个骗局。

纪元前一七九年 壬戌

西汉　文帝前元　元年

1 冬季，十月一日，西汉王朝（首都长安〔陕西省西安市〕）皇帝（五任文帝）刘恒（本年二十四岁），改封琅邪王（首府琅邪〔山东省青岛市黄岛区〕）刘泽当燕王（首府蓟县〔北京市〕。去年〔前一八〇〕，刘泽被齐王刘襄诈术夺国，西奔长安，参与迎立刘恒有功。这倒是因祸得福，以他跟吕姓家族关系，即令不被刘襄夺国，刘恒即位后，也会被刘恒夺国），封故赵（幽）王（首府邯郸〔河北省邯郸市〕）刘友的儿子刘遂继任赵王（刘友饿死长安，参考前一八一年正月）。

2 右宰相陈平请求辞职，刘恒问他，他说："高皇帝（刘邦）时，周勃的功劳不如我。可是这次政变，我的功劳不如周勃，愿把右宰相位置，让给周勃。"

十一月二日，刘恒调陈平当左宰相，全国武装部队总司令（太尉）周勃当右宰相。任命全国最高统帅（大将军）灌婴当全国武装部队总司令（太尉）。吕姓家族所夺取齐国（首府临淄〔山东省淄博市东临淄区〕）、楚国（首府彭城〔江苏省徐州市〕）的土地，一一归还。

3 总结屠杀吕家班的功劳，右宰相周勃以下，依照功劳大小，增加采邑封户，或赏赐金银。刘恒对周勃既尊敬又畏惧，有一次，早朝散会，周勃告辞退出，神色很是得意。刘恒对他十分礼敬，常常一直目不转睛的看着他出朝。宫廷禁卫官（郎中）、安陵（河南省鄢陵县）人袁盎，规劝说："吕姓家族大逆不道，高阶层官员们共同发动反击，当时，周勃恰好是全国武装部队总司令（太尉），本来就有军权，机缘巧合的成了大功。而今看他的样子，似乎有骄傲颜色，而陛下却那么谦让。君臣失礼，我认为并不恰当。"刘恒受他的影响，以后再早朝时，就变得非常严厉，宰相们开始畏惧。

王夫之曰

刘恒的谦恭，并不是品德缺失。尊重有功的官员，礼敬国家的栋梁，何尝不是姒太甲（商王朝五任帝太宗）、姬诵（周王朝二任成王）的高贵情操。而袁盎竟然引导他走向猜忌苛刻，就是不忠。明知道周勃没有邪念，只是行为稍稍肤浅，不去规劝，反而抓住机会，挑拨离间，就是不信。袁盎之阴险，后来更陷害晁错（参考前一五四年）而夺取大权，在周勃身上已先发生过了。小人卑鄙，如此可畏。

4 十二月，刘恒下诏，说：“法令，是治国的基础。而今有人犯法，政府对根本没有犯法的父母、妻子、兄弟姐妹，也加以逮捕，我不认为正当。从现在开始，废除逮捕亲人的连坐法令。”

5 春季，正月，主管官员建议早日设立太子。刘恒说：“我品德单薄，既不能寻访天下圣贤和品德高尚的人，把统治权禅让给他。反而又要设立太子，更是增加我的不安，且等一段时期再说。”主管官员说：“预先指定太子，目的在于尊重祖先祭庙，保卫国家，不忘天下托付之重。”刘恒说：“楚王（首府彭城〔江苏省徐州市〕）刘交，是我的叔父；吴王（首府广陵〔江苏省扬州市〕）刘濞，是我的兄长；淮南王（首府寿春〔安徽省寿县〕）刘长，是我的弟弟；岂能不使他们参与？我不在他们中间遴选，而必须指定我的儿子，人们一定批评我排斥有品德的贤才，只想到自己骨肉，这不是对天下负责的态度。”主管官员坚持，说：“古代商王朝、周王朝，历时都有一千余年（事实上，商王朝六六二年，周王朝八七九年），就是因为早日设立太子，国才不乱。合法的继承人一定是亲生之子，这是自古迄今的规矩，源远流长。高皇帝（刘邦）取得天下，称为‘太祖’，子孙相继，世世不绝。如果舍弃亲子，而指定皇族中的一员，可不是高皇帝（刘邦）的遗志，请不必考虑。在陛下的儿子中，刘启年纪最长，而又纯厚仁慈，请指定他当太子。”刘恒同意。

6 三月，封太子刘启的娘亲窦女士（名不详）当皇后。窦皇后，是清河郡（河北省清河县）观津县（河北省武邑县）人。弟弟窦广国，字少君，窦广国小时候，被人掠夺贩卖，共转卖了十余家，听说姐姐当了皇后，上书描述自己的身世。窦皇后召见，盘问出实情，于是，厚厚的赏赐给他田宅、金钱，跟老哥窦长君，定居长安。右宰相周勃、全国武装部队总司令（太尉）灌婴等人说：“我们的性命，握在这二人之手。二人出身微贱，必须妥善的给他们遴选师傅和宾客。否则，如果再步吕姓家族后尘，可是关系国家的大事。”于是物色品德高尚有节操的人，跟他们同住。窦长君、窦少君遂成为谦恭之士，不敢用他们的尊贵身价，傲慢别人。

窦皇后跟窦广国，是观津（河北省武邑县）人，拥有使人唏嘘的凄凉身世和传奇性的姐弟相会。他们的遭遇如果写成报告文学，一定会被人认为虚构，但史实俱在，悲惨世界中，偶尔出现一幕喜剧，也足以鼓舞人生。

窦皇后自幼家贫，被吕雉女士强迫征入皇宫。有一次，吕雉赏赐每个亲王五名宫女，窦女士在名册之中。她因家距赵国首府邯郸较近，哀求主持这件事的宦官，务必把她分发到赵国。宦官满口答应，但立刻也就忘记，他不会把一个穷苦的小宫女的话，放在心里。于是当动身时，窦女士才发现她被送到代国（首府晋阳〔山西省太原市〕），伤心哭泣，不肯上道，但皇宫岂允许一个小宫女反抗？想不到到了代国之后，受到代王刘恒宠爱，生一女刘嫖，再生一子刘启。后来刘恒当了皇帝，刘启又被封皇太子，她竟被尊为皇后，阴差阳错，使她走上巅峰。当初如果如愿以偿地分发到赵国，不过仍是一粒微尘。

弟弟窦广国四五岁时，被人掳去卖掉，一连转卖了十余家，最后卖到宜阳（河南省宜阳县），替主人到深山伐木烧炭，山忽然崩塌，压死一百余人，只窦广国死里逃生，跟随主人前往长安。听说皇后新立，姓窦，又是观津人。窦广国虽然四五岁时就离开家乡，但仍依稀记得县名姓氏，跟姐姐的模样，还记得有次跟姐姐爬到树上采桑叶，失足掉下来——就用这件往事，上书给皇后，请求相认。

这件只有姐弟二人才知道的往事，使窦皇后震撼，随即召见窦广国，询问一遍，又问："还记不记得其他儿时事情？"作为验证。窦广国说："姐姐被强夺进宫时，跟我在旅舍诀别，讨了一盆水给我洗头，洗过头，又喂我吃饭，饭罢姐姐才走。"陈述未了，窦皇后把弟弟抱到怀里，泣不成声。侍奉在左右的随从和官员，都匍匐在地，陪着哭泣。

这项传奇背后，隐藏着中国人的命运，即令在所谓"汉唐盛世"的西汉王朝，男孩被掠为奴，女孩被迫入宫，人民都告诉无门。上帝特别用窦家姐弟二人的舞台式喜剧，显示人间悲剧的无穷。

7 刘恒下诏，命各级政府贷款给无妻的男子（鳏）、无夫的妇人（寡）、年少而无父母（孤）、年老而无子女（独）等穷困的人，或免除他们的赋税。又下令："年八十岁以上，由政府每月赠送食米、酒、肉。年九十以上，加赏布匹棉絮、稀饭（粥）。由县长亲自察看，主任秘书（丞）或警察官（尉）亲自致送。年不满九十岁，由乡村事务官（啬夫）或县政府的低级官员（令史，一百石以下）致送。各郡郡长（二千石）派视察官（都吏）巡视考察，对办事不力的官员，依法处分。"

8 楚（元）王（首府彭城）刘交逝世。

9 夏季，四月，齐国（首府临淄〔山东省淄博市东临淄区〕）、楚国（首府彭城）地震，二十九座山同一天崩塌，大水从地下涌出。

10 有人呈献千里马，刘恒说："天子的大旗（鸾旗）在前，卫士的车队在后，有急事时，每天走五十华里，平常时候，每天走三十华里。只我一个人骑千里马，教我跑到哪里去？"把马发还当事人，发给他路费送回，下诏说："我不接受呈献，通令四方，不要寻觅稀宝珍兽。"

11 刘恒既呈现出他的品德，各封国跟四境邻邦，远近称道，人心安定。于是，检讨从代国（首府晋阳〔山西省太原市〕）出发前后贡献，封宋昌当壮武侯。

12 刘恒逐渐了解国家大事，并追求更多的了解。一天，在早朝时问右宰相周勃说："政府一年之间，有多少案件判决？"周勃不知道。刘恒又问："政府每年收支多少？"周勃又不知道，惶恐惭愧，大汗如雨。刘恒又问左宰相陈平，陈平说："主管官员知道。"刘恒说："主管官员是谁？"陈平说："陛下如问司法审理，应问司法部长（廷尉）。如问钱粮，应问粮食部长（治粟内史）。"刘恒说："既然各有主管官员，像你宰相，又主管什么？"陈平道歉说："陛下不知道我像劣马一样的庸碌无能，而使我担任宰相。宰相的职责是：对上辅佐天子，协调歧见，顺应潮流，推动政令。对下安排人事，调停运转。对外镇抚四方蛮夷跟所有封国，对内亲近安抚人民，使各级政府官员，都能称职任事。"刘恒认为好极。周勃十分惭愧，既出朝门，抱怨陈平说："你平常怎么不教导我？"陈平笑说："你坐在宰相座位上，怎么不知道宰相是干什么的？假如皇上忽然问长安有多少小偷，你难道也要勉强回答？"周勃这才明白，他的能力，远不如陈平。

不久之后，有人警告周勃说："你诛杀吕姓家族，又迎立代王（刘恒）当皇帝，威名震动天下，而你也受到厚重的回报，居于高位。富贵如果太久，可能为你招来大祸。"周勃自己也感觉到功臣没有好下场的危机，就声称有病，请求辞职。刘恒批准。

秋季，八月二十七日，周勃离职。西汉政府不再设左右宰相，由陈平专任宰相。

13 最初（参考前一八一年九月），太皇太后吕雉，派隆虑侯周灶，攻击南越帝国（首都番禺〔广东省广州市〕），正逢盛夏，天气潮湿，军中发生瘟疫，无法越过五岭（大庾岭）。一年以后，吕雉逝世，周灶遂即撤退。南越武帝赵佗乘胜利余威，用贵重礼物送给闽越王国（首都东冶〔福建省福州市〕）、西瓯王国（首都郁林〔广西桂平市〕），以及骆越王国（首都交趾〔越南河内市〕），把他们置于控制之下。于是南越帝国领土倍增，东西有万余华里，南越武帝赵佗用黄绫作为车盖（这种车称"黄屋"，皇帝专用），左边竖起大旗（皇帝车队前方有旗，谓"左纛"），跟汉朝皇帝的排场一模一样，与中原对抗。

西汉帝（五任文帝）刘恒决定放弃武力，用政治手段解决。赵佗祖籍真定（河北省正定县），刘恒下令整修赵佗父母的坟墓，特别设立守墓官员，负责洒扫祭祀。征召赵佗的亲人兄弟，任命他们当官，再重重赏赐，给他们荣耀。估计这些消息由赵家传给赵佗之后，刘恒派陆贾再次出使南越（陆贾第一次出使南越，参考前一九六年五月），携带刘恒写给赵佗的信件，信上说："我，高皇帝（刘邦）姬妾的儿子，放逐到首都之外，在北方建立代国（首都晋阳〔山西省太原市〕）。道路遥远，而我又愚鲁朴实，见闻有限，所以没有向你修书问候。自高皇帝（刘邦）逝世，孝惠皇帝（刘盈）即位，太皇太后（吕雉）主持大事，不幸身体患病，吕姓家族企图颠覆政府，幸赖功臣们的力量，把他们扑灭。我因为王侯们跟高级官员们坚持，不准推辞，不得不继承帝位，现在已正式就职。不久之前，接到报告说：你派将领送信给隆虑侯周灶，要求遣送你的亲人兄弟前往南越，并要求撤退驻扎长沙国（首府临湘〔湖南省长沙市〕）的两支部队（前一八三年，赵佗攻长沙，西汉政府派遣两位将领率军进驻长沙戒备），我已依照你信上的吩咐，调回博阳侯陈濞，跟他所统率的两军。你在故乡的亲人兄弟，也派人照料，并整修你祖先们的坟墓。前几天，又接到报告说，你再度发兵出击，在边界造成灾难。长沙国受害很重，南方各郡，尤其悲惨。问题是，难道你的国家，却反而得到好处？战争一旦发动，无论士兵将领，一定会有死伤。使人的妻子成为寡妇，使人的儿女成为孤儿，使人的父母无依无靠。收获一分而丧失十分，我不忍心做这种事情，我准备重新划定两国边界，调整犬牙交错不规则的分割，曾询问主管官员，主管官员说：'这是高皇帝（刘邦）厘定的界线。'我不敢擅自变动。事实上，中国得到贵国土地，并大不了多少，夺取贵国的财货，也不会使中国更为富有。但愿五岭（大庾岭）山脉以南地区，贵国自行治理，中国绝不干预。不过，你称'皇帝'，世界之上，就有了两个皇帝，而又缺少一位使节来往，这才发生争执。只知道争执而不知道让步，不是有爱心的人的行为。我建议我们同时抛弃以前的怨恨，从今天起，恢复往日友谊，互相派遣使节。"

陆贾到了南越，赵佗恐惧，叩头表示知罪，愿接受西汉政府的管辖，永远作为藩属，按期进贡。下令国内："我了解，两雄不并立，两贤不并存，中国皇帝（刘恒）是一位贤明的天子，从现在开始，我不再称皇帝，并撤销黄绫车盖（黄屋），跟左侧大旗（左纛）。"遂写回信给刘恒，自称："蛮夷酋长、老夫、臣赵佗，冒着被处死的危险，叩头再叩头。”又说：“我，故秦王朝南海郡（广东省广州市）一个官员，蒙高皇帝（刘邦）赐给印信，封我南越王。后来孝惠皇帝（刘盈）即位，在道义上，不忍舍弃，赏赐给我的礼物，十分贵重。可是等到吕太后当权，跟邻国蛮夷，划清界线，下令说：‘不可以把下列东西卖给他们：金、铁、耕田用具、马、牛、羊。即令卖给他们，也只准卖给他们雄的，不准卖给他们雌的。’我的国家，非常荒僻，马牛羊都要老了。我以为是我祭祀不周，神明降罚，是我的罪过，曾先后派遣秘书长（内史）藩（姓不详）、首府番禺警备区司令（中尉）高（姓不详）、监察官（御史）平（姓不详），三次到长安，上书请求宽恕，想不到全被扣留，不准他们回国。接着听说我父母的坟墓被破坏削平，亲人兄弟，全被屠杀。我的官员们商议决定：‘既然西汉政府这么待我们，我们就不必依靠他，提升到跟他一样高的地位，别别苗头。’这才自称皇帝。只不过对内使用，并不敢伤害中国。可是吕太后却大发脾气，撤除南越王封号，断绝使节，阻塞交通。我疑心长沙王（首府临湘）吴臣从中挑拨，所以才出兵骚扰他的边疆。我在南越四十九年，于今已有了孙儿。然而凌晨即起，深夜才睡。卧不能安枕，食不知滋味，眼不看女人的美色，耳不听欢娱的音乐，只为了不能侍奉中国。而今陛下哀怜我，恢复南越王的封号，又准许交通来往，我已如愿以偿，即令今天死亡，名声不灭，已除去帝号，不敢与中国匹敌。”

14 齐（哀）王（首府临淄）刘襄逝世。

15 刘恒听说河南郡（河南省洛阳市东白马寺东）郡长（守）吴公（名不详），考绩全国第一，于是调他到中央政府，担任司法部长（廷尉）。

吴公推荐洛阳人贾谊，刘恒召见，命他担任研究官（博士）。是时，贾谊才二十余岁，刘恒喜爱他文辞优雅和博学多闻。一年之中，超越常规的把贾谊提升到中级国务官（太中大夫。西汉政府俸级：一级万石，二级二千石，三级千石，四级六百石，五级四百石，六级三百石，七级二百石，八级一百石。博士属四级官，太中大夫属三级官，依照规定，非经考绩不能升迁。刘恒之擢升贾谊，是一种破坏法规的举动）。贾谊雄心万丈，建议刘恒更改正朔（十月作为一年的第一个月，是秦政府所定，贾谊认为西汉政府应定正月为一年的第一个月），变换衣服颜色（依照玄而又玄的“五德”“五行”学说，西汉政府官民人等，应以黄色为正宗，但迄今仍用红色，所以要求改变），重新制定官名（西汉政府一直沿用秦政府的官制跟称号），修订秦政府的法令，建立西汉政府特有的礼仪乐章（叔孙通参考秦王朝的规矩，制定朝仪，也以秦王朝皇家祖庙的乐章为基础，制定新谱）。刘恒谦让，不敢接受。

纪元前一七八年 癸亥

西汉　文帝前元　二年

1 冬季，十月，西汉王朝（首都长安〔陕西省西安市〕）曲逆侯（献侯）、宰相陈平逝世。

2 西汉帝（五任文帝）刘恒（本年二十五岁）下令：侯爵一律回他自己的封国（侯国采邑）。凡在中央政府担任官职，或皇帝特别允许留在首都长安的，则遣送嫡长子回国。

3 十一月二日，刘恒再任命周勃当宰相（丞相）。

4 十一月三十日，傍晚，日蚀。刘恒下诏给文武百官说：“请大家检讨我的过失和我见解不成熟之处，一一告知。并请推荐贤良、方正，以及直言无隐，可以极力规劝我的人，来补救我的疏忽。”下令各尽职责，减少赋税劳役，使人民获得休养。撤除首都卫戍司令（卫将军），交通部（太仆）仅留够用的马匹，多余的拨给驿站。

5 颍阴侯灌婴的骑兵将领贾山，上书给刘恒，陈述治乱之道，说：

“雷霆摧击，当之者无不折断。万钧之重压下来（十五公斤为一钧），受之者无不粉碎。皇帝的威严，不仅雷霆而已。权势的重量，又岂止万钧？广开言路，征求规劝，和颜悦色的接受，采纳他的建议，更赏赐给他荣耀，人们还心怀恐惧，不敢畅所欲言。何况凶暴任性，拒绝谈论自己的过失？如果用威严去震撼，用权势去压制，即令有伊祁放勋（尧，黄帝王朝六任帝）、姚重华（舜，黄帝王朝七任帝）的智慧，孟贲（秦王朝勇士）的勇敢，也没有不被折断粉碎之理。领袖将永远不知道自己的错误，国家将陷于危境。

“从前，周王朝建立一千八百个封国，用九州人民的财力（上古三代之际，全国分为九州〔《禹贡》九州〕：豫州、徐州、青州、兖州、冀州、雍州、梁州、扬州、荆州），奉养一千八百个封国国君。领袖有多余的财富，人民有多余的力量，因而歌颂的声音兴起。秦一任帝嬴政，用一千八百个封国的人民土地，奉养自己，民力丧失罄尽，而仍不能满足他的需要。君王不过一人而已，追求的也不过打猎出游之类，竟然刮尽了天下财富，仍不够供应。嬴政计算他的功德，认为后世将传到无穷无尽，想不到身死之后才几个月，英雄豪杰从四面八方发动攻击，秦政府遂即消灭。嬴政身在危境之中而竟然不知道，什么原因？在于没有人敢告诉他！为什么没有人敢告诉他？因为没有尊敬老成的习惯和没有辅佐的人才。嬴政认为直言就是诽谤，予以排斥，对指出他错误的人，一律诛杀。自然的，拍马摇尾、胁肩谄笑、迎合意旨、苟且偷安之辈，充满政府。众口一词咬定他的品德比伊祁放勋、姚重华都贤，他的功业比子天乙（商王朝一任帝）、姬发（周王朝一任王）都大。政府已经崩溃，仍没有人对他说出真相。

“而今，陛下下令推荐贤良方正之士，全国人心鼓舞，认为：‘伊祁放勋（尧）、姚重华（舜）之道，将要复兴，姒文命、子天乙、姬发的功业，将要再现。’天下知识分子，都在充实学问，砥砺品德。问题是，现在，贤良方正之士，都集中政府，陛下遴选其中更为贤能的人才，任命他们担任可以进宫侍奉皇上，或掌有监察职责的官吏。如果只为了要他们陪同游宴射猎，一天奔驰两三次，政府仍免不了松弛，官员更免不了误事。陛下自即位以来，勉励自己，厚待部属，节俭用度，爱护人民，司法公平，刑罚宽大，天下欢欣。我听说，山东（崤山以东）地方官员传布诏令时，残弱疾病的老人，都拄着手杖，前往恭听。但愿迟一会再死，只求见到教化的成果。而今，大业终于稳定，声名传播，四方奉行。可是，陛下却率同英雄豪杰、贤良方正，跟他们每天出猎，追逐野兔，搏击狐狸，似乎伤害国家的大事，杜绝天下的盼望，我内心觉得悲哀。

“古时候，国家重要的高级官员，不准参与领袖的宴会游戏。在于培养廉洁，提高尊严。大家不敢不诚意修身，尽心他的工作。一个有道德的高级知识分子，在自己家里培养出的好品德，却在天子的宫廷中败坏，情况至为可悯。因此我建议，陛下应分别看待：跟普通官员去游玩作乐，而跟重要官员和贤良方正人士，磋商政府事务。二者既分，在游玩时，陛下可以纵情欢乐。在公开场合，陛下可以保持严肃。在会议时，陛下可以冷静思考。在政治运转的轨道上，这是一件大的决定。”

刘恒嘉奖贾山的见解。

刘恒每次上朝途中，无论宫廷禁卫官（郎），或其他随从官员，上书言事，总教辇车停下来接受。不可以采纳的，放到一旁；可以采纳的，都会赞扬。

6 刘恒从霸陵（陕西省西安市东北）回宫，打算纵马驰下一个陡坡，皇家警卫指挥官（中郎将）袁盎，跑上去紧傍车辆，拉住缰绳，跟随着一同飞奔。刘恒说：“你这位将军，可是胆怯得很呀。”袁盎说：“俗话说：‘千金之子，坐不垂堂。’（有身价的人，不坐在房檐底下，怕瓦掉下来砸破脑袋。）君王不冒危险，去求侥幸平安。陛下御车有六匹骏马，六匹马同时狂奔下坡，万一马受了惊恐，御车翻覆，陛下纵然不在意，怎么对得起高皇帝（刘邦）、皇太后（薄女士）？”刘恒遂命停止。

刘恒宠爱他的小老婆慎夫人（名不详），皇宫之内，常常跟窦皇后同席而坐（小老婆群无论什么封号，“夫人”也好，“贵妃”也好，见了皇后，都要下跪叩头。不教坐，不敢坐；坐也只能坐在一旁）。有一次，在皇家警卫指挥官总部（郎署。设御花园〔上林苑〕内），慎夫人又跟窦皇后坐在一起，袁盎请慎夫人移到侧席，慎夫人羞辱难当，面红耳赤，不肯接受。刘恒也勃然大怒，站起来下令回宫。袁盎追随而入，解释说：“我听说：尊贵的跟卑贱的，有一定的秩序。严守这个秩序，上下才能相亲相爱。陛下既然已有了皇后（窦皇后），慎夫人就是姬妾，姬妾岂可以跟正妻平起平坐？陛下喜欢她，只要厚待她就够了，用这种方法宠她，正足以害她。难道不记得‘人彘’(参考前一九四年)的事？”刘恒醒悟，告诉慎夫人，慎夫人也醒悟，赏赐袁盎黄金五十斤。

7 贾谊上书，说：

“《管子》说：‘仓库充实，人民才知道礼义。衣食充足，人民才知道荣辱。’人民衣食缺乏，而天下竟然太平，从古到今，还没有听说过。古人说：‘一个男人不耕田，或许就有人饥饿。一个妇女不织布，或许就有人寒冷。’万物生长，需要一定时间，如果拼命挥霍，物资必然缺乏。古时治理国家，虽细微小节，都考虑周到，所以才有丰富的积蓄，作为后盾。现在，忘掉根本、只问枝梢的人太多，所以常造成大的伤害。淫荡奢侈的风俗，每天都在增长，伤害就更严重。这种事情公开横行，没有人禁止，一旦巨舟翻覆，无法挽救。盖从事生产的人少，从事消费的人多，天下财富，如何能不枯竭？

“西汉王朝建立迄今，将近四十年(应为二十九年)，政府和人民，都没有积蓄，情况使人担忧。天应降雨时而不降雨，造成旱灾，人心恐慌。庄稼歉收，人民唯有卖儿卖女。这种情形，皇上早已知道，焉有天下如此危急，大小官员竟然毫不震惊。

“农田有时丰收，有时歉收，是正常现象，本不稀奇。姒文命(禹)、子天乙(汤)，都遭遇过。问题在于，万一不幸，二三千华里广阔的国土上，发生大旱，政府有什么办法救济？突然间边境告急，需要数十万数百万大军抵御，政府有什么办法供应粮食？旱灾兵灾交集，社会必然陷于混乱。年轻壮士，聚集徒众党羽，四处抢掠攻击。老弱之辈，交换儿女，互相格杀吞食。行政命令，完全不能执行。远方有力量夺取政权的人，势将争先恐后而起。这时候再大惊失色，图谋挽救，岂能有效？所以，公私积蓄，关系国家命脉。假定粮食够多而财富也充足，什么不能成功？用它出击，必然攻克。用它固守，必然牢不可破。用它支持战争，必然胜利。无论怀柔面前的敌人，或安抚远方的蛮夷，怎会达不到目的？

“而今，驱使人民从事农耕，主要的是巩固根本。使人民靠自己的劳力，养活自己。至于工人商人，都是末技游民，应该强制他们改行务农。则积蓄自然充足，而人民也自然快乐安居。这是使天下平安富有的主要重点，然而陛下却一直在这上面，心怀犹豫，不肯有所作为，我为陛下感到惋惜。”

刘恒深受感动。

春季，正月十五日，刘恒下令前往皇家农场，亲自耕作，作为重农榜样。

8 三月，有关单位请封皇子们爵位。刘恒下诏，先封赵（幽）王（首府邯郸〔河北省邯郸市〕）刘友的最小儿子刘辟彊当河间王（首府乐成〔河北省献县〕。去年〔前一七九〕封刘友的儿子刘遂当赵王。河间属赵国，现在划出一郡，另立河间国），封朱虚侯刘章当城阳王（首府莒县〔山东省莒县〕），东牟侯刘兴居当济北王（首府卢县〔山东省济南市长清区〕），然后再封自己的儿子刘武当代王（首府代县〔河北省蔚县〕），刘参当太原王（首府晋阳〔山西省太原市〕），刘揖当梁王（首府定陶〔山东省菏泽市定陶区〕）。

9 五月，刘恒下诏："古人治理国家，官府前设有鼓励人民批评政府的旌旗，桥头上竖有鼓励人民批评政府的木板。目的在于建立上下交通渠道，了解民情。可是现行法律，却有'诽谤罪'和'妖言罪'，使大家不敢直言无隐，在上位的无法知道自己过失，怎么请到贤良方正？二罪应即废除。"（妖言罪，前一八七年已废除过，今再废除，可能是重申前令。）

10 九月，刘恒下诏："农耕，是立国的根本，人民的生命。人民不去从事根本，而去追逐工商之类枝叶，生活才日益困难，我深为忧虑。是以亲率文武百官，下田耕种，表示鼓励。特别免除农家今年（前一七八）的一半田租。"

11 燕（敬）王（首府蓟县〔北京市〕）刘泽逝世。

纪元前一七七年 甲子

西汉　文帝前元　三年

1 冬季，十月三十日，日蚀。

2 十一月三十日，日蚀。

3 西汉王朝（首都长安〔陕西省西安市〕）皇帝（五任文帝）刘恒（本年二十六岁）下诏："去年（前一七八）曾下令侯爵一律返回封国，有些人并没有遵守命令。宰相（周勃）是我最倚重的官员，请作榜样，率先领导。”

十二月，宰相（丞相）绛侯周勃免职，遣送回国（周勃封国绛县，山西省侯马市东）。

十二月六日，刘恒任命全国武装部队总司令（太尉）灌婴当宰相（丞相），撤除全国武装部队总司令（太尉）一职，武装部队由宰相直接统御。

4 夏季，四月，城阳王（首府莒县〔山东省莒县〕）刘章逝世。

5 最初，赵王张敖呈献一位赵姓美女给刘邦，上床之后，怀孕。不久，贯高事件爆发（参考前一九八年十二月），美女也被牵连在内，囚禁河内（河南省武陟县）。美女的弟弟赵兼，请求辟阳侯审食其向皇后吕雉说情。想不到审食其开口之后，吕雉妒火中烧，拒绝转告刘邦。美女这时生下儿子，悲愤交集，自杀身死。监狱官员把婴儿呈送刘邦，刘邦悔恨，命名刘长，交给吕雉抚养。而把美女安葬真定（河北省正定县）。

后来，封刘长当淮南王（英布叛变，改封刘长，参考前一九六年）。刘长自幼就没有娘亲，而受吕雉抚育，一直跟吕雉亲近。所以刘盈、吕雉当权的那段日子，他得以平安。但他内心怨恨审食其，认为他没有尽力说服吕雉，而使娘亲含恨而死。

等到刘恒即位，刘长自以为关系最亲（刘邦儿子中，只有刘恒和刘长尚存），遂骄傲蛮横，屡屡犯法，刘恒总是宽恕相待。

本年（前一七七），刘长从他的淮南国（首府寿春〔安徽省寿县〕）到首都长安朝觐，陪同刘恒打猎，二人同车，刘长总是叫刘恒“大哥”。刘长孔武有力，能把鼎举起来，于是，他拜访审食其，宽袖中藏着铁椎，向审食其发动突击。命随从魏敬，砍下审食其的人头，刘长立即驰向皇宫，脱衣露背，自首请罪。刘恒同情他怀念娘亲的一片孝心，下令赦免。

这时候，包括刘恒的娘亲薄太后在内，以及皇太子刘启，跟政府重臣，对刘长都心怀恐惧。刘长了解他的身价，回到封国后，更加放肆。每次出门，都用只有皇帝才可以用的警卫仪式（出警入跸），一切制度效法中央。袁盎警告刘恒说：“亲王如果太过于骄横，将有祸事。”刘恒不理。

6 五月，匈奴汗国（王庭设蒙古国哈拉和林市）右贤王进驻河南地（黄河河套），攻击上郡（陕西省延安市）一带受西汉政府保护的蛮夷部落，杀戮掳掠。刘恒亲到甘泉（陕西省淳化县西北），命宰相（丞相）灌婴，派步骑兵八万五千人，增援高奴（上郡郡政府所在县，陕西省延安市），反击匈奴右贤王。再命首都长安警备区司令（中尉）把所属的弓箭部队（材官），交由首都卫戍司令（卫将军），在长安布防（卫将军去年〔前一七八〕才撤销，可能此时因情况紧急再行设立）。右贤王听到消息，撤退出塞。

7 刘恒自甘泉（陕西省淳化县西北）前往高奴（陕西省延安市），再转到太原（山西省太原市），接见他当代王时的旧部，都有赏赐。下令免除晋阳（山西省太原市）、中都（山西省平遥县）人民三年赋税，在太原游玩十余天。

8 当初，高阶层官员同心合力，诛杀吕姓家族，朱虚侯刘章的功劳最大，大家当时承诺封他当赵王（首府邯郸〔河北省邯郸市〕），封他弟弟东牟侯刘兴居当济北王（首府卢县〔山东省济南市长清区〕）。刘恒

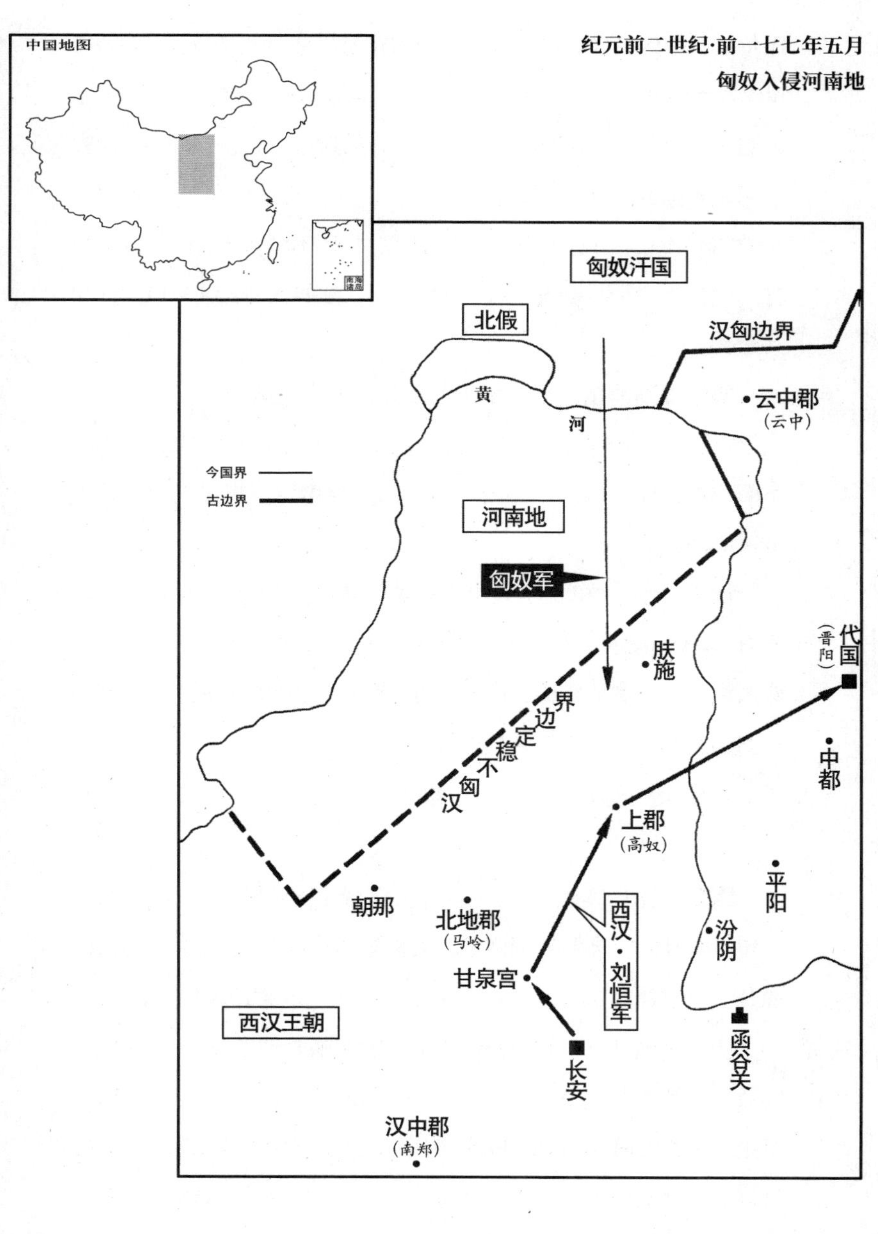
纪元前二世纪·前一七七年五月
匈奴入侵河南地
中国地图
南海诸岛
匈奴汗国
北假
汉匈边界
黄
河
云中郡
（云中）
今国界
古边界
河南地
匈奴军
肤施
代国
（晋阳）
汉匈不稳定边界
中都
上郡
（高奴）
平阳
朝那
北地郡
（马岭）
西汉·刘恒军
汾阴
甘泉宫
西汉王朝
函谷关
长安
汉中郡
（南郑）

即位后，得到报告：刘章、刘兴居的初意，是要拥护齐王（首府临淄〔山东省淄博市东临淄区〕）刘襄（刘章、刘兴居，是刘襄的胞弟）当皇帝，心里不是滋味，就故意贬低他们的贡献。直等到封自己儿子当王时，才勉强割裂齐国的两郡，教他们在胞兄齐王刘襄的原来国土上当王（参考去年〔前一七八〕三月）。刘兴居功高赏薄，心怀不满。当刘恒前往太原时，他认为皇帝将御驾亲征匈奴汗国（王庭设蒙古国哈拉和林市），遂起兵叛变。

刘恒得到消息，下令宰相灌婴和他所率领的步骑兵八万五千人停止前进，折返长安。任命棘蒲侯柴武当全国最高统帅（大将军），率四位将军和十万大军迎击。再任命祁侯缯贺当将军，进驻荥阳（河南省荥阳市）。

秋季，七月，刘恒从太原（山西省太原市）返回长安，下诏："济北国（首府卢县〔山东省济南市长清区〕）官员人民，在中央大军未到之前，先诛杀叛逆，或率军，或举城投降的，赦免，并恢复原来官爵。或叛离刘兴居而去，或投奔中央的，赦免。"

八月，济北王刘兴居兵败，自杀。

9 最初，南阳（河南省南阳市）人张释之，当骑兵禁卫官（骑郎），十年没有升迁，准备辞职回家。袁盎知道他的贤能，向刘恒推荐，擢升当皇家礼宾执行官（谒者仆射）。有一天，刘恒游逛御花园（上林苑），张释之随从，参观虎圈。刘恒向御花园管理官（上林尉）询问禽兽数目和其他饲养情事，提出十余个问题，管理官结结巴巴，回答不出。虎圈管理员（虎圈啬夫）在旁代替应对。刘恒询问得十分详尽，打算考察他的能力，管理员随问随答，十分敏捷，无有穷尽。刘恒说："一个负责的官员，难道不应该这样？管理官不过是个混饭吃的家伙罢了。”吩咐张释之：擢升虎圈管理员当御花园总管（上林令）。

停了一段时间之后，张释之问刘恒说：“陛下认为绛侯周勃这人怎么样？”刘恒说：“忠厚长者。”张释之又问：“东阳侯张相如这人怎么样？”刘恒说：“忠厚长者。”张释之说：“周勃、张相如，都是忠厚长者。他二人谈话时，口舌迟钝，有话说不出口，岂有管理员那张利嘴，多言善辩？秦王朝一向重用条理分明的人，认为挑剔细微，明察秋毫，才是高手。发展到最后，都成了表面文章，而没有实质。在上位的听不到自己的过失，政府遂逐渐瓦解而终于崩溃。而今，陛下因为管理员能言善道，就给予不次升迁。我恐怕天下起而效法，竞相在言语上下功夫，而不注意本身工作。下级受上级的影响，比影子来得都快，擢升或贬谪，不可以不谨慎。”刘恒说：“好极！”遂停止擢升管理员。

史实俱在，御花园管理官可是一个典型的脓包。而虎圈管理员事先并不知道皇帝会向他百般盘查，而竟能对答如流，显示他的敬业精神和对自己的工作全心投入。张释之竟攻击他“利口”，还举出周勃、张相如木讷寡言，作为例证，看样子开国功臣陈平、陆贾、郦食其，都成了坏胚。就职责上的事务，作出条理分明的简报，怎么能叫“利口”？依张释之的诠释，一问三不知才是好官，这真是官场混混的福音。就在下文，刘恒询问他有关秦王朝所以衰亡的原因，张释之口若悬河，一一回答，如按他的标准，正是在逞“利口”。为什么不结结巴巴，回答不出？焦点应在于他回答的有无错误，如果没有错误，为什么怕天下效法？恰恰相反，正要天下效法。

张释之在思考了一段时间之后，才向刘恒说出这番似是而非的道理，似乎有其内情。御花园是皇帝皇后常去的地方，总管必然来自皇亲国戚的推荐，管理员的后台，当然要弱得多，张释之不得不接受强者的请托，或者乘机一拍强者的马屁。依官场的运转规律，这位管理员即令当上总管，他也干不了多久。现在，既然当不上总管，他的管理员位置也可能不保。管理官那个脓包绝不允许一个几乎夺走自己职位的干才，仍在身边。

只有刘邦才能用度外之人，刘恒没有这种能力。西汉王朝政府建立还不到四十年，政治活力便已僵化，以后就更难突破。

刘恒上车，命张释之陪同（参乘），一面慢慢走，一面询问秦王朝之所以衰亡的原因，张释之一一回答。到皇宫后，即任命张释之当宫门接待官（公车令）。

过了些时，太子刘启跟梁王（首府定陶〔山东省菏泽市定陶区〕）刘揖，同乘一辆车子，进宫朝见，经过司马门（皇宫大门），不肯下车，直闯而入。张释之追上去拦住，不准前进。立刻弹劾二人入宫不下车，犯“大不敬”之罪。薄太后得到消息，大不高兴。刘恒脱下官帽（古时，脱下官帽表示有罪待命），向娘亲道歉没有好好教导儿子。薄太后遂派人传达她的命令，赦免二人，二人才能进宫。刘恒由这件事，对张释之有良好印象，擢升他当高级国务官（中大夫）。不久，再擢升他当皇家警卫指挥官（中郎将）。

张释之曾经随从刘恒到霸陵（陕西省西安市东北），刘恒兴奋的向他的文武百官说：“好地方！用北山（陕西省铜川市南）的石头作成棺椁（古时棺木分二层，内层用木，称“棺”，外层用石，称“椁”），再涂上拌碎麻的漆，谁都动不了。”（古代君王，即位的那天开始，就兴建自己的坟墓，劳民伤财。君王在位的时间越久，人民受到的伤害越深。刘恒的坟墓预定在霸陵，此行可能是视察死后葬身之所的工程进行情形，所以有此欢呼。）左右都跟着称颂，只张释之说：“假使坟墓中藏有人们渴望得到的东西，就是铜墙铁壁的南山（秦岭），也会被凿出缝隙。假使坟墓中没有人们渴望得到的东西，即令没有石头棺椁，又有何妨？”刘恒认为有理。

本年（前一七七），张释之已就任司法部长（廷尉）。刘恒经过中渭桥（渭桥有三，东渭桥、西渭桥、中渭桥），一个人突然从桥下跑过，御车的马受到惊吓，幸而立刻被控制住，没有发生意外。骑兵卫士经过一段追逐后，把那人逮捕，送交司法部（廷尉）法办，张释之判决：“天子出巡时，人民都应回避，该人没有回避，乃‘犯跸’之罪（跸，天子出巡时，都要戒严，不准人民行走），应处罚金。”刘恒恼火说：“这家伙惊吓了我的马，幸亏这些马性情柔和，换了别的马，岂不要了我的命，你这个最高法官，却只判他罚款。”张释之说：“法律，天下人人都得遵守。法律规定罚款，就是罚款。如果加重处罚，谁还信任法律？而且，如果当时陛下就地把他诛杀，也就罢了。既交给司法部，司法部掌理审判，一定要坚持公平。如果不公平，全看当权者的喜怒去判刑，想轻就轻，想重就重，小民连手脚都没地方放了，请陛下明察。”刘恒思索了很久，说：“你的见解很对。”

稍后，有人偷了刘邦祭庙（高庙）门上的玉环，被捕。刘恒震怒，交司法部（廷尉）审理，张释之按照“偷盗皇帝祭庙律”论罪，应当法场斩首。刘恒大发脾气，说：“这家伙胆大包天，竟然敢偷先帝（刘邦）祭庙的东西，我交给司法部，就是要诛杀他的家族，你却拿法律顶我，不是我敬祖的本意。”张释之脱下官帽，叩头请罪，说：“法律这样规定，我就这样判决。对于犯罪，应该看轻重大小，作为惩罚的根据。如果因为偷祭庙的一个玉环就诛杀他的全族，万一，没有知识的愚民，挖了长陵（刘邦坟墓）上一抔土，陛下将用什么更重的刑罚惩处？”刘恒报告薄太后，批准原判决。

中国帝王是世界上礼仪最多、日常生活花样最复杂的一种动物。非洲有些君主，可能比中国帝王更残忍，但是却没有中国帝王那么多禁忌，使人民动辄得咎。这种制度由嬴政先生创立，以后层面日益升高，到了明王朝，遂累积成为一项毒瘤，使中国人民受到致命的伤害。刘恒先生在帝王群中，算得上是一个明白人，可是在用别人的血来展示他的尊严和孝思时，却跟其他帝王一样的心狠手辣。祭庙上一个玉环算屁，甚至刘邦的坟墓又算屁，动了一下竟企图杀人全族。

传统文化中，没有人权，只有君权。后来帝王灭绝，而文化延伸，就成了只有官权。中国人迄今面对的，仍是这种困局。

纪元前一七六年 乙丑

西汉　文帝前元　四年

1 冬季，十二月，西汉王朝（首都长安〔陕西省西安市〕）宰相、颍阴侯（懿侯）灌婴逝世。

2 春季，正月十四日，西汉帝（五任文帝）刘恒（本年二十七岁）擢升最高监察长（御史大夫）、阳武（河南省原阳县）人张苍当宰相（丞相）。

张苍喜爱读书，博学多闻，对历法尤其有研究。

3 刘恒召见河东郡（山西省夏县）郡长（守）季布，打算任命他当最高监察长（御史大夫）。有人打小报告，说他虽然有担当，却喜爱饮酒，难以接近。刘恒犹豫不决，季布留在宾馆一个月，刘恒竟打消原意。季布因向刘恒抗议说："我本没有功劳，幸蒙宠爱，使我当河东郡长。陛下无缘无故，把我叫到京师（首都长安），一定有人言过其实的向陛下推荐我。我既然应命前来，陛下没有什么吩咐，又打发我回去，一定有人在陛下面前，说了谗言。陛下因一个人的称誉召唤我，又因一个人的诋毁而改变主意。恐怕天下有见解的人，会看出陛下的见识深浅。"刘恒沉默不语，内心惭愧，停了好一会，才说："河东（山西省夏县），是我最重要的一个郡，所以特别要你来了解郡情。"

由于一个人的称誉而征召季布，由于另一个人的诋毁而遣返季布，天下人自然看出刘恒的深浅。不过，那有什么关系？领袖权威在握，岂在乎天下不知道深浅，才能维持？季布愤怒他被遣返，而向上质问领袖，以逞一时之快，他之没有能力担任最高监察长（御史大夫），至为明显。使他喜好饮酒而难以接近的缺点，完全暴露。刘恒的过失，在于轻率的征召季布，不在于轻率的遣返季布。对高级官员谨慎任命，而勇于改正自己的过失。听到报告，延迟了一个月，终于查明对季布的指控并不是诬陷，沉默很久之后，才说："河东是我重要的一郡，所以特别要你来了解郡情。"正是培养部属的羞耻之心，并不是内心惭愧。如果是惭愧的话，应该是惭愧轻率的征召季布，自恨没有知人之明。

柏杨曰

王夫之认为，季布愤怒他被遣返，而向上质问领袖，以逞一时之快，他之没有能力担任最高监察长（御史大夫），至为明显。我们的看法恰恰相反，季布愤怒他被遣返，而向上质问领袖，他之有足够的能力担任最高监察长（御史大夫），至为明显。所谓“逞一时之快”，是王夫之（千年后）的判断，不知有什么根据？“领袖”这玩意，是何等的厉害角色，胆敢顶撞，轻者丢官，重者丧命。而季布却无畏的提出抗议，这种胆量，足以把奴才官崽活活吓死，正是最高监察长（御史大夫）应具有的高贵素质。依王夫之之意，大概要季布像狗一样的驯服。主人吆喝一声即来，再吆喝一声即去。委屈不敢申诉，困惑不敢请求解释。任凭有权大爷摆布，除了叩头外，不出一声，才算合格。在“大儒”这种践踏自己人格的教育下，官场中到处都是软体动物。类似季布有个性的质问，遂成为绝响。

4 刘恒打算擢升贾谊当部长级（公卿）官员，高级官员们反对说：“贾谊不过是洛阳大都市里浮滑之辈，年纪轻轻（二十余岁），刚刚求学，就打算夺取权力，干预国家大事，看他会闯出乱子。”刘恒受到影响，以后也稍稍疏远，不采纳他的建议，而任命他当长沙王（首府临湘〔湖南省长沙市〕）吴差的师傅（太傅）。

5 绛侯周勃，自回到他的封国（绛县〔山西省侯马市东〕），每逢河东郡（山西省夏县）郡长（守）、民兵司令（尉）下乡巡视各县，抵达绛县时，他都惊慌失措，恐怕负有特别使命，对他行刑，所以经常身披盔甲，在家人全副武装保护下，才敢出来接见。

不久，有人检举周勃谋反，刘恒下诏交司法部（廷尉）调查。司法部立即逮捕周勃，审讯逼供。周勃紧张恐惧，对被指控的各项罪行，张口结舌，不知道如何分辩答对。审讯官员开始对这位失势的宰相，诟骂凌辱。周勃家人向审讯官员贿赂黄金二万两，审讯官员才答应指示生路。审讯时，在记录口供用的木简的背后，书写“由公主作证”（请公主出面证明冤枉）。昌平公主（名不详）是刘恒的女儿，嫁给周勃的嫡长子周胜之。

薄太后也认为周勃不可能谋反，刘恒朝见时，薄太后用头巾摔刘恒说：“周勃除掉吕家班，身怀皇帝玉玺印信，控制北军（野战军）重兵，不在那时候谋反。而今住在一个小小县城，却去谋反，天下岂有这种怪事？”正好，刘恒看到司法部呈上来的周勃的口供，抱歉说：“我没有肯定他谋反呀，已经调查清楚，就要释放。”于是派人“持节”，赦免周勃，恢复他的爵位跟采邑。

周勃出狱后，对人说：“我曾经率领百万大军，怎知道狱吏有那么大的权威！”

柏杨曰

周勃跟韩信、彭越，有同一的遭遇，属于“有人检举型”。这个“有人”，是隐藏在高位的杀手，韩信的“有人”是刘邦，彭越的“有人”是吕雉，周勃的“有人”当然是刘恒。唯一不同的是，刘恒目的不在杀他，而只在灭一下他这个“忠厚长者”的威风，教人瞧瞧谁是老大。然而，周勃如果没有黄金二万两，如果儿子娶的不是公主，几场苦刑拷打下来，他就无法避免“攻破心防”“坦承不讳”“自动招认”（贯高先生那种铁石人物，是人间异数，我们敬他、爱他，为他垂泪，但不能希望每个人都是他）。铁证如山的供词，摆在公案之上，刘恒保管跟嬴胡亥对李斯的醒悟一样：“他妈的，原来是真的呀。”即令薄太后扔砖头，也救不了他的命。周勃死里逃生，是一个特殊的个案。这种个案，在历史上，寥若晨星。

周勃以盖世奇功——没有他的拥护，刘恒仍在他的代国喝米汤。但到了最后，却被吓得几乎神经失常。全身披甲，家人武装，能挡住什么？只要一纸逮捕令，还不是俯首帖耳，乖乖上道。但周勃惊恐失措，身不由主，可看出事情发生前，山雨欲来风满楼，已使他感觉到大祸将至。把一个元勋逼成这个样子，刘恒固然苛刻，但也是专制政治使然。一个人的安全，不系于自己的无罪，而系于所谓“英明领袖”的高兴或不高兴。

周勃最后叹息：“我曾经率领百万大军，怎知道狱吏有这么大的威风？”人，一旦陷入狱吏之手，犹如老鼠陷入响尾蛇的毒牙，除非“二万两黄金”，就难逃劫数。没有身受其害的人，根本不知道世上还有这种劫数。身受其害的人，呐喊嘶叫，又得不到回应。这是中国人的羞辱！

6 刘恒兴建顾成庙（即刘恒的生祠，参考前一七四年注。庙在陕西省西安市西南）。

纪元前一七五年

丙寅

西汉　文帝前元　五年

1 春季，二月，地震。

2 最初，秦王朝（首都咸阳〔陕西省咸阳市〕）用“半两钱”（十二铢），重的十二铢，轻的八铢（二十四铢是一两，十六两是一斤）。西汉王朝（首都长安〔陕西省西安市〕）一任帝刘邦嫌它太重，难以携带，改铸“荚钱”，其薄跟榆树嫩叶一样，重一铢半（即“五分钱”）。钱质既然贬值，于是物价飞涨，米一石卖到一万钱。

本年（前一七五）夏季，四月，西汉政府更铸“四铢钱”（钱上标识“半两”，应为六铢），并废除“盗铸钱令”，鼓励人民自己铸钱。

贾谊向西汉帝（五任文帝）刘恒（本年二十八岁）上书劝阻，说：

“法令准许人民公开用铜锡铸钱，并且警告说，如果贪利取巧，掺杂铁铅，判处脸上刺字的‘黥刑’。然而，事实的情况是，如果不掺杂铁铅，就无利可图。只要有些微的掺杂，就可以获得丰富的利润。

“有些事情足可以招祸，有些法令足可以鼓励奸诈。现在准许人民铸钱，他们遂专心于此，各在隐蔽的地方操作。虽然用严刑禁止作弊，即令每天都在执行‘黥刑’，暴利所在，作弊仍不能消除。近日以来，人民犯罪，多的时候，一县有数百人。而官员们认为有犯罪嫌疑，逮捕拷打，驱逐奔走的，更是众多。公布法令而引诱人民违反法令，恐怕惨事会更层出不穷。

“人民用钱，郡县之间，并不相同，没有一定标准。有的用轻钱（不足四铢），必须百枚再加若干（每钱四铢，一百枚钱应重一斤十六铢。因为是轻钱，一百枚钱，往往不足一斤十六铢，只好另加若干钱，使重量达到一斤十六铢总额）。有的用重钱（超过四铢），因需要找回超过的数目，对方往往不肯接受。既没有标准的法定钱币，官府如果要求各家所铸的重量必须一样，因为来源不一，麻烦太大，政府根本没有管理的力量。如果放手不管，则市场交易，又必然陷于混乱。总而言之，管也好，不管也好，都不是妥善的办法。

“而今，农耕的人，日渐减少，大家纷纷开矿。放下锄头犁耙，筑起火炉，去铸钱模。劣钱日多，粮食日少，善良的人受到诱惑，去羼杂作弊。朴拙的人，不知道掩饰，遂陷于法网。刑杀过度，对国家而言，绝不是一种吉祥。为什么如此疏忽？

“一旦等到大家受够伤害，官员们的反应，必然是‘禁止’。而禁止如果没有技巧，伤害更大。盖一旦禁止，需要量增加，钱就更显得贵重，利润也就更厚。利润更厚之后，盗铸将更风起云涌。即令加重刑罚到斩首，也不能使盗铸之徒畏惧。邪诈屡胜，法令屡败，主要原因在于铜矿太多。天下到处都是铜，焉能禁止人民使用，铜多才是祸根。我建议不准人民铸钱，而由政府收购铜矿。”

贾山也上书劝阻，认为：钱本是没有价值的东西，但可以换取富贵。而富贵，正是最高领袖独有的权柄。而今普通人都可以铸钱，是跟领袖共同掌握这项权柄，不应该使它继续成长。

刘恒拒绝采纳。

3 这时候，中级国务官（太中大夫）邓通，正被刘恒宠爱。刘恒要使他富有，把蜀郡（四川省成都市）严道（四川省荥经县）的铜山，赏赐给他，使他自己铸钱（这等于给他一个可以印制国家钞票的银行）。吴王（首府广陵〔江苏省扬州市〕）刘濞，辖境内豫章（江西省南昌市）有座铜山，广招天下亡命之徒，开矿铸钱。又在东海煮海水制盐，因此吴国人民得以不缴纳赋税，而封国国库仍十分充足。于是，“邓钱”“吴钱”，流通天下。

4 最初，刘恒把代国分割为两国（参考前一七八年三月），封皇子刘武当代王（首府代县〔河北省蔚县〕），刘参当太原王（首府晋阳〔山西省太原市〕）。本年（前一七五），改封刘武当淮阳王（首府陈县〔河南省周口市淮阳区〕），改封刘参当代王（首府晋阳〔山西省太原市〕），尽辖原代国土地（新设的代国，包括原太原国及原代国的土地）。

纪元前一七四年 丁卯

西汉　文帝前元　六年

1 冬季，十月，桃树、李树开花（桃李冬天不开花，北方气候，春季正、二月才开花）。

2 西汉王朝（首都长安〔陕西省西安市〕）淮南王（首府寿春〔安徽省寿县〕）刘长，在封国内自行制定法令，驱逐中央政府派遣的官员，要求自己任命宰相（国相），以及部长级（二千石）官员。西汉帝（五任文帝）刘恒（本年二十九岁）都顺从他的意思批准（西汉王朝初期制度，封国宰相、秘书长〔内史〕、首府长安警备区司令〔中尉〕，俸禄都是二千石，由中央政府派遣，以下官员，亲王才可遴选）。

刘长对封国人民，擅自诛杀，还擅自封人爵位，最高封到关内侯（没有采邑的侯爵），屡次给刘恒上书，措辞强硬。刘恒不高兴，但又难以开口责备，因而请舅父薄昭写信给刘长，婉转规劝，引用周王朝管国国君姬鲜、蔡国国君姬度（纪元前十二世纪，两位国君联合霍国国君姬处、殷国国君子武庚叛变。周政府派姬旦东征，杀姬鲜、子武庚，贬姬度、姬处），跟西汉王朝代王（首府代县）刘喜（刘邦的哥哥，因边警逃回，贬为侯爵。参考前二〇〇年十二月）、济北王（首府卢县）刘兴居（谋反被杀。参考前一七七年五月）的故事，使刘长知所警惕。

刘长已膨胀到不能接受任何逆耳之言的地步，薄昭的信，不但不能使他反省，反而使他愤怒，跟国务官（大夫）但（名不详）、监狱官（士伍）开章（开，姓）等七十人，以及棘蒲侯柴武的嫡长子柴奇，共同密谋，准备用四十辆战车，在谷口（陕西省礼泉县东北）发动突袭。一面派人出使闽越王国（首都东冶〔福建省福州市〕）跟匈奴汗国（王庭设蒙古国哈拉和林市）。

事情发觉，主管机关奏请法办。刘恒派使节征召刘长，刘长到首都长安后，宰相（丞相）张苍、外籍官民接待总监（典客）冯敬，代理最高监察长（行御史大夫事），跟皇族事务部长（宗正）、司法部长（廷尉），联名启奏："刘长应绑赴刑场斩首。"刘恒下令："赦免刘长死刑，撤销王爵，放逐到蜀郡（四川省成都市）严道（四川省荥经县）邛崃山（荥经县西南大相岭）驿站。"把参与谋反的人，全部诛杀。

然后，把刘长装进囚车，命沿途各县，依次传送。袁盎说："陛下把老弟宠得骄傲不驯，没有给他遴选严厉的师傅和宰相，才弄到这种地步。刘长为人刚强，如今突然这么折磨他，恐怕他受到风霜，可能病倒。陛下就会背上杀弟的恶名，那将如何是好？"刘恒说："我不过让他吃点苦头，马上就教他回来。"

刘长果然不能承受打击，愤恨交集，绝食，竟然饿死。可是囚车密封，外人不知。等传送到雍县（陕西省宝鸡市凤翔区），雍县县长拆开封条探视，发现尸体，据实奏报。刘恒想起兄弟之情，悲哀痛哭，对袁盎说："我不听你的话，终于失掉弟弟，现在怎么善后？"袁盎说："只有诛杀宰相、最高监察长，才能向天下谢罪（这和宰相等有什么关系，袁盎似想把高阶层官员一网打尽，居心叵测）。"刘恒不愿如此严厉，仅命宰相、最高监察长，查明囚车所经过诸县，不开封供应饮食的官员，全部处死。用侯爵的礼仪，把刘长安葬雍县（陕西省宝鸡市凤翔区），设立守墓人三十户。

3 匈奴汗国（王庭设蒙古国哈拉和林市）二任单于挛鞮冒顿写信给西汉政府：

"前些时，皇上提议两国皇家和亲，双方果然和睦。可是，贵国边防官员，却趁势攻击右贤王。右贤王没有向我请示，就听从后义卢侯（爵名）难支（人名）等的计谋，跟贵国对抗。撕毁两国君王的协定，离间两国兄弟般的友情。所以，我处罚右贤王，命他向西攻击月氏王国（首都甘肃省张掖市）。蒙上天的恩典，使我们的战士优良、战马强壮，终于把月氏王国消灭，他们的种族，不是被杀，就是投降，完全平定。楼兰王国（首都新疆若羌县）、乌孙王国（首都赤谷城〔中亚伊赛克湖东南〕，原在甘肃省敦煌市一带）、呼揭王国（首都位于新疆阿尔泰山南麓），跟它们邻近的二十六国，都已归附。各国各部落的武装部队，合并成为一家，北方已经太平。至于南方的中国，我们愿意放弃战争，休养士卒马匹，不再介意以前的芥蒂，恢复原来的友谊，使沿边人民，得以安宁。皇上假如不要我们接近边界要塞，就请下令贵国居民远离。"

刘恒回信说：

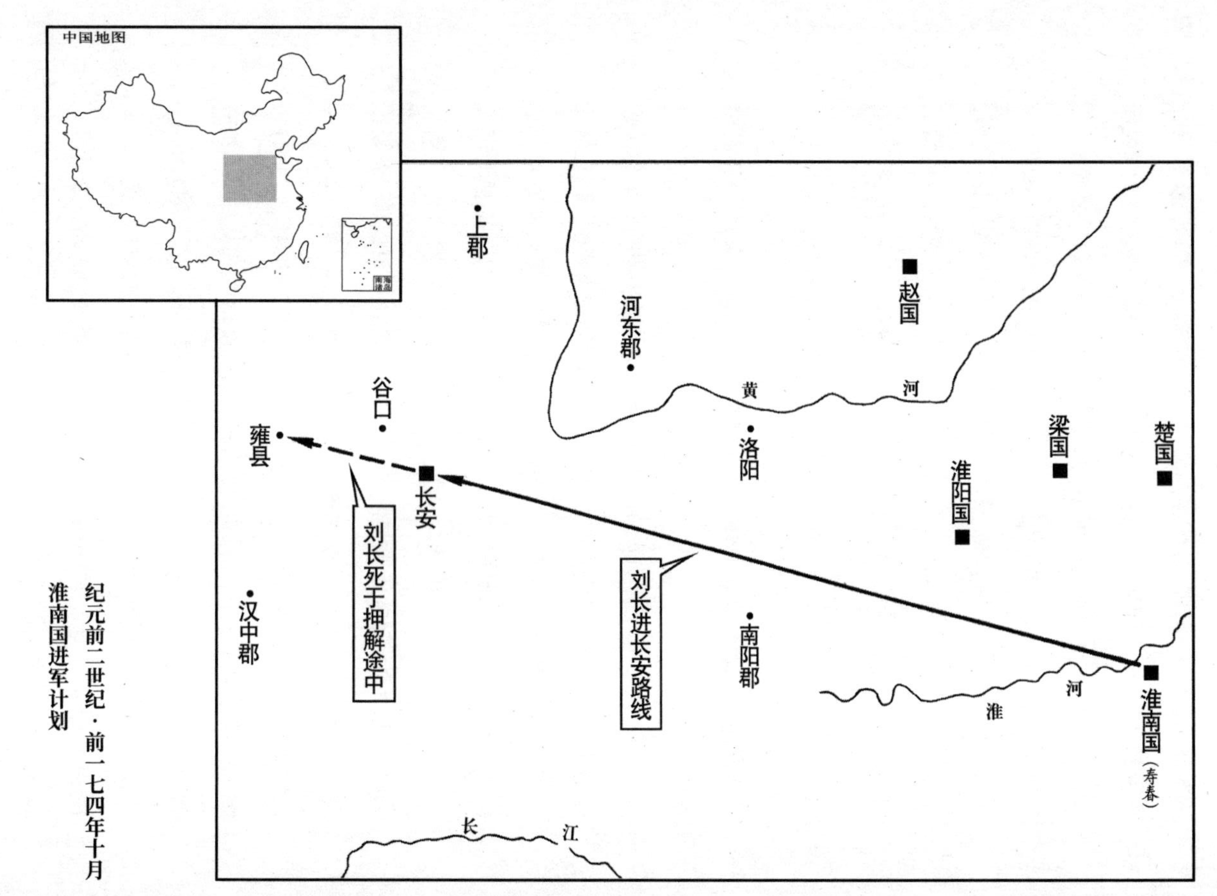

纪元前二世纪·前一七四年十月
淮南国进军计划

“单于准备不再提从前不愉快的事，恢复故有盟约，使我欣慰，这正是古代圣王所盼望的和平。我国跟匈奴，相约成为兄弟，所以赠送单于的礼物，十分贵重。而背弃盟誓、离间兄弟之情的，总是由贵国先行开始。然而，右贤王的事，已在我国大赦之前，请单于不要再责备他。单于如果真有意履行信上的承诺，请公开告诉你的官员，教他们不要违背。我们会绝对遵守，照单于信上所吩咐的去办。”

不久，挛鞮冒顿逝世，子挛鞮稽粥继位，是为老上单于（三任）。

挛鞮稽粥初立，刘恒送亲王的女儿——翁主（皇帝女儿称公主，亲王女儿称翁主），做他的皇后（阏氏）。派宦官燕国（首府蓟县〔北京市〕）人中行说（中行，复姓），做翁主的辅佐官。中行说不愿前往蛮荒，政府强迫他，中行说说：“非教我去不可，我一定报复。”中行说既到匈奴汗国，立即投降，挛鞮稽粥对他甚为宠爱。

最初，匈奴汗国喜爱汉朝的布匹、绸缎、丝棉，以及食品。中行说说：“匈奴全国人马，不如中国的一个郡。然而，它却强大无敌，为什么，只因为穿着、饮食，跟中国不一样，从不仰仗中国。而今，你们逐渐改变风俗习惯，喜爱中国的东西，中国不过花费他们开支的十分之一二，匈奴就会全部受中国控制。”为了加强论据，中行说命人穿上丝绸衣服，跑到丛林棘草中奔驰，衣裤果然全被割破，显示不如匈奴的毡毯皮袍结实耐用。又把中国的食物抛弃，显示不如牛奶酪浆可口营养。

于是，中行说说服挛鞮稽粥的助手，学习分别条目记事，计算稽核各部落的人口数目跟牲畜数目。写给汉朝政府所用的竹简跟印信，都特别长、特别大，措辞骄傲，自称：“天地所生、日月所置匈奴大单于。”

汉朝政府使节有时嘲笑匈奴汗国是野蛮之邦，没有礼义，中行说就追问使节："匈奴行事，简单明了，容易实践。君臣之间，亲近关切，情谊可以长久。全国上下，犹如一体。所以匈奴汗国即令大乱，继位的必然是皇家一族。中国虽自称礼义，一旦血缘疏远，就互相残杀，血腥争夺，甚至终于由另外一个姓氏来当皇帝，其他种种名实不符的事，都与此类似。你们住在屋瓦底下的中国人，不必多说，也不必以自己的穿着沾沾自喜。告诉你，只因为你们送来的布匹绸缎，以及酿酒的酵母，如果数量多、品质好，就放你们一马；如果发现是低劣货色，等到秋熟时，我们可就派出铁骑，蹂躏你们的庄稼。"汉朝政府使节往往无言相对。

4 梁国（首府定陶〔山东省菏泽市定陶区〕）亲王师傅（太傅）贾谊（贾谊原当长沙王师傅，不久调任梁王师傅），上奏章给刘恒（著名的《治安策》），说：

"我认为天下大势，应该痛哭的有一件，应该流涕的有两件，应该长叹息的有六件。至于其他违背天理、伤害国家命脉的事，还不包括在内。常听到人们向陛下说：'天下已经安定、已经治理。'我的看法却不相同。强调已经安定、已经治理的人，如果不是愚昧，一定是谄媚阿谀，根本不了解治乱的本质。在木柴堆之下纵火，自己躺到木柴堆之上，在火还没有烧到上面之前，却宣称平安。今天我们所面对的局势，与此没有差别。陛下为什么不召见我，当面垂询，教我陈述治理之道，作为选择裁定的参考？

"假如使国家治理，陛下却必须苦思深虑、必须劳累身体，再不能有声色享受。那么，陛下可以拒绝。而欢乐跟今天一样，仅不过使封国的行为，接受中央政府法令的约束而已。用不着作战，匈奴就可以归附，人民生活就可以改善。陛下生为英明的皇帝，死为英明的神灵。美好的名誉，也将永垂千秋万世。使顾成庙成为太宗庙（皇帝活着时，都要给自己掘一座坟和盖一座庙，西汉五任帝刘恒给自己盖的一座庙，命名顾成庙。皇帝死后，该庙就成为该皇帝的祭庙。皇帝死得越多，祭庙也越多，不得不为它起一个名字，就叫"庙号"。开创基业的皇帝称"高祖""太祖"。以后的皇帝，则一律称"宗"，而以"高宗""太宗"，最为尊贵），上配太祖庙（刘邦庙），跟西汉王朝同存人间。所建立的经典纲纪，可以作为后代万世的法则，即令有愚昧、幼小、不成材的子孙，也可以得到保护，使王朝安如泰山。陛下眼界广阔，只要得到稍微有一点知识的臣僚帮助，就可以很容易做到。

"封国过于强大，跟中央之间，一定发生猜忌。上疑下，必然要用刑动兵，下面就会受到灾祸。下疑上，必然对抗，上面就会经常忧虑他会不会叛变。这实在不是上下互相保全之道。于是，亲弟（淮南王〔首府寿春〕刘长）想当东帝，亲兄的儿子（济北王〔首府卢县〕刘兴居）西上进军攻击。而今，吴王（首府广陵〔江苏省扬州市〕）刘濞，又有人检举他。陛下青春鼎盛，道义行事，不但从没有过失，而恩德广被，更有增加，尚且这个样子，何况有些封国的权势和力量，十倍大过他们？

"然而，天下却能够粗安，什么缘故？主要原因是：大封国的亲王，大多数年龄还小，还未到壮年。中央政府派去的亲王师傅（太傅）、宰相（国相），仍掌握实权。可是，几年之后，亲王们都长大成人，血气方刚。在凌厉的压力下，中央派去的亲王师傅、宰相，遂不得不假装害病，请求辞职。从此，郡政府也好、县政府也好，主任秘书（丞）、民兵司令（尉）以上的官员（包括亲王师傅、宰相），全成了亲王的私人党羽。这跟刘长、刘兴居所作所为，有什么分别？到了那个时候，想国家平安，即令伊祁放勋（尧）和姚重华（舜）出面，也束手无策。

"黄帝姬轩辕（黄帝王朝一任帝）说：'太阳到了中午，就可以晒衣服。利刀拿到手里，就可以割肉。’遵照这个原则行事，不但可以继续维持和平，并且轻而易举。如果不早作决定，到了后来，不得不摧毁骨肉之情，逼使他们身首异处，这跟秦王朝末年情形，完全相同。封国的异姓封王（非刘姓），仗恃强梁背叛的，中央政府总算侥幸的把他们诛杀。但并没有改变制度，封国的同姓亲王（刘姓），遂跟随而上，例证十分明显。亲王们（同姓）的背叛，将跟封王们（异姓）的背叛，如同一个窑里烧出来的一样。灾难巨变，不知道何时爆发？以英明的陛下在位，都不能解决，后世谁又有此能力？

“我研究历史脚迹，发现最强大的封国，一定先反。长沙国（首府临湘〔湖南省长沙市〕），只有二万五千户人家，功劳最少而封国一直存在（西汉王朝初期异姓封国，迄今只长沙国独存），关系最疏远，却对中央最为忠心，不仅仅因封王（吴姓）秉性忠厚，跟其他人不同，也是形势不允许他们生出野心。假如当初樊哙、郦商、周勃、灌婴等，也都封他们数十个城市当王，今天可能全部歼灭。假如当初韩信、彭越之辈，仅只封一个侯爵，在家居住，今天可能仍然存在。我们可以从这上面，看出如何厘定国家的大计方针。

“要想亲王们都对皇帝效忠不二，最好的办法就是使他们跟长沙王一样。要想臣属不被剁成肉酱（彭越遭遇），最好的办法是使他们跟樊哙、郦商一样。要想天下太平，最好的办法是大量增加封国，却削弱他们的权力。权力小，就容易用法令和礼教约束。国土小，就可以消灭野心。使中央跟封国之间的关系，好像身体之于臂膀，臂膀之于手指，没有人能不服从。封国亲王再无法兴起坏念头，大家众星捧月般，侍奉天子。

“因此，我建议：分割大的封国：齐国（首府临淄〔山东省淄博市东临淄区〕）、赵国（首府邯郸〔河北省邯郸市〕）、楚国（首府彭城〔江苏省徐州市〕），各自再分封若干国，使刘肥（齐）、刘友（赵）、刘交（楚）的子孙，依照顺序，各分父祖的土地，一直分到不能再分才止。如果封国地大人多，而亲王子孙太少，则不妨预先建立封国，使王位空悬，由中央政府派遣的宰相（相），主持封国行政，等以后子孙多时，再教他们前往接任。

“一寸土地，一个人民，皇上都不贪图，目的只在政治安定。如果这样做的话，把一个婴儿放到天子的宝座上，都十分安全。就是遗腹子，只要把先帝生前穿的衣服，挂在金殿之上，作为象征性的统治，天下都不会混乱。不但当世可以治理，后世也会称颂圣明。陛下，你害怕什么，不肯这样？

“天下大局，正如同患了肿胀。一只手指肿得像腿一样粗，一条腿肿得像腰一样粗，平常日子里，已不能灵活动作。一两个手指忽然抽筋，全身都感痛苦。今天不去治疗，必成痼疾。以后即令遇到扁鹊（战国时代郑国名医），也无能为力。而且，不仅仅是肿胀而已，事实上还害着脚掌外翻（跋盭）怪病。楚王刘交的儿子（刘郢客），是陛下的堂弟。现任楚王（刘戊），又是陛下堂弟（刘郢客）的儿子。齐王刘肥的儿子（刘襄），是陛下亲哥哥的儿子，现任齐王（刘则），又是亲哥哥儿子（刘襄）的儿子。陛下子孙或许没有想到分割封国使天下平安，但亲王子孙可能手握大权，逼迫天子。所以我说，不仅是肿胀，而且是脚掌外翻的怪病。应该痛哭的，指此。

“局势的苦难，犹如把人倒挂起来。天子者，是天下的头，为什么？因为天子高高在上。蛮夷者，天下的脚，为什么？因为他们生在最低阶层。而今，匈奴汗国横暴侵掠，对中国百般凌辱轻视。可是，西汉政府却每年用金银财宝、布匹绸缎，去事奉他们。脚反而在上，头反而在下。颠倒悬挂，使人无法了解，难道还能说国家有智勇之士？应该流涕的，指此。

“而今，全国一派升平，动员武装部队，不去攻击强敌，却去猎取田猪。不去逮捕反叛的盗寇，却去生擒活捉郊外的野兔。大家一味追求精致而细腻的纵情享受，却没有人考虑到迫在眉睫的灾祸。恩德远播数千里之外，可是皇上的威望和政府法令，却行不通，应该流涕的，指此。

“现在社会，人民都住高楼大厦，生活豪华得像一个皇家。戏剧演员跟妓女老鸨，没有一个不十分富有，佩戴的珠宝首饰，媲美皇后。陛下一向节俭，只穿黑色丝绸，而富人连墙上都挂满锦绣。陛下的皇后，领口上不过缝一条花边，平民的小老婆，却把花边缝到鞋上，这就是我所说的荒谬。一百个人劳动，不能生产一个人的衣裳，要天下人不受冷受冻，绝不可能。一个人耕田，十个人来吃，要天下人不挨饥挨饿，也绝不可能。饥寒交迫，刻骨切肤，要天下人不去作奸犯罪，更绝不可能。应该长叹的，指此。

“公孙鞅（参考前三六一年）舍弃礼义，排除仁爱道德，只鼓励人们进取。两年时间，秦王国风俗开始败坏。所以秦王国富有人家，儿子长大，就分得一部分家产，另立门户。贫穷人家，儿子长大，就典当给有钱人家充当奴仆（奴仆仅比奴隶稍高一阶，盖典当有期限，期满可以赎回，期满而无钱赎回，就降成奴隶了。或者主人看他人品好，也有把女儿嫁给他的，称为“赘婿”，跟正式女婿不同，受人轻视。受人轻视的主要原因，不是他改从妻姓，而是他没有钱）。把锄头、犁耙借给老爹，脸上会浮现出得意的颜色。没有事先告知而拿儿子家的一把扫帚，儿子会立刻责问。媳妇抱着孩子喂奶，竟公然跟公公（丈夫的爹）并肩坐在一起（传统礼教：媳妇不能跟公公、大伯〔丈夫之兄〕单独面对。必须面对时，媳妇就得恭恭敬敬，站立一旁）。媳妇跟婆婆（丈夫的娘）不和睦，受到责备，不但不接受，反而回报恶言。只知道爱自己的儿女、追求功利，把爹娘置诸脑后，跟禽兽相差无几。

“直到现在，这种风俗还没有改正，毁弃礼义廉耻，花样每年每月都有不同，而且日甚一日。只问利害，不问善恶。杀父杀兄，层出不穷。高级官员们全神贯注在处理公文上，认为那才是大事。至于风俗败坏，人性堕落，觉得没有什么可奇怪的，大多数连动动眼睛、耳朵都不肯，认为那是理所当然。

“本来，改变时尚流行的风俗习惯，使天下人都能回心转意，走向正道，绝不是庸碌之辈的官员所能担当。庸碌之辈所做的，不过写写公文、办办上级交办的事项而已，却不识大体，不顾及全局。陛下对这些毫不忧虑，使我惋惜。为什么不就在今天，厘定制度，使君王、长官、部属，都尽到他们的职责。使上下尊卑，有法定的等差，使父子兄弟夫妇——六亲，各有各的适当位置。新制度一旦确立，后代就能当作标准遵守，可以世世太平，如果制度不能确定，就好像乘船渡河，却没有船桨，走到中流，万一遇到风浪，船就非翻不可。应该长叹的，指此。

“夏王朝、商王朝、周王朝（三代），他们的天子，都传了数十代。而秦王朝的天子，只传了两代便亡。时间相距并不太远，人性变化并不太大，为什么三代的君王仁慈长久？而秦王朝却凶暴短促？原因值得探讨。

“三代君王，当嫡长子（太子）一生下来，就用隆重的‘太牢’（牛羊猪各一只）礼物献祭，迎接国家的储君。有关单位主管，衣冠整齐，在南郊祭祀天地。嫡长子虽在襁褓之中，但经过皇宫，一定下车，经过祖庙（宗庙、太庙），一定低着头急速通过（表示敬畏）。从婴儿时代，就开始训练他，等到长成儿童，稍有知识，就派三公、三少（三公：太师、太傅、太保，介于皇帝宰相间国家最尊贵的元老。三少：少师、少傅、少保，跟宰相同位，或比宰相低一级的荣誉官称），和一些奉行孝顺、仁义、礼教的人，用正道教育他。驱逐邪恶的随从，使他看不到邪恶的行为。精选天下能尽孝（爱父母）悌（爱兄弟）本分、学识渊博、行为端正的人，护卫左右，命他们跟皇太子同出同进，成为朋友。

“太子一生下来，见到的全是正事，听到的全是正言，做的工作全合乎正道。前后左右，全是正人。平常跟正人接近，就不能不一切不正，犹如生长在齐国（山东省），就非说齐国话不可。平常跟恶人接近，就不能正，犹如生长在楚国（湖北省），就非说楚国话不可。孔丘说过：‘少年成长，是一种天性，习惯之后，如同自然。’习惯跟智慧结合，则正道的言论和行为，就没有勉强做做的感觉。礼教深入内心，正道的言论和行为，就成了他的天性。

“三代（夏王朝、商王朝、周王朝）所以立国长久，因为他们培养太子（嫡长子），用心良苦。秦王朝却不然，竟然教赵高教导嬴胡亥去学习法令、审讯、判决之类；所了解的，不是砍人的头、割人的鼻，就是屠灭人的三族。嬴胡亥今天即位，明天便开始杀人。忠心规劝的，诬之为‘诽谤’，为国家深谋远虑的，诬之为‘妖言’。在他眼中，杀人像砍茅草。难道嬴胡亥天生邪恶？当然不是，而是他们引导他的，就是要他成为那个样子。

“俗谚说：‘前面的车翻覆，后面的车应引为借鉴。’秦王朝的车虽然已经消失，但使它翻覆的那个可怕车辙，仍在那里。如果不想办法躲开，后面的车辆就会重来一次。国家的命脉，握在嫡长子（太子）之手，所以太子必须善良。要想太子善良，必须早日为他安排师傅朋友。趁童心未泯时，就教育他，容易成功。引导到正道上，指出义理所在，就是教育宗旨。只要能不断吸收，就可以左右自己的行为。北方的胡人、南方的越人，初生下来，发出同样声音和同样生命欲望，可是等到长大，各有各的生活方式，各有各的言语，有时经过几次翻译，都无法了解，一直到死，互相不肯接纳对方。为什么如此，惯性反应而已。所以我认为，严格遴选太子左右的辅佐和使太子早日接受教育，是当前的急务。左右正，太子也正。太子正，天下太平。《书经》说：‘一个人有喜事，万民分享他的福。’正是如此。

“人类的智慧，能够看见已经发生的，很难看见尚未发生的。礼教在灾难发生之前，防范它发生；法令则只处理已经发生的事件。因之法令的功效，容易呈现，礼教的力量，难以考查。奖赏可以鼓励善行，刑罚可以惩治邪恶，古代君王们用此治理国家，能使国家安如磐石。法令之下，公信建立，犹如春夏秋冬四季，人们可预期必然发生什么。法令公平执行，好像天地对待万物，不偏不私，法治岂不是很好？为什么又要强调礼教？

“我们所以强调礼教，因为礼教的价值远超过法治，它可以压制邪恶的念头，而在细小的行为上发生功能，使人民在不知不觉中，改进向善，远离罪恶。孔丘说：‘处理争讼，我跟别人一样，希望世界上永没有争讼。’身为全国最高领袖（君王），必须决定采取哪一种方式：法治或礼教？取舍一经确定，就会立刻在国家的安危上反映出来。

“嬴政（秦一任帝）保护他的政权跟子孙的意愿，跟子天乙（汤）、姬发（武）相同。然而子天乙、姬发，推广他的德行，使他们的政权延续六七百年而仍不失去。嬴政不过十几年，就告覆亡。不是别的原因，只在于子天乙、姬发的取舍，跟嬴政的取舍不同。政府，是天下的巨宝，现代人们安放器物，放到安全的地方，它就安全；放到危险的地方，它就危险。实质上，政府跟宝物，没有分别，只看天子把它放到哪里。子天乙、姬发，把它放到‘仁’‘义’‘礼’‘乐’上，传子传孙数十代，这事天下皆知。嬴政把它放到‘法令’‘刑罚’上，大祸几乎烧到他自己，子孙全都诛杀，这事也天下皆知。是非因果，至为明显。

“俗谚：‘处理建议条陈的方法，必须检查事实，发言的人，才不敢信口开河，不负责任。’有人说，礼教不如法治，感化不如刑罚。陛下为什么不根据商王朝、周王朝、秦王朝的兴亡长短，作为判断？君王尊贵，犹如高堂，官员们则是台阶，平民不过是地面。台阶如果有九层，高堂则远离地面，就更显得伟大。台阶如果根本没有级层，高堂则接近地面，就显不出它是高堂。越高越难攀附，而越低越容易引诱别人欺凌，理论或形势，可以证明。所以古代著名的君主，特别制定等级。官阶有‘公’‘卿’‘大夫’‘士’。爵位有‘公’‘侯’‘伯’‘子’‘男’。然后有机关首长、有官吏、有平民。等级分别后，天子高高在上，控制全局。所以他的尊贵，无人可及。

“乡里有句话：‘既要打死老鼠，又怕打坏瓷器。’是一个很妙的譬喻。老鼠靠近瓷器，人们还不敢动手，恐怕瓷器受到伤害，何况靠近皇帝的高官？自古以来，都用礼义廉耻对待君子，可以诛杀，却不可以侮辱。面上刺字的‘黥刑’、割鼻的‘劓刑’，都不加到国务官（大夫）身上，因为距离人主不远。《礼记·曲礼》规定：不准人查看君王御马的牙齿；而践踏御马饲草的，一律处罚。目的在使人民远离君王，免得生出不敬之意。

“而今，王爵、侯爵，以及三公（丞相、太尉、御史大夫）都很尊贵，天子见了他们，也都改容致敬，也就是古代君王所尊称的‘伯父’‘舅父’（周国王称同姓国君“伯父”“叔父”，称异姓国君“舅父”。盖统治阶层互结姻亲，不必细算，准没有错），而竟然使他们跟平民一样，接受黥刑（脸上刺字)、劓刑(割鼻)、髡刑(剃光头发)、刖刑(断脚)、笞刑(鞭打或棍打),诟骂他,甚至在街头斩首(弃市),岂不是只有高堂,而没有台阶?侮辱行为,太迫近皇上。不培养高级官员的廉耻,岂不是认为掌握权柄的高级官员,跟低层差役一样,毫无羞耻之心?

"望夷宫事件(赵高派人刺杀嬴胡亥于望夷宫,参考前二〇七年),由于嬴胡亥时代,对皇族和高官,用重法杀戮,已养成只管打老鼠,不管瓷器的心理,所以终于犯上。我听说:'鞋子虽新,不放在枕头上。帽子虽破,不用来垫在鞋底。'一个人居于尊贵的高位,天子曾经改容礼敬,官吏平民也曾经俯伏在地,对他敬畏有加。一旦有了过失,皇上下令罢黜也行、免职也行、诛杀也行、屠灭三族也行,可是把他捆绑起来,用绳子拴起来,交给法官,罚作囚徒,在官府作苦工。由低级官员的狱吏——看守员、监狱官、审问官,小小职位,对他诟骂拷打,似乎不应该教人民看到。

"卑贱之辈,如果深知尊贵官员一旦出事,就可以这样对付,可不是尊重高官、礼敬贵族的本意。古时候高层官员,有犯了贪污罪而罢黜的,并不说出他贪污,只说他'锅碗不干净'("簠簋不饰")。有犯了强奸淫乱罪而处罚的,不说他强奸淫乱,只说他'帷薄不修'(帷,床帐。薄,门帘。意思是内外不分。这句成语,直到今天仍被使用)。有的官员昏庸颟顸,不说他昏庸颟顸,只说他'不能称职'。所以,对于尊贵的高官,而且已经确定他有罪,还不公然指名道姓斥责他,仍想办法为他遮盖掩饰。是以一旦上级谴责诘问,高官立刻惶恐,改戴白帽,帽上悬挂毛缨(这是丧服,表示罪当死刑),捧着一盆水,盆上放着佩剑(水表示上级执法公平,剑表示一旦判罪,即用来自杀),前往'请室'请罪(请室,受理高级官员被控的特别监狱),没有人用绳子捆绑他,牵着他走。被控轻罪的人,听到裁决,就自己毁坏衣服冠帽,前往放逐之所，不等人用绳索套住脖子。被控重罪的人，听到裁决，就遥向北面（皇帝）叩头谢恩，下跪自杀，不等人抓住头发，按下来砍掉人头，只要告诉他：'是你自己犯了过失，我仍然保持你的尊严。'以礼相待，群臣会因此自爱。

"培养人的廉耻之心，人才能看重自己的行为。皇上用礼义廉耻对待文武百官，文武百官如果不能以节操回报，就不是人类。所以礼教感化完成，风俗习惯成为自然反应。身为官员，只问是非，不问利害。严守规范，并遵循仁义。结果，可以授给他权柄，不必再加控制。可以托六尺之孤（"六尺之孤"，指不能自立的无父孩童），而完全信赖。这就是砥砺廉耻，力行礼义的结果。陛下，这样做的话，你有什么损失？不这样做，却反其道而行。应该长叹的，指此。"

贾谊是因绛侯周勃，曾经被捕下狱，而所控告的全都不是事实，所以特别提出。

刘恒采纳贾谊的建议，培养臣僚节操。所以，以后高级官员们一旦有罪，都自我了断，而不接受刑事审讯。（胡三省注："相传西汉王朝大臣从不向法官申辩冤枉，很多人只要听到要进行审讯，即行自杀。但并不一律如此，仍有很多人勇敢面对。"）

贾谊向刘恒上《治安策》时，才二十余岁，不过大学一年级学生而已，竟写出这篇见解深刻的政治评论，诚一位奇才。《治安策》原文，已不可得。司马光在残篇中，摘录他认为重要的部分，所以连"六个长叹"，都不能完整。

西汉王朝初叶的封国过于强大，贾谊早就看出是灾祸之源，不但指出它的危险，更提出具体、也是唯一可行的建议——在稍后，西汉政府便完全依照贾谊的建议实行：把亲王的儿子群，全部分封，用他自己的骨肉，削弱他自己的国土，不但没有怨言，反而欢天喜地。贾谊具有政治家的远见，可惜他遇到的不是刘邦，而是刘恒，不能立即采纳，徒使天下千万人民，在七国之乱中（参考前一五四年），为这个君王的苟且因循，流血丧生。

根据贾谊的分析，指出个人的品德修养，并不足以扭转环境的压力，这种思想是一种对儒家学派礼教万能的突破。然而，贾谊基本上仍是儒家，所以他排斥“法治”，提倡“礼教”。这种“法家”和“儒家”的争论，经贾谊把它抬到金銮宝殿之上，希望用政治力量，达到目的。然而二者并不冲突，犹如鸟之有两个翅膀，才能飞翔，不应引起争论的事，竟引起争论，主要原因，在于每一个翅膀都自命不凡的认为另一个翅膀是邪恶的，有了它不但不能飞，反而会被跌死。没有它不但能飞，反而飞得更高更漂亮。不久，儒家学派获得政治支持，大获全胜，然而却发现如果不使用法家那一套，国家就要稀烂，遂出现一系列的“外儒内法”的政治家和政客。

贾谊攻击公孙鞅的那套手段，是传统的“一手遮天”模式，信口雌黄。公孙鞅的罪恶在于他轻视人权和建立绝对专制。除了这一点（这一点可是最重要的一点），他的其他建树，可与日月辉映。贾谊形容他：“遗弃仁义，排除恩德，实行了两年，秦王国的风俗，开始败坏。”大笔一挥，历史竟翻了一个倒栽葱。事实上，公孙鞅变法两年，秦王国向文明世界，作了大大的跃升，风俗日益美好。姑且举一个例子：秦王国那个落后地区的人民，父母妻子儿子，都是挤在一个大炕之上睡觉（炕，土制的床，床中有炕道，可用火烧热，冬天跟电热毯一样），公孙鞅严令他们分居。媳妇公公并肩而坐，贾谊已大跳其脚，而媳妇公公睡在一个床上，难道反而成了“仁义”，公孙鞅下令禁止，难道就是“背弃仁义”？就是风俗败坏？

贾谊对于尊贵官员们在审讯过程中，或在牢房之内，所受到的屈辱，特别重视。但却提议：士可杀不可辱。导致一个残酷的发展：高级官员们一听说要吃官司，不但不准去公堂之上替自己辩护，反而必须马上自杀。噫，人，固不可辱，更不可杀。不仅对尊贵的官员如此，对卑贱的平民也应如此。贾谊竟然认定低阶层的差役之辈，全是无耻之徒，窃窃自喜他已跻身于统治阶级，使人失望，在此之后，凡受到诬告的官员，不允许申辩，只允许自杀。对拒绝自杀而要求澄清的人，往往痛加抨击。因为目的不在保持人格的尊严，而在保护皇帝的荣耀。

司法如此黑暗，人权受如此可怕的蹂躏。上自皇帝，下到贾谊，没有听到他们说一句谴责和改革的话，反而出主意使冤狱更深。中国知识分子，似乎跟其他国家的知识分子，大不相同。

纪元前一七三年 戊辰

西汉　文帝前元　七年

1 冬季，十月，西汉王朝（首都长安〔陕西省西安市〕）皇帝（五任文帝）刘恒（本年三十岁）下令：侯爵的娘亲（列侯太夫人）、侯爵的妻子（夫人）、亲王的儿子们，以及部长级（二千石）以上官员，不准擅自逮捕人民及擅自征收税捐。

柏杨曰

刘恒这项命令，说明了一件事：中国人即令生在被歌颂的“文景之治”的盛世，侯爵的娘、侯爵的妻、亲王的儿子，以及政府高官，一高兴或一不高兴，都可以随意逮捕平民，玩玩猫捉耗子游戏。要你的女儿你拒绝，逮捕你。要你的房屋田地你拒绝，逮捕你。我出门时你走避不及，逮捕你。忽然想起你不顺眼，逮捕你。而他们又可以征收捐税，穷人的血汗钱，穷人的卖儿卖女钱，只不过供他们吃一杯酒。如果你抵抗，如果你真的缴纳不起，那就又回到固定位置——逮捕你、凌辱你、拷打你，最后，一具血淋淋的尸体抬回家门。

刘恒这项命令有没有执行，是另外一个课题。而就在这项命令中，并没有禁止侯爷本人和王爷本人对人民逮捕和征税，老娘老婆只要通过儿子丈夫的手，照样横扫世界。

2 夏季，四月，赦天下。

3 六月二日，未央宫东厢屏风起火。

4 民间有歌谣悼念淮南王（首府寿春〔安徽省寿县〕）刘长："一尺布／还可以缝补／一斗粟／还可以舂杵／兄弟二人却不肯互相维护。"刘恒听见，感到不安。

纪元前一七二年 己巳

西汉　文帝前元　八年

1 夏季，西汉王朝（首都长安〔陕西省西安市〕）皇帝（五任文帝）刘恒（本年三十一岁）封故淮南（厉）王（首府寿春〔安徽省寿县〕）刘长的儿子刘安等四人侯爵（刘安封阜陵侯、刘勃封安阳侯、刘赐封阳周侯、刘良封东城侯）。

贾谊预测刘恒终有一天要把四人封王，上书说：

“刘长大逆不道，天下谁不知道他的罪恶？陛下已经赦免他的死刑，而只把他放逐边荒，是他自己害病寿终，天下谁又认为他不应死？而今对罪人的儿子，反而赏赐尊贵的爵位，是向天下证实你杀了无罪的弟弟。这些儿子们，一旦长大成人，岂能忘记老爹的遭遇？楚王国芈胜，为父报仇，对象是祖父跟叔父（楚王国十二任王平王芈弃疾，夺取儿子芈建的未婚妻，又要对芈建下手。后来芈建的儿子芈胜，随伍子胥投奔吴王国〔首都姑苏·江苏省苏州市〕。前五〇六年，跟伍子胥率吴军攻陷楚王国首都郢都〔湖北省江陵县〕，鞭打芈弃疾尸体，杀芈西、芈期。芈弃疾是芈胜的祖父，芈西、芈期，是芈胜的叔父），芈胜这样作，并不是打算篡夺王位，只不过发泄胸中怨恨，亲手报仇，企图同归于尽而已。淮南国（首府寿春〔安徽省寿县〕）虽小，英布曾经用过它（参考前一九六年）。西汉政府之能存在，不过一种幸运。

“授予仇人（刘长诸子）足以颠覆西汉政府的资本，不是至善的决策，再给他们已积蓄很久的财富，更是危险。我并不预言会有伍子胥、芈胜那种公开反击。但是，即令专诸（吴王国勇士，刺杀五任王吴僚）、荆轲（行刺秦王嬴政。参考前二二七年），突然在宝座前冲出来，也是可惊。陛下今天的措施，正等于把军队借给盗匪，把翅膀插到老虎身上。请你考虑。”

刘恒不接受。

2 长星在东方天际出现（长星有一条尾巴，很像彗星，但不是彗星。中国天文学家认为，天上长星出现，地上将有战乱）。

纪元前一七一年 庚午

西汉　文帝前元　九年

1 春季，大旱。

西汉王朝

◎ 西汉政府移民边塞。

◎ 少女淳于缇萦上书救父。

◎ 匈奴汗国大举进攻西汉王朝。

◎ 西汉五任文帝刘恒遇冯唐。

◎ 晁错献策。

◎ 罗马击败亚该亚同盟军，掳马其顿男女十五万人，全贩卖为奴。马其顿国王被俘，国亡。

纪元前一七〇年 — 辛未

西汉　文帝前元　十年

1 冬季，西汉王朝（首都长安〔陕西省西安市〕）皇帝（五任文帝）刘恒（本年三十三岁）前往甘泉（甘泉宫，陕西省淳化县西北）。

2 刘恒的舅父薄昭，杀害政府使节。刘恒不忍心处决，遂派高级官员（公卿）陪他饮酒，暗示他自裁，薄昭不肯。刘恒再派文武百官前往痛哭吊丧，薄昭无可奈何，只好自杀。

唐王朝宰相李德裕认为："刘恒诛杀薄昭，断然处置，贤明当然贤明，但在礼教上，却不太妥当。嬴䓨送姬重耳，兴起见舅父如见娘亲的伤感（秦国九任国君穆公嬴任好，娶晋国十九任国君献公姬诡诸的女儿秦姬〔名不详〕为妻，生子嬴䓨，秦姬不久逝世。姬重耳是秦姬的兄弟。纪元前七世纪，晋国内乱，姬重耳出奔。前六三六年，嬴任好送姬重耳回晋国就任国君〔二十四任文公〕，嬴䓨当时还是太子，送舅父到渭水之南，思娘亲不能见，见了舅父，如见亲娘。前六二一年，嬴䓨继位国君〔十任康公〕，作《渭南》诗，载《诗经·秦风》），何况薄太后仍然健在，只有这么一个弟弟，断然处置，怎能安慰娘亲的心？"（李德裕，参考八四年十二月。）我以为不然。盖法律是天下人民的公器，英明的执法者，亲疏如一，任何困扰都不能阻止，人民才不敢有所仗恃而去犯法。薄昭虽然一向被人赞扬为忠厚长者，可是甥儿身为皇帝，不给他遴选贤明的师傅，却教他掌握兵权，以致骄傲不可一世，对他的长官都敢冒犯。最后一发不可收拾，竟格杀中央政府使节。他所以敢如此妄为，当然是有所仗恃。如果赦免无罪，那跟刘骜（西汉王朝十二任成帝）、刘欣（西汉王朝十三任哀帝），有什么差异？曹丕（曹魏帝国一任文帝）曾称赞刘恒的美德，却把诛杀薄昭这件事除外，他说："舅父皇亲之家，应该用奉养的方法报恩，不应该交给他们权柄。有了权柄之后，就很容易犯法。一旦犯法，又不得不作处理。"抨击刘恒对薄昭不知道防范于未然，这段话抓到问题核心。所以，要安慰娘亲的心，恐怕在最初开始时，就要慎重。

纪元前一六九年 壬申

西汉　　文帝前元　　十一年

1 冬季，十一月，西汉王朝（首都长安〔陕西省西安市〕）皇帝（五任文帝）刘恒（本年三十四岁）巡视代国（首府晋阳〔山西省太原市〕）。

春季，正月，刘恒自代国返回首都长安。

2 夏季，六月，梁（怀）王（首府定陶〔山东省菏泽市定陶区〕）刘揖逝世，没有儿子。

梁王师傅贾谊再上书刘恒，说：

“陛下迄今还没有制定封国政策，而情势已一天比一天紧张。目前封国的亲王，不过第二代，最多不过第三代，已经骄横傲慢，不能克制，如果他们再用心扩张，力量就更强大，中央政府的法

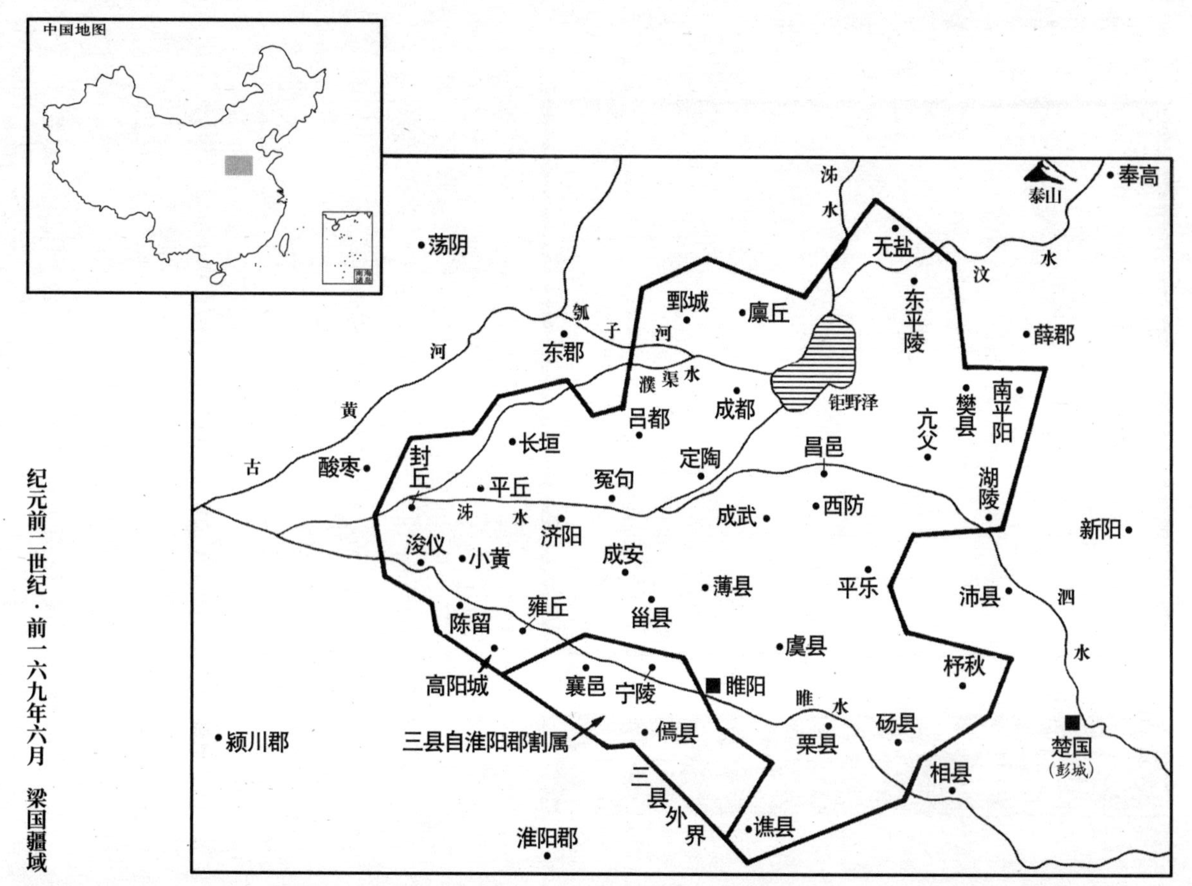

纪元前二世纪·前一六九年六月　梁国疆域

令，恐怕不会再受尊重。陛下当作屏障的，和皇太子（刘启）唯一仗恃的，不过淮阳国（首府陈县〔河南省周口市淮阳区〕）跟代国（首府晋阳〔山西省太原市〕。淮阳王刘武、代王刘参，都是刘恒的儿子、刘启的弟弟）。代国（首府晋阳）北方跟强大的匈奴汗国接壤，能够保住自己，就心满意足了。而淮阳国（首府陈县）比起其他土地广大的封国，好像脸上一颗黑痣而已，只能引诱别人并吞它，它却没有力量对别人构成威胁。

“而今，权在陛下之手，使儿子的封国（淮阳国、代国）成为诱人并吞的鱼饵，不能算是高明的谋略。因此，我建议：把淮南国（首府寿春〔安徽省寿县〕）全部划归淮阳国（首府陈县）。再给梁王（首府定陶）刘揖选定继承人，然后，把淮阳国（首府陈县）东部及北部两三个重要城镇，连同东郡（河南省濮阳市西南），一并划给梁国（首府定陶）。陛下如果认为不恰当，那么，我再建议，把代王（首府晋阳）刘参调到睢阳（河南省商丘市）当梁王（梁国首府原在定陶，此处建议连首府也搬家）。梁国（首府睢阳）国土，南起新郪（安徽省太和县北），北到黄河。淮阳国（首府陈县）国土，包括陈县（河南省周口市淮阳区），南到长江。万一某个强大封国心怀异念，也必被这种形势吓阻。

“梁国（首府睢阳〔河南省商丘市〕）足以拒抗齐国（首府临淄〔山东省淄博市东临淄区〕）跟赵国（首府邯郸〔河北省邯郸市〕），淮阳国（首府陈县）足以禁制吴国（首府广陵〔江苏省扬州市〕）、楚国（首府彭城〔江苏省徐州市〕），陛下就可以把枕头垫得高高的睡大觉，再不必忧虑山东（崤山以东）出什么事。终陛下之身及太子（刘启）之身，至少两代可获得平安。

“今天全国所以一派升平气象，只不过正好各封国亲王，年纪还小。可是，几年之后，陛下就会亲眼看到出现什么现象。秦王国日夜不休，苦心经营，企图铲除六国。陛下拥有绝对权力，控制天下，可以按照自己的意思，随意裁定，却袖手不管，去酿成新的六国之祸，不能说是智慧。即令及陛下之身，没有变化，但你已种下祸根。形势如此明显，如不决定对策，万一陛下死亡，将给娘亲（薄太后）、弱子（刘启），留下动乱，不能说是仁慈。”

刘恒这次采纳贾谊的建议，改封淮阳王（首府陈县）刘武当梁王（首府睢阳），国土北到泰山（山东省泰安市北），西到高阳（河南省杞县西南高阳镇），辖区内有四十余个大城。

年余之后，贾谊逝世，年三十三岁。

3 刘恒改封城阳王（首府莒县〔山东省莒县〕）刘喜（刘章之子）当淮南王（首府寿春）。

4 匈奴汗国（王庭设蒙古国哈拉和林市）攻击狄道（甘肃省临洮县）。

当时，匈奴不断沿着边境，发动攻击。太子内宅管理官（太子家令）、颍川（河南省禹州市）人晁错（晁，音cháo〔潮〕），上书刘恒，就军事措施，提出建议：

“《兵法》说：‘只有战无不胜的将领，没有战无不胜的人民。’所以，保持边境安全，建立奇功大名，在于有优秀的将领，不可不谨慎选择。

“我又听说，战场上交锋，最紧急的要务有三：一、占领有利的地形。二、拥有受过严格训练的战士。三、武器锐利。《兵法》：步兵、骑兵、战车部队、弓箭部队、长枪短矛、宝剑铁盾，在合适的地形上，才能发挥威力。地形不合适，十个人打不过一个人。部队平常没有训练，战士没有养成服从的惯性；营帐粗糙，解散或集合，一片混乱；胜利进攻时，唯恐落后；战败撤退时，唯恐跑得不快。前队已投入战场，后队却一盘散沙。指挥大军的鸣金（后退）

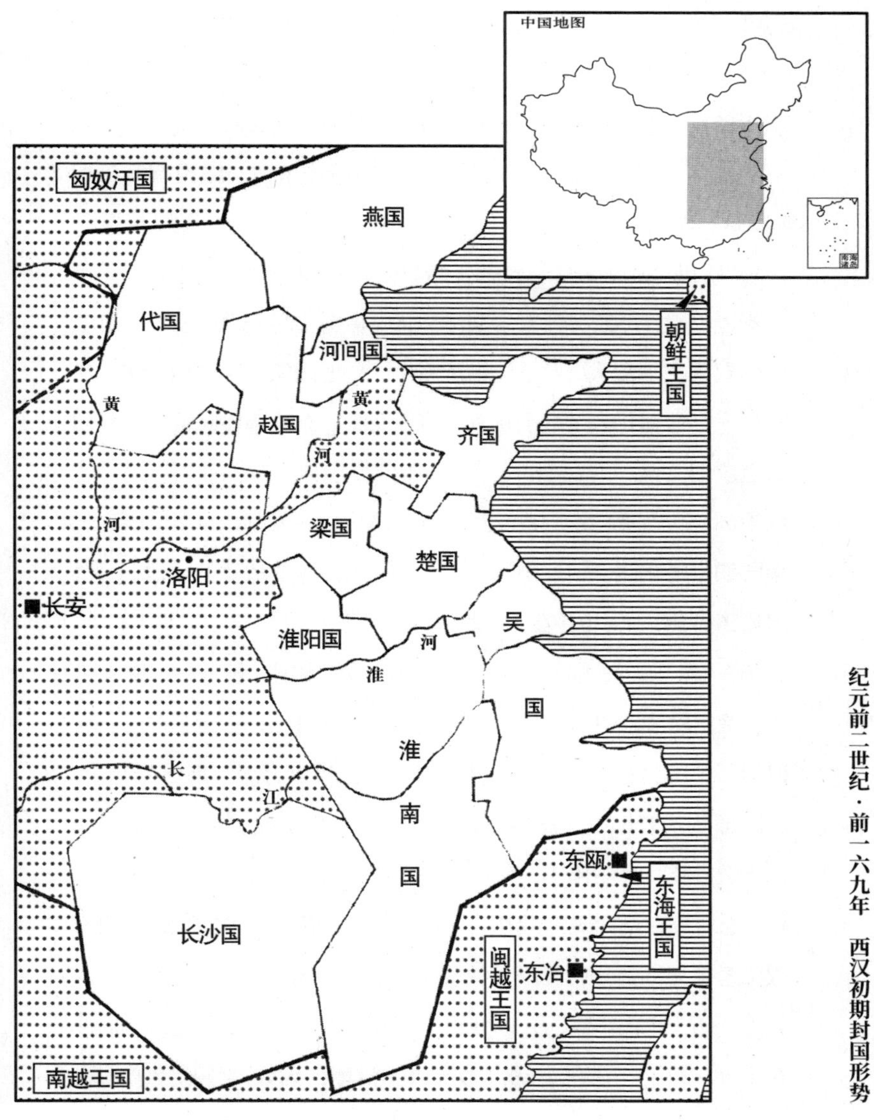

纪元前二世纪·前一六九年　西汉初期封国形势

击鼓（前进）号令，完全失去意义，这是没有经过严格训练的缘故，一百个人打不过十个人。武器不精良，跟赤手空拳，没有差异。盔甲不精良，跟光着脊梁，没有差异。弓箭射不远，跟短刀相同。射不中目标，跟没有射相同。射中而不能造成杀伤，跟没有箭头相同。这是将领疏忽的过失，五个人打不过一个人。

"所以《兵法》说：'武器不精良，是把战士双手交给敌人。战士不能作战，是把将领双手交给敌人。将领不尽到他的责任，是把统帅双手交给敌人。君王选错了将领，是把国家双手交给敌人。这四项——武器锋利、战士优秀、将领尽责、君王选将，是军事行动最重要的关键。'我又听说，大小不同、形势不同、强弱不同、因应不同、高山平地不同、准备警戒不同。自我克制，事奉强国，是小国的自处之道。联合小国攻击大国，是势均力敌者的手段。用蛮夷攻击蛮夷，是中国传统政策。

"匈奴汗国的地理状况和战斗方法，跟中国并不一样。翻山越岭、跨河跳涧，中国战马不如匈奴。险道危径上，一面奔驰、一面射箭，中国骑兵不如匈奴。狂风暴雨下，挨饥忍渴，仍艰苦缠斗，中国部队不如匈奴，这都是匈奴的优点。但是换到平原之上，战车突袭，骑兵奔驰出击，匈奴兵团人数再多，也可以摧折。强弓长枪，都可以在远距离造成伤害，匈奴的弓箭部队，不能抵挡。我们战士身穿坚固盔甲，使用各种武器，一旦相接，由骑兵掠阵，战士五人一伍，十人一组，共进共退，匈奴的主力部队，不能抵挡。神射手埋伏阵后，骤然发动，万箭集中目标，匈奴那种兽皮做的甲胄，木头作的盾牌，不能抵挡。下马步战，刀枪剑戟，短兵冲杀，肉体相搏，匈奴的步兵，不能抵挡，这是中国的优点。

"由此观察，匈奴擅长的有三项，中国擅长的有五项。陛下如果动员十万人兵力，对付只不过几万人的匈奴兵团，以比例计算，是用十击一的战术。虽然，军事，是一种凶恶。战争，是一种危险。谁大谁小，谁强谁弱，决定于一眨眼之间。用人的生死来争夺胜利，一旦跌倒，不能复起，后悔已来不及。

“帝王处理国家事务，必须有万全的考虑。现在胡人（泛指北方蛮夷）、义渠（泛指西方蛮夷）、蛮夷（泛指东方南方蛮夷），归顺中国的已有数千人，他们的生活习惯，跟匈奴相同，如果发给他们盔甲、棉衣、强弓、利箭，再拨付给边塞的战马，遴选一位了解他们生活习惯、深得他们信服的将领，在陛下的英明领导之下，组成外籍兵团。险阻地区，派他们出击；平原地区，则由原有的战车部队跟弓箭部队出击。两军互相声援，各用各的特长，再加上我们的人数众多，应是万全之策。”

刘恒对他的建议十分欣赏，特别写一封回信，表示喜悦。

于是，晁错再上书，说：

“秦王朝政府出动大军，北攻胡人（泛指北方蛮夷），南攻百越（泛指南方蛮夷），并不是保卫国土、拯救人民，而只是为了贪心，才去开疆拓土。所以功勋还没有建立，天下已经大乱。只知道军事行动，不知道控制全局。进击则被人生擒，后退则免不了死亡。盖胡人、貉人（貉，音hé〔合〕，朝鲜民族，当时散居于吉林省东部一带），能适应寒冷。扬越人（传说中古代九州之一的扬州，土地包括南越，所以南越也称扬越。此泛指福建省、浙江省和广东省境内蛮夷），能适应酷热。秦王朝政府派遣战士，却不能适应当地水土，驻扎的在边疆死亡，行军的在中途仆倒。人民接到征召命令，好像被驱到刑场斩首。

“于是，秦政府索性征调囚犯当兵，称为‘充军’（谪戍）。先征调犯罪的低级官员、穷苦的‘赘婿’（从妻姓的男子），以及做买卖的商人（第一梯次）。等到这些人征调净光，再追查人民出身，现在虽已不是赘婿、商人，可是从前曾当过赘婿、做过商人的，也被强迫当兵（第二梯次）。等到这些人征调净光，再追查三代，祖父母、父母，曾经当过赘婿、做过商人的，同样被强迫当兵（第三梯次）。等到这些人征调一空，更征调这些人左边的邻居（第四梯次。陈胜起兵，秦王朝后来还要征调右边的邻居〔第五梯次〕。参考前二〇九年）。蛮横的政令当然执行困难，已被贬逐的充满怨恨，有百分之百死亡的危险，却得不到一文钱的回报。即令战死病死，所应缴的赋税，也得不到一文钱的免除。天下人看得清楚，烈火终有一天烧到自己。所以陈胜押送这些人，到了大泽（安徽省宿州市东南），首先发难，天下人追随他的，如同流水，这是秦王朝政府全靠权势压迫的流弊。

“胡人穿的吃的，不仰赖土地（穿羊皮而吃兽肉），大势所趋，很容易扰乱边境，辗转迁移，想来便来，想走就走，这是他们的特征，使中国人不能不远离农田。而今蛮夷逐渐南侵，在边塞之下游猎，暗中监视，等待守军人数过少时，他们就立即发动攻击。陛下不发兵援救，边民绝望，会有一种敌来就降的心理。陛下如果发兵援救，小部队不足以对抗，大部队则不易集结，较远县市民兵，好不容易赶到，蛮夷早已扬长而去。集结的兵力如果不复员，费用庞大，难以负担。如果复员，蛮夷将再度入塞。几年下来，中国会被搞得国库空虚，人民苦不堪言。

“陛下忧虑边境，派遣将领，征调士兵，兴建要塞，这都是重要措施。然而，现在的规定是，远方民兵，守护边塞，每年都要轮调，来去匆匆，对匈奴汗国，无法作深入的了解。因之，我建议：不如鼓励大家移民边塞定居，成家立业，购田买地，作长久打算，使他们熟悉敌情，以作戒备。然后，依照地理形势，在要害关卡之处，河川渡口之地，修建高大城堡，外围加深壕沟。每城住户，都应在千家以上。由政府先在城中盖起房屋，准备耕田用具，然后鼓励移民。有罪的赦免他的罪，无罪的赏赐他官爵，免除全部赋税。发给冬季夏季服装、粮食，直到他们能够自给自足。

“边塞居民，如果没有丰富的利益，就不可能使他们久居危险的地方。所以，蛮夷入寇，如果有人能阻截所劫掠的牛羊，就把该牛羊的一半作为赏赐，而由政府把该一半牛羊的价钱，发给失主。对劫掠的人口，也比照办理。如此，则乡里邻居，互相救助，对胡人（泛指北方蛮夷）攻击，自会冒死以赴。并不是他们的品德高尚，而是他们维护骨肉亲戚，贪图财货，比较征调来的其他郡县民兵，既不熟悉地理环境，而又心怀畏惧。成功的可能性，将在万倍以上。

“趁着陛下在位，移民实边，使远方郡县再没有征调之苦，而边塞居民，又可父子相保，再不发生蛮夷蹂躏之患。利益可传到后世，圣名更照耀寰宇。比起秦王朝政府那种跟人民结怨的办法，不可同日而语。”

刘恒采纳这项建议，下令招募移民，前往边塞定居。

晁错又上书，说：

“陛下募民实边，使征调驻防的军事行动，越发减少，运输的费用，越发减省，这是国家的幸事。基层官员如果能够体会陛下的德意，遵照法令规定，照顾移民中的老年人跟幼童，善待他们的年轻一代，安抚慰问，绝不欺凌骚扰。使先到的平安快乐，不再思念故乡，则贫穷民众，势将非常羡慕，互相劝勉，一同前往。

“古代移民时，官员们一定先祈求风调雨顺，再亲自品尝河水或泉水味道，建立城堡，划定乡里跟住宅区范围，再盖屋筑舍，购置家庭的和农田的用具。移民到了之后，就有家可住，立刻开始工作。所以人民才容易离开故乡，踊跃投奔新的城市。政府应聘请医生、巫师，为移民治病和祭祀祖先鬼神。应鼓励互相通婚，婴儿出生或年迈死亡，都应受到庆贺和抚恤。然后，坟墓相接，种植的树木，也都成长，家庭住宅房屋，都修缮完美。必须如此，才能使移民喜爱新的邻里，安心久居。

“古代在边境兴筑城堡，防御敌人，移民都有军事编组。五家结成一伍，伍有伍长。十伍结成一里，里有里长（假士）。四里结成一连，连有邻长（假五百）。十连结成一村（邑），村有村长（假候），都由村民遴选有才干而又有保护村民能力、熟悉地理形势、深切了解人民意愿的人士担任。平时训练村民骑马射箭，战时率领民兵跟敌人交锋。战士平时训练有素，战时就能效命。养成习惯之后，不要教他们改行。年幼的时候，大家都是玩伴，在一块游戏。长大之后，又在一起工作。夜间作战，听到声音，就知道是谁，可以互相援救。白天作战，大家都看得见，自有感情支持。友爱之情，愿共生死。然后，政府应颁发厚重的赏赐，并严厉执行责罚。那么，前面的人虽然被杀，后面的人仍勇猛续进，不会因畏惧而逃亡。移民如果不是健壮青年，将白白浪费衣服粮食，不能实用。虽是健壮青年，如果没有贤明的官员，也不能收功。

“陛下拒绝匈奴汗国的和解要求，我以为他们可能在明年（前一六八）冬季，向我们侵犯。移民成功之后，届时就可迎头痛击，一次重创，足以使他们终身不振。要建立威严，必须及时采取行动。匈奴来攻，如果不能受到致命打击，反而饱载而去，以后就不容易降伏。”

晁错这个人，性情峻急严苛，不阿私情，以口才敏捷，受到太子刘启宠爱，太子家里的人称他为“智囊”。

纪元前一六八年 癸酉

西汉　文帝前元　十二年

1 冬季，十二月，黄河在酸枣（河南省延津县）决口，洪峰东流，金堤（一名千里堤，河南省濮阳市南）崩溃。东郡（河南省濮阳市西南）动员大批军工填塞。

2 春季，三月，西汉政府（首都长安〔陕西省西安市〕）下令：以后出入关卡，不必再用通行证。

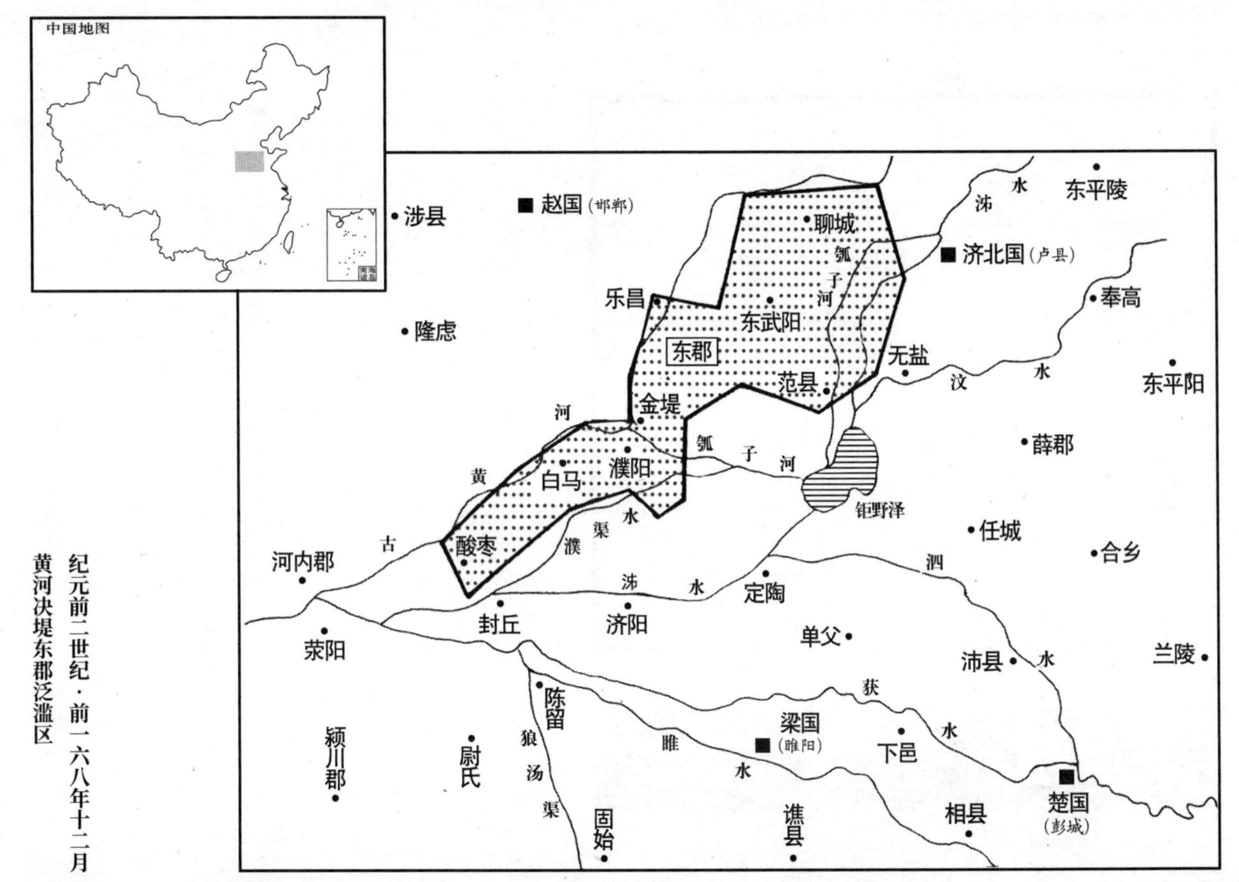

纪元前二世纪·前一六八年十二月
黄河决堤东郡泛滥区

3 晁错上书西汉帝(五任文帝)刘恒(本年三十五岁):

"圣明的帝王,高高在上统治,人民不挨饿受冻,并不是最高领袖耕田给他吃,织布给他穿,而是为人民开辟国家的资源财富。伊祁放勋(尧)时有九年大水,子天乙(汤)时有七年大旱,国家并没有遗弃一个病人。盖积蓄够多,准备充足(九年大水,七年大旱,连病人都不受影响,摇笔一挥,毫不费力就撒下大谎)。而今四海一家,土地之大,人民之众,不减子天乙(汤)、姒文命(禹)之时。又没有数年之久的水灾旱灾,而国家却毫无积蓄,原因何在?在于土地并未完全开发,民力并未完全投入,可以生产粮食的耕地没有全部耕种,山林水泽的宝藏,没有全部利用,纯消耗粮食的人(指工人商人),没有全部务农。

"寒冷时需要衣服,保暖就行,不一定华丽。饥饿时需要饮食,喂饱就行,不一定美味。一旦饥寒交迫,就会丧失廉耻。一天之内,如果不吃第二顿饭,必然饥饿。一年之内,如果从不缝制衣服,必然寒冷。肚子挨饿而得不到饮食,肌肤受冻而得不到衣服,再慈爱的父亲,无法保有儿女。君王有什么办法,保有他的人民?贤明的领袖知道这个道理,所以教导人民耕耘田亩,种植桑麻,减低税收,多养家畜,务必使仓库满盈,用来防备水旱天灾。在这种情形下,父亲才能保有他的儿女,君王才能保有他的人民。人民为善或为恶,要看官员们如何教育感化。人民追求利禄,跟水向低处流一样,并不选择流的方向。

"珍珠、宝玉、金银,饥饿时不能当饭吃,寒冷时不能当衣穿,然而十分贵重,因为有在高位的人购买。它们体积既小,重量又轻,非常容易收藏。可以握在一只手中,周游四海,不必忧虑饥寒。它们可以促使臣僚背叛君王,诱惑人民轻易抛弃故乡。盗贼为之心动,逃亡的人携带它十分轻便。黍米(黄色小粒,北方人称"小米")、稻米（白色大粒，南方人称“米”，北方人称“大米”）、布匹、丝缎，都由土地种植，按时成长，经过很多人力投入，才能收成，不是一天工夫就可到手。重量超过几石，一个普通男人，就搬不动。假如不去干奸邪勾当，一天不收成，饥寒就迎面而来。所以，贤明的君王，都重视五谷粮食，轻视金银财宝。

“农人五口之家，从事劳役的，不少于两个人，耕田的能力，不超过一百亩（一亩：六一四·四平方公尺），而一百亩的收成，不过一百石。春季耕种，夏季锄草，秋季收割，冬季储藏。砍伐木柴，应付官衙，再为政府充当民夫。春天不能躲避尘沙，夏天不能躲避酷热，秋天不能躲避风雨，冬天不能躲避严寒。一年四季三百六十五天，没有一天休息。家族乡里之间，又要送往迎来，吊丧问病，抚养孤苦幼儿，使他们成长。勤劳辛苦到这种地步，还要面对突发的水旱天灾，以及遇到紧急征调跟临时征收。在农田正忙时，征调劳役；在农家青黄不接时，征收食粮。政府清晨下令，傍晚修改。有积蓄的，只好用半价把它卖掉；没有积蓄的，只好用加倍的利息向商人告借。有人遂不得不出卖田地房屋和妻子儿女，来偿还债务。而商人中，大商专门放高利贷，小商则坐在店铺里或买或卖，赚取利益，然后在街市上游荡享乐。乘人们困急，用加倍的价钱交易。他们的男人不耕田，女人不养蚕纺织，穿的却是绫罗绸缎，吃的却是上等的米、上等的肉。没有农夫的辛苦，而有农夫的收益，因为拥有丰富的财产，以致能够跟王侯交友，权力超过普通官员，更互相勾结，成为利益集团。千里之外，互相拜访，冠盖相望（官员有特定的豪华车辆〔盖〕，跟特制的官帽〔冠〕，表示权势人物络绎于途），坐的是坚固的车，骑的是肥壮的马，穿的是丝织的鞋靴，披的是精美的衣裳。这是商人兼并农民，农民流离失所的原因。

“当今最主要的事，莫过于鼓励人民务农。想使人民务农，必须把粮食的价格提高。提高粮食价格的方法，最好用粮食作为赏罚的工具。因此，我建议：凡人民把粮食捐给政府的，政府就给他爵位，并可以免除他的罪刑。这样的话，富农有爵位，贫农有金钱，粮食不致被囤积。能够缴纳粮食换取爵位的，粮食一定多余。用多余的粮食供给政府，贫农的赋税就可减轻，正是所谓‘损有余，补不足’，命令一发布，人民立刻得到利益。

“现在，人民捐献车一辆、马一匹的，免除三个人的官差劳役。因车辆马匹，是战争武器，所以可以免除官差劳役。神农氏（神话时代“五氏”中的一氏）有言：‘城墙高十仞（一仞四公尺），护城河宽一百步，武装部队一百万，却没有粮食，就守不住。’由此可知，粮食是国家的至宝，政府的基础。而令人民缴纳粮食，封他五大夫（文官第十二级）以上，才不过免除一个人的官差劳役，跟缴纳车辆马匹的待遇，相差太远。封人爵位，是领袖的专利，只要张嘴，要封什么就封什么。而粮食，是人民的生产，种在田地之上，不会缺乏。得到高贵爵位跟免除罪刑，是人民的愿望。假使下令教人民自己把粮食直接运到边塞，就可封爵免罪。我判断，不出三年，边塞粮食，必有大量储存。”

刘恒接受这项建议，下令人民直接把粮食运到边塞，并以输送粮食多寡，厘定爵位的等级（西汉王朝沿用秦王朝官等，最高一级〔彻侯〕，最低二十级〔公士〕，参考前三五九年。西汉王朝规定，缴纳粮食六百石，授十九级〔上造〕。以后逐渐升高，缴纳粮食四千石，授十二级〔五大夫〕。缴纳粮食一万二千石，授三级〔大庶长〕。三级官阶已是高层，跟部长将军同等地位）。

晁错再上书，说：

“陛下决定使天下运送粮食到边塞，用封爵回报，是国家的大幸。因为担心边防军粮食不足，才想办法阻止内地人民囤积居奇。不过，一旦等到边塞积蓄到足够五年使用，就可以停止。而教农民把缴纳的粮食，运送到所属的郡政府和县政府。等到郡政府县政府积蓄到足够一年的使用，就可以随时下令，免除农民的田赋捐税。如此，恩德广被万民，人民越发勤于耕种，将更富有、更快乐。”

刘恒再接纳这项建议，下诏说：

“劝导人民，在于从根本着手。我亲率全国农民，从事耕种，到今天已经十年，还有很多荒地没有开垦，也从没有一年有过大大的丰收，人民脸上仍露着饥饿的颜色，这是务农的人太少和官员领导不力。我曾颁布过多少次诏书，劝告人民栽桑种麻，可是没有效果。因为官员对我的诏书并未遵行，也没有努力辅佐。我们的农民生活悲苦，官吏却毫不关心，怎么能够鼓励？现在，免除今年农民一半田赋捐税。”

纪元前一六七年 甲戌

西汉　文帝前元　十三年

1 春季，二月十六日，西汉王朝（首都长安〔陕西省西安市〕）皇帝（五任文帝）刘恒（本年三十六岁）下诏："我亲自作天下的表率，到农田耕作，并用皇家私田收成，作为祭祀献礼。皇后也亲自采桑饲蚕，缝制祭祀时的衣服，主管机关应厘定'耕桑'礼仪。"

2 最初，秦王朝时，担任祭祀的官员，有一项高度秘密的咒语，称为"秘祝"。遇到灾难，祭祀官在极隐秘的地方，祷告上苍，就可以把罪过从皇帝身上，转移到臣僚身上，由臣僚担当上天的惩罚。

夏季，刘恒下诏说："天道循环，灾祸之来，由于怨恨。幸福之来，由于恩德。文武百官犯了错误，由于我当皇帝的领导无方，而负责祭祀的官员，却把过失转移到居于下位的官员身上，正好显示我的品德不够。我不愿这样做，应行废除。"

3 齐国（首府临淄〔山东省淄博市东临淄区〕）皇家仓库管理官（太仓令）淳于意（淳于，复姓），犯罪应当处刑。中央政府把他逮捕，押解首都长安。他的小女儿淳于缇萦，向刘恒上书求情：说："我父亲担任官吏，齐国上下，都称赞他廉洁公正，而今犯法，面对刑罚。哀伤的是，死的人不能再活，砍下的肢体不能再接上去。虽然想改过自新，已不能够，我愿被押入官衙当奴隶婢女，为我父亲赎罪，使他能够继续报效国家。"刘恒看到后，深受感动。

五月，刘恒下诏说："《诗经》上有句话：'慈祥的长官啊／你是人民的父母！'现今，人民有了过失，还没有教育他，而刑法已加到他身上。即令要改变行为，一心向善，已没有道路，我十分怜悯。刑罚中有砍掉肢体（如刖刑）、割伤肌肤（如黥刑）的条文，终生不能复原，如此残酷，实不道德。岂是做人民父母的本意？自即日起，废除所有肉刑，一律改用徒刑。依照犯人所犯罪状的轻重，只要他不逃亡，坐牢期满，即行释放。本诏书，即是法律。"

宰相（丞相）张苍、最高监察长（御史大夫）冯敬，奏报《刑法草案》，说："凡应剃光头发的（髡），男子改罚劳役（城旦），女子改罚捣米（舂）。凡应脸上刺字的（黥刑），改罚剃光头发，颈戴铁链，男子服劳役，女子罚捣米。凡应割鼻子的（劓刑），改打三百鞭。凡应砍断左脚趾的，改打五百鞭。凡应砍断右脚趾、杀人自首、贪赃枉法、监守自盗，已经定罪，而再犯鞭打罪的，一律街头斩首。已经判决劳役、捣米的罪人，都改判徒刑，折合日数，期满释放。"刘恒批准。

这时候，刘恒极力保持政局稳定，不多更张。将军宰相等高级官员，都是老爹刘邦时代的旧勋功臣，文质彬彬的少，粗鲁豪迈的多。鉴于秦王朝的种种弊端，所以议论务求宽厚，不愿抨击别人过失。在这种教化下，揭发别人隐私的告讦风气，大为转变。官吏安于他们的官位，人民乐于从事他们的事业。积蓄每年都有增加，户口逐渐增多，大家习惯于敦厚待人，政治禁忌很少。犯罪行为，或有或无，或重或轻，证据并不十分明确时，就以最轻的法条处断。刑事案件，大量减低，甚至有一年，全国犯重罪的，不过四百人，国家有舍弃刑罚的景象。

4 六月，刘恒下诏："农耕，是天下的根本，重要性无与伦比。而鼓励人民从事农耕，却征收田赋租税，跟商人有什么分别？不符合鼓励农耕的本意。现在规定：免除所有农人的田赋租税。"

纪元前一六六年 乙亥

西汉　文帝前元　十四年

1 冬季，匈奴汗国（王庭设蒙古国哈拉和林市）老上单于（三任）挛鞮稽粥，率骑兵十四万人，攻陷西北要塞朝那（宁夏彭阳县西古城镇）、萧关（宁夏固原市东南），格杀北地郡（甘肃省庆阳市西峰区）民兵司令（都尉）孙卬，掳掠大批汉人跟牛羊牲畜。前锋抵达彭阳（甘肃省镇原县），奇兵突入，放火烧回中宫（陕西省陇县西北），斥候搜索部队，直到雍县（陕西省宝鸡市凤翔区）、甘泉（陕西省淳化县西北。与长安航空距离八十公里），首都长安大为震动。西汉王朝（首都长安〔陕西省西安市〕）皇帝（五任文帝）刘恒

（本年三十七岁）命首都长安警备区司令（中尉）周舍、宫廷禁卫官司令（郎中令）张武，分别出任野战军统帅，紧急动员战车一千辆、步骑兵十万人，在长安周围构筑阵地，布防保卫。再命昌侯卢卿，当上郡（陕西省延安市）国民兵司令（上郡将军），宁侯魏遫，当北地郡（甘肃省庆阳市西峰区）国民兵司令（北地将军）；隆虑侯周灶，当陇西郡（甘肃省临洮县）国民兵司令（陇西将军），在三郡分别驻扎大军。

刘恒亲自驾临长安附近兵营劳军，阅兵、训勉、赏赐，准备亲征匈奴。高级官员规劝，都加拒绝。皇太后薄女士坚决阻止，才取消此议。于是任命东阳侯张相如当全国最高统帅（大将军），成侯董赤、首都长安特别市长（内史）栾布，分别当将军，攻击匈奴。

匈奴汗国部队留在塞内一个月有余才撤退。西汉部队尾追，出塞后立即折回，毫无斩获。

2 刘恒兴之所至，驾临宫廷禁卫官总部（西汉王朝宫廷禁卫官司令〔郎中令〕，下辖宫廷禁卫官〔郎〕，有“议郎”“侍郎”“郎中”，没有限额，工作也没有严格划分，五十岁以上的归“五官署”，五十岁以下的归“左署”“右署”），问办公室主任（郎署长）冯唐说：“你老人家是什么地方人？”（刘恒尊称他，大概在五十岁以上，属“五官署”。）冯唐说：“我祖父是赵国（首府邯郸〔河北省邯郸市〕）人，父亲迁移到代国（首府晋阳〔山西省太原市〕）。”刘恒说：“我在代国（首府晋阳）时，膳食管理官（尚食监）高祛，对我说过多少次赵国大将李齐的了不起，在钜鹿（河北省平乡县）城下大战（当指王离围钜鹿，参考前二〇七年），直到今天，我每顿饭都记得那件事，思念钜鹿。老人家可知道这个人？”冯唐说：“李齐远不如廉颇、李牧。”刘恒拍着胯骨，叹息说：“天啊，我却没有福气得到廉颇、李牧这样的将领，如果得到这样的将领，还在乎匈奴？”冯唐说：“陛下

纪元前二世纪·前一六六年　匈奴入侵关中

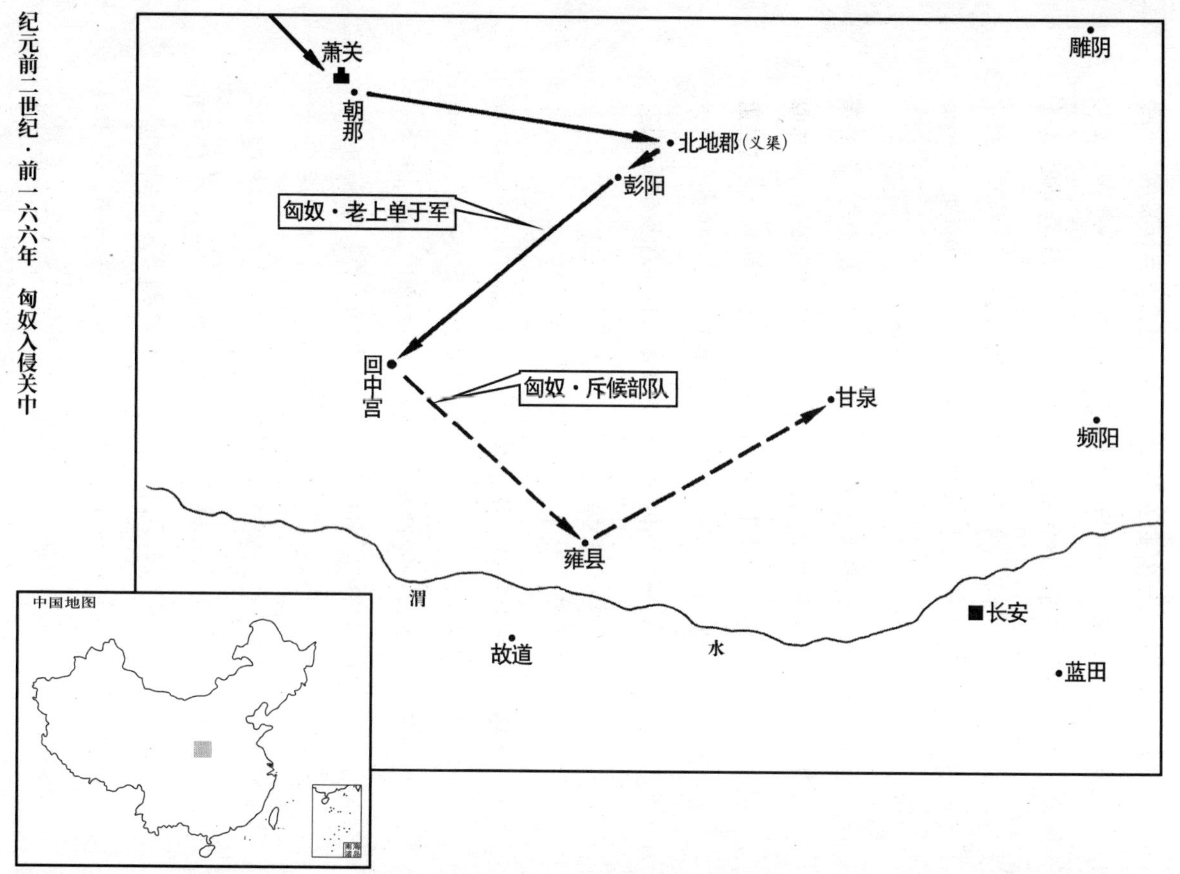

即令得到廉颇、李牧，也不能用他们。”刘恒受到顶撞，勃然大怒，转身就走。

刘恒回到皇宫，停了很久，等心情稍微平和，把冯唐找来，责备说：“当着那么多人，你为什么羞辱我？难道不能乘没人的时候讲呀？”冯唐道歉，说：“原谅我来自乡间，不知道规矩。”刘恒正忧虑匈奴，于是再问：“你怎么知道我虽然得到廉颇、李牧，也不能用？”冯唐说：“古代君王派遣大将，跪下来亲自推动车轮，吩咐：‘城门以内的事，由我做主。城门以外的事，由将军做主。’军功的赏罚，爵位的升降，都由大将决定，班师回朝后，再奏报君王，这并不是传言。我祖父告诉我，李牧在赵王国（首都邯郸）当大将，防卫北方边疆，在军区内设立市场，利润和租税，都用来犒赏战士，一切由李牧决定，不再请示中央，交给他全权，只要求他完成任务。李牧这才能显示他的才能；遴选战车一千三百辆、精锐骑兵一万三千人、优良步兵十万人，于是北逐匈奴，东破东胡（内蒙古西辽河上游），西灭襜褴部落（河北省张北县一带）。再向西则力抗强大的秦王国（首都咸阳〔陕西省咸阳市〕），向南则支援韩王国（首都新郑〔河南省新郑市〕）和魏王国（首都大梁〔河南省开封市〕）。当那个时候，赵王国几乎称霸天下。想不到，后来赵王（五任幽缪王）赵迁继位，信任郭开的谗言，把李牧杀掉，而教颜聚代替，结果全军败溃，被秦王国消灭（参考前二二九年）。如今，我听说云中郡（内蒙古托克托县）郡长（守）魏尚，在军中也设立市场，犒赏边防军，用利润和租税，作为正饷以外的营养津贴，每五天宰杀一条牛，款待宾客和军中文职人员，以及随从谋士。匈奴这才远远逃避，不敢接近云中边塞。匈奴也曾攻进过一次，魏尚率军出击，杀伤很多。不过，将领也好、战士也好，都来自农家，离开田庄就到军营，对官府文书规定，浑然不知。只知血战杀敌，斩首追捕。一旦把功劳簿呈报到参谋本部（幕府），一句话回答的不对，文职官员就引用法令条款处罚。结果不但没有赏赐，文职官员还根据法令条款，加以处罚，而且严厉执行。我以为陛下的奖励太轻，限制太重。像云中郡长魏尚，因为他奏章上所列的斩首数目，跟实际只差六个，陛下的官员，竟削去他的官爵，更判处一年苦役。从这上面推测，陛下虽得到廉颇、李牧，也不能用。”

刘恒大喜，当天，派冯唐“持节”，赦免魏尚，命他复任云中郡长，并任命冯唐当车骑司令（西汉王朝没有车骑司令〔车骑都尉〕。《汉书》：刘恒任命冯唐当首都警备区总部郡国战车部队管理官〔主中尉及郡国车士〕。《汉纪》：刘恒任命冯唐当首都警备区总部各郡战车及骑兵管理官〔主中尉及郡车骑士〕。那时封国部队独立自主，中央不能过问，自不会管到他们。《汉纪》才对）。

3 春季，刘恒下诏，增加祭坛上供奉的玉帛，说：“祭祀官员在祈求上苍赐福时，都要求把福降临到我身上，却忘了平民，使我惭愧。以我的品德这么欠缺而独占福分，平民不能分享，是使我的品德欠缺更多，以后祭祀官员向天致敬时，不要为我作任何祈求。”

4 本年（前一六六），河间（文）王（首府乐成〔河北省献县〕）刘辟彊逝世。

5 最初，宰相（丞相）张苍，认为水神是西汉王朝的保护神（水德），鲁县（山东省曲阜市）人公孙臣认为西汉王朝的保护神应该是土神（土德），所以推断黄龙会出现人间（既是土神当道，土是黄色，所以黄龙定会出现，显示祥瑞），张苍认为公孙臣胡说八道，拒绝采信。

纪元前一六五年 丙子

西汉　文帝前元　十五年

1 春季，黄龙在成纪（甘肃省静宁县西南）出现。

西汉王朝（首都长安〔陕西省西安市〕）皇帝（五任文帝）刘恒（本年三十八岁），征召公孙臣，命他当研究官（博士），他跟其他儒家学派的知识分子，重新提出土神是西汉王朝的保护神（土德），草拟改革历法及改革法定衣服颜色草案。宰相张苍自此逐渐失势。

水德土德，五行运转，本是连篇鬼话。问题是，鬼话只要有人相信，就是人话，相信的人如果手中掌握权柄，鬼话就更升了一级，成了真理，势不可当。

在成纪（甘肃省静宁县西南）出现的那条黄龙，意义重大。

“龙”这玩意，跟“外太空人”一样，都是想象出来的动物，谁都没有见过。截至二十世纪末叶，科学家终于证明中国传说里的龙，并不存在。一个根本不存在的东西，却活蹦乱跳的在一个荒僻小县出现，可能是人们把一条大蜥蜴，硬当成龙，也可能是一次官场骗局，公孙臣跟他的伙伴，在精密的布置下，隆重演出。一则打击张苍，一则图谋自己前程。

2 夏季，四月，刘恒前往雍县（陕西省宝鸡市凤翔区），祭祀五色帝（秦王国在雍县建四座祭坛：白帝坛、赤帝坛、黄帝坛、青帝坛。西汉王朝一任帝刘邦又增加一个黑帝坛），大赦天下。

3 九月，刘恒下诏：命王爵、侯爵、部长级官员（公卿），跟各郡郡长，保荐直言极谏之士，刘恒亲自出题考试。结果，太子内宅管理官（太子家令）晁错，被拔擢高等，升任高级国务官（中大夫）。

晁错再上书建议削减亲王封国的面积及更改若干法令，凡三十余次奏章。刘恒虽然不完全采纳，但敬佩他是一个奇才。

4 本年（前一六五），齐（文）王（首府临淄〔山东省淄博市东临淄区〕）刘则、河间（哀）王（首府乐成〔河北省献县〕）刘福先后逝世，没有儿子，封国撤除。

5 赵国（首府邯郸〔河北省邯郸市〕）人新垣平，有神术可以望气，晋见刘恒，声称：首都长安东北方有一种神气，五种颜色。于是刘恒下令在渭水北岸，建立渭阳五色帝庙祀奉。

纪元前一六四年 丁丑

西汉　文帝前元　十六年

1 夏季，四月，西汉王朝（首都长安〔陕西省西安市〕）皇帝（五任文帝）刘恒（本年三十九岁），到渭水北岸五色帝庙，祭祀五色帝。尊重新垣平，擢升他当特级国务官（上大夫），前后赏赐二十万两黄金之多，使他跟研究官（博士）等高级知识分子，采取“六经”中的精华（六经，儒家学派六部经书：《诗经》《书经》《礼经》《乐经》《易经》《春秋》。其中《乐经》早已失传，所以有时也称“五经”），厘订新的文官制度。还计划建议皇帝到各地亲自视察，并举行封禅（封，泰山顶上祭祀天神；禅，泰山脚下祭祀地神)。又在长门(陕西省西安市东南)道路以北,再设一个五色帝祭坛。

2 刘恒下诏:把淮南王(首府寿春〔安徽省寿县〕)刘喜,再调回复任城阳王(首府莒县〔山东省莒县〕。改封城阳王刘喜当淮南王,参考前一六九年六月,本年〔前一六四〕复旧,为瓜分淮南国铺路)。

把齐国(首府临淄)分成六国。

四月十七日,封故齐王(悼惠王)刘肥现存的六个儿子,全部当王:杨虚侯刘将闾当齐王(首府临淄〔山东省淄博市东临淄区〕),安都侯刘志当济北王(首府卢县〔山东省济南市长清区〕),武成侯刘贤当菑川王(首府剧县〔山东省寿光市南〕),白石侯刘雄渠当胶东王(首府即墨〔山东省平度市〕),平昌侯刘卬当胶西王(首府高密〔山东省高密市〕),扐侯(扐,音lè〔勒〕)刘辟光当济南王(首府东平陵〔山东省济南市章丘区〕)。

把淮南国(首府寿春)分成三国,封故淮南王(厉王)刘长现存的三个儿子,全部当王:阜陵侯刘安当淮南王(首府寿春〔安徽省寿县〕),安阳侯刘勃当衡山王(首府邾县〔湖北省黄冈市黄州区〕),阳周侯刘赐当庐江王(首府番阳〔江西省鄱阳县〕)。

3 秋季,九月,新垣平教他的伙伴拿着玉杯,到皇宫呈献。事先,新垣平向刘恒报告:"皇宫门外,有一种宝玉之气。"不久,果然玉杯出现,杯上刻字:"人主延寿。"

新垣平又说:"我夜观天象,今日太阳将再度出现中天。"不久之后,天已正午,太阳果然向东方退回,然后再走向正午。刘恒大为惊佩,下令把明年(前一六三),改称在位元年,特准全国平民欢宴。

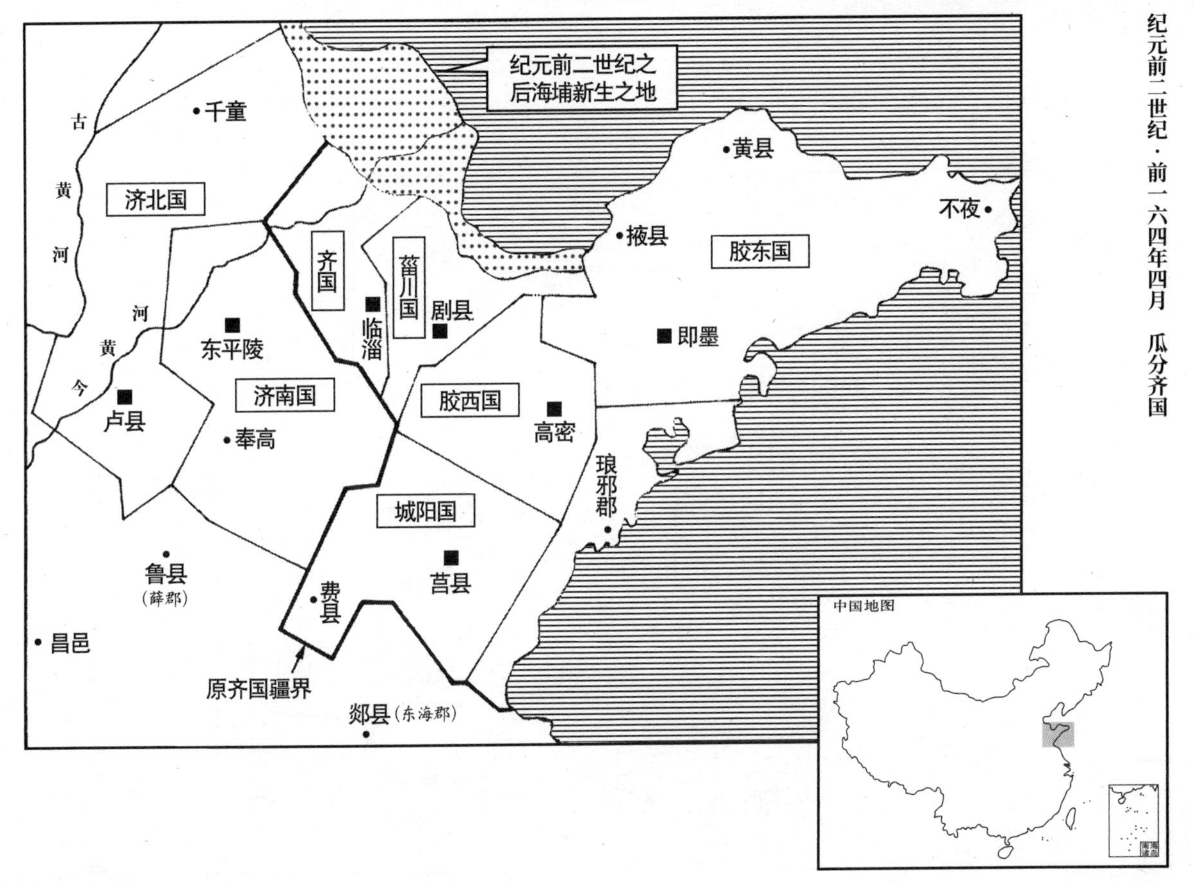

纪元前二世纪·前一六四年四月　瓜分齐国

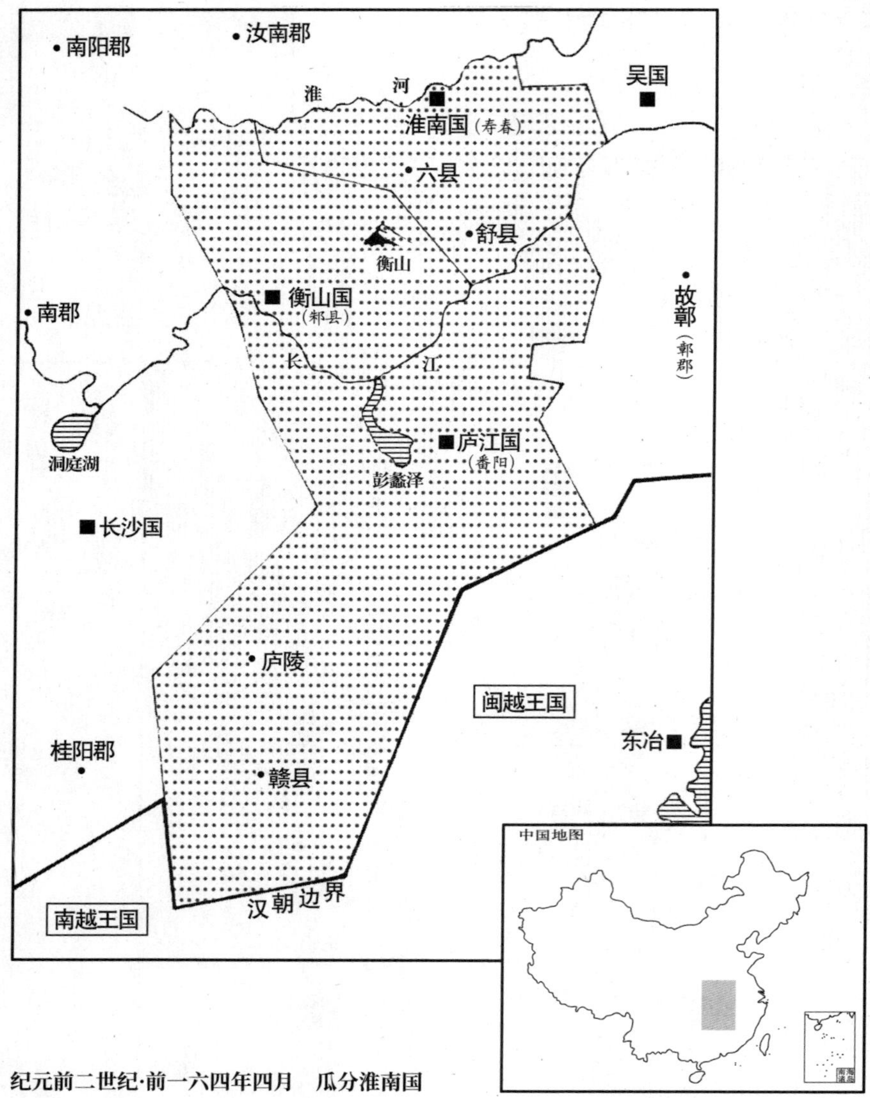

纪元前二世纪·前一六四年四月　瓜分淮南国

柏杨曰

全国平民欢宴，文言文称为“大酺”。西汉政府法律：三个人无缘无故在一起饮酒，罚银四两。以后专制制度日趋精密，限制更严，平民不准穿某种衣服，不准住某种房子，不准戴某种装饰，不准乘某种车辆（商人甚至根本不准坐车，但总算允许乘船，可谓皇恩浩荡，否则做生意的人只好游泳过江），积成中国传统政治中最阴暗的一面。这阴暗面一直未被发掘，以致近代知识分子相信古人过着伊甸园生活，好不自由自在，甚至有人声称中国人自由太多！连吃肉饮酒，都要政府下令特准，再请参考前一七三年刘恒宣布的禁止巨官随意逮捕小民的诏令。不禁为中国人落泪。

上一次“大酺”时间，在纪元前二二二年。秦王国连灭五国，统一天下，秦王嬴政特别允许平民来一顿大吃大喝，以示庆祝，距今已五十八年，才遇到西汉帝刘恒再一次高兴。一些短命的朋友，恐怕一辈子不知道什么是满桌酒肉的宴会。

新垣平又说：“周王朝的一个鼎，沉没泗水（传说，秦王朝灭周〔参考前二五六年〕之后，从洛阳把九鼎迁往咸阳，其中一鼎忽然飞起，落在泗水之中。嬴政曾派人打捞过，一无所获。参考前二一九年）。而今黄河决口，河水注入泗水，我向东北遥望，发现汾阴（山西省万荣县西南荣河镇）上空，有金宝之气，莫非周王朝的宝鼎将在那里出现？预兆既然显示，不去迎接，就不会露面。”刘恒遂下令在汾阴（山西省万荣县西南荣河镇）南方汾河之滨，兴建庙宇，准备祭祀行将出现的周王朝宝鼎。

纪元前一六三年 戊寅

西汉　文帝后元　元年

1 冬季，十月，西汉王朝（首都长安〔陕西省西安市〕）政府有人上书检举新垣平所作所为，都是诈伪。西汉帝（五任文帝）刘恒（本年四十岁）不能忍受被戏弄的羞辱，交付有关单位审讯，斩新垣平，屠杀全族。自此之后，刘恒对改变历法、服色，以及鬼神之事，兴趣索然。渭水北岸五色帝祭坛跟长门（长安城东南）五色帝祭坛，只命祭祀官负责管理，按时祭祀，自己不再亲往。

2 春季，三月，二任帝（惠帝）刘盈的皇后张嫣逝世。

3 刘恒下诏："近年以来，农作物歉收，又有水灾、旱灾、瘟疫之灾，深为忧心。愚昧的我，实在不明白过失的原因。莫非是我的措施不当？行为不当？或者是天道不能顺畅？地利不能开发？人事不能和睦？鬼神祭祀不够周到？否则，何至于如此？莫非官员的俸禄太少，不应该做而做的事太多？否则，民间粮食为什么这般缺乏？计算田亩的数量，并不比从前减少，而人口并未增加，以人口分配土地，比古时候所得的还要有余，却粮食不足，毛病出在哪里？莫非是人民都去从事末微小技——工商，妨碍耕种？或者大家都去制酒，大量消耗粮食？或者是六畜吃得太多（六畜：马牛羊鸡狗猪）？错综复杂，怎么想都得不到要领。我要求宰相、侯爵、部长级官员（二千石）、研究官（博士），用心研究。只要可以帮助农民的事，请把各人的意见心得告诉我，不要隐瞒。”

纪元前一六二年 己卯

西汉 文帝后元 二年

1 夏季，二月，西汉王朝（首都长安〔陕西省西安市〕）皇帝（五任文帝）刘恒（本年四十一岁），前往雍县（陕西省宝鸡市凤翔区）棫阳宫（棫阳宫，秦王国三任王昭襄王嬴稷兴建）。

2 六月，代（孝）王（首府晋阳〔山西省太原市〕）刘参（刘恒子）逝世。

3 匈奴汗国（王庭设蒙古国哈拉和林市）连年向西汉攻击，深入边塞，屠杀俘虏西汉人民，以及牛羊家畜。云中郡（内蒙古托克托县），跟辽东郡（辽宁省辽阳市）受害最重，每郡损失，都达一万人以上。

刘恒十分忧虑，又无可奈何，于是派使节前往匈奴，呈献国书。匈奴老上单于（三任）挛鞮稽粥派带兵官（当户）回报。西汉再开始跟匈奴汗国和解。

4 八月二日（原文“戊戌”，据《史记·汉兴以来将相名臣年表》改），宰相（丞相）张苍免职。

5 刘恒知道窦皇后的弟弟窦广国贤能而有才干，打算任命他当宰相，思量说：“恐怕天下人认为我偏爱。”犹豫了很久，终于打消原意。

这时，刘邦时代的高级官员，多数都已去世，剩下来的都没有什么特别才能。最高监察长（御史大夫）申屠嘉（申屠，复姓），年轻时以神射手追随刘邦，现在封准侯爵——关内侯。

八月四日，刘恒任命申屠嘉当宰相，晋封故安侯（准侯爵〔关内侯〕，有爵位而没有采邑，正式侯爵有采邑）。

申屠嘉为人廉洁耿直，从不在自己家中接见宾客。这时，中级国务官（太中大夫）邓通，正受刘恒宠爱，赏赐他的金钱，累积到几百万。刘恒曾经到邓通家参与宴会，这是一项无比的殊荣。

有一天，申屠嘉入朝，邓通站在刘恒身旁，小人得志，态度傲慢。申屠嘉奏事已毕，报告说：“陛下宠爱某一个人，可以赐给他富贵，但皇家礼仪，不可以不加整肃。”刘恒说：“我知道你的意思，只是有点偏爱他罢了。”等到朝会之后，申屠嘉在宰相府，正式升堂，用宰相府公文，传讯邓通。下令：如果拒绝，就在原地格杀。邓通这才发现宰相的权威，吓得魂飞魄散，急忙进宫晋见刘恒。刘恒说：“没有关系，你姑且前往，我会派人叫你回来。”

邓通赶到宰相府，脱下帽子鞋子，赤着双脚，向申屠嘉叩头认罪。申屠嘉端坐公堂，并不回礼，责备他说：“金銮宝殿，是高皇帝（刘邦）的金銮宝殿，邓通不过一个小官（太中大夫，年俸比照千石），却在那里逛荡，犯‘大不敬’重罪，应当斩首！”吩咐左右说：“拉出去处决！”邓通大为恐慌，拼命叩首哀求，前额被地面撞破，鲜血流满头颈，而申屠嘉不许。刘恒揣测宰相已经给邓通足够的教训，才派人“持节”召见邓通，告诉申屠嘉说：“他是供我娱乐的弄臣，请你释放。”邓通回到皇宫，向刘恒流泪说：“宰相几乎杀了我。”

纪元前一六一年 庚辰

西汉　文帝后元　三年

1 春季，二月，西汉王朝（首都长安〔陕西省西安市〕）皇帝（五任文帝）刘恒（本年四十二岁）前往代国（首府晋阳〔山西省太原市〕）。

2 本年（前一六一），匈奴汗国（王庭设蒙古国哈拉和林市）老上单于（三任）挛鞮稽粥逝世，子挛鞮军臣继位（四任）。